Michael G. Müller

Zweite Reformation und städtische Autonomie im Königlichen Preußen

Publikationen der Historischen Kommission
zu Berlin

Michael G. Müller

Zweite Reformation und städtische Autonomie im Königlichen Preußen

Danzig, Elbing und Thorn in der Epoche der Konfessionalisierung (1557–1660)

Akademie Verlag

Gedruckt mit Unterstützung der Deutschen Forschungsgemeinschaft

Die Deutsche Bibliothek – CIP-Einheitsaufnahme

Müller, Michael G.:
Zweite Reformation und städtische Autonomie im Königlichen Preußen : Danzig, Elbing und Thorn in der Epoche der Konfessionalisierung (1557–1660) / Michael G. Müller. - Berlin : Akad. Verl., 1997
(Publikationen der Historischen Kommission zu Berlin)
ISBN 3-05-003215-4

Der Akademie Verlag ist ein Unternehmen der R. Oldenbourg-Gruppe.

Gedruckt auf chlorfrei gebleichtem Papier.
Das eingesetzte Papier entspricht der amerikanischen Norm ANSI Z. 39.48 – 1984 bzw. der europäischen Norm ISO TC 46.

Lektorat des Bandes: Christian Schädlich

Satz: Historische Kommission zu Berlin
Druck und Bindung: Druckhaus „Thomas Müntzer“, Bad Langensalza
Printed in the Federal Republic of Germany

Inhalt

Vorwort 7

I. Einleitung 9

I.1. Deutsche Ostforschung, polnische Westforschung:
Das Königliche Preußen als Gegenstand der Landeshistorie 9

I.2. Reformation und Konfessionalisierung als Problem preußischer Landesgeschichte . . . 12
I.2.1. Die städtische Reformation in der Kirchengeschichte des Königlichen Preußen 14
I.2.2. Konfessionalisierung und Stadtautonomie 16
I.2.3. Konfessionalisierung und Stadtverfassung 18
I.2.4. Konfessionalisierung und städtische Gesellschaft 22
I.2.5. Die preußischen Städte in vergleichender Sicht:
Das Paradigma Zweite Reformation 25

I.3. Danzig, Elbing und Thorn als Untersuchungsgegenstände 29

I.4. Periodisierungsfragen 32

II. Spätreformation und Bekenntniskirche. Voraussetzungen und Verlauf der städtischen Konfessionalisierung 37

II.1. Die städtische Konfessionalisierung im Licht der landesgeschichtlichen Forschung . . . 37

II.2. Die Reformation in Polen-Litauen und die Durchsetzung der Bekenntnisfreiheit
im Königlichen Preußen 41

II.3. Lubliner Union, Warschauer Konföderation und die städtischen Religionsprivilegien
Stefan Báthorys 49

II.4. Die Entstehung der städtischen Kirchenorganisationen im Zeichen
des vorkonfessionellen Protestantismus (1557–1573) 58

II.5. Reformierte Konfessionalisierung (1573–1595) 77

II.6. Gegenreformatorische Herausforderung und Krise: Der Danziger Konfessionsstreit (1595–1606) 111

II.7. Vom „Synkretismus" zum lutherischen Bekenntnisstand (1606–1650) 138

III. Konfession, städtische Politik und Stadtgesellschaft 167

III.1. „Ein gliedt der Lande Preussen und also der Löblichen Crohne Polen". Konfessionalisierung und städtische Autonomiepolitik 167

III.2. „Status Reipublicae temperatus". Konfessionalisierung und Stadtverfassung 191

III.3. „Treue Söhne unseres Dantziger Vaterlandes". Exkurs über protestantische Geistlichkeit und Stadtgesellschaft 221

Anhang 235

1. Quellen- und Literaturverzeichnis 235
Archivalische Quellen 235
Gedruckte Quellen und Literatur 237

2. Personenregister 258

3. Sachregister 261

Vorwort

Im Jahre 1993 hat die Freie Universität Berlin die vorliegende Arbeit als Habilitationsschrift angenommen. Die überarbeitete Druckfassung des Manuskripts wurde im Sommer 1995 fertiggestellt. Die Historische Kommission zu Berlin, die dem Verfasser über viele Jahre wissenschaftliche Heimat war und deren Forschungsprogramm (in der Sektion für die Geschichte der deutsch-polnischen Beziehungen) auch den Rahmen für diese Untersuchung bildete, hat sie freundlicherweise in die Reihe ihrer Publikationen aufgenommen – und die Veröffentlichung trotz der Widrigkeiten, die mit der „Abwicklung" des Berliner Instituts der Kommission in seiner alten Gestalt verbunden waren, jetzt auch realisieren können. Daß die Abhandlung ungeachtet des Erscheinungsdatums 1997 im wesentlichen nur den Forschungsstand bis 1994 erfaßt, mußte angesichts der etwas verlängerten Herstellungszeit in Kauf genommen werden.

Bei der Projektierung dieser Untersuchung und ihrer Ausarbeitung ist mir von vielen Seiten wertvolle Hilfe zuteil geworden, für die ich an dieser Stelle herzlich danken möchte. An erster Stelle nenne ich meinen akademischen Lehrer Prof. Dr. Dr. h.c. Klaus Zernack, dem ich die entscheidenden Orientierungen in Richtung auf einen kritischen Neuansatz in der Beschäftigung mit der ostdeutschen Landesgeschichte als Problem deutsch-polnischer Beziehungsgeschichte verdanke und der mich auch in dieser Phase meiner wissenschaftlichen Arbeit mit immer verläßlichem und sachkundigem Rat, mit Toleranz und viel persönlicher Freundschaft begleitet hat. Wichtig für das Zustandekommen des Projekts war ferner das intensive Gespräch mit Prof. Dr. Luise Schorn-Schütte und Prof. Dr. Heinz Schilling schon seit der gemeinsamen Gießener Zeit; sie haben mich durch ihren Rat, aber auch durch ihr Interesse an der Sache dazu ermutigt, den Versuch einer Verknüpfung der ostmitteleuropäischen Thematik mit der breiteren Diskussion über das Phänomen der Konfessionalisierung zu unternehmen. Viel habe ich auch von den Hinweisen und kritischen Kommentaren von Prof. Dr. Gottfried Schramm profitiert, dessen Forschungen zur Reformationsgeschichte in Polen-Litauen wichtige Orientierung und, über weite Strecken, Ausgangspunkt für den hier entwickelten Ansatz waren.

Während der Jahre der Arbeit in den Archiven waren dann vor allem die polnischen Historikerkollegen in Thorn und Danzig meine wichtigsten Förderer und Gesprächspartner. Sie gaben mir bereitwillig Einblick in ihre vielfältigen aktuellen Forschungsarbeiten zur frühneuzeitlichen preußischen Landesgeschichte; vor allem aber verdanke ich ihnen die entscheidenden Hinweise für die Erschließung der Danziger und Thorner Archivalien. Mein besonderer Dank gilt hier zunächst den Direktoren und Mitarbeitern der Staatlichen Archive Danzig und Thorn (Archiwum Państwowe Gdańsk, Archiwum Państwowe Toruń), die mir auf sehr großzügige Weise den Zugang zu den reichen Beständen eröffnet, mich ebenso geduldig wie sachkundig beraten und mir jede denkbare praktische Unterstützung gewährt haben. In gleichem Maße bin ich den Landeshistorikern bei den beiden Arbeitsstellen des Instituts für Geschichte der Polnischen Akademie der Wissenschaften in Thorn und Danzig sowie an der Nikolaus Kopernikus-Universität in Thorn für ihre wertvolle Beratung und ihre Diskussionsbereitschaft verpflichtet. Von den vielen freundlichen und kompetenten Gesprächspartnern der Zeit in Thorn und Danzig seien hier besonders Prof. Dr. Marian Biskup, Dr. Katarzyna Cieślak sowie Prof. Dr. Edmund Cieślak, Dr. Bogusław Dybaś, Doc. dr. habil. Jerzy Dygdała, Prof. Dr. Jacek Staszewski, Doc. dr. habil. Witold Szczuczko und Doc. dr. habil. Jerzy Trzoska genannt. Herzlich danke ich auch Prof. Dr. Janusz Małłek, der das Manuskript dieser Arbeit nach der Fertigstellung aufmerksam und kritisch gelesen und wichtige Hinweise für dessen Druckvorbereitung gegeben hat.

Die Forschungsaufenthalte in Polen zu realisieren und das Manuskript der Arbeit fertigzustellen war wiederum nur dank umfänglicher zusätzlicher Förderung möglich, für die ich ebenfalls großen Dank schulde. So habe ich mehrfach das Austauschprogramm des Instituts für Geschichte der Polnischen Akademie der Wissenschaften und der Historischen Kommission zu Berlin für kürzerfristige Forschungsreisen nach Polen in Anspruch nehmen können. Die Deutsche Forschungsgemeinschaft hat mir dankenswerterweise ein sechsmonatiges Forschungsstipendium für die Arbeiten in den polnischen Archiven gewährt. Die gewichtigste Förderung aber wurde mir dadurch zu Teil, daß ich für fast zwei Jahre ein Immanuel-Kant-Habilitationsstipendium in Anspruch nehmen durfte; ohne diese großzügige Unterstützung wären der Abschluß der Archivarbeiten und die Niederschrift der Arbeit kaum in einem vertretbaren Zeitraum zu erreichen gewesen.

Um die Publikation dieser Arbeit zu ermöglichen, war ebenfalls Unterstützung von vielen Seiten notwendig. Ebenso wie den Herausgebern der Schriftenreihe der Historischen Kommission zu Berlin schulde ich hier wiederum der Deutschen Forschungsgemeinschaft Dank, die einen großzügigen Druckkostenzuschuß gewährt hat. Sehr verbunden bin ich außerdem allen denjenigen, welche an der Fertigstellung des Druckmanuskripts und dessen Umsetzung in ein Buch mitgewirkt haben: vor allem Herrn Eligiusz Janus, ferner Frau Annekathrin Genest und nicht zuletzt und in besonderer Weise dem Lektor der Historischen Kommission Herrn Christian Schädlich, der sich der Herstellung auch dieses Buches wieder mit großem Engagement und bewährter Professionalität angenommen hat.

Schließlich möchte ich denen danken, die mich mit ihrer Freundschaft während der Arbeit an diesem Buch unterstützt, die damit verbundenen Anstrengungen und Anspannungen toleriert und mir mit Geduld über schwierige Phasen hinweggeholfen haben. Von den vielen Freunden, für die dies gilt und die doch bisher noch nicht erwähnt wurden, seien hier vor allem Iwona, Marta und Szymon Radziwiłłowicz genannt. Die Hauptlast freilich lag bei meiner Familie: meiner Frau Monika und meinem Sohn Filip; sie haben auf vieles verzichten müssen, um mir den Luxus konzentrierten Arbeitens und ruhigen Nachdenkens zu verschaffen.

Gewidmet ist dieses Buch drei Generationen meiner Familie: meinen Eltern, meiner Frau Monika und meinem Sohn Filip.

Kleinmachnow, im August 1997 Michael G. Müller

I. Einleitung

I.1. Deutsche Ostforschung, polnische Westforschung: Das Königliche Preußen als Gegenstand der Landeshistorie

Als Theodor Schieder vor bald sechzig Jahren seine Königsberger Habilitationsschrift über *Deutschen Geist und ständische Freiheit im Weichsellande*[1] verfaßte, befand sich die landesgeschichtliche Preußen-Forschung in Deutschland auf dem Tiefpunkt ihrer Entwicklung. Indem sie, wie die Ostforschung überhaupt, vorbehaltlos in den Dienst des politischen Revisionismus gegen die Versailler Staatenordnung getreten war, hatte sie sich nicht nur dem Extrempunkt nationalistischer Politisierung und Instrumentalisierung angenähert.[2] Vielmehr war sie – und das sollte langfristig schwerer wiegen – auch im Umgang mit ihrem fachwissenschaftlichen Gegenstand inzwischen weit hinter den Anforderungen an ein modernes Methoden- und Problemverständnis zurückgeblieben.[3] So erscheint auch Schieders intelligente und sorgfältig gearbeitete Studie in grundsätzlichen Aspekten problematisch, und zwar nicht so sehr aufgrund der kompromittierenden tagespolitischen Aussage ihres Vorworts[4] als vielmehr aufgrund ihrer gravierenden konzep-

1 Theodor Schieder, *Deutscher Geist und ständische Freiheit im Weichsellande. Politische Ideen und politisches Schrifttum in Westpreußen von der Lubliner Union bis zu den polnischen Teilungen (1569–1772/1793)*, Königsberg 1940.

2 Über die unmittelbaren Verflechtungen zwischen Ostforschung und NS-Politik Christoph Kleßmann, *Osteuropaforschung und Lebensraumpolitik im Dritten Reich*, in: *Wissenschaft im Dritten Reich*, hrsg. von Peter Lundgreen, Frankfurt/Main 1985, S. 350–383; Henryk Olszewski, *Nauka historii w upadku. Studium o historiografii i ideologii historycznej w imperialistycznych Niemczech*, Warszawa 1982; am ausführlichsten zuletzt die in ihren Kernthesen allerdings umstrittene Untersuchung von Michael Burleigh, *Germany Turns Eastward. A Study of Ostforschung in the Third Reich*, 2. Aufl., Cambridge 1989, vgl. dazu jetzt auch die Sammelbesprechung von Stefan Troebst, *Historische Osteuropaforschung im Dritten Reich*, in: *Archiv für Sozialgeschichte*, Bd. 31 (1991), S. 599–605. Speziell über die Westpreußen-Geschichtsschreibung Jörg Hackmann, *„Der Kampf um die Weichsel". Die deutsche Ostforschung in Danzig, 1918–1945*, in: *Zapiski Historyczne*, Bd. 58 (1993), S. 34–57.

3 Die fachwissenschaftlichen Implikationen dieser Entwicklung der deutschen Ostforschung sind vielfältig reflektiert in den Arbeiten von Klaus Zernack, zuletzt *Preußens Ende und die ostdeutsche Geschichte*, in: ders., *Preußen – Deutschland – Polen. Aufsätze zur Geschichte der deutsch-polnischen Beziehungen*, hrsg. von Wolfram Fischer und Michael G. Müller, Berlin 1991, S. 67–83. Vgl. auch die Sammelbände *Dzieje historiografii Prus Wschodnich i Zachodnich do 1920 roku. Kierunki, ośrodki, najwybitniejsi przedstawiciele*, hrsg. von Jerzy Serczyk und Andrzej Tomczak, Toruń 1989, sowie *Dzieje historiografii Pomorza Gdańskiego i Prus Wschodnich 1920–1939 (1940)*, hrsg. von Andrzej Tomczak, Toruń 1992.

4 Vgl. T. Schieder, *Deutscher Geist...*, S. 3 u. 5.

tionellen Mängel. Denn Schieders Versuch einer Neuinterpretation der frühneuzeitlichen Ständegeschichte Westpreußens mußte geradezu zwangsläufig daran scheitern, daß er seinen zentralen, auf die historische Selbstbehauptung des „Deutschtums im Osten" bezogenen Befund bereits in der Fragestellung vorwegnahm und sich damit der Chance begab, sein reiches politik- und ideengeschichtliches Quellenmaterial in einer anderen als der konventionell volkstumsgeschichtlichen Perspektive aufzuschließen.[5]

Die traditionale Sicht der Probleme in diesem Sinne macht aber offenbar seitdem auch das Dilemma der deutschen Landesgeschichtsforschung aus. Zwar gilt für die deutsche Ostforschung nach 1945 in ähnlicher Weise wie für Polens „Westforschung",[6] daß sie von der ursprünglichen politischen Inanspruchnahme schrittweise entlastet wurde; in dem Maße, wie im Zuge der Ost-West-Entspannung jene Legitimationsbedürfnisse staatlicher Außenpolitik in den Hintergrund traten, welche der jeweiligen Forschungsrichtung in beiden Ländern institutionelle Förderung gesichert, zugleich aber deren Arbeitshorizont eingeschränkt hatten, ist der Weg für konzeptionelle Neuorientierungen frei geworden. Indessen, anders als in der neueren polnischen Forschung, konnte dieser Spielraum in der deutschen Landeshistorie nur in geringem Umfang genutzt werden, um mit den politischen auch die Beschränkungen der fachwissenschaftlichen Perspektive zu überwinden.[7]

So haben wir es heute in bezug auf die frühneuzeitliche Landesgeschichte des Königlichen Preußen mit einem Forschungsstand zu tun, der auf deutscher Seite einen gegenüber Theodor Schieders Ansatz kaum erweiterten Problemhorizont aufweist. In ihrer Konzentration auf die verfassungs- und rechtsgeschichtliche „Sonderstellung" Preußens im polnisch-litauischen Staatsverband bewegt sich die Landesgeschichtsschreibung jedenfalls ebenso in alten Bahnen wie in ihrer weitgehend selektiven Beschäftigung mit der deutschen Bevölkerungs-, Kultur- und Kirchengeschichte.[8] Vor allem aber erweist sie sich aufgrund dieser methodisch-thematischen Ausrichtung wie auch im Blick auf die sprachlichen Verständigungsschwierigkeiten weiterhin außerstande, mit der polnischen Landeshistorie zu kommunizieren, die ihrerseits den Weg zu einer modernen, für strukturgeschichtliche Fragen aufgeschlossenen Forschung längst beschritten hat. Hier näm-

5 Über die Fehldeutungen, die daraus bei Schieder resultierten, auch unten, S. 184, Anm. 84.

6 Zu den Traditionen der polnischen „Westforschung" Bernard Piotrowski, *O Polskę nad Odrą i Bałtykiem. Myśl zachodnia i badania niemcoznawcze Uniwersytetu Poznańskiego (1919–1939)*, Poznań 1987; über deren Leistungen, nicht zuletzt in bezug auf die „Modernisierung" der Landesgeschichte, vor allem die knappen Bemerkungen bei Klaus Zernack, *Preußens Ende...*; siehe auch ders., *Schwerpunkte und Entwicklungslinien der polnischen Geschichtswissenschaft nach 1945*, in: *Historische Zeitschrift*, Sonderheft 5, München 1973, S. 202–323.

7 Der dringlichen Aufgabe, die Entwicklung der deutschen und polnischen Forschung auf diesem Gebiet in einem genauen historiographiegeschichtlichen Vergleich aufzuarbeiten, nimmt sich jetzt das am Friedrich-Meinecke-Institut der Freien Universität Berlin angesiedelte Forschungsprojekt „Ostdeutsche Landesgeschichte in deutscher und polnischer Sicht" an.

8 Obwohl nicht als historiographiegeschichtliches und methodisches Problem reflektiert, ist dieser Befund jedoch genau herauszulesen aus dem Forschungsbericht von Bernhart Jähnig, *Die landesgeschichtliche Forschung des Preußenlandes (Ost- und Westpreußen) seit 1960 im Überblick*, in: *Jahrbuch für die Geschichte Mittel- und Ostdeutschlands*, Bd. 38 (1989), S. 81–141. – Auch programmatisch einen neuen Anfang macht jetzt freilich die Synthese von Hartmut Boockmann, *Ostpreußen und Westpreußen*, Berlin 1992; anders als in der eindringlichen Analyse der ordenszeitlichen Probleme kommt indessen der beabsichtigte neue Ansatz in den knappen und eher konventionell angelegten Frühneuzeit-Kapiteln des Buchs kaum zum Zuge.

lich trat seit den sechziger Jahren eine intensive Beschäftigung mit den großen wirtschaftlichen und sozialen sowie den kulturellen Wandlungsprozessen der Frühneuzeit in den Vordergrund,[9] und indem sich die Forschungsentwicklung in solchen Bahnen gegenüber den politischen Zwecksetzungen[10] verselbständigte, wurde nicht nur der landesgeschichtliche Fragehorizont beträchtlich erweitert, sondern auch eine neue Sicht auf jene alten nationalgeschichtlichen Interpretationsfragen eröffnet, welche die deutsch-polnischen Kontroversen der Vergangenheit beherrscht hatten.[11]

Der somit konstatierbare Entwicklungsrückstand der deutschen landesgeschichtlichen Forschung gegenüber der polnischen muß freilich nicht unbedingt in prinzipieller Hinsicht bedauert werden, bildet doch die Herstellung von nationaler Parität in bezug auf die jeweiligen Forschungsleistungen kaum einen Wert an sich. Indessen gibt es gute Gründe dafür, die Beschäftigung mit Westpreußen als einer der zentralen Regionen der deutsch-polnischen Beziehungsgeschichte doch nicht ausschließlich einer der beiden Historiographien aufzubürden. Da es die Besonderheit solcher Regionen intensiver historischer Beziehungen ausmacht, daß die nationalgeschichtlichen Prozesse hier sich sowohl überschnitten als auch – in ihren Wechselwirkungen – Entwicklungen eigener Qualität hervorbrachten, bedarf auch deren landesgeschichtliche Erforschung offenkundig der Multiperspektivität.[12] Es ist daher auch kein Zufall, daß das Interesse der polnischen Landeshistorie an Dialog und Kooperation gerade im Zeichen ihrer methodischen und thematischen Modernisierung beträchtlich zugenommen hat.[13] Denn in weit höherem Maß als bei den traditionellen volkstumsgeschichtlichen Fragestellungen tritt bei strukturgeschichtlichen Ansätzen das Bedürfnis zutage, die speziell landesgeschichtlichen wie die allgemein komparatistischen Kompetenzen auf beiden Seiten zu aktivieren und unter einem modernen Konzept von ostmitteleuropäischer Landesgeschichte zusammenzuführen. Als Versuch, zu einer solchermaßen

9 Eine instruktive Übersicht gibt hier Antoni Mączaks forschungsgeschichtliche Einleitung zum zweiten Teil der von Gerard Labuda herausgegebenen Synthese *Historia Pomorza*, Bd. 2, T. 1, Poznań 1976, S. 192–196, außerdem Janusz Małłek, *Untersuchungen zur Geschichte von Königlich Preußen, Ermland und Herzogtum Preußen (Politik, Verfassung, Ständewesen und Kultur) in den wissenschaftlichen Zentren Nordostpolens*, in: *Zapiski Historyczne*, Bd. 57 (1992), H. 1, S. 125–140.

10 Gemeint ist die Indienstnahme der Landesgeschichte für das Ziel, die Grenzziehung von 1945 als eine Rückkehr Polens zu seiner alten, piastischen Westgrenze zu begründen sowie die historische Kontinuität polnischer Staatlichkeit bzw. Gesellschaftlichkeit in den „wiedergewonnenen Ländern“ an der Ostsee ins Blickfeld zu rücken; siehe dazu oben, Anm. 6. – Nicht zuletzt in diesem Zusammenhang stand anfangs wohl auch die Übernahme des Regionalbegriffs „Pomorze“ in die Historiographie, der, im unmittelbaren Wortsinn als „Küstenland“ zu übersetzen, übergreifend die Geschichtslandschaften Pommern (Pomorze Zachodnie) sowie West- und Ostpreußen (Pomorze Wschodnie) umfaßt.

11 Exemplarisch zeigt diese Entwicklung in der polnischen Diskussion der Beitrag von Stanisław Salmonowicz für die deutsch-polnische Schulbuchkonferenz von 1981 *Preußen Königlichen Anteils und das Herzogtum Preußen als Gebiet der Begegnung zweier Kulturen vom 16. bis 18. Jahrhundert*, in: *Schlesien und Pommern in den deutsch-polnischen Beziehungen vom 16. bis 18. Jahrhundert*, Braunschweig 1982, S. 66–86.

12 Hierzu programmatisch vor allem Klaus Zernack, *Das Jahrtausend der deutsch-polnischen Beziehungsgeschichte als Problemfeld und Forschungsaufgabe*, in: ders., *Preußen – Deutschland – Polen...*, S. 3–42.

13 Vgl. dazu die Beiträge über den Entwicklungsstand der Forschung in bezug auf frühneuzeitliche Beziehungsgeschichte in dem Tagungsband *Zum wissenschaftlichen Ertrag der deutsch-polnischen Schulbuchkonferenzen der Historiker 1972–1987*, Braunschweig 1989.

dialogisch angelegten Erörterung der frühneuzeitlichen Geschichte Westpreußens beizutragen, soll denn auch die vorliegende Untersuchung verstanden werden.

I.2. Reformation und Konfessionalisierung als Problem preußischer Landesgeschichte

Wenn hier mit der Frage nach den Zusammenhängen zwischen der Reformationsgeschichte und der Entwicklung städtischer Autonomie freilich ein wiederum traditionell anmutender Ausgangspunkt gewählt wurde, so verlangt dies genauere Erläuterung. Denn das Thema Reformation und Städte scheint in der Tat wie kaum ein anderes durch volkstumsgeschichtliche Deutungen besetzt.[14] Es war die Verschmelzung von lutherischem Bekenntnis und deutscher Bürgerkultur zu einem eigentümlichen städtischen Sonderbewußtsein, welche ein durchgängiges Interesse der Landesgeschichtsschreibung an gerade dieser Frage begründet hat, und im Blick auf die Zusammenhänge mit den bis ins 18. Jahrhundert wirksamen ständisch-kommunalen Autonomiebestrebungen der Städte ist dieser konfessionell unterlegte Identitätsbildungsprozeß unter den deutschen Bürgerschaften denn auch oft genug hervorgehoben und dargestellt worden.[15]

So wenig es mithin darauf ankommen kann, solche Befunde erneut darzulegen, so einsichtig erscheint jedoch zugleich, daß die Reformation als städtegeschichtliches Problem damit historiographisch kaum ausgeschöpft ist. Nicht nur auf die Forschungslücken in bezug auf die konfessions-, also kirchengeschichtlichen Abläufe selbst läßt sich hier verweisen; solche Lücken bestehen namentlich dort, wo die Verknüpfungen der Konfessionsbildung in den preußischen Städten mit den kirchlichen und konfessionspolitischen Entwicklungen in Polen-Litauen zur Diskussion stehen.[16] Es geht vielmehr auch und vor allem um jene politik- und gesellschaftsgeschichtlichen Problemfelder der städtischen Reformation, welche die traditionelle Landeshistorie

14 Dazu allgemein die noch immer gültigen Beobachtungen in dem 1974 vorgelegten, ebenso sachkundig wie behutsam urteilenden Forschungsbericht von Marceli Kosman, *Reformacja i kontrreformacja*, in: *Stosunki polsko-niemieckie w historiografii. Studia z dziejów historiografii polskiej i niemieckiej*, Bd. 1, hrsg. von Jerzy Krasuski, Gerard Labuda und Antoni Władysław Walczak, Poznań 1974, S. 362–409; vgl. ferner Marceli Kosman, *Reformacja i kontrreformacja w Prusach Królewskich w świetle dotychczasowych badań*, in: *Roczniki Historyczne*, Bd. 39 (1974), S. 1–40.

15 Bezeichnenderweise gilt dies nicht nur für die deutsche Historiographie. Wo es um die Einordnung des Reformationsproblems in die allgemeine Landesgeschichte geht, stellen vielmehr auch die polnischen Historiker den ethnisch-nationalkulturellen Wirkungsaspekt in den Vordergrund; in diesen Sinne neuerdings etwa Janusz Tazbir, *Kultura szlachecka w Polsce. Rozkwit, upadek, relikty*, Warszawa 1983, S. 96; vgl. auch ders., *Społeczny i terytorialny zasięg polskiej reformacji*, in: *Kwartalnik Historyczny*, Bd. 82 (1975), S. 723–735.

16 Angesichts der enormen Dichte der kirchengeschichtlichen Forschungen über den Protestantismus in Westpreußen mag diese Feststellung überraschen. Tatsächlich aber sind diese weitgehend auf die deutsch-lutherischen Aspekte beschränkt geblieben, während die Anregungen aus den Arbeiten von Theodor Wotschke oder Kai Eduard Jordt Jørgensen nicht in der Perspektive einer systematischen Erforschung der konfessionellen Beziehungen des Königlichen Preußen zum polnischen Protestantismus aufgenommen worden sind. Zum Beitrag Wotschkes vgl. Henryk Barycz, *Udział Teodora Wotschkego w rozwoju badań ruchu reformacyjnego w Polsce*, in: *Reformacja w Polsce*, Bd. 11 (1948–52), S. 115–122; außerdem ist

gewissermaßen programmatisch aus ihrem Gesichtskreis ausgeschlossen hat. Auch auf anderen Ebenen als der einer deutsch-lutherischen Identitätsbildung nämlich überschnitt sich das religiös-konfessionelle Geschehen im 16. und frühen 17. Jahrhundert mit den politischen, verfassungs- und sozialgeschichtlichen sowie kulturellen Umbrüchen in der Städteentwicklung; es war auf vielfältige Weise in die inneren wie die äußeren Konflikte der Städte eingebunden, und es stand hier offenbar auch im Kontext wechselnder politisch-sozialer und nationalkultureller Frontenbildungen, die sich erst vermittels einer komplexeren, nämlich beziehungsgeschichtlich angelegten Betrachtungsweise werden aufschlüsseln lassen.[17]

Stadtgeschichtlich ergiebig wird die Frage nach Reformation und Konfessionalisierung also vor allem dadurch, daß man die Fragerichtung gegenüber dem herkömmlichen Ansatz gleichsam umkehrt. Anstatt die Reformation unter dem Gesichtspunkt ihrer wohl bekannten kirchengeschichtlichen und nationalkulturellen Ergebnisse zu betrachten, käme es darauf an, den Prozeß der Konfessionalisierung selbst in den Mittelpunkt zu stellen, um aus dessen Abläufen das weitere politik- und gesellschaftsgeschichtliche Wirkungsumfeld der städtischen Reformation zu erschließen. In dieser Perspektive führt die Frage freilich auch deutlich über den Horizont religions- und kirchengeschichtlicher Betrachtung hinaus. Denn es handelt sich um eine Erörterung, die in erster Linie doch an den „profangeschichtlichen“ Entwicklungen der Reformationsepoche interessiert ist, wobei die Konfessionsfrage an sich als der problemintegrierende Mittelpunkt betrachtet wird, von dem die Untersuchung der einzelnen Problemfelder jeweils ausgehen kann. Methodisch angeknüpft wird damit also an eine Arbeitsrichtung in der Reformationsforschung, die im Blick auf das Reich wie auf Westeuropa inzwischen gut erprobt ist.[18] Deren bisherige

gemeint Kai Eduard Jordt Jørgensen, *Ökumenische Bestrebungen unter den polnischen Protestanten bis zum Jahre 1645*, København 1942. – Ausführlicher über die kirchengeschichtliche Forschungsentwicklung unten, S. 37 ff.

17 In bezug auf die Desiderate vor allem kulturgeschichtlicher Forschung ist dieses Problem von polnischen Historikern auch bereits seit den fünfziger Jahren zur Sprache gebracht worden: Gerard Labuda, *Historycy dziejów Pomorza wobec nowych zadań*, in: *Nauka Polska*, Bd. 2 (1954), H. 3, S. 136–156, sowie Marian Biskup, *Potrzeby historiografii Warmii i Mazur do końca XVIII wieku*, in: *Stan i potrzeby nauk społecznych na Warmii i Mazurach. Referaty z sesji naukowej w Olsztynie 26. – 27. II. 1965*, Olsztyn 1966, S. 3–17. Während in der Folge denn auch namentlich die Bildungsgeschichte der Reformationszeit relativ viel Aufmerksamkeit gefunden hat (vgl. M. Kosman, *Reformacja i kontrreformacja...*, S. 390 f.), sind jedoch die politik- und sozialgeschichtlichen Dimensionen der Reformation vernachlässigt geblieben; vgl. G. Labuda, *Historia Pomorza...*, Bd. 2, T. 1, S. 6 f., sowie die Besprechung dieses Bandes von Janusz Małłek/ Franciszek Mincer, *Nowa synteza dziejów Pomorza od połowy XV do połowy XVIII wieku*, in: *Zapiski Historyczne*, Bd. 46 (1981), H. 2, S. 47–70. So bleiben Gottfried Schramms in verschiedenen Zusammenhängen angestellte Überlegungen einstweilen der wohl wichtigste, konzeptionell ergiebigste Beitrag zu einer entsprechenden Interpretation der Städtereformation im Königlichen Preußen; siehe das Preußen-Kapitel in Gottfried Schramm, *Der polnische Adel und die Reformation, 1548–1607*, Wiesbaden 1965, S. 116 ff.; ders., *Danzig, Elbing und Thorn als Beispiele städtischer Reformation (1517–1588)*, in: *Historia Integra. Festschrift für Erich Hassinger*, Berlin 1977, S. 125–154.

18 Zum Diskussionsstand Hans-Christoph Rublack, *Forschungsbericht Stadt und Reformation*, in: *Stadt und Kirche im 16. Jahrhundert*, hrsg. von Bernd Moeller, Gütersloh 1978, S. 9–26; Bernd Moeller, *Reichsstadt und Reformation*, 2. Aufl., Berlin 1987; Kaspar von Greyerz, *Stadt und Reformation. Stand und Aufgaben der Forschung*, in: *Archiv für Reformationsgeschichte*, Bd. 76 (1985), S. 6–63; Heinz Schilling, *Die Konfessionalisierung im Reich. Religiöser und gesellschaftlicher Wandel in Deutschland zwischen 1555 und*

Ergebnisse lassen allgemein als einen Hauptzug der „konfessionellen Epoche" erkennen, daß die großen politisch-konstitutionellen und gesellschaftlichen Konflikte überall dort, wo die Reformation nachhaltige Wirkung zeitigte, auch überwiegend in den Bahnen konfessioneller Auseinandersetzungen verlaufen sind. Dem konfessionellen Faktor kam in diesem Sinne also eine universell „konfliktführende" Funktion zu, und im Blick darauf erscheint der Versuch aussichtsreich, die Erkundung des reformatorisch-konfessionellen Geschehens für eine im weitesten Sinne politikgeschichtliche Erörterung der frühneuzeitlichen Städteentwicklung nutzbar zu machen.[19]

I.2.1. Die städtische Reformation in der Kirchengeschichte des Königlichen Preußen

Unter den Aufgaben, die sich für eine Untersuchung in der angedeuteten Perspektive stellen, steht die einer genauen Rekonstruktion der kirchengeschichtlichen Zusammenhänge freilich notwendig wiederum im Vordergrund. Den Ausgangspunkt bilden hier Beobachtungen, welche die Historiographie über das Königliche Preußen und seine Städte für die Reformationsepoche zwar immer wieder mitgeteilt, jedoch weder empirisch vertieft noch gar interpretierend einzuordnen vermocht hat. In allen größeren Städten des Landes war die Durchsetzung des lutherischen Bekenntnisses offenbar ein ebenso angefochtener wie vergleichsweise spät abgeschlossener Prozeß. Aufgehalten hat diesen nicht nur das Scheitern der ersten reformatorischen Bürgerbewegungen der zwanziger Jahre des 16. Jahrhunderts am Widerstand der städtischen Obrigkeiten und des königlichen Stadtherrn, sondern – nach der förmlichen Einführung der Reformation 1557/58 – vor allem auch der konkurrierende Einfluß des Reformiertentums, das von den städtischen Eliten gezielt gefördert wurde.[20] Über lange Zeit standen die großen Städte also in einem Spannungs-

1620, in: *Historische Zeitschrift*, Bd. 246 (1988), S. 1–45, sowie die ausführliche und instruktive forschungsgeschichtliche Einleitung bei dems., *Konfessionskonflikt und Staatsbildung. Eine Fallstudie über das Verhältnis von religiösem und sozialem Wandel in der Frühneuzeit am Beispiel der Grafschaft Lippe*, Gütersloh 1981.

19 Vgl. H. Schilling, *Konfessionskonflikt und Staatsbildung...*, S. 37; im Kontext heißt es hier: „Weil jede religiöse Bewegung und jeder religiöse Zusammenschluß eo ipso ein Politikum darstellte, traten konfessionelle Gruppierungen innerhalb ein und desselben Gemeinwesens von selbst in die Rolle von antagonistischen Parteiungen, mit deren religiösen Zielsetzungen sich in der Regel politische und gesellschaftliche Interessen verbanden. Die Konfessionen wurden dadurch konfliktführend. Im Konfessionskonflikt ergab sich eine Fokalisierung der gesellschaftlichen Gegensätze. Religions- und Konfessionskonflikte rissen Staat und Gesellschaft auseinander. Und immer dann, wenn umgekehrt eine Kontroverse um Grundprinzipien der gesellschaftlichen und politischen Verfassung aufbrach, ‚bedienten' sich die Kontrahenten nahezu unvermeidlich des antagonistischen Argumentations- und Legitimationspotentials verschiedener Konfessionen oder auch verschiedener innerkonfessioneller Strömungen. Das in sich jeweils sehr heterogene und komplizierte Gemisch von Interessen wurde damit zu einem Parteienstandpunkt, der sich leicht vertreten ließ. Hinzu kam, daß die emotionale Komponente und die Augenfälligkeit der verschieden gefärbten Kulthandlungen massenwirksam waren."

20 Über die reformierten Strömungen in der städtischen Reformation G. Schramm, *Danzig, Elbing und Thorn...*, S. 140 ff.; Michael G. Müller, *Zur Frage der Zweiten Reformation in Danzig, Elbing und Thorn*, in: *Die reformierte Konfessionalisierung in Deutschland. Das Problem der „Zweiten Reformation"*, hrsg.

feld widerstreitender konfessioneller Integrationsprozesse, und erst nach der Mitte des 17. Jahrhunderts, im Gefolge der rechtlichen Abdrängung auch der Elbinger und Thorner Reformierten in den Status von Minderheitsgemeinden, galt weitgehend unangefochten jener lutherische Konfessionsstand, welcher in der Geschichtsschreibung überwiegend als der stabile, gleichsam „natürliche" Zustand der protestantischen Stadtkirchen angesehen wurde.[21]

Sorgfältiger Überprüfung bedarf der bisherige Kenntnisstand zur städtischen Reformationsgeschichte mithin unter mehreren Gesichtspunkten. Es wird zunächst darauf ankommen, den längeren Verlauf von Reformation und konfessioneller Formierung noch einmal in einer Weise zu rekonstruieren, die nicht nur der konfessionellen Vielgestaltigkeit des Prozesses, sondern auch dessen Erstreckung bis ins 17. Jahrhundert Rechnung trägt.[22] Dabei gilt es nicht zuletzt, die an sich bekannten, für die je besondere Stadtgeschichte in der Regel ausführlich dargestellten Stationen in der Entwicklung der städtischen Kirchenorganisation und Konfessionspolitik vor diesem Hintergrund neu zu deuten und sie ferner in ein – noch zu entwerfendes – Verlaufsmodell der Konfessionsbildung einzuordnen, das deren für die preußischen Städte charakteristischen gemeinsamen Züge darzustellen erlaubt.[23] Schließlich muß es um einen Versuch gehen, die Mög-

von Heinz Schilling, Gütersloh 1986, S. 251–265; zuletzt auch Kazimierz Maliszewski, *Stosunki religijne w Toruniu w latach 1548–1660*, in: *Historia Torunia*, Bd. 2, T. 2: *W czasach renesansu, reformacji i wczesnego baroku (1548–1660)*, hrsg. von Marian Biskup, Toruń 1994, S. 257–300.

21 Exemplarisch wird hier deutlich, in welchem Maße die apostrophierte deutschtumsgeschichtliche Einseitigkeit der Landeshistorie deren Blickfeld verengt hat. Ebenso zugespitzt wie in der Perspektive auf das Problem und dennoch repräsentativ erscheint die Formulierung bei Heinz Neumeyer, *Kirchengeschichte von Danzig und Westpreußen in evangelischer Sicht*, Bd. 1, Leer 1971, S. 95: „Überblickt man die Ausbreitung der Reformation in Westpreußen von ihren Anfängen bis zu ihrem Höchststand – also etwa die Zeit von 1520 bis 1590 –, so ist zu erkennen, daß sie ihre Hauptkraft aus der engen geistigen Verbindung mit Deutschland zog ... Da die kirchliche Entwicklung in Deutschland zur Reformation drängte ... folgte die deutsche Bevölkerung Westpreußens dieser Entwicklung. Sie war der Träger der reformatorischen Gedanken im Lande. Zwar hatte sich Luther an alle Menschen und Völker gewendet, aber die Art seiner Botschaft war doch ein besonderer Ausdruck deutscher Gemütstiefe und Innerlichkeit; die Luther quälende Frage nach der Gerechtigkeit des Menschen vor Gott bewegte die Deutschen mehr als etwa die romanischen und slawischen Völker. Daher wurde auch in Westpreußen Luthers Lehre überall dort leichter gehört und angenommen, wo Deutsche lebten."

22 Die Tatsache, daß beide Aspekte in einem direkten Zusammenhang stehen, läßt sich anhand der bisherigen Diskussion gleichsam negativ verdeutlichen. Da die Konfessionalisierung in aller Regel nur als ein Problem des 16. Jahrhunderts erörtert worden ist, kamen die lutherisch-reformierten Konflikte am Jahrhundertende allenfalls als eine vermeintliche Randerscheinung in den Blick, und dem entspricht deren übereinstimmende Beurteilung als ein auch qualitativ wenig gewichtiges Phänomen im „Hauptstrom" der lutherischen Konfessionsbildung; in der neueren Literatur in diesem Sinne nicht nur etwa H. Neumeyer, *Kirchengeschichte...*, S. 94 ff., sondern z. B. auch G. Schramm, *Danzig, Elbing und Thorn...*; Stanisław Salmonowicz, *Religiöses Leben in Toruń im 16. und 17. Jahrhundert*, in: *Probleme der Reformation in Deutschland und Polen*, hrsg. von Johannes Kalisch, Rostock 1983, S. 41–55; ders., *Preußen Königlichen Anteils...*, S. 70 f.; Janusz Małłek, *Marcin Luter a reformacja w Prusach Książęcych i Prusach Królewskich*, in: *Rocznik Teologiczny*, Bd. 25 (1983), 2, S. 91–100.

23 Konzeptionell am weitesten führen hier einstweilen die Überlegungen, die Gottfried Schramm in einem noch unveröffentlichten Manuskript dargelegt hat: Gottfried Schramm, *Die gelungene Reformation in den Städten des Königlichen Preußen: Ein Gegenbild zum Scheitern des Protestantismus im polnischen Bürgertum* (Ms.); vgl. auch – mit allerdings noch wesentlich engerer zeitlicher Perspektive – Marian Biskup,

lichkeiten der beziehungsgeschichtlichen wie der komparatistischen Interpretation dieser kirchengeschichtlichen Befunde genauer zu erkunden, und mit diesem Ziel wären vor allem zwei Arbeitshypothesen zu überprüfen: zum einen die Annahme, daß die Konfessionsbildung in den Städten des Königlichen Preußen in ähnlichem Umfang mit der polnischen wie mit der deutschen Reformationsgeschichte verknüpft und insofern auch ein Phänomen von Beziehungsgeschichte war,[24] zum anderen aber die Vermutung, daß es sich bei den „kryptocalvinistisch"-reformierten Elite-Bewegungen in den Städten an der Wende vom 16. zum 17. Jahrhundert um eine Erscheinung handelt, die ihrerseits typologisch in den größeren Zusammenhang des europäischen Epochenphänomens Zweite Reformation gehört.[25]

Der notwendigerweise ausführlichen kirchengeschichtlichen Erörterung kommt jedoch im Sinne des oben begründeten Ansatzes vor allem instrumentelle Bedeutung im Blick auf die zweite, weiterreichende Aufgabenstellung der Untersuchung zu. Sie besteht darin, die großen Fragen des Status- und Strukturwandels der Städte in der Epoche nach der Inkorporation des Königlichen Preußen in den polnisch-litauischen Unionsstaat in einem neuerlichen Problemdurchgang zu diskutieren, wofür die Erkundung der konfessionellen beziehungsweise konfessionspolitischen Aspekte als ein gleichsam problemaufschließendes Verfahren dienen soll. Dabei verspricht die Wahl dieser Untersuchungsperspektive eher eine Erweiterung denn eine Verengung des in Frage stehenden Problemhorizonts. Denn politikgeschichtlich deutbare Verflechtungen weist die konfessionelle Entwicklung hier offenbar sowohl in bezug auf die Probleme im traditionellen Fragenumkreis der Landeshistorie als auch im Blick auf jene Phänomene des Strukturwandels von Stadtverfassung und Stadtgesellschaft auf, welche erst neuerdings von der polnischen Städteforschung für das Königliche Preußen ins Gespräch gebracht worden sind.[26]

I.2.2. Konfessionalisierung und Stadtautonomie

An erster Stelle steht die Frage nach dem Bezugssystem städtischer Autonomiepolitik im Königlichen Preußen – und damit ein durchaus konventionelles Thema der älteren Landesgeschichtsschreibung. Deren gewissermaßen „nationalpolitische" Deutung der Beziehungen der Städte zu Landesständen, Krone und Republik[27] wäre indessen kritisch zu überprüfen im Hinblick

Stadt und Reformation am Beispiel von zwei königlich-preußischen Städten – Elbing und Thorn – am Anfang des 16. Jahrhunderts, in: *Hansische Stadtgeschichte – Brandenburgische Landesgeschichte*, hrsg. von Evamaria Engel, Konrad Fritze, Johannes Schildhauer, Weimar 1989, S. 203–216.

24 Siehe oben, Anm. 16.

25 Methodenprobleme und Forschungsstand sind gut dokumentiert in dem Tagungsband: *Die reformierte Konfessionalisierung in Deutschland. Das Problem der „Zweiten Reformation"*, hrsg. von Heinz Schilling, Gütersloh 1986.

26 Die Hauptrichtungen der Forschungsdiskussion darüber sind gut nachvollziehbar anhand von Maria Bogucka/Henryk Samsonowicz, *Dzieje miast i mieszczaństwa w Polsce przedrozbiorowej*, Wrocław u. a. 1986.

27 Das häufig variierte Hauptmotiv der deutschen Historiographie war es hier, die dezidierten Autonomiebestrebungen der Städte als einen stellvertretend für das ganze Land ausgefochtenen ständepolitischen Kampf um die Bewahrung deutscher Identität darzustellen. Vgl. allgemein dazu J. Hackmann, *Kampf um*

auf diejenigen Faktoren, welche neben den gut bekannten rechtlichen Aspekten die Statusveränderung der Städte im Verlauf der Epoche offenbar ebenfalls beeinflußt haben. Zu bedenken ist hier zum einen der verfassungsgeschichtliche Strukturwandel, den der polnisch-litauische Ständestaat insgesamt in der Wirkung der Lubliner Union von 1569 erfahren hat,[28] zum andern aber die Tatsache, daß auch das handelswirtschaftliche Kommunikationsgefüge, das die herausragende Stellung der preußischen Städte begründete, in nachhansischer Zeit markanten Veränderungen unterlag; die spätmittelalterliche Ausgangslage sollte im Zuge der wirtschaftlichen Umstrukturierung Ostmitteleuropas[29] wie auch durch deren mächtepolitische Rückwirkungen in den Nordischen Kriegen[30] seit dem 16. Jahrhundert für die alten Hansestädte weitgehend außer Kraft gesetzt werden. Als ein Problem von Rechtssicherung wie von Anpassung zugleich stellte sich die Aufgabe der Autonomiewahrung für die Städte also offenbar auf verschiedenen Ebenen und zugleich in wechselnden Kontexten ständepolitischen Handelns.

Dieser komplexere Horizont städtischer Autonomiepolitik aber findet sich in spezifischer Weise in der reformationsgeschichtlichen Entwicklung abgebildet. Denn das konfessionelle Moment war insofern selbst ein zentraler Bezugspunkt von Autonomiepolitik, als mit der Sicherung des eigenen Konfessionsstandes und der Behauptung eines eigenen Kirchenregiments zutiefst politisch bedeutsame Attribute städtischer Selbständigkeit auf dem Spiel standen. Die Auseinandersetzungen um die Abwehr der Gegenreformation beziehungsweise um die Durchsetzung des ständestaatlichen Toleranzrechts bildeten einen der Hauptstränge in dem Konflikt, den die Städte nach der Mitte des 16. Jahrhunderts mit den auf staatliche Integration drängenden Kräften im Unionstaat auszutragen hatten;[31] und entsprechend spielten sie nicht nur in die Land-

die Weichsel...; auf die einzelnen Positionen in der Stadt- und Landesgeschichtsschreibung wird unten, S. 167 ff., näher eingegangen. – Einen Reflex hat die nationalpolitische Stilisierung des Autonomieproblems von deutscher Seite insofern allerdings auch in der polnischen Historiographie gefunden, als der anachronistischen Vorstellung von einer deutschtumsbezogenen Städtepolitik die ebenso anachronistische Frage nach der „Loyalität" der Städte gegenüber der polnischen Staatlichkeit gegenübergestellt wurde; mit solchen Kategorien argumentiert auch noch die *Historia Gdańska*, hrsg. von Edmund Cieślak, Bd. 2, Gdańsk 1982, S. 754 ff.

28 Dazu vor allem die grundsätzlichen Überlegungen zu verfassungsgeschichtlichen Desideraten der Westpreußen-Forschung bei Stanisław Salmonowicz, *Prusy Królewskie w ustroju Rzeczypospolitej szlacheckiej (1569–1772)*, in: *Acta Universitatis Wratislaviensis*, Nr. 945, *Historia, 66*, Wrocław 1988, S. 45–56.

29 Vgl. Marian Biskup in: *Historia Pomorza...*, Bd. 2, T. 1, S. 64–69.

30 Über diesen Wirkungszusammenhang allgemein Klaus Zernack, *Das Zeitalter der nordischen Kriege von 1558 bis 1809 als frühneuzeitliche Geschichtsepoche*, in: *Zeitschrift für Historische Forschung*, Bd. 1 (1974), S. 55–79.

31 So nachdrücklich die ältere deutsche Forschung diesen Problemzusammenhang unterstrichen hat, so wenig hat sie daraus jedoch die Konsequenz gezogen, die einzelnen Bezüge der konfessionellen Autonomiepolitik genauer zu untersuchen. Vielmehr erscheint die konfessionelle Frage politikgeschichtlich stets als eine Funktion des unterstellten nationalen Fundamentalkonflikts; programmtisch in diesem Sinne etwa Paul Simson, *Westpreußens und Danzigs Kampf gegen die polnischen Unionsbestrebungen in den letzten Jahren des Königs Sigismund August (1568–1572)*, in: *Zeitschrift des Westpreußischen Geschichtsvereins*, Bd. 37 (1897), S. 1–176; als Versuch einer gegenläufigen Betrachtungsweise: Michael G. Müller, *Wielkie miasta Prus Królewskich wobec parlamentaryzmu polskiego po Unii Lubelskiej*, in: *Czasopismo Prawno-Historyczne*, Bd. 45 (1993), S. 257–267.

und Reichstagspolitik der Städte hinein, sondern auch in deren Beziehungen zur Krone und zu den Konfessionsparteien der Republik – ja selbst in jenes „außenpolitische" Aktionsfeld, in welches die Städte vor allem unter dem Druck der schwedischen Expansionspolitik seit der Wende zum 17. Jahrhundert zunehmend hineingeraten sollten.[32] So verspricht die Rekonstruktion des konfessionspolitischen Handelns der Städte denn auch in zweierlei Hinsicht neue Aufschlüsse zu geben. Sie stellt eine genauere Sicht auf das Ganze des politischen Bezugssystems in Aussicht, in dem die Städte im 16. und 17. Jahrhundert standen, und sie erlaubt zugleich, Theodor Schieders Frage nach dem ständischen Politikkonzept der städtischen Eliten im Königlichen Preußen noch einmal auf neuer Grundlage zu diskutieren. Anhand der Legitimations- und Argumentationsmuster städtischer Politik wird sich überprüfen lassen, in welchen Reflexionszusammenhang die Probleme von Stadtautonomie, Republikzugehörigkeit und Ständefreiheit für die Zeitgenossen wirklich eingeordnet waren.[33]

I.2.3. Konfessionalisierung und Stadtverfassung

Ähnlich wie in bezug auf die äußere Städtepolitik läßt sich die Frage nach den Zusammenhängen zwischen Konfessionsbildung und stadtgeschichtlichem Wandel aber auch auf der verfassungsgeschichtlichen Ebene produktiv machen. Dem reichhaltigen komparatistischen Ertrag stadtgeschichtlicher Reformationsforschung für das Reich wie auch für Polen[34] steht für diese

32 Damit ist nicht etwa auf die von der deutschen Landesgeschichtsschreibung beharrlich vertretene, aber verfassungsgeschichtlich unhaltbare Auffassung angespielt, wonach die großen Städte, vor allem Danzig, kraft ihres vermeintlich souveränen Status eine eigene Außenpolitik betrieben hätten; vgl. in diesem Sinne zuletzt Helge bei der Wieden, *Das Gesandtschaftswesen der Stadt Danzig im 17. und 18. Jahrhundert*, in: *Danzig in acht Jahrhunderten*, hrsg. von Bernhard Jähnig und Peter Letkemann, Münster 1985, S. 251–268, sowie die stichhaltige Kritik von Edmund Cieślak, *Kilka uwag na marginesie artykułu Helge bei der Wieden o poselstwach gdańskich w XVII i XVIII w.*, in: *Zapiski Historyczne*, Bd. 54 (1989), S. 101–108. Vielmehr geht es um das grundsätzlichere Problem, daß die hansezeitliche Sonderrolle der großen Handelsmetropolen sich im Zeichen neuer mächtepolitischer Konkurrenzverhältnisse offenbar nicht mehr behaupten ließ, die Städte also entgegen ihrem Interesse zunehmend in den Sog territorialstaatlicher Konflikte gerieten. Dies ist als Epochenproblem für die Städtegeschichte des Königlichen Preußen gut charakterisiert in *Historia Pomorza...*, Bd. 2, T. 1, S. 64 ff.

33 Gänzlich irreführend ist hier die in der allgemein landesgeschichtlichen wie in der kirchenhistorischen Literatur durchgängig vertretene Ansicht, daß es für die städtische Konfessionspolitik des 16. und 17. Jahrhunderts keinerlei andere Bezugspunkte als die städtischen Religionsprivilegien und das lutherische Bekenntnis gegeben habe (vgl. H. Neumeyer, *Kirchengeschichte...*, passim). Ein ganz anderer Befund ist für die Danziger Geschichte des späten 17. Jahrhunderts bereits überzeugend belegt in der für unsere Fragestellung ergiebigen Untersuchung von Edmund Cieślak, *Walki społeczno-polityczne w Gdańsku w drugiej połowie XVII wieku. Interwencja Jana III Sobieskiego*, Gdańsk 1962.

34 Neben B. Moeller, *Reichsstadt...*, sowie H. Ch. Rublack, *Forschungsbericht Stadt...*, vgl. auch Peter Blickle, *Gemeindereformation. Die Menschen des 16. Jahrhunderts auf dem Weg zum Heil*, München 1985; Heinz Schilling, *Wandlungs- und Differenzierungsprozesse innerhalb der bürgerlichen Oberschichten West- und Nordwestdeutschlands im 16. und 17. Jahrhundert*, in: *Schichtung und Entwicklung der Gesellschaft in Polen und Deutschland im 16. und 17. Jahrhundert*, hrsg. von Marian Biskup und Klaus Zernack, Wiesbaden 1983, S. 196–243; ders., *Die politische Elite nordwestdeutscher Städte in den religiösen Aus-*

Frage zudem eine vergleichsweise dichte Diskussion über die besonderen Abläufe in den preußischen Städten an der Seite,[35] so daß zumindest für die Durchbruchsphase des neuen Bekenntnisses bis zur Mitte des 16. Jahrhunderts ein Interaktionsmuster von konfessionellen und konstitutionellen Konflikten schon jetzt klar zu erkennen ist. Ebenso wie vielerorts im Reich fiel die Reformation im Königlichen Preußen im ersten Anlauf mit einer politischen Protestbewegung der städtischen Bürgerschaften gegen ihre Räte unmittelbar zusammen. Die Welle religiös-oppositioneller Mobilisierung, die seit 1522 von Wismar und Rostock aus nach Pommern und Preußen übergriff, um schließlich – in radikaleren Verlaufsformen – auch die livländischen Städte zu erfassen, brachte 1525 vor allem den alten Verfassungsstreit um eine breitere Beteiligung der Bürgerschaften am Stadtregiment zu einem neuen, gewaltsamen Ausbruch.[36] Der entschlossene Widerstand der Räte aber, der dank der Intervention des königlichen Stadtherrn rasch erfolgreich war, galt eigentlich nicht der neuen Lehre an sich, sondern der „Gemeindereformation" als politischem Prinzip. Nachdem der Versuch der Bürgerschaften abgewehrt war, parallel zur Errichtung einer lutherischen Bürgerkirche die gemeindlich-genossenschaftlichen Strukturen auch auf politischer Ebene zu stärken, schien denn auch der Weg zu einem obrigkeitlich gesteuerten Konfessionswechsel, einer „Ratsreformation", frei.[37]

Wenn diese nun 1557/58 auf politisch eher unspektakuläre Weise zum Zuge kam, so heißt das jedoch nicht – wie die bisherige Forschungsdiskussion nahelegen mag –, daß der konfessionell

einandersetzungen des 16. Jahrhunderts, in: *Stadtbürgertum und Adel in der Reformation*, hrsg. von Wolfgang Mommsen, Stuttgart 1979, S. 235–308. – Zu den polnischen und litauischen Städten vgl. die einander systematisch ergänzenden Studien von Gottfried Schramm, *Reformation und Gegenreformation in Krakau. Die Zuspitzung des konfessionellen Kampfes in der Hauptstadt*, in: *Zeitschrift für Ostforschung*, Bd. 19 (1970), H. 1, S. 1–41; ders., *Protestantismus und städtische Gesellschaft in Wilna. 16.–17. Jahrhundert*, in: *Jahrbücher für Geschichte Osteuropas*, N. F., Bd. 17 (1969), H. 2, S. 187–214; ferner Jolanta Dworzaczkowa, *Wprowadzenie reformacji do miast królewskich Wielkopolski*, in: *Odrodzenie i Reformacja w Polsce*, Bd. 10 (1965), S. 57–61, sowie zuletzt allgemein Maria Bogucka, *Miasta w Polsce a reformacja. Analogie i różnice w stosunku do innych krajów*, in: *Odrodzenie i Reformacja w Polsce*, Bd. 24 (1979), S. 5–19.

35 G. Schramm, *Danzig, Elbing und Thorn...*; M. Biskup, *Stadt und Reformation...*; Maria Bogucka, *Reformation, Kirche und der Danziger Aufstand in den Jahren 1517–1526*, in: *Hansische Stadtgeschichte – Brandenburgische Landesgeschichte* (= Hansische Studien, Bd. 8), Weimar 1989, S. 217–224; dies., *Luter a Gdańsk. Społeczne przesłanki zwycięstwa luteranizmu w Gdańsku w XVI wieku*, in: *Rocznik Gdański*, Bd. 43 (1983), H. 1, S. 55–63; Jolanta Dworzaczkowa, *O genezie i skutkach rewolty gdańskiej 1525/26 r.*, in: *Roczniki Historyczne*, Bd. 26 (1962), S. 97–109. – Zu den äußeren Anstößen auch Johannes Schildhauer, *Soziale, politische und religiöse Auseinandersetzungen in den Hansestädten Stralsund, Rostock und Wismar im ersten Drittel des 16. Jahrhunderts*, Weimar 1959.

36 Eine Ausnahme bildet Thorn, wo es zwar bereits 1521 zu „protoreformatorischen, antiklerikalen" Ausbrüchen kam (siehe M. Biskup, *Stadt und Reformation...*, S. 206 ff.), eine direkte Verknüpfung mit dem 1523 artikulierten politischen Bürgerprotest jedoch ausblieb. Dabei scheint der frühe Zeitpunkt der religiösen Mobilisierung selbst ein wesentlicher Grund für das Auseinandertreten beider Bewegungen gewesen zu sein; vgl. G. Schramm, *Danzig, Elbing und Thorn...*, S. 139.

37 Zur Typologie der Konfliktabläufe in der städtischen Reformation B. Moeller, *Reichsstadt...*, S. 18 ff.; H. Schilling, *Konfessionskonflikt...*, S. 83 ff. – Über die bald nach 1525 erkennbaren Ansätze in den preußischen Städten, eine obrigkeitlich gesteuerte „Ratsreformation" in Gang zu setzen, ausführlicher unten, S. 41 ff.

unterlegte Verfassungsgegensatz in den preußischen Städten damit politisch bedeutungslos geworden wäre.[38] Gewiß trifft auch hier zu, was allgemein für die innerstädtischen Auseinandersetzungen des 16. und 17. Jahrhunderts zu gelten scheint: Das periodisch sich wiederholende Aufbegehren der Bürgerschaften gegen das „aristokratische" Stadtregiment der patrizischen Eliten[39] vermochte dessen Grundlagen letztlich nie zu erschüttern; und ebensowenig wie schon die reformatorischen Bürgerbewegungen von 1525 eine eigentlich „revolutionäre" Komponente hatten,[40] sollte es auch in der Folge zu einem explosiven Zusammenwirken von stadtpolitischem und religiösem Protest in diesem Sinne kommen. So fragwürdig es also erscheint, den bürgerschaftlichen Oppositionsbewegungen als solchen eine dynamische, gar „modernisierende" Rolle in der städtischen Verfassungsentwicklung zuzuschreiben,[41] so unbestreitbar ist indessen auch, daß die zyklisch aufbrechenden Konflikte um das geistliche und weltliche Stadtregiment verfassungsgeschichtlich an sich aufschlußreich sind. Auch die stetig scheiternden oppositionellen Anläufe illustrieren die städtische Verfassungslage auf spezifische Weise, und zwar nicht zuletzt unter dem Aspekt, daß die entscheidenden Wandlungsimpulse hier offenbar nicht von den traditionellen Trägergruppen innerstädtischer Opposition, sondern von den städtischen Eliten ausgegangen sind.

So kommt mit den innerstädtischen Konflikten der Konfessionalisierungsepoche vor allem jener Prozeß von „Herrschaftsintensivierung" in den Blick, welcher das Verfassungsprofil der alten kolonialen Rechtsstädte im Königlichen Preußen insgesamt sicher am nachhaltigsten verändert hat. Während die „Bürgerkämpfe" des Spätmittelalters noch um Patriziermacht und Bürgerpartizipation, mithin um die Machtverteilung innerhalb einer an sich korporativ organisierten stadtbürgerlichen Genossenschaft geführt worden waren,[42] ging es bei den Verfassungskonflikten des 16. und 17. Jahrhunderts eigentlich um die Ablösung des rechtsstädtischen Kommunalis-

38 Die Zusammenhänge zwischen den Bürgerbewegungen von 1525 und späteren Konfessionskonflikten in den Städten sind in der Forschung zwar nicht ausdrücklich bestritten, jedoch auch nie wirklich erkundet worden; vgl. Anm. 35.

39 Zum aristokratischen Selbstverständnis der Ratsfamilien sowie zu den entsprechenden Deutungen der Stadtverfassung Gottfried Lengnich, *Ius publicum civitatis Gedanensis oder der Stadt Dantzig Verfassung und Rechte*, hrsg. von Otto Günther, Danzig 1900, S. 22 ff. Siehe auch E. Cieślak, *Walki społeczno-polityczne...*, S. 13 ff.

40 Mit dieser Beurteilung hat auch die polnische Forschung ihre ursprünglich an dem marxistischen Deutungskonzept „frühbürgerliche Revolution" orientiertes Bild neuerdings revidiert. Die ältere, auf ein Klassenkampf-Modell bezogene Interpretation zum Beispiel bei Maria Bogucka, *Walki społeczne w Gdańsku w XVI wieku*, in: *Szkice z dziejów Pomorza*, Bd. 1, Warszawa 1958, S. 369–448, sowie dies., *Reformation, Kirche und der Danziger Aufstand...*; kontrastierend dazu M. Biskup, *Stadt und Reformation...*

41 Vor einer verfassungs- und sozialgeschichtlichen Überbewertung der bürgerschaftlichen Oppositionsbewegungen warnt mit diesem Argument vor allem G. Schramm, *Danzig, Elbing und Thorn...*, 145: „Bei näherem Hinsehen erweisen sich die politischen Streitpunkte, um die es ging, als durchweg traditionell ... Und was sich so oft und so vielerorts wiederholen kann, das läßt sich kaum überzeugend als Ausdruck einer bestimmten Epochenschwelle oder ... als Niederschlag einer besonderen Modernisierungsdynamik verstehen."

42 Vgl. etwa zu Danzig *Historia Gdańska...*, Bd. 1, S. 212 ff. – Allgemein zur Kategorie „Bürgerkämpfe" in diesem verfassungsgeschichtlichen Kontext Karl Czok, *Zunftkämpfe, Zunftrevolution oder Bürgerkämpfe*, in: *Wissenschaftliche Zeitschrift der Karl-Marx-Universität Leipzig*, Bd. 8 (1958/59), S. 129–143; Peter Blickle, *Die Revolution von 1525*, 2. Aufl., München 1981.

mus schlechthin. Denn der stetig fortschreitende Machtausbau des patrizischen Ratsregiments lief in diesem Stadium nicht mehr nur auf die Absonderung einer professionalisierten politischen Elite aus der stadtbürgerlichen Solidargemeinschaft hinaus, sondern zugleich darauf, diese alte Solidargemeinschaft herrschaftsinstitutionell zu integrieren, das heißt letztlich in einen bürokratisch regierten Untertanenverband umzuwandeln.[43] Damit aber wurden im Königlichen Preußen Wandlungstendenzen sichtbar, die auch über den Rahmen der Veränderungen in den deutschen Reichsstädten hinausweisen dürften.[44] Zumindest die großen Städte mit ihrem herausgehobenen wirtschaftlichen und landständischen Status unterlagen in dieser Beziehung nicht dem Einfluß unmittelbar konkurrierender territorial- oder gesamtstaatlicher Strukturbildungsprozesse; vielmehr waren es hier offenbar die patrizischen Herrenschichten selbst, die als Impulsgeber für eine Art frühneuzeitlicher „Staatsbildung" auf stadtgesellschaftlicher Grundlage wirkten und somit in die aus dem Reich bekannten Funktionen der Landesherren im Modernisierungsprozeß der „Territorialisierung" eintraten.[45]

Bei den Auseinandersetzungen um die Einrichtung der städtischen Kirchenorganisation in den Jahrzehnten nach 1558 stand denn auch in dieser Hinsicht mehr auf dem Spiel als die rechte Verkündigung der reinen Lehre. Es ging auch um die theologische Rechtfertigung des Stadtregiments,[46] um die stadtgesellschaftliche Integration der neuen Diener der Kirche[47] und nicht zuletzt um die zentrale Verfassungsfrage, welchen Instanzen in den protestantisch gewordenen Städten das Recht auf „Bestellung der Kirchen und Schulen" zufallen würde.[48] Über diesen Fragen schieden sich die Stadtgesellschaften im Königlichen Preußen in konfessionelle Parteiungen, die ihrerseits die konstitutionellen Konfliktfronten auf spezifische Weise zu verkörpern scheinen.[49] Während jedenfalls die patrizischen Stadteliten das ihrem obrigkeitsbezogenen Res-

43 Die Diskussion über eine solche Zuordnung der städtischen Verfassungsentwicklung steht erst in den Anfängen; plausible Argumente in dieser Richtung siehe vor allem in der Forschung über die Thorner Verhältnisse an der Wende vom 16. zum 17. Jahrhundert, so in dem (nur scheinbar marginalen) Beitrag von Bogusław Dybaś, *Strobandowska koncepcja modernizacji mostu na Wiśle w końcu XVI wieku*, in: *Zapiski Historyczne*, Bd. 54 (1989), H. 2/3, S. 35–52, sowie bei Henryk Rietz, *Burmistrz Henryk Stroband (1548–1609), twórca Toruńskiego Gimnazjum Akademickiego*, in: *Księga pamiątkowa 400-lecia Toruńskiego Gimnazjum Akademickiego*, Red. von Zbigniew Zdrójkowski, Bd. 1, Toruń 1972, S. 13–39.

44 Vgl. B. Moeller, *Reichsstadt...*, S. 10 ff.

45 Zum Epochenphänomen „Territorialisierung" allgemein zuletzt Heinz Schilling, *Aufbruch und Krise. Deutschland 1517–1648*, Berlin 1988, S. 317 ff.

46 Daß es dabei auch aus der Sicht der Obrigkeiten keineswegs nur um ein instrumentelles Problem ging, wird genau dargelegt bei Bernd Moeller, *Die Basler Reformation in ihrem stadtgeschichtlichen Zusammenhang*, in: *Ecclesia semper reformanda. Vorträge zum Basler Reformationsjubiläum 1529–1979*, Basel 1980, S. 11–27; vgl. *Stadt und Kirche im 16. Jahrhundert*, hrsg. von Bernd Moeller, Gütersloh 1978.

47 Zu dem Problem allgemein der Sammelband *Beamtentum und Pfarrerstand 1400–1800*, hrsg. von Hellmuth Rössler und Günther Franz, Limburg 1972.

48 Die an sich klare Bestimmung der städtischen Privilegien für das Königliche Preußen, wonach die im „breiten Rat" repräsentierten städtischen Ordnungen gemeinsam das Patronatsrecht ausüben sollten, wurde von den Bürgerschaften immer wieder rechtlich eingefordert, jedoch von den Räten bis in die zweite Hälfte des 17. Jahrhunderts erfolgreich umgangen.

49 Ausdrücklich bestritten wird ein verfassungsgeschichtlich relevanter Zusammenhang zwischen beiden Konfliktfeldern von G. Schramm (*Danzig, Elbing und Thorn...*, S. 152–154), und zwar mit dem Hinweis darauf, daß die Durchsetzung der Reformation 1557/58 von den Bürgerschaften offenbar nicht für die

Publica-Konzept gemäße Kirchenverständnis vor allem im Reformiertentum wiederfanden, vereinigte die lutherische Konfessionspartei im Zeichen eines eher „gemeindekirchlichen" Gegenmodells offenbar tendenziell alle jene städtischen Kräfte, welche den obrigkeitlichen Formierungsbestrebungen einstweilen widerstanden.[50]

Mit der genaueren Rekonstruktion der Konfliktabläufe läßt sich nun – abgesehen von der Verifizierung dieses allgemeinen Befunds – vor allem die Klärung zweier verfassungsgeschichtlicher Probleme verbinden. Es ist zum einen die Frage nach den verfassungspraktischen Wirkungen des bewußten obrigkeitlichen Formierungsprozesses und nicht zuletzt nach dessen konkretem „Modernisierungsgehalt"; das heißt, nachzuvollziehen sein müßte nicht nur der Wandel in der Funktionsweise der traditionellen rechtsstädtischen Institutionen, sondern auch jene Intensivierung des Stadtregiments durch institutionelle Strukturbildung, welche möglicherweise auch als Modernisierung gedeutet werden kann. Daran aber knüpft sich zum andern die Frage, wie vor diesem Hintergrund das vermeintlich statische Konfliktverhältnis zwischen Stadtobrigkeiten und Bürgerschaften epochenbezogen zu beschreiben wäre. Denn die Beobachtung, daß sich der Horizont wie das Konzept obrigkeitlichen Handelns in den Städten im Übergang zur Neuzeit markant verändert haben, schließt es offenkundig aus, die innerstädtischen Konflikte als bloße periodische Wiederholungen von „Bürger-" beziehungsweise „Zunftkämpfen" zu deuten.[51]

I.2.4. Konfessionalisierung und städtische Gesellschaft

Die Verknüpfungen der Konfessionsfrage mit den Gegensätzen zwischen patrizischen Eliten und Bürgerschaften verweisen ihrerseits schließlich auf eine dritte, nämlich sozialgeschichtliche Dimension des Problems. Wenn es die Ablösung der alten Stadtkommunität durch eine von den Ratsgeschlechtern regierte Untertanengesellschaft war, welche den Verfassungswandel in den Städten des Königlichen Preußen vor allem kennzeichnete, so standen hinter diesem Wandel

Schaffung von politischen Gegengewichten gegen das Ratsregiment genutzt wurde und auch die späteren Konfessionskonflikte mit der Erfüllung der kirchlichen Forderungen der Bürgerschaft einen sozusagen unpolitischen Ausgang fanden. Indessen scheint dieses Argument noch nicht die Hypothese zu widerlegen, daß die Kontrahenten des Rats in der Kirchenpolitik damit politische Ziele wenn nicht erreicht, so doch zumindest verfolgt haben.

50 Das Mißverständnis, wonach das reformierte Bekenntnis grundsätzlich mit presbyterialen und damit vermeintlich „demokratischen" Gemeindestrukturen in Verbindung zu bringen ist, hat sich in der polnischen Landesgeschichtsschreibung lange gehalten, was offenbar einer der Gründe dafür ist, daß diese sich mit der verfassungs- und sozialgeschichtlichen Einordnung des Eliten-Calvinismus in den großen Städten stets besonders schwer getan hat; charakteristisch ist der Erklärungsversuch bei Janina Waluszewska, *Materiały do dziejów Reformacji w Archiwum Toruńskim*, in: *Zapiski Historyczne*, Bd. 21 (1955), H. 3/4, S. 228–241, ebenso die entsprechenden Überlegungen von M. Bogucka in *Historia Gdańska...*, Bd. 2, S. 233 ff.

51 Der Hinweis auf die relative Gleichartigkeit der Konflikte (siehe oben, Anm. 41) erscheint denn auch nur berechtigt im Zusammenhang mit der Kritik an älteren marxistischen Deutungsversuchen, die den Bürgerschaftsbewegungen eine emanzipatorisch-klassenkämpferische Dynamik unterstellen, für deren Wirkung es in der Tat keine Belege gibt.

nicht zuletzt soziale Transformationsprozesse, und zwar auf beiden Seiten der innerstädtischen Konfliktfront. Sie gingen einerseits, wie genaue polnische Forschungen inzwischen gut dokumentieren,[52] in Richtung einer vollständigen sozialen Abkoppelung der patrizischen Herrenschichten; diese sollten seit dem 16. Jahrhundert nicht nur in bezug auf ihre wirtschaftlichen Orientierungen zunehmend von der Kaufmanns- und Handwerkergesellschaft der Stadt abrükken,[53] sondern im Zuge der Akademisierung des Stadtregiments auch zusätzliche Barrieren gegen bürgerschaftliche Einflußnahme errichten.[54] Andererseits kam es zu einer rapiden Differenzierung innerhalb wie zwischen den einzelnen sozialen Gruppen der Bürgerschaften selbst, wovon neben den zusehends weiter abgedrängten städtischen Unterschichten auch und vor allem das traditionelle Zunfthandwerk betroffen schien.[55] Insgesamt aber deutete sich schon im Verlauf des 16. Jahrhunderts eine Konstellation an, in der die stadtständische Gliederung der alten Bürgergesellschaft durch einen übergreifenden Gegensatz zwischen „arm und reich“ immer stärker überformt wurde.[56] Und in dem Maße, wie die Kaufmanns- und Zunftverbände derart ihre soziale Integrationskraft einbüßten, verloren auch die alten stadtgesellschaftlichen Frontenbildungen ihre unmittelbar konfliktleitende Bedeutung:[57] Nicht mehr die zünftige Bürgerschaft schlechthin sollte den patrizischen Ratsgeschlechtern künftig als sozialer Konkurrent in den innerstädtischen Konflikten gegenüberstehen, sondern eine Besitzelite von reichen Kaufleuten und „Zunftunternehmern“, die sich ihrerseits eher als ein „Schattenpatriziat“ denn als Vertreterschaft eines städtischen „dritten Standes“ begriff.[58]

52 Der Forschungsstand ist dokumentiert in *Historia Pomorza...*, Bd. 2, T. 1, S. 271 ff.

53 Gemeint ist vor allem die Tatsache, daß das alte Patriziat sich fast ganz aus den stadtbürgerlichen Metiers zurückzog, um seine Vermögen fast ausschließlich in ländlichem Gutsbesitz sowie in Bankgeschäften zu investieren; zu dieser allgemeinen Entwicklung *a.a.O.*, S. 240 f. – Dieser Prozeß bildete nicht nur den Hintergrund für vehemente Konflikte mit den Bürgerschaften im Zusammenhang mit massiven Manipulationen der Räte bei der Verpachtung ständischer Landgüter, sondern er motivierte auch, daß die Bürgerschaften in der zweiten Hälfte des 17. Jahrhunderts die politische Forderung erhoben, die angemessene Repräsentanz der Bürgergesellschaft in den städtischen Ordnungen durch die Festsetzung einer Mindestzahl von Vertretern der Kaufmannschaft wiederherzustellen; vgl. E. Cieślak, *Walki społeczno-polityczne...*, S. 206 ff.

54 Im landesgeschichtlichen Vergleich jetzt genau dargestellt und sorgfältig interpretiert bei Marian Pawlak, *Studia uniwersyteckie młodzieży Prus Królewskich w XVI–XVIII w.*, Toruń 1988, S. 171 ff.

55 Über die soziale Desintegration der Zünfte und die damit verbundene Aushöhlung der alten Zunftsolidarität am Beispiel Danzigs ausführlich M. Bogucka in *Historia Gdańska...*, Bd. 2, S. 188 f.; zur Thorner Zunftgeschichte bis zur Mitte des 16. Jahrhunderts jetzt auch M. Biskup, *Historia Torunia...*, Bd. 2, T. 1: *U schyłku średniowiecza i w początkach Odrodzenia (1454–1548)*, Toruń 1992, S. 133 ff., sowie Bd. 2, T. 2, S. 76 ff.; für Elbing einstweilen nur der veraltete Beitrag von Alfred Matz, *Die Zünfte der Stadt Elbing bis zum Einzug der Schweden 1616*, in: *Elbinger Jahrbuch*, H. 1 (1919/1920), S. 43–94.

56 Die unmittelbar analogen Entwicklungen in den deutschen Reichsstädten sind gut aufgearbeitet; vgl. B. Moeller, *Reichsstadt...*, S. 10 ff., H. Schilling, *Konfessionskonflikt und Staatsbildung...*, S. 140 f.

57 Im Sinne der Überlegungen von Winfried Schulze wäre hier der stadtgeschichtlich epochentypische Übergang von traditionalen Bürgerkämpfen zu eigentlich sozialen Konflikten zu sehen; siehe Winfried Schulze, *Soziale Bewegungen als Phänomen des 16. Jahrhunderts*, in: *Säkulare Aspekte der Reformationszeit*, hrsg. von Heinz Angermann, München-Wien 1983, S. 113–130; ders., *Die veränderte Bedeutung sozialer Konflikte im 16. und 17. Jahrhundert*, in: *Der deutsche Bauernkrieg, 1524–1526*, hrsg. von Hans-Ulrich Wehler, Göttingen 1975, S. 277–302.

58 *Historia Gdańska...*, Bd. 2, S. 521 f.

Vor allem die neue Konkurrenzsituation an der Spitze einer schmaler werdenden städtischen Sozialhierarchie ist es denn auch, welche in der konfessionsgeschichtlichen Perspektive wiederum genauer in den Blick kommt. Obwohl die städtischen Mittel- und Unterschichten als politischer Faktor in entscheidenden Phasen der Konfessionskonflikte immer wieder eine Rolle spielen sollten, war der „gemeine Mann" doch offenbar niemals deren antreibende Kraft. Die religiöse Mobilisierung von breiteren städtischen Schichten hatte vielmehr stets nur instrumentelle Bedeutung für die Austragung eines konfessionspolitischen Gegensatzes, bei dem in erster Linie Interessen der faktischen wie der potentiellen Angehörigen der städtischen Machtelite im Spiel waren.[59]

Befragt werden sollen diese Interessenverflechtungen nun freilich weniger im Hinblick auf das oft diskutierte Problem der „sozialen Affinitäten" der konkurrierenden protestantischen Bekenntnisse[60] als eher darauf, auf welche Weise die konfessionspolitischen und kirchenorganisatorischen Entscheidungen in die stadtgesellschaftlichen Formierungsprozesse hineinwirkten und diese zugleich reflektieren. In diesem Sinne ergiebig erscheint vor allem die Frage nach dem sozialen Ort der neu sich konstituierenden evangelischen Geistlichkeit in ihrem Verhältnis zu den städtischen Eliten. Denn auch unter den Voraussetzungen eines obrigkeitlich gesteuerten Konfessionswechsels, wie ihn die Städte des Königlichen Preußen mit der „Ratsreformation" von 1557/58 vollzogen hatten, mußte das Hinzutreten einer neuen Schicht von akademischen Amtsträgern das Gefüge der städtischen Führungsgruppen spürbar verändern, das heißt, einen sozialen Faktor ins Spiel bringen, der zu der auf Abgrenzung bedachten alten städtischen Machtelite fast unweigerlich in Konkurrenz trat.

Allerdings schienen hier verschiedene Entwicklungsrichtungen möglich. Es konnte, wofür nicht wenige deutsche Reichsstädte als Beispiele stehen, zu einer ausgeprägt eigenständigen Profilierung eines protestantischen Pfarrerstandes kommen, die diesen in die Lage versetzte, gleichsam ein eigenes soziales Kraftfeld neben Patriziat und Bürgerschaft auszubilden.[61] Ebenso aber kam auch eine mehr oder weniger vollständige Integration in bestehende soziale Zusammenhänge in Betracht, und zwar grundsätzlich sowohl auf der Ebene der Stadtelite als auch auf der der städtischen „Untertanengesellschaft".[62] In den innerprotestantischen Konfessionskonflikten der preußischen Städte nun bildete gerade die Statusfrage des Pfarrerstandes den sozialgeschicht-

59 Dies ist auch beim gegenwärtigen Kenntnisstand gut erkennbar; vgl. zuletzt M. G. Müller, *Zur Frage der Zweiten Reformation...*, S. 256 f.

60 Zur Orientierung neben B. Moeller, *Reichsstadt...*, S. 32 ff., Peter Blickle, *Die Reformation im Reich*, Stuttgart 1982, und Ernst Walter Zeeden, *Konfessionsbildung. Studien zur Reformation, Gegenreformation und katholischen Reform*, Stuttgart 1985.

61 Zu dieser Frage Luise Schorn-Schütte, *„Papocaesarismus" der Theologen? Vom Amt des evangelischen Pfarrers in der frühneuzeitlichen Stadtgesellschaft bei Bugenhagen*, in: *Archiv für Reformationsgeschichte*, Bd. 79 (1988), S. 231–261; siehe auch den Sammelband *Lutherische Konfessionalisierung in Deutschland*, hrsg. von Hans-Christoph Rublack, Gütersloh 1992.

62 Dazu allgemein Bernd Moeller, *Pfarrer als Bürger*, Göttingen 1972; ders., *Kleriker als Bürger*, in: *Festschrift für Hermann Heimpel*, Bd. 2, Göttingen 1972, S. 195–224; vgl. auch die genauen methodischen und forschungskritischen Überlegungen bei Luise Schorn-Schütte, *Prediger an protestantischen Höfen der Frühneuzeit. Zur politischen und sozialen Stellung einer neuen bürgerlichen Führungsschicht in der höfischen Gesellschaft des 17. Jahrhunderts. Dargestellt am Beispiel von Hessen-Kassel, Hessen-Darmstadt und Braunschweig-Wolfenbüttel*, in: *Bürgerliche Eliten in den Niederlanden und Nordwestdeutschland*, hrsg. von Heinz Schilling und Hermann Diederiks, Köln-Wien 1985, S. 275–336.

lich zentralen Interessenhintergrund, waren doch die weltlichen Funktionsträger der Städte hier ebenso unmittelbar Partei wie die Geistlichkeit selbst. Am Verlauf dieser Konflikte wird sich also nicht nur überprüfen lassen, welche der genannten Entwicklungsvarianten sich für die städtischen Geistlichen im Königlichen Preußen durchgesetzt hat, sondern auch, in welchen Bahnen der allgemein konstatierte Wandel im Verhältnis zwischen Eliten und Bürgerschaften verlief.

Auf einer eher religionssoziologischen Ebene werden daneben aber auch Reflexe jenes Integrationsprozesses sichtbar, welchen die altpatrizische Elite selbst im Übergang zur Frühneuzeit vollzogen hat. Konfessionelle Option und stadtgesellschaftlicher Status waren hier zunächst insofern offenkundig verknüpft, als die patrizischen Oberschichten namentlich im Reformiertentum sowohl das ihnen gemäße Gemeinde- und Gesellschaftsverständnis im allgemeinen als auch eine Rechtfertigung ihres eigenen, auf Bildung bezogenen Elitebegriffs im besonderen vorfanden.[63] Darüber hinaus aber verweist auf weitere Wirkungszusammenhänge, daß es auch vorzugsweise reformierte Milieus im Reich wie in Polen waren, auf die hin die Patrizier der preußischen Städte ihre gesellschaftlichen Außenbeziehungen abstellten[64] und mit deren Rückhalt sie vor allem jenem humanistischen Bildungskonzept zur Durchsetzung verhalfen, welches unter anderem in der Akademisierung des frühneuzeitlichen Stadtregiments zur Geltung kommen sollte.[65] In den Affinitäten der Patriziate zur reformierten Konfessionalisierung spiegelt sich insofern nicht zuletzt die Ausprägung eines neuen Horizonts bildungs- und kultursozialer Orientierungen sowie eines eigenen, auf die Elite bezogenen äußeren Kommunikationsgeflechts wider – Entwicklungen also, anhand derer die allgemein konstatierte neuzeitliche Ablösung der „Stadtaristokratie“ von der alten Bürgergesellschaft genauer verfolgt und sozialgeschichtlich eingeordnet werden kann.

I.2.5. Die preußischen Städte in vergleichender Sicht: Das Paradigma Zweite Reformation

Die einzelnen Befunde in bezug auf die angedeuteten stadtgeschichtlichen Problemfelder in komparatistischer Perspektive zu erörtern, macht schließlich die dritte Aufgabenstellung unserer Untersuchung aus. Dabei geht es vor allem um den Versuch einer Einordnung dieser Befunde in die anhaltend kontroverse Diskussion um die geschichtswissenschaftliche Kategorie Zweite Reformation. So wenig problematisch es letztlich erscheint, den im engeren Sinn theologie- und

63 Wenn die eigentlich theologiegeschichtliche Analyse auch eher Zweifel an einer entsprechenden Zuordnung der reformierten Konfession im Gegensatz zur lutherischen begründen mag, wird sie doch um so deutlicher bestätigt durch die praktischen Befunde in bezug auf das Verhältnis der beiden Konfessionskirchen zu den jeweiligen Obrigkeiten; vgl. Paul Münch, *Zucht und Ordnung. Reformierte Kirchenverfassungen im 16. und 17. Jahrhundert (Nassau-Dillenburg, Kurpfalz, Hessen-Kassel)*, Stuttgart 1978; Martin Heckel, *Staat und Kirche nach der Lehre der evangelischen Juristen Deutschlands in der ersten Hälfte des 17. Jahrhunderts*, München 1968; E. W. Zeeden, *Konfessionsbildung...*, besonders S. 259 ff.

64 Für Danzig siehe Maria Bogucka, *Das alte Danzig. Alltagsleben vom 15. bis 17. Jahrhundert*, München 1987; poln. *Życie codzienne w Gdańsku. Wiek XVI–XVII*, Warszawa 1967; für Thorn K. Maliszewski, *Stosunki religijne...*; an dem prominenten Beispiel von Heinrich Stroband gut herausgearbeitet von H. Rietz, *Henryk Stroband...*

65 Allgemein dazu S. Salmonowicz, *Preußen Königlichen Anteils...*, S. 76 ff.; siehe auch M. Pawlak, *Studia uniwersyteckie...*, S. 50 f.

kirchengeschichtlichen Vorgang reformierter Konfessionsbildung gemäß einer bereits eingespielten historiographischen Konvention mit dem Begriff zu belegen,[66] so vielfältige Fragen knüpfen sich jedoch an die gesellschaftsgeschichtliche Annahme, daß im europäischen Wirkungsumkreis des Protestantismus allgemein ein nicht nur zeitlicher, sondern auch kausaler Zusammenhang zwischen Zweiter Reformation und übergreifenden Vorgängen staatlich-gesellschaftlicher Modernisierung bestand.[67]

Lag dieser These ursprünglich nur die Beobachtung von einzelnen Reichsterritorien zugrunde, daß mit der reformierten Konfessionalisierung vielfach sowohl politische Neuorientierungen als auch offenbar Ansätze zu Bildungsreform, Rechtsverbesserung und Verfassungswandel einhergegangen waren,[68] so scheint es freilich im Lauf der Kontroverse darüber auch zu kurzschlüssigen Umkehrungen des Arguments gekommen zu sein, und zwar namentlich in den kritischen Auseinandersetzungen mit dem Konzept. Mit gewissem Recht konnte so zwar auf analoge Modernisierungsvorgänge in lutherischen wie in katholischen Territorien verwiesen werden, und leicht war auch die Annahme zu widerlegen, daß die Zweite Reformation überall dieselben staatlich-gesellschaftlichen Modernisierungsvorgänge als ein „Syndrom" hervorgebracht habe oder auch nur indiziere,[69] doch geht es bei dem aus den erwähnten Befunden abgeleiteten Modell Zweite Reformation eigentlich nicht um die Herstellung solcher direkter Kausalbezüge, sondern um die Beschreibung eines kategorialen Bezugssystems, in dessen Rahmen sowohl der Prozeß der Kon-

66 Die Einordnung als „zweite" Reformation ist hier zunächst durch die Beobachtung begründet, daß die reformierte Konfessionsbildung vielfach im Zeichen der Forderung stand, das, wie es schien, unvollendet gebliebene Reformationswerk fortzusetzen und namentlich der lutherischen Reformation des Glaubens und der Lehre in einem zweiten Anlauf eine „reformatio vitae" folgen zu lassen; vgl. u. a. P. Münch, *Zucht und Ordnung...*, passim. – Die kirchengeschichtliche Forschung hat freilich auch gegen diesen Begriffsgebrauch oft eingewandt, es handele sich nicht um einen Quellenterminus, sondern um einen historiographischen Kunstbegriff; so Harm Klueting, *„Zweite Reformation" oder reformierte Konfessions- und Kirchenbildung? Zum Problem von Religion und Politik im Konfessionellen Zeitalter*, in: *Monatshefte für evangelische Kirchengeschichte des Rheinlandes*, Bd. 34 (1985), S. 23; Wilhelm Heinrich Neuser, *Die Erforschung der „Zweiten Reformation". Eine wissenschaftliche Fehlentwicklung*, in: *Die reformierte Konfessionalisierung...*, S. 379–386. Dieses Argument geht aber nicht nur im Grundsatz fehl, gehört es doch offenbar zu den zentralen Aufgaben von Historiographie, ihre Befunde mit Wissenschaftsbegriffen zu beschreiben. Vielmehr trifft es den Sachverhalt offenbar nicht genau, da sich zumindest die Formulierung „erste Reformation" zeitgenössisch belegen läßt; vgl. Paul Münch, *Volkskultur und Calvinismus. Zur Theorie und Praxis der „reformatio vitae" während der Zweiten Reformation*, in: *Die reformierte Konfessionalisierung...*, S. 291–307.

67 Die Frage wurde zum ersten Mal aufgeworfen bei Thomas Klein, *Der Kampf um die zweite Reformation in Kursachsen 1581–1591*, Köln-Graz 1962.

68 *A.a.O.*, S. 70 f.

69 Vgl. etwa Georg Schmidt, *Die „Zweite Reformation" im Gebiet des Wetterauer Grafenvereins. Die Einführung des reformierten Bekenntnisses im Spiegel der Modernisierung gräflicher Herrschaftssysteme*, in: *Die reformierte Konfessionalisierung...*, S. 184–213. Die Feststellung, daß wesentliche Modernisierungsleistungen nicht primär mit reformierter Konfessionalisierung, sondern mit einem konfessionsunabhängigen Vorgang der „Territorialisierung" in Verbindung zu bringen ist, wird hier letztlich als Argument gegen das Konzept Zweite Reformation gebraucht; ähnlich auch der Gedankengang bei Volker Press, *Die „Zweite Reformation" in der Kurpfalz*, in: *Die reformierte Konfessionalisierung...*, S. 104–129.

fessionalisierung an sich als auch dessen besondere reformierte Verlaufsform in den jeweiligen politisch-gesellschaftlichen Bezügen erörtert und gedeutet werden könnte.[70]

So ist es zunächst das Phänomen der Konfessionalisierung im allgemeinen, dem hier eine über das Religiöse hinausgehende Bedeutung für jene Integrations- und Strukturbildungsprozesse zugeschrieben wird, welche innerhalb des Reiches vornehmlich auf der Ebene der Territorialherrschaft, das heißt im Rahmen der „Territorialisierung“ zum Zuge kamen.[71] Denn unabhängig von der Option für ein bestimmtes Bekenntnis stellten konfessionelle Geschlossenheit und organisatorische Einheit der entstehenden Landeskirchen ein wichtiges Attribut erfolgreicher territorialer Staatsbildung dar. Zugleich gilt offenbar, daß konfessionelle Maßstäbe auch im außerkirchlichen Bereich die Richtung des inneren Staatsbildungsprozesses regulierend beeinflußten; nicht nur bei der Bestellung der Kirchen und Schulen, sondern auch bei der Ordnung des territorialherrschaftlichen Regiments und der „Disziplinierung“ des territorialstaatlichen Untertanenverbandes schien die Vergewisserung an einem gesicherten Bekenntnisbezug auch und gerade im Zeichen der Glaubensspaltung unerläßlich.[72] In diesem Sinne aber ist denn auch die These plausibel, daß Konfessionalisierung an sich „eine namentlich in Deutschland notwendig zu durchlaufende Frühphase moderner Staatsbildung“ war.[73]

Reformierte Konfessionalisierung – also der Weg einer Zweiten Reformation – wird nun insofern als ein besonderer Verlaufstypus dieses Prozesses betrachtet, als hier politisch-gesellschaftlicher Wandel und religiös-theologische Entwicklung spezifischer, nämlich enger als bei anderen Bekenntnissen miteinander verknüpft scheinen.[74] So fragwürdig es wäre, allein aus dem theologischen Diskurs an sich auf solche Zusammenhänge zu schließen,[75] so deutlich treten sie jedoch in den Beziehungen zwischen weltlichen Obrigkeiten und reformierter Konfessionskirche zutage. Die vielfach beobachtete Affinität territorial-staatlicher – und nicht zuletzt städtischer – Führungsgruppen zum Reformiertentum gründete nicht allein in der subjektiven Glaubensentscheidung sowie besonderen „sozialen Frömmigkeitstraditionen“.[76] Sie hatte ihr Motiv vielmehr auch darin, daß sich das namentlich in der deutschen Konfessionskirche ausgeprägte reformierte Kir-

70 Eine genaue Darlegung unter sorgfältiger Abwägung der kritischen Einwände bei Heinz Schilling, *Die Zweite Reformation als Kategorie der Geschichtswissenschaft*, in: *Die reformierte Konfessionalisierung...*, S. 387–437.

71 *A.a.O.*, S. 390.

72 Auf die Tatsache, daß namentlich die Epoche zwischen dem Augsburger Religionsfrieden und dem Dreißigjährigen Krieg unter einem spezifischen Widerspruch zwischen rechtlich bestätigter Konfessionsvielfalt einerseits und einer weiterhin beanspruchten religiösen Wahrheitsbindung der Politik andererseits stand, verweist Martin Heckel, *Reichsrecht und „Zweite Reformation“. Theologisch-juristische Probleme der reformierten Konfessionalisierung*, in: *Die reformierte Konfessionalisierung...*, S. 11–43; vgl. auch Heinz Schilling, *Religion und Gesellschaft in der calvinistischen Republik der Vereinigten Niederlande*, in: *Kirche und gesellschaftlicher Wandel in deutschen und niederländischen Städten der werdenden Neuzeit*, hrsg. von Franz Petri, Köln-Wien 1980, S. 197–250.

73 Heinz Schilling, *Die Bedeutung der Kirchenzucht für die neuzeitliche Sozialdisziplinierung*, in: *Stände und Gesellschaft im Alten Reich*, hrsg. von Georg Schmidt, Stuttgart 1984, S. 216–248; ders., *Die Zweite Reformation als Kategorie...*, S. 293.

74 *A.a.O.*, S. 434: „Was in anderer konfessioneller Umgebung eher pragmatisch aneinandergekoppelt war, das erschien in den Gebieten Zweiter Reformation theologisch begründet.“

75 Siehe oben, Anm. 63.

76 Auf die bildungs- und kultursoziologischen Motive des „Eliten-Calvinismus“ in Deutschland wird mit Recht nachdrücklich hingewiesen bei Olaf Mörke, *Rat und Bürger in der Reformation. Soziale Gruppen*

chen-, Staats- und Gesellschaftsverständnis zwanglos mit dem eigenen politisch-gesellschaftlichen Denkhorizont – und letztlich auch mit einem epochenspezifischen Modernisierungskonzept – zur Deckung bringen ließ. Für die übereinstimmende Anknüpfung an den Humanismus etwa galt dies ebenso wie für die Zuwendung zu einer umfassend verstandenen „reformatio vitae“, das heißt zur „öffentlichen Seite des menschlichen Lebens in Kirche, Staat und Gesellschaft, die man gezielt rational organisieren und gestalten“ wollte.[77] Und nicht zuletzt teilten reformierte Theologen und protestantische Obrigkeiten offenbar die Sorge, daß eine über die Reformation der Lehre hinaus eher passive lutherische Kirche weder politisch noch theologisch der Herausforderung durch die nachtridentinische Gegenreformation gewachsen sein mochte.[78]

Daraus aber leitet sich auch die Begründung ab, die mehrfach nachgewiesene Gleichzeitigkeit von reformierter Konfessionalisierung und politisch-gesellschaftlichen Formierungsbestrebungen in deutschen Territorialstaaten im Sinne einer gewissen Wechselwirkung zu deuten. Das heißt, nicht einfach um eine Gleichsetzung von reformierter Konfessionalisierung und frühstaatlicher Modernisierung geht es bei der Kernthese, die zur Diskussion steht, sondern um die Annahme, daß wesentliche Elemente des „gesellschaftsgeschichtlichen Syndroms“ von frühmoderner Staatsbildung und Konfessionalisierung[79] in dem Vorgang Zweite Reformation gleichsam idealtypisch vereint sind.

Die Abläufe in den Städten des Königlichen Preußen scheinen im Blick auf diese Diskussion in verschiedener Hinsicht aufschlußreich. Zwar gehören unsere Fallbeispiele einem anderen Zusammenhang als dem von Reichsreformation und Territorialisierung an, der bisher stets den Hauptbezug der Forschung über die Zweite Reformation gebildet hat; und gleichzeitig handelt es sich um Beispiele für das Scheitern der Zweiten Reformation an lutherischen Bürgerbewegungen – also um Vorgänge, die wiederum ganz in Analogie zu den Abläufen in den Städten des Reichs stehen und die nicht zuletzt so gedeutet werden könnten, daß die durchweg erfolglosen städtischen Anläufe zu einer reformierten Konfessionalisierung möglicherweise insgesamt nur eine marginale Variante des Phänomens Zweite Reformation darstellten.[80] Indessen lassen sich beide Aspekte insofern auch komparatistisch produktiv machen, als sie Fragemöglichkeiten eröffnen, die in der bisherigen Kontroverse wenig beachtet beziehungsweise wenig erprobt sind.

So erscheint es lohnend, das an der Reichsgeschichte gewonnene Modell von den verfassungsgeschichtlichen wie konfessionspolitischen Rahmenbedingungen der Zweiten Reformation anhand der abweichenden Verhältnisse im Königlichen Preußen – als Teil des polnisch-litau-

und kirchlicher Wandel in den welfischen Hansestädten Lüneburg, Braunschweig und Göttingen, Hildesheim 1983, S. 78.

77 H. Schilling, *Die Zweite Reformation als Kategorie...*, S. 412 f.

78 Siehe auch Sigrid Looß, *Bürgerliche „Modernisierungskonzeptionen“ am Beispiel der städtisch-reformatorischen Bewegungen Anfang des 16. Jahrhunderts*, in: *Jahrbuch für Wirtschaftsgeschichte*, Bd. 3 (1982), S. 181–186.

79 H. Schilling, *Die Zweite Reformation als Kategorie...*, S. 390.

80 *A.a.O.*, S. 422–427. Nur in Ausnahmefällen waren im Reich nicht die Stadtherren, sondern die Räte Initiatoren der Zweiten Reformation – so in Bremen –, und nur selten auch wurde sie im Gegensatz zur Ersten Reformation von städtischen Bürgerbewegungen getragen – so in Emden, Wesel und Duisburg, wo einerseits der konfessionspolitische Einfluß der Niederlande und andererseits die Frontstellung gegen die strikt lutherische Landesherrschaft den Ausschlag gab. Die Regel aber war, daß Bürgerbewegungen die Zweite Reformation zu Fall brachten – ähnlich wie in den Städten des Königlichen Preußen auch in Leipzig, Marburg, Eschwege, Lemgo und andernorts.

ischen Staatsverbands – zu überprüfen. Dem für die Reichsgeschichte zentralen Prozeß der Territorialisierung, dem konfessionspolitisch der *cuius-regio*-Konsens des Augsburger Religionsfriedens spezifisch Rechnung trug,[81] standen hier konkurrierende Integrationsprozesse auf der Ebene der Reichsrepublik einerseits sowie der Stadtverbände andererseits gegenüber, und auf diese beiden Ebenen schien auch die Konfessionalisierung politisch bezogen.[82] Entsprechend aber kam auch die Zweite Reformation in einer solchen Konstellation nicht nur unabhängig von Territorialisierung zum Zug, sondern offenbar auch mit einer anderen als absolutistischen Zielrichtung, wie sie im Reich zumindest überwog.[83]

Aber auch auf der stadtgeschichtlichen Ebene im engeren Sinne werden an unseren Fallbeispielen Besonderheiten sichtbar, die eine vergleichende Erörterung herausfordern. Dies gilt vor allem für den Befund, daß Konfessionalisierung und säkularer, politisch-gesellschaftlicher Wandel in den Städten des Königlichen Preußen gleichsam auseinandertraten, nachdem die konfessionelle Richtungsentscheidung zugunsten des Reformiertentums um die Mitte des 17. Jahrhunderts unter dem Druck der Bürgerschaften rückgängig gemacht worden war; der Bekenntniswechsel wurde konsequent vollzogen, ohne daß damit jedoch – soweit erkennbar ist – die wesentlichen Wirkungen der reformierten Konfessionalisierung in Frage gestellt worden wären. So kommt hier, ungeachtet des sozusagen städtetypischen Scheiterns der Zweiten Reformation, ein eigentümlicher Wirkungsmechanismus städtischer Konfessionalisierung in den Blick. Nicht zuletzt werden sich daran Überlegungen knüpfen lassen, bis zu welchem Punkt im Verlauf der Zweiten Reformation der Prozeß politisch-gesellschaftlicher Modernisierung unmittelbar an das besondere Bekenntnis gebunden war.

I.3. Danzig, Elbing und Thorn als Untersuchungsgegenstände

Wenn nun die Erörterung der oben beschriebenen Problemfelder speziell auf Danzig, Elbing und Thorn bezogen ist, also auf die drei Großen Städte des Königlichen Preußen beschränkt bleibt,[84] so hat dies sowohl arbeitspraktische als auch sachliche Gründe. Zwangsläufig fällt ins Gewicht, daß nicht nur die ungewöhnlich dichte Quellenüberlieferung,[85] sondern auch der reiche

81 Siehe M. Heckel, *Reichsrecht und Zweite Reformation...* – Die vielfach geäußerte Ansicht, daß die Toleranzbestimmungen der Warschauer Konföderation von 1573 gleichsam eine Übernahme des Augsburger Religionsfriedens darstellten, ist denn auch zumindest verfassungsgeschichtlich unzutreffend, ging es hier doch gerade nicht um ein territorialherrschaftliches *cuius-regio*-Prinzip; zur Richtigstellung zuletzt Gottfried Schramm, *Ein Meilenstein der Glaubensfreiheit. Der Stand der Forschung über Ursprung und Schicksal der Warschauer Konföderation von 1573*, in: *Zeitschrift für Ostforschung*, Bd. 24 (1975), S. 711–736.

82 Vgl. vor allem G. Schramm, *Der polnische Adel...*; über die Anknüpfung der städtischen Politik an die konfessionelle Parteienbildung in der Republik ausführlich unten, S. 77 ff.

83 H. Schilling, *Die Zweite Reformation als Kategorie...*, S. 416 f.

84 Grundsätzlich wäre es denkbar, auch die kleineren Städte in eine auf die Zweite Reformation bezogene Untersuchung einzubeziehen. Die Tatsache, daß es auch hier entsprechende konfessionelle Konflikte vor dem Hintergrund eines „Rats-Calvinismus“ gab, ist zumindest für Marienburg und Tuchel gut belegt. Siehe *Historia Pomorza...*, Bd. 2, T. 1, S. 266 f.; über die als konfessionspolitischer Präzedenzfall wichtigen Marienburger Vorgänge ausführlicher auch unten, S. 122 ff.

85 Während freilich die großen Quelleneditionen meist nicht über das frühe 16. Jahrhundert hinausreichen, stellen die Handschriftenbestände der großen Stadtarchive ungewöhnlich reiches Material bereit. Das für

ältere Forschungsertrag hier ungleich bessere Untersuchungsvoraussetzungen bietet als bei den kleineren und kleinen Städten des Landes.[86] Doch wichtiger erscheinen jene Rang- und Strukturunterschiede zwischen großen und kleinen Städten, welche es bereits für die Ausgangslage des 16. Jahrhunderts nahelegen, von zwei durchaus verschiedenen Kontexten städtischer Entwicklung im Königlichen Preußen zu sprechen.

Den Hintergrund dafür bildete der wirtschaftliche Strukturwandel im Übergang zur Frühneuzeit mit seinen durchaus konträren Wirkungen auf die verschiedenen Kategorien von Städten.[87] Während Handel und städtisches Gewerbe insgesamt von einer stetigen Verdichtung und Intensivierung der Marktbeziehungen im Königlichen Preußen profitierten, kamen diese Impulse doch offenbar einseitig den großen Städten zugute. Zwar stellte der beispiellose Aufschwung Danzigs im Zeichen der Monopolisierung des nachhansischen Ostsee-Fernhandels überhaupt ein Ausnahmephänomen dar. Doch galt für Thorn und Elbing ähnlich wie für Danzig, daß ihre rapide Entwicklung zu überregionalen Gewerbe- und Marktzentren die kleineren Nachbarstädte überrundete und zusehends verdrängte.[88] Jedenfalls blieben diese auf dem Entwicklungsstand von traditionalen Handwerker- und Kaufmannsstädten und hatten keinen Anteil an der Kapitalakkumulation, die den drei großen Städten auch gegenüber dem Landesadel einen herausgehobenen wirtschaftlichen Status sichern sollte.[89] Nur in Danzig, Elbing und Thorn entwickelte sich denn auch eine kapitalstarke, eher „aristokratische" denn stadtbürgerliche Patrizierschicht, und nur hier kamen damit jene sozialen Wandlungsprozesse zum Zuge, welche den stadtgesellschaftlichen Kontext der Zweiten Reformation bildeten.

Entsprechend trat der strukturelle Rangunterschied der großen Städte auch auf der verfassungsgeschichtlichen und politischen Ebene von Anfang an hervor. Das ungleiche Gewicht von großen und kleinen Städten kam nicht nur in der unterschiedlichen Zugehörigkeit zu den preußischen Landesräten beziehungsweise den Unterständen des Landes zum Ausdruck[90] sowie darin, daß die großen Städte als Herren über ein abgesondertes ländliches Territorium nicht der Admi-

unsere Fragen ergiebigste Danziger Stadtarchiv im Staatlichen Archiv Danzig (Archiwum Państwowe, Gdańsk [im folgenden APGd. zitiert]) ist fast vollständig erhalten, und die hier bewahrten Korrespondenzen mit den Nachbarstädten kompensieren auch zu einem gewissen Grade die Lücken in den Rats- und Kirchenakten der Stadtarchive von Elbing (ebenfalls im APGd.) und Thorn (Archiwum Państwowe, Toruń [im folgenden APT zitiert]).

86 Erst seit dem letzten Jahrzehnt sind unter der Ägide des Historischen Instituts der Polnischen Akademie der Wissenschaften moderne stadtgeschichtliche Synthesen auch der kleineren preußischen Städte in Angriff genommen worden.

87 Zu den Hauprichtungen der wirtschaftlichen Entwicklung Marian Biskup, *Prusy Królewskie w drugiej połowie XVI wieku*, Warszawa 1961.

88 In vergleichender Perspektive Stanisław Gierszewski, *Struktura gospodarcza i funkcje rynkowe mniejszych miast województwa pomorskiego w XVI i XVII wieku*, Warszawa 1966; siehe auch *Historia Torunia...*, Bd. 2, T. 2, S. 47 ff.

89 *Historia Pomorza...*, Bd. 2, T. 1, S. 255 ff.

90 Genaue Darstellung der Verfassungslage nach 1569 bei Gottfried Lengnich, *Geschichte der Preußischen Lande Königlich Polnischen Anteils*, Bd. 5, Danzig 1722, Einleitung, S. 1–60. – Im wesentlichen auf dieser Materialgrundlage auch Max Bär, *Die Behördenverfassung in Westpreußen seit der Ordenszeit*, Danzig 1912 (Nachdr. mit einem Geleitwort von Bernhart Jähnig, Hamburg 1989); Ernst Turowski, *Die innenpolitische Entwicklung Polnisch-Preußens und seine staatsrechtliche Stellung zu Polen vom 2. Thorner Frieden bis zum Reichstag von Lublin (1466–1569)*, Phil. Diss., Berlin 1937, S. 59 ff.

nistration von Landesbeamten unterlagen.[91] Vielmehr manifestierte es sich auch und vor allem in der unterschiedlichen faktischen Reichweite des ständepolitischen Handlungsspielraums. Es waren wiederum nur die drei großen Städte, die neben dem Hof, den magnatischen Landesbeamten und dem Landesadel als ein selbständiges Machtzentrum fungierten und deshalb auch nicht, wie die kleinen Städte, in den Sog der adelsrepublikanischen Integration der Provinz gerieten. Damit aber war spätestens seit der Wende vom 16. zum 17. Jahrhundert das Auseinandertreten der politischen Entwicklungswege vorgezeichnet. Die kleinen Städte konnten sich weder als Landesstand gegenüber dem Adel und den großen Städten behaupten,[92] noch vermochten sie auf Dauer die Gegenreformation abzuwehren.[93] Danzig, Elbing und Thorn dagegen vollzogen neben der protestantischen Konfessionalisierung auch eine autonomiepolitische Konsolidierung, die als eine konstitutionelle Besonderheit des Königlichen Preußen auch im Rahmen des integrierten polnisch-litauischen Unionsstaats langfristig Bestand haben sollte.

Doch auch im engeren städtegeschichtlichen Vergleich zwischen Danzig, Elbing und Thorn wird eine beträchtliche Variationsbreite von Entwicklungen sichtbar. Nur in einer sozusagen isoliert landesgeschichtlichen Perspektive nämlich mag es scheinen, als hätten die drei großen Städte in einem einheitlichen, in sich stabilen Bezugssystem gestanden und sich untereinander allenfalls durch den Grad ihrer wirtschaftlich-politischen Machtentfaltung unterschieden.[94] In Wahrheit jedoch entwickelten sie sich aufgrund ihres je besonderen wirtschaftlichen Profils im Lauf des 16. und 17. Jahrhunderts in verschiedene Richtungen und zugleich mit durchaus unterschiedlicher Dynamik. Während Danzig dank seiner zentralen Rolle im Ostseehandel seine Vorrangstellung unter den polnischen Städten auszubauen vermochte, gelang Elbing und Thorn die Statuserhaltung nach ihrer Verdrängung aus dem Fernhandel[95] nur im Zuge mehr oder weniger krisenhafter Anpassungsprozesse. Sie befanden sich jedenfalls als Handelsstädte am Ende der Epoche bereits in einer zweitrangigen Position gegenüber den Zentren Krakau, Warschau, Posen und Danzig, und sie waren als neue, großregionale Gewerbe- und Jahrmarktstädte zugleich

91 *Historia Pomorza...*, Bd. 2, T. 1, S. 64–69.

92 Dazu allgemein die Studien von Janusz Małłek, *Dwie części Prus. Studia z dziejów Prus Książęcych i Prus Królewskich w XVI i XVII wieku*, Olsztyn 1987.

93 Nur Marienburg und Stargard behaupteten nach 1625 ihren lutherischen Konfessionsstand, während in den anderen Städten allenfalls protestantische „Rathausgemeinden“ überdauerten. Im einzelnen H. Neumeyer, *Kirchengeschichte...*, S. 110 f.

94 Unterstützt wurde dieser in der deutschen Landeshistorie gängige Eindruck zudem dadurch, daß es vielfach zu pauschalen Verallgemeinerungen der auf Danzig bezogenen Befunde gekommen ist; systematisch vergleichende Studien über die drei Städte kommen jetzt erst in der neueren polnischen Forschung in Gang. Vgl. dazu die Überlegungen von M. Biskup in *Historia Pomorza...*, Bd. 2, T. 1, S. 64 ff., ferner ders., *Potrzeby historiograficzne Elbląga i jego regionu*, in: *Rocznik Elbląski*, Bd. 1 (1961), S. 2–29.

95 Die Konzentration der Getreideausfuhr sowie des Imports westeuropäischer Gewerbeprodukte auf Danzig erfolgte im Zuge einer längeren Entwicklung seit der Mitte des 15. Jahrhunderts, begünstigt durch den Vorrang Danzigs in den Beziehungen zu den Niederlanden und England sowie durch die Privilegiensituation der Stadt; siehe *Historia Gdańska...*, Bd. 2, S. 98 ff. Das Ausscheiden Thorns aus diesen Handelsbeziehungen wurde 1537 durch die Aufhebung des Thorner Stapelrechts im Weichselhandel besiegelt; Elbing behauptete dagegen einen Anteil am Ostseehandel, war jedoch aufgrund der Lage seines Hafens navigationstechnisch benachteiligt und vermochte sich vor allem, wie der Konflikt um die 1628 aufgehobene Englische Niederlassung in Elbing zeigte, nicht gegen die handelspolitische Konkurrenz Danzigs durchzusetzen; allgemein dazu *Historia Pomorza...*, Bd. 2, T. 1, S. 65 f.

wesentlich enger als Danzig mit ihrem unmittelbaren polnischen beziehungsweise litauischen Hinterland verbunden.[96]

Rang- und Strukturunterschiede gewannen im Verhältnis zwischen den großen Städten denn auch zunehmend an Bedeutung und prägten sich zugleich in divergierenden politisch-gesellschaftlichen Orientierungen aus. Wie seit dem Danziger Alleingang im Konflikt mit König Stefan Báthory von 1577 offen zutage lag, bildete die traditionelle landständische Solidarität der drei großen Städte in der Landespolitik keine Konstante mehr.[97] Und es war offenbar nicht nur eine Frage der unterschiedlichen ethnischen Zusammensetzungen der Bürgerschaften,[98] sondern zugleich der abweichenden ständepolitischen Orientierung der Stadteliten, wenn Thorn sich künftig ungleich enger als Danzig und Elbing dem politisch-gesellschaftlichen Kommunikationssystem der polnischen Republik anschloß. Aber auch die konfessionelle Entwicklung schließlich bekräftigte das Auseinanderdriften der Städte in gewisser Weise, waren es doch nachweislich je verschiedene reformierte Milieus, aus denen Danzig, Elbing und Thorn die religiösen und kirchenpolitischen Impulse für ihren Weg in die reformierte Konfessionalisierung bezogen.[99]

Bei aller typologischen und sachlichen Parallelität der zu erörternden Abläufe in Danzig, Elbing und Thorn geht es mithin doch um einen komplexen städtegeschichtlichen Vergleich. Jede der drei Städte stand landesgeschichtlich in einem eigenen Entwicklungszusammenhang, und jede repräsentiert auch ein eigenes Verlaufsmuster der reformierten Konfessionalisierung, das sich wenigstens in der Konstellation der bestimmenden Faktoren von den beiden anderen unterscheidet.

I.4. Periodisierungsfragen

Die Kriterien für die Periodisierung unserer Untersuchung ergeben sich – deren doppelter Blickrichtung entsprechend – sowohl aus den landesgeschichtlichen Gegebenheiten als auch aus Aspekten, die mit der systematischen Frage nach dem Problemzusammenhang Zweite Reformation in Verbindung stehen. Leicht zu vereinbaren scheinen beide Gesichtspunkte im Hinblick auf die Bestimmung eines sinnvollen chronologischen Ausgangspunkts. Auch wenn die Reformationszeit als Ganzes, mithin auch die erste Hälfte des 16. Jahrhunderts, unter mehr als einem Problemaspekt in den Blick kommen muß, gibt es gute Gründe, die Jahrhundertmitte als die aus unserer Perspektive maßgebliche Zäsur zu betrachten. So sind es für die Landesgeschichte des

96 M. Bogucka/H. Samsonowicz, *Dzieje miast...*, S. 358 ff.

97 Zur Einordnung des Konflikts Kazimierz Lepszy, *Stefan Batory a Gdańsk*, in: *Rocznik Gdański*, Bd. 6 (1933), S. 82–136; *Historia Gdańska...*, Bd. 2, S. 579 ff. – Offenbar ging es für Danzig fortan darum, die eigene Machtposition zur Durchsetzung einer separaten Autonomiepolitik zu nutzen, wobei das Zusammenwirken mit den anderen Städten eine ebenso begrenzt instrumentelle Bedeutung hatte wie die Kooperation mit den anderen preußischen Landesräten oder den Hof- und Reichstagsparteiungen.

98 Der Anteil polnischer Einwohner mit und ohne Bürgerrecht an der Stadtbevölkerung lag in Thorn am höchsten; vgl. *Historia Torunia...*, Bd. 2, T. 2, S. 22 f., siehe auch *Historia Pomorza...*, Bd. 2, T. 1; speziell für Danzig jetzt die beispielhafte Studie von Jan Baszanowski, *Statystyka wyznań a zagadnienia etniczne Gdańska w XVII–XVIII wieku*, in: *Zapiski Historyczne*, Bd. 54 (1989), H. 1, S. 57–81, englisch unter dem Titel *Statistics of Religious Denominations and the Ethnic Problems in Gdańsk in XVII–XVIII Centuries*, in: *Studia Maritima*, Bd. 7 (1988), S. 49–71.

99 M. G. Müller, *Zur Frage der Zweiten Reformation...*, S. 252 ff.

Königlichen Preußen die sechziger Jahre des 16. Jahrhunderts, die den Umbruch zur langfristigen Integration in den polnisch-litauischen Unionsstaat markierten. Zwischen der Reichstagsentscheidung von 1562 über die Ausweitung der „executio legum“ auf Preußen und dem Lubliner Inkorporationsakt von 1569 vollzog sich die entscheidende Statusveränderung des Königlichen Preußen von einem durch „ständische Union“ an Polen-Litauen angeschlossenen Land zu einer in „parlamentarischer Union“ integrierten Provinz,[100] und damit trat jene neue politisch-konstitutionelle Lage ein, welche auch den Horizont städtischer Autonomiepolitik für eine ganze Epoche bestimmen sollte.

Zudem fielen in diese Phase unmittelbar nach der Jahrhundertmitte die zentralen kirchengeschichtlichen Entscheidungen, und zwar gleichermaßen für die städtische Spätreformation in Preußen wie für die Konfessionalisierung des Protestantismus insgesamt. Wenngleich das Jahrzehnt nach 1558, dem Durchbruchsjahr der preußischen Städtereformation, allgemein noch einer vorkonfessionellen Phase angehörte und auch Danzig, Elbing und Thorn in ihrer Kirchenpolitik zunächst einen „unkonfessionellen Mittelkurs“ zwischen den protestantischen Lehrrichtungen zu halten versuchten,[101] waren doch bereits jetzt die Mechanismen beginnender Konfessionalisierung überall wirksam. So hat auch die Entscheidung der preußischen Städte für die „vermittelnde“ Lehre Melanchthons die kirchenpolitische und theologische Polarisierung nicht aufgehalten, sondern – ganz im Sinne des Reichskonfessionalismus – gerade die reformierte Konfessionsbildung beschleunigt.[102] Die Entstehung der protestantischen Stadtkirchen im Königlichen Preußen fiel in diesem Sinne sowohl zeitlich als auch in der Sache mit der Vorgeschichte der Konfessionalisierung des Reformiertentums als einer europäischen Entwicklung zusammen.

Schwerer fällt es indessen, einen im Blick auf die verschiedenen Problemfelder gleichermaßen plausiblen zeitlichen Endpunkt zu benennen. Denn offenkundig verliefen die Konfessionalisierungsprozesse im Westen und die kirchengeschichtlichen sowie konfessionspolitischen Entwicklungen im Königlichen Preußen spätestens seit der Wende zum 17. Jahrhundert nicht mehr synchron. Während die Konfessionalisierung des Reichs mit der förmlichen Abgrenzung des

100 Siehe Karol Górski, *Problematyka dziejowa Prus Królewskich 1466–1772*, in: *Zapiski Historyczne*, Bd. 31 (1963), H. 2, S. 159–171, sowie jetzt vor allem die sorgfältigen Überlegungen zur Periodisierung bei Stanisław Salmonowicz, *Das Königliche Preußen im öffentlichen Recht der polnisch-litauischen Republik (1569–1772)*, in: *Studia Maritima*, Bd. 6 (1987), S. 41–61, und bei Janusz Małłek, *Stany Prus Królewskich a Rzeczpospolita Polska w latach 1526–1660*, in: *Rocznik Gdański*, Bd. 43 (1983), H. 1, S. 65–82; vgl. ferner Gotthold Rhode, *Vom Königlichen Preußen zur preußischen Provinz Westpreußen*, in: *Schlesien und Pommern in den deutsch-polnischen Beziehungen vom 16. bis 18. Jahrhundert*, Braunschweig 1982, S. 44–65.

101 In diesem Sinne die Periodisierung der konfessionellen Entwicklung zur Zweiten Reformation bei H. Schilling, *Die Zweite Reformation als Kategorie...*, S. 401 ff.; siehe auch J. F. Gerhard Goeters, *Genesis, Formen und Hauptthemen des reformierten Bekenntnisses in Deutschland. Eine Übersicht*, in: *Die reformierte Konfessionalisierung...*, S. 44–59.

102 Die Annahme von Gottfried Schramm, daß die im Vergleich zu Polen allgemein frühe Rezeption des Protestantismus im Königlichen Preußen im Rahmen der reformatorischen Bewegungen der zwanziger Jahre des 16. Jahrhunderts bereits eine irreversible Entscheidung für das Luthertum bedeutet habe (siehe G. Schramm, *Der polnische Adel...*, S. 116 ff.), bestätigt sich im Licht der kirchenpolitischen Entscheidungen in Danzig, Elbing und Thorn um 1557 für die Städte nicht; ausführlicher dazu unten, S. 58 ff.

reformierten Bekenntnisses um 1620 in gewisser Hinsicht an ihr Ende kam,[103] war gleichzeitig in Preußen der politisch-konfessionelle Differenzierungsprozeß gerade in eine neue, zweite Phase eingetreten. Hatte die erste Phase bis zur Jahrhundertwende im Zeichen konfessioneller Vielfalt gestanden, und zwar sowohl auf der Ebene des Unionsstaats insgesamt als auch auf der der Landespolitik, so ging es für die Städte nun, nach dem bis in die Reihen des preußischen Adels erfolgreichen Durchbruch der Gegenreformation, um die konfessionelle Selbstbehauptung in einem beinahe wieder geschlossen katholischen Umfeld.[104] Erst in dieser Konstellation aber trat der bewußte Richtungswechsel in der konfessionellen Autonomiepolitik der Städte ein, nämlich die Hinwendung zum Konkordien-Luthertum, die ihrerseits erst nach der Mitte des 17. Jahrhunderts abgeschlossen war.[105]

Aber auch die anderen landes- und städtegeschichtlichen Wandlungsprozesse, die Gegenstand unserer Erörterung sind, und namentlich deren Wechselwirkungen kommen erst in diesem weiteren zeitlichen Horizont genauer in den Blick. Denn sowohl der wirtschaftlich-politische Aufstieg der autonomen frühneuzeitlichen Stadtverbände einerseits als auch der Prozeß der ständepolitisch-kulturellen Integration des Landes in den Unionsstaat andererseits vollzogen sich in einem Epochenzusammenhang, der offenbar das ganze Jahrhundert nach dem Lubliner Inkorporationsakt von 1569 umfaßt.[106] So kamen die entscheidenden Impulse des 16. Jahrhunderts – neben dem agrar- und handelswirtschaftlichen Konstellationswandel vor allem die politische Ausstrahlung der polnisch-litauischen Ständeunion sowie die Intensivierung königlicher Ostseepolitik seit Stefan Báthory – erst in einem längeren Prozeß im Königlichen Preußen zum Tragen, indem sich nach der Einfügung des Landesadels in das republikanische Gefüge dann um die Jahrhundertwende auch ein neues Verhältnis zwischen Städten und Ständerepublik einzuspielen begann.[107] Und erst mit den Kriegsereignissen in der Mitte des 17. Jahrhunderts wiederum wurde diese bei allen Spannungen günstige Konstellation[108] durch ein fundamental anderes Kräfteverhältnis abgelöst.[109]

Die landesgeschichtliche Epochengrenze des Nordischen Kriegs von 1655 bis 1660 scheint denn auch für unseren speziellen Fragezusammenhang als Zäsur letztlich am besten begründet. Das mächtegeschichtliche Datum steht dabei nicht nur für die katastrophalen wirtschaftlichen

103 Als maßgebliches Datum gilt die Dordrechter Synode von 1619, die den Heidelberger Katechismus zur verbindlichen Lehrgrundlage der Reformierten erklärte und damit jenen Schritt zur Konfessionskirche vollzog, welchen die Lutheraner bereits mit der Veröffentlichung der Konkordienformel von 1580 getan hatten. Siehe H. Schilling, *Die Zweite Reformation als Kategorie...*, S. 409 f.

104 Am präzisesten dargestellt und erörtert bei G. Schramm, *Der polnische Adel...*, S. 281 ff.

105 Siehe oben.

106 In diesem Sinne der Periodisierungsvorschlag bei J. Małłek, *Stany Prus Królewskich...*, S. 71 ff.

107 Gut gesehen bei Władysław Czapliński, *Problem Gdańska w czasach Rzeczypospolitej szlacheckiej*, in: *Przegląd Historyczny*, Bd. 43 (1952), S. 273–286, jetzt aber besonders auch bei S. Salmonowicz, *Prusy Królewskie...*

108 Dem steht freilich das dezidiert negative Urteil über die Epoche in der bisherigen deutschen Landeshistorie gegenüber, die vor allem die „Dismembration“ der landständischen Sonderrechte als einen wesentlich destruktiven Prozeß im Blick hat; so Helmut Bitzer, *Die Politik der westpreußischen Stände 1604–1618*, Phil. Diss., Freiburg 1949, S. 83; vgl. auch E. Turowski, *Die innenpolitische Entwicklung Polnisch-Preußens...* Differenzierter dagegen G. Rhode, *Vom Königlichen Preußen...*

109 Zu diesem Epochenkonzept allgemein auch die wichtigen Überlegungen von Antoni Mączak in *Historia Pomorza...*, Bd. 2, T. 1, S. 210 ff.

und demographischen Einbrüche, welche der Krieg für die Städte ebenso wie für das Land insgesamt bewirken sollte. Vielmehr bezeichnet es wahrscheinlich auch das Einmünden des städtischen Konfessionalisierungsprozesses in eine politisch-nationalkulturelle Sonderentwicklung von Danzig, Elbing und Thorn;[110] und es markiert nicht zuletzt in dieser Hinsicht den Punkt, von dem aus die im Lauf der vorangehenden Epoche fortgeschrittene „Vergesellschaftung" des Königlichen Preußen mit dem polnisch-litauischen Unionsstaat[111] wiederum schrittweise aufgelöst und damit – so die zunächst hypothetische Annahme – eine beziehungsgeschichtlich an sich konstruktive Entwicklung revidiert wurde.

110 Das Diktum von J. Tazbir, *Kultura szlachecka...*, S. 92, daß die deutschen Stadtbürger „erst im Luthertum eine Bestätigung ihrer Andersartigkeit finden, die ihnen bis dahin aus der mit Polen und Litauern gemeinsamen Religion nicht zufließen konnte", wäre in diesem Sinne zu modifizieren. Wie vor allem A. Mączak (*Historia Pomorza...*, Bd. 2, T. 1, S. 373) zu Recht bemerkt hat, war die Identifikation von protestantischem Bekenntnis und Deutschtum eine vergleichsweise späte Erscheinung, die ihrerseits nicht zuletzt mit der ideologischen Ausgrenzung der „deutschen" Städte durch den polnischen Adel in der unmittelbaren Folge des Nordischen Kriegs zusammenhing.

111 S. Salmonowicz, *Prusy Królewskie...*

II. Spätreformation und Bekenntniskirche. Voraussetzungen und Verlauf der städtischen Konfessionalisierung

II.1. Die städtische Konfessionalisierung im Licht der landesgeschichtlichen Forschung

Wenn die moderne Kirchenhistorie die Reformationsgeschichte des Königlichen Preußen und seiner Städte in eine weitgehend ungebrochene Entwicklung lutherischer Konfessionsbildung einordnet,[1] so steht sie damit in einer Deutungstradition, die zunächst vor allem durch die kirchenpolitischen Entscheidungen des 17. Jahrhunderts selbst geprägt scheint. Nachdem die Städte sich nach der Jahrhundermitte endgültig auf einen lutherischen Konfessionsstand festgelegt hatten, sollte sich rasch auch eine diesem Bekenntnisstand konforme Deutung des Reformationsverlaufs durchsetzen – wobei der steuernde Einfluß der städtischen Obrigkeiten unverkennbar eine wichtige Rolle spielte. In hohem Maße war diesen daran gelegen, nicht nur die konfessionelle Geradlinigkeit ihrer Kirchenpolitik anerkannt zu sehen, sondern auch die politische Erinnerung an die städtischen Religionskämpfe der Jahrhundertwende so weit wie möglich zu tilgen. Entsprechend gezielt haben sie ihre Steuerungsmöglichkeiten gegenüber Kirche und Bürgergesellschaft in dieser Perspektive eingesetzt; soweit die Unterordnung der städtischen Theologen und Lehrer unter Kirchendisziplin und Amtsloyalität abweichende Deutungen der Konfessionsverhältnisse nicht ohnehin bereits im Vorfeld unterband, griffen die Räte der drei großen Städte auch als Zensoren in den Prozeß der Überlieferung ein. Zeitgenössische Manipulationen an den Danziger Akten über den Konfessionsstreit von 1605/06[2] liefern dafür ähnlich spektakuläre Belege wie der bekannte Fall des Danziger Stadtchronisten Reinhold Curicke, dessen Werk erst nach der

1 Forschungsberichte: Martin Lackner, *Neue Literatur zur preußischen Reformationsgeschichte*, in: *Kirche im Osten*, Bd. 3 (1960), S. 195–200; M. Kosman, *Reformacja i kontrreformacja...*; vgl. auch Heinz Neumeyer, *Bibliographie zur Kirchengeschichte von Danzig und Westpreußen,* Leer 1967, sowie den Sammelband *Probleme der Reformation...*, hrsg. von J. Kalisch.

2 Was an Schriftstücken aus dem Streitverfahren von 1604 bis 1606 nicht im Ratsarchiv unter strengem Verschluß gehalten werden konnte, sondern in die Hände beider Konfliktparteien gelangt war, forderte der Danziger Rat in der Folge unter Strafandrohungen von der Bürgerschaft ein. Die amtlichen Rezesse von den entscheidenden Ratssitzungen aber wurden offenbar nachträglich mit Sorgfalt korrigiert; sie weisen bezeichnende Lücken auf, deren Beschaffenheit auf nichts anderes als eine gezielte „Säuberung" bereits im 17. Jahrhundert schließen läßt. Dazu ausführlicher, mit Belegen, unten S. 136 f.

Streichung eines ausführlichen Kapitels über den besagten Konfessionsstreit vom Rat zur Veröffentlichung freigegeben wurde.[3]

In jedem Fall war schon in den Anfängen der preußischen Kirchengeschichtsschreibung für eine zumindest ungleiche Gewichtung der konfessionellen Standpunkte gesorgt. Zwar sollte auch die reformierte Sicht ihre zeitgenössische Darstellung finden, und zwar erstmals durch keinen Geringeren als den führenden Theologen der preußischen Zweiten Reformation Jacob Fabricius. Doch dessen *Kurtzer bericht* über die Einführung der reformierten Konfession in Preußen[4] von 1603 mußte außerhalb des Landes im Druck erscheinen, und Fabricius vermochte deshalb letztlich ebensowenig Einfluß auf die kirchengeschichtliche Überlieferung zu nehmen wie Reinhold Curicke mit seiner 1652 verfaßten Geschichte des Danziger Protestantismus,[5] die überhaupt nur in wenigen handschriftlichen Fassungen in Umlauf gelangt zu sein scheint. Um so nachhaltiger sollte dagegen Christoph Hartknochs *Preußische Kirchen-Historia* von 1686 wirken.[6] Denn die Darstellung des in Königsberg ausgebildeten Theologen und Thorner Gymnasialprofessors bewegte sich – ganz in Übereinstimmung mit dem städtischen Konfessionsstand – auf dem festen Grund lutherischer Orthodoxie, und dieser Umstand sicherte ihr mit dem Wohlwollen der geistlichen Ministerien und weltlichen Obrigkeiten auch jene große Verbreitung, welcher sie ihre Schlüsselfunktion für die kirchengeschichtliche Diskussion der Folgezeit wohl nicht zuletzt verdankt.

Spätere Landeshistoriker freilich haben die bekenntnisparteilichen Einseitigkeiten der zeitgenössischen Urteile durchaus gesehen und quellenkritisch reflektiert.[7] Indessen kamen nun andere Gesichtspunkte zur Geltung, die eine Fortschreibung der am Luthertum orientierten Deutung begünstigten. In dem Maße nämlich, wie das lutherische Bekenntnis und die deutsche Sprache als zentrale Merkmale einer städtischen beziehungsweise provinzialen „Sonderentwicklung“ für die

3 Reinhold Curicke, *Der Stadt Dantzig historische Beschreibung*, Danzig-Amsterdam 1687. – Das inkriminierte Konfessionskapitel kam freilich auf Umwegen doch an die Öffentlichkeit, da es in etliche Exemplare der Amsterdamer Ausgabe mit gesonderter Paginierung eingefügt worden war. Über die Einzelheiten berichtet im Zusammenhang mit dem Nachdruck des Werks von Curicke (Hamburg 1979) Peter Letkemann, *Neuere deutsche Arbeiten zur Geschichte Danzigs*, in: *Jahrbuch für die Geschichte Mittel- und Ostdeutschlands*, Bd. 33 (1984), S. 206–217. Über Curicke allgemein Lech Mokrzecki, *W kręgu prac historyków gdańskich XVII wieku*, Gdańsk 1974, S. 150 ff.

4 Jacob Fabricius, *Kurtzer bericht, was in etlichen reformirten Kirchen des Landes Preußen bis anhero gelehret worden*. – Nach zeitgenössischen lutherischen Angaben hat Christoph Pezel Fabricius' Bericht 1603 als anonyme Schrift in Hanau drucken lassen, APGd. 300 R/Pp 16, Bl. 205; eine Abschrift findet sich als Anhang zu Fabricius' handschriftlich überlieferter „Historia notulae“, APGd. 300 R/Pp 2, Bl. 326v. ff.

5 Reinhold Curicke, *Verbesserter historischer Auszug von Verenderung der Religion in Dantzigk*, (o.O.) 1652; handschriftliche Exemplare in der Danziger Stadtbibliothek sowie in APGd. 300 R/Ll 46.

6 Christoph Hartknoch, *Preußische Kirchen-Historia, Darinnen von Einführung der Christlichen Religion in diese Lande wie auch von der Conservation, Fortpflantzung, Reformation und dem heutigen Zustande derselben ausführlich gehandelt wird*, Frankfurt am Main-Leipzig 1686.

7 Siehe etwa den Artikel über Hartknoch in *Altpreußische Biographie*, Bd. 1, S. 251, sowie in *Allgemeine Deutsche Biographie* (im folgenden *ADB* zitiert), Bd. 10, S. 665 f. Über Hartknoch als Landeshistoriker allgemein zuletzt Karin Friedrich, *„Better in Perilious Liberty than in Quiet Servitude“. The Idea of Freedom in the Writings of Two Protestant Burghers in Seventeenth Century Royal Prussia*, in: *Między wielką polityką a szlacheckim partykularzem. Studia z dziejów nowożytnej Polski i Europy ku czci Profesora Jacka Staszewskiewgo*, hrsg. von Kazimierz Wajda, Toruń 1993, S. 71–85.

deutsche Landesgeschichtsschreibung an Bedeutung gewannen, sollte die Konfessionsfrage auf einer neuen Ebene historiographisch politisiert werden.

Bereits im 18. Jahrhundert lassen sich Anzeichen dafür bei Gottfried Lengnich erkennen. Galten Lengnichs rechtshistorische Erörterungen der Begründung einer Kontinuität politisch-konstitutioneller Eigenständigkeit des Königlichen Preußen in ihrem Bestand vor der Inkorporation von 1569,[8] so war die Reformation hier primär als ein Problem landständischer Privilegienausstattung und Privilegienwahrung eingeordnet; entsprechend aber mußte ihm mehr daran gelegen sein, die ungebrochene Rechtsgültigkeit des Augsburgischen Bekenntnisstandes im Lande ins Bild zu setzen, als den Verflechtungen der städtischen Reformation mit der polnischen Konfessionspolitik im Zeichen des Reformiertentums nachzugehen.[9] Um so schärfer aber traten solche Argumentationsbedürfnisse in den Vordergrund, seitdem sich die Landeshistorie im 19. Jahrhundert darauf einzustellen begonnen hatte, ihre Fragen allgemein einer nationalen, das heißt deutschtumsgeschichtlichen Perspektive unterzuordnen.[10] Denn wo bei Lengnich noch der landständische „Regionalismus" den Deutungshintergrund für die Reformationsgeschichte gebildet hatte, wurde jetzt ein unmittelbarer Zusammenhang zwischen lutherischer Konfessionalisierung und erfolgreicher deutscher Selbstbehauptung hergestellt, den anderen Bekenntnisrichtungen aber gleichsam programmatisch eine unproduktive, dem Zeitgeist widerstreitende historische Rolle zugeschrieben.[11]

So sollte sich das von Hartknoch gezeichnete Bild in seinen Hauptzügen langfristig verfestigen, zugleich aber in den Einzelheiten eher verwischen als differenzieren. Denn während für den lutherischen Zeitgenossen die siegreiche Auseinandersetzung mit dem konkurrierenden Bekenntnis noch ein zentrales Thema der kirchlichen Selbstdarstellung war, lag es in der Logik des späte-

8 So die gut begründete Lengnich-Deutung bei S. Salmonowicz, *Prusy Królewskie...*, S. 50 ff., sowie ders., *Od Prus Książęcych do Królestwa Pruskiego: Studia z dziejów prusko-pomorskich*, Olsztyn 1992, S. 72–102. – Vgl. auch Jerzy Serczyk, *Uwagi o stanie i potrzebach badań nad historiografią w Prusach Królewskich od reformacji do upadku dawnej Rzeczypospolitej*, in: *Zapiski Historyczne*, Bd. 39 (1974), 3, S. 133–146.

9 Vgl. besonders für diese zentrale Frage das systematische Kapitel in G. Lengnich, *Geschichte der Preußischen Lande...*, Bd. 4, Danzig 1726, Einleitung, S. 1–24: *Nachricht von der Religions-Aenderung in Preussen.*

10 In der speziell kirchengeschichtlichen Literatur hat sich diese Tendenz allmählich im Verlauf des 19. Jahrhunderts durchgesetzt; entsprechend sind es – je nach dem Zeitraum – unterschiedliche Entwicklungsstadien des Übergangs von einer konfessionell parteilichen zu einer national parteilichen Deutung, welche die jeweiligen Beiträge repräsentieren; vgl. vor allem Alexander Gustav Hermann Lambeck, *Geschichte der Begründung und des Wachsthums der Reformation in Westpreußen*, Thorn 1850; Eduard Schnaase, *Geschichte der evangelischen Kirche Danzigs*, Danzig 1863; Hermann Freytag, *Wie Danzig evangelisch wurde*, Danzig 1902; Eugen Gustav Kerstan, *Die evangelische Kirche des Stadt- und Landkreises Elbing von der Reformation bis zur Gegenwart*, Elbing 1917; Reinhold Heuer, *Vom katholischen Thorn vor Luther und wie Thorn evangelisch wurde*, Thorn 1917. – In ihrer differenzierten Darstellung abweichend die leider ungedruckte Thorner Kirchengeschichte von Julius Emil Wernicke aus den vierziger Jahren des 19. Jahrhunderts, APT Kat. II, X–25; vgl. aber auch ders., *Geschichte Thorns aus Urkunden, Dokumenten und Handschriften*, Bd. 2: *Die Jahre 1531–1840 umfassend*, Thorn 1842.

11 Dies besonders deutlich auch in der politikgeschichtlichen Interpretation der Konfessionsfragen bei Paul Simson, *Geschichte der Stadt Danzig*, Bd. 2, Danzig 1918, sowie Edward Carstenn, *Geschichte der Hansestadt Elbing*, Elbing 1937.

ren deutschtumsgeschichtlichen Interpretationsansatzes, die Tatsache einer starken, gerade von den städtischen Eliten ausgehenden reformierten Vorgängerbewegung zum Luthertum eher zu bagatellisieren, wenn nicht überhaupt auszublenden. In der Tat läßt sich denn auch beobachten, daß die Landeshistorie das Phänomen mit gewissermaßen absteigender Tendenz zur Kenntnis genommen hat. Es kam in den großen stadtgeschichtlichen Untersuchungen der Jahrhundertwende nur mehr als eine politisch krisenhafte Abweichung von dem vorgezeichneten Weg zum Luthertum zur Sprache,[12] um danach allenfalls noch als ein Kuriosum der Frömmigkeitsgeschichte wahrgenommen zu werden.[13] Schließlich aber scheint sich dieses Deutungsmuster auch dort gleichsam historiographisch verselbständigt zu haben, wo die nationalen Perspektiveverengungen in der Landeshistorie inzwischen längst überwunden sind. Jedenfalls sollte die Annahme, daß es sich hier um einen „unerklärbaren Rest", das heißt eine am ehesten religionspsychologisch oder -soziologisch zu beschreibende Erscheinung handelt, sowohl in der deutschen als auch in der polnischen Forschung einstweilen das letzte Wort bleiben.[14]

Bereits der Verlauf der kirchenhistorischen Diskussion an sich legt es mithin nahe, von einem nochmaligen, quellennahen Problemdurchgang deutlich abweichende Befunde zu erwarten. Berechtigt scheint jedenfalls die Hypothese, daß die konfessionell einseitig gewichtete Überlieferung die reformierten Bekenntnisbewegungen in allen drei Städten bagatellisiert und damit hier wirksame Ansätze zu einer Zweiten Reformation rückwirkend aus dem Blickfeld verdrängt hat. Entsprechend aber erscheint es geboten, den Prozeß der städtischen Konfessionalisierung noch einmal in seinem gesamten Verlauf seit der Entstehung der protestantischen Stadtkirchen zu rekonstruieren, und zwar in direktem Rückgriff auf den konfessionell „offenen" Quellenhorizont vor der Mitte des 17. Jahrhunderts.

12 So pointiert bei P. Simson, *Geschichte der Stadt Danzig...*, Bd. 2, S. 367 ff.

13 Bezeichnend das Urteil von H. Neumeyer, *Kirchengeschichte...*, S. 108: „Die über drei Jahrzehnte dauernde Vorherrschaft der Reformierten in Danzig paßte ... nicht in die konfessionelle ‚Landschaft' dieser Zeit, da Danzig sich damit nicht nur in einen Gegensatz zu seinen Schwesterstädten Elbing und Thorn [sic!], sondern auch zu den deutschen Nachbarländern, den Herzogtümern Preußen und Pommern, brachte."

14 Von deutscher Seite führen eindeutig am weitesten die Überlegungen von G. Schramm, *Danzig, Elbing und Thorn...*, S. 125–154; ferner ders., *Die gelungene Reformation...*; freilich heißt es, ganz im Sinne der Forschungstradition, über den städtischen Ratscalvinismus der Wende vom 16. zum 17. Jahrhundert auch hier: „Diese Episode ist in der so einfachen und geradlinigen Geschichte, die wir zu verfolgen haben, die einzige Zeit der Verwirrung, in der die Interessen der Städte nicht mit der konfessionellen Haltung maßgeblicher Teile ihrer Bewohnerschaft zusammenstimmten." – In der polnischen Forschung hat besonders die reformierte Entwicklung in Thorn eine gewisse Beachtung gefunden: Tadeusz Glemma, *Stosunki kościelne w Toruniu w stuleciu XVI i XVII na tle dziejów kościelnych Prus Królewskich* (= Roczniki Towarzystwa Naukowego w Toruniu, Bd. 42), Toruń 1934; J. Waluszewska, *Materiały do dziejów reformacji...*, S. 228 ff.; Stanisław Salmonowicz, *Z dziejów wyznaniowych Torunia na przełomie XVI/XVII wieku*, in: *Rocznik Toruński*, Bd. 17 (1986), S. 235–243, sowie ders., *Religiöses Leben in Toruń...*, S. 41–55; zuletzt K. Maliszewski, *Stosunki religijne w Toruniu...*, S. 261 ff. Allerdings scheitern die daran geknüpften Interpretationsversuche an dem vermeintlichen Widerspruch zwischen der vielfach unterstellten „demokratischen" Ausrichtung des Calvinismus einerseits und dem ausgesprochen elitären Charakter des Thorner Ratscalvinismus andererseits; dazu bereits oben, S. 22, Anm. 50. Maliszewski vermeidet zwar solche Fehlurteile, knüpft mit der Gleichsetzung von Luthertum und deutscher Orientierung jedoch wiederum an die älteren Deutungsmuster an.

II. 2. Die Reformation in Polen-Litauen und die Durchsetzung der Bekenntnisfreiheit im Königlichen Preußen

So eng die ursprüngliche Ausbreitung der neuen Lehre im Königlichen Preußen mit dem direkten Einfluß Wittenbergs und der lutherischen Nachbarterritorien verbunden gewesen sein mag, so sehr war die Durchsetzung der Bekenntnisfreiheit im Lande doch eine Angelegenheit polnisch-litauischer Ständepolitik. Bereits in dieser Hinsicht bildete die Entwicklung des städtischen Protestantismus also einen Teil der polnischen Reformationsgeschichte. Denn die Abläufe auf der Ebene des Gesamtstaats sollten nicht nur den zeitlichen Rhythmus der Veränderungen in Danzig, Elbing und Thorn bestimmen, sondern in wesentlichen Aspekten auch deren Verlaufsrichtung.

Als die Räte der drei Großen Städte sich 1526 der königlichen Intervention zur Wiederherstellung des alten Glaubens zunächst umstandslos fügten, geschah dies in realistischer Beurteilung der Kräfteverhältnisse. Königliche Mandate und bischöfliche Interdikte bildeten an sich zwar keine unüberwindlichen Barrieren; Präzedenzfälle dafür, daß sich die städtischen Obrigkeiten unter geeigneten Umständen auch darüber hinwegzusetzen vermochten, gab es genug und sollte es weiterhin geben. Doch die Isolation, in der die reformatorische Bewegung gegenüber den anderen Ständen des Landes wie des Reiches sich einstweilen befand, gebot hier zunächst Stillhalten. Solange die Autorität der Krone sowie die Machtposition der Kirchenhierarchie nicht durch eine breite protestantische Ständebewegung in Frage gestellt wurden, gab es konfessionspolitisch für die Städte keinen Handlungsspielraum.[15]

Auch die Tatsache, daß bald nach 1526 die adligen Oberstände im Königlichen Preußen und, in deren Gefolge, auch Teile der Ritterschaft sich der lutherischen Reformation zu öffnen begannen,[16] änderte daran vorerst wenig. Wohl nahmen sich die protestantisch gewordenen Adligen die persönliche Freiheit, dem neuen Glauben ohne Einschränkungen zu folgen, und zwar notfalls unter Mißachtung königlicher Mandate,[17] ganz ähnlich, wie es auch die lutherischen Stadtbürger allem Anschein nach taten. Auch gibt es Indizien dafür, daß der reformatorische Geist allmählich in die Politik der Landstände Eingang fand, indem er zumindest deren Stil zunehmend beeinflußte. In den Auseinandersetzungen mit König Sigismund I. um die preußische Zehntverweigerung sind von seiten der Preußen jedenfalls schon Ende der zwanziger Jahre des 16. Jahrhunderts nicht mehr nur allgemein antiklerikale, sondern unverkennbar lutherische Argumente ins Spiel gebracht worden.[18] Die Schwelle zum offenen Bekenntniswechsel indessen mochten selbst die einflußreichen magnatischen Landesräte mit Blick auf den noch ungebrochenen Vorrang der römischen Kirche in Kronpolen und Litauen vorerst nicht überschreiten. Als der König 1540

15 G. Schramm, *Der polnische Adel...*, S. 226–229.

16 *A.a.O.*, S. 116 ff.

17 Dies galt offenkundig für das vor allem mit Blick auf Wittenberg erlassene Verbot Sigismunds I., an deutschen Universitäten zu studieren; es wurde von bürgerlichen und adligen Studenten aus dem Königlichen Preußen wenn nicht völlig ignoriert, so doch oft genug umgangen. Siehe Hermann Freytag, *Die Preußen auf der Universität Wittenberg und die nichtpreußischen Schüler Wittenbergs in Preußen von 1502 bis 1602*, Leipzig 1903, sowie M. Pawlak, *Studia uniwersyteckie...*, S. 64 ff. u. Anhang Tab. 1.

18 G. Schramm, *Der polnische Adel...*, S. 116.

abermals die Einhaltung des katholischen Bekenntnisstandes anmahnte, erhielt er von diesen den Bescheid, in Preußen sei in der Religion alles beim alten.[19]

Es war also im besten Fall ein informelles und dabei labiles Toleranzverhältnis, auf das die Protestanten der Städte einstweilen bauen konnten. Für die städtischen Obrigkeiten erwuchs daraus der Zwang, einen komplizierten Mittelkurs zwischen Wahrung des rechtsförmlichen Religionsstandes und Zugeständnissen an die entschlossenen Protestanten im eigenen Lager zu steuern. Denn es ließ sich absehen, daß sich die reformatorische Bewegung zumindest unter der Geistlichkeit auch nach der Restauration von 1526 mit eigener Dynamik fortsetzen würde; nur wenn es diese zu kanalisieren gelang, bestand Aussicht, neuen Bürgerkämpfen und einer abermaligen Intervention des königlichen Stadtherrn nach dem Muster von 1525 aus dem Wege zu gehen.

Die Danziger Räte setzten in dieser Situation auf die bereits im Vorfeld des gemeindereformatorischen Anlaufs erprobte Vermittlung des Franziskanerpaters Alexander Svenichen.[20] 1526 als Prediger an die Oberpfarrkirche St. Marien berufen, sollte sich Svenichen als eine Art informeller Senior der Stadtkirche erneut für einen innerstädtischen Religionsausgleich einsetzen und die Entwicklung damit wieder in die Bahnen einer moderaten, vor allem aber zeitlich gestreckten kirchlichen Erneuerung zurückführen. Auch die 1524 von Svenichen gefundene Kompromißformel, daß man künftig nur „das reine Wort Gottes“ predigen wolle, ohne jedoch die Kirchenzeremonien zu ändern oder den Theologenstreit um Luther auf den Kanzeln auszutragen, kam nun wieder zur Geltung. Sie begründete gewissermaßen ein innerstädtisches Interim, das in der Tat den Leslauer Bischof und dessen Danziger Offizial zufriedenzustellen vermochte, zugleich aber den Weg zu einer behutsamen Einführung der neuen Lehre auf lange Sicht nicht verstellte. Denn daß die Neuerungen an der Marienkirche seit 1526 letztlich als Signal in dieser Richtung zu verstehen waren, lag wohl für alle Beteiligten, das heißt auch für die altgläubige Partei auf der Hand.[21] Bereits der Nachfolger des 1529 verstorbenen Svenichen, der Dominikaner Pankratius Klemme, ging denn auch einige Schritte weiter. Als der Rat ihm 1536 förmlich das Amt eines „Pastors“ an der Oberpfarrkirche zubilligte, sagte er sich von seinem Orden los und ging dazu über, offen in protestantischem Sinne zu predigen.[22]

Was allerdings wie ein planvoller Übergang erscheinen mag, blieb auch weiterhin eher eine Frage kirchenpolitischer Improvisation. Das selbstbewußte Wirken von Pankratius Klemme führte nicht nur dazu, daß der Danziger Rat in den dreißiger Jahren des 16. Jahrhunderts wider Willen doch in einen Konflikt mit dem Bischof hineinmanövriert wurde und das städtische „Krypto-Luthertum“ in der Folge auch wieder die Aufmerksamkeit königlicher Kommissare auf sich zog.[23] Vielmehr ermutigte es auch andere städtische Geistliche, den Rahmen des stadtpoli-

19 G. Lengnich, *Geschichte der Preußischen Lande...*, Bd. 1, S. 218 ff.; dazu G. Schramm, *Der polnische Adel...*, S. 117.

20 Über Svenichens Rolle in der Danziger Kirchenpolitik von 1524 H. Neumeyer, *Kirchengeschichte...*, S. 77; Berta von Bockelmann, *Danzigs Politik in der Reformationszeit im Briefwechsel zwischen Johann von Werden und Herzog Albrecht von Preussen*, Phil. Diss., Kiel 1968; siehe auch M. Bogucka, *Życie codzienne...*, S. 39; *Historia Gdańska...*, Bd. 2, S. 273 f.

21 H. Neumeyer, *Kirchengeschichte...*, S. 81 f.

22 Ausführlich Theodor Hirsch, *Der Prediger Pankratius*, Danzig 1842; siehe auch G. Schramm, *Danzig, Elbing und Thorn...*, S. 147.

23 Th. Hirsch, *Der Prediger Pankratius...*, S. 64; siehe auch Walerjan Krasiński, *Zarys dziejów powstania i upadku reformacji w Polsce*, hrsg. von Juljusz Bursche, Bd. 1, Warszawa 1903, S. 81 f. Über die Kontrol-

tisch Tolerablen in eigener Verantwortung zu überschreiten und den Rat damit zum Handeln zu zwingen. Dieser mußte 1545 intervenieren, um die eigenmächtige Einführung des Abendmahls in beiderlei Gestalt auf die Hospital-Kirchen der Stadt zu beschränken, und noch 1555 erging eine Ratsverordnung, die den neuen Abendmahlsbrauch auch dort wieder untersagte.[24]

Ähnlich war es in den Nachbarstädten zunächst eher die Eigendynamik der protestantischen Bewegung als die Programmatik der Ratspolitik, welche den Rhythmus des kirchlichen Wandels bestimmte. Wenn sich aber die Räte von Thorn und Elbing etwas weiter vorwagten als ihre Danziger Kollegen, so läßt dies wohl zum einen auf ein Mehr an gemeindlicher Durchsetzungskraft in dieser Phase schließen; zum andern hatte man offenbar in noch geringerem Maße als in Danzig mit einem entschiedenen Gegenkurs der bischöflichen Instanzen zu rechnen.

Ganz ähnlich wie in Danzig scheint sich zunächst die Situation an den Pfarrkirchen entwickelt zu haben. Es handelte sich auch hier offenbar um den Versuch eines interimistischen Kompromisses, der mit der Zeit durch das aktivere protestantische Lager unterlaufen wurde: in Elbing schon 1539 mit der Einführung der protestantischen Abendmahlslehre durch Ambrosius Feierabend,[25] etwas später, aber entsprechend weiterreichend in Thorn, wo 1554 mit Johannes Glaser erstmals ein auswärtiger lutherischer Prediger förmlich berufen und 1555 der erste protestantische Gottesdienst an der Pfarrkirche St. Johannes zelebriert wurde.[26] Zudem aber gaben etwa zeitgleich, nämlich um 1540, sowohl die Thorner Franziskaner als auch die Elbinger Dominikaner ihre Ordensbindung auf und führten an den jeweiligen Marienkirchen den protestantischen Gottesdienst ein, nachdem sie sich mit den Räten über die Übernahme des Klosterbesitzes in städtische Obhut verständigt hatten.[27]

len königlicher Kommissare in Danzig in den vierziger Jahren des 16. Jahrhunderts Janusz Małłek, *Prusy Książęce a Prusy Królewskie, 1525–1548*, Warszawa 1976, S. 214.

24 G. Schramm, *Danzig, Elbing und Thorn...*, S. 147.

25 Stanisław Waldoch, *Początki reformacji w Elblągu i jego regionie*, in: *Rocznik Elbląski*, Bd. 4 (1969), S. 9–43, hier S. 33; G. Schramm, *Danzig, Elbing und Thorn...*, S. 148.

26 APT Kat. II, XIII–10, Bl. 56; Tadeusz Glemma, *Dzieje stosunków kościelnych w Toruniu*, in: *Dzieje Torunia*, hrsg. von Kazimierz Tymieniecki, Toruń 1933, S. 12 f. – Bei Julius Emil Wernicke, *Thornische Presbyteriologie*, APT Kat II, X–27, Bl. 358, ist von protestantischen Zeremonien an der Thorner Johanneskirche bereits seit 1530 die Rede; doch scheint es eher um Neuerungen nach dem Danziger Vorbild von Pankratius Klemme als um die förmliche Einführung des Abendmahls in beiderlei Gestalt gegangen zu sein. Diese Deutung stützen jetzt auch die neuen Befunde bei M. Biskup, *Historia Torunia...*, Bd. 2, T. 1, S. 222 ff., wonach es etwa um 1540 – bei formaler Wahrung des Status quo an der Johannes-Kirche – zur rapiden Ausbreitung der protestantischen Lehre an den übrigen Stadtkirchen kam. Die Grundlage der interimistischen Regelungen bildete hier das bis zum Tode Tiedemann Gieses konfliktarme Verhältnis zur Kulmer Diözese; siehe dazu auch Teresa Borawska, *Tiedemann Giese (1480–1550) w życiu politycznym Warmii i Prus Królewskich*, Olsztyn 1984, S. 330 f.

27 Für Thorn siehe A. G. H. Lambeck, *Geschichte der Begründung und des Wachstums...*, S. 16; Rudolph Brohm, *Die kirchlichen Zustände in Thorn seit dem Bekanntwerden der lutherischen Lehre bis zur öffentlichen Einführung der Reformation, 1520–1557*, in: *Zeitschrift für Historische Theologie*, Bd. 39 (1869), S. 605–626; T. Glemma, *Dzieje stosunków kościelnych...*, S. 11; Bronisław Nadolski, *Karty z dziejów Odrodzenia w Toruniu*, in: *Rocznik Toruński*, T. 1, Bd. 1 (1966), S. 221–239, hier S. 223. – Für Elbing siehe S. Waldoch, *Początki reformacji w Elblągu...*, S. 33; M. Biskup, *Stadt und Reformation...*, S. 203–216, hier S. 212 ff.; ausführlicher jetzt auch Marian Pawlak, *Reformacja i kontrreformacja w Elblągu w XVI–XVIII wieku*, Bydgoszcz 1994, S. 26 f.

Schließlich wirkte in beiden Städten die Zuwanderung protestantischer Glaubensflüchtlinge als ein Beschleunigungsfaktor eigener Art. So kam es vor allem in Elbing durch die Aufnahme niederländischer Mennoniten seit 1531 rasch zu Verbindungen zwischen der protestantischen Exulantengemeinde und der Bürgerschaft.[28] Aber auch der kurze Aufenthalt Böhmischer Brüder in Thorn zwischen 1547 und 1549 hat offenbar Spuren hinterlassen, ist doch auch für die Zeit nach dem Abzug der Böhmen eine Thorner Brüdergemeinde durchgehend bezeugt.[29] In jedem Fall war der Druck in Richtung auf einen beschleunigten religiösen Wandel in Thorn und Elbing bald nur mehr schwer zu kompensieren, und eine relativ nachgiebige Politik der Obrigkeiten nach innen trug dieser Lage Rechnung.

Ebenso konsequent wie in Danzig vermieden es die Räte hingegen auch in Thorn und Elbing, von sich aus verändernd in die städtische Kirchenorganisation einzugreifen. Zwar ließ sich sogar das Danziger Kompromißmodell in bezug auf das Predigtamt an der unter königlichem Patronat stehenden neustädtischen Oberpfarrkirche streng genommen als eine Usurpation königlicher und bischöflicher Prärogativen auslegen, und als es über die Personen der Prediger in Danzig 1531, in Elbing 1553 sowie in Thorn 1556 zum Konflikt mit den jeweiligen Bischöfen kam, ist dieses Argument von katholischer Seite auch ins Spiel gebracht worden.[30] Doch konnten sich die Räte mit Recht darauf berufen, grundsätzlich im Konsens mit den alten Kircheninstanzen oder doch wenigstens mit deren Duldung gehandelt zu haben. Entscheidend war, daß man keinen Anspruch darauf erhoben hatte, die Bestellung der Kirchen in die eigenen Hände zu nehmen. So wenig Elbing und Danzig zögerten, die Reform der städtischen Schulen schon jetzt prominenten „ausländischen" Protestanten anzuvertrauen,[31] so sorgsam hüteten sich doch zunächst alle Städte vor

28 Horst Penner, *Die ost- und westpreußischen Mennoniten in ihrem religiösen und sozialen Leben, in ihren kulturellen und wirtschaftlichen Leistungen*, Bd. 1, [Weierhof] 1978, S. 57 ff.; M. Pawlak, *Reformacja i kontrreformacja...*, S. 24–26; siehe auch E. Carstenn, *Geschichte...*, S. 312.

29 Efraim Oloff, *Ministerialia Thorunensia*, APT Kat. II, X–19, Bl. 18; Paul Arndt, *Die reformierten Geistlichen im Stadt- und Landkreis Thorn 1586–1921*, in: *Mitteilungen des Copernicus-Vereins für Wissenschaft und Kunst zu Thorn*, Bd. 47 (1939), S. 1–52, hier S. 1; J. Waluszewska, *Materiały do dziejów reformacji...*, S. 237.

30 Zum Danziger Konflikt siehe oben, Anm. 9; über die Vorwürfe des Kulmer Bischofs gegen Thorn berichteten die Thorner Räte in einem Brief an die Danziger Kollegen vom April 1556, APGd. 300, 53/434, Bl. 1–3. Über den Elbinger Konflikt Alojzy Szorc, *Stanisław Hozjusz a reformacja w Elblągu*, in: *Studia Warmińskie*, Bd. 7 (1970), S. 35–87.

31 Gemeint ist die Berufung des Pastors der niederländischen Mennonitengemeinde in Elbing und ehemaligen Gymnasialrektors im Haag Wilhelm Gnapheus (Willem van der Voleerkraft) zum ersten Rektor des Elbinger Gymnasiums im Jahre 1531 sowie die auf Melanchthons Empfehlung 1541 erfolgte Bestellung des Schlesiers Andreas Aurifaber als Reformer der Danziger Marienschule. Eduard Schnaase, *Andreas Aurifaber und seine Schola Dantiscana*, in: *Altpreußische Monatsschrift*, Bd. 9 (1872), S. 304–325 und 456–480; *Historia Gdańska...*, Bd. 2, S. 364 f.; Heinrich Babucke, *Wilhelm Gnapheus*, in: *ADB*, Bd. 9, S. 279 f.; Albert Reusch, *Wilhelm Gnapheus, der erste Rektor des Elbinger Gymnasiums*, in: *Programm des Elbinger Gymnasiums*, T. 1 (1868), S. 1–16, T. 2 (1877), S. 20–341; Józef Lassota, *Wilhelm Gnapheus (1493–1568), twórca elbląskiego gymnasium, dramaturg i reformator*, in: *Rocznik Elbląski*, Bd. 2 (1963), S. 37–66; H. Penner, *Die ost- und westpreußischen Mennoniten...*, S. 57 f.; E. Carstenn, *Geschichte...*, S. 312. Siehe auch unten, S. 199 f.

der förmlichen Werbung von Predigern aus protestantischen Orten.[32] Als aber Thorn sich mit der Bestellung Glasers 1554 erstmals über diese Regel hinwegsetzte, war der Rat immerhin noch bemüht, dessen förmliche Investitur durch Bischof Tiedemann Giese zu erwirken.[33]

Das ist um so bemerkenswerter, als um diese Zeit die Lage in Polen-Litauen längst zugunsten der Protestanten in Bewegung geraten war. Nicht nur der enorme Terraingewinn, den die protestantische Lehre um die Jahrhundertmitte unter dem polnisch-litauischen Adel verzeichnen konnte, hatte dafür gesorgt. Vielmehr war mit dem Thronwechsel von 1548 auch ständepolitisch eine Situation eingetreten, die nunmehr einer allmählichen Politisierung der Bekenntnisfrage, das heißt einem Umschlagen des lange gewachsenen adligen Antiklerikalismus in eine reformatorische Ständebewegung Vorschub leistete.[34] Zu welchen Frontenbildungen es vor diesem Hintergrund kommen mochte, ließ sich vorerst freilich noch nicht absehen. Daß der neue König Sigismund II. August selbst die Initiative ergreifen würde, um, wie Calvin ihm 1554 riet,[35] die bestehende Kirchenorganisation durch die Lösung von Rom in eine protestantische Nationalkirche zu überführen, schien ebenso denkbar wie eine Verknüpfung der reformatorischen Bewegung mit dem politischen Programm eines radikalen *szlachta*-Republikanismus oder auch dem magnatischer Oligarchiebestrebungen. In jedem Fall aber war mit der Erschütterung des ständestaatlichen Gefüges seit dem Interregnum auch die Autorität der alten Kirche in die Krise geraten, und der protestantische Adel vermochte den so gewonnenen Spielraum mit gezielten Vorstößen auf den Reichstagen seit 1550 für sich zu nutzen: 1552 machte die Suspendierung der bischöflichen Ketzergerichtsbarkeit den Weg zum individuellen Bekenntniswechsel frei, und als 1555 die Forderung nach Einführung des Laienkelchs und der landessprachlichen Liturgie, Aufhebung des Zölibats sowie Berufung eines Nationalkonzils von einer nunmehr protestantischen Mehrheit unter den Landboten gefordert wurde, sah sich der König zu der Zusage genötigt, um eine entsprechende päpstliche Einwilligung einkommen zu wollen.[36] Die Bestätigung des Reichstags von 1556/57, daß es den Adligen zustand, Hausgeistliche ihres Bekenntnisses frei zu wählen,[37] brachte die protestantischen Bemühungen um ein Interim schließlich ans Ziel.

Für die Konsolidierung der Reformation in Polen-Litauen war damit zwar, wie sich bald zeigte, noch nicht viel erreicht. Doch hatten die anhaltenden Religionskämpfe auf den Reichsta-

32 Dies bedeutet nicht, daß es unter den städtischen Geistlichen etwa keine Wittenberger Theologen und Schüler Luthers gegeben hätte. Für Danzig wäre der 1555 aus Breslau zugewanderte Prediger Johannes Halbbrodt zu nennen (siehe APGd. 300 R/Pp 85, Bl. 8) und nicht zuletzt Pankratius Klemme selbst, für Thorn Anton Bodenstein, der 1551 aus Marienwerder in die Stadt kam und verschiedentlich als der erste evangelische Prediger Thorns identifiziert worden ist; vgl. Emil Sehling (Hrsg.), *Die evangelischen Kirchenordnungen des 16. Jahrhunderts*, Bd. 4: *Das Herzogtum Preußen – Polen – Die ehemaligen polnischen Landesteile des Königreichs Preußen*, Leipzig 1911, S. 225. Entscheidend ist jedoch: Keiner von ihnen wurde als lutherischer Prediger in die jeweilige Stadt berufen beziehungsweise als solcher förmlich vom Rat bestellt.

33 T. Glemma, *Dzieje stosunków kościelnych...*, S. 12.

34 Hierzu und zum Folgenden die präzise Analyse von G. Schramm, *Der polnische Adel...*, S. 232 ff.

35 *Corpus Reformatorum*, Bd. 43, Braunschweig 1876, *Epistolae*, Nr. 2057. Dazu auch Ernst Walter Zeeden, *Calvins Einwirkung auf die Reformation in Polen-Litauen. Eine Studie über den Reformator Calvin im Spiegel seiner polnischen Correspondenzen*, in: ders., *Konfessionsbildung...*, S. 192–221.

36 G. Schramm, *Der polnische Adel...*, S. 193 ff.; W. Krasiński, *Zarys dziejów...*, Bd. 1, S. 122 f.

37 W. Krasiński, *Zarys dziejów...*, Bd. 1, S. 177 ff.; Stanisław Bodniak, *Walka o interim na sejmie 1556/57 r.*, in: *Reformacja w Polsce*, Bd. 5, 1 (1928), S. 1–11.

gen das Terrain dafür bereitet, daß die Protestanten auch im Königlichen Preußen einen entschiedeneren Kurs in der Bekenntnisfrage einschlagen konnten. Akut wurde das Problem für die Landespolitik, indem der neue ermländische Bischof Stanisław Hosius seit 1551 gegen die protestantischen Neuerungen in Elbing zu intervenieren versuchte und die Stadt ihrerseits im Landesrat Klage dagegen führte.[38] Die Landesräte, in dieser Zeit wohl etwa zu gleichen Teilen Protestanten und Katholiken, versagten nun nicht nur dem Bischof ihre Unterstützung, sondern ließen sich auf den Landtagen von 1555 und 1556 auch im Sinne der städtischen Erwartungen darauf festlegen, für Preußen förmlich Bekenntnisfreiheit anzustreben und diese Forderung gegenüber König und Reichstag zu vertreten.[39] Damit waren in relativ kurzer Zeit ständepolitisch denkbar gute Voraussetzungen für die Durchsetzung der Reformation geschaffen. Mit den großen und mittleren Städten sowie einer starken Fraktion unter Ritterschaft und magnatischen Oberständen verfügte die protestantische Bewegung im Lande selbst inzwischen über eine solide ständische Basis, und in dem Wojewoden Achaz von Zehmen sowie in Herzog Albrecht fand sie jetzt auch politisch hinreichend gewichtige Fürsprecher, um die günstige Konstellation am Hof und beim Reichstag zum Vorteil der preußischen Bestrebungen nutzen zu können.[40]

Wenn es dennoch nicht zur Bildung einer protestantischen Landeskirche im Königlichen Preußen gekommen ist, so zeugt dies einmal mehr von der engen Rückkoppelung der preußischen Entwicklung mit dem Reformationsverlauf im Gesamtstaat. Die katholischen Widerstände in Preußen selbst bildeten offenbar nicht das entscheidende Hindernis, wählten die Stände für ihren Durchbruch doch gerade jenen Moment, in dem der kirchliche Gegendruck im Lande unter Hosius' energischer Führung im Grunde im Zunehmen begriffen war.[41] Vielmehr muß es reichspolitische Gründe dafür gegeben haben, daß sich die Stände auch hier mit dem auf den Reichstagen bis 1556/57 durchgesetzten Interim zufriedengaben, ja, durch ihren Verzicht auf eine landessynodale Organisation der protestantischen Kirche sogar weniger Sorge um landschaftliche Eigenständigkeit zu demonstrieren schienen als der Adel der anderen Kronländer. Jedenfalls blieb die kirchliche Erneuerung auf dem Lande auch nach 1556 eine Sache des individuellen Einsatzes adliger Grundherren und Krongutsverwalter, während sich die konfessionspolitischen Anstrengungen der preußischen Ständevertreter am Hof jetzt auf eine separate Privilegierung des protestantischen Bekenntnisses für die Städte konzentrierten.[42]

38 Anton Eichhorn, *Der ermländische Bischof und Kardinal Stanislaus Hosius*, Bd. 1, Mainz 1854, S. 169; H. Neumeyer, *Kirchengeschichte...*, S. 83; A. Szorc, *Stanisław Hozjusz...*; M. Pawlak, *Reformacja a kontrreformacja...*, S. 30 ff.

39 H. Neumeyer, *Kirchengeschichte...*, S. 87; W. Krasiński, *Zarys dziejów...*, Bd. 1, S. 205 f.

40 Die Rolle Achaz von Zehmens und Herzog Albrechts als Wegbereiter der Reformation im Königlichen Preußen ist vielfach ausführlich dargestellt worden. Die Einzelheiten bei G. Lengnich, *Geschichte der Preußischen Lande...*, Bd. 2, S. 140 ff., sowie Richard Fischer, *Achatius von Zehmen, Woywode von Marienburg*, in: *Zeitschrift des Westpreußischen Geschichtsvereins*, Bd. 36 (1897), S. 1–166; moderne Deutung: G. Schramm, *Der polnische Adel...*, S. 118 ff., sowie J. Małłek, *Dwie części Prus...*, S. 184 ff.

41 A. Szorc, *Stanisław Hozjusz...*, S. 46 f.

42 Vgl. G. Schramm, *Der polnische Adel...*, S. 120 ff. – Der Verzicht auf eine landeskirchliche Organisation wird hier freilich vor allem daraus erklärt, daß die konfessionelle Geschlossenheit des preußischen Protestantismus sowie die feste institutionelle Verankerung des Luthertums in den großen Städten wie in den Nachbarterritorien entsprechende Anstrengungen entbehrlich erscheinen ließen; auch diese Begründung wäre jedoch eher ein Gegenargument als eine Bestätigung in bezug auf die von G. Schramm zugleich

Immerhin zeichnete sich auch hier schon Ende 1556 eine Lösung ab, die jedoch ebenfalls alle Merkmale eines Provisoriums trug. Wohl war den Unterhändlern der drei großen Städte daran gelegen, die kaum mehr zu verschleiernden Veränderungen in ihren Kirchen so rasch wie möglich zu legalisieren, und so haben sie die Ankündigung des polnischen Großkanzlers Jan Ocieski, der König wolle den Städten das Abendmahl in beiderlei Gestalt mit Brief und Siegel vorläufig gestatten,[43] zweifellos begrüßt. Die Erlangung eines förmlichen Privilegs der Anerkennung der neuen Religion indessen, auf die es den Städten mehr als dem Landesadel ankommen mußte, blieb ihnen jetzt wie auch in den folgenden Monaten versagt. Denn es gab aus der Sicht des Hofs keinen Anlaß, zugunsten der Städte von der konfessionspolitischen Kompromißlinie des gerade erreichten Interims abzuweichen, um so mehr Gründe aber dafür, die Beziehungen zum katholischen Lager zu schonen, solange in der Frage des Nationalkonzils wie der anderen ständepolitisch aufgeladenen religiösen Streitpunkte noch nichts entschieden war.[44] Auch daß der König im Zeichen des heraufziehenden Kriegs um den livländischen Ordensstaat 1557 auf finanzielle Zuwendungen seitens der Städte setzen mußte, scheint daher am Ende nur den Zeitpunkt, nicht aber die Substanz der konfessionspolitischen Entscheidung beeinflußt zu haben.[45]

So kam Danzig im Juli 1557 als erste der drei Städte in den Genuß eines königlichen Mandats, welches „Rat und Einwohnern" den Gebrauch des Abendmahls in beiderlei Gestalt „in den Kirchen" freistellte; diese Regelung sollte auf die Zeit bis zum folgenden Reichstag, also eigentlich auf ein Jahr beschränkt sein.[46] Die exakte Frist erwies sich freilich nicht als bindend. Da der Reichstag in bezug auf die Städte vorerst nichts Neues verfügte, blieb es in Danzig bei der einmal getroffenen Regelung, und als eineinhalb Jahre später, im Dezember 1558, auch Thorn und Elbing die Religionsfreiheit verbrieft bekamen, wurde die Klausel über die zeitliche Begrenzung hier auch modifiziert: Der unbehinderte Gebrauch der „Confessio Augustana", wie es jetzt in der Thorner Urkunde ausdrücklich hieß, sollte beiden Städten „usque ad futura Regni nostri Comitia

übernommene konventionelle These (S. 118), wonach die Durchsetzung der Reformation im Königlichen Preußen unmittelbar mit einem landständischen Partikularismus verzahnt war.

43 G. Lengnich, *Geschichte der Preußischen Lande...*, Bd. 2, S. 156; vgl. auch P. Simson, *Geschichte der Stadt Danzig...*, Bd. 2, S. 202.

44 G. Schramm, *Der polnische Adel...*, S. 200 ff.

45 Tatsächlich stellte Danzig dem König in unmittelbarem zeitlichem Zusammenhang mit der königlichen Religionsverfügung Mitte 1557 eine Summe von 100 000 Gulden zur Verfügung, von denen lediglich 70 000 als rückzahlbarer Kredit deklariert waren; gleichzeitig gewährte der Elbinger Rat einen Kredit von 6000 Gulden. Daß aber auch ein sachlicher Zusammenhang mit der Religionsfrage bestand, ist zumindest stets vermutet worden; in diesem Sinne zuletzt G. Schramm, *Die gelungene Reformation...*; *Historia Pomorza...*, Bd. 2, T. 1, S. 474 f.

46 Text des Mandats vom 5. 7. 1557: „...ut administrationem Coenae Dominicae, iuxta praescriptum verbi Dei, et veteris Ecclesiae morem, sub utraque specie, panis videlicet et vini illis concedi dignaremur ... admittimus, Senatui Populoque Civitatis nostrae Gedanensis liberam administrationem et liberum usum Coenae Dominicae sub utraque specie in Ecclesiis quibusvis omnibus hominibus utriusque sexus et cuiuscunque conditionis, qui hoc sacramento eo modo uti voluerint, infra hinc et futura Regni Comitia generalia ubicunque locorum celebranda", APGd. 300 D/5b, Bl. 543 bzw. 545; gedruckt bei P. Simson, *Geschichte der Stadt Danzig...*, Bd. 4, Nr. 164, S. 175 f. – Präzise Charakterisierung des rechtlichen Vorgangs *a.a.O.*, Bd. 2, S. 204: Es handelt sich nicht um ein Privileg; vielmehr wurde lediglich ein formloses Handschreiben ausgefertigt und dessen Inhalt dem Danziger Rat in einem separaten königlichen Schreiben vom 8. 7. 1557 mitgeteilt.

vel ad celebrationem Concilii generalis vel Nationalis" zustehen.[47] Ansonsten unterschieden sich die späteren Verfügungen nur wenig von der für Danzig – abgesehen von dem formalen Aspekt, daß die Hofkanzlei jetzt offenbar keine Bedenken mehr hegte, die vage gehaltenen Dispense als reguläre Privilegien für die beiden Städte auszufertigen.

Es war letztlich also auch hier, im Fall der Städte, die loseste unter den denkbaren Rechtskonstruktionen, welche den Religionskompromiß fixierte. Der dadurch legalisierte städtische Protestantismus unterlag keinerlei Bindung an eine Landeskirche beziehungsweise einen mit Episkopalgewalt ausgestatteten Landesherrn; doch konnten auch die Städte ihrerseits aus der neuen Rechtslage genau genommen keinen Anspruch auf ein eigenes Kirchenregiment ableiten. Denn die königlichen Mandate sagten nichts darüber aus, wem künftig die Bestellung welcher städtischen Kirchen zustehen sollte – ebensowenig wie darüber, nach welchen konfessionellen Grundsätzen dabei zu verfahren sei. Lediglich in bezug auf Wiedertäufer und Arianer wurde im Sinne des gesamtstaatlichen Interims auch hier eine Grenze gezogen, wenn das Thorner Privileg sowie die Bestätigung für Elbing von 1567 die Augsburgische Konfession beim Namen nannten.[48]

Damit aber sahen sich die drei großen Städte kirchenpolitisch einstweilen in einer Position, die recht genau der des protestantischen Adels im Lande entsprach. Ebenso wie die auf den Adel bezogenen Reichstagskonstitutionen von 1552 bis 1556/57 garantierten auch die städtischen Privilegien von 1557/58 die Glaubensfreiheit des einzelnen beziehungsweise der Gemeinden; auf welche Weise sich dieser Spielraum auch in eine reformatorische Erneuerung der jeweiligen Kircheninstitutionen umsetzen ließ, blieb dagegen hier wie dort eine Frage der Einflußkonstellation vor Ort sowie der ständepolitischen Durchsetzungsfähigkeit der Beteiligten.

Das konfessionelle Sicherungsproblem der Städte hatte sich also gewissermaßen verlagert, war aber nicht gelöst. So schien der Weg einerseits frei, um bei der Umgestaltung der städtischen Kirchen voranzugehen, und hier sprach nun sogar alles dafür, beim zügigen Aufbau einer eigenen protestantischen Kirchenorganisation besser eigenmächtig zu handeln, als das Risiko einzugehen, daß eine Präzisierung der offenen Rechtsfragen den städtischen Handlungsspielraum in dieser Hinsicht zur Unzeit wieder einschränkte. Andererseits erwuchsen aber gerade daraus äußere

47 Thorner Urkunde vom 22. 12. 1558, APT Kat. I, Bl. 3008; poln. Abschrift in ATP Kat. II, I–10, Bl. 209–212, lat. Abschrift *a.a.O.*, Bl. 223 f.; auch J. H. Zernecke, *Thornische Chronik...*, S. 137, gedruckt in: *Urkundenbuch des Bisthums Culm*, Bd. 2, hrsg. von Carl Peter Woelky, Danzig 1887, Nr. 1059. Unter demselben Datum die Elbinger Urkunde APGd. 368/II, Bl. 140; siehe auch G. Lengnich, *Geschichte der Preußischen Lande...*, Bd. 4, Einleitung, S. 15. – Elbing erhielt diesen Status am 4. 4. 1567 noch einmal urkundlich bestätigt: „...ne Senatum ac plebem Civitatis illius in diversa Sectarum et Haeresum studia, unde tumultus et seditiones in issa civitate oriri possint pertrahi permitteremus, verum ut iuxta praescriptum Confessionis Augustanae Praedicationem Evangelii ... admitteremus" – „...liberam praedicationem verbi Dei per Concionatores eorum, qui docti, et in Sacris literis periti sint, in templo Monastery Civitatis veteris ... hinc usque Constitutio certa de religione facta fuerit, vel ad celebrationem Concilÿ Nationalis. Ita quod interim eo nomine a quoquem molestari, nec bona Ecclesiastica Civitatis illius in alium locum transferri, aut in Gymnasio et in Ecclesÿs Civitatis eiusdam turbari non poterint", APGd. 368/III, Bl. 97; dazu auch Johann Jacob Convent, *Chronik der Stadt Elbing*, APGd. 492/252, Bl. 275. Polnische Übersetzungen der beiden Elbinger Urkunden jetzt bei M. Pawlak, *Reformacja a kontrreformacja...*, S. 85–88.

48 Speziell für Preußen wurde diese Linie der Abgrenzung in einem Edikt Sigismund Augusts bereits 1556 gezogen; siehe G. Schramm, *Der polnische Adel...*, S. 120.

Sicherungsbedürfnisse neuer Art. Denn wenn die Städte im Blick auf ihre protestantischen „Eigenkirchen" nun gezwungenermaßen einen Sonderweg gegenüber den Landes- und Reichsständen einschlugen, so setzten sie sich damit zugleich in Zugzwang, eine separate Regelung ihres kirchenrechtlichen Status forcieren zu müssen. Dies sollte sich politisch als kompliziert erweisen; erst eine Generation später, unter wesentlich veränderten Rahmenbedingungen kam man damit zum Ziel.

II.3. Lubliner Union, Warschauer Konföderation und die städtischen Religionsprivilegien Stefan Báthorys

Auch die zweite Phase der rechtlichen Durchsetzung der Stadtreformation stand zunächst ebenso wie die erste unter dem Primat von Entwicklungen auf der Ebene des Gesamtstaats. Verändern sollte sich jedoch der Horizont städtischer Konfessionspolitik, und zwar in dem Maße, wie die Vermittlung der städtischen Interessen durch die landständische Politik an Bedeutung verlor. Anders als zuvor war die Religionspolitik der Städte nach 1557/58 offenbar nicht mehr unmittelbar an die lutherische Bewegung im preußischen Adel gekoppelt, und für die schließlich erwirkten Privilegien sollte der Religionsstand des Landes insgesamt auch keinen Maßstab mehr bilden.

Dabei lag es wiederum vor allem am Zwang der Verhältnisse, wenn die Städte hier einen eigenen Kurs eingeschlagen hatten. Zwar schien das protestantische Lager im Lande, das den ständischen Aufbruch zur Reformation in den fünfziger Jahren weitgehend solidarisch getragen hatte, zumindest in den sechziger Jahren an sich noch zahlreich genug. Doch konnte von einer gemeinsamen Front der protestantischen Landstände immer weniger die Rede sein, seitdem die Auseinandersetzung um „Union und Exekution", die seit 1562 im Mittelpunkt der polnisch-litauischen Ständepolitik stand, auf das Königliche Preußen übergegriffen hatte.[49] Denn von den beiden zentralen Reformforderungen der polnisch-litauischen Szlachta – die engere ständeparlamentarische Integration der Kronländer unter Einschluß des Königlichen Preußen sowie die *executio bonorum regalium*, das heißt die Restituierung veräußerten Kronguts – waren die Interessen von preußischen Unterständen und Landesräten auf sehr unterschiedliche Weise betroffen; es formierten sich neue Fronten in der Landespolitik, die, wie sich zeigen sollte, auch über den Vollzug der Union von 1569 hinaus Leitfunktion behalten sollten. Während nämlich die adligen Unterstände im Blick auf ihre Interessengemeinschaft mit der polnisch-litauischen Szlachta mehrheitlich ins Lager der Verfechter von Union und Exekution übergingen und dabei den Widerstand der kleineren Städte bald überspielten, blieben die Landesräte in dieser Frage gespalten, standen den Anhängern der Union – besonders die Bischöfe sowie polnische Landesbeamte – hier doch einstweilen noch gleichermaßen einflußreiche Verfechter der preußischen Eigenständigkeit gegenüber.

49 Verläßliche moderne Darstellungen des verfassungsgeschichtlichen Zusammenhangs: J. Małłek, *Stany Prus Królewskich...*; *Historia Pomorza...*, Bd. 2, T. 1, S. 370 ff.; S. Salmonowicz, *Preußen Königlichen Anteils...*; ders., *Prusy Królewskie...* Über die Unionsfrage und die historiographischen Kontroversen auch unten, S. 167 ff.

Gewissermaßen in sekundärer Wirkung hat sich freilich auch dieser Konstellationswandel wiederum in konfessionelle Integrationsprozesse umgesetzt. Anders nämlich als in der Phase des Ausgreifens der Reformation unter dem Adel in den fünfziger Jahren schien die Entwicklung seit der Zeit der Union auf eine engere Identifikation des protestantischen Bekenntnisses mit dem politischen Landespartikularismus und somit in erster Linie auch mit den deutschen Eliten zuzulaufen. Die katholische Kirche gewann nicht nur im Milieu der polnischen Unterstände bald wieder an Boden, sondern auch überall dort, wo künftig in wachsender Zahl nicht aus Preußen gebürtige polnische Magnaten Landesämter übertragen bekamen und die kirchlichen Neuerungen in den Starosteien schrittweise wieder rückgängig machten. Die Konsolidierung der Reformation wurde damit zunehmend eine Sache der großen Städte sowie des indigenen deutschen Adels, also jener Kräfte, von denen in der ersten Generation nach der Union auch die stärksten Widerstände gegen deren Verwirklichung ausgehen sollten.[50]

Indessen, für ein wirkungsvolles Zusammengehen von Städten und deutschen Landesräten in der Konfessionspolitik reichte diese Basis offenbar schon nicht mehr aus. Das mag zum Teil an dem Generationswechsel unter den führenden politischen Persönlichkeiten gelegen haben; nach dem Tod Achaz von Zehmens und Herzog Albrechts sowie der politischen Abdrängung der kämpferischen Danziger Bürgermeister Georg Klefeld und Konstantin Ferber besaß die katholische Partei mit Männern wie Bischof Stanisław Hosius, dem Danziger Kastellan Jan Kostka oder dem Kulmer Wojewoden Jan Działyński wohl nicht zuletzt die profilierteren Vorkämpfer.[51] Wichtiger scheint jedoch, daß Landesrat und Landtag im Zeichen der Verhärtung der politischen wie der konfessionellen Fronten kaum mehr als politische Gremien zur Verfügung standen, wenn es darum ging, die protestantischen Toleranzansprüche im Namen des ganzen Landes gegenüber König und Reichstag zur Geltung zu bringen.

Ganz deutlich wurde dies im Verlauf des Interregnums nach dem Tod Sigismund Augusts. Mit guten Gründen hatten die Räte der großen Städte darauf gesetzt, daß die neue Verfassungssituation der freien Königswahl in Polen-Litauen für Preußen politische Spielräume eröffnen würde, und zwar, um nicht nur die Folgen der Lubliner Union zu mildern, sondern auch bei der rechtlichen Sicherung des Bekenntnisstandes voranzukommen. Doch sollten die Interregnums-Landtage von 1572 und 1573 praktisch allen Vorstößen der Städte in dieser Richtung die Zustimmung versagen.[52] Jan Kostka und Jan Działyński wachten strikt darüber, daß die Beschlüsse der Landesstände den durch das Lubliner Dekret von 1569 definierten Verfassungsstatus der preußischen Provinz jetzt nicht mehr in Frage stellten. Dies aber betraf letztlich auch die unverfänglich erscheinende Forderung der Städte, man möge dem Thronkandidaten im Namen des Landes die Versicherung abverlangen, „daß man in der dem Augspurgischen Bekäntnis gleichförmigen Religion möchte erhalten“ werden. Denn, so argumentierte der Danziger Kastellan auf dem Landtag vom August 1572 gegenüber den Städtevertretern, die Union und die polnisch-litauischen Reichskonstitutionen bildeten fortan auch für die Preußen die einzigen Maßstäbe, nach denen sie

50 G. Schramm, *Der polnische Adel...*, S. 126 ff.

51 Dieser Aspekt stark betont bei P. Simson, *Westpreußens und Danzigs Kampf...*, S. 1–176. – Zwar gehörte Działyński eher zu den auf konfessionellen Ausgleich bedachten Katholiken unter den Landesräten; auch war er der protestantischen Partei im Unionsstaat durch seinen Bruder Rafał familiär verbunden. Doch verfocht er in der Landespolitik bedingungslos die antiprotestantische Linie.

52 Der Verlauf der Landtagsverhandlungen ausführlich dargestellt bei G. Lengnich, *Geschichte der Preußischen Lande...*, Bd. 3, S. 5 u. 16–20, sowie S. 46–49.

ihr Recht suchen sollten.[53] Das hieß: Auch in der Religionsfrage war es nicht mehr die Sache der Provinz, etwas anderes als die Stände des Unionsstaats für sich einzufordern.

Bereits im Sommer 1573, zwischen Wahl- und Krönungsreichstag, sehen wir die Städtevertreter daher in direkten Verhandlungen mit den Beauftragten des neuen Königs Henri de Valois.[54] In der Tat ließen sich die Hindernisse, mit denen man es auf der Ebene der Landespolitik zu tun hatte, hier nun größtenteils umgehen. Denn in den Transaktionen zwischen den Städten und ihrem königlichen Stadtherrn konnte die heikle Frage nach Vollzug oder Revision des Lubliner Dekrets, also nach einer möglichen Konkurrenz zwischen altem Landes- und neuem Reichsrecht, zumindest vordergründig ausgeklammert bleiben, war es doch der Form nach nicht mehr als die Bestätigung ihres partikularen städtischen Privilegienstatus, worum die Städte bei dem designierten König anhielten.[55] Speziell in der Konfessionsfrage aber hatte vor allem die Warschauer Konföderationsakte vom Januar 1573 bereits eine neue Lage geschaffen.[56] Denn so zweifelhaft die Rechtsverbindlichkeit der vom konföderierten Adel geschlossenen „Pax dissidentium" zumindest bis zur Bestätigung durch Stefan Báthory auch erscheinen mochte[57] – der designierte König schien immerhin gewillt, sie als eine „Constitutio certa de religione" anzuerkennen, wie sie noch 1567, in dem jüngsten Religionsprivileg für Elbing, als Bedingung für eine dauerhafte Regelung der städtischen Bekenntnisfreiheit gefordert worden war.[58] Das heißt, mit dem Religionsfrieden war ein rechtlicher Rahmen für die Koexistenz der Bekenntnisparteien im Unionsstaat zumindest vorgegeben und dieser ließ auch in bezug auf nichtadlige Stände Handlungsspiel-

53 *A.a.O.*, Bd. 3, S. 16 ff. sowie Bd. 4, Einleitung, S. 17 f.

54 *A.a.O.*, Bd. 3, S. 65.

55 Daß damit das verfassungsrechtliche Problem, das den Widerstand der katholischen Landesräte begründete, eigentlich nicht gelöst war, liegt freilich auf der Hand. Denn auch der Versuch der Städte, ihren Konfessionsstand separat zu regeln, lief offensichtlich nicht anders als die städtischen Initiativen im Landesrat darauf hinaus, die Religionsfrage partikular, das heißt gewissermaßen im Rückgriff auf die Situation vor der Inkorporation von 1569 zu regeln. Immerhin war aber die Gegenposition hier zumindest schwerer zu vertreten. Als die Städtevertreter auf dem Graudenzer Landtag im Juni 1573 angekündigt hatten, sie wollten sich mit der Wahl zufrieden geben, wenn der König ihnen unter anderem die „freie Übung des Augspurgischen Glaubens-Bekäntnisses" zugestehe, war der Einspruch des Kulmer Wojewoden diesmal von den anderen Ständevertretern abgewiesen worden; siehe *a.a.O.*, Bd. 3, S. 56–61.

56 Mirosław Korolko/Janusz Tazbir (Hrsg.), *Konfederacja Warszawska 1573 r. Wielka karta polskiej tolerancji*, Warszawa 1980. – Zur neueren Diskussion: Janusz Tazbir, *Dzieje polskiej tolerancji*, Warszawa 1973; Mirosław Korolko, *Klejnot swobodnego sumienia. Polemika wokół konfederacji warszawskiej w latach 1573–1658*, Warszawa 1974; G. Schramm, *Ein Meilenstein der Glaubensfreiheit...*, S. 711 ff.; Stanisław Salmonowicz, *Geneza i treść uchwał konfederacji warszawskiej*, in: *Odrodzenie i Reformacja w Polsce*, Bd. 19 (1974), S. 7–30; ders., *Konfederacja Warszawska 1573*, Warszawa 1985; Janusz Tadeusz Maciuszko, *Konfederacja warszawska 1573 r. Geneza, pierwsze lata obowiązywania*, Warszawa 1984.

57 In dieser Frage hat sich jetzt auch G. Schramm, *Ein Meilenstein der Glaubensfreiheit...*, S. 730, der Ansicht von S. Salmonowicz, *Geneza i treść...*, S. 16 ff., angeschlossen, wonach der Konföderationsbeschluß des Interregnums erst durch die Wahlkapitulation Báthorys den Rang einer staatsrechtlichen Regelung erlangt hat. Vgl. dazu auch Mirosław Korolko, *Spory i polemiki wokół konfederacji warszawskiej w latach 1573–1576*, in: *Odrodzenie i Reformacja w Polsce*, Bd. 18 (1973), S. 65–94.

58 Siehe oben, S. 48, Anm. 47. Vgl. auch Witold Szczuczko, *Przywileje królów polskich dla Elbląga*, Gdańsk 1991.

räume.[59] Die königlichen Unterhändler brauchten jedenfalls keine Bedenken zu hegen, wenn sie auch den drei preußischen Städten so weit entgegenkamen, wie es der König mit seiner Anerkennung der Warschauer Konföderation vor der Wahl ohnehin bereits gegenüber den Führern der protestantischen Adelspartei in Polen-Litauen getan hatte.[60]

Für einen konfessionsrechtlichen Konsens zwischen Krone und Städten war dies freilich eine schmale Basis. Denn den Städten ging es ja augenscheinlich um mehr als um eine Garantie der unangefochtenen Religionsausübung, wie sie der Konfessionsfrieden der polnisch-litauischen Stände ausgesprochen hatte; ein Anspruch der städtischen Obrigkeiten, die Kirchenhoheit und das *Ius Reformandi* förmlich bestätigt zu erhalten, ließ sich auch aus der Konföderationsakte keineswegs begründen.[61] Außerdem: Eine explizite Unterstellung unter die Warschauer Konföderation mußte aus städtischer Perspektive nicht nur in der Sache unzureichend erscheinen, sondern auch unvereinbar mit dem einstweilen sorgsam beachteten Grundsatz der städtischen Politik, jedem Präzedenzfall einer direkten Übernahme polnisch-litauischer Reichstagskonstitutionen im Königlichen Preußen aus dem Wege zu gehen. Schließlich hatten katholische wie protestantische

59 Die Frage, welche Stände bzw. sozialen Gruppen in die Toleranzgarantien der Warschauer Konföderation eingeschlossen waren, ist nicht zuletzt deshalb kontrovers geblieben, weil offenbar bereits bei der Formulierung der Konföderationsakte gegensätzliche Positionen durch bloße Formelkompromisse überdeckt wurden. Plausibel erscheint jedoch die Deutung, daß eine Garantie der Religionsfreiheit für Bauern wie auch für Bewohner „privater" Städte nicht intendiert war, der Konfessionsstand der königlichen Städte aber zumindest nicht in Frage gestellt wurde, was im Blick auf die Städte, welche bereits protestantische Eigenkirchen besaßen, auf eine indirekte Anerkennung des konfessionellen Status quo hinauslief. Dazu G. Schramm, *Ein Meilenstein der Glaubensfreiheit...*, S. 729 f.; ferner M. Korolko, *Klejnot...*, S. 12 f.; S. Salmonowicz, *Konfederacja warszawska...*, S. 22 f. Michael G. Müller, *Calvinism in Royal Prussia and the Practice of Religious Toleration in Poland-Lithuania, 1570–1607*, in: *Tolerance and Intolerance in the European Reformation*, hrsg. von Bob Scribner und Ole Peter Grell, Cambridge 1997, S. 262–282.

60 G. Schramm, *Der polnische Adel...*, S. 264 f.

61 Bei G. Schramm, *Ein Meilenstein der Glaubensfreiheit...*, ist das Mißverständnis richtiggestellt, wonach die Warschauer Konföderation den regionalen und lokalen Gewalten die Verfügung über den Konfessionsstand übertragen habe und damit dem *cuius-regio*-Prinzip des Augsburger Religionsfriedens auch in der Sache direkt gefolgt sei. Dabei betont auch S. Salmonowicz, *Konfederacja warszawska...*, S. 23 f., m. E. zu Recht, daß der hier angenommene Grundsatz *cuius dominium, eius religio* letztlich eine andere Qualität hatte. Das Verbot, „sub praetextu religionis" in die Patrimonialgewalt weltlicher oder geistlicher Grundherren einzugreifen, konnte jedenfalls nicht im Sinne eines territorialen geschweige denn stadtobrigkeitlichen *Ius Reformandi* ausgelegt werden; ja, in der zeitgenössischen Diskussion auf Land- und Reichstagen blieb sogar umstritten, ob dem Adel auch nur in bezug auf die bäuerlichen Untertanen seiner Allodialgüter nach dieser ausschließenden Klausel volle kirchliche Verfügungsgewalt zustand. – Aufschlußreich für diese Frage sind auch die Argumente, die der Thorner Gymnasialprofessor Ulrich Schober 1596 zur Verteidigung der Warschauer Konföderation anführte: Dem Augsburger Religionsfrieden sei diese u. a. deshalb vorzuziehen, weil sie dem „caesaro-papistischen" *cuius-regio*-Grundsatz gerade nicht gefolgt sei und die Rolle weltlicher Gewalten auf die Friedenswahrung zwischen den Dissidenten beschränkt habe; siehe [Ulrich Schober,] *De causis ac remediis dissensionum ac turbarum in religione scripta duo*, [Thorn 1596]; dazu Stanisław Tync, *Głos z Prus Królewskich w 1596 r. w obronie zgody sandomierskiej, konfederacji warszawskiej i tolerancji religijnej*, in: *Odrodzenie i Reformacja w Polsce*, Bd. 2 (1957), S. 133–150; über Schober allgemein ders., *Ślązak Ulrich Schober konrektor i działacz kulturalny toruński, 1559–1598*, Wrocław 1960.

Landesräte, darunter die drei großen Städte, eben erst die Rechtsverbindlichkeit der Warschauer Konföderation für Preußen aus genau diesem Grund gegenüber dem Reichstag ausdrücklich in Abrede gestellt.[62]

Dennoch bot die politische Konstellation des Interregnums offenbar Spielraum für Kompromisse. Der Vergleich wurde möglich aufgrund einer Formel, die dem Streben der Städte nach separaten Garantien für ihren Konfessionsstand Rechnung trug, ohne jedoch den sachlichen Rahmen des gesamtstaatlichen Religionsfriedens eigentlich zu überschreiten. So bestanden die städtischen Unterhändler nicht auf der Übertragung der Kirchenhoheit, sondern lediglich auf einer umfassenden Bestätigung des konfessionellen Status quo, und mit einer Vorlage in diesem Sinn konnten sie sich schließlich auch bei der Formulierung des entsprechenden Artikels in dem Vertrag Henris de Valois mit den drei Städten vom 15. Juli 1573 durchsetzen.[63] Der König verpflichtete sich, „die Übung der Religion nach dem Augspurgischen Bekäntnis, in denen Kirchen allwo sie bisher eingeführet worden nicht zu stöhren, so daß da alle, beyder die Pfarr- als die übrigen geringeren Kirchen, auch die, über welche sich die Durchlaucht. Könige von Polen das Jus Patronatus vorbehalten, ihre Gebräuche und Ceremonien dem Augspurgischen Bekäntnis gleichförmig eingerichtet hätten, selbige in solchem Zustande ins künfftige ruhig gelassen, daselbst keine Aenderung, wegen Anwesenheit irgend einer Person, wes Standes sie auch wäre, eingeführet, auch niemanden um der Religion willen einige Ungelegenheit zugefüget würde“.[64]

Damit aber war das Lösungsmodell bereits gefunden, wenngleich sich die Dinge durch den faktischen Thronverzicht Henris de Valois und die Ausrufung des zweiten Interregnums 1575 politisch noch einmal komplizieren sollten. Die Privilegierung der Städte mußte neu verhandelt werden; dies aber gelang nun nicht mehr im Zuge einer der Krönung vorausgehenden Einigung, sondern erst nach einem offenen Konflikt, in dem sich namentlich Danzig gegenüber dem erfolgreichen Thronbewerber Stefan Báthory weit exponierte.[65] Freilich gingen die Städte zunächst wiederum nach erprobtem diplomatischen Muster vor, als sie die Verhandlungen mit dem von ihnen favorisierten habsburgischen Thronkandidaten aufnahmen. Ebenso blieb es in der Sache bei dem Prinzip einer generellen Rechtsgarantie für den stadtkirchlichen Status quo, und zwar in der Gestalt, wie ihn die Städte selbst vorgängig definiert hatten. Die Bestätigung unbehinderten

62 APGd. 300 R/Ll 46, Bl. 62r., 62v., sowie Bl. 168v. – 169r. – Die abwegige – weil anachronistische – Ansicht, daß nicht politische, sondern konfessionelle Vorbehalte dabei den Ausschlag gaben, wurde zuerst vertreten von Ch. Hartknoch, *Preußische Kirchen-Historia…*, S. 1064: „...die großen Städte in Preußen, als Thorn und Dantzig, und inbesonderheit diese letztere sich auff ihr erhaltenes Privilegium Religionis verlassend, nichts damit anfangs zuthun haben wollen, aus Beysorge, damit unter diesem Vorwandt die Widertäuffer und Reformirten nicht in den Städten überhand nehmen möchten...“; in ähnlichem Sinne später H. Neumeyer, *Kirchengeschichte...*, S. 94 f. – Die politischen Motive sind dagegen richtig gesehen bei Richard Jacobi, *Thorn, Elbing, Danzig und die polnischen Königswahlen 1573–1575*, in: *Mitteilungen des Copernicus-Vereins für Wissenschaft und Kunst zu Thorn*, Bd. 15 (1907), S. 42–48 u. S. 53–69.

63 G. Lengnich, *Geschichte der Preußischen Lande...*, Bd. 3, S. 66 f.

64 Vertragstext *a.a.O.*, *Documenta*, S. 19–21.

65 *Stefan Batory pod Gdańskiem w 1576–77 r. Listy, uniwersały, instrukcje, (źródła dziejowe*, Bd. 3*)*, hrsg. von Adolf Pawiński, Warszawa 1877; K. Lepszy, *Stefan Batory...*; *Historia Gdańska…*, Bd. 2, S. 579 ff.; zu den politischen wie wirtschaftlichen Hintergründen am präzisesten A. Mączak in *Historia Pomorza…*, Bd. 2, T. 1, S. 390 ff. – Zum ständepolitischen Kontext auch Tadeusz Glemma, *Stany pruskie i biskup chełmiński Piotr Kostka wobec drugiego bezkrólewia, 1574–1576*, Kraków 1928.

Gebrauchs der Augsburgischen Konfession wie auch die Versicherung, nirgendwo in den Städten, auch nicht in den Kirchen unter königlichem Patronat, die einmal eingeführten protestantischen Zeremonien abschaffen zu wollen, wurde von den Abgesandten Kaiser Maximilians II. am 17. Dezember 1575 im Rahmen des neuen Kapitulationsvertrags umstandslos erteilt.[66] Aber auch als es dann zur Konfrontation mit Báthory kam, erwies sich, daß gerade die Religionsfrage letztlich keinen Konfliktstoff mehr bot. Denn während selbst bewaffneter Widerstand von seiten Danzigs den neuen Wahlkönig nicht zu nötigen vermochte, einen partikularen Status des Landes Preußen beziehungsweise seiner Städte anzuerkennen,[67] stand hier einer Einigung auf den Grundlagen von 1573 nichts im Wege. Namentlich Stefan Báthory sollte sich als ein zuverlässiger Garant des unionsstaatlichen Religionsfriedens erweisen,[68] und die preußischen Städte profitierten davon, indem sie nach dem politischen Ausgleich mit dem König auch die Bekräftigung der seit 1573 verfolgten Kompromißlösung in Form von definitiven Religionsprivilegien rasch erlangten.[69]

Bei der Deutung der konfessionsrechtlichen Lage, die durch die Privilegien für Danzig, Elbing und Thorn nun langfristig festgeschrieben wurde, kommt es darauf an, diesen Entstehungszusammenhang genau im Auge zu behalten. Vor allem zwei Gesichtspunkte sind wichtig: 1. Das uns bereits bekannte Verfahrensmuster der städtischen Politik, die vertraglichen Kompromißformeln vorzugeben, hat sich auch bei der Formulierung der endgültigen Privilegien offenbar durchgesetzt. Der Vergleich mit den städtischen Verhandlungsvorlagen der Interregna läßt hier die Handschrift der städtischen Räte wiederum deutlich erkennen; zudem ist zumindest im Hinblick auf die Vorgeschichte der Danziger „Cautio Religionis“ von 1577 auch ausdrücklich bezeugt, daß die Federführung im entscheidenden Stadium bei den städtischen Juristen lag.[70] Es handelt sich mithin um Rechtsformeln, die vor allem eine städtische Perspektive wiedergeben und entsprechend auch aus deren Logik in erster Linie gedeutet werden müssen. 2. So dominant aber die Rolle der Städte bei der Kodifizierung des religionspolitischen Ausgleichs auch gewesen sein mag, so klar blieb dieser doch in der Sache ein Ergebnis von Kompromissen auf der Grund-

66 Die entsprechende Passage in der förmlichen Bestätigung der Privilegien für die drei Städte lautet hier: „...darmit die grossen obgedachten Stedtt Erstlich bei Ihrer Religion, als nemblichen der Augspurgischen Confeßion, wie die itzo in Iren Kirchen gepranchet, so woll inner als ausserhalb den Staedten, ohn alle Verhinderunge und Irrunge gelassen. Also das alle pfar und andere Kirchen, In welchen die löbliche Könige Von Polen, sich das Ius patronatus reserviret, bey denen gebreuchen und ceremonien, welche der Augspurgischen Confeßion gemeß, dero sie sich bis anhero und noch gebrauchet weitter ruhig gestattet, darmitt keine person oder einiger mensch, er seye was standes oder wehsens er immermehr wolle der religion halben angefochten oder bekommert... werden“, APT Kat. I, Bl. 318. – Fast identischer Wortlaut dann aber auch in der Privilegienbestätigung der schwedischen Reichsräte Erik Brahe und Eric Sparre im Namen des nächsten Wahlkönigs, Sigismunds III. Vasa, vom 22. 8. 1587, APT Kat. I, Bl. 3028, sowie APGd. 492/221, Bl. 200–203.

67 Über die verfassungsgeschichtlichen Implikationen des Konflikts mit Báthory ausführlicher unten, S. 177 f.

68 G. Schramm, *Der polnische Adel...*, S. 276 ff.

69 Die Privilegien für Thorn und Elbing wurden gleichzeitig am 2. 9. 1576 erteilt; APT Kat. I, Bl. 3019, J. J. Convent, *Chronik der Stadt Elbing...*, APGd. 492/252, Bl. 442. Nach dem Ende des „Danziger Kriegs“ folgte hier die Cautio Religionis vom 16. 12. 1577, APGd. 300 D/5c, Bl. 24, gedruckt bei P. Simson, *Geschichte der Stadt Danzig...*, Bd. 4, Nr. 172, S. 216 f.

70 Unabhängig voneinander berichten davon *Eberhard Böttichers Kirchen Relaciones* [1606], APGd. 300 R/Pp 31, Bl. 8 f., sowie J. Fabricius' „Historia Notulae“, APGd. 300 R/Pp 2, Bl. 92 r.

lage des inzwischen zum Staatsrecht erhobenen allgemeinen Religionsfriedens. Das heißt, die Städte vermochten zwar die Fiktion einer strikt separaten Regelung ihres Konfessionsstandes auch in den Formulierungen der Religionsprivilegien aufrechtzuerhalten, jedoch nicht den Rechtsrahmen, der durch die Warschauer Konföderation gesetzt war, zu ihren Gunsten nennenswert zu erweitern.[71]

So zeugen die Privilegientexte denn auch vor allem von dem Bemühen der städtischen Räte, den durch den Religionsfrieden geschützten konfessionellen Besitzstand abermals so präzise wie möglich zu beschreiben. Da es nicht gelungen war, die Bestätigung eines protestantischen Eigenkirchenwesens für die Städte zu erlangen – im Falle von Thorn und Elbing sicherten die Privilegien sogar ausdrücklich die Gleichberechtigung des römischen Bekenntnisses[72] –, kam es um so mehr darauf an, im einzelnen möglichst hohe Barrieren gegen eine katholische Restauration an den Stadtkirchen aufzurichten. Diesem Bedürfnis aber genügte offensichtlich nicht allein die allgemeine Garantie der Glaubensfreiheit, wonach Rat und Bürgerschaft „freien Gebrauch und Übung der Augsburgischen Konfession" genießen sollten. Vielmehr wurde sie mit Bedacht erweitert und präzisiert durch die königliche Versicherung, daß – wie es die Danziger „Cautio Religionis" jetzt formulierte – alle „Kirchen, Klöster und Hospitäler", die dieses Bekenntnis „bei unserem Regierungsantritt gebraucht haben und die in ihrem [der Stadt, M. G. M.] Besitz waren", unbehelligt bleiben sowie daß die dort geübten „Zeremonien in keiner Gestalt geändert werden" sollten.[73]

Damit aber war man auch jetzt wieder nur ein Stück weit über die interimistischen Lösungen von 1557/58 hinausgelangt. Auch künftig blieben die städtischen Verhältnisse rechtlich in mehrfacher Hinsicht an die religionspolitische Entwicklung auf der Ebene des Unionsstaats gekoppelt. Dies ergab sich bereits aus dem indirekten Vorbehalt, daß der König die separaten Privilegien in der Konsequenz seiner persönlichen Verpflichtung auf den allgemeinen Religionsfrieden – und auch nicht etwa im Namen seiner Nachfolger – erteilte; eine Änderung der staatsrechtlichen Lage mochte also künftige Wahlkönige zu anderen Entscheidungen kommen lassen. Ferner galt die Garantie konfessioneller Freiheit ausdrücklich nur im Hinblick auf die Gottesdienstpraxis an den

71 Dies wurde nicht zuletzt dadurch unterstrichen, daß auch Báthory bei der Erteilung des Thorner Privilegs betonte, er bewillige auch hier nichts anderes, als was er den Ständen des Reichs mit seinem Eid auf die Rechte der Dissidenten schon vorher zugesichert habe: „Nos qui iam ante in praeterito foelicis Coronationis Nostrae Conventu Iuramentum de Religione inter dissidentes tuenda praestitimus..." APGd. 300 D/5c, Bl. 24. – Zum Vergleich die identischen Formulierungen in den Thorner Privilegien von 1588, 1635 und 1649, APT Kat. I, Bl. 3029, 3056 u. 3060.

72 So lauten die entscheidenden Passagen im Thorner Privileg vom 2. 9. 1576: „...religionem Augustanae Confessionis omniaque et singulas templa et monasteria, tam intra quam extra civitatem, uti eishanc utuntur, non impedien' in aliis cultum divinum, more S. Romanae ecclesiae, integre conservamus, et ab omnibus quorumcunque hominum impetitionibus et molestationibus tuebimur." APT Kat. I, Bl. 3019. – Daß das gleichzeitig erteilte Privileg für Elbing dem entsprach, läßt sich schließen aus den Angaben bei J. J. Convent, *Chronik der Stadt Elbing*, APGd. 492/252, Bl. 442; zur Elbinger Privilegienbestätigung vgl. auch M. Pawlak, *Reformacja i kontrreformacja...*, S. 39 f.

73 „... ut religionis Augustanae Confessionis, tam in Civitate Gedanensi quam extra muros in eius districtu et iurisdictione templis, monasteriis, xenodochiis, ut sub adventum nostrum in regnum utebantur, et in eius possessione fuerunt pacifice et quiete, libera professio fiat, neve cuiquam religionis ergo molestia vel negocium exhibeatur ... Nec volumus ut in templis ritus caeremoniarum ullo pacto immutentur." APGd. 300 D/5c, Bl. 24.

in städtischem Besitz befindlichen Kirchen, schloß also katholische Revindikationsforderungen zumindest dort nicht aus, wo es um materielle Besitzansprüche in bezug auf Kirchenbauten im städtischen Territorium ging – ein Umstand, den sich die Politik der Bischöfe gegenüber allen drei Städten bald konsequent zunutze machte.[74] Und schließlich sollte sich die Rechtskonstruktion der Privilegien auch an einem Punkt als brüchig erweisen, bei dem sich die städtischen Bedürfnisse der Status-quo-Sicherung gerade besonders deutlich durchgesetzt zu haben schienen, nämlich in der ausdrücklichen Festschreibung unveränderter Kirchenzeremonien. Denn so unmißverständlich diese Regelung zunächst auf die Abwehr gegenreformatorischer Bestrebungen gemünzt war, so entschieden sollte sie später den städtischen Protestantismus selbst in seiner Bewegungsfreiheit einschränken, nachdem die Zeremonienfrage sich im Zeichen der protestantischen Konfessionsbildung rasch politisiert hatte.[75]

Es bedurfte denn auch – anders als die ältere deutsche Landesgeschichtsschreibung suggerieren mag – keineswegs „rechtsbrüchiger" Eingriffe in den städtischen Privilegienstatus, um die innerstädtischen Konfessionsbeziehungen im Zuge der polnisch-litauischen Gegenreformation wieder in Bewegung zu bringen. Vor dramatischen Rückschlägen sollten die Städte zwar bewahrt bleiben, zunächst dank der relativen Stabilität des gesamtstaatlichen Religionsfriedens, langfristig aber vor allem aufgrund der Stärke ihrer wirtschaftlich-politischen Machtposition innerhalb des Unionsstaats. Doch ließ sich nicht verhindern, daß der rechtliche Spielraum, welchen die städtischen Privilegien belassen hatten, bald auch in sozusagen revisionistischer Perspektive ausgelotet wurde. Obwohl die beiden Nachfolger König Báthorys, Sigismund III. Vasa und Władysław IV., den drei großen Städten ihren Bekenntnisstatus in unveränderter Gestalt, nämlich nach der Formel der Danziger „Cautio" von 1577, bestätigten,[76] gelangten nicht nur die gerichtlichen Klagen der Bischöfe um Auslieferung der Pfarrkirchen durchaus rechtmäßig zum Ziel; die gegen alle drei Städte ergangenen Urteile von Hof- und Relationsgericht wurden zumindest in Thorn und Elbing 1596 beziehungsweise 1617 tatsächlich vollstreckt.[77] Vielmehr eröffneten sich in dem Maße, wie das Koexistenzprinzip der Warschauer Konföderation ständepolitisch an Gewicht

74 Siehe unten S. 114 ff.

75 Wenn die lutherische Landeshistorie seit Ch. Hartknoch den Passus über die Zeremonien in den Privilegien Stefan Báthorys und Sigismunds III. Vasa freilich so gedeutet hat, als seien die Städte von Anfang an gleichsam von außen auf die unveränderte Augsburgische Konfession im Sinne des lutherischen Gebrauchs der Invariata festgelegt worden, so geht das zweifellos an der Sache vorbei; vgl. Ch. Hartknoch, *Preußische Kirchen-Historia...*, S. 722, aber etwa auch H. Neumeyer, *Kirchengeschichte...*, S. 91 f., sowie G. Schramm, *Die gelungene Reformation...*, S. 26. Denn gewiß hatten die Danziger Räte bei der Formulierung dieses Passus in den siebziger Jahren des 16. Jahrhunderts nicht den innerprotestantischen Lehrgegensatz im Auge; wäre es aber der Fall gewesen, so hätte dies für Danzig im übrigen keine Entscheidung für das Konkordienluthertum, sondern für den Philippismus bedeutet, war hier doch schon früher, nämlich 1575, das *Corpus Doctrinae Melanchthonis* für verbindlich erklärt worden; dazu ausführlicher unten S. 79 ff.

76 Privilegien von 1588 für Danzig: APGd. 300 D/5c, Bl. 75; Thorn: APT Kat. I, Bl. 3029, auch APT Kat. II, X–26, Bl. 57 f.; Elbing: Abschrift bei Samuel Gottlieb Fuchs, *Ecclesiastica Elbingenses* I und II, APGd. 492/450, Bl. 43, poln. Übersetzung bei M. Pawlak, *Reformacja i kontrreformacja...*, S. 93 f. – Privilegien von 1636 für Thorn: APT Kat. I, Bl. 3056; für Elbing: APGd. 368/IV, Bl. 16.

77 Julius Emil Wernicke, *Die Kirchen der Stadt Thorn und ihre Geschichte. Eine historische Darstellung des Ursprungs, Fortgangs und Schicksals dieser Kirchen bis zur Gegenwart*, (Ms.), APT Kat. II, X–25, Bl. 182 ff.; G. Lengnich, *Geschichte der preußischen Lande...*, Bd. 5, S. 121; E. Carstenn, *Geschichte...*,

verlor, offenbar auch Möglichkeiten, die Position des königlichen Stadtherrn in der Kirchenfrage neu zu definieren. Die königlichen Mandate, die seit 1612 in Sachen innerstädtischer Konfessionsstreitigkeiten ergingen,[78] lassen bereits eine deutlich engere Auslegung der Bekenntnisbindung in den Privilegien im Sinne königlicher Interventionsrechte erkennen; sie bezeugten nun einen direkten Anspruch des Königs auf die *cura religionis* für die Städte, wie er noch am Jahrhundertanfang im Blick auf den gesamtstaatlichen Konfessionsfrieden schwerlich zu vertreten gewesen wäre.[79]

Am Ende dieser Entwicklung, in der Mitte des 17. Jahrhunderts, ist es dann jedoch auch zu einer Akzentverschiebung in der Formulierung der Privilegien selbst gekommen. Als König Johann Kasimir 1649 das Religionsprivileg der Stadt Thorn erneuerte, erfuhr die bekannte Formel über die Kirchenbräuche erstmals eine Modifikation, indem das Verbot von Zeremonienänderungen nun ausdrücklich mit dem Konfessionsrecht des Königreichs, und zwar mit dessen Regelungen sowohl der tolerierten Bekenntnisse im allgemeinen als auch der Kirchenbräuche im besonderen, in Beziehung gesetzt wurde.[80] Damit war aber keine Präzisierung der ursprünglichen konfessionellen Koexistenzlage mehr gemeint, sondern genaugenommen deren Aufkündigung. Die kirchliche Autonomie der preußischen Städte schien jetzt, angesichts eines erfolgreichen instrumentellen Umgangs der königlichen Politik mit der Frage des städtischen Konfessionsstands, auch rechtlich auf einen gegenüber dem späten 16. Jahrhundert engeren Spielraum reduziert.

Die einzelnen Stadien dieses Konstellationswandels sowie dessen Verknüpfungen mit den Abläufen der städtischen Konfessionalisierung werden uns in den folgenden Abschnitten näher beschäftigen. Worum es bei dem Ausblick auf das 17. Jahrhundert zunächst ging, war, die eigentümlichen Rahmenbedingungen der Städtereformation im Königlichen Preußen unter konfessionsrechtlichem Aspekt auch in einer weiteren zeitlichen Perspektive in den Blick zu bekommen. Als die wichtigste Einsicht erweist sich, daß unsere Fälle einem anderen Verlaufsmuster zuzuordnen sind als dem der territorialkirchlich bestimmten Entwicklung im Reich oder auch im benach-

S. 375. – Helene Deppner, *Das kirchenpolitische Verhältnis Elbings zum Bischof von Ermland in der Zeit der polnischen Fremdherrschaft (1466–1772)*, in: *Elbinger Jahrbuch*, Bd. 11 (1933), S. 121–236; Text des Vertrags über die Abtretung der Elbinger Nikolaikirche an die katholische Gemeinde in polnischer Übersetzung bei M. Pawlak, *Reformacja i kontrreformacja...*, S. 103–106.

78 Gemeint sind die beiden Mandate Sigismunds III. für Danzig vom März 1612, welche die Frage der in der Stadt zugelassenen protestantischen Konfessionen interpretierten; Text: P. Simson, *Geschichte der Stadt Danzig...*, Bd. 4, S. 252 f., Biblioteka Polskiej Akademii Nauk, Gdańsk (im folgenden B PAN Gd. zitiert) Ms 499, Bl. 5 u. Ms 450, Bl. 306r. – 307r. – Vorausgegangen war bereits 1603 ein königliches Dekret bezüglich des Marienburger Konfessionsstreits (APGd. 300 R/Ll 46, Bl. 60r.); über dessen Bedeutung als konfessionspolitischer Präzedenzfall unten S. 122 f.

79 Dem entspricht die Beobachtung, daß die Jahre 1609 bis 1616 die Schlußphase der ständepolitischen Auseinandersetzung um die staatsrechtliche Absicherung des Religionsfriedens bilden; seitdem befanden sich die Dissidenten auch in der Reichstagspolitik auf dem Rückzug. Siehe M. Korolko, *Klejnot...*, S. 91; G. Schramm, *Ein Meilenstein der Glaubensfreiheit...*, S. 733; vgl. auch Stanisław Salmonowicz, *O sytuacji prawnej protestantów w Polsce*, in: *Czasopismo Prawno-Historyczne*, Bd. 26 (1974), H. 1, S. 159–173.

80 Privileg vom 30. 1. 1649: „...nec volumus, ut in Templis ritus ceremoniarum ullo modo immutentur, sed omnia vigore Regiae Cautionis Nostrae tam in ipso religionis exercitio, quam in ritibus, aliisque ad id pertinentibus peragantur et expediantur“, APT Kat. I, Bl. 3060.

barten Herzogtum Preußen. Bei aller faktischen Eigenständigkeit ihrer kirchlichen Entwicklung, namentlich im Anfangsstadium, erlangten die drei Städte doch selbst aufgrund der Privilegien von 1576/77 keine förmliche Kirchenhoheit – und dies erscheint logisch, wenn man die integrale Struktur des polnisch-litauischen Unionsstaats sowie des darauf bezogenen religiösen Toleranzrechts in Rechnung stellt. Denn während das *cuius-regio*-Modell des Augsburger Religionsfriedens den Reichsständen einen klar bezeichneten kirchlichen Handlungsspielraum im Rahmen der Territorialherrschaft zuwies, mußten die gleichgerichteten Sicherungsbestrebungen der königlichen Städte Danzig, Elbing und Thorn nach den Entscheidungen der Lubliner Union und der Warschauer Konföderation ins Leere gehen; die Privilegierung der Augsburgischen Konfession galt am Ende nicht den städtisch-territorialen Verbänden an sich, sondern der Bekenntnisfreiheit ihrer Bürgergemeinden.

Bereits an dieser Stelle wird aber auch deutlicher, worin die kirchenpolitischen Implikationen der Verknüpfung von städtischem und gesamtstaatlichem Reformationsverlauf bestanden. Da es nicht zu einer „territorialen" Lösung im Sinne eines städtischen Eigenkirchenwesens gekommen war, blieb es wesentlich auch eine Frage der Machtverteilung zwischen den Konfessionsparteien im Gesamtstaat, in welcher Weise der konfessionsrechtliche Status der Städte praktisch ausgestaltet werden konnte – und wie wir gesehen haben, ist mit dem ständepolitischen Rückzug der Reformation in Polen-Litauen eine Statusminderung für die Städte einhergegangen. Genau wird denn auch im folgenden zu überprüfen sein, welche Rolle die Orientierung an den polnisch-litauischen „Religionsverwandten" für die städtische Kirchenpolitik im Zuge der Konfessionalisierung gespielt hat.

II.4. Die Entstehung der städtischen Kirchenorganisationen im Zeichen des vorkonfessionellen Protestantismus (1557–1573)

Als 1555 der aus Schlesien stammende Prediger Johannes Halbbrodt, Absolvent Wittenbergs und „famulus Lutheri", sich um ein Predigtamt an der Danziger Marienkirche bewarb, hatte der dortige Rat ungeachtet des noch nicht geregelten Konfessionsstandes keine Bedenken, ihn in Dienst zu nehmen. Halbbrodt selbst kam indessen bald zu der Überzeugung, daß es vorzuziehen sei, auf das Danziger Amt zu verzichten. Schon 1556 verließ er die Stadt wieder, um einem Ruf ins Herzogliche Preußen zu folgen, da – wie er angab – das Danziger Kirchenwesen mit lutherischen Bräuchen wenig gemein habe.[81]

Die Danziger Episode wirft ein Licht auf den Entwicklungsstand, auf dem die protestantischen Kirchen der Städte am Vorabend der Privilegienerteilung angelangt waren. Die Annahme, daß die Städte zur Zeit des Durchbruchs von 1557 gleichsam auf ein lutherisches Kirchenwesen im Wartestand hätten zurückgreifen können,[82] mag zwar im Blick auf die reformatorische Vorgeschichte seit den Bürgerbewegungen von 1523/24 naheliegen, erweist sich jedoch als falsch. So wenig die „Sturmprediger" der ersten, gemeindereformatorischen Aufbrüche die lutherische Theologie in

81 APGd. 300 R/Pp 85, Bl. 8.

82 Diesen Schluß legt die ältere kirchengeschichtliche Literatur mit ihrer starken Akzentuierung der kryptoprotestantischen Entwicklungen in den Städten zwischen 1525 und 1557 jedenfalls nahe.

den Städten hatten heimisch machen können,[83] so wenig war dies offenbar auch im Zeichen jener interimistischen Verhältnisse möglich gewesen, über deren Einhaltung die städtischen Obrigkeiten bis in die fünfziger Jahre derart strikt gewacht hatten.[84] Denn gezwungenermaßen waren die Städte abseits des Kommunikationsgefüges der lutherischen Hochschulen und Landeskirchen geblieben, und mit der politisch wohlüberlegten Entscheidung, keine wittenbergischen Theologen mit einem unzweideutig protestantischen Predigtauftrag zu bestellen, hatte man auch bei der gemeindlichen Verbreitung der neuen Lehre einen Entwicklungsrückstand in Kauf nehmen müssen, der durch die „krypto-protestantischen" Bestrebungen der eigenen Geistlichkeit gewiß nicht kompensiert wurde. Mit der Aufgabe, die Kanzeln neu zu bestellen und die städtische Kirche zu ordnen, befanden sich mithin alle drei Städte 1557/58 in der Situation eines spätreformatorischen Neuanfangs.

Um so klarer war indessen der kirchenpolitische Problemrahmen abgesteckt, den es bei der Lösung dieser Aufgabe zu beachten galt. Hier ging es zunächst um die Grundsatzfrage, wie sich die künftigen protestantischen Stadtkirchen in das privilegienrechtlich vorgegebene Koexistenzverhältnis mit den katholischen Instanzen würden einfügen lassen – hatte doch in allen drei Städten die kirchliche Veränderung auch jetzt vor Schlüsselpositionen der alten Kirche haltmachen müssen. Königliche Patronatsrechte sicherten katholischen Geistlichen bis auf weiteres eine Mitverfügung über die Oberpfarrkirchen,[85] in Elbing de jure sogar deren alleinigen Gebrauch;[86] nirgendwo sollte es gelingen, die städtischen Klöster sämtlich unter die Obhut der protestantischen Obrigkeit zu nehmen, bevor die bischöfliche Revindikationspolitik hier wieder Terrain zurückzugewinnen begann.[87] Kein förmliches Mandat für städtische Instanzen schließlich hinderte die Bischöfe daran, an der geistlichen Kirchenhoheit festzuhalten oder doch zumindest einen solchen Anspruch zu demonstrieren, wie es etwa der Leslauer Bischof noch 1559 gegenüber Danzig tat, indem er erzwang, daß die protestantischen Stadtprediger sich seiner Examinierung stellten.[88]

83 Dies lag nicht nur an der Durchschlagskraft der kirchlichen Restauration nach der Vertreibung der Luther-Schüler unter den Predigern, sondern auch am gleichsam präkonfessionellen, theologisch eher unspezifischen Charakter der gemeindereformatorischen Bewegungen selbst. – In bezug auf Danzig ist dieser Aspekt hervorgehoben bei M. Bogucka, *Luter a Gdańsk...*, S. 55 ff.; dies., *Reformation...*; *Historia Gdańska...*, Bd. 2, S. 233–248, und an der Frage des theologischen Gehalts der frühen Bilderstürme auch gut gezeigt bei Sergiusz Michalski, *Das Phänomen Bildersturm. Versuch einer Übersicht*, in: *Bilder und Bildersturm im 16. Jahrhundert*, hrsg. von Robert W. Scribner und Martin Wernke, Wiesbaden 1990, S. 69–124, hier S. 119 f.

84 Siehe oben, S. 42 f.

85 Siehe oben S. 53, ferner H. Neumeyer, *Kirchengeschichte...*, S. 88; Theodor Hirsch, *Die Oberpfarrkirche von St. Marien in Danzig in ihren Beziehungen zum kirchlichen Leben Danzigs überhaupt*, Bd. 2, Danzig 1843; T. Glemma, *Dzieje stosunków kościelnych...*, S. 12. – Wie ernst der Vorbehalt in bezug auf den Status der Oberpfarrkirchen gemeint war, illustriert etwa die Tatsache, daß König Sigismund August 1565 förmlich gegen die Beeinträchtigung des katholischen Gottesdienstes an der Danziger Marienkirche beim dortigen Rat intervenierte; Reskript vom 17. 4. 1565, APGd. 300, 53/24, Bl. 9.

86 S. Waldoch, *Początki reformacji...*, S. 10 ff.

87 Überblick über die sich wandelnden Besitzverhältnisse an den Klöstern der drei Städte bei H. Neumeyer, *Kirchengeschichte...*, S. 92 f.

88 Berichtet bei Eberhard Bötticher, siehe *Auszug aus Eberhard Böttichers Historischem Kirchenregister der großen Pfarr-Kirche in der Rechten Stadt Dantzig, St. Marien/Bibliotheca Fabriciana*, APGd. 300 R/Pp 15, Bl. 191 f.

So stand fest, daß ein sehr behutsamer Kurs bei der Errichtung der städtischen Kirchenorganisationen verfolgt werden mußte. Es kam nicht nur darauf an, sich durch die Bestellung friedfertiger Prediger gegen vermeidbare Kollisionen mit den Repräsentanten der alten Kirche zu sichern – eine Aufgabe, die sich in der Praxis als unerwartet schwierig erweisen sollte.[89] Vielmehr nötigte die Situation einer ungeklärten Koexistenz auch in der Frage der institutionellen Gestaltung zu provisorischen, vor allem unauffälligen Lösungen. Weder im Verbund noch je für sich konnten die drei großen Städte einstweilen eine förmliche evangelische Kirchenverfassung anstreben,[90] und selbst bei der Bildung eines geistlichen Ministeriums ist Danzig erst nach langem Zögern 1567 den anderen Städten vorangegangen.[91]

Eng verknüpft mit dem letzten Aspekt war ein zweites Problem, nämlich das der Wahrnehmung des städtischen *Ius Patronatus*.[92] Da bei der Freigabe der Augsburgischen Konfession für die Städte nichts Neues in der Sache verfügt worden war, mußte weiterhin die vorreformatorische Praxis als verpflichtend angesehen werden – ein Umstand, der sich vor allem aus der Perspektive der Räte als prekär erwies. Denn wenn die Städteprivilegien König Kasimirs ausdrücklich den Magistraten das Patronatsrecht über alle Stadtkirchen außer den Oberpfarrkirchen zugestanden hatten,[93] so war die Alleinverantwortlichkeit der Räte hier doch potentiell in dem Maße in Frage gestellt worden, wie sich die Verfassungslage zugunsten einer Bürgerschaftsbeteiligung am Stadtregiment verschoben hatte; für Danzig etwa ließ sich bereits aus den *Statuta Sigismundi* von 1526 ein Mitwirkungsrecht der neu geschaffenen „Dritten Ordnung" auch an der Bestellung der Stadtkirchen ableiten,[94] und angeblich erst 1544 hatten königliche Kommissare diese Auslegung hier auch explizit bestätigt.[95] Stellt man nun in Rechnung, wie eng die Verflechtung der städtischen Patriziate mit dem höheren und mittleren Landesklerus und wie groß damit ihr informeller Einfluß auf die Kirchenverhältnisse in katholischer Zeit gewesen war,[96] so tritt das Problematische an der neuen Lage deutlich zutage. Anstatt den Kompetenzrahmen der städtischen Obrigkei-

89 Dies gilt namentlich für Thorn, siehe unten.

90 Die Abstinenz der Städte in bezug auf die Errichtung einer „tripolitanen" Kirche (nach dem hansischen Vorbild von Lübeck, Hamburg und Lüneburg) beziehungsweise die Festlegung auf förmliche Kirchenordnungen wird zu Recht auch in Verbindung gebracht mit ihrem Zögern, konfessionelle Richtungsentscheidungen zu treffen; siehe die Kommentare bei E. Sehling (Hrsg.), *Die evangelischen Kirchenordnungen...*, Bd. 4: *Das Herzogtum Preußen...*; ferner H. Neumeyer, *Kirchengeschichte...*, S. 105 f. Doch gehört auch dieser Aspekt in gewisser Hinsicht in den weiteren Zusammenhang der angedeuteten Statusfrage.

91 E. Schnaase, *Geschichte der evangelischen Kirche...*, S. 58; vgl. auch P. Simson, *Geschichte der Stadt Danzig...*, Bd. 2, S. 366, der die Bildung des Danziger Ministeriums allerdings nicht mit kirchenpolitischen Entscheidungen des Rats, sondern – eher unspezifisch – mit einem „Zusammenrücken" der lutherischen Geistlichkeit in Verbindung bringt.

92 Allgemein Hermann Freytag, *Die rechtliche Stellung der evangelischen Kirche im alten Danzig*, in: *Deutsche Zeitschrift für Kirchenrecht*, Bd. 14 (1904), S. 387–410; G. Legnich, *Geschichte der preußischen Lande...*, Bd. 4, Einleitung, S. 15 ff.; G. Schramm, *Die gelungene Reformation...*; M. Pawlak, *Reformacja i kontrreformacja...*, S. 47 f. vgl. auch G. Lengnich, *Ius publicum civitatis Gedanensis...*, Kap. 27.

93 Siehe *Acten der Ständetage Preußens unter Herrschaft des Deutschen Ordens*, hrsg. von Max Toeppen, Bd. 4, Leipzig 1884, Nr. 367, S. 557 f.: Privilegienbestätigung König Kasimirs für Danzig von 1457.

94 *Historia Gdańska...*, Bd. 2, S. 246.

95 So berichtet bei Eberhard Bötticher, *Historisches Kirchenregister der großen Pfarr-Kirche in der Rechten Stadt Dantzig, St. Marien*, APGd. 300 R/Pp 25, Bl. 364.

96 Vgl. G. Schramm, *Danzig, Elbing und Thorn...*, S. 136; M. Bogucka, *Życie codzienne...*, S. 37 f.; Józef

ten zu erweitern, drohte die Durchsetzung der Reformation hier gerade zu Einbrüchen in patrizische Machtpositionen zu führen – es sei denn, auch die protestantische Kirchenorganisation konnte unmittelbar an das Ratsregiment angebunden, das heißt ein verfassungskonformer Neuansatz gemeindereformatorischer Bestrebungen gewissermaßen von vornherein unterlaufen werden. Es galt also nicht nur, das alte Präsentationsrecht des Rats via facti in ein Bestallungsrecht zu überführen, sondern dieses Instrument auch mit Bedacht einzusetzen, um sich eines „ratstreuen" geistlichen Ministeriums zu versichern.

Endlich schlug als praktisches Problem zu Buche, daß man bei der Werbung „gelehrter und friedfertiger Theologen", wie sie für die städtischen Predigerstellen neu gewonnen werden sollten,[97] auf keinerlei erprobte Verfahrensmuster zurückgreifen konnte. Waren in vorreformatorischer Zeit bei der Vergabe der Pfarrstellen nach alter Gewohnheit die vom Rat präsentierten Kandidaten aus den Reihen des eigenen Patriziats zum Zuge gekommen – während die alltägliche Seelsorge meist mittellosen Vikaren anvertraut blieb, welche den Städten in großer Zahl ihre Dienste anboten[98] –, so schied der engere städtische Horizont jetzt, nach dem förmlichen Konfessionswechsel, als Rekrutierungsfeld einstweilen aus. Zwar gab es im steten Strom der Zuwanderer auch weiterhin zahlreiche protestantische Bewerber um städtische Lehr- und Predigtämter; neben niederländischen, böhmischen und schottischen Glaubensflüchtlingen[99] zog das Königliche Preußen bald auch Predigerkandidaten aus jenen Regionen an, welche einen „Überschuß" an akademischen Theologen aufwiesen.[100] Doch kamen diese im Blick auf ihr schwer überprüfbares, wenn nicht gar von vornherein „verdächtiges" konfessionelles Profil als Träger der neuen Stadtkirchen ebensowenig in Betracht wie die amtierenden „krypto-protestantischen" Geistlichen des zurückliegenden Interims. Es bedurfte vielmehr einer gut überlegten, aktiven Politik der Rekrutierung von außen – in Anlehnung an bereits konsolidierte protestantische Milieus, und hier mußten sich neue Beziehungen und Kommunikationsformen allererst einspielen.[101]

Buława, *Walki społeczno-ustrojowe w Toruniu w I połowie XVI wieku*, Toruń 1971, S. 33 ff.; Marian Biskup, *Stadt und Reformation...*, S. 206 f.

97 Grundsätzliche Überlegungen dazu am frühesten in einem Schreiben des Thorner Rats an die Danziger Kollegen vom 5. 2. 1557, APGd. 300, 53/434, Bl. 14.

98 Zu den vorreformatorischen Kirchenverhältnissen in den drei Städten: H. Freytag, *Die rechtliche Stellung...*; E. Schnaase, *Geschichte der evangelischen Kirche...*, S. 9 ff.; R. Brohm, *Die kirchlichen Zustände...*; M. Biskup, *Historia Torunia...*, Bd. 2, T. 1, S. 201 ff.; ferner auch R. Heuer, *Vom katholischen Thorn...*; T. Glemma, *Dzieje stosunków kościelnych...*, S. 29 f.; M. Pawlak, *Reformacja i kontrreformacja...*, S. 6 f.

99 Allgemein über die Glaubensflüchtlinge im Königlichen Preußen H. Penner, *Die ost- und westpreußischen Mennoniten...*, Bd. 1; Ernst Machholz, *Materialien zur Geschichte der Reformierten in Altpreußen und im Ermland*, Lötzen 1912; Henryk Gmiterek, *Bracia Czescy a Kalwini w Rzeczypospolitej. Połowa XVI–połowa XVII wieku. Studium porównawcze*, Lublin 1987.

100 Dies galt besonders für Schlesien und Pommern, aber auch für entferntere deutsche Territorien sowie für Ungarn. Über die Verteilung der städtischen Prediger nach ihrer Herkunft ausführlicher unten.

101 Dabei spielte u. a. offenbar ein Kommunikationsmittel eine Rolle, auf das neuerdings M. Pawlak, *Studia uniwersyteckie...*, S. 31, hingewiesen hat. Wie vor allem für Danzig an zahlreichen Beispielen zu belegen ist, bedienten sich die Räte der durch städtische Stipendien geförderten preußischen Studenten, um Informationen sowohl politischer als auch konfessioneller Art über die ausländischen Studienorte und -länder einzuholen.

Wenn sich die preußischen Städte in dieser Situation nun wiederum den deutschen lutherischen Kirchen zuwandten, so war die Orientierung hier freilich inzwischen komplizierter geworden. Denn im Zeichen der Kontroversen um die kirchliche Nachfolge Luthers, die seit 1548 aufgebrochen waren, hatten sich die Risse innerhalb des deutschen Protestantismus spürbar vertieft.[102] Auch die lutherischen Kirchen, die im traditionellen politisch-kulturellen Bezugsfeld des Königlichen Preußen lagen, bildeten ihrerseits längst keine Einheit mehr. Dies mochte kirchenpolitisch von sekundärer Bedeutung sein, soweit es sich um jenen Dissens über den Abendmahlsgebrauch sowie die Rechtfertigungslehre handelte, welcher gleichsam den theologischen Kern der Auseinandersetzung ausmachte. Doch stand insofern mehr auf dem Spiel, als der Streit um die rechte Lehre in diesen Fragen zugleich als ein Konflikt um die konkrete Gestalt der Gemeinden und letztlich auch um den politischen Ort der Geistlichkeit wie der Landeskirchen insgesamt ausgetragen wurde.[103]

Die Dimensionen des Problems lagen denn auch für die preußischen Städte offen zutage, seitdem der „Osiandrische Streit" 1551/52 die lutherische Kirche im benachbarten Königsberg gespalten hatte.[104] Wenn es galt, jenem konfliktträchtigen kirchlichen Fundamentalismus aus dem Wege zu gehen, welcher dort sowohl die theologische Debatte als auch die Auseinandersetzung um das obrigkeitliche Kirchenregiment beherrscht hatte, so schied vor allem eine Öffnung in Richtung der Gnesiolutheraner und Flacianer aus; die kirchenpolitische Anlehnung an die hansischen Schwesterstädte Lübeck, Hamburg und Lüneburg kam aus eben diesem Grund genausowenig in Betracht wie die Orientierung an anderen Zentren des Gnesioluthertums – etwa den Universitäten Jena und Tübingen oder dem Hof von Schwerin.[105] Ähnlich klar zeichnete sich freilich auch die Alternative ab. Es war die „temperierte" melanchthonsche Richtung, welche den Bedürfnissen des kirchlichen Neuanfangs in den preußischen Städten am weitesten entgegenkam. Denn nicht nur ihre programmatische Abstinenz von streitbarem Disputieren empfahl die Philippisten im Blick auf die exponierte Lage der Stadtkirchen, sondern auch ihr konsensorientiertes Verhältnis zur weltlichen Obrigkeit und nicht zuletzt ihr Bemühen, die lutherische Theologie für den Dialog mit anderen protestantischen Lehrrichtungen zumindest offenzuhalten.[106] Auch damit aber war wiederum ein eigener geographischer Horizont vorgegeben. Die Orientierung am Philippismus sollte die städtische Kirchenpolitik vor allem auf Kursachen und Schlesien sowie die „Ausstrahlungsregion" Pommern verweisen.[107]

102 Zur Orientierung besonders Peter F. Barton, *Um Luthers Erbe. Studien und Texte zur Spätreformation. Tileman Heshusius (1527–1559)*, Witten 1972; *Handbuch der Dogmen- und Theologiegeschichte*, Bd. 2, Göttingen 1980, S. 1–162; siehe auch Ernst Bizer, *Studien zur Geschichte des Abendmahlsstreits im 16. Jahrhundert*, 3. Aufl., Darmstadt 1972.

103 Vgl. H. Schilling, *Konfessionskonflikt...*, S. 140 ff.

104 Über die Zusammenhänge ausführlich Robert Stupperich, *Osiander in Preußen, 1549–1552*, Berlin-New York 1973.

105 Siehe Robert Kolb, *The Dynamics of Party Conflict in the Saxon Late Reformation. Gnesiolutherans versus Philippists*, in: *The Journal of Modern History*, Bd. 49 (1977), Suppl. 3, S. 1289–1306; Ernst Koch, *Der kursächsische Philippismus und seine Krise in den 1560er und 1570er Jahren*, in: *Die reformierte Konfessionalisierung...*, S. 60–77.

106 *Ebda.*; siehe auch Jürgen Moltmann, *Christoph Pezel (1539–1604) und der Calvinismus in Bremen*, Bremen 1985, S. 60 ff.

107 Zu den pommerschen Philippisten Hellmuth Heyden, *Kirchengeschichte Pommerns*, Bd. 2, 2. Aufl.,

Verfolgt man nun im einzelnen, in welche Richtung die Entwicklung der städtischen Kirchen vor diesem Hintergrund ging, so zeichnen sich für die erste Phase – von der Freigabe des Augsburgischen Bekenntnisses bis zur erneuten Aktualisierung der Privilegienfrage im polnischen Interregnum von 1573 – vor allem drei Befunde deutlich ab:

- Obgleich die drei großen Städte in ihren kirchenpolitischen Entscheidungen je eigene Wege gingen, fiel Danzig doch eine zumindest informelle Leitfunktion zu. Sowohl das Vorbild als auch die Vermittlung Danzigs, das eineinhalb Jahre vor den Schwesterstädten die Religionsfreiheit erlangte, blieb für diese zunächst maßgeblich.
- Der Leitfunktion Danzigs entsprach es, daß hier die ersten innerstädtischen Kirchenkonflikte früher und zugleich vehementer aufbrechen sollten als in den Nachbarstädten. Dies lag zum Teil an der abweichenden Struktur der Danziger Kirchenorganisation; man hatte es angesichts der Größe der Stadt hier nicht nur mit einer breiteren „kirchlichen Öffentlichkeit" zu tun, sondern auch mit einer stärkeren Formalisierung, das heißt institutionellen Vermittlung kirchlicher Auseinandersetzungen. Doch scheinen die kleineren Nachbarstädte zugleich an den Danziger Vorgängen „gelernt" und dadurch auch vielfach weniger konflikthafte Lösungen gefunden zu haben.
- Für alle drei Städte galt aber, daß die städtischen Obrigkeiten die konfessionelle Profilierung ihrer Kirchen in dieser Phase nicht eigentlich selbst gesteuert, sondern eher auf solche Profilierungsprozesse reagiert haben. So ist das Bemühen der Räte um einen neutralen Kurs in bezug auf die Gegensätze innerhalb des lutherischen Lagers letztlich doch überall unterlaufen worden durch die rasche Polarisierung innerhalb der eigenen Geistlichkeit; dabei sollten akute Konflikte um das Kirchenregiment jeweils den Anstoß für eine frühe konfessionelle Frontenbildung geben.

Wenn die Räte der Schwesterstädte seit Anfang 1557 in Konsultationen über einen gemeinsamen Kurs in der Kirchenfrage gestanden hatten,[108] so waren sie sich dabei offenbar vor allem der Tatsache bewußt geworden, daß die Labilität ihres konfessionsrechtlichen Status den Spielraum für eine aktive Kirchenpolitik eng begrenzte. Einig wurde man denn auch in erster Linie darüber, sich mit Blick auf das katholische Lager über einen möglichst behutsamen Übergang zu protestantischen Kirchenbräuchen zu verständigen.[109] Vorschläge dagegen, eine der andernorts geltenden lutherischen Kirchenordnungen zu übernehmen, ließen sich ebensowenig weiter verfolgen wie der Plan, eine gemeinsame Konferenz der Städte für die Kirchensachen einzurichten[110] – in

Köln-Braunsfeld 1957, S. 51 ff.; Hinweis auch bei E. Koch, *Der kursächsische Philippismus...*, S. 69. Vgl. ferner Abraham Friedrich Blech, *Über die unmittelbaren Verbindungen Luthers und Melanchthons mit der Provinz Preußen*, in: *Preußische Provinzialblätter*, Bd. 1 (1829), S. 297–309, 393–408, 506–515. – Zu den Wirkungen des Philippismus in Polen-Litauen auch Oskar Bartel, *Filip Melanchton w Polsce*, in: *Odrodzenie i Reformacja w Polsce*, Bd. 6 (1961), S. 73–89.

108 Vgl. E. Sehling (Hrsg.), *Die evangelischen Kirchenordnungen...*, Bd. 4, S. 163 f.; siehe auch oben, S. 61, Anm. 97.

109 So schlugen die Thorner Räte den beiden Nachbarstädten im Februar 1557 u. a. vor, einen gemeinsamen Termin für den Übergang zum neuen Bekenntnis festzulegen, mit Rücksicht auf die Protektoren des alten Glaubens aber die Oberpfarrkirchen gänzlich auszusparen sowie in den anderen Kirchen nur schrittweise die Zeremonien zu ändern; es sollte „bis zur einwurzelung" sowohl bei der „Elevation des Sacraments" als auch bei der lateinischen Vesper-Messe bleiben. APGd. 300, 53/434, Bl. 11–20.

110 *A.a.O.*, Bl. 19 f.; vgl. auch E. Sehling in *Die evangelischen Kirchenordnungen...*, Bd. 4, S. 164. – Als Modell für eine gemeinsamen Kirchenordnung hatte Thorn das Breslauer Vorbild ins Gespräch gebracht, während Elbing „ein büchlein" aus Mecklenburg, Danzig aber einen eigenen Entwurf als Vorlage empfahl.

beiden Fragen wird die Scheu, sich mit konfessionellen Richtungsentscheidungen gegenüber äußeren wie innerstädtischen Widersachern zu exponieren, letztlich den Ausschlag gegeben haben. Allein auf die Auswahl der „richtigen" Prediger mithin sollten die Räte hinsichtlich der Gestaltung der eigenen Kirchen zunächst setzen.

Die Komplikationen, die sich vor allem in Danzig bereits in der Anfangsphase einstellten, sollten indessen bald eine Neuorientierung erzwingen. So wenig nämlich die städtischen Obrigkeiten in der Lage waren, sich in der schwer überschaubaren Landschaft der vorkonfessionellen lutherischen Theologie im Blick auf die Auswahl der Prediger sicher zurechtzufinden,[111] so wenig schien auch die Konstruktion „unkonfessioneller" Kirchen an sich geeignet, die Einheit der Predigerschaft im Sinne des angestrebten kirchenpolitischen Mittelkurses zu gewährleisten. Vielmehr lenkten die Bestrebungen der neuen Geistlichkeit, in der Auseinandersetzung über die Gestalt wie den theologischen Ort der städtischen Kirchen eigene Spielräume zu gewinnen, die Entwicklung auch hier unweigerlich in die Bahnen kirchlicher Festlegungen, und zwar in einer Dynamik, die nun von den städtischen Räten in der Tat nur in geringem Umfang gesteuert werden konnte. In Danzig wurde dies im Zuge dreier dicht aufeinander folgender Kirchenkonflikte in der Zeit von 1560 bis 1573, an denen sich die kausalen Zusammenhänge zwischen den konkreten Konfliktanlässen und deren konfessioneller „Politisierung" gut beobachten lassen, offenkundig.

Es hatte zunächst eindeutig mit den Unsicherheiten der Danziger Berufungspolitik zu tun, wenn es die Räte hier bereits im ersten innerstädtischen Kirchenstreit von 1560 mit dezidiert gnesiolutherischen Positionen zu tun bekamen.[112] Zwar entsprachen offenbar die meisten der acht Prediger, die zwischen 1557 und 1559 neu bestellt worden waren,[113] der Anforderung, daß es sich sowohl um erfahrene als auch gelehrte protestantische Theologen handeln sollte. Doch kam dieser Umstand keineswegs der Stärkung der Ratsposition zugute – waren es doch gerade die profiliertesten unter den Predigern, welche die Auseinandersetzung mit dem obrigkeitlichen Kirchenregiment suchen sollten. Der Zeitpunkt dafür schien gekommen, als Dr. Samuel Göbel, seit 1558 Prediger an der Danziger Johanneskirche, wegen Anfeindung seines Kollegen Johannes Hutzing und Streit mit seinen Kirchenvorstehern 1560 vom Rat entlassen wurde. Um Benedikt Morgenstern, einen zeitweiligen Weggefährten Johannes Wigands,[114] und Franz Burchard, wegen seiner Polemiken im „Osiandrischen Streit" aus seinem vorherigen Predigtamt im Herzoglichen Preußen vertrieben,[115] formierte sich nun eine Opposition, deren Programm über den unmittelbaren Anlaß deutlich hinausging. In ihren Predigten, welche die Ratsentscheidung kriti-

111 Explizite Quellenaussagen über die Kriterien der Räte bei der Bestellung der Prediger gibt es nicht. Doch läßt sich aufgrund der Zusammensetzung der ersten protestantischen Ministerien schließen, daß bei den Berufungen bis in die sechziger Jahre des 16. Jahrhunderts etwa der Nachweis einer „Wittenberger Vergangenheit" in allen drei Städten eine maßgeblich Rolle gespielt hat. Erst vor dem Hintergrund der akuten Konflikte mag sich dann die Einsicht durchgesetzt haben, daß damit an sich kein Indiz für das konfessionelle Profil der Kandidaten gegeben war. Bereits im ersten Danziger Predigerstreit sollten sich gnesiolutherisch und philippistisch orientierte Absolventen Wittenbergs gegenüberstehen, etwa Franz Burchard und Johannes Weidner; vgl. *Danziger Presbyteriologie...*, APGd. 300 R/Pp 85, Bl. 272 bzw. 85, Bl. 4.

112 Die äußeren Abläufe des Konflikts werden geschildert bei P. Simson, *Geschichte der Stadt Danzig...*, Bd. 2, S. 362.

113 APGd. 300 R/Pp 85, passim.

114 *A.a.O.*, Bl. 55.

115 *A.a.O.*, Bl. 272.

sierten, riefen sie das „volck“ dazu auf, nicht nur deren Widerruf zu erzwingen,[116] sondern sich jeglicher „Tyrannei“ gegen den „Prophetischen und Apostolischen beruff“ des Predigtamts zu widersetzen; es ging um die grundsätzliche Forderung nach uneingeschränkter Freiheit des „Strafamts“ gegen falsche Lehre wie sündigen Lebenswandel von Personen jeden Standes und zugleich um eine kategorische Absage an den Anspruch der Obrigkeit, in Sachen des Predigtamts verfügen zu wollen.[117]

Auch jetzt reagierte der Danziger Rat rasch und konsequent. Wie Samuel Göbel wurden auch die Wortführer des Protests gegen dessen Entlassung ohne Umstände ihrer Ämter enthoben;[118] an ihre Stelle aber berief man nun direkt aus Wittenberg – und offenbar nach Konsultationen mit der Universität – drei Prediger, deren „milder philippistischer Gesinnung“ man sich diesmal sicher sein konnte.[119] Nicht verhindern ließ sich indessen, daß die in der direkten Konfrontation mit dem obrigkeitlichen Kirchenregiment unterlegene Partei ihre Sache auf anderer Ebene weiter verfocht. Wie der entlassene Franz Burchard seine ehemalige Danziger Gemeinde in einer schriftlichen Belehrung anwies, möge man die neuen Prediger wohl „umb des Ampts willen lieben und ehren“, es aber nicht hinnehmen, wenn durch deren vorgebliche Milde „Rotten und secten“ in der Stadtkirche Einzug hielten und das Seelenheil der Gemeinde gefährdeten.[120] Von der Frage des richtigen Kirchenregiments verlagerte sich der Konflikt damit auf die Frage der richtigen Lehre; hier sollte der zweite Danziger Kirchenstreit von 1561/62 seinen Ausgang nehmen.

Es war dabei nur scheinbar eine überlegene Ausgangsposition, in der sich die Partei der ratstreuen Philippisten befand. Wohl hatten diese seit den Neuberufungen von 1560 und 1561 in Danzig sowohl zahlenmäßig das Übergewicht als auch im Hinblick auf die theologische Professionalität,[121] und nicht zufällig mußten es deren Kontrahenten einem Außenseiter, nämlich dem

116 R. Curicke, *Der Stadt Dantzig historische Beschreibung...*, S. 307 f.

117 Die Argumente sind ausführlich dargelegt in einer Anweisung, die Franz Burchard im Juli 1560 für seine Danziger Gemeinde verfaßt hat, Text: APGd. 300 R/Pp q.1, Bl. 23r. – 43v. Darin heißt es u. a.: „Weil denn die Kirche macht und gewalt hatt, Kirchen diener zu ruffen, Ist es ein Große Tyrannei, wen ein theil dem andern on alle billikeit diener zustossen aufdringen und aufseilen wil, wider des anderen theiles erkentnis und wilen“ ; ferner: „Gottes wort kan kein Ketzerei und Irtumb und Corruptelen umb sich leiden ... der Herr selbst schreibt: Ist mein Wort nicht wie ein feuer, und wie ein hammer?“, woraus folge, „das ein prediger nicht allein lehret und prediget, sondern auch straffet nicht allein die Laster der anderen Tafel Maß, sondern vornehmlich die laster der ersten Tafel...“.

118 Betroffen war neben Burchard und Morgenstern der gerade erst an die Jakobskirche berufene Heinrich Saalfeld, über den außer der Tatsache seiner Parteinahme für Samuel Göbel allerdings nichts bekannt ist, siehe APGd. 300 R/Pp 85, Bl. 116.

119 Es handelte sich um den Schlesier Johannes Weidner, den Ungarn Ambrosius Stübner sowie um den Preußen Alexander Glaser, der als Stipendiat des Danziger Rats in Wittenberg studiert hatte; APGd. 300 R/Pp 85, Bl. 9, 83 u. 127. – Alle drei sollten in den folgenden Konflikten in der Tat eine zentrale Rolle bei der Durchsetzung der philippistischen Orientierung spielen, was ihnen übereinstimmend den Ruf eingetragen hat, „calvinisch gesinnt“ zu sein; vgl. die bei J. E. Wernicke, *Thornische Presbyteriologie...*, wiedergegebenen zeitgenössischen Urteile, APT Kat. II, X–27, Bl. 13 f., ferner P. Simson, *Geschichte der Stadt Danzig...*, Bd. 2, S. 363.

120 Siehe oben, Anm. 117.

121 Die im Zuge des Streits vorgelegte Bekenntnisschrift der opponierenden Prediger wurde von vier städtischen Geistlichen unterzeichnet, von denen Bonaventura Knorr, bereits seit 1549 im Danziger Dienst und im Streit von 1560 eher unentschlossen, der profilierteste war; APGd. 300 R/Pp 6, Bl. 94–108 sowie

Gastprediger Eberhard Sperber,[122] überlassen, die Dinge im Sinne der opponierenden Minderheit in Bewegung zu bringen. Doch für die Dynamik des Konflikts erwies sich nicht die Gewichtsverteilung zwischen den Parteien als ausschlaggebend, sondern zunächst vor allem die Durchschlagskraft des konfliktauslösenden Arguments an sich. Indem Sperber seinen Kollegen Vitus Nuber des falschen Umgangs mit den Abendmahls-„Reliquien" bezichtigte und daran den Vorwurf knüpfte, daß der „calvinische Sacrament schwarm" in der Stadtkirche geduldet werde,[123] nötigte er Predigerschaft wie auch weltliche Obrigkeit, sich in der Grundsatzfrage der Abendmahlslehre zu erklären und zu rechtfertigen.

Jedenfalls ließ sich der Konflikt diesmal nicht dadurch eindämmen, daß der Rat Eberhard Sperber im Oktober 1561 aus der Stadt wies.[124] Obwohl man behutsam genug vorgegangen war – der Rat hatte nicht nur die unmittelbar Beteiligten zuvor angehört, sondern auch förmliche Bekenntnisschriften von den Parteien angefordert[125] und auswärtige Gutachten gewürdigt[126] –, blieb der Verdacht virulent, daß unter dem Vorwand, sich „aufruhrerischer und störrischer leut" zu entledigen, gezielt diejenigen Geistlichen verfolgt wurden, die „ihre lehre und Schrifften den gewaltigen nicht unterwerffen wollen".[127] Sowohl gegenüber der Bürgerschaft als auch in bezug auf die Darstellung der städtischen Kirchenpolitik nach außen kam es mithin auf eine autoritative Bestätigung der städtischen Kirchenverhältnisse an.

Auch in dieser Lage freilich gaben die Danziger Räte die Initiative nicht aus der Hand. Wenn man sich jetzt für eine förmliche Regelung des städtischen Bekenntnisstandes entschied, so geschah dies doch in der Perspektive des entschiedenen Bestrebens, sowohl den „unkonfessionel-

300 R/Pp 17, Bl. 513–522. Die Erwiderungsschrift der „philippistischen" Partei um Prediger Weidner dagegen weist zehn Unterschriften auf, darunter die aller Theologen, die in den beiden vergangenen Jahren in Abstimmung mit Wittenberg berufen worden waren; APGd. 300 R/Pp 1, Bl. 85–103, sowie 300 R/Pp Bl. 69–89. – Diese Angaben decken sich mit einer anonymen zeitgenössischen Aufstellung der „lutherischen" und „calvinischen" Prediger in Danzig; APGd. 300 R/Pp 46, Bl. 393 f.

122 R. Curicke, *Der Stadt Dantzig historische Beschreibung...*, S. 310, bezeichnet Sperber als „aus dem Hinterlande in Preußen" kommend. Doch bezieht sich dies offenbar auf sein letztes Predigtamt; er stammte aus Thüringen und gehörte möglicherweise dem Umkreis der Jenaer Theologie an; siehe APGd. 300 R/Pp 85, Bl. 9.

123 Bei abweichender Deutung im wesentlichen übereinstimmende Ablaufsschilderungen bei J. Fabricius, „Historia Notulae", APGd. 300 R/Pp 2, Bl. 22v. – 26r.; *Auszug aus Eberhard Böttichers Historischem Kirchenregister...*, APGd. 300 R/Pp 15, Bl. 193–195; R. Curicke, *Der Stadt Dantzig historische Beschreibung...*, S. 308 ff.

124 R. Curicke, *Der Stadt Dantzig historische Beschreibung...*, S. 311.

125 In einer vom Rat einberufenen Zusammenkunft am 18. 9. 1561 übergab Weidner eine Bekenntnisschrift der philippistischen Predigermehrheit (Text: APGd. 300 R/Pp 1, Bl. 85–103); eine eigene „confessio brevis" sowie eine Protestation gegen den persönlichen Calvinismusvorwurf legte zudem der bereits 1560 von Samuel Göbel angegriffene Johannes Hutzing vor (APGd. 300 R/Pp 6, Bl. 90 f. bzw. 92). In einer zweiten Zusammenkunft am 13. 10. 1561 wurden dann die schriftlichen Bekenntnisse beider Parteien in der „Reliquien"-Frage unterbreitet; siehe oben, Anm. 121.

126 Solche hatte Sperber von zwei Königsberger Theologen zur Unterstützung seiner Position eingeholt; *Auszug aus Eberhard Böttichers Historischem Kirchenregister...*, APGd. 300 R/Pp 15, Bl. 195.

127 So die Argumentation der Anhänger Sperbers in einem in Danzig in Umlauf gebrachten Kommentar von 1562, der sich vordergründig allein mit der für unrechtmäßig erklärten Entlassung von Flacius Illyricus und Johannes Wiegand in Jena beschäftigte; siehe APGd. 300 R/Pp 56, Bl. 3 f.

len", philippistischen Mittelkurs durchzuhalten als auch in der Frage des Kirchenregiments die bisherige Position ungeschmälert zu behaupten. Das Verfahren, das der Rat in der Sache wählte, zeugt davon ebenso wie die Form der Lösung. Es war der einheimische Jurist Dr. Jakob von Barthen, dem der Rat die Ausarbeitung einer theologisch wie kirchenorganisatorisch tragfähigen Kompromißformel übertrug,[128] und in Gestalt einer separaten städtischen „Notula Concordiae" wurde diese 1562 vom Rat proklamiert[129] und den Predigern mit der Aufforderung vorgelegt, sich ihr durch Unterzeichnung in allen Punkten zu unterwerfen.[130]

Rückschauend sollte Danzigs führender reformierter Geistlicher Jacob Fabricius um 1602 über die Notel urteilen, sie sei „eine gelinde schrift, und also gestellet, das wan sie es nicht zu genau hatten suchen wollen und händelsüchtig sein, sich beide theile damit hätten behelfen können".[131] Recht präzise trifft diese Umschreibung zunächst die Tendenz der Notel, in den theologischen Fragen weiterhin kontroverse Positionen nach Möglichkeit zu überspielen. So wurde zwar die Hauptfrage des Danziger Streits, die der Abendmahls-„Reliquien", unmißverständlich im Sinne Melanchthons entschieden[132] und grundsätzlich sowohl die katholische Verwandlungslehre als auch Calvins Abendmahlsdeutung ausdrücklich verworfen.[133] Doch war man bei der Formulie-

128 Zur Verfasserschaft Barthens, „den man zugleich vor einen guten theologum hielte", APGd. 300 R/Pp 25, Bl. 103; APGd. 300 R/Pp 2, Bl. 40r. f.

129 Curickes Feststellung, daß nur der engere Rat und nicht die drei Ordnungen des Breiten Rats gemeinschaftlich beteiligt waren (siehe R. Curicke, *Verbesserter historischer Auszug...*, APGd. 300 R/Ll 46, Bl. 7 r.), scheint zuzutreffen, obwohl es keine zeitgenössischen Belege gibt.

130 Text der Danziger Notel vom 17. 7. 1562: APGd. 300 R/Pp q.1, Bl. 3r. – 21v.; auch APGd. 300 R/Pp 6, Bl. 227–249, APGd. 300 R/Pp 6, Bl. 165–189, APGd. 300 R/Pp 1, Bl. 209–224, R. Curicke, *Der Stadt Dantzig historische Beschreibung...*, S. 302–310. – Vgl. auch Gustav Koetz, *Die Danziger Concordienformel über das heilige Abendmahl, Notel zunächst und ihre Apologie 1561–1567*, Phil. Diss., Königsberg 1901.

131 J. Fabricius, „Historia Notulae", APGd. 300 R/Pp 2, Bl. 40r., 40v.

132 Dies auch eingeräumt bei Ch. Hartknoch, *Preussische Kirchen-Historia...*, S. 690 ff. – Im Text heißt es dazu: „Zum fünfften glauben und bekennen wir, daß nicht nur durch schlechte Nachsprechung und Außreden der Worte der Einsetzung..., als der wahre Leib und Bluth des Herren, mit Brod und Wein gereichet werden, sondern der Herr Christus ist daselbst Gegenwertig, welcher durch den Diener, der an seiner Statt stehet, seinen Leib und sein Blut uns zu essen und zu trincken giebet..." – „So aber vielleicht auß unversehnlichen Zufall ... etwas vom gesegneten Brod und Wein nach geendeter Heiligen Action und Handlung des Hochwürdigen Abendmahls übrig bleibe, dasselbe kann und soll hinfort nicht für den Leib oder Blut des Herren gehalten werden ... und wird ein solches auch durch die Christliche Regell des Mannes Gottes Philippi Melanchthonis klärlich angezeugt: Nichts kann für ein Sacrament gehalten werden ausserhalb dem Gebrauch von Gott eingesetzet..."

133 „Zum dreizehnten halten wir es auch nicht mit dem Zwinglio, Calvino und allen anderen, so die Worte unseres Heylandes Jesu Christi im H. Abendmahl ... nicht wie sie lauten verstehen, und annehmen, sondern dieselbige figurate oder verblümter weise vom abwesenden Leibe und Blute zu deuten sich unterstehen, als ob es der Herr Christus anders, als er gemeinet, geredet haben solte..." – Bezeichnend für die weitere Entwicklung ist Fabricius' Kommentar zu diesem Artikel; er widerspricht zwar nicht dessen grundsätzlicher Aussage, unterstellt aber, daß „beyde Nahmen Zwingly und Calvini dazumahl in der Notel ... nicht gestanden sind sondern eine zeitlang hernach von einer vornehmen Person Georg Kleefeld auf dem Rande hierzu gesetzet und in die Notel ohne Anordnung E. E. Raths und Vorwissen der Prediger sind eingeschoben worden"; „Historia Notulae", APGd. 300 R/Pp 2, Bl. 43r. Daß die Behauptung nicht zutrifft, läßt sich anhand des mit den Originalunterschriften der Prediger von 1562 versehenen Exemplars leicht feststellen; siehe APGd. 300 R/Pp 6, Bl. 227–249.

rung der Glaubenssätze des eigenen Abendmahlsbekenntnisses sichtlich auf den weitest denkbaren Konsensrahmen bedacht gewesen, und nicht allein die Schriften Melanchthons, sondern auch die Vermittlungstheologie des polnischen Reformators Jan Łaski hatten den Juristen von Barthen hier angeleitet.[134] Um so verbindlicher faßte die Notel hingegen die Grundsätze der Kirchendisziplin, an welche der Lehrkonsens geknüpft wurde. Diesen zu disputieren blieb den Predigern ebenso untersagt, wie den Kirchenfrieden durch öffentliche Polemiken gegen Amtsbrüder zu gefährden. In allen Streitfällen aber sollte allein dem Rat das Recht zukommen, Kontroversen zu entscheiden und widersetzliche Prediger notfalls ihres Amts zu entheben. Letztlich lag denn auch hier, bei der Kodifizierung des Kirchenregiments, das Hauptgewicht und nicht bei der theologischen Konkordie, welche allenfalls Extreme ausgegrenzt hatte. Damit aber war ein Konzept gefunden, das die Bedürfnisse der Ratspolitik in bezug auf beide Aspekte wirksam gegen die Ziele der opponierenden Prediger zur Geltung zu bringen schien.[135]

Da letztere die Unterzeichnung der Notel konsequenterweise verweigerten und ihre städtischen Predigtämter aufgaben,[136] war 1562 in der Tat auch der zweite Danziger Kirchenstreit entschieden. Ob sich dieser Erfolg der Ratspolitik indessen in eine langfristige Konsolidierung der städtischen Kirchenverhältnisse umsetzen ließ, hing von anderen Faktoren ab. Für eine solche Entwicklung sprach, daß mit der Proklamation der Notel fast beiläufig eine Formalisierung des obrigkeitlichen Kirchenregiments durchgesetzt worden war, ohne daß dies vorerst auf innerstädtische Widerstände gestoßen wäre. Der in der Sache eingeschlagene Weg hatte sich auch darin als richtig erwiesen, daß die sorgfältige religiöse Begründung des Verfahrens den Vorwurf obrigkeitlicher Willkür an dieser Stelle offenbar entkräftet hatte; nicht die Einführung der Notel an sich sollte denn auch in den späteren Auseinandersetzungen um das Kirchenregiment umstritten sein, sondern allenfalls der Anspruch auf deren Urheberschaft. Aber auch in ihrer theologischen Substanz schienen sich die Regelungen der Notel einstweilen zu behaupten. Denn wenn die alten Widersacher der Danziger Kirchenpolitik diese nun in Streitschriften außerhalb Danzigs öffentlich kritisierten,[137] so standen dem doch gegenteilige Voten von Gewicht gegenüber. In einer

134 Dieser Bezug auf die Schriften Łaskis als Quelle wird ausdrücklich erwähnt bei J. Fabricius, „Historia Notulae", APGd. 300 R/Pp 2, Bl. 40r., desgleichen in *Auszug aus Eberhard Böttichers Historischem Kirchenregister...*, APGd. 300 R/Pp 15, Bl. 195.

135 Es zeugt denn auch von einer eher anachronistischen Sicht in bezug auf das Danziger Konfliktverhältnis, wenn die Kirchenhistorie die Proklamation der Danziger Notel überwiegend als Einschwenken auf einen strikt lutherischen Kurs gedeutet und den Widerstand dagegen als theologisch nicht erklärbar qualifiziert hat; in diesem Sinne etwa H. Neumeyer, *Kirchengeschichte...*, S. 105: „Es erscheint uns heute unbegreiflich, daß diese Formel ... den ‚Ultralutheranern' nicht hart genug erschien."

136 Es handelte sich zunächst um alle vier Unterzeichner der in Unterstützung Sperbers vorgelegten Bekenntnisschrift von 1561; siehe oben, Anm. 41. Allerdings sollte Bonaventura Knorr seine Weigerung widerrufen und sich damit die Rückkehr in sein Amt erkaufen. Siehe R. Curicke, *Der Stadt Dantzig historische Beschreibung...*, S. 311, sowie B PAN Gd. Ms 499, Bl. 301r.

137 Über eine 1563 in Erfurt gedruckte Polemik Sperbers gegen die „Sacramentirer zu Dantzig" berichtet J. Fabricius, „Historia Notulae", APGd. 300 R/Pp 2, Bl. 44v.; ausführlich zitiert ist hier auch die 1567 in Eisleben erschienene Polemik Morgensterns unter dem Titel *Widerlegung der Notel, damit die Sacramentirer zu Dantzig ihren Irrtum und Verfolgung verkleistern und bedecken wollen...*, die neben der Calvinismusanklage auch den zentralen Vorwurf enthielt, daß der Danziger Rat „die Kirche Gottes seines gefallens auf gut politisch Lehre fürschreibe und mit Geboten beschwere"; APGd. 300 R/Pp 2, Bl. 55r., 57r. Ferner wissen wir durch E. Praetorius, *Presbyteriologia Thorunense...*, von einer ebenfalls unmit-

gemeinsamen förmlichen Apologie der Notel billigten und rechtfertigten die im Amt gebliebenen Danziger Geistlichen deren Lehraussage,[138] und 1564 erstellte auch die Wittenberger Theologenfakultät auf Ersuchen des Rats ein entsprechendes Gutachten, das die Notel als „rein und unverdächtig" auswies und der „christlichen sorgfalt" der Danziger Obrigkeit Lob zollte.[139]

In dem Übergang zu öffentlicher theologischer Legitimierung lag freilich zugleich eines der Risiken, die man mit der kirchenpolitischen Festlegung von 1562 eingegangen war. Anstatt nämlich dem Disput über die Danziger Bekenntnisformel ein Ende zu setzen, bewirkten dessen Apologie sowie das Wittenberger Gutachten eigentlich das Gegenteil; die theologische Kontroverse zog rasch weitere Kreise. So schaltete sich nicht nur die Universität Rostock indirekt ein, indem sie, nun ebenfalls um ein Gutachten ersucht, ihre Mißbilligung der Notel durch Ablehnung einer Stellungnahme signalisierte.[140] Vielmehr meldete sich 1566 auch Flacius Illyricus mit einer Fundamentalkritik der Danziger Kirchenentscheidungen zu Wort,[141] und dieser schloß sich 1567 der Wismarer Superintendent Johannes Wiegand mit einer speziellen Widerlegung der Notel-Apologie an.[142] Dabei fiel die Polarisierung selbst zweifellos mehr ins Gewicht als die eigentlichen theologischen Einwände. Die Tatsache an sich, daß das nunmehr festgeschriebene Bekenntnis der Danziger Geistlichkeit von anderen lutherischen Kirchen öffentlich „disputierlich gemacht" wurde, mußte die Glaubwürdigkeit des unkonfessionellen Mittelkurses in der städtischen Kirchenpolitik erschüttern.

Ein weiteres Risiko der Entscheidung von 1562 lag darin, daß die „Verrechtlichung" der Danziger Kirchenverhältnisse durch die Proklamation der Notel in gewisser Weise auch neue Spielräume für innerstädtische Opposition gegen die Ratspolitik eröffnete. Indem die in der Dritten Ordnung repräsentierte Bürgerschaft 1565 in ihren Gravamina erstmals die Forderung nach sorg-

telbar auf den Anlaß bezogenen Streitschrift Burchards: *Daß das Colloquium oder Gespräch mit den H. Predigern zu Danzig über den streitigen Artikel des Abendmahls ... keine Amnestia sein kann, noch soll*, [Thorn] 1566; J. E. Wernicke, *Thornische Presbyteriologie...*, APT Kat. II, X–27, Bl. 13, sowie B. Nadolski, *Karty...*, T. 1, S. 226.

138 Zur Entstehungs- und Verbreitungsgeschichte der Apologie APGd. 300 R/Pp 16, Bl. 7. – Die Apologie wurde 1567 auch in Danzig gedruckt unter dem Titel *Apologia. Gründlicher Gegenbericht, wahrhafftige Erzehlung der Historie des erhabenen und geführten Streits und ablehnung der unchristlichen, beschwerlichen aufflagen, damit Benedict Morgenstern in seiner vermeintlichen widderlegung der Formulae Concordiae oder Notel, so alle prediger zu Dantzigk zu gemeiner einigkeit unterschrieben, beide einem erbaren, hochweisen Rath und alte auch newe ankomende prediger wider sein gewissen mit ungrund beschweret...;* Exemplar vorhanden in B PAN Gd.

139 Text des Gutachtens in APGd. 300 R/Pp 6, Bl. 198–201, sowie APGd. 300 R/Ll 46, Bl. 110v., 113r.; referiert auch bei Ch. Hartknoch, *Preußische Kirchen-Historia...*, S. 703 ff.

140 Laut R. Curicke, *Der Stadt Dantzig historische Beschreibung...*, S. 322, hatte Morgenstern durch Vermittlung Johann Wiegands auf die Rostocker Absage hingewirkt.

141 In seiner in Wesel gedruckten Streitschrift *Vom Heiligen Abendmahle wider die Verführer*, in der er die Entlassung Burchards und Morgensterns kritisierte und die Verfasser der Danziger Apologie als „verhüllte Wölfe, heimliche Verführer und stumme und schläfrige Hunde" verurteilte. Siehe zu Flacius' Kritik ausführlich auch J. Fabricius, „Historia Notulae", APGd. 300 R/Pp 2, Bl. 47v. – 49v.; ferner E. Schnaase, *Geschichte der evangelischen Kirche...*, S. 52.

142 Text: APGd. 300 R/Pp 1, Bl. 325 f. – Wiegands Attacke schien den Danziger Theologen gewichtig genug, um sie zu veranlassen, ihrerseits mit einer Apologie der Apologie zu antworten; APGd. 300 R/Pp 1, Bl. 326–335.

fältigerer Wahrnehmung des obrigkeitlichen Kirchenregiments erhob,[143] wurde bereits ein prozedurales Muster erkennbar, das in den späteren innerstädtischen Konflikten eine zentrale Rolle spielen sollte. Auch gegenüber dem Rat war der städtische Bekenntnisstand aufgrund der Notel gleichsam einklagbar geworden, und selbst deren behutsame theologische Abgrenzungen sollten Ansatzpunkte genug bieten, um die bürgerschaftliche Obrigkeitskritik nach Bedarf mit dem Vorwurf der Duldung unrechtmäßiger Lehre zu verknüpfen.

Rasch wurden denn auch Schwachstellen der Ratsposition erkennbar, als es 1569 über der Praxis des Exorzismus im Taufzeremoniell zum dritten Danziger Kirchenstreit kam.[144] Wiederum hatte die Opposition von Außenseitern den Anstoß gegeben. Es war nicht nur eine in Danzig seit 1562 eigentlich erledigte Frage, welche die Prediger Gregor Schütz und Martin Ortscheid mit ihrer Forderung nach Wiedereinführung des Exorzismus aufwarfen.[145] Vielmehr stand auch die Ablehnung dieser Position durch das inzwischen konstituierte geistliche Ministerium von Anfang an außer Zweifel, ja, der Streit wirkte hier geradezu als Katalysator für ein theologisches Einheitsbewußtsein der Danziger Geistlichkeit, wie es offenbar in keinem späteren Stadium der Konfessionalisierung mehr erreicht werden sollte.[146]

Glich die Ausgangslage in dieser Beziehung mithin durchaus der von 1561, so hatte der Exorzismus-Streit doch insofern auch eine neue Dimension, als der Anlauf der opponierenden Prediger sich hier bereits in einer frühen Phase mit ratsfeindlichen Kräften in den Reihen der Bürgerschaft verband. Daß es jetzt dazu kam, lag zum einen zweifellos an der besonderen Empfänglichkeit der Bürgergemeinden für suggestive religiöse Argumente wie dem von Schütz, daß die Abschaffung des Exorzismus das Taufsakrament seiner sakralen Wirkung beraube.[147] Zum andern spielte aber wohl auch eine gesteigerte politische Sensibilität der bürgerschaftlichen Kon-

143 Ratsrezesse für den 6. 11. 1565: „Weil dann der predicanten halber zwischen der burgerschaft fast Uneinigkeit vermerket wird, bittet die lobliche gemeine E. E. Rath ein einsehen haben wollen, damit solches nicht weiter einreißt, und so der Predicanten Lehre unrecht, wolle sie ein E. Raht nicht leyden, so sie aber als die Burgerschaft nicht andersch wüßten in Ihrer Lehre und leben untadelich, so wole ein Erb. Rath über Ihnen halten, und keinen muthwillen an Ihnen zu üben gestatten, damit friede und einigkeit in dieser gutten Stadt moge erhalten werden." APGd. 300 10/1, Bl. 313 f.

144 Die äußeren Abläufe geschildert bei R. Curicke, *Der Stadt Dantzig historische Beschreibung...*, S. 326; Ch. Hartknoch, *Preußische Kirchen-Historia...*, S. 718 f.; E. Schnaase, *Geschichte der evangelischen Kirche...*, S. 39.

145 Schütz, Pastor der Danziger Barbarakirche, löste den Streit aus, indem er seinen Kaplan Kroslingius zur Übung des Exorzismus zu nötigen versuchte; in den folgenden Auseinandersetzungen vor Ministerium und Rat wurde er dann durch Ortscheid, Prediger am Heilig-Geist-Spital, unterstützt, indem dieser 1571 den Exorzismus sowohl in einer Streitschrift als auch in einer Supplik an den Rat verteidigte; Text der Streitschrift „Vom Exorcismo sehr nützliche Fragen..." sowie Abschrift der Supplik vom 3. 4. 1571 in APGd. 300 R/Pp 64, Bl. 1–42 bzw. 43–54.

146 So unterzeichneten alle Prediger außer den beiden Opponenten das auf Ersuchen des Rats 1571 vorgelegte Gegengutachten „De Exorcismo non reduendo", das von Senior Dr. Johannes Kittel und anderen Wittenberger Theologen in Danzig aus den Melanchthonschen Schriften erarbeitet worden war; Text: APGd. 300 R/Pp 1, Bl. 339–362.

147 Dies entspricht dem allgemeinen Befund, daß die Gnesiolutheraner aufgrund ihres populären Frömmigkeitsverständnisses wie ihres Festhaltens an altkirchlichen Zeremonien grundsätzlich auf stärkere Resonanz bei den Gemeinden stießen als die Philippisten mit ihrer akademisch-humanistisch orientierten Theologie; siehe zuletzt E. Koch, *Der kursächsische Philippismus...*

trahenten des Rats für jene neuen Optionsmöglichkeiten eine Rolle, von denen oben die Rede war. Jedenfalls kam mehr als nur spontaner Gemeindeprotest ins Spiel, wenn der erneuerte Calvinismus-Vorwurf nun von erklärten politischen Kontrahenten der Obrigkeit aufgegriffen wurde. Die „kleine Herde oder Schäflein Christi", die sich unter der Führung des Ratskritikers Kaspar Göbel und des Patriziers Lukas Blumenstein als Bürgerschaftsbewegung 1570 formierte, focht unter dem religiösen Programm der unverfälschten Lehre Luthers gemäß der Notel doch vor allem für einen politischen Einbruch in das Gefüge des Stadtregiments.[148]

Freilich, einen frontalen Angriff der Bürgerschaft gegen das Stadtregiment und dessen Träger brauchte der Danziger Rat auch in dieser Konstellation kaum zu fürchten. Doch stand fest, daß die Notel als Instrument zur Beilegung des kirchlichen Konflikts in gewisser Weise bereits versagt hatte, ging es doch jetzt um ein Problem, das nicht mehr kraft der Autorität des Kirchenregiments zu lösen war. So sehen wir den Rat in der Folge vor allem lavieren. Zu dem erprobten Mittel der Amtsenthebung mochte er mit Rücksicht auf die Bürgerschaft nicht mehr greifen, und zwar auch dann nicht, als das negative Votum des städtischen Ministeriums über Schützens und Ortscheids Exorzismus-Verteidigung durch weitere Wittenberger Gutachten ausdrücklich bestätigt worden war.[149] Aber auch die Verhandlungen, die der Rat seit 1570 mit dem Ministerium über einen möglichen neuen Lehrkonsens führte,[150] schienen eher auf Zeitgewinn als auf eine ernsthafte Suche nach einer Lösung angelegt; denn eine Revision der Notel kam schon im Blick auf die politische Reputation der Obrigkeit nicht in Betracht. Konsequent erscheint dagegen, daß man sich schließlich, einer Empfehlung Kaspar Crucigers an das Danziger Ministerium folgend,[151] für ein stillschweigendes Einlenken gegenüber der opponierenden Minderheit entschied. Der Rat wollte in letzter Instanz lieber das Übel „ungleicher" Kirchenzeremonien in Kauf nehmen als eine Verhärtung des Widerstands in den Gemeinden, und er stellte es den städtischen Predigern daher 1573 frei, in der Frage des Exorzismus nach individuellem Gutdünken zu verfahren[152] – eine Entscheidung, die allerdings nun wiederum das Verhältnis zur loyalen philippistischen Geistlichkeit erheblich belasten mußte.[153]

148 Daß die theologische Gegenposition der „kleinen Herde" ihrerseits mit der Notel kaum vereinbar war – sie knüpfte in der Verteidigung des Exorzismus an Flacius' Lehre über die Erbsünde an und erklärte alle abweichenden Deutungen für „calvinisch" –, hat ihre Wirkung bezeichnenderweise nicht geschmälert; vgl. J. Fabricius, „Historia Notulae", APGd. 300 R/Pp 2, Bl. 67v. – 86r. – Zur politischen Rolle Göbels als Ratskontrahent in verschiedenen innerstädtischen Konflikten P. Simson, *Geschichte der Stadt Danzig...*, Bd. 2; über Göbels späteres politisches Wirken auch unten, S. 124.

149 Offenbar waren zwei Gutachten im Spiel, von denen eines vom Danziger Rat, das andere aber von Kittel, Weidner und Glaser als Vertretern des Ministeriums erbeten worden war; siehe R. Curicke, *Der Stadt Dantzig historische Beschreibung...*, S. 326.

150 Vgl. E. Schnaase, *Geschichte der evangelischen Kirche...*, S. 39 u. 57; H. Neumeyer, *Kirchengeschichte...*, S. 105. – Bezeichnend ist, daß Senior Kittel auf das Ersuchen des Rats um Konsultationen 1570 u. a. mit der Vorlage eines Entwurfs für eine städtische „Kirchen-Ordinanz" reagierte (in: E. Sehling *Die evangelischen Kirchenordnungen...*, Bd. 4, S. 169), die eine wesentlich gewichtigere, gleichberechtigte Rolle des geistlichen Ministeriums bei der Ausübung des Kirchenregiments vorsah.

151 J. Fabricius, „Historia Notulae", APGd. 300 R/Pp 2, Bl. 86r.

152 *A.a.O.*, Bl. 89v.

153 Ein Indiz dafür war, daß Johann Weidner, Prediger an der Marienkirche und einer der führenden philippistischen Theologen, 1573 in Wittenberg um Vermittlung eines anderen Predigtamts einkam. Den un-

Wenn also der letzte der drei Danziger Kirchenkonflikte nicht mehr beigelegt, sondern nur noch gleichsam ausgesetzt werden konnte, so war damit auch eine bestimmte Schwelle erreicht. Spätestens in diesem Stadium war das wohlbegründete kirchenpolitische Programm, eine unkonfessionelle, obrigkeitszentrierte Stadtkirche in Anlehnung an das philippistische Luthertum zu errichten, an der Eigengesetzlichkeit einer auf konfessionelle Abgrenzung zulaufenden Entwicklung gescheitert. Denn es hatte sich nicht verhindern lassen, daß der pragmatischen Position des Rats im Ergebnis der einzelnen Kirchenkonflikte letztlich doch konfessionell parteiliche Züge zugeschrieben wurden. Indem man in der Folge aber dem äußeren Druck zu theologisch-kirchenorganisatorischen Richtungsentscheidungen schrittweise nachgegeben hatte, war es nicht etwa zu einer Konsolidierung der Kirchenverhältnisse, sondern vor allem zu einer Einengung des obrigkeitlichen Handlungsspielraums gekommen. Weder der Dissens in der Geistlichkeit noch derjenige in der Bürgerschaft konnte mit den verfügbaren Instrumenten des Kirchenregiments dauerhaft überwunden werden.

Blicken wir nun auf die Nachbarstädte Thorn und Elbing, so sehen wir diese auf mehrfache Weise in dieselben Problemzusammenhänge eingebunden. Bereits pragmatische Erfordernisse verwiesen beide Städte unmittelbar auf Danzig, liefen hier doch die Kommunikationsstränge, die das Königliche Preußen mit den lutherischen Kirchen in Deutschland verbanden, zunächst offenbar zusammen.[154] So sollten Elbing und Thorn für den Aufbau ihrer protestantischen Kirchen vor allem in beträchtlichem Umfang von dem theologischen Personal profitieren, das über die Berufung in ein Danziger Amt beziehungsweise in der Hoffnung auf eine solche aus Kursachsen, Schlesien oder Pommern nach Preußen gelangt war,[155] und es erscheint bezeichnend für die abhängige Lage der städtischen Kirchen, daß selbst die im Streit aus Danzig scheidenden Prediger hier wiederum Aufnahme fanden. Burchard und Morgenstern etwa treffen wir unmittelbar nach ihrer Entlassung in Thorn wieder,[156] Sperber in Elbing.[157]

Aber nicht nur die personelle Verflechtung begründete parallele Entwicklungen, sondern auch und vor allem die Übereinstimmung der kirchenpolitischen Grundkonstellation. Nicht anders als für Danzig nämlich ging es auch für Thorn und Elbing um das Dilemma, daß die Bedürfnisse eines behutsamen Übergangs zu einer protestantischen städtischen Eigenkirche letztlich nicht mit dem Profil des frühkonfessionellen deutschen Luthertums in Einklang gebracht werden konnten.

mittelbaren Anlaß gab dabei ein Streit mit dem Danziger Bürgermeister Georg Kleefeld; doch begründete er sein Ersuchen vor allem damit, daß er in Danzig der „verfolgung“ durch flacianische Amtsbrüder ausgesetzt sei und seitens der Obrigkeit nur unzureichend geschützt werde; APGd. 300 R/Pp 85, Bl. 9, sowie J. Fabricius, „Historia Notulae“, APGd. 300 R/Pp 2, Bl. 88r. – 89r.

154 Dagegen hatte Königsberg nur in einer kurzen Anfangsphase eine zentrale Rolle gespielt, nämlich bis die gezieltere Orientierung am Philippismus in den sechziger Jahren des 16. Jahrhunderts die Ausrichtung via Danzig nach Wittenberg in den Vordergrund treten ließ. Daß dies mit einer allgemein abnehmenden Präferenz der königlich-preußischen Städte für die Albertina korrespondierte, zeigt jetzt M. Pawlak, *Studia uniwersyteckie...*, S. 118 f.

155 Siehe J. E. Wernicke, *Thornische Presbyteriologie...*, APT Kat. II, X–27; G. Fuchs, *Ecclesiastica Elbingenses...*, APGd. 492/450.

156 J. E. Wernicke, *Thornische Presbyteriologie...*, APT Kat. II, X–27, Bl. 10 bzw. 11 f.

157 Unklar ist, ob er ein reguläres Predigtamt in Elbing übertragen bekam; eine Klageschrift gegen seinen Danziger Kontrahenten Nuber, die Sperber im Herbst 1561 von Elbing aus an den Danziger Rat richtete, suggeriert dies jedoch; siehe APGd. 300 R/Pp 1, Bl. 107–190.

Dabei entstanden die Reibungen hier freilich weniger vor dem Hintergrund des innerlutherischen Richtungsstreits, als vielmehr dort, wo es um das Koexistenzverhältnis zu den nichtlutherischen Konfessionen ging. Während sich in Elbing – allerdings spät und mit begrenzten Folgen – vor allem die Beziehungen zwischen Lutheranern und Mennoniten komplizieren sollten,[158] kam es in Thorn zu um so spannungsreicheren Konfrontationen der Lutheraner mit Katholiken[159] und Böhmischen Brüdern.[160]

Die Abläufe dieser Auseinandersetzungen sollen uns hier allerdings nur noch insoweit interessieren, wie sie besondere, von dem Danziger Fall abweichende Problemmuster aufweisen; zudem wollen wir uns auf Thorn beschränken, das von beiden Städten das zweifellos ergiebigere Beobachtungsfeld bietet.[161] Zu beachten ist hier zunächst das Spezifikum einer binationalen und zugleich multikonfessionellen Ausgangssituation. Während neben der simultan genutzten Pfarre St. Johann auch die Nikolaikirche der Dominikaner nach 1558 in katholischer Hand geblieben

158 Eine Zuspitzung der Gegensätze ist hier deutlich erkennbar seit der Berufung von Sebastian Neogeorgius als Pastor der Marienkirche und Elbinger Senior im Jahre 1567. Während er anfangs offenbar im Konsens mit dem Rat die geistliche Aufsicht über die niederländischen Exulanten führte, sollte es später dadurch zum Konflikt kommen, daß Neogeorgius offen gegen die Duldung der Mennoniten predigte und 1571 gemeinsam mit den städtischen Zünften deren Niederlassung in der Stadt selbst verhinderte; siehe Abraham Grübnau, *Kirchen-Geschichte der Stadt Elbing*, APGd. 492/491, Bl. 55; G. Fuchs, *Ecclesiastica Elbingenses...*, APGd. 492/450, Bl. 38; J. J. Convent, *Chronik der Stadt Elbing...*, APGd. 492/252, Bl. 365. – Über das Verhältnis zu den Katholiken siehe A. Szorc, *Stanisław Hozjusz...*

159 Die Beobachtung E. Sehlings in *Die evangelischen Kirchenordnungen...*, Bd. 4, S. 226, daß gerade in den ersten Jahrzehnten ein ungewöhnlich häufiger Wechsel in den Thorner Predigerstellen zu verzeichnen ist, scheint nicht zuletzt damit erklärt werden zu können, daß etliche Geistliche wegen Unduldsamkeit und Schmähens gegen die Katholiken vom Rat entlassen wurden; Beispiele sind Stefan Bilan (entlassen 1558 mit der Begründung, daß er „wieder die alter Religion zugethane geistliche und weltliche in offentlicher Predigt scharffe unbendige reden geführet wieder seine Vocation" – *Acta Consularia*, APT Kat. II, II–1, Bl. 72; T. Glemma, *Dzieje stosunków kościelnych...*, S. 82), Albanus Krüger (1560 – T. Glemma, *Dzieje stosunków kościelnych...*, S. 83), aber auch der profilierte Theologe Dr. Simon Musäus (1571 – B. Nadolski, *Karty...*, T. 1, S. 224 f.).

160 Allgemein J. Waluszewska, *Materiały do dziejów reformacji...*, S. 237; T. Glemma, *Dzieje stosunków kościelnych...*, S. 87 ff.; K. Maliszewski, *Stosunki kościelne...*, S. 262 ff.; vgl. auch Ch. Hartknoch, *Preußische Kirchen-Historia...*, S. 882 ff.

161 Eine genauere Rekonstruktion der Elbinger Entwicklung erweist sich angesichts der lückenhaften Quellenüberlieferung ohnehin als schwierig. So weisen allenfalls Indizien darauf hin, daß es auch hier bereits zu frühkonfessionellen Frontenbildungen gekommen ist. Die unmittelbar nach dem Streit um die Mennoniten 1572 (siehe oben, Anm. 158) erfolgte Berufung des Danziger Predigers Johann Bochmann kann wahrscheinlich als ein Versuch des Elbinger Rats gewertet werden, die philippistische Richtung gegen den eigenen Senior zu stärken; G. Fuchs, *Ecclesiastica Elbingenses...*, APGd. 492/450, Bl. 41. Entsprechend scheint das rasche Ausscheiden des 1571 eingesetzten Gymnasialrektors Valerius Fiedler mit dem Rückzug des orthodox-lutherischen Einflusses in Zusammenhang gestanden zu haben; Otto Heuer, *Von den Anfängen der Reformierten Gemeinde in Elbing*, in: *Mitteilungen des Copernicus-Vereins für Wissenschaft und Kunst zu Thorn*, Bd. 47 (1939), S. 86–101, hier S. 87, sowie Alexander Nikolaus Tolckemit, *Leben und Schriften aller Lehrer des Elbingschen Gymnasii*, Elbing 1753, S. 170. Wenig Hinweise auf diese Problematik bei M. Pawlak, *Reformacja i kontrreformacja...*, der von einer weitgehend geradlinigen lutherischen Entwicklung nach 1558 ausgeht, zumindest was die Ausrichtung von Rat und deutschem Ministerium betrifft.

war, standen den protestantischen Gemeinden in Alt- und Neustadt sowie den Vorstädten vier Kirchen zur Verfügung. An diese hielten sich deutsche wie polnische Protestanten sowohl lutherischer als auch böhmischer Observanz, und sie wurden zunächst von Geistlichen unterschiedlichen Profils im Rahmen einer gleichsam ungeregelten Koexistenz betreut.[162]

Wenn nun auch der Thorner Rat in dieser Lage auf eine Integration der protestantischen Stadtkirche im Zeichen eines gemäßigten Luthertums setzte, so mußten sich die Dinge spätestens bei der Frage einer innerstädtischen Bekenntnisunion auf besondere Weise komplizieren. Zwar gelang es zunächst tatsächlich, einen Konsens herzustellen, der dem faktischen Übergewicht der lutherischen Seite[163] Rechnung trug. Im Ergebnis zweier Disputationen zwischen den Thorner Lutheranern und geistlichen wie weltlichen Vertretern der Böhmischen Brüderkirche in Polen willigten letztere trotz gewichtiger theologischer Vorbehalte 1563 ein, sich vorläufig einem lutherischen Seniorat in der Stadtkirche unter Wahrung ihrer eigenen Kirchenbräuche zu unterstellen.[164] Indessen sollte es in den folgenden Jahren nicht gelingen, die lutherischen Prediger auf einem versöhnlichen Mittelkurs im Sinne des pragmatischen Ausgleichs von 1563 zu halten, was vor allem mit der zentralen Rolle der ehemaligen Danziger Prediger Morgenstern und Burchard in der Thorner Kirche zusammenhing. So unentbehrlich nämlich beide als akademische Theologen bei der Formulierung und Durchsetzung eines lutherischen Programms der Stadtkirche gewesen waren – und dies gilt auch für den Konsens von 1563 selbst[165] –, so zwangsläufig führte ihre rigide konfessionelle Abgrenzung in Konflikte auf gleich mehreren Ebenen hinein. Burchards und Morgen-

162 K. Maliszewski, *Stosunki religijne...*, S. 263 f. – Der in der älteren deutschen Historiographie vertretenen Ansicht, wonach die polnische Predigt in Thorn im wesentlichen auf die vorstädtische Georgskirche beschränkt gewesen sei, widersprechen die bei J. E. Wernicke, *Thornische Presbyteriologie...*, APT Kat. II, X–27, gesammelten Informationen. Auch für Marien- und Jakobuskirche wurden polnische Prediger bzw. Kapläne bestellt.

163 Wie die Gewichte bei Geistlichkeit und Gemeinden in dieser Phase verteilt waren, läßt sich nicht genau ermitteln; das Problem wird gut dargestellt bei S. Salmonowicz, *Religiöses Leben...*, S. 41–55. Unverkennbar ist jedoch, daß nicht nur die klaren Präferenzen des Rats, sondern auch ein Mehr an akademischer Professionalität der Theologen den deutschen Lutheranern zu dieser Zeit ein Übergewicht sicherte.

164 Über den Ablauf der beiden Disputationen siehe Jacob Heinrich Zernecke, *Historiae Thorunensis naufragae tabulae oder Kern der Thornischen Geschichte*, Thorn 1711, S. 115; Ch. Hartknoch, *Preußische Kirchen-Historia...*, S. 882 ff.; T. Glemma, *Dzieje stosunków kościelnych...*, S. 86 f. – Bei der ersten Disputation von 1562 war der Vergleich daran gescheitert, daß die Brüdertheologen, darunter der speziell aus Großpolen entsandte Johann Laurentius, kategorische Vorbehalte gegen die „papistischen" Bräuche der Lutheraner sowie deren Mangel an Kirchenzucht angemeldet hatten. Wenn solche Vorbehalte dann aber relativiert worden waren, so hatte dies offenbar mit dem pragmatisch-mäßigenden Einfluß jener prominenten magnatischen Patrone der Brüderkirche zu tun, welche bei der zweiten Disputation von 1563 in Thorn anwesend waren; es handelte sich u. a. um Jan Służewski, Rafał Leszczyński und Stanisław Ostroróg. Dazu auch W. Krasiński, *Zarys dziejów reformacji...*, Bd. 1, S. 230 f.; vgl. auch Theodor Wotschke, *Stanislaus Ostrorog. Ein Schutzherr der großpolnischen evangelischen Kirche*, in: *Zeitschrift der Historischen Gesellschaft für die Provinz Posen*, Bd. 22 (1907), S. 59–132, sowie K. Maliszewski, *Stosunki religijne...*, S. 262, der allerdings annimmt, daß es zu keinerlei Annäherung zwischen böhmischen und lutherischen Theologen gekommen sei.

165 In beiden Disputationen von 1562/63 hatte Morgenstern die lutherische Position als eine Art informeller Senior der Thorner Prediger vertreten; siehe Ch. Hartknoch, *Preußische Kirchen-Historia...*, S. 882 ff., und T. Glemma, *Dzieje stosunków kościelnych...*, S. 86 f.

sterns Polemiken sowohl gegen die Danziger Philippisten als auch bald gegeneinander zogen auch Thorn um 1565 endgültig in den innerlutherischen Streit hinein;[166] und indem sich gleichzeitig der Widerstand der Böhmischen Brüdergemeinde gegen den lutherischen Anpassungsdruck unter der energischeren Führung von Johann Laurentius versteifte,[167] kündigte sich auch eine Konfrontation mit den großpolnischen Protestanten und deren städtischer Anhängerschaft an.

In den Reaktionen des Thorner Rats auf diese Entwicklung tritt nun noch einmal konzentriertes Bemühen um die Rückkehr zu einem gemäßigten Mittelkurs zutage. Nachdem ein Ratsdekret von 1565 das „schmähen auf den cantzeln" nicht hatte unterdrücken können,[168] kam es seit 1567 zu grundsätzlicheren Entscheidungen. Morgensterns fortgesetzter Konflikt mit den Böhmischen Brüdern gab jetzt den Anlaß, ihn seines Amts zu entheben und mit der Berufung des Geraer Superintendenten Simon Musäus sowie des Seniors der großpolnischen Lutheraner Erasmus Gliczner einen personellen Neuanfang zu versuchen.[169] Zugleich aber verband der Rat mit Musäus' Berufung die Einrichtung eines geistlichen Ministeriums, dem 1569 eine „verfaßte Ordnung" gegeben wurde.[170] Ähnlich wie die Danziger Notel von 1562 konzipiert, sollte sie die städtische Geistlichkeit im wesentlichen darauf verpflichten, sich auf die Lehre der „unverfälschten" Augsburgischen Konfession zu beschränken, „falsche ärgerliche opinionen und unnötiges disputiren" zu vermeiden sowie die „gewöhnlichen Ceremonien" einzuhalten, vor allem aber in allen Streitfragen der Lehre wie der Kirchenzucht die alleinige Entscheidungsgewalt der weltlichen Obrigkeit zu achten; denn auch der Senior der Stadtkirche sei nur „ein Compraesbyter undt nicht ein herrscher über das volck".[171]

166 Zu ihrem Eingreifen in den Danziger Notel-Streit siehe oben, Anm. 137. Von den innerstädtischen Rückwirkungen des Konflikts zeugt ein Dekret des Thorner Rats vom 26. 2. 1565, das die Verbreitung der Streitschriften Morgensterns und Burchards untersagte sowie beide anwies, die zwischen ihnen strittigen Positionen schriftlich darzulegen und „auf einen unverdechtigen Ort Augspurgischer Confession pro decisione (zu) schicken"; *Acta consularia*, APT Kat. II, II–1, Bl. 92v. bzw. II–2, Bl. 16 f.

167 Nachdem er als Auswärtiger an den Thorner Disputationen von 1562/63 teilgenommen hatte (siehe oben, Anm. 164), war Laurentius 1565 als Prediger an die Thorner Georgskirche berufen worden; J. E. Wernicke, *Thornische Presbyteriologie…*, APT Kat. II, X–27, Bl. 35; siehe auch T. Glemma, *Dzieje stosunków kościelnych...*, S. 87.

168 Es handelt sich um dasselbe Dekret vom 26. 2. 1565, das auch dem speziellen Streit zwischen Morgenstern und Burchard gewidmet war; siehe oben, Anm. 166, sowie J. E. Wernicke, *Thornische Presbyteriologie…*, APT Kat. II, X–27, Bl. 13.

169 *A.a.O.*, Bl. 10, 11 ff. sowie 180 f.; ferner J. H. Zernecke, *Historiae Thorunensis naufragae...*, S. 120; T. Glemma, *Dzieje stosunków kościelnych...*, S. 94.

170 *Acta consularia*, APT Kat. II, II–1, Bl. 95r. – 95v. bzw. II–2, Bl. 21 f. – Falsch ist die Annahme von E. Sehling, *Die evangelischen Kirchenordnungen...*, Bd. 4, S. 226, daß der von ihm abgedruckte Text (S. 228–233), dessen Enstehung er auf die Zeit zwischen 1560 und 1570 datiert, als förmliche Thorner Kirchenordnung anzusehen sei; tatsächlich handelt es sich nur um einen Entwurf, der – nach den Unterzeichnern zu urteilen – zwischen 1567 und 1569 entstanden sein muß, gewiß aber nicht die Billigung der Obrigkeit gefunden hat, da er dem geistlichen Ministerium wesentlich mehr Autonomie zuweisen wollte, als sie der Rat den vor wie nach 1569 berufenen Predigern aufgrund der jeweiligen Berufungsauflagen de facto zugestand.

171 Mit diesen Schwerpunkten entsprach die „verfaßte Ordnung" von 1569 im wesentlichen den Berufungsauflagen für Musäus von 1567, deren Text wahrscheinlich auch die unmittelbare Vorlage für die neue Ordnung geliefert hatte; siehe *Acta consularia*, APT Kat. II, II–1, Bl. 94r. – 95r. bzw. Kat. II, II–2, Bl. 19–21.

Bald zeigte sich indessen, daß man mit den Berufungsentscheidungen von 1567 abermals gegen das eigene kirchenpolitische Programm gehandelt hatte. Zwar mag sich die Berufung von Erasmus Gliczner im Blick auf dessen spätere Rolle bei der Herbeiführung des Consensus Sendomirensis von 1570 wie ein glänzend kalkulierter Schritt des Thorner Rats in Richtung einer kirchlichen Neuorientierung ausnehmen.[172] Doch wurde Gliczners ausgleichender Einfluß offenkundig dadurch aufgewogen, daß das Amt des Thorner Seniors einem um so entschiedeneren Gnesiolutheraner zugefallen war.[173] Entgegen seinem Auftrag sollte Simon Musäus das Ministerium konsequent auf den konfessionellen Kurs Morgensterns zurücksteuern und mit neuen Kontroversen dazu beitragen, daß sich die innerstädtischen Konfessionsgegensätze entlang den Konfliktfronten der sechziger Jahre weiter vertieften. Damit aber wurde auch hier eine Dynamik wirksam, wie sie ähnlich bereits an der Danziger Entwicklung beobachtet werden konnte. Wenn der Rat nun erneut steuernd einzugreifen versuchte, indem er auch Musäus 1570 entließ[174] und 1572 das Verbot theologischer Polemiken in den Stadtkirchen per Dekret erneuerte,[175] so ließen sich die inzwischen verfestigten Gegensätze mit solchen Mitteln nicht mehr ausgleichen; vorerst befand sich die philippistische Richtung, um deren Stärkung es 1567 wie 1570 eigentlich gegangen war, weiter auf dem Rückzug.[176]

So sehen wir, stellt man auch den Elbinger Konflikt um die Koexistenzrechte der Mennoniten mit in Rechnung,[177] daß in allen drei großen Städten des Königlichen Preußen die frühkonfessio-

172 Zu Gliczners Bedeutung für die lutherischen Unionsbestrebungen seit 1570 ausführlich Theodor Wotschke, *Erasmus Gliczner*, in: *Aus Posens kirchlicher Vergangenheit*, Bd. 6 (1917/18), S. 1–73; Henryk Barycz, *Erazm Gliczner*, in: *Reformacja w Polsce*, Bd. 12 (1953), 5, S. 246–253; ders., *Erazm Gliczner*, in: *Polski Słownik Biograficzny* (im folgenden *PSB* zitiert), Bd. 8, Wrocław-Kraków-Warszawa 1959/60, S. 50–52.

173 Vgl. *ADB*, Bd. 23, S. 91 f. – Die Motive der Ratsentscheidung, gerade einen erklärten Feind des Wittenberger Philippismus zu berufen, liegen im Dunkeln. Allenfalls vermuten läßt sich im Hinblick auf die relativ engen Kontakte, die Musäus während seiner Thorner Amtszeit zu dem Danziger Senior Weidner unterhielt (siehe J. E. Wernicke, *Thornische Presbyteriologie...*, APT Kat. II, X–27, Bl. 20), daß der Thorner Rat bei der Berufung einer Danziger Empfehlung gefolgt ist, ohne sich über Musäus' konfessionelles Profil auf anderem Wege zu vergewissern.

174 Unmittelbarer Anlaß der Entlassung war eine entsprechende Forderung des Kulmer Bischofs in Reaktion auf Musäus' antikatholische Polemik; siehe B. Nadolski, *Karty...*, T. 1, S. 224 f. Der Rat wäre der vom König unterstützten bischöflichen Weisung aber wohl kaum gefolgt, wenn nicht die vorgängigen Auseinandersetzungen zwischen Musäus und Burchard gleichsam das Terrain bereitet hätten; dafür spricht auch, daß gleichzeitig Burchard seines Amts enthoben und erst nach förmlicher Abbitte beim Rat wieder aufgenommen wurde. *Acta consularia*, APT Kat. II, II–2, Bl. 22; siehe auch E. Sehling (Hrsg.), *Die evangelischen Kirchenordnungen...*, Bd. 4, S. 226.

175 *Acta consularia*, APT Kat. II, II–1, Bl. 95v.

176 Davon zeugt u. a. der – wie in Danzig – unentschiedene Ausgang des vorerst letzten Thorner Kirchenstreits, der 1573 um den neu berufenen philippistischen Prediger Matthias Schneider und dessen vorgeblich calvinische Lehren über die Erbsünde ausbrach. Wie Schneider 1574 in einer Beschwerde an den Rat beklagte, hatte dieser ihn nicht dagegen zu schützen vermocht, daß er, obwohl durch Gutachten des Seniors sowie auswärtiger Theologen gerechtfertigt, von seinen Kontrahenten im Thorner Ministerium zur Beugung unter falsche Lehren und schließlich zum Amtsverzicht gezwungen worden war; Schneiders Supplik APT Kat. II, X–2, Bl. 191 f.

177 Siehe oben, Anm. 158.

nelle Entwicklung die gegenläufigen Bestrebungen der Räte spätestens am Anfang der siebziger Jahre des 16. Jahrhunderts eingeholt hatte. So unabweisbar deren unkonfessioneller Kurs durch die instabile kirchenrechtliche Lage sowie die je unterschiedlich beschaffenen Koexistenzzwänge begründet gewesen war, so wenig hatten sie diesen Kurs doch im Zeichen der Anknüpfung an das philippistische Luthertum zu halten vermocht. Auch in dem vom Reich abgesonderten Milieu der drei Städte war vielmehr die Dynamik des frühen deutsch-lutherischen Konfessionalismus zum Tragen gekommen, und sie sollte hier in gewisser Weise sogar eine stärker polarisierende Wirkung entfalten als in Deutschland. Denn nicht nur stadtgesellschaftliche und stadtkonstitutionelle Gegensätze hatten sich in Danzig und Thorn unter dem Einfluß des deutschen Luthertums offenbar konfessionell „politisiert", sondern auch die städtischen Beziehungen zum polnisch-litauischen Protestantismus, der spätestens seit dem Consensus Sendomirensis von 1570 in einer spezifisch anderen Entwicklung begriffen war.[178]

II.5. Reformierte Konfessionalisierung (1573–1595)

Wenn die Räte der drei preußischen Städte es in der Regel sorgsam vermieden, sich in der Frage ihres Konfessionsstandes festlegen zu lassen, so wichen sie 1595 auf um so markantere Weise von diesem Grundsatz ab. In einem gemeinsam verfaßten „Discursus in der Religions Sache für die Preußischen Städte",[179] mit dem Danzig, Elbing und Thorn bei den protestantischen Ständen Polen-Litauens um Beistand auf dem bevorstehenden Reichstag warben, bekannten sie sich offen zu einer konfessionellen Position. Nicht nur vom rechtmäßigen Gebrauch „der Reformirten Religion, wie sie sie heißen, so in Kirchen und Tempeln der Preußischen Städte bis

178 Über den Konfessionsausgleich von Sandomierz allgemein Daniel Ernst Jablonski, *Historia Consensus Sendomirensis*, Berlin 1731; Oskar Halecki, *Zgoda sandomierska 1570 r., jej geneza i znaczenie w dziejach polskiej reformacji za Zygmunta Augusta*, Warszawa 1915; Karl Völker, *Der Unionsgedanke des Consensus Sendomirensis*, in: *Zeitschrift für Osteuropäische Geschichte*, Bd. 7 (N. F., Bd. 3) (1933), 4, S. 508–525; Jerzy Lehmann, *Konfesja sandomierska na tle innych konfesji w Polsce XVI wieku*, Warszawa 1937; K. E. J. Jørgensen, *Ökumenische Bestrebungen...*, S. 260 ff.; Janusz Tazbir, *Die Religionsgespräche in Polen*, in: *Die Religionsgespräche der Reformationszeit*, hrsg. Gerhard Müller, Gütersloh 1980, S. 127–144. – Das Verhältnis der preußischen Städte zum Consensus Sendomirensis wird im folgenden Abschnitt ausführlich erörtert.

179 Das in der kirchengeschichtlichen Forschung bislang unbeachtet gebliebene Dokument ist in mehreren (lateinischen und deutschen) Abschriften erhalten, u. a. APGd. 300 R/Pp 1, Bl. 455–469, APGd. 300 R/Pp 54, Bl. 205–229, APGd. 300, 53/453, Bl. 91–105, sowie B PAN Gd. Ms 499, Bl. 26r. – 34v.; als Einzelstück jetzt auch ediert bei Michael G. Müller, *„Discursus in der Religions Sache der Preußischen Städte". Ein Dokument zur Geschichte von Konfession und Politik im Königlichen Preußen des 16. Jahrhunderts*, in: *Między wielką polityką a szlacheckim partykularyzem. Studia z dziejów nowożytnej Polski i Europy ku czci Profesora Jacka Staszewskiego*, hrsg. von Kazimierz Wajda, Toruń 1993, S. 177–187 (leider mit einer Reihe von Satzfehlern). Aus städtischen Korrespondenzen sowie späteren Berichten (bes. APGd. 300 R/Pp 16, Bl. 519) läßt sich folgende Vorgeschichte rekonstruieren: Nach Konsultationen mit führenden protestantischen Magnaten hatte Danzig den Schwesterstädten einen Entwurf zur Beratung unterbreitet, woraufhin Thorn einen Gegenentwurf einbrachte, Elbing aber der Danziger Vorlage pauschal zustimmte. Die gemeinsame Redaktion des „Discursus" wurde dann während des Marienburger Landtags am 26. 1. 1595 verabschiedet und dort auch verlesen.

anhero gehalten", war hier die Rede, sondern auch davon, daß man nach „einmühtiger Erhaltung unter den Reformirten Religions verwandten einigkeit" streben sowie allen Versuchen, „auf waßerlei weise, die Polnischen und Preusschen Kirchen getrennet" zu halten, beharrlich widerstehen müsse.[180]

Sowohl der Anlaß als auch die Adressaten müssen freilich in Betracht gezogen werden, wenn man nach der konfessionsgeschichtlichen Aussagekraft des „Discursus" fragt. Er entstand in einer Konfliktsituation, in der sich das städtische Interesse an der Abwehr der bischöflichen Revindikationspolitik in bezug auf die Pfarrkirchen unmittelbar überschnitt mit forcierten Bestrebungen der polnisch-litauischen Protestanten, die staatsrechtliche Sicherung der „Pax dissidentium" auf den Reichstagen voranzutreiben,[181] und indem die Städte sich in solcher Perspektive in die ständepolitische Front der Verteidiger der Warschauer Konföderation von 1573 einzureihen versuchten, mußten sie vor allem die Nähe zu den calvinistischen Führern der protestantischen Ständepartei suchen.[182] Es gab also gute Gründe, die konfessionelle Verbundenheit der polnischen und preußischen Kirchen gerade 1595 hervorzuheben.

In Rechnung zu stellen ist aber zugleich, daß sich die städtischen Räte mit ihrem „Discursus" nicht etwa an einzelne polnische und litauische „Herren", sondern an die ständische Öffentlichkeit von preußischem Landtag[183] und polnisch-litauischem Reichstag[184] gewandt hatten. Es handelte sich also um eine durchaus förmliche Deklaration, und deren kirchenpolitisch bindende Wirkungen scheinen von den Stadtobrigkeiten nicht nur in Kauf genommen, sondern auch beabsichtigt worden zu sein. Jedenfalls steht fest, daß Danzig, Elbing und Thorn sich 1595 zu einem einheitlichen Konfessionsstand bekannten und diesen in unmißverständlicher Abgrenzung zu dem deutschen Konkordienluthertum definierten.

Für die Rückschau auf die konfessionellen Profilierungsprozesse seit den siebziger Jahren des 16. Jahrhunderts ist dieser Befund von großem Gewicht. Er korrigiert das Bild einer episodenhaften und stets nur kryptischen reformierten Konfessionsbewegung in den preußischen Städten, wie

180 Hier zitiert nach der deutschen Fassung, APGd. 300 R/Pp 1, Bl. 455–469.

181 Über den gegenreformatorischen Schub seit der Wahl König Sigismunds III. Vasa 1587 sowie die Reaktionen der protestantischen Stände allgemein Kazimierz Lepszy, *Walka sejmowa o konfederację warszawską w roku 1587*, in: *Odrodzenie i Reformacja w Polsce*, Bd. 4 (1959), S. 128–131; vgl. auch ders., *Rzeczpospolita Polska w dobie sejmu inkwizycyjnego (1589–1592)*, Kraków 1939; W. Krasiński, *Zarys dziejów...*, Bd. 2, T. 1, S. 73 ff.; Marceli Kosman, *Protestanci i kontrreformacja. Z dziejów tolerancji w Rzeczypospolitej XVI–XVIII w.*, Wrocław u. a. 1978; G. Schramm, *Der polnische Adel...*, S. 281 ff. – Zu den Zusammenhängen des städtischen Pfarrkirchenstreits mit der Konfessionspolitik der Reichstage von 1593 und 1595 auführlich unten, S. 115 ff.

182 Die seit 1593 systematisch in dieser Perspektive betriebene „Diplomatie" ist gut nachvollziehbar anhand der Danziger Rats- und Ordnungsentscheidungen; siehe vor allem APGd. 300 R/Pp 54, Bl. 153 ff.

183 *A.a.O.*, Bl. 229; vgl. auch die Instruktion des Danziger Rats für dessen Vertreter auf dem Thorner Landtag von 1595, APGd. 300, 53/1174, Bl. 61–67.

184 Eine unter Mitwirkung der protestantischen Senatoren redigierte Fassung des Diskurses ging ein in die „Supplicatio Dmn. Internuntiis Terrestribus d. 7 Marty 1595 ad Internuntiis Civitatum Regiarum Majorum et Minorum in Comitiis exhibita"; Text: APGd. 300 R/Pp 54, Bl. 253–255; APGd. 300 R/Pp 82, Bl. 621–632; gedruckt bei G. Lengnich, *Geschichte der preußischen Lande...*, Bd. 4, Doc. S. 73–79.

es die Landeshistorie in Übernahme der lutherischen Sicht auf die Vorgänge durchweg gezeichnet hat.[185] Es handelte sich weder allein um ein Phänomen „calvinisierender“ Gruppen innerhalb der städtischen Patriziate, noch stellte die Danziger Entwicklung hier einen Sonderweg dar.[186] Alle drei großen Städte des Königlichen Preußen haben sich vielmehr im Übergang zum konfessionellen Protestantismus offenbar dem Reformiertentum zugewandt, das heißt bewußt und planvoll den Weg einer Zweiten Reformation eingeschlagen.

Dabei lassen sich in dieser Phase folgende Grundzüge der Entwicklung deutlich ausmachen:

- In allen drei Städten hat die „Krise des Philippismus“ im Reich,[187] speziell aber die Vertreibung der Philippisten aus Kursachsen,[188] als Signal für einen deutlich faßbaren Horizontwechsel der konfessionspolitischen Orientierung gewirkt. Indem die Wittenberger Theologie nach 1574 ihre Leitfunktion verlor, lockerten sich die Bindungen an die deutschen protestantischen Kirchen überhaupt, und statt dessen trat die theologische Anknüpfung an die polnischen Trägerkirchen des Consensus Sendomirensis in den Vordergrund.[189]
- So wenig damit ein förmlicher Konfessionswechsel der Städte vollzogen oder auch nur anvisiert war, so entschieden wiesen die einzelnen kirchenpolitischen Entscheidungen in der Folge doch überall in Richtung eines zeitlich gestreckten, unspektakulären Übergangs, wie er auch für andere Milieus mit philippistischer Tradition typisch gewesen zu sein scheint.[190] So begann einerseits mit der einmütigen Ablehnung der lutherischen Konkordienformel von 1577[191] ein schrittweises Abrücken von der „alten Augspurgischen Confeßion“, ohne daß andererseits der Boden der Confessio Augustana an sich je verlassen worden wäre.[192] Es war auch hier deren

185 Die Diskussion wird referiert bei M. G. Müller, *Zur Frage der Zweiten Reformation...*

186 In diesem Sinne etwa H. Neumeyer, *Kirchengeschichte...*, S. 108: „Die über drei Jahrzehnte dauernde Vorherrschaft der Reformierten in Danzig paßte ... nicht in die konfessionelle ‚Landschaft‘ dieser Zeit, da Danzig sich damit nicht nur in einen Gegensatz zu seinen Schwesterstädten Elbing und Thorn, sondern auch zu den deutschen Nachbarländern, den Herzogtümern Preußen und Pommern brachte.“

187 Als Periodisierungsbegriff so bei H. Schilling, *Die Zweite Reformation als Kategorie...*, S. 405 ff. Gemeint ist allgemein der Prozeß der konfessionellen Polarisierung in den siebziger Jahren des 16. Jahrhunderts, der in Reaktion auf die nachtridentinische Gegenreformation sowie auf den Schock der Bartholomäusnacht einsetzte und sowohl durch den expandierenden Genfer Calvinismus als auch durch die lutherischen Abgrenzungsbestrebungen vorangetrieben wurde.

188 E. Koch, *Der kursächsische Philippismus...*

189 So rechtfertigte das Danziger Ministerium schon 1571 seine Ablehnung des Exorzismus mit der Berufung auf „die geistliche(n) und Mächtige(n) Herrn in Pohlen samt ihren Theologica so Ao 1570 zu Sendomers versamlet und allda ihre Confession getan“; J. Fabricius, „Historia Notulae“, APGd. 300 R/Pp 2, Bl. 67v. – 86v.

190 Siehe H. Schilling, *Die Zweite Reformation als Kategorie...*, S. 410.

191 In Danzig wies der Rat nach Konsultation des geistlichen Ministeriums bereits 1579 die Aufforderung Lübecks, das Konkordienwerk nach dem Beispiel der anderen Hansestädte zu übernehmen, förmlich zurück; siehe E. Bötticher, *Historisches Kirchenregister...*, APGd. 300 R/Pp 25, Bl. 155 f., sowie APGd. 300 R/Ll 46, Bl. 21r.; berichtet auch bei Ch. Hartknoch, *Preußische Kirchen-Historia...*, S. 725, und R. Curicke, *Der Stadt Dantzig historische Beschreibung...*, S. 330. Elbing und Thorn schlossen sich offenbar 1580 mit analogen Ratsbeschlüssen an; siehe Ch. Hartknoch, *Preußische Kirchen-Historia...*, S. 890 f., sowie E. G., Kerstan, *Die evangelische Kirche...*, S. 16.

192 So stellte der Thorner Bürgermeister Heinrich Stroband rückblickend den Zusammenhang dar, als er 1603 bei den Räten der beiden Schwesterstädte für eine gemeinsame Verteidigung der konfessionsrecht-

„revisio und Verbesserung", die schließlich in den achtziger und neunziger Jahren des 16. Jahrhunderts in eine reformierte Profilierung einmündete.[193]

- Entsprechend ist offenbar auch erst allmählich ein Bewußtsein reformierter Konfessionsidentität bei den Trägerschichten der Zweiten Reformation in den drei Städten gewachsen. Das heißt, nicht etwa die Option für das theologische Programm des Calvinismus stand als Motiv am Anfang, sondern – kaum anders als 1557/58 – das Erfordernis, praktische Probleme der städtischen Kirchenpolitik zu lösen. Die Konsolidierung des obrigkeitlichen Kirchenregiments gehörte dazu ebenso wie die „Vollendung" der Stadtreformation in Abgrenzung vom nachtridentinischen Katholizismus,[194] die Erneuerung der städtischen Schulen[195] und nicht zuletzt das Bedürfnis, durch Anschluß an den Consensus Sendomirensis die Bewegungsfreiheit der städtischen Konfessionspolitik gegenüber den polnisch-litauischen Ständen zu erhalten. Erst im Zuge der Durchsetzung solcher Ziele in Anlehnung an das Reformiertentum aber kam dann auch jener Prozeß konfessioneller Identitätsbildung in Gang, welcher bis zum Jahrhundertende einen Großteil der städtischen Eliten ins calvinistische Lager führen sollte.[196]
- Bei aller Gleichartigkeit in den Voraussetzungen wie in der Entwicklungsrichtung der Zweiten Reformation unterscheiden sich die drei Städte aber schließlich in bezug auf ihre jeweiligen praktischen Wege zum reformierten Bekenntnisstand. Anders als nach 1558 nämlich sollten sich Danzig, Thorn und Elbing nun an verschiedenen kirchlichen Milieus orientieren. Während die Danziger Kirche in den Bahnen eines jetzt gleichsam konfessionalisierten Philippismus blieb und die Bindungen an dessen Anhänger in Deutschland wahrte, wandte sich Thorn ver-

lichen Position der Städte gegenüber den katholischen Reichstagsständen warb; siehe Elbinger Gemeinderezesse..., APGd. 369, 1 Nr. 24, Bl. 254 f.

193 Entsprechend der Begründungszusammenhang der Zweiten Reformation in Kursachsen seit 1586, siehe Karl-Heinz Blaschke, *Religion und Politik in Kursachsen 1586–1591*, in: *Die reformierte Konfessionalisierung...*, S. 79–97, oder auch in der Grafschaft Lippe, siehe H. Schilling, *Konfessionskonflikt...*, S. 295–314.

194 Dies sollte denn auch das zentrale Argument der reformierten Partei im Danziger Zeremonienstreit der achtziger und neunziger Jahre des 16. Jahrhunderts bilden: Es komme darauf an, wie Jacob Fabricius es 1596 in einer Predigt formulierte, die „Kennzeichen des bapstes" endlich konsequent aus der eigenen Kirche zu tilgen, „denn wenn Feinde zu Felde liegen..., haben sie nicht einerley Feldzeichen, sonsten würden sie füreinander nicht zu unterscheiden seyn"; der Wortlaut der Predigt wurde im Auftrag des Leslauer Bischofs notariell protokolliert, Abschriften des Protokolls in APGd. 300 R/Qq 13, Bl. 165–168, APGd. 300 R/Pp 19, Bl. 487–490, APGd. 300 R/Pp 16, Bl. 195–199.

195 Zur Bedeutung der Schulreform als Motiv und Wirkungsfeld der Zweiten Reformation ausführlicher unten, S. 198 ff.

196 Nur von begrenzter Aussagekraft sind daher die in lutherischen Quellen der Wende zum 17. Jahrhundert zahlreich erhaltenen Verzeichnisse von Danziger Ratspersonen und Ratsbeamten, die der calvinistischen bzw. lutherischen Partei zugeordnet werden; siehe für 1587 etwa B PAN Gd. Ms 499, Bl. 328r., sowie APGd. 300 R/Pp 19, Bl. 270 f.; für die Zeit um 1600 APGd. 300 R/Pp 16, Bl. 795–801. Zumindest steht die damit verbundene Vorstellung einer konfessionellen Fraktionierung der städtischen Machtelite im Widerspruch zu der Beobachtung, daß die Einmütigkeit der Ratspolitik auch auf den Höhepunkten des Danziger Kirchenstreits nie erschüttert wurde. Das religiöse Verhalten der Eliten und der konfessionelle Kurs ihrer Kirchenpolitik müssen daher bei der Rekonstruktion unterschieden werden.

stärkt den Böhmischen Brüdern, Elbing aber den schottischen Presbyterianern zu;[197] nur in Elbing sollte dabei der direkte Einfluß einer größeren Exulantengemeinde in der Stadt selbst bei der konfessionellen Profilierung eine Rolle spielen.[198] So haben wir es in dieser Phase nicht nur mit unterschiedlichen kirchengeschichtlichen Abläufen, sondern auch in gewissem Umfang mit voneinander abweichenden Ergebnissen des Konfessionalisierungsprozesses zu tun – ein Umstand, der es nahelegt, die Entwicklung der drei Städte in dieser Phase nun doch gesondert zu betrachten.

Wenn auch jetzt die Danziger Entwicklung wiederum konfliktreicher verlief als die der beiden Nachbarstädte und theologisch wie politisch stärkere Resonanz auch außerhalb des Königlichen Preußen fand, so lag dies nicht nur an der bereits erörterten Sonderstellung der größten unter den städtischen Kirchen.[199] Es war vielmehr auch der hier eingeschlagene Weg einer Fortsetzung des Philippismus, der Komplikationen eigener Art mit sich brachte. Denn gerade in dieser Konstellation ließ sich am wenigsten vermeiden, daß „das gezänke ausländischer kirchen", dem sich die drei Städte durch die behutsame Lösung von Wittenberg und die Ablehnung des Konkordienbuchs zu entziehen hofften,[200] weiterhin in die städtische Kirche hineinwirkte. Selbst außerhalb

197 Die Abläufe werden umrissen bei M. G. Müller, *Zur Frage der Zweiten Reformation...*, S. 253 ff.

198 Zwar ist ähnliches auch in bezug auf Danzig und den dortigen Einfluß der zahlreichen niederländischen und schottischen Exulanten oft angenommen worden. Doch geht diese Annahme offensichtlich auf die parteiliche Argumentation lutherischer Zeitgenossen zurück, denen es um den Nachweis des „stadtfremden" Charakters des reformierten Bekenntnisses gegangen war; in diesem Sinne etwa *Eberhard Böttichers Kirchen Relaciones*, APGd. 300 R/Pp 31, Bl. 6, sowie APGd. 300 R/Pp 16, Bl. 8 f., aber auch Ch. Hartknoch, *Preußische Kirchen-Historia...*, S. 1004. Tatsächlich bestand allenfalls ein umgekehrter Zusammenhang. Die reformierten Stadtgemeinden Danzigs zogen seit den achtziger Jahren des 16. Jahrhunderts offenbar auch niederländische und schottische Gläubige an, die ihrerseits nun auf die Bestellung eigener Prediger verzichten konnten. Dieser Kontext ist richtig gesehen bei H. Neumeyer, *Kirchengeschichte...*, S. 107; siehe ferner Eduard Schnaase, *Die Böhmischen Brüder in Polen und die Reformierten in Danzig*, in: *Zeitschrift für Historische Theologie*, Bd. 37 (1987), S. 125–156; Leonhard Neubauer, *Mährische Brüder in Elbing*, in: *Zeitschrift für Kirchengeschichte*, Bd. 13 (1912), S. 447–455; Hans Georg Mannhardt, *Die Danziger Mennonitengemeinde. Ihre Entstehung und ihre Geschichte von 1569 bis 1919*, Danzig 1919, S. 12 f.; Zygmunt Szultka, *W sprawie obecności uchodźców religijnych z Francji w Gdańsku w XVII–XVIII wieku*, in: *Rocznik Gdański*, Bd. 47 (1987), H. 1, S. 251–260.

199 Siehe oben, S. 63.

200 So laut J. Fabricius, „Historia Notulae", APGd. 300 R/Pp 2, Bl. 98r. – 98v., die Argumentation des Danziger Rats in einem Brief an die Stadt Lübeck wegen Ablehnung des Konkordienbuchs 1579; so zitiert auch bei R. Curicke, *Der Stadt Dantzig historische Beschreibung...*, S. 330. Analog eine Erklärung des Danziger Rats gegenüber dem städtischen Ministerium im Kirchenstreit von 1586: Der Rat verwerfe nicht die „i. d. Formula Concordiae der Theologen in deutschlandt enthaltenen alß die Augßp. Conf. Apolog. und andere Schriften ... sondern die hernachfolgende hadersachen und gezanck so unter den Theologiis in deutschlandt entstanden, da ... E. E. Raht nicht wolte, das die form. Concordie oder andere Streit schriften solten canonisiret und dadurch dieselben Calumnia und gezänck in diese Kirche gezogen" werden (J. Fabricius, „Historia Notulae", APGd. 300 R/Pp 2, Bl. 189r.). – Vgl. dazu auch allgemein Inge Mager, *Aufnahme und Ablehnung des Konkordienbuchs in Nord-, Mittel- und Ostdeutschland*, in: *Bekenntnis und Einheit der Kirche. Studien zum Konkordienbuch*, Stuttgart 1980, S. 271–301.

des Reiches war der deutsche Philippismus kaum auf Dauer als eigene Position gegen den von Deutschland ausgehenden Polarisierungsdruck zu halten, und da auch keineswegs alle philippistischen Theologen die Annäherung an den Calvinismus in der Folge mitvollziehen sollten,[201] steuerte Danzig in den Konflikt mit einer Gegenbewegung hinein, die vermittels ihrer Anknüpfung an das deutsche Konkordienluthertum eine besondere Dynamik entwickelte.[202] Weit früher als in den Nachbarstädten zeichneten sich daher in Danzig festgefügte innerstädtische Konfessionsfronten ab, und entsprechend früher auch sollte hier der kritische Punkt des Umschlags zu einer Politisierung der Konfessionsfrage erreicht werden.

Dabei hatten am Anfang ungewöhnlich planvolle Bemühungen des Danziger Rats gestanden, die städtische Kirche durch einen wohlkalkulierten Kurswechsel aus der Krise des Exorzismusstreits[203] herauszuführen. Genau hatte man in Danzig den Ablauf des kursächsischen Kirchenkonflikts verfolgt, sich auch mit den Positionen der theologischen Kontroverse vertraut gemacht,[204] und als 1575, ein Jahr nach der Vertreibung der Philippisten aus Kursachsen, die Entscheidung fiel, sich deren Bekenntnis in Danzig zu eigen zu machen, war man sich der Implikationen dieses Schritts mit Sicherheit bewußt. So liegt es denn auch nahe, die einzelnen kirchenpolitischen Maßnahmen dieses Jahres 1575 in einem konzeptionellen Zusammenhang zu sehen. Die förmliche Verpflichtung der Prediger auf das *Corpus Doctrinae Melanchthonis,* wie sie Senior Weidner bereits 1573 empfohlen hatte,[205] sowie der Auftrag an das Danziger Ministerium, die städtischen Prediger künftig selbst zu ordinieren,[206] wurden augenfällig dadurch flankiert, daß der Rat mit Dr. Peter Praetorius nun einen prominenten philippistischen Exulanten als Weidners Nachfolger an die Hauptkirche St. Marien berief.[207]

201 So unscharf die Abgrenzung der philippistischen Theologie gegenüber dem Calvinismus in den siebziger Jahren des 16. Jahrhunderts auch erschienen sein mag, so deutlich ist doch, daß namentlich in bezug auf die Prädestinationslehre Differenzen bestanden und daß der spätere Übergang vieler Philippisten zum Reformiertentum auch mit einem bewußten Wechsel theologischer Positionen verbunden war; dazu E. Koch, *Der kursächsische Philippismus...*, S. 72 f.

202 Es erscheint in der Tat charakteristisch für die innerstädtischen Kirchenkonflikte, daß die jeweils opponierende Partei in hohem Maß auf „Argumentationshilfen“ von außen angewiesen war. Denn offenbar nur wenige unter den städtischen Predigern waren theologisch hinreichend versiert, um sich in Disputen über kontroverse Lehrfragen zu behaupten; auch kam es wesentlich darauf an, die eigene Position durch Stellungnahmen auswärtiger theologischer Autoritäten zu untermauern. Im Blick auf beide Aspekte aber befanden sich die opponierenden Danziger Lutheraner aufgrund ihrer engen Verbindungen zu den deutschen Kirchen eindeutig in einer günstigeren Position als ihre Mitstreiter in Elbing und Thorn.

203 Siehe oben, S. 70 f.

204 Darauf weist die Tatsache hin, daß der Danziger Rat sich eine ausführliche Dokumentation des Anklageverfahrens gegen die sächsischen Philippisten auf dem Torgauer Landtag von 1574 verschafft hatte; in Abschrift erhalten in APGd. 300 R/Pp 6, Bl. 263–323.

205 Siehe R. Curicke, *Der Stadt Dantzig historische Beschreibung...*, S. 327.

206 *A.a.O.*, S. 328, siehe auch Th. Hirsch, *Die Oberpfarrkirche...*, Bd. 2, S. 19 ff.; E. Schnaase, *Geschichte der evangelischen Kirche...*, S. 57; E. Sehling (Hrsg.), *Evangelische Kirchenordnungen...*, Bd. 4, S. 172.

207 Zu Praetorius' früherer Laufbahn und seiner Rolle in Danzig APGd. 200 R/Pp 85, Bl. 12. – Die Aufnahme des „aus Zeitz in Meissen entlauffenen“ Krypto-Calvinisten, wie ein lutherischer Kommentator Praetorius etwas später charakterisierte (APGd. 300 R/Pp 16, Bl. 15 f.), war insofern bereits ein Politikum, als sie nicht ohne Auseinandersetzungen mit dessen früherer Obrigkeit abging. Aufgrund förmlicher Ein-

Zugleich aber setzte man auch gegenüber der Bürgerschaft Zeichen für ein Abrücken von den konfessionellen Festlegungen in der Notel von 1562. Als der Rat am Ende der zähen, seit 1570 geführten Verhandlungen der drei Ordnungen über eine Reform der Stadtadministration[208] jetzt seine „Hundert Reformations Artickel" vorlegte, war darin von dem früher ausdrücklich geforderten Verbot von „secten, insonderheit wieder teuffern und Calvinisten",[209] nicht mehr die Rede.[210]

Aber auch perspektivisch läßt sich die Zäsur von 1575 deutlich ausmachen, wenn man die Berufungsentscheidungen des Danziger Rats bei der Besetzung der städtischen Predigerstellen in den folgenden beiden Jahrzehnten verfolgt.[211] Nachdem die Berufungen der Jahre 1570 bis 1572 noch eine konfessionell eher heterogene Orientierung hatten erkennen lassen, dann aber bis 1575 keine der Vakanzen mehr besetzt worden war, setzte sich seitdem eine bemerkenswert treffsichere Wahl philippistischer beziehungsweise reformierter Theologen durch. Nur vier der insgesamt 37 Prediger, die bis 1595 neu in Danziger Dienste traten, sollten sich in der Folge gegen die konfessionelle Linie der städtischen Kirchenpolitik sperren, und selbst bei diesen spielte keineswegs durchweg auch eine vom Philippismus abweichende „konfessionelle Vorgeschichte" eine Rolle; denn nicht selten waren es erst die konkreten, auch persönlichen Konflikte mit dem geistlichen Ministerium am Ort, welche den einzelnen in eine oppositionelle, und das hieß lutherische Gegenposition hineindrängten.[212] Soweit sich das Profil der Stadtkirche überhaupt über die Rekrutierung der Geistlichen prägen ließ, stellt sich der Anlauf der Ratspolitik zu einer philippistischen Neuordnung jetzt jedenfalls als ebenso konsequent wie erfolgreich dar.

Die damit in Gang gebrachte konfessionelle Integration stieß indessen bald auf Hindernisse. Zwar sicherten die Entscheidungen von 1575 der Danziger Kirche für etwa fünf Jahre eine konfliktfreie Entwicklung, und die Tatsache, daß sich seit 1577 auch das kirchliche Verhältnis zu den schottischen und niederländischen Reformierten in der Stadt entspannte,[213] hätte sogar als

sprüche des sächsischen Kurfürsten sowie des Leipziger Consistoriums mußten sich die Danziger Ordnungen mit dem Fall befassen und Praetorius offiziell gegen den Vorwurf in Schutz nehmen, er habe sich der Untersuchung seiner „sakramentschwärmerischen" Vergehen durch die Flucht nach Danzig entzogen; Abschriften der Korrespondenz von 1576 in dieser Sache in APGd. 300 R/Pp 16, Bl. 5–26.

208 Siehe *Historia Gdańska*..., Bd. 2, S. 557.

209 Diese Formulierung findet sich im ersten Entwurf von 1570; APGd. 300 R/Q 12, Bl. 2r. – 53r., Punkt 158.

210 Die Vorlage des Rats von 1574/75 *a.a.O.*, Bl. 67r. – 92r., sowie B PAN Gd. Ms 9, Bl. 3–21.

211 Dazu vor allem APGd. 300 R/Pp 85, passim.

212 So wird über den 1576 an die Danziger Marienkirche berufenen schlesischen Theologen und Absolventen der noch philippistischen Wittenberger Universität Michael Coletus berichtet: Er „war anfangs gleichgültig weder auf der Lutheraner und Calvinisten Seite", habe sich dann aber als Lutheraner bekannt „und verteidigte beißend den Satz, daß das Ius patronatus dem Rath nicht allein, sondern allen Ordnungen zukomme"; APGd. 300 R/Pp 85, Bl. 13.

213 Den Anstoß gab die Erlaubnis des Rats für die 1577 wegen des Konflikts mit König Báthory angeworbenen schottischen Söldner, in der Danziger Schwarzmönchekirche reformierten Gottesdienst zu halten; etwa gleichzeitig begannen aber offenbar auch niederländische wie schottische Reformierte, sich einzelnen deutschen Stadtgemeinden, zuerst der der Elisabethkirche, anzuschließen. Siehe R. Curicke, *Der Stadt Dantzig historische Beschreibung*..., S. 329, sowie Ch. Hartknoch, *Preußische Kirchen-Historia*..., S. 721.

Indiz für markante Fortschritte der Kirchenveränderung verstanden werden können. Doch war es in Wahrheit gerade das verhaltene Tempo des konfessionellen Wandels, welches einstweilen für ein Ausbleiben der Konflikte sorgte. Daß man stillschweigend den Exorzismus abgeschafft hatte und daß „etliche Prediger die Lehre vom Hochw. Abendmahl etwas richtiger und deutlicher denn zuvor zu predigen sich unterstanden“,[214] konnte den Konsens im Zeichen des Philippismus zunächst nicht gefährden. Um so rascher aber komplizierten sich die Dinge, als innerhalb des Danziger Ministeriums der Druck in Richtung einer beschleunigten Vollendung des Reformationswerks seit dem Ende des Jahrzehnts zunahm. So kam es hier zu bald unüberbrückbaren Gegensätzen zwischen der Generation der vom vorkonfessionellen Philippismus geprägten älteren Prediger auf der einen Seite[215] und der der neu berufenen Reformierten auf der anderen Seite,[216] und indem diese Gegensätze 1580 in eine Auseinandersetzung um das lutherische Konkordienbuch übergingen,[217] wurde die konfessionelle Spaltung des Danziger Philippismus in eine reformierte Mehrheits- und eine lutherische Minderheitsrichtung Realität.

Doch auch der hier einsetzende, nun bis zum Jahrhundertende in verschiedenen Schüben stetig eskalierende Danziger Konfessionsstreit sollte das städtische Programm einer Zweiten Reformation zunächst nicht in Frage stellen. Vielmehr stand die weitere Entwicklung vorerst im Zeichen gleichgerichteter, koordinierter Bestrebungen von Rat und reformierter Geistlichkeit mit dem Ziel, den konfessionellen Übergang auch gegen den Widerstand von einzelnen Predigern und Gemeinden für die ganze Stadt durchzusetzen. Dabei band der Konsens mit der Obrigkeit die Geistlichen allerdings auch künftig an ein extrem behutsames, gewissermaßen krypto-calvinistisches Vorgehen, das deren Bedürfnis nach sichtbaren Fortschritten nur unzureichend Rechnung

214 So Fabricius' Sicht auf die Lage der siebziger Jahre des 16. Jahrhunderts; APGd. 300 R/Pp 2, Bl. 91v.

215 Deren Wortführer wurden der seit 1567 an der Marienkirche amtierende Dr. Johannes Kittel sowie Clemens Friccius, 1566 bereits Danziger Gymnasialprofessor und seit 1572 Pastor der Johanneskirche; siehe APGd. 300 R/Pp 85, Bl. 4–19 bzw. 33. Erst später schloß sich ihnen Michael Coletus an; siehe oben, Anm. 212.

216 Von dem immerhin noch auf einen vermittelnden Kurs bedachten Praetorius (siehe oben, Anm. 207) ging hier die Funktion des Wortführers etwa um 1583 auf Dr. Jakob Fabricius über, den in Basel promovierten Danziger Patriziersohn, dem der Danziger Rat 1580 nach vergeblichem Werben um Christoph Pezel das Rektorat des Gymnasiums übertragen hatte und der seitdem auch als informeller Berater der Obrigkeit wie des Ministeriums in theologischen Fragen fungierte; APGd. 300 R/Pp 85, Bl. 83 f. Früh jedenfalls kritisierte Fabricius die vermeintliche Halbherzigkeit, mit der Praetorius die reformierte Position vertrat (siehe „Historia Notulae“, APGd. 300 R/Pp 2, Bl. 103v. – 108v.), und er wurde darin am entschiedensten unterstützt durch die zwischen 1576 und 1580 berufenen Prediger Achatz Curaeus (Bartholomäuskirche), Joachim Keckermann (Johanneskirche) und Adrian Pauli (Peter und Paul); APGd. 300 R/Pp 85, Bl. 234, 32 u. 164. Namentlich den 1580 in Danzig ordinierten Pauli nennt eine lutherische Quelle denn auch „den ersten calvinischen Prediger im Ministerium“, APGd. 300 R/Pp q. 85, Bl. 164.

217 Den Anstoß gab die Kritik der ablehnenden Entscheidung durch Pastor Kittel, der in dieser Frage nun auch das Bündnis mit jenem „kleinen Haufen“ der Bürgerschaftsopposition um Kaspar Göbel suchte, gegen den er selbst noch im Exorzismusstreit Position bezogen hatte; siehe R. Curicke, *Der Stadt Dantzig historische Beschreibung...*, S. 330.

trug und entsprechend Anlaß zu Spannungen auch innerhalb des reformierten Teils des Ministeriums gab. Allenfalls dort kam der Rat den „wohlgesonnenen" Predigern weit entgegen, wo es darum ging, sie mit den Mitteln der äußeren Kirchendisziplin gegen ihre innerstädtischen Kontrahenten zu unterstützen.

Zunächst konzentrierten sich die Bemühungen denn auch nur darauf, die nach 1575 geschaffene Lage zu stabilisieren, das heißt jene Revisionsbestrebungen der lutherischen Partei abzufangen, von welchen der Rat offenbar annahm, daß sie, da „sie es gar zu grob macheten", ohnehin allmählich leerlaufen würden.[218] Weder die 1581 verfügte Neuverpflichtung aller Prediger auf die alte Danziger Notel[219] noch die zahlreichen Schlichtungsversuche des Rats in den folgenden Jahren[220] brachten allerdings den Disput um das Konkordienbuch zum Verstummen. Im Gegenteil: Indem die Reformierten gegenüber der anticalvinischen Polemik zur Defensive verurteilt blieben, gewann die lutherische Sache namentlich bei den Gemeinden sogar rasch an Terrain. Pastor Praetorius hatte denn auch guten Grund, die ihm auferlegte Zurückhaltung zu beklagen, da „durch des einen theils lästeren, und des andern stilleschweigen ... aus dem kleinen haufen bald ein großer hauff vieler böser Leute worden, den andern weit an Mänge überlegen".[221]

Dennoch gab der Rat dem Drängen auf energischeres Handeln nur insoweit nach, als er das reformierte Lager weiter personell zu stärken entschlossen schien. Er billigte, daß Rektor Jacob Fabricius 1585 auch zum Pastor der Gymnasialkirche St. Trinitatis bestellt wurde, obwohl dieser sich der üblichen Verpflichtung auf die Notel entzogen hatte.[222] Ja, er folgte Praetorius und Fabricius sogar dann noch, als diese 1586 die Ordination des in Heidelberg ausgebildeten Theo-

218 So jedenfalls interpretierte Praetorius 1584 die Erklärung der Bürgermeister, warum man bisher nicht nachdrücklicher gegen lutherische Kanzelpolemik vorgegangen sei; J. Fabricius, „Historia Notulae", APGd. 300 R/Pp 2, Bl. 113v. – 115v. – Vorausgegangen war ein durch Pastor Kittels Angriffe gegen Achatz Curaeus ausgelöster Straßentumult, „also, daß die Bürger, Item allerhand Werckbursche und Taglöhner, Knechte und Mägde, den Predigern auf offener Straßen nachrieffen, sie anspeyeten, und allerley Hohn denselben bewiesen. Wie denn unter anderem ein Schneider, Meister Joachim genannt, M. Achatium Curaeum mit vielen Ehrenrührigen Worten auff offentlicher Straßen angegriffen. Und da er darüber dem Herren Praesidenten geklaget, dieses Schneiders, sich viele andere Leute angenommen haben, so, daß die Sache vor E. E. Raht gelanget, welcher dieser und anderer Sachen halben offt zusammen gekommen"; R. Curicke, *Der Stadt Dantzig historische Beschreibung*..., S. 332; berichtet auch bei Ch. Hartknoch, *Preußische Kirchen-Historia*..., S. 729.

219 R. Curicke, *Der Stadt Dantzig historische Beschreibung*..., S. 331.

220 J. Fabricus, „Historia Notulae", APGd. 300 R/Pp 2, Bl. 109r. ff., berichtet für die Jahre 1582 bis 1585 ausführlich über insgesamt zwölf förmliche Vorladungen der Streitparteien bzw. des ganzen Ministeriums vor den engeren Rat.

221 *A.a.O.*, Bl. 120v.

222 So berichtet Fabricius selbst in „Historia Notulae", APGd. 300 R/Pp 2, Bl. 125v., 129r. über seine Aufnahme in das Ministerium, daß er die Notel-Unterschrift von vornherein ausdrücklich abgelehnt habe, da „die Lehre darin nicht sehr richtig, sondern ambique und auf schrauben gesetzet" sei und deren 13. Artikel eindeutig falsche Anschuldigungen gegen Calvin enthalte; da ihm aber die Scholarchen daraufhin völlige Freiheit in der Lehre zugesichert hätten, sei er dem Ruf gefolgt, da es ihm notwendig erschienen sei, daß endlich „ohn alle umbschweiff, Heuchelei, Kleistern, Drehen und verkehren" die rechte Lehre verkündet werde, „welches bißhero in dieser gutten stadt wenig geschehen".

logen Samuel Lindemann gegen den kategorischen Widerstand der fünf lutherischen Geistlichen erzwangen und damit die förmliche Spaltung des Ministeriums herbeiführten.[223] Aber ebenso entschieden intervenierte die Obrigkeit doch zugleich gegen Vorstöße einzelner reformierter Prediger, den Calvinismus-Vorwürfen durch Verteidigung der Genfer Theologie entgegenzutreten,[224] und nachdem schließlich auch Praetorius seinem lutherischen Kollegen Kittel in der Abendmahlskontroverse offen geantwortet hatte, wurde den beiden Pastoren der Oberpfarrkirche ohne Unterschied die Kanzel verboten.[225]

Überschätzt hatte der Rat damit jedoch die Möglichkeiten, den religiösen Fundamentalgegensatz gleichsam mit administrativen Mitteln zu überspielen. In dem Maße nämlich, wie der Druck obrigkeitlicher Disziplinierung wuchs, sollten nun in beiden konfessionellen Lagern die zentrifugalen Kräfte die Oberhand gewinnen. Während sich die kleine Gruppe der lutherischen Theologen in ihrer radikalen Calvinismus-Kritik durch eine wachsende Anhängerschaft in den Bürgergemeinden bestärkt sah – schon seit 1584 hatten tumultartige Auftritte gegen reformierte Prediger ihren Polemiken Nachdruck verliehen[226] –, ging auf seiten der Reformierten die Initiative nun auf jene entschlossenere Gruppe um Fabricius über, welche den ausgleichenden Kurs von Praetorius auch vor dessen Scheitern bereits als unvereinbar mit ihrem Bekenntnis kritisiert hatte. So löste die 1586 erneuerte Forderung des Rats, die Prediger sollten sich durch gemeinsame Bekräftigung der Danziger Notel in der Lehre vergleichen,[227] nun gerade die lange vermiedene Auseinandersetzung über die Grundlagen des veränderten städtischen Bekenntnisstandes aus. Indem die reformierte Mehrheit des Ministeriums ein Zurückweichen auf den theologischen Formelkompromiß von 1562 verweigerte,[228] war der Danziger Kurs der verdeckten Konfessionsveränderung in die Krise geraten.

223 Die Umstände des „Schisma" von 1586 werden ausführlich in verschiedenen lutherischen wie reformierten Quellen beschrieben; besonders *Auszug aus Eberhard Böttichers Historischem Kirchenregister...*, APGd. 300 R/Pp 15, Bl. 219 f., sowie APGd. 300 R/Pp 16, Bl. 18, ferner auch R. Curicke, *Der Stadt Dantzig historische Beschreibung...*, S. 335. – Es handelte sich insofern um einen förmlichen Bruch, als die fünf opponierenden Prediger unter Führung Kittels künftig die Mitwirkung an gemeinsamen Amtshandlungen des Ministeriums verweigerten; die Folge war, daß bis 1629 keine Ordinationen mehr in Danzig erfolgten.

224 So tadelte der Rat 1583 Achatz Curaeus dafür, daß er in einer Replik auf Angriffe Kittels „gantz zur ungelegenen Zeit und Stelle, solche Collation Herrn Lutheri und Calvini und dessen Salvirung angestellet" hätte, und verbot allen Predigern, mehr als „das reine Wort Gottes" sowie die Confessio Augustana auf den Kanzeln zur Sprache zu bringen, J. Fabricius, „Historia Notulae", APGd. 300 R/Pp 2, Bl. 110v. – 112r.

225 *A.a.O.*, Bl. 133r. – 135r.

226 Siehe oben, Anm. 218. Entsprechend waren 1585 bei der umstrittenen Ordination Lindemanns durch Praetorius „eine große menge der Bürger, und des gemeinen Mannes bey dem Altar erschienen", darunter „etliche mit tolchen und beilen" bewaffnet, um den Akt zu stören; R. Curicke, *Der Stadt Dantzig historische Beschreibung...*, S. 335.

227 So Bürgermeister Czierenberg gegenüber dem im Rathaus versammelten Ministerium am 2. 4. 1585, J. Fabricius, „Historia Notulae", APGd. 300 R/Pp 2, Bl. 136v. – 154v.

228 Disputationen vor dem Rat am 2. 4. 1586, *a.a.O.*, Bl. 138v. – 168r., sowie 24. 9. 1586, *a.a.O.*, Bl. 170v. – 176r.; Suppliken der Fabricius-Partei vom 27. 8. 1586, Inhaltsangabe *a.a.O.*, Bl. 169r. – 170r., bzw. vom

In einer Reihe von Disputationen vor dem Rat sowie in zwei Suppliken an die Bürgermeister legte nun Fabricius' Partei im Herbst 1586 dar, wie eine neue theologische Kompromißlinie beschaffen sein könnte. Da es „der Kirchen Gottes nie nicht zum besten gereichet, wan man in den bekändtnüßen, des glaubens, sich der Ambiguitäten ... gebrauchet habe", die Danziger Notel aber „ambique, dunckel und zweifelhaftig" formuliert sei,[229] komme es darauf an, diese aufgrund der Lehre Melanchthons zu „scherfen", nämlich sie dort zu explizieren, wo sie die Abendmahlsfrage mißverständlich im Sinne der Ubiquitätslehre behandele, so daß deutlich werde, welche der Konfessionsparteien in Wahrheit von der Lehre „des H. Philippus Melanchthon und sein[em] Corpus Doctrinae ... abgefallen" sei,[230] ferner die ungerechtfertigte Verdammung Calvins im 13. Artikel der Notel zu tilgen, schließlich durch entschlossene Maßnahmen zu verhindern, daß derselbe Artikel, wie in den letzten Jahren geschehen, als Vorwand für ehrenrührige Kanzelpolemik mißbraucht werde.[231] Darüber hinaus wollte man sich mit den Kontrahenten wohl verständigen auf „einerley art zu reden" auf der Grundlage „der wiederholten Augsp. Confession so ad 51 auf dem Concilio zu Trient übergeben worden, auf welche sich die Reformirten Kirchen in Pohlen sämbtlich verglichen hetten, mit denen sie (alß die mit ihnen in einem Reich und unter einem König geseßen und einerley frieden hetten...) sich zu einigen und beisahmen zu stehen billig befleißigen solten".[232]

20. 10. 1586, Text *a.a.O.*, Bl. 177v. – 180v. – Die letzte Bittschrift schien insofern Kompromißmöglichkeiten zu signalisieren, als eine neue Unterzeichnung der Notel nicht grundsätzlich ausgeschlossen wurde. Allerdings waren Bedingungen daran geknüpft: Artikel 13 der Notel, der unter anderem die Abendmahlslehre Calvins verwarf, sollte „moderirt" werden, um eine pragmatische Verständigung jenseits der Abendmahlskontroverse zu ermöglichen – „wie unlängst die in der Cron Pohlen, die so sich zur Schweitzerischen Confession bekennet, mit den anderen so von der Augsp. Confession gewesen, und mit den Picardern freundtlich verglichen und alle Condemnationes und Lästerungen eingestellet und abgeschaffet haben". Gleichzeitig sollte es den Predigern allerdings freigestellt werden, in der Sache ihrem Gewissen gemäß zu lehren, das heißt ihre Deutung der Augustana öffentlich darzulegen und die theologische Auseinandersetzungen mit den im Widerspruch zur Augustana stehenden Lehren der „Ubiquitisten und Flaccianer" zu führen. *A.a.O.*, Bl. 178v. – 180r.; vgl. dazu Fabricius' Bericht über die Diskussionen zwischen den reformierten Predigern, die der zweiten Supplik vorangegangen waren, *a.a.O.*, Bl. 181r. – 184v.; danach hatte sich, gegen die Bedenken der Zögernden, die Meinung durchgesetzt, daß dies der geeignete Zeitpunkt sei, um den Rat zur Preisgabe seiner neutralen Position zu bewegen. Nur wenn die eigene Partei sich mehr Spielraum in der Lehre erkämpfe, sei dem Anspruch der Lutheraner, die „reinen Lehrer" zu sein, wirksam zu begegnen; dann aber würden „viel der Zuhörer ... auch andere gedancken fassen, und E. E. Raht desto mehr etwas effectualiter und würckliches in der Kirche zu thun ... verursacht und gleich genötigt werden".

229 *A.a.O.*, Bl. 162v., 163r. bzw. 140v.

230 Während Fabricius vertraulich die Abendmahlsdeutung der Notel als „gut grob Flaccianisch" bezeichnet hatte (*a.a.O.*, Bl. 136r.), begründete er deren Erklärungsbedürftigkeit öffentlich damit, daß seitdem „unter dem Nahmen der Notel frembde gezänke" eingeführt (*a.a.O.*, Bl. 179v.) und, „da anders und anders von einem und anderen Artickel gelehret" worden sei, „unter dem schein, das man die Notel behalte, neue frembde Lehren" zu Grundlagen des Danziger Bekenntnisses erklärt worden seien (*a.a.O.*, Bl. 165v.).

231 *A.a.O.*, Bl. 178r. – 178v.

232 So J. Fabricius' Explikation der Streitpunkte vor dem Rat am 24. 9. 1586; *a.a.O.*, Bl. 171r.

Daß der Rat sich auf solche Formeln festlegen lassen würde, hatte man freilich gar nicht erwartet.[233] Spektakulär genug erschien deshalb die noch im Oktober 1586 folgende Ratsentscheidung, das Abrücken der reformierten Prediger von der Notel durch ein Dekret *de non calumniando* zumindest indirekt zu sanktionieren.[234] Denn das Dekret ließ zwar sowohl das Meritum des Abendmahlsstreits als auch die Fragen des polnischen Konsensus wohlweislich unerwähnt, gebot aber um so deutlicher, den von den Reformierten beanstandeten Notel-Artikel 13 de facto zu suspendieren und jegliche kontroverse Auslegung der Confessio Augustana – sei es im Sinne Calvins oder des lutherischen Konkordienbuchs – zu unterlassen.[235] Jedenfalls stand für alle Beteiligten außer Frage, daß es um Rückendeckung für die Protagonisten der Kirchenveränderung ging; es war die lutherische Partei, welche durch die Einschränkung des „Strafamts" und die Aussetzung der Abendmahlskontroverse getroffen, nämlich um ihre Möglichkeiten, gemeindlichen Widerstand zu inspirieren, gebracht werden sollte.

So konsequent nun dieser Schritt im Blick auf den konfessionellen Kurs der Stadtkirche gewesen war, so wenig ließ er sich jedoch innerkirchlich wie stadtgesellschaftlich durchsetzen. Innerhalb weniger Monate nämlich sollte es den vier im Ministerium verbliebenen lutherischen Opponenten gelingen, zugunsten ihrer Sache eine breitere Front gegen die Ratsentscheidungen aufzubauen. Dabei erwies sich gerade die offene und kompromißlose Auflehnung gegen das Kirchenregiment in der Not als erfolgreiche Taktik. Nachdem Rat und Ministerium die Forderung nach Revision des Dekrets[236] erwartungsgemäß zurückgewiesen hatten, erklärte Prediger Klemens Friccius es öffentlich für „impium et diabolicum",[237] beschuldigte den Rat, in gröblicher Willkür den rechtmäßigen Gebrauch des Strafamts zu unterbinden,[238] und führte endlich durch

233 Bei den Beratungen über die zweite Supplik hatte man schon Abstriche an diesem Programm ins Auge gefaßt, außerdem war den eher Zögernden unter den Predigern versichert worden, daß die reformierten Wortführer „suo periculo" handeln würden, „also, daß sie dazu stehen möchten, was widriges darauff erfolgen würde"; *a.a.O.*, Bl. 181r. ff.

234 Das Dekret vom 23. 10. 1586 in den Danziger *Ordnungsrezessen*, APGd. 300, 10/9, Bl. 302r. – 304r., gedruckt auch bei E. Sehling (Hrsg.), *Evangelische Kirchenordnungen...*, Bd. 4, S. 119 f. – Über die Bedeutung solcher Dekrete als Etappe auf dem Weg zur reformierten Konfessionalisierung J. F. G. Goeters, *Genesis, Formen und Hauptthemen...*, S. 52.

235 Die Prediger sollten „sich keiner Art und Form zu reden gebrauchen, die wider die Augspurgische Confession und Notel streiten. Deß sollen auch weder publice noch privatim des Calvini, Zwinglii Schriften, das Concordien Buch, und dergleichen Bücher von jemandes der Herren Praedicanten canonisiret oder im geringsten defendiret, vielweniger irkeinerley Streitschriften von ihnen in dieser Stadt oder Kirchen eingeführet werden"; *ebda.*

236 Die lutherischen Prediger hatten ihre Weigerung, das Dekret auch nur entgegenzunehmen, zunächst bei einer Anhörung durch den Rat und dann in einer Bittschrift begründet; siehe R. Curicke, *Der Stadt Dantzig historische Beschreibung...*, S. 341, Abschriften der Supplik: APGd. 300 R/Pp 31, Bl. 23–31; 300 R/Pp 109, Bl. 52v. – 54r.; 300 R/Pp 19, Bl. 29–35. – Auf die theologische Rechtfertigung des Dekrets durch Praetorius replizierte Kittel mit einer öffentlich verbreiteten Streitschrift; die Texte: APGd. 300 R/Pp 25, Bl. 569–572 bzw. APGd. 300 R/Pp 17, Bl. 43–51.

237 So in einer Anhörung durch den Rat im Februar 1587; APGd. 300 R/Pp 2, Bl. 193v. – 194v.

238 Siehe die von Kittels und Friccius' Anhängern im Juni 1587 in Umlauf gesetzte Streitschrift unter dem

persönliche Angriffe gegen die Kollegen Fabricius und Keckermann seine eigene Amtsenthebung herbei,[239] die ihrerseits das Signal für die Politisierung des Konflikts bilden sollte. Es begann mit mehrtägigen Straßentumulten gegen Friccius' Kontrahenten, in deren Verlauf der „gemeine hauffe" Keckermann aus der Stadt vertrieb und der Rat genötigt wurde, der Stadt bewaffneten Schutz durch eilig angeworbene Söldner zu verschaffen.[240]

Dann aber griff auch die verfaßte Bürgerschaft in das Geschehen ein, indem Dritte Ordnung, Zünfte und Kaufleute auf Rechtfertigung und Revision der Ratsentscheidungen drangen;[241] zum ersten Mal war der Protest der Gemeinden hier in offenen Widerstand gegen den Kurs des Rats in der Kirchenfrage umgeschlagen.

Angesichts des ebenso vehementen wie in der Sache gezielten Aufbegehrens begann denn auch die Front der Verfechter des mit dem Dekret eingeschlagenen Kurses zu bröckeln. Der Tak-

Titel „Danziger Decrets-Fidel, darauf gezogen 4. Schafs- und 6. Wolffs-Seiten, welche mit einander übel klingen"; Text: APGd. 300 R/Pp 31, Bl. 18–23; Abschriften auch APGd. 300 R/Pp 6, Bl. 359–365; 300 R/Pp 109, Bl. 51r. – 52r.; 300 R/Pp 19, Bl. 25–28; 300 R/Pp 16, Bl. 26–33.

239 Ausgangspunkt war Friccius' Beschuldigung, daß Fabricius durch calvinistische Verführung der Jugend am Gymnasium zum „Kindermörder" geworden sei; da Keckermann als Friccius' Kollege an der Johanneskirche Fabricius verteidigte, wurde dann auch er zum Ziel entsprechender Angriffe. Aufgrund der Beschwerde beider Beschuldigter verfügte der Rat am 27. 2. 1587 Friccius' Entlassung und Ausweisung, worauf dieser sich an die vor dem Rathaus versammelte Menge wandte und erklärte, daß er als aufrechter Lutheraner jetzt den beiden Calvinisten weichen müsse. Siehe J. Fabricius, „Historia Notulae", APGd. 300 R/Pp 2, Bl. 195r. – 198r.

240 Genauester Bericht über die Abläufe bei R. Curicke, *Der Stadt Dantzig historische Beschreibung...*, S. 342–344. Danach begannen die Unruhen an dem für Friccius Auszug aus Danzig festgelegten Tag, indem Friccius-Anhänger Keckermann während und nach dessen Predigt als „Sacramentschwermer, Schelm und Dieb" beschimpften, „und haben sich je mehr und mehr gefunden, welche theils mit Beilchen, theils mit kurtzen wehren, theils mit Steinen ihm zu Dache gewolt". Da Keckermann jedoch von Ratsdienern und gerüsteten Bürgern geschützt wurde, in der Nacht aber fliehen konnte, wandten sich die Unruhen vom folgenden Tag an gegen Fabricius, dem gedroht wurde, man werde sein Haus stürmen und ihn selbst am nächsten Sonntag von der Kanzel stürzen und steinigen. Weitere Ausschreitungen wurden jedoch durch Stationierung von kurzfristig angeworbenen Söldnern beim Gymnasium und den bedrohten Kirchen verhindert, „und waren nicht wenig unter den Bürgern, die sich eines Tumultes besorgten, und derhalben sich mit allerhand Kegen wehr versorgeten, auch theils zu 2, 3, 4, und mehr Soldaten, die sie heimlich in ihren Häusern hielten, annahmen".

241 Den Kontroversen in den drei Ordnungen über Friccius' Entlassung und über das Dekret vom 4./11. 3. 1587 – siehe *Ordnungsrezesse* APGd. 300, 10/9, Bl. 299v. – 308r. – folgte am 6. 4. 1587 die Übergabe einer Bittschrift von „200 Bürgern außerhalb der Dritten Ordnung", APGd. 300 R/Pp 16, Bl. 111–113; ferner berichten J. Fabricius, „Historia Notulae", APGd. 300 R/Pp 2, Bl. 229v. ff., sowie R. Curicke, *Der Stadt Dantzig historische Beschreibung...*, S. 344, daß etwa gleichzeitig mit den Diskussionen zwischen den Ordnungen die 17 „fürnehmsten Wercke" mit gleichlautenden Suppliken zugunsten von Friccius intervenierten. – Für die Konstellation zwischen den Ordnungen in dieser Lage bezeichnend auch der Kommentar in *Auszug aus Eberhard Böttichers Historischem Kirchenregister...*, APGd. 300 R/Pp 15, Bl. 227: „... aber die drei Ordnungen waren unter ihnen selbst uneinig, weil die vornehmsten unter ihnen deß Prätori seiten die geringeren aber wiewol die Meisten des Kittels seitten hielten, war also alle ihre Raht schläge vergeblich, weil ein theil dem andern nicht weichen wolte."

tik der Gegenpartei, die Verteidigung ihrer Minderheitsposition in der Stadtkirche vor allem an die Forderung nach uneingeschränkter Bestätigung der Danziger Notel zu knüpfen, vermochte der Rat – da die drei Ordnungen einmal mit der Sache befaßt waren – politisch kaum mehr auszuweichen; um so größer aber schien der Druck, durch rasches Handeln aus jener Krise herauszusteuern, welche die fortgesetzte Mißachtung der Ratsgebote durch Prediger und Bürger heraufzubeschwören drohte. So mußten die reformierten Prediger schon im April 1587 durch Bürgermeister Daniel Czierenberg erfahren, daß man geneigt war, den Konflikt notfalls auch um den Preis von konfessionellen Rückschritten beizulegen.[242] Und obwohl Fabricius' Partei förmlich davor warnte, daß ein Zurückweichen der Obrigkeit nicht nur das religiöse Heil der Stadt gefährden und die loyale Mehrheit der Geistlichkeit desavouieren,[243] sondern auch den Konsens mit den reformierten Kirchen in Polen und Litauen untergraben werde,[244] machte der Rat seinen Kurswechsel bald auch öffentlich. Zunächst schränkte eine förmliche Deklaration vom 1. Juni 1587 das Ratsdekret des Vorjahres dahingehend ein, daß damit weder „der 13. Articul in der Notel cassiret und auffgehoben" noch „das Straf=Ampt verboten seyn solle" und daß das Verbot des Konkordienbuchs nur die Kanzelpredigt und nicht etwa den Gebrauch „zu Hauß" betreffe.[245] Als aber die Dritte Ordnung weiterhin auf ihren Forderungen bezüglich der Notel bestand,[246] gab der Rat im Juli 1587 auch hier nach. In zähen Verhandlungen mit den widerstrebenden reformierten Predigern setzte er die erneute Unterzeichnung der unveränderten Notel durch das gesamte Ministerium durch.[247]

242 Der Rat hatte dafür den von Fabricius angeführten Teil des Ministeriums zu einer separaten Konferenz am 9. 4. 1587 vorgeladen; siehe R. Curicke, *Der Stadt Dantzig historische Beschreibung...*, S. 345.

243 Supplik der reformierten Prediger an den Rat vom 9. 4. 1587; Abschriften: APGd. 300 R/Pp 16, Bl. 35–59, 300 R/Pp 19, Bl. 43–54, 300 R/Pp 31, Bl. 40–54, 300 R/Pp 109, Bl. 56v. – 60r. – Zugleich hatte Fabricius dem Rat zu bedenken gegeben, daß auch das an sich loyale Ministerium nicht bedingungslos an Ratsentscheidungen gebunden sei: „Es sey auch ein Unterschied zu machen zwischen denen, so in Statu Monarchico sind, und absolutam potestam ... haben etwas zu endern, das man nicht belieben darf, sondern es stracks und schlecht annehmen muß, und zwischen dem Statu Aristocratico, da die Obrigkeit ohne anderer Stände, oder Interessirte Persohnen bewilligung nichtß thut schließen, und auch Ursach höret und annimpt, warumb man dieses oder jenes thun oder lassen solle, wie ein solcher Status allhie in dieser gutten Stadt ist"; in diesem Sinne seien die Prediger zwar Diener des Rats, jedoch nicht „Sclaven oder Leibeigene Knechte"; J. Fabricius, „Historia Notulae", APGd. 300 R/Pp 2, Bl. 204v. – 208r.

244 So in der zweiten Supplik der reformierten Prediger an den Rat vom 9. 4. 1587; APGd. 300 R/Pp 16, Bl. 73–108, in der es u.a. heißt, eine konfessionelle Isolation der Stadt im Zeichen des Konkordienluthertums wäre unweigerliche Anlaß „zum Praejudicio und Verfang vieler Vornehmer häupter in Pohlen und Lithauen, so der Reformirten Religion zugethan und sich sämtlich der Augspurgischen Confession und derselben Wiederholung ... unterschrieben".

245 R. Curicke, *Der Stadt Dantzig historische Beschreibung...*, S. 376 f.; Text auch bei E. Bötticher, *Historisches Kirchenregister...*, APGd. 300 R/Pp 25, Bl. 572 f.

246 So erklärte die Dritte Ordnung in einer Sitzung des Breiten Rats am 10. 6. 1587 ultimativ, daß sie nicht in die Beratung über andere vom Rat proponierte Punkte eintreten werde, solange die Beilegung des Kirchenstreits durch vorbehaltlose Verpflichtung aller Prediger auf die Notel nicht gewährleistet sei; *Ordnungsrezesse* APGd. 300, 10/9, Bl. 309r. – 312r.

247 Die Ratsentscheidung wurde dem versammelten Ministerium am 23. 7. 1587 förmlich verkündet; APGd. 300 R/Pp 19, Bl. 92 f., APGd. 300 R/Pp 16, Bl. 156 f. – Die vorausgegangenen Verhandlungen ausführlich dokumentiert in APGd. 300 R/Pp 19, Bl. 86 ff., sowie 300 R/Pp 16, Bl. 143 ff.

Wenn daher bereits das Jahr 1587 aus reformierter Sicht später als der Moment des Umschlags identifiziert wurde, von dem an die Zweite Reformation in Danzig wiederum im Rückzug begriffen war,[248] so scheint dies zunächst in mancher Hinsicht plausibel zu sein. Überschritten war zum einen der Punkt, bis zu dem die Auseinandersetzung um den städtischen Konfessionsstand als eine eigentlich theologische Kontroverse um veränderte Grundpositionen der Stadtkirche geführt worden war; in keinem späteren Stadium des Danziger Konfessionsstreits sollte die Frage einer „Verbesserung" der Notel im Sinne des reformierten Vorstoßes von 1586 erneut eine Rolle spielen. Zum andern signalisierte das Zurückweichen des Rats in der Situation von 1587 in der Tat auch einen Kurswechsel auf lange Sicht, indem die obrigkeitlichen Bestrebungen, die innerstädtische Kirchenveränderung sichtbar voranzutreiben, in der Folge nicht wieder aufgenommen und damit auch das Zusammenwirken mit der reformierten Geistlichkeit schrittweise preisgegeben wurde. Schließlich wirkte der Erfolg des lutherischen Widerstandes in der Notel-Frage darin langfristig nach, daß das Konkordienluthertum als eine Minderheitsposition auch innerhalb des Danziger Ministeriums jetzt fest verankert war; ein Übergang der ganzen Stadt zum reformierten Bekenntnis schien selbst als verdeckter Prozeß künftig kaum mehr vorstellbar.

Dennoch sollte eher von einer Richtungsänderung der reformierten Konfessionalisierung seit 1587 als von einem Rückzug gesprochen werden. Denn eigentlich erst in der Folge machte das Reformiertentum in der gemeindlichen und stadtgesellschaftlichen Profilierung seine markantesten Fortschritte, und im Zeichen einer engeren Orientierung an den polnischen Kirchenverhältnissen sollte vor allem auch die modifizierte Kirchenpolitik des Rats den Kurs der Zweiten Reformation auf einer anderen Ebene wieder aufnehmen.

Hier ging es um eine durchaus grundsätzliche Neubesinnung in bezug auf das Problem von Stadtpolitik und Konfession. Zwar hatten die Räte zunächst kaum anderes im Blick als die akute Gefährdung des Stadtfriedens, wenn sie gegenüber den widerstrebenden reformierten Predigern 1587 damit argumentierten, daß die Verantwortung für „das gantze Corpus Reipublicae" schwerer wiege als die Sorge um die rechten Kirchenbräuche[249] und daß „diese Kirche viell zu schwach darzu ist, um den haupttstreitt dieser sachen, der zwischen großen Königreichen, Fürstenthumen, Landen und Stedten noch unerortert schwebet, auf sich [zu] laden".[250] Die Tendenz jedoch, die eigentlichen theologischen Kontroversen des Konfessionsstreits in diesem Sinne gleichsam zurückzustellen, das heißt, „die Sache nicht principaliter, auff vergleichunge in der religion, sondern in politicis zu stellen",[251] sollte auch späterhin als ein programmatischer Zug der städtischen Kirchenpolitik im Vordergrund stehen.

248 So vor allem der Tenor bei Fabricius, dessen „Historia Notulae" an diesem Punkt zunächst schließt, und zwar mit einer allgemeinen Reflexion darüber, in welcher Weise die Abkehr der Danziger Kirchenpolitik von einer konsequenten Vollendung der Reformation die folgenden Einbrüche der Gegenreformation begünstigen sollte; APGd. 300 R/Pp 2, Bl. 277r. – 278v.

249 *A.a.O.*, Bl. 241r.: Erklärung des Präsidierenden Bürgermeisters gegenüber den separat vorgeladenen reformierten Geistlichen am 20. 5. 1587.

250 Der Präsidierende Bürgermeister im Breiten Rat 5. 3. 1587, *Ordnungsrezesse*, APGd. 300, 10/9, Bl. 300v. – 307r.

251 Das sollten die Räte der drei großen Städte 1602 ihren Marienburger Kollegen empfehlen, als diese um Beistand bei der Schlichtung ihres Konfessionsstreits ersuchten; *Elbinger Gemeinderezesse...*, APGd. 369, 1 Nr. 24, Bl. 13.

So war dem Rat erklärtermaßen weiter an der Erneuerung der Kirchen jenseits des Konkordienluthertums gelegen, bekannte er sich doch offen zu der Sorge, „das diese Kirche sehr, und mehr als gutt, mit dem Bapstumb beladen und umgeben ist“.[252] Indessen kam es ihm dabei weder auf Reinheit noch auf Einheit in Lehre und Zeremonien an, sondern primär darauf, den Kirchenfrieden im Zeichen eines „consensus in principali fidei fundamento“ für die Dauer des Übergangs zu bewahren.[253] Das hieß, daß auch innerhalb der einen städtischen Kirche der pragmatische Bekenntniskompromiß, den die polnisch-litauischen Protestanten 1570 in Sandomierz eingegangen waren, künftig als Rahmen einer begrenzt pluralen Entwicklung Geltung haben sollte.[254] Die „äußere Reformation“ der Kirchenbräuche dagegen hatte, wie der Rat noch 1593 die reformierten Prediger beschied, zurückzustehen, „biß das Gott der Herr beßere Gelegenheit gebe“, da „die Leute mit Menschen Satzungen, mehren theilß noch gefangen wehren, und man dieser Servitut, unter der man noch wehre,... noch nicht entbrechen könte“.[255]

Es ist denn auch nur ein scheinbar widersprüchliches Bild, welches die Entwicklung von Kirchenpolitik und konfessioneller Prägung in Danzig bis in die Mitte der neunziger Jahre des 16. Jahrhunderts bietet. Daß der Rat mit der Bestellung reformierter Prediger, wie wir gesehen haben, konsequent fortfuhr und bei den städtischen Schulen sogar offen den Übergang zu calvinistischen Bräuchen betrieb,[256] entsprach dem Grundsatz pragmatischer Ausnutzung der kirchen-

252 Erklärung des Präsidierenden Bürgermeisters, wie Anm. 250.

253 Dieser Gedanke wird später programmatisch entwickelt in der Denkschrift des reformierten Prorektors des Thorner Gymnasiums Ulrich Schober von 1596 *De causis ac remediis dissensionum et turbarum in religione...;* Exemplar vorhanden in B PAN Gd. – Über die Enstehungszusammenhänge der Schrift und ihre Bedeutung für die protestantische Unionsbewegung in Polen-Litauen K. E. J. Jørgensen, *Ökumenische Bestrebungen...*, S. 326–330; ferner St. Tync, *Głos z Prus Królewskich...*, sowie B. Nadolski, *Karty...*, T. 2, S. 175–192.

254 So das zentrale Anliegen von U. Schober, *De causis...*

255 So laut J. Fabricius, „Historia Notulae“, APGd. 300 R/Pp 2, Bl. 329r. – 331v., die vertrauliche Antwort auf die Anfrage von ihm, ob der Rat die Einführung des Brotbrechens an der Trinitatiskirche zu gestatten bereit sei. Im Zusammenhang heißt es in der hier wiedergegebenen Stellungnahme der angesprochenen Ratsherren: „...man konnte und sollte billig damit zu frieden sein, das die lehre richtig geführet würde, und auch von den Ceremonien recht gepredigt, ob man sie schon also wie man gerne wolte, nicht haben kündte, da die Leute mit Menschen Satzungen, mehren theilß noch gefangen wehren, und man dieser Servitut, unter der man noch wehre, und sich deroselben wegen der Bäpstischen und insonderheit des bischoffs u. d. hohen Obrigkeit noch nicht entbrechen könte, geduldig tragen, biß das Gott der Herr beßere Gelegenheit gebe..., da die gefahr auch itzo dabey were, das an unbedachtsahmer weise, seinem Kopff nach, durch brechen wolle, man die sache ärger machen, sich und andere hie durch in gefahr setzen, oder auch wol gantz und gar umb die Religion ... bringen möchte“.

256 So wurde seit 1590 an allen Danziger Schulen der Heidelberger Katechismus angenommen und, so ein lutherischer Kommentar, „wieder die Normas Augspurgischer Confession, eine besondere Philosophische Theologiam fingiert“; APGd. 300 R/Pp 16, Bl. 187–189, siehe auch E. Bötticher, *Historisches Kirchenregister...*, APGd. 300 R/Pp 25, Bl. 597, sowie APGd. 300 R/Pp 31, Bl. 119. Speziell am Gymnasium folgte 1591 die Einführung der Lobwasser-Psalmen, siehe R. Curicke, *Der Stadt Dantzig historische Beschreibung...*, S. 356. Schon früher, 1588, hatte der Rat außerdem den französischen Glaubensflüchtlingen die Öffnung einer eigenen Schule unter der Leitung des Brüsseler Calvinisten Pierre Franco gestattet; siehe Z. Szultka, *W sprawie obecności...*, S. 251 f. – Die Tatsache, daß die konsequentere Durchsetzung des Reformiertentums hier nicht auf Vorbehalte seitens des Rats stieß, hing offenbar

politischen Spielräume ebenso wie das strikte Einschreiten gegen Alleingänge der Prediger in Lehr- und Zeremonienfragen. Überall dort wurde die kirchliche Entwicklung in den Bahnen reformierter Konfessionalisierung vorangebracht, wo sich dies weitgehend konfliktfrei mit den Orientierungen der Gemeinden vereinbaren ließ. Letztlich aber sollte nicht das konfessionelle Programm an sich die einzelnen Entscheidungen bestimmen, sondern das Prinzip politischer Rationalität. Im Konfliktfall gab stets das Interesse, sowohl die Integrität des obrigkeitlichen Kirchenregiments als auch den Rahmen des gesamtstaatlichen Religionskonsenses zu wahren, vor allen anderen Gesichtspunkten den Ausschlag.

Das konfessionelle Profil der Danziger Kirchengemeinden dagegen sehen wir seit Ende der achtziger Jahre des 16. Jahrhunderts in einem Prozeß allmählicher Differenzierung begriffen. Wo es zuvor um die Durchsetzung einer „einheitlichen Art zu reden" für das gesamte geistliche Ministerium gegangen war, kamen in der veränderten kirchenpolitischen Konstellation nach 1587 parallele Integrationsprozesse der konkurrierenden Bekenntnismilieus zum Zuge,[257] wobei die Gewichtsverteilungen in den Gemeinden selbst Richtung und Tempo der Integration vorrangig bestimmt zu haben scheinen. Daß dies nun keineswegs auf eine klare Zweiteilung zwischen lutherischen und reformierten Kirchgemeinden hinauslief, zeigen die weiteren Abläufe freilich deutlich. Während das konfessionelle Patt an der Oberpfarrkirche St. Marien vor allem aufgrund obrigkeitlicher Eingriffe bestehen blieb – über Jahre sollte der Rat die dringenden Forderungen der Bürgerschaft, die nach dem Tod der Konfessionsgegner Praetorius und Kittel vakanten Pastorenstellen zu besetzen, schlicht ignorieren[258] –, gelang es den opponierenden Lutheranern doch nur, sich in zwei der übrigen fünf städtischen Pfarrgemeinden sowie an einem der drei Spitäler eine

mit der frühen konfessionellen Sonderentwicklung der Schulen in dieser Richtung zusammen; jedenfalls schien die Wahrscheinlichkeit gering, daß es in dem geschlossen reformierten Milieu der Danziger Lehrerschaft zu Konflikten kommen würde, an welche eine bürgerschaftliche Opposition hätte anknüpfen können. Siehe dazu auch unten, S. 201 f.

257 Entsprechend sieht R. Curicke, *Der Stadt Dantzig historische Beschreibung...*, S. 353, im Bilderstreit von 1590 den Beginn einer nicht mehr nur durch informelle Gruppierungen unter den Predigern, sondern durch klar profilierte konfessionelle Parteiungen getragenen Entwicklung: „...in dem etliche, die man nunmehro offentlich für Calvinisten ausgab, und ich hinführo die Reformirten nennen werde, die Bilder und Altäre gantz verworfen, und im Göttlichen Worte und Gesetze verboten zu seyn vermeyneten: Andere aber, so sich Lutherisch nennen, dieselbe als Bücher der Leyen ... vertraten."

258 Während freilich Praetorius' Ableben nach „langwieriger und wunderbarer krankheit" (APGd. 300 R/Pp 16, Bl. 183) 1588 von der lutherischen Partei als ein Zeichen zu ihren Gunsten gefeiert wurde – laut R. Curicke, *Der Stadt Dantzig historische Beschreibung...*, S. 352, herrschte „groß frolocken", und das Begräbnis sei von einer Beifall klatschenden Menge mit dem Ruf begleitet worden „Der Calviner ist todt!" –, reagierte die bürgerschaftliche Opposition auf Kittels Tod 1590 mit der umgehenden Forderung nach entsprechender Neubesetzung der Vakanz. Die seit 1592 regelmäßig auch in den Gravamina der Dritten Ordnung wiederholte Bitte (siehe *Ordnungsrezesse*, APGd. 300, 10/12 u. 10/13, passim) wurde jedoch vom Rat noch 1596 dahingehend beantwortet, daß man trotz intensiver Bemühungen noch keinen geeigneten Kandidaten gefunden habe; siehe E. Bötticher, *Historisches Kirchenregister...*, APGd. 300 R/Pp 25, Bl. 675, sowie APGd. 300 R/Pp 16, Bl. 200 f.; siehe auch Th. Hirsch, *Die Oberpfarrkirche...*, Bd. 2, S. 175 ff.

unangefochtene Position zu sichern.[259] Die Mehrzahl der Kirchen blieb hingegen nicht nur in der Obhut reformierter Prediger,[260] sondern hatte offenbar auch ein entsprechendes gemeindliches Profil, und nicht zuletzt war hier die Sache der Reformierten schon 1587 auch politisch aus der Bürgerschaft heraus unterstützt worden.[261]

Wenn aber die dem Reformiertentum zuzurechenden Kirchengemeinden nun in sehr unterschiedlichem Maße zu sichtbaren Veränderungen drängten, so hing dies nicht zuletzt mit den ebenfalls unterschiedlich vorhandenen Konfliktrisiken zusammen. Angesichts der Gefahren außergemeindlicher Rückwirkungen, wie man sie in den wiederholten Tumulten seit 1584 kennengelernt hatte, schien es für die meisten reformierten Prediger plausibel, sich dem restriktiven Kurs des Rats in bezug auf ihre sozial wie konfessionell gemischten Stadtgemeinden freiwillig zu fügen; „...man konnte und sollte billig damit zu frieden sein, das die lehre richtig geführet würde, und auch von den Ceremonien recht gepredigt, ob man sie schon also wie man gerne wolte, nicht haben kündte".[262] Anders stellte sich die Lage jedoch dort dar, wo besonders aktive Gemeinden auch den äußeren Wandel nicht nur mitzuvollziehen bereit waren, sondern auch Druck in dieser Richtung auf ihre Geistlichen ausübten.[263] Dies galt zum einen für Fabricius' Gymnasialkirche St. Trinitatis, seit den achtziger Jahren des 16. Jahrhunderts gleichsam die Wahlgemeinde der akademischen Elite wie des reformierten Patriziats,[264] sowie zum andern für jene vorstädtische Pfarrgemeinde St. Peter und Paul, welche nicht zuletzt seit dem Anschluß niederländischer Exulanten an die deutschen Reformierten im Jahre 1592 kompromißloser in ein calvinistisches Fahrwasser geraten zu sein scheint.[265]

259 Verläßlich scheinen in dieser Beziehung die Angaben über die konfessionelle Verteilung der Danziger Kirchen in der 1604 von der protestierenden Danziger Bürgerschaft für ihre Klage beim Hofgericht angefertigten Aufstellung, APGd. 300 R/Pp 16, Bl. 795–801: Danach waren eindeutig lutherisch nur die Pfarrgemeinden St. Katharinen und St. Johann sowie die Spitalkirche zum Heiligen Geist.

260 *Ebda.* Es handelte sich um die Pfarrkirchen Peter und Paul, St. Bartholomäus und St. Barbara, ferner Fabricius' Trinitatiskirche beim Gymnasium sowie die Spitalkirchen St. Jakob und St. Elisabeth. – Etwa ausgeglichen scheint das Verhältnis bei den Predigern in den Dörfern des Danziger Gebiets gewesen zu sein; die Quelle von 1604 führt hier zehn Lutheraner und elf Reformierte an, wobei erstere auf der Nehrung und letztere im Werder am stärksten konzentriert waren.

261 In der Kontroverse um das Ratsdekret *de non calumniando* waren im Mai 1587 sechs reformierte Quartiermeister zur Unterstützung der Partei um Fabricius mit einer Supplik an den Rat hervorgetreten; Abschriften u.a. in APGd. 300 R/Pp 16, Bl. 61–72, APGd. 300 R/Pp 31, Bl. 33–39, APGd. 300 R/Pp 109, Bl. 54v. – 56r. – Aber auch in den Debatten des Breiten Rats im Sommer 1587 waren zwei der vier in der Dritten Ordnung vertretenen Quartiere dem Konfrontationskurs gegenüber dem Rat offenbar nicht gefolgt; siehe *Ordnungsrezesse* vom 10. u. 11. 6. 1587, APGd. 300, 10/9, Bl. 309r. – 314v.

262 Vertrauliche Stellungnahme aus den Reihen des Rats von 1593, wie oben, Anm. 255.

263 J. Fabricius, „Historia Notulae", APGd. 300 R/Pp 2, Bl. 336v.

264 Gerade lutherische Quellen heben kritisch den Umstand hervor, daß die calvinistische Elite sich nicht an ihre jeweiligen Pfarrgemeinden hielt, sondern dem Gymnasium aus konfessionellen wie sozialen Gründen den Vorzug gab.

265 Siehe P. Simson, *Geschichte der Stadt...*, Bd. 2, S. 406. – Von starkem innergemeindlichem Druck zeugt denn auch, daß sich 1593 Laien aus offenbar beiden genannten Gemeinden an Kirchen in Amsterdam, Emden und in England wandten und anfragten, ob sie sich guten Gewissens an Kirchen halten dürften, in denen richtig gelehrt, aber falsche Zeremonien geübt würden; J. Fabricius, „Historia Notulae", APGd. 300 R/Pp 2, Bl. 334v. – 335r. – Vorausgegangen war 1590/91 eine längere Korrespondenz der

Jedenfalls war es nicht nur eine Frage der größeren Glaubensfestigkeit, sondern auch des besseren Rückhalts, wenn gerade die Prediger der beiden genannten Kirchen „das gutte werck der Reformation der Kirchen Ceremonien" jetzt unabhängig von den anderen vorantrieben.[266] Zwar stieß man auch hier schon im Bilderstreit von 1589/90 auf massive Widerstände. Sowohl der Abbruch des Hauptaltars in der Peterskirche als auch der bloße Versuch, die Altarbilder der Trinitatiskirche zu schließen, lösten wiederum gewaltsame Straßenproteste aus, auf welche der Rat seinerseits mit dem Gebot, den alten Zustand wiederherzustellen, reagieren mußte.[267] Doch sollten Mitglieder desselben Rats Fabricius und seine Anhänger in der Folge ebenso deutlich dazu ermutigen, die Mißbräuche in der Gottesdienstpraxis in ihren jeweiligen Gemeinden abzuschaffen, wenn sie es denn „proprio suo periculo" sowie im Einvernehmen mit den „zuhörern" tun wollten.[268] So begann man 1590 an der Trinitatiskirche mit einer vorsichtigen Änderung der Abendmahlsbräuche, und als dies „über verhoffen, ohne tumult abgelauffen" war,[269] folgten zwi-

niederländischen reformierten Gemeinde in Danzig mit der niederländischen Kirche in London: Die Danziger Niederländer hatten darin den ungesicherten Status ihrer „geheimen" Gemeinde beklagt und um Intervention der englischen Krone beim polnischen König gebeten, um den Danziger Rat zur Legalisierung ihrer Gemeinde zu bewegen. Zugleich hatten sie jedoch um Rat in der Frage ersucht, ob sie sich guten Gewissens an die deutschen reformierten Stadtkirchen halten dürften, gebe es in Danzig doch „fünf oder sechs, ja mehr fromme gelehrte gottselige Diener des Worts..., die rein und sauber in allen Punkten und Stücken von den Artikeln der reformierten Religion lehren"; die Korrespondenz in *Ecclesiae Londino-Batavae Archivum*, Bd. 2: *Epistulae et tractatus cum Reformationis tum Ecclesiae Londino-Batavae Historiam illustrantes (1544–1622)*, hrsg. von Johannes Henricus Hessels, Cambridge 1988 [Nachdr. der Ausgabe 1889], Nr. 244–249, 843–866.

266 J. Fabricius, „Historia Notulae", APGd. 300 R/Pp 2, Bl. 336v. – Allein als eine Gewissensentscheidung der betreffenden Geistlichen, die vom Rat auferlegte Selbstverleugnung nicht länger hinnehmen zu können, werden die Dinge freilich dargestellt bei Fabricius, *a.a.O.*, Bl. 286v. – 287r. bzw. 298v.

267 Die Konflikte, in deren Verlauf der von bewaffneten Handwerksburschen geführte „Pöbel" in die beiden Kirchen eindrang und die Wiederherstellung erzwang, bevor der Rat seinerseits aktiv wurde, sind ausführlich dargestellt bei R. Curicke, *Der Stadt Dantzig historische Beschreibung...*, S. 353 ff., siehe auch Ch. Hartknoch, *Preussische Kirchen-Historia...*, S. 754 ff., sowie E. Bötticher, *Historisches Kirchenregister...*, APGd 300 R/Pp 25, Bl. 596 f.

268 J. Fabricius, „Historia Notulae", APGd. 300 R/Pp 2, Bl. 298v. – Entsprechend berichtet R. Curicke, *Der Stadt Dantzig historische Beschreibung...*, S. 355, daß Fabricius bei allen Entscheidungen in Zeremonienfragen „mit etlichen Personen der Obrigkeit, so ihnen zugethan, dahin rathschlageten und giengen"; ferner erwähnt Fabricius, *a.a.O.*, Bl. 331v., die vertrauliche Empfehlung von Ratsmitgliedern aus dem Jahr 1593, den Rat besser nicht um förmliche Erlaubnis für die Einführung des Brotbrechens zu ersuchen, sondern eher auf dessen stillschweigende Duldung bei einem Vorstoß von „ein oder zwei" Predigern zu setzen.

269 R. Curicke, *Der Stadt Dantzig historische Beschreibung...*, S. 355. – Dazu J. Fabricius, „Historia Notulae", APGd. 300 R/Pp 2, Bl. 299r.: Man begann mit der Veränderung der „Ceremonien, so vor und bey der Verrichtung des Hw. Abendmahlß gebrauchet werden, alß da sindt die ohrenbeicht, die ablesung der lateinischen Episteln und Evangelien, die Lichte so man bey dem lichten hellen tage thut anzünden, die Ostien und Ablaten mit einem aufgedruckten Crucifix bilde, Item die gesänge mit den lateinischen Muteten". Bestätigt auch von lutherischer Seite, siehe E. Bötticher, *Historisches Kirchenregister...*, APGd. 300 R/Pp 25, Bl. 595, sowie die 1608 von der lutherischen Partei zusammengestellte Dokumentation der Anlässe ihrer Klage gegen Calvinisten in Rat und Ministerium, APGd. 300 R/Pp 16, Bl. 184 ff.

schen 1591 und 1593 weitere Schritte: die Einführung der Lobwasser-Psalmen sowie die Abschaffung der Ohrenbeichte, schließlich das Brotbrechen, wobei offenbar stets die Trinitatisgemeinde der von St. Peter und Paul voranging.[270]

Mit dem offenen und konsequenten Übergang der beiden Gemeinden zum Reformiertentum war nun aber auch schon vor 1595 die konfessionelle Profilierung der Danziger Kirchen praktisch abgeschlossen. Stabilisiert hatte sich eine Lage, die in gewisser Hinsicht bikonfessionelle, wenn nicht gar multikonfessionelle Züge trug, zugleich aber aufgrund ihrer Verankerung im calvinistisch dominierten Consensus Sendomirensis ein den polnisch-litauischen Kirchenverhältnissen entsprechendes Äquivalent reformierter Konfessionalisierung darstellte. Denn die Ungleichheit der Kirchenbräuche innerhalb der Stadt wurde einstweilen aufgewogen durch die Tatsache, daß die wesentlichen Ziele der Kirchenveränderung auch jenseits der fortbestehenden Bekenntnisunterschiede als erreicht gelten konnten. Ungeachtet des Nebeneinanders von unterschiedlichen Varianten der Fortentwicklung des Philippismus hatte sich sowohl die einheitliche Kirchenverfassung in der erstrebten Gestalt als auch die Anbindung an die reformierte Konfessionspartei im Gesamtstaat zunächst durchsetzen lassen, und es sollte, wie wir sehen werden,[271] auch nicht etwa an den inneren Spannungen des stadtkirchlichen Koexistenzverhältnisses liegen, sondern an äußeren Politisierungsimpulsen, wenn der Status der Danziger Kirche als eine der „reformierten Kirchen in Preussen“[272] an der Jahrhundertwende doch wieder grundsätzlich in Frage gestellt wurde.

Wenden wir uns zunächst aber der Thorner Entwicklung seit den siebziger Jahren des 16. Jahrhunderts zu. Gekennzeichnet durch eine andere konfessionelle Konfiguration, vor allem aber durch einen vergleichsweise konfliktarmen Verlauf, steht sie zu der Danziger Konfliktgeschichte vordergründig in deutlichem Kontrast. Doch lassen diese Umstände nicht etwa auf eine abweichende, gar gegenläufige Zielrichtung der konfessionellen Profilierung an sich schließen,[273] sondern eher darauf, daß der kirchenpolitische Kurs eines behutsamen konfessionellen Wandels in Thorn unter günstigeren Vorzeichen stand als in Danzig. So wurde hier offenbar durch zwei Faktoren ein gleitender Übergang vom vorkonfessionellen Philippismus zu einem am Reformierten-

270 E. Bötticher, *Historisches Kirchenregister...*, APGd. 300 R/Pp 25, Bl. 167; J. Fabricius, „Historia Notulae“, APGd. 300 R/Pp 2, Bl. 341v. – 343v.; siehe auch Paul Schmidt, *Die St. Trinitatiskirche zu Danzig, nach Vergangenheit und Gegenwart beschrieben*, Danzig 1901, passim.

271 Siehe unten, S. 103 ff.

272 So die explizite Zuschreibung bei J. Fabricius, *Kurtzer bericht...*

273 Diese Auffassung ist allerdings in der Historiographie vorherrschend: Als ausschließlich bzw. überwiegend lutherisch geprägt wird die Thorner Entwicklung noch bei G. Schramm, *Die erfolgreiche Reformation...*, angesehen oder auch bei A. Mączak in *Historia Pomorza...*, Bd. 2, T. 1, S. 416. Dagegen betonen frühe und konstante Einflüsse des Reformiertentums vor allem T. Glemma, *Dzieje stosunków kościelnych...*, S. 15 ff., J. Waluszewska, *Materiały do dziejów reformacji...*, S. 238 ff., Stanisław Salmonowicz, *Życie religijne luteranów toruńskich w XVII–XVIII w.*, in: *Odrodzenie i Reformacja w Polsce*, Bd. 34 (1989), S. 115–130; ders., *Z dziejów wyznaniowych...*; ders., *Ewangelicy reformowani w dawnym Toruniu*, in: *Jednota*, (1986), H. 2, S. 5–6 und 17, zuletzt K. Maliszewski, *Stosunki religijne...*, S. 261 ff.; doch wird auch hier das Reformiertentum primär aus der Perspektive des 17. Jahrhunderts, das heißt als ein Minderheitenbekenntnis, betrachtet und nicht vor dem Hintergrund des früheren Konfessionalisierungsprozesses diskutiert; dagegen sieht Maliszewski zwar den Zusammenhang mit den aus dem Philippismus kommenden Impulsen, erörtert jedoch nicht die konfessionspolitische Logik, die hinter der Thorner Entwicklung stand.

tum orientierten Bekenntnisstand begünstigt. Vermittels der Annäherung an die Böhmische Brüderkirche sollte es zum einen gelingen, dem Einfluß des deutschen Konfessionalismus im Sinne der Entwicklung im Reich konsequenter als in Danzig aus dem Wege zu gehen. Sie erleichterte es zum andern aber auch, schon früh jene letztlich überkonfessionelle Legitimation des Kirchenregiments durchzusetzen, welche in Danzig seit der Krise von 1586/87 in den Vordergrund treten sollte; die faktische Verbindlichkeit des Consensus Sendomirensis für die Stadtkirche scheint in Thorn nicht umstritten gewesen zu sein. Aber die Tatsache, daß markanter kirchlicher und politischer Widerstand gegen die reformierte Konfessionalisierung hier vorerst ausblieb, kompliziert auch deren stadtgeschichtliche Rekonstruktion. Derselbe Prozeß, der im Fall Danzigs anhand der Konfliktfronten über die verschiedenen Stadien des Kirchenstreits genau zu verfolgen war, läßt sich in Thorn in der Regel nur mittelbar feststellen.[274]

So sind es auch eher Indizien, die darauf verweisen, daß die Thorner Räte die Überwindung der städtischen Kirchenkonflikte seit der Mitte der siebziger Jahre offenbar mit der gleichen Entschiedenheit betrieben wie ihre Danziger Kollegen. Nachdem in einem weiteren Predigerstreit 1572/73 die philippistische Richtung abermals unterlegen war,[275] beobachten wir in der Folge wiederum einen fast vollständigen Austausch der städtischen Prediger, aber zugleich ein merkliches Abflauen der innerkirchlichen Spannungen. Dabei scheint sich im Jahr 1576 der Umschlag zu vollziehen. Noch im Jahr zuvor war mit Sigismund Schwabe ein schlesischer Theologe als deutscher Prediger in Thorn bestellt worden, dessen kurz nach Amtsantritt vorgelegter Entwurf für eine städtische Kirchenordnung eine eher lutherische Orientierung erkennen läßt.[276] Alle folgenden Berufungen jedoch wiesen um so deutlicher in die neue Richtung. Es waren zwei vertriebene Philippisten, die 1576 in die beiden vakanten deutschen Predigerstellen einrückten,[277] und

274 Schwerer als im Danziger Fall wiegt hier der Umstand, daß die Akten der Kirchgemeinden nur in Fragmenten zugänglich sind. Welche Lücken aufgrund jener noch ungeordneten Bestände gefüllt werden könnten, welche im Thorner Staatsarchiv lagern, läßt sich derzeit nicht abschätzen.

275 Betroffen war der 1573 an die Thorner Marienkirche berufene deutsche Prediger Matthias Schneider, der wegen seiner Kritik an Heshusius' Lehre von der Erbsünde von seinen Kollegen angegriffen worden war und der, da er sich durch den Rat unzureichend verteidigt meinte, 1574 resignierte. Siehe J. E. Wernicke, *Thornische Presbyteriologie...*, APT Kat. II, X–27, Bl. 24; die Begründung für seinen Amtsverzicht findet sich in einer Bittschrift an den Thorner Rat vom Frühjahr 1574, APT Kat. II, X–2, Bl. 191 f.

276 Zur Person vor allem J. E. Wernicke, *Thornische Presbyteriologie...*, APT Kat. II, X–27, Bl. 24 f. – Der Entwurf der Kirchenordnung von 1575: APT „Staromiejska Gmina Ewangelicka", Nr. 1; aufgrund einer in der Handschriftensammlung der Danziger Stadtbibliothek erhaltenen Textfassung auch abgedruckt bei E. Sehling (Hrsg.), *Evangelische Kirchenordnungen...*, Bd. 4, S. 233–244; er trägt neben Schwabes Unterschrift auch die des deutschen Predigers an der Jakobskirche Johann Wenzel sowie der beiden polnischen Prediger Martin Murinus und Abraham Sbasinius. – Die Annahme, zuletzt bei K. Maliszewski, *Stosunki religijne...*, S. 267, es handele sich um eine tatsächlich in Kraft gesetzte Thorner Kirchenordnung, läßt sich bereits aufgrund der Angaben bei Jacob Heinrich Zernecke, *Thornische Chronica*, 2. Aufl., Berlin 1727, S. 163, sowie Ephraim Oloff, *Ministerialia Thorunensia*, APT Kat. II, X–19, Bl. 4, ausschließen.

277 Es handelte sich um den wegen seiner Heshusius-Kritik aus Königsberg verwiesenen Daniel Maas sowie um den aus der Lausitz stammenden Martin Trisner, der in Thorn zunächst Schwabe als Diakon der Marienkirche beigeordnet wurde, um 1584 zum Gymnasialprofessor ernannt zu werden und gleichzeitig damit in die Funktion eines engen Beraters des reformierten Bürgermeisters Heinrich Stroband aufzurücken; J. E. Wernicke, *Thornische Presbyteriologie...*, APT Kat. II, X–27, Bl. 26–28 bzw. 28 f., sowie E. Oloff, *Ministerialia Thorunensia...*, APT Kat. II, X–19, Bl. 6.

nachdem auch Schwabe wegen eines Disputs mit Anhängern der Böhmischen Brüder 1577 durch einen weniger streitbaren Mann abgelöst worden war,[278] schien zumindest unter der deutschen Geistlichkeit erstmals in Thorn die Einheit im Zeichen des Philippismus gesichert.

Erst seit Mitte der achtziger Jahre aber treten mit der Neuformierung der polnischen Geistlichkeit nun auch die Einflüsse der Böhmischen Brüderunität im Thorner Ministerium deutlicher zutage, ohne daß die Verbindungen zu der langen Vorgeschichte der Brüdergemeinde in Thorn[279] genau faßbar würden. Die neuen Impulse mochten ebensogut von dieser Minderheitsgemeinde ausgegangen sein wie von den intensiven städtischen Außenkontakten zu Angehörigen der Brüderunitäten in Groß- und Kleinpolen.[280] Doch ist auch nicht auszuschließen, daß die Neuorientierung letztlich das Ergebnis einer gewissermaßen artifiziellen kirchenpolitischen Grundsatzentscheidung seitens der städtischen Obrigkeit war. Scheint doch bei der polnischen Geistlichkeit in Thorn nichts auf einen konfessionell eigenständigen Kurs gerade an der Schwelle zu den achtziger Jahren des 16. Jahrhunderts hinzudeuten.[281] So ist sicher nur, daß sich in der Folge das konfessionelle Bild der Stadtkirche deutlich veränderte, nachdem zwischen 1584 und 1587 abermals die meisten städtischen Kanzeln neu besetzt worden waren.[282] Durch die Berufung profilierter Brüdertheologen auf die polnischen Predigerstellen wurde nun nicht nur das Böhmische Bekenntnis als zweite konfessionelle Richtung neben dem Philippismus fest in der Stadtkirche etabliert. Vielmehr verschoben sich dadurch auch gleichsam die Gewichte zwischen deutscher und polnischer Geistlichkeit, und zwar zugunsten eines beträchtlich größeren Einflusses der polnischen Richtung.

278 Anlaß für die Entlassung Schwabes war, daß dieser einen polnischen Magnaten und Senator als „krummfüssigen Wojewoden" beschimpft hatte; J. E. Wernicke, *Thornische Presbyteriologie...*, APT Kat. II, X–27, Bl. 25. Da es sich, wie T. Glemma, *Dzieje stosunków kościelnych...*, S. 83, glaubhaft macht, um den Belzer Wojewoden und Protektor der Böhmischen Brüderunität Jan Służewski handelte, ist der konfessionelle Hintergrund der Affäre kaum anzuzweifeln.

279 Siehe oben, S. 73 ff.; vgl. auch K. Maliszewski, *Stosunki religijne...*, S. 258. – Für diesen Zeitraum sind wegen iher Lückenhaftigkeit leider unergiebig auch die Aufzeichnungen der Böhmischen Brüderunität in Großpolen, KMT Ms. 270.

280 Neben den Handelsbeziehungen Thorns spielten hier vor allem die Kontakte der Thorner Patrizierfamilien zu polnischen Magnaten eine zentrale Rolle, darunter der bereits erwähnte Wojewode von Belz (siehe letzte Anm.) sowie die großpolnischen Magnatenfamilien Ostroróg und Leszczyński; exemplarisch hierfür ist das Beziehungsgefüge der Ratsfamilie Stroband, beschrieben bei H. Rietz, *Burmistrz Henryk Stroband...*, S. 13–39.

281 Weder ihr konfessionelles Profil noch auch nur ihre Herkunft läßt sich ermitteln; auch J. E. Wernicke, *Thornische Presbyteriologie...*, führt in der Regel nur Namen und Amtsdaten an. Indessen scheint bezeichnend, daß die polnischen Prediger seit den Disputen mit Morgenstern in den sechziger Jahren nicht mehr als Kontrahenten der deutschen Prediger in Erscheinung traten; dagegen tragen die gemäßigt lutherischen Entwürfe für eine Thorner Kirchenordnung von 1569 und 1575 (siehe oben, Anm. 276) beide auch die Unterschriften der jeweiligen polnischen Prediger an den Stadtpfarren St. Marien und St. Jakob.

282 Während weder zwischen 1578 und 1584 noch zwischen 1587 und 1596 neue Prediger bestellt wurden, fielen in die oben genannten Jahre sieben Berufungen, von denen fünf polnische Predigerstellen an den beiden innerstädtischen Kirchen, an der vorstädtischen Georgskirche sowie an Dorfpfarren betrafen; siehe J. E. Wernicke, *Thornische Presbyteriologie...*, APT Kat. II, X–27, passim, sowie P. Arndt, *Die reformierten Geistlichen...*, S. 6 f.

Dabei fiel dem 1586 als polnischer Prediger an die Marienkirche berufenen Peter Artomius eindeutig eine Schlüsselrolle zu.[283] Aus einer großpolnischen städtischen Ratsfamilie stammend, hatte er bereits eine nicht unbedeutende Karriere als Lehrer und Brüdergeistlicher in Großpolen, Warschau und Rotreußen durchlaufen, bevor er von seinem Amt als Senior des rotreußischen Distrikts Belz nach Thorn wechselte,[284] um dort, wie das Kirchenbuch der reformierten Gemeinde verzeichnet, als „erster Pfarrer reformierter Religion" zu wirken.[285] Dies kam zunächst vor allem der Einfügung der Stadtkirche in das organisatorische Gefüge der Böhmischen Brüderunität in Polen zugute; fortan spielte sich mit der Anbindung an die großpolnische Brüdersynode für die polnischen Prediger in Thorn ein ähnlich stabiles Rekrutierungsmuster ein, wie es in bezug auf die deutschen Prediger seit 1584 vor allem der enge Kontakt zur Viadrina in Frankfurt an der Oder gewährleistete.[286] Zugleich aber brachten Artomius' Erfahrung und theologische Autorität dem „ältesten polnischen Prediger" einen herausgehobenen Rang im städtischen Ministerium insgesamt ein, und diese Konstellation sollte sich verfestigten. Mit dem 1576 berufenen Philippisten Martin Trisner[287] übte Artomius für rund zwei Jahrzehnte eine Art gemeinsames Seniorat an der protestantischen Stadtkirche aus,[288] bis diese Funktion nach der Berufung des gelehrten böhmischen Theologen Jan Turnovius als Artomius' Nachfolger 1610 endlich auf den Ältesten der Böhmischen Brüder allein überging.[289]

283 Siehe J. E. Wernicke, *Thornische Presbyteriologie...*, APT Kat. II, X–27, Bl. 184–193; P. Arndt, *Die reformierten Geistlichen...*, S. 3–5; Stanisław Salmonowicz, *Piotr Artomiusz (Krzesichleb) (1552–1609), kaznodzieja luterański i pisarz*, in: *Wybitni ludzie dawnego Torunia*, hrsg. von Marian Biskup, Warszawa u. a. 1982, S. 45–49.

284 Die Berufung könnte auf eine Empfehlung der Familie Ostroróg zurückgegangen sein, der Artomius am Anfang seiner Laufbahn als Hauslehrer gedient hatte, wahrscheinlicher aber auf die Empfehlung des Belzer Wojewoden Służewski.

285 „Pierwszy xiądz Reformackiej Religij był Ao. 1586 vocaty Piotr Artomiusz na Polski urząd kaznodzieyski"; APT „Ewangelicka Gmina Reformowana" Nr. 3, Bl. 341.

286 Noch in seiner Eigenschaft als Thorner Schöffe war der spätere Ratsmann und Bürgermeister Heinrich Stroband 1584 im Ratsauftrag nach Frankfurt/Oder gereist und hatte die dortige Theologenfakultät um die Empfehlung geeigneter Kandidaten für das deutsche Predigtamt ersucht; J. E. Wernicke, *Thornische Presbyteriologie...*, APT Kat. II, X–27, Bl. 41. Aber auch in der Folge blieb dies das durchgängige Verfahrensmuster für die Rekrutierung auswärtiger deutscher Prediger, und zwar lange über den förmlichen Übergang der Viadrina zum Reformiertentum hinaus.

287 Siehe oben, Anm. 277.

288 Dieses Verhältnis sollte 1605 durch einen Beschluß des Thorner Rats gewissermaßen formalisiert werden, „daß künftiger Zeit ein bestelltes Kirchen-Amt sein soll, welches alle Mängel und gebrechen derselben untersuchen und durch heilsamen Rath und Mittel abschaffen, auch gute Ordnung und disziplin anrichten könne, doch alles mit Zuthun und auf Ratification E. E. Raths; und sind hierzu gekommen I. N. W. und Ehrwürden, Herr Bürgermeister Heinrich Stroband, Herr Martinus Trisnerus, eltester Prediger (Senior), H. Ignatius Schultz, Rathmann, Herr Petrus Artomius, eltester polnischer Prediger, welchen E. E. Rath hiemit nachgibt und vergönnt, daß sie mit dem ehesten am gelegenen Ort und Stelle zusammenkommen und dies heilsame und Gott wohlgefällige Werck vor die Hand nehmen mögen"; siehe Auszüge aus den *Acta Consularia*, APT Kat. II, II–2, Bl. 235.

289 Siehe J. E. Wernicke, *Thornische Presbyteriologie...*, APT Kat. II, X–27, Bl. 196–200; P. Arndt, *Die reformierten Geistlichen...*, S. 5–7; Stanisław Salmonowicz, *Jan Turnowski Młodszy (ok. 1567–1629), pastor, pisarz i profesor Gimnazjum Akademickiego w Toruniu*, in: *Wybitni ludzie...*, S. 63–68. – Über Turnovius' Rolle in Thorn auch unten, S. 141 ff.

Erleichtert wurde dieser verdeckte Wandel nicht zuletzt dadurch, daß die Thorner Kirchenpolitik nicht durch frühe konfessionelle Festlegungen in ihrem Spielraum eingeengt worden war. Wie schon 1569 hatte der Rat auch 1575 dem Drängen der Geistlichen auf Annahme einer vollgültigen Kirchenordnung widerstanden[290] und damit nicht nur die Versuche, das obrigkeitliche Kirchenregiment zu lockern,[291] zurückgewiesen, sondern auch eine formelle Festlegung in bezug auf die Auslegung des städtischen Bekenntnisstands vermieden. Statt dessen blieb es offenbar zunächst dabei, daß der Rat den Stadtpredigern individuell detaillierte Berufungsauflagen machte.[292] In dem Maße aber, wie die Kirchenverhältnisse sich unter Trisner und Artomius stabilisierten, scheint sich später jene gemeinsame Kirchenaufsicht von geistlichen Senioren und Ratsbeauftragten eingespielt zu haben, welche allerdings erst 1604 durch die Einführung eines „bestellten Kirchenamts" formalisiert werden sollte.[293] Dabei galt der Anspruch des Rats, theologische und gemeindliche Streitsachen allein zu entscheiden, ebenso fort wie die Polemikverbote und Zensurverordnungen, welche in der Konfliktphase der frühen siebziger Jahre erlassen worden waren.[294] Verändern sollte sich dagegen, und zwar in ähnlicher Richtung wie in Danzig, die Definition der Rolle des weltlichen Kirchenregiments in bezug auf den städtischen Bekenntnisstand. Weder gehöre es zu den Pflichten der weltlichen Obrigkeit, noch liege es in ihrer Macht, so argumentierte der Thorner Konrektor Ulrich Schober in seinem religionspolitischen Traktat von 1596, den Streit der „Zeloten" über die zahllosen Ungleichheiten in den protestantischen Kirchenbräuchen zu schlichten; anstatt die geistlichen Dispute zu entscheiden, müsse die Obrigkeit sie vielmehr mit den Mitteln der Kirchendisziplin unterbinden und die gemeinsamen Glaubensfundamente der evangelischen Kirchen bewahren.[295]

Den genauen konfessionellen Ort der Thorner Kirche in der neuen Gestalt seit den achtziger Jahren des 16. Jahrhunderts zu bestimmen, bereitete freilich offenbar sogar den Zeitgenossen Schwierigkeiten; noch Turnovius' Nachfolger Peter Czimmermann berichtete, außerhalb wie innerhalb Thorns sei traditionell die Ansicht verbreitet, „daß keinerlei Einigkeit unter uns herr-

290 Siehe oben, Anm. 276.

291 Beide Entwürfe hatten sowohl hinsichtlich der Aufsicht über die Kirchendisziplin als in der Frage des Strafamts dem geistlichen Ministerium größere Autonomie verleihen wollen; vgl. E. Sehling (Hrsg.), *Evangelische Kirchenordnungen...*, Bd. 4, S. 228 ff. u. 233 ff.

292 Bereits erwähnt wurden die ausführlichen Auflagen für Musäus von 1569, *Acta consularia*, APT Kat. II, II–1, 95r. – 95v., siehe auch oben, S. 75, Anm. 171. Bei den späteren Berufungen sind die erhaltenen Auszüge aus den Ratsakten weniger ausführlich; doch werden entsprechende Ratsauflagen bei Oloff, Praetorius und Wernicke auch weiter erwähnt.

293 Siehe oben, Anm. 288; vgl. auch K. Maliszewski, *Stosunki religijne...*, S. 270.

294 Zuletzt das Ratsdekret von 1572, das neben der Bekräftigung des Friedensgebots auch die Bestimmungen enthielt, daß die Prediger auch die Geistlichkeit der Nachbarstädte nicht durch polemische Schriften „verunruhigen" dürften und daß das „An- und zureisen" fremder wie städtischer Theologen der Genehmigung bedürfe; *Acta consularia*, APT Kat. II, II–1, Bl. 95v. bzw. II–2, Bl. 22. Das Verbot polemischer Schriften wurde ferner dadurch ergänzt, daß eine Vereinbarung des Rats mit der Thorner Druckerei Nehring von 1586 deren gesamte Produktion obrigkeitlicher Kontrolle unterstellte; siehe H. Rietz, *Burmistrz Henryk Stroband...*, S. 26 f. – Aus der Perspektive der neunziger Jahre des 16. Jahrhunderts sind die in diesem Sinne reklamierten kirchendisziplinarischen Aufsichtsfunktionen der Thorner Obrigkeit spezifiziert worden in Ulrich Schobers Traktat *De causis...*, wie Anm. 253.

295 *Ebda.*

sche, es vielmehr ebenso viele Bekenntnisse wie Pastoren hier gebe".[296] Was angesichts der doppelten kirchenorganisatorischen Anbindung für das äußere Bild der Stadtkirche in diesem Sinne gelten mochte, traf aber nicht auf deren theologische Ausrichtung zu. Denn gerade Philippisten und Böhmische Brüder kamen sich aufgrund ihrer zum Calvinismus vermittelnden Position in diesem Milieu, das heißt im Zeichen des polnisch-litauischen Unionsprotestantismus, eher zwangslos nahe.[297] So sehen wir, daß sich trotz der institutionellen Trennung zwischen polnischem und deutschem Predigtamt die Grenzen zwischen „böhmischer" und „augsburgischer" Lehre hier in dem Maße verwischten, wie sich beide Richtungen programmatisch vom konfessionellen Luthertum absetzten. In der Ablehnung der Konkordienformel wie in der reformierten Deutung des Abendmahls jedenfalls wurde seit Trisner und Artomius an den paritätisch besetzten Stadtkirchen offenbar nicht nur de facto einheitlich gepredigt. Vielmehr haben sich beide Seiten offenbar auch zu diesem Konsens in der Lehre bekannt.[298] Nicht zuletzt gehörte freilich zu den Gemeinsamkeiten, daß man sich mit der Änderung der Zeremonien vorerst in ähnlicher Weise wie an den meisten Danziger Kirchen zurückhielt, und zwar sowohl aus pragmatischer Rücksicht auf jenen Konservatismus der Laien in bezug auf die Kirchenbräuche, welcher zumindest in den deutschen Gemeinden vorgeherrscht zu haben scheint,[299] als auch aus dem Grund, daß weder der preußische Philippismus noch die polnische Brüdertheologie in diesem Stadium offenbar restlos im Reformiertentum aufgegangen waren.[300] In jedem Fall aber scheint die zeitgenössische Beobachtung hinsichtlich der Thorner Bekenntnisvielfalt interpretationsbedürftig. Es war wohl letztlich

296 Denkschrift Peter Czimmermanns von 1644; *Akten der großpolnischen Brüdersynode*, Biblioteka Uniwersytetu Warszawskiego, dział rekopisów (im folgenden BUW Ms zitiert), Nr. 590, Bl. 191–193: „...wiele ich tey opiniey, że między nami zgody żadney niemasz, ale co Xiądz to confessia."

297 Zur konfessionellen Entwicklung der Böhmischen Brüder in Polen jetzt maßgeblich die eindringliche Studie von H. Gmiterek, *Bracia Czescy...*

298 Am klarsten bezeugt in Trisners Leichenpredigt auf Artomius von 1609, wiedergegeben bei J. E. Wernicke, *Thornische Presbyteriologie...*, APT Kat. II, X–27, Bl. 198; vgl. auch P. Arndt, *Die reformierten Geistlichen...*, S. 7.

299 Vor allem in diesem Sinne müssen wohl die Hinweise darauf gedeutet werden, daß anscheinend keiner der polnischen Prediger, dafür aber sowohl Trisner als auch der 1584 an die Thorner Jakobskirche berufene Konrad Graser mit Bestrebungen nach Zeremonienänderungen bei ihren Gemeinden auf Widerstände stießen; siehe T. Glemma, *Dzieje stosunków kościelnych...*, S. 95, E. Oloff, *Ministerialia Thorunensia...*, APT Kat. II, X–19, Bl. 6, J. E. Wernicke, *Thornische Presbyteriologie...*, APT Kat. II, X–27, Bl. 29 bzw. 42. – Dabei ist nicht auszuschließen, daß andernorts, das heißt außerhalb der beiden Pfarrkirchen sowie der vorstädtischen Georgskirche, das Abendmahl auch nach reformiertem Brauch gefeiert wurde. Darauf weist zum einen die seit den achtziger Jahren wachsende Bedeutung der Dorfpfarre von Gremboczyn hin. Zunehmend wurden hier profilierte reformierte Prediger mit Einfluß sowohl im Thorner Ministerium als auch in der großpolnischen Brüderunität tätig. Zum andern wurde Artomius und später Turnovius unterstellt, „in den Heußern ... gutt Calvinisch" gepredigt und ferner beim Abendmahl das Brotbrechen geübt zu haben; so zumindest ein anonymer *Historischer Bericht von dem Zustande der Religion und Kirchen in Thorn (ca. 1671)*, APT Kat. II, XIII–10, Bl. 276 f.

300 Siehe H. Gmiterek, *Bracia Czescy...*, S. 70 ff. – Eher verwirrend als klärend ist hier die lutherische Überlieferung in bezug auf den städtischen Bekenntnisstand, da sie in dem Bestreben, eine Kontinuität des Luthertums in Thorn zu konstruieren, die davon abweichenden Entwicklungen entweder bagatellisiert (siehe etwa Ch. Hartknoch, *Preußische Kirchen-Historia...*, S. 899 ff.) oder sie unterschiedslos auf die Usurpation lutherischer Predigtämter durch Kryptocalvinisten zurückführt; so etwa E. Oloff, *Ministeria*

vor allem ein Indiz für die Konfliktlosigkeit der innerstädtischen Kirchenbeziehungen, wenn die beiden konfessionellen Milieus ihre äußere Eigenständigkeit hier derart lange bewahren konnten.

Nur vor diesem Hintergrund läßt sich die Einmütigkeit erklären, mit der Obrigkeit und geistliche Senioren gerade in Thorn das Programm einer Vollendung der Reformation kirchen- und stadtpolitisch verfolgten. Gewiß lag es in beträchtlichem Umfang an der herausragenden Rolle des Thorner Bürgermeisters Heinrich Stroband, daß kirchliche und stadtgesellschaftliche Erneuerung, die sein Thorner Regiment seit den achtziger Jahren des 16. Jahrhunderts kennzeichneten,[301] sich hier in einer deutlicher als in Danzig greifbaren Verknüpfung darstellen. Doch hatte nicht nur Strobands eigenes Reformkonzept eine in diesem Sinne auch religiöse Programmatik; vielmehr sollte er seinerseits der städtischen Geistlichkeit eine zentrale Rolle bei dessen Verwirklichung zuweisen. So gewann seit Strobands Initiative zur Erneuerung des Thorner Gymnasiums[302] allmählich eine einflußreiche informelle Gruppe von akademischen Humanisten an Kontur, in der seit 1586 neben Konrektor Ulrich Schober und dem Gymnasialprofessor Jan Rybiński vor allem Martin Trisner und Peter Artomius als engere Berater Heinrich Strobands wirkten.[303] Dabei ging es zunächst wohl in der Tat um praktische Anleitung in der Schulfrage, in den folgenden Jahren aber auch grundsätzlicher darum, das städtische Kirchen- und Schulwesen wie auch die äußere Konfessionspolitik der Stadt auf das Ziel einer neuen Anstrengung des Protestantismus zur Abwehr der Gegenreformation auszurichten. Jedenfalls kamen kirchliche Lehre und politische Argumentation hier in den neunziger Jahren weitgehend zur Deckung; nicht nur in Schobers Traktat über die Koexistenzgrundlagen der protestantischen Bekenntnisse[304] wird man den theologischen Einfluß der Thorner Senioren nachweisen können, sondern auch in Heinrich Strobands Rechtfertigung seines Aufrufs zur Gründung einer preußischen Universität.[305] Das gute Werk von Erasmus, Luther und Melanchthon, so klagte er, habe keine Fortsetzung gefunden, und ein in „Trägheit und Nachlässigkeit docentium et discentium" verfal-

lia Thorunensia..., APT Kat. II, X–19, Bl. 7 in seinem Urteil über Trisner, der sich als „heimlicher Philippist" (sic!) in die Thorner Kirche „eingeschlichen" habe.

301 Früheste Würdigung der konfessionspolitischen Rolle Heinrich Strobands bei Melchior Adam, *Vitae Germanorum jureconsultorum et politicorum, qui superiori seculo, et quod excurrit, floruerunt conciunatae a Melchiore Adamo. Cum ind. triplici: personum gemino, tertio rerum,* Heidelbergae 1620, S. 410 f.; dazu ferner St. Tync, *Głos z Prus Królewskich...*; allgemein H. Rietz, *Burmistrz Henryk Stroband...*

302 Nachdem Stroband 1583 ein Buch mit Dialogen von Johann Sturm herausgegeben und in einem Vorwort dazu den Plan für eine an Sturm orientierte Reform des Thorner Gymnasiums entwickelte hatte, wurde er 1584 Mitglied des Collegium Scholarchiale und leitete mit der Berufung des von Trisner empfohlenen Rektors Caspar Frisius die erste Phase der Reform ein; siehe H. Rietz, *Burmistrz Henryk Stroband...*, S. 26 f., sowie Stanisław Tync, *Dzieje Gimnazjum Toruńskiego (1568–1793)*, Bd. 1: *Wiek XVI*, Toruń 1928, S. 71; ders., *Szkolnictwo Torunia w ciągu jego dziejów*, Toruń 1933, S. 8.

303 Genau dargestellt bei B. Nadolski, *Karty...*, T. 1, S. 234.

304 Siehe oben, Anm. 253.

305 Memorandum von 1595, gerichtet an die Vertreter der großen und kleinen Städte auf dem Marienburger Landtag; APGd. 369, 1/346, Bl. 3–25. Über Entstehungsgeschichte und politische Wirkung des Strobandschen Plans ausführlich Bronisław Nadolski, *Walka o szkołę humanistyczną w Prusach Królewskich*, in: *Zapiski Historyczne*, Bd. 26 (1961), H. 3, S. 7–25, sowie Stanisław Tync, *Próba utworzenia akademii protestanckiej w Prusach Królewskich w 1595 r.*, in: *Reformacja w Polsce*, Bd. 4 (1926), S. 46–59; siehe auch Jacob Woit, *Acta anni 1595 in causa Gymnasii Communis*, Elbing 1761.

lender Protestantismus stehe nun in der Gefahr, den Angriffen der Jesuiten wehrlos ausgeliefert zu sein.[306]

Mit Danzig hatte Thorn also zumindest die Richtung einer Entwicklung gemeinsam, die in der Distanzierung vom konfessionellen Luthertum zunächst auf einen dem Reformiertentum angenäherten Unionsprotestantismus hinauslief. Auch ohne daß es, soweit erkennbar, unter Gemeinden und Geistlichkeit zu markantem lutherischem Widerstand gekommen wäre, hatte jedenfalls auch in Thorn der kirchliche Wandel vorerst an der Schwelle zur reformierten Konfessionalisierung im strikten Sinn haltgemacht. Dabei wird hier nun freilich auch deutlicher, daß dieser Verlauf nicht als Stagnation oder gar frühes Scheitern der Zweiten Reformation als kirchlicher Veränderung gedeutet werden kann. Die Einfügung in den Consensus Sendomirensis in der Form, wie sie die Thorner Kirche in ihren beiden Bekenntnisrichtungen vollzogen hatte, stellt sich dem konfessionsgeschichtlichen Gehalt nach vielmehr als ein äquivalenter Prozeß dar. In Hinblick auf die Alternativen im Konfessionalisierungsprozeß stand die Thorner Kirche bereits deutlich jenseits der Trennungslinie zum Konkordienluthertum, und entsprechend konsequent sollte sich auch die Annäherung an den Calvinismus in dem Maße fortsetzen, wie der Consensus Sendomirensis seine Integrationskraft auf der Ebene des Gesamtstaats nach 1595 allmählich verlor.

Eine „bikonfessionelle" Situation wiederum anderer Art bestimmte schließlich die Entwicklung des Protestantismus in Elbing.[307] Auch hier war es das Zusammentreffen des deutschen Philippismus mit einem fremden Bekenntnis, nämlich dem der schottischen Presbyterianer, welches der reformierten Konfessionalisierung die Richtung gab. Doch sollten die beiden Bekenntnisrichtungen hier anders als in Thorn nicht unmittelbar in einem gemeinsamen städtischen Kirchenwesen eigenen Profils aufgehen. Vielmehr blieb das schottische Reformiertentum lange Zeit allein eine Sache der fremden Kaufmannskolonie,[308] und wenn es dennoch rasch Einfluß auf die Elbinger Kirche gewann, so war dies zunächst eher der prominenten Rolle der schottischen Kaufleute in der Stadtgesellschaft zuzuschreiben als dem theologischen Wirken ihrer Gemeindegeistlichen.[309]

306 APGd. 369, 1/346, Bl. 4 f.; weiter heißt es, die jesuitische Offensive habe mit Bedacht in dem Moment eingesetzt, als der Elan der Reformation erlahmte, „...daß er seinen Jesuiten sahmen nicht eher ausgesäet, bis der Mensch ... geschlaffen, daß ist da die Obrigkeit die Hand der Wohltätigkeit entzogen, die Lehrer in ihrem Amt docendi et discendi sein faul und nachlässig geworden, oder aber in ihren tiefsten Träumen untereinander geschnarchet, mit Hader und Gezänk wider einander gerathen und merklich große Ärgernis durch giftiges Schmähen ausgeschüttet".

307 Zu den Grundzügen E. G. Kerstan, *Die evangelische Kirche...*, S. 15 ff.; O. Heuer, *Von den Anfängen...*; M. G. Müller, *Die Zweite Reformation in Elbing*, in: *Elbing 1237–1987*, hrsg. von Bernhard Jähnig und Hans-Jürgen Schuch, Münster 1991, S. 109–127. M. Pawlak, *Reformacja i kontrreformacja...*

308 Zur Geschichte der „Englischen Kolonie" Ferdinand Neumann, *Die englische Handelssozietät in Elbing. Mittheilungen aus Elbings Vorzeit*, in: *Neue Preußische Provinzialblätter*, A. F., Bd. 12 (1857), S. 141–148; Paul Simson, *Die Handelsniederlassung der englischen Kaufleute in Elbing*, in: *Hansische Geschichtsblätter*, Bd. 16 (1916), H. 1/2, S. 87–143; Hertha Grunau, *Die englische Niederlassung in Elbing*, in: *Westpreußen-Jahrbuch*, Bd. 10 (1960), S. 21–26; jetzt aber vor allem Andrzej Groth, *Kupcy angielscy w Elblągu w latach 1583–1628*, Gdańsk 1986.

309 Die von der Kaufmannskolonie selbst bestellten Prediger der Presbyterianergemeinde gehörten nie dem Elbinger geistlichen Ministerium an, und erst seit Richard Pernham und dessen prominentem Nachfolger John Dury nahm die Überlieferung der Elbinger Reformierten von ihnen Notiz; siehe Alexander Nikolaus Tolckemit, *Elbingisches Lehrer Gedächtnis. Das ist Leben und Schriften aller evangelischer Lehrer*, Danzig 1753, S. 171 ff., sowie O. Heuer, *Von den Anfängen...*, S. 90 bzw. 93.

Noch bevor die Enstehung der englischen Kolonie schottischen Presbyterianern nach 1577 den Weg nach Elbing eröffnete, war allerdings auch hier die Konsolidierung des Philippismus bereits erreicht, wobei der Einfluß der Danziger Kirche gewiß eine Rolle gespielt hat. Aus dem Kreis der dortigen Philippisten nämlich war 1572 der künftige Senior der Elbinger Kirche, der Jenenser Theologe Johann Bochmann, berufen worden,[310] und dessen anhaltend enge Verbindungen zur reformierten Danziger Geistlichkeit um Praetorius und Fabricius sind noch für die achtziger Jahre bezeugt.[311] Entsprechend liegt es nahe, auch den folgenden Generationswechsel innerhalb des Elbinger Ministeriums in diesem Zusammenhang zu sehen. Zwar vermitteln die spärlichen Nachrichten über die deutschen und polnischen Prediger, die nach 1572 an die vier protestantischen Stadtkirchen berufen wurden,[312] ein denkbar unscharfes Bild; in weitaus geringerem Maße als die beiden Nachbarstädte hat Elbing profilierte Theologen für die Stadtkirche zu gewinnen vermocht.[313] Doch läßt sich der steuernde Einfluß Bochmanns nicht nur am Erfolg seiner Intervention gegen eine Berufung des aus Thorn vertriebenen Benedikt Morgenstern ablesen,[314] sondern auch daran, daß die Einheit der Elbinger Geistlichkeit auch angesichts der allmählichen Kirchenveränderung künftig gewahrt blieb. Die Ablehnung der Konkordienformel war hier jedenfalls ebensowenig wie in Thorn Anlaß für innerkirchliche Dispute.[315]

310 Zur Biographie APGd. 300 R/Pp 85, Bl. 10 f.; Abraham Grübnau, *Kirchen-Geschichte der Stadt Elbing*, APGd. 492/491, Bl. 61; S. G. Fuchs, *Ecclesiastica Elbingensia I...*, APGd. 492/450, Bl. 41; vgl. auch E. G. Kerstan, *Die evangelische Kirche...*, S. 15.

311 S. G. Fuchs, *Ecclesiastica Elbingensia I...*, APGd. 492/450, Bl. 41. – Entsprechend wird Bochmann durchgängig als „Crypto Calvinus“ eingeordnet; so neben Fuchs und Grübnau auch J. J. Convent, *Chronik der Stadt Elbing...*, APGd. 492/252, Bl. 461, sowie Ch. Hartknoch, *Preußische Kirchen-Historia...*, S. 1004.

312 Gemeint sind die ehemalige Franziskanerkirche St. Marien in der Elbinger Altstadt und die neustädtische Dreikönigskirche sowie die Hospitalskirchen zum Hl. Leichnam und zum Hl. Geist; letztere war für die polnische protestantische Gemeinde zuständig, für die deshalb stets ein polnischer Prediger bestellt wurde; M. Pawlak, *Reformacja i kontrreformacja...*, S. 51.

313 Unter den zwischen 1572 und 1595 berufenen Predigern war Senior Bochmann offenbar der einzige Theologe, der sowohl über einen akademischen Studienabschluß verfügte als auch auf eine nennenswerte geistliche Karriere zurückblicken konnte; er war nach Abschluß seines Studiums in Leipzig (und laut E. Carstenn, *Geschichte der Hansestadt Elbing...*, S. 357, auch in Wittenberg) Elbinger Gymnasialrektor, Diakon in Königsberg und Prediger in Danzig gewesen, bevor er 1572 als Pastor nach Elbing zurückkehrte. Für alle übrigen Prediger ist dagegen nur überliefert, daß sie in der Regel von einer der geringeren Kirchen des preußischen Umlands nach Elbing gekommen waren, siehe Abraham Grübnau, *Materialien zur Elbinger Kirchengeschichte*, APGd. 492/492, *Elbinger Prediger-Verzeichnis...*, APGd. 378/292, sowie Christoph Eduard Rhode, *Presbyteriologia Elbingensis. Die evangelischen Geistlichen des Kirchenkreises Elbing von 1555 bis 1883 nebst Ergänzungen und Nachträgen bis 1945*, hrsg. von Walther Hubatsch, Hamburg 1970; nur über den 1595 an die Kirche zum Hl. Leichnam berufenen Matthias Lossius wird darüber hinaus berichtet, daß er nicht nur als Vertrauter Bochmanns nach Elbing gekommen war, sondern auch in eigener Initiative dessen Bestrebungen zu einer reformierten Umgestaltung der Elbinger Kirche unterstützt habe, siehe S. G. Fuchs, *Ecclesiastica Elbingensia I...*, APGd. 492/450, Bl. 41, sowie O. Heuer, *Von den Anfängen...*, S. 87.

314 S. G. Fuchs, *Ecclesiastica Elbingensia I...*, APGd. 492/450, Bl. 41.

315 E. G. Kerstan, *Die evangelische Kirche...*, S. 16.

Wenn die kirchengeschichtliche Überlieferung dennoch nicht den Amtsantritt Bochmanns, sondern übereinstimmend erst die späten siebziger Jahre mit dem Ausgreifen des Reformiertentums in Zusammenhang bringt,[316] so weist dies auf die dynamisierende Wirkung des nun hinzutretenden schottischen Einflusses hin. Dabei scheint es vor allem die Ebene des weltlichen Kirchenregiments gewesen zu sein, auf der dieser Einfluß zunächst wirksam wurde. Denn so wenig geistliches Ministerium und deutsch-polnische Kirchengemeinden durch die Entstehung der englisch-schottischen Kolonie unmittelbar tangiert waren, so unausweichlich mußte doch der Rat auf die veränderte Lage reagieren. Die hier angestrebte Integration der Zuwanderer in die städtische Elite setzte zumindest die Duldung der fremden Bekenntnisse voraus,[317] und daß man sich in dieser Perspektive programmatisch auf eine Situation konfessioneller Vielfalt einstellte, eröffnete für alle kirchlichen Richtungen Spielräume. Jedenfalls ging die Konsolidierung der Englischen Niederlassung mit dem Wandel des konfessionellen Profils Elbings seit 1583 Hand in Hand. Nicht nur Anglikaner und schottische Reformierte konnten als neue Bürger „private" Gemeinden in der Stadt begründen,[318] sondern auch die niederländischen Mennoniten, denen noch 1575 Bürgerrecht und Bekenntnisfreiheit förmlich versagt worden waren.[319] Vor allem aber begann die reguläre Stadtkirche sich nun offenbar auf eine sichtbare Veränderung unter reformierten Vorzeichen zuzubewegen. Die Kryptocalvinisten unter Bochmanns Ägide, so der Chronist Convent, „führten den Calvinismus allmählich ein, die Reformierten und Lutheraner gingen zu einem Altar, die Privatbeichte wurde nicht mehr so sehr erfordert etc.".[320]

Wie weit der Wandel von Lehre und Zeremonien vorangetrieben wurde und in welchem Maße die einzelnen protestantischen Stadtkirchen Elbings daran teilhatten, bleibt freilich ungewiß. Die wenigen Hinweise auf die innerkirchliche Entwicklung in der Folge konzentrieren sich auf die

316 So notiert J. J. Convent, *Chronik der Stadt Elbing…*, APGd. 492/252, Bl. 461, bezeichnenderweise unter dem Jahr 1578: „In diesem Jahr fing sich der Calvinismus an, in der Elbingschen Gemeine einzuwurzeln, denn Mag. Joh. Bochmann, Prediger an der Marienkirche, war ein Crypto Calvinus"; dieselbe Datierung auch bei S. G. Fuchs, *Ecclesiastica Elbingensia I…*, APGd. 492/450, Bl. 42, sowie Ch. Hartknoch, *Preußische Kirchen-Historia…*, S. 1005. Einige Hinweise auch bei Gottfried Döring, *Versuch einer Geschichte und Beschreibung der evangelischen Hauptkirche zu St. Marien in Elbing*, Elbing 1846.

317 Siehe M. Pawlak, *Reformacja i kontrreformacja...*, S. 75 ff. – Dies ist in Zusammenhang mit der exzeptionellen Rolle zu sehen, welche für Elbing die Englische Niederlassung als Hauptstütze des städtischen Fernhandels spielte; anders als im Falle der schottischen und niederländischen Kolonien in Danzig ging es also nicht um die Koexistenz mit einer sozial separierten Fremdgruppe, sondern um eine strukturell wirksame Erweiterung der Stadtelite.

318 Sowohl die „englische Kirche", in einem Privathaus in der Hl. Geist-Gasse, als auch die Gemeinde der schottischen Presbyterianer, die sich in einem Haus in der Lastidie, wahrscheinlich dem Gewerkshaus der Tuchscherer, versammelte, existierten seit 1583; siehe J. J. Convent, *Chronik der Stadt Elbing…*, APGd. 492/252, Bl. 531, sowie E. G. Kerstan, *Die evangelische Kirche...*, S. 101. Der Bestand beider Gemeinden wurde durch ein Dekret des Rats von 1584 sowie durch einen Vertrag zwischen Rat und Englischer Sozietät von 1585 bestätigt; J. J. Convent, *Chronik der Stadt Elbing…*, APGd. 492/252, Bl. 563–571, siehe auch *Historia Pomorza…*, Bd. 2, T. 1, S. 293–297.

319 Dazu H. Penner, *Die ost- und westpreußischen Mennoniten...*, Bd. 1, S. 147, sowie M. Pawlak, *Reformacja i kontrreformacja...*, S. 75. – Das Bürgerrecht zu erwerben, wurde den Mennoniten 1584 zugleich mit den Engländern freigestellt; 1586 erwarben dann mennonitische Bürger ein Stadthaus als Versammlungsort, das 1590 in den Besitz der Mennonitengemeinde überging.

320 J. J. Convent, *Chronik der Stadt Elbing…*, APGd. 492/252, Bl. 461.

neunziger Jahre. Sie zeugen einerseits von dem engen Zusammenwirken Bochmanns mit dem Hospitalprediger Matthias Lossius und vor allem mit dem Gymnasialrektor Johann Mylius bei der Durchsetzung reformierter Kirchenbräuche[321] sowie andererseits davon, daß deren Bestrebungen sowohl beim Rat und der verfaßten Bürgerschaft als auch bei der englischen Kolonie starken Rückhalt hatten.[322] Eindeutig kam es in diesem Zusammenhang zur allgemeinen Einführung der Psalmen Lobwassers an den Stadtkirchen.[323] Nur schwer überprüfen läßt sich dagegen die Aussage späterer lutherischer Anklagen, daß „darauf gefolget das brechen des brots, vor dem altar handanlegung der Reformirten, des Calvinischen Catechismi in Kirchen und sonst einführung...“.[324] Und ebenso mit Vorsicht muß wohl die Mitteilung eines Danziger Zeitgenossen gewertet werden, wonach um diese Zeit die Elbinger Kirchen „alle von dem calvinischen Schwarme eingenommen“ waren[325] – ging es doch zumindest in der Zeremonienfrage auch hier offenbar nicht ohne Kanzeldispute ab. Dem Elbinger Rektor Thomas Ratus trug sein Polemisieren in Sachen der Abendmahlsriten 1591 einen Verweis durch den Rat ein,[326] und 1598 scheinen Johann Mylius' Gymnasialvorträge zur selben Frage eine längere Kontroverse auch unter den städtischen Predigern ausgelöst zu haben.[327]

321 Lossius amtierte seit 1595 an der Elbinger Hospitalkirche zum Hl. Leichnam. Seine Herkunft und sein Bildungsweg sind unbekannt; seine „kryptocalvinische“ Orientierung sowie die enge Verbindung mit Bochmann betont vor allem S. G. Fuchs, *Ecclesiastica Elbingensia...*, APGd. 492/450, Bl. 41. – Mylius stammte aus Mähren und war Rektor in Oberungarn gewesen, bis er 1594, „des Philippismus beschuldigt, seines Amts entsagt und aus der Stadt verwiesen wurde“; der calvinistische Elbinger Ratsmann Andreas Mohrenberger hatte seine Berufung nach Elbing vermittelt – „weil hier der Philippismus kein Anstoß war“; J. J. Convent, *Chronik der Stadt Elbing...*, APGd. 492/252, Bl. 685. Das Zusammenwirken mit dem Elbinger Senior wird hier ebenso hervorgehoben wie in Convents Notizen über Bochmann (Bl. 461 u. 696–705). Siehe auch Marian Pawlak, *Jan Mylius*, in: *Zasłużeni ludzie dawnego Elbląga. Szkice biograficzne*, hrsg. von Marian Biskup, Wrocław u. a. 1987, S. 93–98; ferner ders., *Nauczyciele Gimnazjum Elbląskiego w latach 1535–1772*, in: *Rocznik Elbląski*, Bd. 5 (1972), S. 139–158; Hinweise auch in: ders., *Dzieje Gimnazjum Elbląskiego 1535–1772*, Olsztyn 1972.

322 Als eine demonstrative Bekundung des reformierten Konfessionsstands der Stadt werten mehrere Quellen die Zeremonien bei der Einweihung des neuen Elbinger Gymnasiums im Jahr 1599. Nach einer Predigt des Seniors formierte sich die Festgemeinde, der sich „der gemeine Rat, das Ministerium und die vornehmsten Glieder der gemeine nebst vielen englischen Kaufleuten“ anschlossen, und zog unter Gesang von Lobwasser-Psalmen von der Marienkirche in das neue Schulgebäude; siehe J. J. Convent, *Chronik der Stadt Elbing...*, APGd. 492/252, Bl. 704 f.; vgl. auch Leonhard Neubauer, *Beiträge zur älteren Geschichte des Gymnasiums zu Elbing*, in: *Programm des Elbinger Realgymnasiums*, Elbing 1899.

323 Siehe vorige Anm. Ferner bezeugen sowohl lutherische als auch reformierte Quellen aus dem Zusammenhang des Streits der fünfziger Jahre des 17. Jahrhunderts um die Lobwasser-Psalmen, daß diese „in die siebenzig jahr ... von alten und jungen“ in den Elbinger Gemeinden gesungen worden seien; APGd. 300 R/Pp 6, Bl. 579–587, sowie APGd. 492/1038, Bl. 2–6.

324 Supplik der Elbinger Werke an den Rat von 1655; APGd. 492/1038, Bl. 22v. – 25r.

325 APGd. R/Pp 16, Bl. 203.

326 Jacob Langius' *Auszüge aus den Elbinger Ratsrezessen*, APGd. 369, 1 Nr. 99, Bl. 27.

327 Siehe J. J. Convent, *Chronik der Stadt Elbing...*, APGd. 492/252, Bl. 695. – Irreführend ist allerdings Convents Kommentar, daß damit „der Streit mit Calvinern und lutherischen Predigern von vorne angefangen“ habe; denn weder Convent selbst noch eine andere Quelle gibt Hinweise auf frühere Elbinger Konflikte, in denen es zu einer Frontenbildung zwischen Lutheranern und Reformierten gekommen wäre.

Wesentlich wahrscheinlicher als die Annahme eines „abgeschlossenen“ Prozesses reformierter Konfessionalisierung ist denn auch die Vermutung, daß die Elbinger Entwicklung in mancher Hinsicht einen Mittelweg zwischen der Danziger und der Thorner Richtung darstellt. Weiter offenbar als in Thorn hat sich der deutsche Philippismus in Elbing, in besonderem Maße gestärkt durch den stadtgesellschaftlichen Einfluß der fremden Presbyterianer, dem Reformiertentum angenähert, dabei aber möglicherweise auch eine ähnliche konfessionelle Auffächerung erfahren, wie sie schon im Danziger Fall zu beobachten war; daß der von Bochmann verfolgte Kurs des konfessionellen Übergangs kaum von der gesamten Geistlichkeit mitgetragen wurde, lassen die seit Ende der neunziger Jahre erkennbar werdenden Differenzen jedenfalls erahnen. Anders als in Danzig jedoch spielten dezidiert konkordienlutherische Gegenpositionen hier im konfessionellen Spektrum zunächst keine Rolle. Vielmehr galt ähnlich wie für Thorn auch für Elbing, daß relative „Ungleichheit“ der Kirchenbräuche und konfessionelle Einheit im Zeichen des Consensus Sendomirensis miteinander vereinbar blieben. Nicht zuletzt in diesem Befund deckt sich die zeitgenössische Selbstdarstellung des städtischen Ministeriums[328] übrigens auch mit jener Charakteristik der Kirchenentwicklung, welche die Elbinger Reformierten rückblickend, aus der Perspektive des offenen Konfessionsstreits der fünfziger Jahre des 17. Jahrhunderts geben sollten, daß nämlich „die Elbinger bishero Philippisten und nicht Flaccianische Lutheraner gewesen, und haben sich die Calvinisten an diesem orte mit [ihnen] laut dem zwischen ihnen vorzeiten zu Sendomirß getroffenen Consens woll und friedlich seithero begangen, und sich dero Kirchengebräuche bequemet“.[329]

An eben dieser Frage des Verhältnisses zum protestantischen Bekenntniskonsens des Gesamtstaats aber sollte im Kontext der Thorner Generalsynode von 1595 für alle drei preußischen Städte deutlicher ablesbar werden, wohin die durchaus differenten Wege einer Annäherung an das Reformiertentum seit den siebziger Jahren des 16. Jahrhunderts bekenntnisgeschichtlich geführt hatten. Denn mit den Grundsatzentscheidungen der Synode[330] änderte sich der Bezugsrahmen der städtischen Konfessionspolitik auf bedeutsame Weise. Erneut durchsetzen sollte sich zwar das politische Ziel, dem pragmatischen Zusammenwirken der protestantischen Stände in Polen-Litauen Vorrang zu geben und in dieser Perspektive auch die Verpflichtung auf den Konsens von 1570 zu erneuern; die Ungleichheiten in Lehre und Bräuchen untereinander dulden sowie die

328 Aufschlußreich dafür das Gutachten Bochmanns von 1595, das der Elbinger Rat in Vorbereitung auf das Thorner Colloquium von dem Senior eingeholt hatte; der im Elbinger Rat über das Gutachten erstattete Bericht ist wiedergegeben in APGd. 300 R/Vv 111, Bl. 228.

329 „Friderici de Elbinga Judicium von der Elbingischen Kirchen Unruhe Ai 1655“, APGd. 300 R/Pp 6, Bl. 579–587. Bei dem Verfasser könnte es sich um den Ratsmann und Elbinger Chronisten Friedrich Zamehl gehandelt haben.

330 Zur Thorner Synode allgemein W. Krasiński, *Zarys dziejów...*, Bd. 2, T. 1, S. 73 ff.; Jaroslav Bidlo, *Udział Jednoty Brackiej w walce o proces i egzekucję konfederacji warszawskiej*, in: *Pamiętnik V powszechnego zjazdu historyków polskich w Warszawie*, Bd. 1, Lwów 1930, S. 122–126; K. E. J. Jørgensen, *Ökumenische Bestrebungen...*, S. 313 ff.; zu den politischen Aspekten auch G. Schramm, *Der polnische Adel...*, S. 284 ff. – Synodalprotokoll bei G. Lengnich, *Geschichte der Preußischen Lande...*, Bd. 4, Anhang: Doc., S. 86–133; die Synodalakten *Acta et conclusiones Synodi Generalis Thoruniensis. Anno domini 1595*, Thorn 1596, Książnica Miejska w Toruniu (im folgenden KMT zitiert) K 8, S. 922, ferner *Acta Synodalia Ecclesiarum Poloniae Reformatum*, hrsg. von Maria Sipayłło, Bd. 1, Varsoviae 1966, mit ergänzenden Korrespondenzen auch: APGd. 300, 53/435, Bl. 255–277.

Einhaltung des Friedens durch ein strenges Regiment der weltlichen Kirchenpatrone sichern zu wollen, wurde als gemeinsame Absichtserklärung der Synodalen festgehalten. Doch war diese Einigung nur noch um den Preis zu erzielen, daß das konfessionelle Luthertum in der Folge unweigerlich aus der Übereinkunft abzudriften begann,[331] wodurch die unter dem Primat des Politischen bekräftigte Koexistenz ihren überkonfessionellen Charakter zusehends einbüßte. So wurde für die Städte die Entscheidung über Annahme oder Ablehnung der Synodalbeschlüsse von 1595 zum Prüfstein dafür, ob sie den Anschluß an die lutherische Konfessionskirche vollziehen oder die Bindung an einen jetzt deutlicher als zuvor calvinistisch dominierten Unionsprotestantismus aufrechterhalten wollten.

Wie sehr dies ein Politikum war, läßt sich nicht nur an der Intensität der städtischen Diplomatie im Umfeld der Thorner Synode ablesen,[332] sondern in gewisser Weise auch an der Zurückhaltung, mit der später die lutherische beziehungsweise lutherisch beeinflußte Landesgeschichtsschreibung diese Vorgänge behandelt hat. Wo die lebhaften Reaktionen der städtischen Politik auf das Synodalgeschehen hier überhaupt in den Blick kommen,[333] geht es vor allem darum, den Eindruck eines sich konsequent distanzierenden Kurses zu vermitteln,[334] wenn nicht gar zu unterstellen, daß die Räte der drei Städte den in Thorn erneuerten Konsens förmlich verworfen hätten.[335] Dabei ist es offenkundig eher die Programmatik der Betrachtungsweise als der Quellenbefund, welche zu einer solchen Beurteilung geführt hat. Denn gerade an diesem Punkt wird die These, daß die Städte durchgängig an einem landespartikularen Kurs deutsch-lutherischer Kirchenpolitik festgehalten hätten, besonders deutlich widerlegt.

Freilich befanden sich die Städte 1595 insofern in einem Dilemma, als das Unternehmen der Generalsynode, das nach dem Scheitern der protestantischen Ständeforderungen auf dem Reichstag desselben Jahres beschlossen worden war, auf eine offene politische Konfrontation mit der Krone hinauszulaufen drohte. König Sigismund III. hatte keinen Zweifel daran gelassen, daß er das separate Zusammentreten der Dissidenten als einen unrechtmäßigen, ja, aufrührerischen Akt betrachtete,[336] und speziell den drei preußischen Städten war rechtzeitig vor Beginn der Synode durch einen königlichen Gesandten die Teilnahme auch förmlich untersagt worden.[337] Doch kam

331 Bereits während der Thorner Synode hatten Einwände der großpolnischen Lutheraner gegen die Bekräftigung des Konsenses von 1570 zu Disputen geführt, die damit endeten, daß der bis zuletzt widerstrebende Gericius die Synode verließ und dafür von den Synodalen exkommuniziert wurde. Dagegen willigte Erasmus Gliczner als Wortführer der polnischen Lutheraner und Präses der Synode zwar in die Synodalbeschlüsse ein; er geriet deswegen aber unter massiven Druck seiner großpolnischen Amtsbrüder und schloß sich denn auch wenig später selbst den Kritikern des Konsenses an. Siehe W. Krasiński, *Zarys dziejów...*, Bd. 2, T. 1, S. 73, sowie K. E. J. Jørgensen, *Ökumenische Bestrebungen...*, S. 313 ff.

332 Dazu G. Lengnich, *Geschichte der Preußischen Lande...*, Bd. 4, S. 206–225, sowie T. Glemma, *Dzieje stosunków kościelnych...*, S. 88.

333 So gehen z. B. weder Schnaase, Kerstan oder Neumeyer näher auf das Problem ein noch etwa P. Simson.

334 In diesem Sinne z. B. Ch. Hartknoch, *Preußische Kirchen-Historia...*, S. 897 ff.

335 So etwa E. Carstenn, *Geschichte der Hansestadt Elbing...*, S. 359: Es „lehnten die stark lutherischen Preußen (sic!) dies ‚Friedenswerk' als nicht gebräuchlich ab. Sie fühlten sich stark genug, den Kampf allein zu bestehen."

336 Siehe G. Schramm, *Der polnische Adel...*, S. 289.

337 G. Lengnich, *Geschichte der Preußischen Lande...*, Bd. 4, S. 206.

auch ein Zurückweichen nicht in Betracht, hatten sich doch die Städte nicht nur im Vorfeld des Reichstags von 1595 auf ein loyales Zusammenwirken mit den polnisch-litauischen Konfessionsverwandten festgelegt,[338] sondern dies auch im Blick auf die Synode ausdrücklich bekräftigt. Nachdem die protestantischen Senatoren und Landboten auf dem Reichstag entschieden für die preußischen Städte und deren Anspruch auf freien Gebrauch ihrer Pfarrkirchen gestritten hatten,[339] war beiden Seiten jetzt um so mehr daran gelegen, die gemeinsame Front gegen die katholische Partei nicht abbröckeln zu lassen; es sollte, wie die Abgesandten des reformierten Brester Wojewoden Daniel Michałowicz und die Repräsentanten Elbings bei ihren Gesprächen im Juli 1595 gemeinsam erklärten, „den Adversariis ein schrecken [sein], daß sich Nobilitas cum Civitatibus In Negocio Religionis conjugirte".[340]

Worauf sich die Räte der drei Städte daher angesichts der königlichen Intervention offenbar verständigt hatten,[341] war, zumindest den Schein gehorsamer Zurückhaltung zu wahren. Man entschied sich für dasselbe Verfahren einer informellen Teilnahme, das auch bei der Beschickung der ordentlichen Reichstage stets beachtet wurde. So sollten einerseits die Städtevertreter gewissermaßen nur in diplomatischer Mission, also nicht als beteiligte Konfessionspartei, am Ort der Synode präsent sein; auch den städtischen Predigern blieb es so mit Ausnahme des Thorner polnischen Seniors Artomius versagt, den ihnen zugedachten Platz unter den geistlichen Synodalen einzunehmen.[342] Andererseits freilich entsprach es dem hohen Rang des politischen Anlasses, daß keine Geringeren als die Präsidierenden Bürgermeister der drei Städte deren Sache vor Ort vertraten. Sie nahmen nicht nur das förmliche Mandat der städtischen Ordnungen wahr, bei den in Thorn versammelten polnisch-litauischen Konfessionsverwandten „sich Rahts, hülff und

338 Den Ausgangspunkt bildete ein gemeinsamer Beschluß der Räte der drei großen Städte vom Herbst 1594, daß jede Stadt in dieser Perspektive Kontakt zu den ihr jeweils nahestehenden Führern der protestantischen Partei unter den polnisch-litauischen Ständen aufnehmen sollte; „da Thorn näher an Pohlen, Elbing aber an Lithauen gelegen", ergebe sich dafür eine natürliche Aufgabenteilung. Die Vereinbarung wurde bestätigt in einem Brief des Danziger an den Thorner Rat vom 7. 9. 1594, APGd. 300 R/Pp 54, Bl. 152. – Über die Verwirklichung dieses Beschlusses erfahren wir u. a. aus der folgenden Danziger Korrespondenz mit Andrzej Leszczyński und anderen großpolnischen Protestanten (*a.a.O.*, Bl. 169–173) sowie aus dem Bericht eines Elbinger Beauftragten über seine Mission beim Minsker Wojewoden Jan Abramowicz vom Februar 1595, APGd. 300 53/453, Bl. 147–156. Die einzelnen diplomatischen Initiativen mündeten schließlich in den gemeinsamen Vorstoß der Städte mit ihrem „Discursus in der Religions Sache..." vom Frühjahr 1595 ein, siehe oben, S. 77 f.

339 Genaue Dokumentation der Vorstöße des protestantischen Adels zugunsten der Städte auf einzelnen Landtagen sowie auf dem Reichstag von 1595 in APGd. 300 R/Pp 54, Bl. 229–340, ferner knapper Bericht bei G. Lengnich, *Geschichte der Preußischen Lande...*, Bd. 4, S. 195–201. – Ausführlicher über das politische Zusammenwirken der Städte mit den polnisch-litauischen Dissidenten unten, S. 178 ff.; siehe auch M. G. Müller, *Wielkie miasta...*

340 APGd. 300 R/Vv 111, Bl. 228.

341 Elbinger Ratsakten berichten von einer vorbereitenden Konferenz der Städtevertreter in Danzig Anfang August 1595, wiedergegeben: *a.a.O.*, Bl. 229.

342 Eingeladen worden waren neben den beiden Thorner Senioren offenbar auch die Danziger Geistlichen Fabricius und Coletus sowie Elbings Senior Bochmann; welchen Status der Thorner Rat Artomius für die Synode zuerkannt hatte, bleibt unklar; siehe dazu G. Lengnich, *Geschichte der Preußischen Lande...*, Bd. 4, S. 206, sowie T. Glemma, *Dzieje stosunków kościelnych...*, S. 88.

Trosts zu erholen",[343] sondern griffen auch ihrerseits steuernd in die Verhandlungen der Synode ein. In enger Konsultation mit den weltlichen Synodalen erwirkten die Bürgermeister vor allem, daß die preußischen Städte und ihre Religionsgravamina angemessene Berücksichtigung in jener Bittschrift der protestantischen Stände fanden, welche dem König als Ergebnis der Synode durch eine förmliche Gesandtschaft übermittelt wurde.[344] Aber auch bei dem Synodalbeschluß, die Errichtung einer protestantischen Universität im Lande anzustreben, ist ein ursächlicher Zusammenhang mit Heinrich Strobands vorgängiger Initiative sehr wahrscheinlich.[345]

Für unsere Betrachtung am wichtigsten ist jedoch die Frage, wie die Städte auf die Einladung der Synodalen reagierten, sich der Bekräftigung des Consensus Sendomirensis förmlich anzuschließen. Dafür, daß die in Thorn anwesenden Bürgermeister zunächst um Bedenkzeit baten, gab es gute Gründe. Sie erklärten, dies nicht ohne gemeinsame Bewilligung durch Räte und Bürgerschaften entscheiden zu können, zumal eine allgemeine Vereinbarung in Sachen des Konfessionsstandes für das Land Preußen ein Novum wäre.[346] Eine zumindest ebenso gewichtige Rolle spielten aber wohl die unausgesprochenen Bedenken, den vorsichtigen Kurs der städtischen Politik in bezug auf die königlichen Vorbehalte an diesem Punkt zu verlassen.[347] So war es denn auch in der Sache hilfreich, daß die Synodalen nicht auf eine sofortige Festlegung drangen, sondern den Städten in gesonderten schriftlichen Botschaften einräumten, sich in der speziellen Frage des innerprotestantischen Konsenses auch nachträglich zu dem Werk der Synode zu äußern.[348] Zwar zogen sich auch die Verhandlungen darüber, welche nun zwischen den drei Städten in Gang kamen, in die Länge, wobei vor allem Danzig im Blick auf die Brisanz der Frage für die innerstädtischen Kirchenverhältnisse am meisten gezögert zu haben scheint.[349] Doch wurde

343 So der Auftrag der Danziger Dritten Ordnung, *Ordnungsrezesse* APGd. 300, 10/13, Bl. 211r. – 212v.; entsprechend die förmlichen Instruktionen des Rats an Bürgermeister Gerhard Brandes, APGd. 300, 53/1147, Bl. 87–97, sowie 300, 53/453, Bl. 327–337.

344 Die Angaben dazu bei G. Lengnich, *Geschichte der Preußischen Lande...*, Bd. 4, S. 209, werden bestätigt durch den Bericht, den der Elbinger Rat der Bürgerschaft am 14. 9. 1595 über den Verlauf der Synode gab: „Sie haben in Unser Sache sich erbothen In Legatione Conclusa auch die Preußischen Kirchen zu beforderen und sonderlich weill sie vor Admonition gethan Unser Praedicanten Im friede zu haldten ..."; APGd. 300 R/Vv 111, Bl. 229.

345 Zu Strobands Projekt vom Juni 1595 siehe oben, Anm. 305. – Der entsprechende Synodalbeschluß, G. Lengnich, *Geschichte der Preußischen Lande...*, Bd. 4, Anhang: Documente, S. 129, nennt freilich keinen Standort; doch lag es angesichts der bedrängten Lage der Protestanten in den anderen königlichen Städten nahe, daß ebenso wie für die Synode selbst auch für eine künftige Universität in erster Linie eine preußische Stadt in Frage kam. Stroband sollte sich denn auch seinerseits auf das Votum der Synode berufen, als er seinen Plan gegenüber den Danzigern und Elbingern im Herbst 1595 wieder ins Gespräch brachte; siehe Schreiben des Thorner an den Danziger Rat vom 9. 10. 1595, APGd. 300, 53/453, Bl. 221–228.

346 G. Lengnich, *Geschichte der Preußischen Lande...*, Bd. 4, S. 209.

347 Vor allem damit argumentierte jedenfalls der Elbinger Rat später in den internen Beratungen; APGd. 300 R/Vv 111, Bl. 229.

348 G. Lengnich, *Geschichte der Preußischen Lande...*, Bd. 4, S. 210 sowie Doc. 84–86.

349 Nachdem eine Konferenz von Vertretern der drei Städte Ende September oder Anfang Oktober 1595 offenbar keine Einigung erbracht hatte, waren es die Thorner, welche Danzig zu einer Entscheidung drängten, indem sie einen Katalog von Optionen unterbreiteten; Brief des Thorner an den Danziger Rat vom 9. 10. 1595, wie oben Anm. 345. – Aber auch in den Elbinger Aufzeichnungen finden sich Hinweise dar-

mit der Einigung auf ein „particulare scriptum“ der preußischen Städte zum Synodalkonsens letztlich eine Kompromißlösung gefunden, die allenfalls rhetorische Zugeständnisse an den Grundsatz einer religionspolitischen Sonderstellung des Landes implizierte. Ohne das Einigungswerk förmlich zu übernehmen, erklärten sich die Städte doch in allen Kernpunkten mit den Konfessionsverwandten einig, und zwar sowohl hinsichtlich der Vereinbarkeit ihres Augsburgischen Konfessionsstandes mit dem Konsens der protestantischen Konfessionen, als auch hinsichtlich der Verpflichtung, den Bekenntnisfrieden in diesem Rahmen durch strikte Kirchendisziplin zu bewahren.[350] Stellt man in Rechnung, daß diese Entscheidung im Bewußtsein der konfessionell polarisierenden Wirkungen der Synode gefallen war, so ist klar, daß alle drei Städte damit endgültig gegen das konfessionelle Luthertum optiert hatten.

II. 6. Gegenreformatorische Herausforderung und Krise: Der Danziger Konfessionsstreit (1595–1606)

Was die forcierten Einigungsbestrebungen der Dissidenten auf der Thorner Generalsynode 1595 getragen hatte, war nicht zuletzt das rasch wachsende Bewußtsein einer politischen Krise des Protestantismus.[351] Das Interregnum nach dem Tod des ausgleichenden Königs Báthory und

auf. Es war hier die Bürgerschaft in der Präsentierten Gemeinde, die sich umstandslos für den Synodalkonsens erklärte: „Anlangend den Consensum soldte mann derselben Unterschreiben, woferne es bey Königl. Mytt. nicht Nachtheilig seinn Möchte, sonsten sehen sie keine Ursachen warumb Mann den Consensum Nicht Subscribiren solle.“ Der Rat dagegen teilte zwar das Urteil in der Sache, äußerte jedoch Zweifel in bezug auf die Durchsetzbarkeit dieses Kurses: „So viel den Consensum anlanget so siehet E. E. Rath das solches nicht woll sich werde tun lassen, Jedoch stehet es Inn gemeiner Vergleichung der Erb. Städte. Es erachtet aber E. E. Rath daß es füglicher geschehe durch ein peculiare scriptum daß Mann sich dennoch erzeyge daß Mann Mitt Ihnen einig“; APGd. 300 R/Vv 111, Bl. 230.

350 Die gemeinsame Stellungnahme der preußischen Städte APGd. 300 R/Pp 82, Bl. 617–619; BUW Ms Nr. 590 [Syn. 3], Bl. 270v. – 272v.; ferner bei G. Lengnich, *Geschichte der Preußischen Lande*..., Bd. 4, Doc. 138–140: „Denn es wären verschiedene und zwar wichtige Ursachen, die ihren Willen in solchem Vorsatz zurück hielten, indem es mit ihren Kirchen, so wol was die Einrichtung, als auch die desfals erlangten Privilegien beträfe, eine gantz andere Bewandniß, als mit den Polnischen und Litthauischen hätte. Derohalben, da sie, die Städte, jederzeit nichts sehnlicher gewünschet, als bey der einmahl erkannten Wahrheit des göttlichen Worts, vornehmlich bey den Schriften der Propheten und Apostel, und bey dem aus denselben gezogenen Augspurgischen Bekänntniß, und dessen Apologie beständig ... zu verharren, welchen Schriften die auf dem Synodo versammlet gewesene Glaubens-Genossen gleichfals beypflichteten (quae omnia Illustr. Mag. Gener. et R. D. D. V. probari), als wären sie des Vertrauens, man würde von ihnen weiter keine solche Unterschreibung begehren. Indessen ... wolten sie solches, zur Versicherung hiemit unterschrieben und besiegelt haben: mit dem Versprechen, fleißige Sorge zu tragen, daß ihre Prediger das lautere Wort Gottes, im Geist der Sanfftmut, lehren, und blos dasjenige zum Christlichen Unterricht, und gutem Wandel dienete, offentlich vortragen, hergegen solcher Schriften und Predigten sich enthalten möchten, wodurch jemand verletzet, die Schwachgläubigen geärgert und der Kirchen-Frieden gestöret werden könte. Daneben sollte nichts, so der Vereinigung der Kirchen wiederstrebte, durch den Druck bekant gemacht werden.“

351 Dazu allgemein neben G. Schramm, *Der polnische Adel*..., S. 281 ff., auch W. Krasiński, *Zarys dziejów*..., Bd. 2/1, S. 60 ff., sowie K. E. J. Jørgensen, *Ökumenische Bestrebungen*..., S. 131 ff.

die Wahl Sigismunds III. Vasa hatten einen Umschwung gebracht, der die Bestrebungen des katholischen Lagers, zu einem offensiveren Kurs überzugehen, sichtlich begünstigte. Nicht länger jedenfalls mußte der katholische Klerus damit rechnen, durch eine strikt „rechtsstaatliche" Politik des Hofes in seiner Bewegungsfreiheit eingeengt zu werden, und entsprechend hatte Primas Karnkowski schon auf der Petrikauer Provinzialsynode von 1589 offen dazu aufrufen können, die Konfrontation mit den Dissidenten auch dort entschlossener zu suchen, wo diese über rechtlich gesicherte Freiräume verfügten. Dem Anspruch der Dissidenten auf Freiheit der ihrer Konfession gemäßen Lehre sollte überall mit der Vertreibung häretischer Prediger und Lehrer begegnet werden, und zwar auch und vor allem in den königlichen Städten.[352]

Auf mehreren Ebenen zugleich war denn auch der Konflikt seit dem Ausgang der achtziger Jahre des 16. Jahrhunderts im gesamten Unionsstaat aufgebrochen. Tumulte katholischer Stadtbewohner, die sich gegen protestantische Kirchen richteten, wie sie erstmals während des Interregnums in Krakau inszeniert worden waren, sollten sich in der Folge hier wie in anderen Königsstädten mit evangelischen Minderheitsgemeinden wiederholen; vor allem Posen und Wilna waren neben Krakau betroffen.[353] Daneben aber gerieten auch die mehrheitlich protestantischen Städte Preußens unter Druck, da hier die Bischöfe auf gerichtlichem Wege die Revindikation von Pfarrkirchen und Stadtklöstern betrieben und damit, beginnend bei den kleinen Städten, erste massive Einbrüche erzielten.[354] Schließlich: Indem die protestantischen Stände mit verstärkten Anstrengungen reagierten, die rechtliche Konsolidierung des Religionsfriedens von 1573 durchzusetzen, kam in der Reichstagspolitik eine offene Auseinandersetzung über den Bestand der Warschauer Toleranzkonföderation in Gang.[355]

Wenn hier die Kräfte einstweilen noch halbwegs gleichmäßig verteilt schienen, so konnte dies doch nicht darüber hinwegtäuschen, daß ein Konsens in bezug auf die Grundsätze der Konföderation auch ständepolitisch nicht mehr bestand. Zwar erzielten die Dissidenten nach mehreren Anläufen immerhin einen Teilerfolg, indem sie auf dem Reichstag von 1593 gegen den zähen Widerstand der geistlichen Senatoren eine Konstitution „de tumultibus" durchsetzten, die als rechtliche Anknüpfung an den Religionsfrieden von 1573 gedeutet werden konnte.[356] Doch

352 G. Schramm, *Der polnische Adel...*, S. 285; über Ablauf und Bedeutung dieser ersten katholischen Provinzialsynode seit 1577 Michał Morawski, *Synod Piotrkowski w 1589 roku*, Włocławek 1937.

353 Ausführlich dazu Wacław Sobieski, *Nienawiść wyznaniowa tłumów za rządów Zygmunta III*, Warszawa 1902; vgl. auch W. Krasiński, *Zarys dziejów...*, Bd. 2, T. 1, S. 69 ff.

354 Die Abläufe im Überblick bei H. Neumeyer, *Kirchengeschichte...*, S. 109 ff., sowie *Historia Pomorza...*, Bd. 2, T. 1, S. 405 ff.; allerdings nur bei W. Krasiński, *Zarys dziejów...*, Bd. 2, T. 1, S. 70, ist auch der politische Zusammenhang mit den Ereignissen in den polnischen und litauischen Kronstädten vom Autor deutlich erkannt worden. – Wenngleich in gewisser zeitlicher Parallele, so doch relativ unabhängig davon verlief im Königlichen Preußen die Rekatholisierung auf dem Lande. Auch für die preußische Entwicklung nämlich galt, daß der zeitliche Ablauf wie auch in anderen Kronländern durch Rekonversion des Landesadels sowie der Starosten auf den Krongütern bestimmt wurde, hier allenfalls beschleunigt durch den unter Sigismund III. rasch wachsenden Zustrom nichtindigener, katholischer Starosten und anderer Kronbeamter; siehe G. Schramm, *Der polnische Adel...*, S. 134 f.

355 Kazimierz Lepszy, *Walka stronnictw w pierwszych latach panowania Zygmunta III*, Kraków 1929; ders., *Rzeczpospolita Polska...*; M. Korolko, *Klejnot...*

356 Siehe G. Schramm, *Der polnische Adel...*, S. 289 f., sowie Henryk Gmiterek, *Problemy różnowierstwa na forum sejmiku lubelskiego do połowy XVII wieku*, in: *Acta Universitatis Wratislaviensis*, Nr. 945, *Historia*, 66, Wrocław 1988, S. 161–169, hier S. 164. – Den Ausschlag hatte bei dem Erfolg von 1593 of-

schon die Bemühungen, dieses Gesetz zur Ahndung von Tumulten zu bestätigen und zu präzisieren, liefen sich auf dem folgenden Reichstag von 1595 erst einmal wieder fest,[357] ja, den Forderungen der Dissidenten, ihre Gleichstellung mit den Katholiken rechtlich bestätigt sehen zu wollen, wurde von der Gegenpartei nun auch direkt widersprochen.[358] Als wenige Monate später die Thorner Generalsynode zusammentrat, schien der konfessionspolitische Status aller protestantischen Stände in Polen-Litauen wiederum ungewiß.

Vor dem Hintergrund der krisenhaften Entwicklung auf der Ebene des Gesamtstaats sind nun auch jene innerstädtischen Religionskonflikte zu sehen, welche nach 1595 in allen drei preußischen Städten zu einer allmählichen Erosion des Bekenntniskonsenses und in Danzig schließlich zur offenen politischen Krise führen sollten. Daß ein Zusammenhang zwischen Gegenreformation und innerprotestantischem Konfessionsstreit bestand, hat die Landeshistorie freilich in gewisser Weise auch stets wahrgenommen, ist doch namentlich im Danziger Fall vielfach auf die Instrumentalisierung des Calvinismus-Streits durch die bischöfliche Politik gegenüber der Stadt hingewiesen worden.[359] Durchweg jedoch erscheinen hier die kausalen Verknüpfungen verkehrt. Denn die nähere Betrachtung zeigt, daß nicht etwa, wie stets angenommen, akute innerstädtische Konflikte zwischen lutherischer Bürgerschaft und calvinistischem Rat am Anfang standen und ein Eingreifen der gegenreformatorischen Kräfte provozierten. Vielmehr sollten die Eingriffe von außen ihrerseits offenbar sowohl die Anlässe schaffen als auch die politischen Argumentationsmuster dafür liefern, daß die städtischen Konfessionsgegensätze sich schrittweise politisierten, um letztlich in einen Konflikt zwischen Bürgerschaft und Stadtregiment einzumünden.

Vor allem folgende Beobachtungen über den Ablauf der Danziger Konflikte sprechen dafür, die Faktoren in solcher Weise zu gewichten:

– In ihrer zeitlichen Abfolge gingen die äußeren Impulse zur Politisierung der Bekenntnisfrage den innerstädtischen mit deutlichem Abstand voraus. Gerade in die neunziger Jahre war Danzig erstmals weitgehend ohne konfessionellen Konfliktstoff eingetreten, nachdem mit der endgültigen Differenzierung des konfessionellen Profils der Stadtkirche auch die religiösen Protestbe-

fenbar die Tatsache gegeben, daß sich der Vasakönig gerade außerhalb des Reiches, in Schweden, aufhielt und die Initiative auf dem Reichstag bei dem ausgleichenden Kronkanzler Jan Zamoyski lag. Dabei mußten freilich auch die Dissidenten Einschränkungen ihrer Interessen hinnehmen. Das Gesetz über die Bestrafung von Tumulten nahm nur indirekt auf den Grundsatz religiöser Toleranz Bezug, und vor allem sollte es vorerst nur für die Zeit der Abwesenheit des Königs gelten.

357 Erst 1596 und erneut 1598 wurde das Gesetz jeweils befristet verlängert. Die Grundsatzdebatte über die Bestätigung der Warschauer Konföderation versuchten die Dissidenten dann erst in der zugespitzten Situation der Reichstage von 1601 und 1603 wiederum offensiv zu führen, und das Scheitern ihrer Vorstöße machte jetzt bereits ein Abrücken der Stände von der Toleranzpolitik sichtbar.

358 Siehe dazu unter anderem die Berichte der Danziger Beauftragten über die Debatten des Reichstags von 1595, APGd. 300 R/Pp 54, Bl. 238 ff.

359 Bereits die zeitgenössischen lutherischen Kommentare stellen diesen Zusammenhang her; siehe E. Bötticher, *Historisches Kirchenregister...*, APGd. 300 R/Pp 25, Bl. 672 ff., sowie die 1608 kompilierte „Declaratio und Gründliche Erklärung..." der lutherischen Partei im Danziger Streit, APGd. 300 R/Pp 16, Bl. 202 ff. Dieselbe Argumentation bei Ch. Hartknoch, *Preußische Kirchen-Historia...*, S. 1013 ff., später etwa bei P. Simson, *Geschichte der Stadt Danzig...*, Bd. 2, S. 401.

wegungen in der Bürgerschaft in der Zeit des Interregnums an ihr Ende gekommen waren.[360] Die katholischen Anläufe zur Revindikation der städtischen Pfarrkirchen und Klöster trafen also auf eine seit längerem stabile kirchliche wie gemeindliche Koexistenzlage, und erst mit mehrjähriger Verzögerung, um 1600, sollte daran wiederum eine neue, politische Bürgerschaftsopposition anknüpfen.

- Dem entsprach, daß das zentrale konfessionsrechtliche Argument, mit dem die Danziger Bürgerschaft später in den Konflikt mit dem Rat eintrat, zunächst im Kontext des Pfarrkirchenstreits ins Spiel gebracht worden war. Es war die bischöfliche Auslegung der städtischen Religionsprivilegien, in der die rechtliche Zugehörigkeit der Städte zur Bekenntnisgemeinschaft der polnisch-litauischen Protestanten zum ersten Mal bestritten und statt dessen eine verpflichtende Bindung an das Luthertum behauptet wurde.
- Noch im Verlauf des innerstädtischen Konfliktes selbst aber sind die gegenreformatorischen Einflüsse offenbar unmittelbar wirksam geblieben. Denn die opponierende Danziger Bürgerschaft sollte nicht nur den konfessionsrechtlichen Ansatz der katholischen Einflußnahme aufgreifen, sondern mit dieser auch direkt zusammenwirken. Bei dem Versuch jedenfalls, in der entscheidenden Konfliktphase eine Intervention des Königs gegen das Handeln des Danziger Rates herbeizuführen, arbeiteten die Vertreter der opponierenden Bürgerschaft am Krakauer Hof nachweislich mit den dortigen Jesuiten Hand in Hand.

Daß von der Aktivierung der bischöflichen Revindikationspolitik in bezug auf die Stadtkirchen eine derartige Entwicklung ausgehen würde, war freilich in der Ausgangssituation von keiner Seite vorauszusehen. Die seit 1592 durch die Bischöfe von Kujawien, Kulm und Ermland angestrengten Prozesse gegen die preußischen Städte in ihren jeweiligen Diözesen galten dem Versuch, mit einer wohlkoordinierten Offensive soviel Terrain wie möglich im ganzen Land zurückzugewinnen, wobei man einkalkuliert haben dürfte, von Fall zu Fall unterschiedlich schnell und unterschiedlich weit voranzukommen. Durchschlagende Wirkung versprachen die Anläufe gegen die kleinen Städte. Da deren Hilfeersuchen an die Stände schon auf dem preußischen Landtag an einer entschlossenen katholischen Mehrheit scheiterten,[361] kamen die von den Bischöfen erwirkten Urteile und königlichen Auslieferungsmandate meist binnen weniger Jahre zur Exekution, und vielfach war damit bereits die stadtkirchliche Organisation zerschlagen. Während Marienburg und Stargard nach dem Verlust der Pfarren zumindest eine protestantische Stadtkirche behielten, überdauerten die protestantischen Gemeinden andernorts nur als „Rathausgemeinden", wenn sie nicht überhaupt in Verfall gerieten.[362] Die großen Städte dagegen schienen nicht nur ungleich besser gerüstet, sich der Exekution juristisch und politisch zu widersetzen,[363]

360 Siehe vorhergehendes Kapitel. Dabei ist bezeichnend, daß die für die achtziger Jahre des 16. Jahrhunderts charakteristischen Protestformen der spontanen Straßentumulte künftig überhaupt ausbleiben sollten. Auch in der Hochphase des sich danach neu anbahnenden Danziger Konflikts blieb die Konfrontation mit calvinistischen Geistlichen und Räten ausschließlich eine Angelegenheit der verfaßten Bürgerschaft, was nicht zuletzt von einer anderen politischen Qualität des späteren Konfessionsstreits zeugt.

361 Vgl. den Bericht über die vergeblichen Klagen der Stadt Schöneck auf dem Graudenzer Landtag von 1594 bei G. Lengnich, *Geschichte der Preußischen Lande...*, Bd. 4, S. 187–190.

362 Übersicht über die Kirchenverhältnisse der kleinen Städte nach dem Stand der Jahrhundertwende bei H. Neumeyer, *Kirchengeschichte...*, S. 110 f.

363 Die Welle der Gerichtsurteile und Auslieferungsmandate gegen die drei Städte begann mit nur geringen zeitlichen Verschiebungen. Während Thorn und Elbing noch 1592/93 mit Urteilen des königlichen As-

sondern es stand für sie auch nie die Existenz der städtischen Kirchenorganisationen auf dem Spiel. Eher auf langfristige Einwirkungsmöglichkeiten war hier denn auch die bischöfliche Revindikationspolitik ausgerichtet. Indem man den Besitz der Oberpfarrkirchen unter Berufung auf das königliche Patronatsrecht einklagte, sollte es zunächst darum gehen, neben dem königlichen auch den bischöflichen Hoheitsanspruch gegenüber den Städten neu zu bekräftigen[364] sowie den Weg für eine künftige städtische Präsenz der Jesuiten zu ebnen.[365]

Auch die großen Städte überzeugten sich freilich rasch davon, daß der Herausforderung nicht durch bloße Obstruktion gegen Prozesse und Exekutionsmandate allein begegnet werden konnte. Die Beziehungen zum Hof und den Institutionen des Unionsstaates durften nicht durch frontalen Widerstand auf Dauer belastet werden. Vielmehr kam es darauf an, in der Kirchenfrage auch rechtliche, vor allem aber politische Gegenpositionen aufzubauen. Es war dies der wichtigste Impuls für jene beschleunigte Annäherung der Städte an die gesamtstaatliche Unionsbewegung der Protestanten, von deren bekenntnisgeschichtlichen Aspekten oben die Rede war.[366] Der förmlichen Einordnung in den Bekenntniskonsens der polnisch-litauischen Protestanten entsprach politisch das Bestreben, den Schutz der Warschauer Konföderation für die Städte zu reklamieren sowie die Frage der städtischen Kirchen in diesem Sinne zur gemeinsamen Sache der dissidentischen Stände zu machen.

sessorialgerichts bzw. mit entsprechenden königlichen Mandaten konfrontiert wurden, erfolgt die erste Prozeßvorladung an Danzig im Frühjahr 1593. Siehe P. Simson, *Geschichte der Stadt Danzig...*, Bd. 2, S. 404; G. Lengnich, *Geschichte der Preußischen Lande...*, Bd. 4, S. 153; J. E. Wernicke, *Die Kirchen der Stadt Thorn...*, APT Kat. II, X–25, Bl. 172 f.; K. Maliszewski, *Stosunki religijne...*, S. 278; E. Carstenn, *Geschichte der Hansestadt Elbing...*, S. 358. – Von Anfang an waren die Klagen in der Hauptsache der Pfarrkirchen begleitet von einer Vielzahl anderer Klagesachen. So erhielt Danzig ebenfalls in der ersten Jahreshälfte 1593 vier weitere Vorladungen, bei denen es um Eingriffe in die bischöfliche Gerichtsbarkeit, Raub von Kirchengut und Behinderung bischöflicher Beamter ging; gegen Thorn richtete sich 1593 ein Urteil, das die ehemaligen Besitzungen der Benediktinerinnen auf dem Stadtterritorium den unlängst nach Thorn zurückgekehrten Nonnen zusprach. *Historia Gdańska...*, Bd. 2, S. 593, K. Maliszewski, *Stosunki religijne...*, S. 283, auch Conrad Möller, *Thorner Annalen (1587–1602)*, APT Kat. II, XIII–12, Bl. 46. – Ebenfalls gleich zu Anfang verständigten sich die drei großen Städte ihrerseits darauf, gerichtlichen Vorladungen wegen der Pfarrkirchen grundsätzlich keine Folge zu leisten sowie entsprechende Urteile zurückzuweisen; siehe J. E. Wernicke, *Die Kirchen der Stadt Thorn...*, APT Kat. II, X–25, Bl. 172 f.

364 So erklärte der kujawische Bischof 1595, daß er den Danzigern „von Gott zum Pastoren gesezet“ sei und daß Bischof und König gemeinsam die widerstrebende Stadt zu züchtigen hätten – nach dem Vorbild des französischen Königs, der „in seinem reich wol 18 oder mehr solche Dantzig und Sehestädte (hätte), so sonsten gemeiniglich seditiosa wären, hielte sie dennoch im Zwange“; APGd. 300 R/Pp 55, Bl. 242 f.

365 Am deutlichsten ist der Zusammenhang in Thorn, wo bereits 1593 eine Vereinbarung des Kulmer Bischofs Piotr Kostka mit den Jesuiten diesen den Gebrauch der umstrittenen Pfarrkirche St. Johann einräumte und die Übertragung der zugehörigen Pfarrschule als künftiges Kolleg in Aussicht stellte. Der 1596 zwischen Stadt und Bischof erzielte Kompromiß über die Herausgabe der Johanneskirche sollte dann zwar die Übernahme der Johannesschule ausdrücklich ausschließen; doch setzte diese sich auch hier 1600 endgültig durch. Siehe J. E. Wernicke, *Die Kirchen der Stadt Thorn...*, APT Kat. II, XIII–12, Bl. 173 u. 180–182; G. Lengnich, *Geschichte der Preußischen Lande...*, Bd. 4, S. 380; T. Glemma, *Dzieje stosunków kościelnych...*, S. 22; K. Maliszewski, *Stosunki religijne...*, S. 278–280.

366 Siehe S. 107 ff.

Dabei sehen wir Räte und verfaßte Bürgerschaften in den drei Städten seit 1593 einmütig an der Formulierung eines gemeinsamen kirchenpolitischen Programms beteiligt. Man stimmte nicht nur hinsichtlich der städtischen Religionsprivilegien in der Auslegung überein, daß ein Wiedereinzug der Katholiken in die Pfarrkirchen durch das Verbot von Zeremonienänderungen ausgeschlossen worden sei. Vielmehr wurde offenbar auch der Unionskurs gegenüber den polnisch-litauischen Religionsverwandten in der Konföderationssache von den städtischen Ordnungen in gleichem Maße gebilligt.[367] So setzte sich nach innen wie nach außen als ein zunächst unangefochtener Konsens der städtischen Kirchenpolitik folgende Argumentationslinie durch: Da die geforderte Abtretung der Pfarren die Bekenntnisfreiheit der Städte berühre, sei nicht nur deren Privilegienstatus betroffen, sondern auch das höherrangige Toleranzrecht des Reichs, das die drei protestantischen Bekenntnisse des Sandomirer Konsenses in ihren Schutz einschließe; nicht zuletzt folge daraus aber auch, daß die Sache nicht allein den königlichen Stadtherrn und dessen Gerichte, sondern die Stände insgesamt angehe, und zwar, wie die Danziger gegenüber dem Reichstag von 1594 argumentierten, aus folgenden Gründen: „Weil es betrifft die Privilegien, Rechte königlichen Indulten und die Religions-Confoederation selbst, von welcher der Gebrauch der Kirchen nicht könne geschieden werden ... Weil aus den titul der Confoederation offenbahr, daß sie nicht den Orden des Adels allein, sondern auch die Städte angehen, sintemahl darinn der Städte ausdrücklich gedacht wird ... Weill die General Confoederation unter denen, so in der Religion nicht einig, von allen Ständen geschlossen und bewilligt ist, derohalben soll auch von allen Orden über dieselben auff allgemeiner deß Reiches Zusammenkunfft erkandt werden ... Weil die Veränderung der Kirchen ehe geschehen, weder die Confoederation jemals zu seyn angefangen, derohalben alles, waß für die Confoederation beseßen und gebraucht ist von den Evangelischen, das wirdt in dem Confoederationsfried vor begriffen gehalten ... Weil alle Excesse, so wegen der Confoederation einfallen können (wohin auch die Quaestion von besitzen oder abtretung der kirchen gehöret) nicht allein vermöge der Constitution deß Reichstages zu Warschau Ao. 1587, sondern auch laut dem Receß der Convocation itziger Königl. Mtten de Ao. 1588 auf ofentlichem Reichstage allein entschieden solen werden.“[368]

Die starke Resonanz des dissidentischen Adels auf diese Argumentationsrichtung der städtischen Politik war denn auch die wichtigste Ursache dafür, daß sich die Durchsetzung der bischöflichen Forderungen an die großen Städte früh komplizierte. Indem es diesen gelang, den Reichstag als Instanz ins Spiel zu bringen, war die Exekution der so umstandslos erlangten Rechtstitel in bezug auf die strittigen Pfarr- und Klosterkirchen zunächst blockiert; ja, es schien

367 Der früheste Beleg dafür scheint die von den Danziger Ordnungen verfaßte Protestation vom Herbst 1593 zu sein, in der die Vorladung der Stadt vor das Assessorialgericht durch den kujawischen Bischof zurückgewiesen wird; sie sei unrechtmäßig, weil „1. Wieder die Confoederation, so von der gantzen Crohn beliebet und von Königl. May. beschworen, ginge, in dem in derselben ausdrücklich versehen, daß man bey der Freyheit der Religion und also auch der Kirchen, zumahle in den selben die religion exerciret werden müste, friedlich solte gehandhabet und geschätzet werden 2. Wieder der Stadt Privilegien, daß nemlich die Religion und Ceremonien in ihren Kirchen nicht solten geändert werden 3. Wieder den Schluß des jüngsten Reichstags de pace publica, daß keiner aus irgkeinerley Ursach zu turbiren. 4. Wieder den Ruhestand der Stadt, alß welcher leicht durch die Menge des Volckes in Gefahr gesetzet werden möchte“; APGd. 300 R/Pp 54, Bl. 139 f.

368 APGd. 300 R/Pp 54, Bl. 148 f., sowie APGd. 300 R/Pp 82, Bl. 565–566. – Analog auch die Argumentation in dem „Discursus in der Religions Sache für die Preußischen Städte“ von 1595, wie oben, S. 78.

überhaupt fraglich, ob sich der bisher verfolgte Kurs, die Sache ganz auf die stadtherrlichen Prärogativen des Königs zu stützen, rechtlich und vor allem politisch würde durchhalten lassen. Denn schon 1595 erzwangen die Danziger, daß sich das Reichstagsgericht nicht nur mit der Exekutionsforderung gegen die Stadt, sondern auch mit deren Gegenklage gegen den kujawischen Bischof befaßte.[369] Und wenn der König als Gerichtsherr auch in beiden Fällen zugunsten des Bischofs entschied, so war er doch nicht in der Lage, die daraufhin angebotene Mediation des Kronkanzlers sowie einiger protestantischer Senatoren abzuweisen.[370] Um die katholische Sache voranzubringen, mußten also neue Ansatzpunkte gefunden werden.

Ebenfalls seit 1595 läßt daher auch die bischöfliche Politik ein neues, mit dem städtischen Programm kontrastierendes Argumentationsmuster erkennen. Der kujawische Bischof Hieronim Rozrażewski bestritt nicht nur grundsätzlich, daß die Städte sich auf den Schutz der Warschauer Konföderation berufen dürften,[371] sondern führte nun auch den besonderen Bekenntnisstand der preußischen Stadtkirchen zur Begründung kirchenpolitischer Intervention ins Feld. Da er den Danzigern „von Gott zum Pastoren gesezet" sei, habe er auf rechtmäßigen Gebrauch der Stadtkirchen gemäß der privilegierten Confessio Augustana zu sehen und auch denen beizustehen, welche unter Verstößen gegen die Religionsprivilegien litten; „da aber jetzo Bürgermeister, Rathmanne und sonsten andere mehrentheils Calvinisch worden, so wären etliche Lutheraner zu ihme kommen, und sich angebothen, beystand zu leisten, umb die Calviner aus den Kirchen zu treiben, und daß sie nebenst den Catholischen, ihr Exercitium haben möchten".[372]

Daß dabei tatsächlich lutherische Klagen aus den Reihen der Danziger Bürgerschaft eine Rolle gespielt haben könnten, machen vor allem die weiteren Abläufe unwahrscheinlich. Nicht von Calvinismus-Vorwürfen war in den Verhandlungen der Danziger Ordnungen 1595/96 die Rede, sondern in erster Linie davon, wie die gemeinsame Diplomatie der drei Städte im Sinne der seit 1594 verfolgten Abwehrstrategie fortzusetzen sei.[373] Um so entschiedener dagegen schien die katholische Seite in der Folge auf eine Verknüpfung der Calvinismus-Frage mit dem Streit um die bischöflichen Rückgabeansprüche hinzuarbeiten. Nachdem die Verhandlungen über die Danziger Marienkirche und das Brigittenkloster im Frühjahr 1596 abermals ins Stocken geraten waren[374]

369 G. Lengnich, *Geschichte der Preußischen Lande...*, Bd. 4, S. 196–198.

370 *A.a.O.*, S. 197 f. sowie S. 214.

371 Siehe den Bericht, den die Danziger Ratsbeauftragten nach dem Reichstag über das dortige Auftreten des Bischofs erstatteten; *Ordnungsrezesse*, APGd. 300, 10/13, Bl. 109r., 110r.; vgl. auch *Korespondencja Hieronima Rozrażewskiego*, hrsg. von Paweł Czaplewski, Bd. 2, Toruń 1939, passim.

372 Votum Rozrażewskis vor dem Senat auf dem Reichstag von 1595, APGd. 300 R/Pp 54, Bl. 238. – Dieselbe Argumentation findet sich ausführlich auch in einer Denkschrift des Bischofs über den Streit mit Danzig, die er nach dem Reichstag den führenden protestantischen Senatoren zukommen ließ; *a.a.O.*, Bl. 358–365.

373 Siehe *Ordnungsrezesse*, APGd. 300, 10/14, passim.

374 R. Curicke, *Der Stadt Dantzig historische Beschreibung...*, S. 360; G. Lengnich, *Geschichte der Preußischen Lande...*, Bd. 4, S. 226, sowie P. Simson, *Geschichte der Stadt Danzig...*, Bd. 2, S. 416 f.; ausführlicher Bericht über die Verhandlungen zwischen Stadt und Bischof in *Auszug aus Eberhard Böttichers Historischem Kirchenregister...*, APGd. 300 R/Pp 15, Bl. 274–293. – Zum weiteren Verlauf des Streits um das Brigittenkloster Richard Stachnik, *Die Kloster-Chronik von St. Brigitten in Danzig. 1600–1618*, in: *Zeitschrift für Geschichte Ermlands*, Bd. 30 (1960), S. 63–119.

und nun auch der Hof seine Präferenz für eine Kompromißlösung signalisiert hatte,[375] wurde jedenfalls die Bekenntnisfrage wieder aufgegriffen. Auf direkte Anordnung des kujawischen Bischofs protokollierte ein Danziger Notar eine Predigt von Jakob Fabricius, die den Vorwurf der Verbreitung der calvinistischen Abendmahlslehre belegen sollte,[376] und wenig später ließ der Bischof dem Danziger Rat eine Vorladung für Fabricius zustellen, um ihn wegen unrechtmäßiger reformierter Lehre in den Stadtkirchen zur Rechenschaft zu ziehen.[377] Zwar gelang es dem Rat, die Vorladung abzuweisen. Doch kam es hierüber jetzt sowohl mit dem König als auch mit der Bürgerschaft zu längeren Disputen,[378] die ihrerseits das Terrain dafür bereitet haben könnten, daß Rozrażewskis Nachfolger auf dem Leslauer Bischofsstuhl, Jan Tarnowski, schließlich die Abtretung einer reformierten Pfarrkirche als Kompromiß in dem alten Streit vorschlagen konnte. Da, wie Tarnowski erklärte, „fast alle Kirchen wieder die Königliche Religions Caution, mit Calvinischen Predigern besetzet wären", gebe es hinreichende Handhabe, der Stadt mehr als nur die Marienkirche abzusprechen; doch könne er sogar „von der großen Pfarrkirche abstehen, man wolle ihm nur St. Peters Kirche als die gantz mit Calvinistischen Predigern besetzet, welche gar kein Recht dazu haben, einräumen".[379]

375 Nach einem Ultimatum des Bischofs vom Juli 1596 hatte der Danziger Rat an den Hof appelliert und darauf die Weisung erhalten, sich notfalls durch Abtretung einer anderen als der Marienkirche mit dem Bischof zu einigen; *Auszug aus Eberhard Böttichers Historischem Kirchenregister…*, APGd. 300 R/Pp 15, Bl. 296. – Auch in der Frage des Brigittenklosters war insofern eine Wende eingetreten, als Königin Anna die Aufnahme von Nonnen aus dem schwedischen Mutterkloster der Danziger Brigitten gefördert und damit verhindert hatte, daß die 1593 bereits verfügte Übertragung des Klosters an die Jesuiten realisiert werden konnte; P. Simson, *Geschichte der Stadt Danzig...*, Bd. 2, S. 408.

376 Das notarielle Protokoll vom 11. 4. 1596 findet sich gleich mehrfach wiedergegeben in den Aktendokumentationen im Zusammenhang mit der Klage der protestierenden lutherischen Bürgerschaft von 1605; unter anderem APGd. 300 R/Qq 13, Bl. 165–168; APGd. 300 R/Pp 19, Bl. 487–490; APGd. 300 R/Pp 16, Bl. 195–199.

377 Text der Vorladung: APGd. 300 R/Pp 6, Bl. 565 f. – Dazu der Kommentar von Eberhard Bötticher in *Auszug aus Eberhard Böttichers Historischem Kirchenregister…*, APGd. 300 R/Pp 15, Bl. 298 f.: „…in dem [der Bischoff] die uneinigkeit wegen der religion in allen emptern der stadt, Geistlichen und weltlichen Standes wie auch unter dem Gemeinen Mann vermerckte, Vermeinte also sein Vorhaben glücklich auß zuführen und weil diese Uneinigkeit das beste Mittel hie zu war warff er einen knochen unter die hunde noch mehr streit anzurichten, und ein loch durch ander mehr privilegia zu bohren."

378 Nur dadurch, daß die Bürgerschaftsvertreter in der Dritten Ordnung in dieser Frage gespalten waren, hatte der Rat sich zunächst mit der Auffassung durchgesetzt, Fabricius müsse als Danziger Bürgersohn gegen eine derartige Vorladung geschützt werden. Angesichts neuer Vorladungen, unterstützt durch königliche Dekrete, hielt der Druck aber an, bis die Vermittlung des pommerellischen Wojewoden 1597 zur Niederschlagung des Verfahrens führte. Siehe *Ordnungsrezesse*, APGd. 300, 10/14, Bl. 279r.; zu den Begleitumständen *Auszug aus Eberhard Böttichers Historischem Kirchenregister…*, APGd. 300 R/Pp 15, Bl. 296–299, sowie R. Curicke, *Der Stadt Dantzig historische Beschreibung...*, S. 361.

379 So der Bericht über die Verhandlungen Tarnowskis in Danzig im Juni 1601 bei E. Bötticher, *Historisches Kirchenregister…*, APGd. 300 R/Pp 25, Bl. 699–703. – Analog begründete 1602 der Ermländische Bischof seine Forderung auf Herausgabe der auf Elbinger Gebiet gelegenen Pfarrei Braunsberg: Auch Elbing könne sich nicht auf die durch die Religionsprivilegien zugestandene Kirchenhoheit berufen, da „man alhiero secten duldete, da doch der stadt allein die augspurgische confession were frey gelassen"; *Gemeinderezesse*, APGd. 369, 1 Nr. 24, Bl. 18.

Weder in Danzig freilich noch gar in Thorn oder Elbing sollte sich der Ausgang des Pfarrkirchen-Streits an dieser Frage entscheiden. Während Thorn noch 1595 mit der Einwilligung, die Johanneskirche an die Katholiken auszuliefern, den Weg einer raschen separaten Konfliktlösung eingeschlagen hatte,[380] zögerte Elbing diesen Schritt durch erfolgreiche Behinderung der Exekution bis 1617 hinaus;[381] für Danzig schien der Konflikt 1601 ohne äußere Einbußen beigelegt, nachdem die Verhandlungen mit Bischof Tarnowski auf die förmliche Übertragung des ohnehin in katholischer Hand befindlichen Brigittenklosters umgelenkt worden waren.[382] Doch hatte die politische Kontroverse über den privilegierten Bekenntnisstand der Städte, an der überall auch die verfaßte Bürgerschaft beteiligt gewesen war,[383] deutlich Bewegung in die innerstädtischen Konfessionsbeziehungen gebracht. Die lutherischen Kritiker des städtischen Kirchenregiments, auf die Bischof Rozrażewski sich 1595 in bezug auf Danzig berufen hatte, meldeten sich um 1600 in allen drei Städten tatsächlich zu Wort.

Dabei ist bezeichnend, daß es durchweg die alten, seit längerem verfestigten „Ungleichheiten" in den städtischen Kirchenbräuchen waren, woran sich die neuen Konflikte entzündeten. Während freilich die Elbinger Quellen nur lakonisch berichten, daß seit 1598 der Streit „mit Calvinern und lutherischen Predigern von vorne angefangen" habe,[384] läßt sich die Thorner Entwicklung schon deutlicher erkennen. Die lange umgangene Diskussion über die Abendmahlsbräuche spitzte sich hier um 1600 zu einer offenen gemeindlichen Auseinandersetzung zu, in deren Folge der langjährige deutsche Senior Martin Trisner weichen mußte,[385] die letztlich aber auch die polnischen Brüdergeistlichen unter Druck gesetzt zu haben scheint, sah sich deren Ältester Jan Turnovius doch 1603 veranlaßt, die Thorner Kirchenverhältnisse in zwei Traktaten „De Innocentiae

380 Der Vertrag wurde 1596 erfüllt; siehe J. E. Wernicke, *Die Kirchen der Stadt Thorn...*, APT Kat. II, XIII–12, Bl. 178–182.

381 G. Lengnich, *Geschichte der Preußischen Lande...*, Bd. 5, S. 121; E. Carstenn, *Geschichte der Hansestadt Elbing...*, S. 375; M. Pawlak, *Reformacja i kontrreformacja...*, S. 41 f.

382 E. Bötticher, *Historisches Kirchenregister...*, APGd. 300 R/Pp 25, Bl. 703; vgl. auch P. Simson, *Geschichte der Stadt Danzig...*, Bd. 2, S. 420.

383 Dies war unvermeidlich der Fall, sobald in einer Stadtangelegenheit königliche Dekrete ergingen, die nicht nur der verfaßten Bürgerschaft bekanntgemacht werden mußten, sondern auch nur aufgrund eines gemeinsamen Beschlusses der Ordnungen beantwortet werden durften. So versuchte etwa der Danziger Rat 1596 die bischöfliche Vorladung von Fabricius in eigener Initiative abzuweisen; er scheiterte jedoch daran, daß ein königliches Mandat die Vorladung bekräftigte und damit eine kontroverse Debatte im Breiten Rat erzwang, in der nicht zuletzt Vorwürfe an die Adresse von Fabricius laut wurden, die Stadt durch seine Irrlehren in „Ungelegenheit" gebracht zu haben. Siehe E. Bötticher, *Historisches Kirchenregister...*, APGd. 300 R/Pp 25, Bl. 672 f.

384 J. J. Convent, *Chronik der Stadt Elbing...*, APGd. 492/252, Bl. 695. Siehe auch oben, S. 105, Anm. 327.

385 Sowohl der Zeitpunkt als auch die Umstände von Trisners Abgang bleiben unklar. Die Angaben bei E. Oloff, *Ministerialia Thorunensia...*, APT Kat. II, X–19, Bl. 6, sowie J. H. Zernecke, *Historiae Thorunensis naufragae...*, S. 135, besagen, daß seine Forderung, der Rat möge die Einführung des Brotbrechens gestatten, die Proteste der Gemeinde ausgelöst und dazu geführt hätte, daß er „endlich honeste removiret" wurde. Allerdings scheint sich der Streit um Trisner länger hingezogen zu haben, da Trisner noch als Mitglied des 1605 vom Rat eingesetzten „Kirchen-Amts" genannt wird (siehe J. E. Wernicke, *Thorner Presbyteriologie...*, APT Kat. II, X–27, Bl. 28; T. Glemma, *Dzieje stosunków kościelnych...*, S. 72) und sein – ebenfalls reformierter – Nachfolger als deutscher Prediger der Marienkirche, Martin Bender, erst 1607 berufen wurde.

Fratrum Bohemicum Confessionis" ausführlich zu rechtfertigen.[386] Am genauesten kommt der Prozeß allmählicher Politisierung der Bekenntnisunterschiede jedoch in Danzig ins Bild, wo sich mit immer zahlreicheren Interventionen der verfaßten Bürgerschaft in geistlichen und gemeindlichen Konflikten seit 1599 ein neues Muster konfessioneller Auseinandersetzung einzuspielen begann.[387]

Es beruhte darauf, durch kalkulierte Vorstöße aus den Reihen der Dritten Ordnung die Konformität der Ratspolitik mit städtischer Notel und Religionsprivilegien in Frage zu stellen. Und wenn hierfür zunächst auch nur Beschwerden wegen vorgeblicher Neuerungen die Hauptanlässe lieferten,[388] so kann dies doch nicht darüber hinwegtäuschen, daß es letztlich um eine Revision der bestehenden Koexistenz ging. Denn unmißverständlich klagten die Eingaben der Dritten Ordnung nunmehr eine enge Auslegung des Augsburgischen Bekenntnisstandes im Sinne des Konkordienluthertums ein, und 1601 wurde in dieser Perspektive erstmals auch explizit die Forderung nach Herstellung einheitlicher Kirchenbräuche erhoben. Als die Dritte Ordnung gemeinschaftlich den Rat ersuchte, „die Canzeln woll zu bestellen, vermöge der Augspurgischen Confession und Nodtel", bestanden zwei der vier Quartiere zudem darauf, zu „addiren, das [auch] die Neuen sehr schädlichen Ceremonien abgeschaffet werden".[389]

Wie ernst diese Entwicklung genommen wurde, zeigen die defensiven Reaktionen der städtischen Räte. Nicht nur die Thorner Obrigkeit sollte durch ihr Einlenken gegenüber den Kritikern Trisners signalisieren, daß sie auf einen Ausgleich mit den opponierenden Kräften bedacht war.[390] Vielmehr waren solche Überlegungen offenbar auch in den beiden anderen Städten im Spiel, etwa wenn Elbing jetzt die Aufnahme Mährischer Brüder verweigerte und damit wiederum einen restriktiveren Kurs gegenüber den fremden Bekenntnisgemeinschaften einschlug[391] oder wenn Danzig sich künftig bei der Frage der Berufung von Geistlichen zu größeren Konzessionen an calvinismusfeindliche Stimmungen bereit zeigte.[392] Vor allem aber sahen sich alle drei Städte

386 Abschriften in APGd. 300 R/Pp 6, Bl. 623–687.

387 Genau registriert sind die Initiativen aus der Dritten Ordnung, die mit gleich vier verschiedenen Beschwerden im Jahr 1599 einsetzten, bei E. Bötticher, *Historisches Kirchenregister...*, APGd. 300 R/Pp 25, Bl. 692 ff.

388 Beispiele sind die Klagen der Dritten Ordnung von 1599 gegen Christoph Copius, Prediger an der Kirche St. Peter und Paul, der die Ohrenbeichte „als ein abgöttisch und bäpstisch ding" verurteilt haben sollte (APGd. 300 R/Pp 16, Bl. 201), bzw. von 1601 gegen Peter Lossius, Pastor im Dorf Wotzlaff, der dort calvinische Zeremonien neu eingeführt hatte (APGd. 300 R/Pp q.1, Bl. 109r. – 153v.). – Eine zentrale Frage bildete in den Beschwerden der Bürgerschaft daneben die Forderung, die Stelle des 1590 verstorbenen lutherischen Pastors der Oberpfarrkirche neu zu besetzen, was der Rat im Hinblick auf die zu erwartenden Kontroversen um das konfessionelle Profil des Nachfolgers bewußt unterlassen hatte; die Dritte Ordnung knüpfte hier 1599 an einen „Beschwerpunct" an, der dem Rat bereits 1596 vorgetragen worden war, *Ordnungsrezesse*, APGd. 300, 10/13, Bl. 52r. – 59r.

389 *Ordnungsrezesse*, Exemplar der Dritten Ordnung, APGd. 300, 10/198, Bl. 109. – Wenn dagegen E. Bötticher, *Historisches Kirchenregister...*, APGd. 300 R/Pp 25, Bl. 695, verzeichnet, daß die Bürgerschaft schon früher, etwa in ihren Beschwerden von 1599, die „Abschaffung des Calvinismus" gefordert habe, so ist dies offenbar eine Rückprojektion der Konfliktfronten seit 1604/05.

390 Siehe oben, Anm. 385.

391 Zu den langwierigen Verhandlungen zwischen Elbinger Rat und Vertretern der Brüdergemeinde im Sommer und Herbst 1604: *Gemeinderezesse*, APGd. 369, 1 Nr. 24, Bl. 234 ff.; (Jacob Langius,) *Extracta*

zu gesteigerten diplomatischen Anstrengungen veranlaßt, um einer Instrumentalisierung der Frage, wie sie sich in den Vorstößen des Leslauer Bischofs angedeutet hatte, entgegenzuwirken.

Dabei gab es auch jetzt zu der seit 1593 eingespielten Kooperation mit den polnisch-litauischen Religionsverwandten keine Alternative. Doch drohte gerade dieser Rückhalt verlorenzugehen, wenn es der Gegenseite gelang, den konfessionsrechtlichen Status der Städte im Blick auf die Zugehörigkeit zur Warschauer Konföderation in Frage zu stellen. Es kam mithin darauf an, wie der Thorner Bürgermeister Stroband 1604 seinen Danziger und Elbinger Kollegen vorstellte, neue, der Situation angepaßte politische Gegenpositionen aufzubauen; jederzeit sei mit einem gezielten Vorstoß der katholischen Partei zu rechnen, „das eine declaratio geschehen mochte, welche religiones in derselben Confoederatio begriffen sein solten, und solches umb der Erb[aren] Stedte willen, in welchen allerley religiones geduldet würden, und ginge dahin, das mehr nicht als die Babistische, Reussische und alte Augspurgische zu tulten ... welches dan ein gefehrlich ding sein würde, da man ohne disse schon ehermahls hören müssen, die stedte gehörten in die Confoederatio nicht".[393]

In zwei Richtungen vor allem wurde die städtische Politik in dieser Lage aktiv. Verstärkt wurde zum einen die diplomatische Präsenz nicht nur bei den dissidentischen Senatoren sowie auf dem Reichstag, sondern auch auf den protestantisch dominierten Landtagen, wobei wiederum die erprobten Verbindungen der einzelnen Städte nach Polen beziehungsweise Litauen zu Hilfe kamen;[394] bereits bei der Abfassung der Landboteninstruktionen für den Reichstag sollte hier sichergestellt werden, daß der Rechtsanspruch der Städte auf den Schutz der Warschauer Konföderation „ja nicht in vergesen gestelet" und auf Versuche einer Umdeutung durch die katholische Partei geachtet werde.[395] Zum andern aber waren die Städte in ebenso intensiven wie strikt ver-

ex recessibus, APGd. 369, 1 Nr. 99, Bl. 95; A. Grübnau, *Ratsrezesse...*, APGd. 492/520, Bl. 141 ff.; ders., *Kirchengeschichte der Stadt Elbing...*, APGd. 492/491, Bl. 79; L. Neubauer, *Mährische Brüder...*, S. 447–455. Vgl. auch E. Carstenn, *Geschichte der Hansestadt Elbing...*, S. 371, sowie H. Penner, *Die ost- und westpreußischen Mennoniten...*, Bd. 1, S. 73. – Dabei geriet der Elbinger Rat offensichtlich in Beweisnot, als er sein Festhalten an der Ablehnung im Dezember 1604 vor der Präsentierten Gemeinde mit dem Verbot von Sekten begründete. Denn das Aufnahmeersuchen der Mährischen Brüder war nicht nur von einflußreichen Elbinger Bürgern unterstützt worden; vielmehr ließ sich auch nur schwer deren Argument entkräften, daß die Brüdergemeinden gewiß nicht weiter als die in der Stadt geduldeten Mennoniten von dem privilegierten Augsburgischen Konfessionsstand abwichen.

392 Als etwa 1602 Proteste gegen die Berufung eines Reformierten, des bisherigen Konrektors Johann Martin, zum Rektor der Pfarrschule St. Marien laut wurden, lenkte der Rat insofern ein, als er versprach, diesen strikt auf eine der Bürgerschaft gemäße Lehre zu verpflichten; E. Bötticher, *Historisches Kirchenregister...*, APGd. 300 R/Pp 25, Bl. 705–707.

393 Bericht in den Elbinger Ratsakten vom 6. 12. 1604 über den Vortrag Strobands, der „in causa religionis" zunächst Danzig und dann Elbing besucht hatte; *Gemeinderezesse*, APGd. 369, 1 Nr. 24, Bl. 254 f.

394 Die Initiativen der preußischen Städte im Zusammenhang mit den Reichstagen von 1600, 1603 und 1604 sind dargestellt bei G. Lengnich, *Geschichte der Preußischen Lande...*, Bd. 4, S. 284 ff.; für 1603 und 1604 siehe auch die ausführliche Thorner Dokumentation, APT Kat. II, XIII–10, passim.

395 So die Bitte der Danziger Beauftragten an den Brester Wojewoden Andrzej Leszczyński 1602, wiedergegeben in einem Thorner Bericht, APT Kat. II, XIII–10, Bl. 176–179. – In diesem Sinne auch Strobands Vorschlag von 1604, einen gemeinsamen Appell der Städte an alle in Frage kommenden Landtage vorzubereiten, wobei Thorn es übernehmen wollte, die Sache auf den kleinpolnischen Landtagen zu vertreten; APGd. 369, 1 Nr. 24, Bl. 255.

traulichen Kontakten untereinander[396] darum bemüht, eine neue gemeinsame Sprachregelung in der Frage des städtischen Konfessionsstandes durchzusetzen. Da die noch 1595 erklärte Zugehörigkeit zu den „reformierten Kirchen" des Unionsstaates sich gerade unerwartet als Hindernis für die religionspolitische Integration erwiesen hatte, mußten nun alle Zweifel ausgeräumt werden, daß die preußischen Städte, wie Elbing 1602 gegenüber dem Ermländischen Bischof geltend machte, beständig „bey der Confoederation und Augspurgischen Confession vermöge Königl. Iuramento" geblieben seien.[397] Das aber hieß, daß das Prinzip des innerstädtisch praktizierten Bekenntnispluralismus künftig zumindest verschleiert, notfalls aber auch zum Nachteil der Reformierten eingeschränkt werden mußte, wenn die äußere Situation es erforderte. So rieten alle drei großen Städte den Marienburger Räten kategorisch ab, als diese 1602 ihren Plan unterbreiteten, einen förmlichen „consensus de toleranda diversa Religione" zur Beilegung ihres innerstädtischen Streits zwischen Reformierten und Lutherischen zu proklamieren.[398] Denn vor allem anderen komme es darauf an, die äußere Einheit der Stadtkirche zu wahren, und zwar auch unter Hintansetzung ihrer eigenen Frömmigkeitsideale, „welches ihren gewissen so sehr nicht zu wiedern sein solte, weil sie sich nebenst der Heiligen schrift und haupt Symbolis zur Augspurgischen Confession und Apologia nicht minder dann die anderen bekennen und die Ceremonien tempor. difficult., tranquillitati publicae, und favori populari woll condomiren mochten".[399]

Gerade der Marienburger Streit aber sollte trotz massiver Einflußnahme der Großen Städte seit 1603 zum Testfall für die befürchtete Politisierung der Bekenntnisfrage werden.[400] Zwar hatte man den Rat der großen Städte dort durchaus befolgt und den seit 1601 schwelenden Konflikt um die Prediger durch deutliche Zugeständnisse an die calvinismusfeindliche Bürgergemeinde zu dämpfen versucht.[401] Doch ließ sich die Entwicklung auf dieser Ebene nicht mehr steuern. Denn

396 Nur die Elbinger Gemeinderezesse berichten ausdrücklich davon, daß im Juni 1602 im Zusammenhang mit dem Marienburger Konfessionskonflikt zwischen den Städten vereinbart wurde, sich in der Frage des Konfessionsstatus gegenseitig ständig zu konsultieren, jedoch ohne jeden Schriftverkehr, da dies ein „gefehrlich ding" sei; APGd. 369, 1 Nr. 24, Bl. 64 f.

397 *Gemeinderezesse*, APGd. 369, 1 Nr. 24, Bl. 29.

398 *A.a.O.*, Bl. 13.

399 *A.a.O.*, Bl. 65–67. – Geteilt wurde diese Ansicht der großen Städte bezeichnenderweise auch von den Calvinisten unter den dissidentischen Senatoren, welche die Marienburger Räte 1605 dafür rügten, daß sie ihre reformierten Prediger nicht in strengerer Disziplin gehalten hätten, da man „nicht Ursach genugsam gehabt, irgend Neuerung ein zu führen sintemahl es nur eine bloße Ceremonien ist ... Sie alß Helvetica Religionis haben deßen kein ... bedrängniß in ihrem gewißen, daß sie die hostiam im Abendmahl zu gebrauchen pflegen, wollens auch dem Raht von Marienburg nicht gutt sein lassen, daß sie ursach zu diesem zwist gegeben"; APT Kat. II, XIII–10, Bl. 201–208.

400 Die Abläufe bei Ch. Hartknoch, *Preußische Kirchen-Historia...*, S. 1072–1077; *Historia Pomorza...*, Bd. 2, T. 1, S. 266–269; Isaac Gottfried Goedtke, *Kirchengeschichte der Stadt Marienburg vom Jahre 1548–1766*, in: *Alte Preußische Provinzblätter*, (1839), T. 1, S. 15–30; – Dokumentation des Schriftverkehrs im Marienburger Streit auch in den Danziger Ratsakten, APGd. 300, 53/397, Bl. 47–134.

401 Nachdem bereits 1601 ein reformierter Prediger auf Drängen der Bürgerschaft entlassen worden war, hatte man 1602, offenbar einem Rat der Elbinger folgend, beide Hauptkontrahenten kirchendisziplinarisch belangt, zugleich aber Schöffen und Zünfte durch die Bekräftigung des Ausgburgischen Bekenntnisstandes auf einen gemeinsamen Kurs zurückzuführen versucht. – Die entsprechenden Empfehlungen des Elbinger Rats in einem Brief vom 16. 2. 1602, APGd. 369, 1 Nr. 24, Bl. 13 f.

die verfaßte Bürgerschaft – offenbar durch Ratgeber von außerhalb der Städte bestärkt[402] – zeigte sich inzwischen entschlossen, den Vorwurf der Duldung falscher Lehre zum Ausgangspunkt eines frontalen politischen Angriffs auf das Ratsregiment zu machen. Statt die förmlich angebotene Mediation der großen Städte anzunehmen, bestanden die Marienburger Zünfte auf der Entsendung königlicher Kommissare, die nach kurzer Untersuchung in der Tat zugunsten der klageführenden Lutheraner entschieden. Das von König Sigismund bestätigte Kommissarialdekret für Marienburg von 1603 stellte nicht nur die Bindung der preußischen Städte an die Augsburgische Konfession gemäß der Invariata ausdrücklich fest, sondern verfügte auch, daß der Rat bei strenger Strafe verpflichtet sei, die reformierten Geistlichen auszuweisen.[403]

Aus der Sicht der Bürgerschaft war damit freilich noch nicht viel erreicht, bildete der Schiedsspruch der Kommissare doch nur den Auftakt zu der eigentlichen Auseinandersetzung, die auf den Reichstagen, am Hof und vor den königlichen Gerichten jahrelang geführt wurde. Erst hier sollte sich entscheiden, wie weit sich die politischen Ziele der Fronde – eine Umbildung des Rats und die Beteiligung der Bürgerschaft am Kirchenregiment – durchsetzen ließen.[404] Doch allein die Tatsache, daß es der Bürgerschaft gelungen war, über die Frage des Bekenntnisstandes in einen förmlichen Konflikt mit der Obrigkeit einzutreten, mußte die preußischen Städte in doppelter Hinsicht alarmieren. Die von der katholischen Partei in dieser Frage verfolgte Strategie gegenüber den Städten führte tatsächlich zu dem Ziel, eine Intervention von außen auf legale Weise zu ermöglichen. Die protestantischen Stände dagegen waren – obgleich erklärtermaßen als unmittelbar betroffene Partei herausgefordert – nicht mehr durchsetzungsfähig genug, um den Angriff auf den Zusammenhalt des protestantischen Lagers bereits im Vorfeld zurückzuweisen.[405]

402 Zumindest indirekte Hinweise sprechen für diese Annahme. Am Rande des Reichstags von 1605 erklärten protestantische Landboten aus Litauen, Beweise für die Beteiligung katholischer Instanzen zu haben. Auf dem Reichstag von 1606 waren ferner der Elbinger Kastellan und der Marienburger Landrichter genötigt, sich gegen den Vorwurf zu verteidigen, daß sie als königliche Kommissare im Marienburger Streit 1603 in Abstimmung mit dem Bischof gehandelt hätten; APT Kat. II, XIII–10, Bl. 215 f.

403 „Decernimus per praesentes nullam aliam praeter Religionem Catholicam et Augustanam Confessionem cum ejus veris et descriptis ritibus et ceremonis Carolo V. Anno 1530. Augustae exhibitam tolerandam ac permitendam esse, ministri sectae Calvinae ex civitate relegantur“; Text APGd. 300, 53/397, Bl. 53–68.

404 Der langwierige Konflikt, in dem die Bürgerschaft durch etliche katholische Amtsträger im Lande unterstützt wurde, nahm 1606 zunächst eine Wende zugunsten des Rats, nachdem dieser sich gegen den Widerstand der Bürgerschaft für die Bewilligung eines beträchtlichen Kredits der kleinen preußischen Städte an den König eingesetzt hatte; siehe *Historia Pomorza...*, Bd. 2, T. 1, S. 268 f. Erst 1608 brachte eine erneute Untersuchung durch königliche Kommissare die von der Bürgerschaft angestrebten Beschlüsse, zu deren Durchsetzung 1612 ein weiteres königliches Dekret erging. Im Stadtregiment sollten Calvinisten nicht mehr in neue Ämter aufsteigen, die Bestellung der Prediger wurde der Präsentierten Gemeinde und den Werken gemeinsam übertragen; siehe Ch. Hartknoch, *Preußische Kirchen-Historia...*, S. 1076, Text der Dekrete von 1608 u. 1612: APGd. 300, 53/397, Bl. 73–76 bzw. 157–159.

405 Bezeichnend ist folgende Erklärung des Brester Wojewoden Andrzej Leszczyński bei seinen Gesprächen mit den Städtevertretern auf dem Reichstag von 1605: Die Aussichten, die berechtigten Klagen der preußischen Städte auf dem Reichstag zur Geltung zu bringen, seien gering, da er, Leszczyński, nach dem Tod verschiedener dissidentischer Senatoren „in Senatu fast allein übrig wäre“, die katholischen aber mehrheitlich auf der Seite der Marienburger Bürgerschaft stünden; so habe er die ratsuchenden Marienburger Patrizier auch nur ermahnen können, „sie solten sich in die zeit schicken und plebi etwas nach

Daß der sehr viel aufsehenerregendere Danziger Konflikt seit 1604 denn auch unmittelbar von den Marienburger Ereignissen ausgelöst wurde, liegt auf der Hand. Das rechtliche Präzedens des Kommissarialdekrets von 1603 war das entscheidende Signal, das die Danziger Bürgerschaft ermutigte, die hier gewiß riskantere Konfrontation mit dem Rat in der Konfessionsfrage zu suchen. Auch spielten die von den Marienburgern erprobten Muster des rechtlichen und politischen Prozedere unverkennbar eine Rolle als Vorbilder. Und nicht zuletzt bestanden auch direkte Beziehungen zwischen den opponierenden Lagern in beiden Städten, von denen die Danziger nun planvoll profitieren sollten. So begegnet uns als eine der Schlüsselfiguren der Marienburger Bürgerfronde vor allem jener Kaspar Göbel, inzwischen Vogt in Marienburg, welcher in Danzig bereits den Versuch unternommen hatte, die Anhänger der Gnesiolutheraner in den Gemeinden in eine politische Front gegen den Rat zu formieren.[406] Doch nicht nur mit ihm, sondern auch mit den Marienburger Gemeinde- und Zunftvertretern hielt der Danziger Bürgerschaftsführer Eberhard Bötticher 1603/04 engen Kontakt,[407] und als die Danziger „protestierende Gemeinde" 1605 selbst am Krakauer Hof diplomatisch aktiv wurde, bediente sie sich unter anderem des „von der Marienburger Gemeinde verordneten Agenten" Jeremias Tillerich, um ihre Sache zu vertreten.[408]

Von der Planmäßigkeit der Abläufe bei der Entfesselung des Danziger Konflikts zeugt außerdem die Tatsache, daß er von vornherein auf einer politischen Ebene, nämlich nur zwischen den drei verfaßten Ordnungen in Gang kam. Es war eine vordergründige Analogie zu den Auseinandersetzungen der achtziger Jahre des 16. Jahrhunderts, wenn auch hier, zu Beginn des Jahres 1604, wiederum Klagen aus den Reihen der Prediger und Bitten der Gemeinde um Schutz der rechten Lehre den Anfang machten.[409] Denn als die verfaßte Bürgerschaft die religiöse Forde-

geben, ... biß solche verbitterung verloschen. Aber sie hetten dagegen ein gewendet, daß sie es gewißen halben nicht thun könnten. Die Erb. Städte sollen besser thun und versuchen, ob man sie stillen oder neigen könte, denn gewiß die Catholischen sich deß wesens gegen uns andere werden zu Nützen zu machen wißen"; APT Kat. II, XIII–10, Bl. 190–194.

406 Zu Göbels Danziger Rolle siehe oben, S. 71. – Über seinen Anteil an der Marienburger Bewegung berichteten litauische Landboten, die vom Marienburger Rat um Hilfe gebeten worden waren, auf dem Reichstag von 1605 folgendes: Die Beschwerden richteten sich vor allem gegen Vogt Göbel, denn dieser habe „die bürgerschaft unruhig gemacht, und gleichsam einen Erb. Rhat und ihr beystand von der Augspurgischen Confession ab schieben auff gewiegelt, und was dem mehr anhengig ... Welche Sache sehr gefehrlich wäre, wann sie also selber in 2. hauffen reuten wolten, verstünden aber wohl wohin solche anschläge der Catholischen grüchtet wären." Die Marienburger hätten auch Belege vorgelegt, daß Göbel sowohl mit dem Bischof als auch mit dem Offizial der Jesuiten in dieser Sache eng kooperiert habe; dabei gehe es der katholischen Partei darum, erst den Rat mit Hilfe der Bürgerschaft zu besiegen, um dann die ganze Stadt zu unterwerfen, „welches wann es ihnen an einem orth anginge, auch ferner zu den benachbahrten kommen würde". APT Kat. II, XIII–10, Bl. 195–200.

407 P. Simson, *Geschichte der Stadt Danzig...*, Bd. 2, S. 429.

408 Dazu die Briefe Böttichers an Kaspar Göbel sowie an Tillerich vom Dezember 1605; APGd. 300 R/Pp 16, Bl. 658–660 bzw. 660–663.

409 Etwa gleichzeitig erreichten den Rat im Frühjahr 1604 eine Beschwerde der St. Barbaragemeinde gegen ihren reformierten Prediger Bernhard Gesenius (APGd. 300 R/Pp 31, Bl. 134–137, sowie 300 R/Pp 109, Bl. 78r., 78v.) sowie eine Supplik von mehreren Danziger Geistlichen, den „calvinischen Schwarm" in der ganzen Stadt zu unterbinden (Abschriften in: APGd. 300, 53/397, Bl. 89–98; 300 R/Pp 31, Bl. 129–134; E. Bötticher, *Historisches Kirchenregister...*, APGd. 300 R/Pp 25, Bl. 714–717; APGd. 300 R/Pp 5, Bl. 7–9; APGd. 300 R/Pp 17, Bl. 267–275).

rung der Supplikanten nach definitiver „Abschaffung des Calvinismus" in ihren Gravamina gegenüber dem Rat im Februar 1604 aufgriff,[410] war die Entscheidung über weitere Schritte zur Eskalation des Konflikts offenbar längst gefallen. Man setzte nicht auf ein Einlenken des Rats in der Kirchenfrage und wollte sich auch, wie die Debatten in den Ordnungen bis zum Sommer 1604 zeigen,[411] keinesfalls auf einen theologischen oder kirchenpolitischen Disput einlassen, der nicht zuletzt Teile der Bürgerschaft für die Argumente der Obrigkeit wie der reformierten Mehrheit unter der Stadtgeistlichkeit einnehmen könnte. Vielmehr ging es dem engeren Kreis der Opponenten um den Kaufmann Eberhard Bötticher darum, den konfessionellen Dissens an sich manifest werden zu lassen. Gerade der Spielraum, einen Kompromiß herbeizuführen, mußte dem Rat genommen werden, um zu erreichen, daß die opponierende Bürgerschaft ihrer Obrigkeit den Gehorsam auf legitime Weise aufkündigen konnte.

Mehr als auf die Stichhaltigkeit der religiösen und kirchenpolitischen Argumente kam es für die Bürgerschaft daher auf ein forciertes Tempo im Konfliktablauf an. Die kategorische Forderung an den Rat, den vorgeblich rechtmäßigen lutherischen Bekenntnisstand wiederherzustellen, wurde in der sicheren Erwartung der Zurückweisung mehrfach unverändert wiederholt,[412] bis die Situation nach der Jahresmitte für weitere Schritte reif schien. Im Juli 1604 führten hundert „vornehme Bürger" in gleichlautenden Bittschriften an Rat und Dritte Ordnung darüber Klage, daß die Obrigkeit trotz des vielfachen ernsten Anhaltens der Bürgerschaft bei der Eindämmung des „abscheulichen Calvinismus ... über alle gutte vermuthungen seumig" gewesen sei, in welcher Notsituation man nun wohl nur noch auf die Hilfe des Königs rechnen könne.[413] Und noch im September desselben Jahres nahm auch die verfaßte Bürgerschaft das Stichwort auf, indem sie dem Rat in identischen Suppliken der vier Quartiere sowie der 15 Danziger Hauptwerke folgendes förmliche Ultimatum stellte: Die Obrigkeit möge ihrer lange versäumten Pflicht genügen und „die Ordnungen dieser Stadt auffordern, damit aus einhelligem Schluß des breiten Rahts, dreyer Ordnungen, der hochschädliche ärgerliche und gotteslästerliche Schwarm der Calvinisten ... abgeschaffet werde"; sonst sei es unvermeidlich, den König nicht nur um sein Eingreifen zu ersuchen, sondern, „wie uns solches die königlichen Responsen zulassen", auch gerichtliche Klage gegen die verantwortlichen Personen im Rat zu führen.[414]

Auch im Frühjahr 1605 konnten die Gegner des Rats die Initiative auf diese Weise behaupten. Daß der Rat das Ultimatum im Dezember zurückgewiesen hatte,[415] war Anlaß, die Dritte Ordnung zunächst grundsätzlich auf eine Appellation an den König festzulegen[416] und dann auch

410 *Ordnungsrezesse*, APGd. 300, 10/18, Bl. 267v. – 274v.: Erste Verhandlung der Ordnungen vom März 1604 über die im Vormonat eingebrachten Beschwerdepunkte der Dritten Ordnung.

411 *A.a.O.*, passim; siehe auch *Ordnungsrezesse*, Exemplar der Dritten Ordnung, APGd. 300, 10/198, Bl. 371 ff.

412 *Ordnungsrezesse*, Exemplar der Dritten Ordnung, APGd. 300, 10/198, Bl. 469–472 sowie 479 f.

413 Abschriften der Supplik vom 6. 7. 1604 u.a. in: APGd. 300 R/Pp 16, Bl. 222–227; APGd. 300 R/Pp 17, Bl. 311–316; APGd. 300 R/Pp 19, Bl. 128–130; APGd. 300 R/Pp 31, Bl. 142–145.

414 APGd. 300 R/Pp 16, Bl. 233–239; ferner auch APGd. 300 R/Pp 19, Bl. 133–135, sowie APGd. 300 R/Pp 17, Bl. 419–446 (hier mit den notariellen Vollmachten der Quartiermeister und Älterleute der Werke für die Übergabe der Suppliken durch die Vertreter der Dritten Ordnung).

415 Stellungnahme vom 18. 12. 1604: APGd. 300 R/Pp 17, Bl. 479; APGd. 300 R/Pp 19, Bl. 137 f.

416 Laut E. Bötticher, *Historisches Kirchenregister*..., APGd. 300 R/Pp 25, Bl. 185, wurde ein förmlicher Beschluß darüber am 11. 1. 1605 gefaßt.

juristische Schritte in dieser Richtung einzuleiten. Städtische Notare, die zuvor bereits in Böttichers Auftrag begonnen hatten, die Predigten reformierter Geistlicher zum Beweis der „Abweichung" zu protokollieren,[417] betrieben die Sache jetzt zügig als rechtliches Verfahren im Sinne der Bürgerschaft. Schon Ende Januar waren nach strikt rechtsförmiger Prozedur die Vollmachten der Zünfte und der Quartiere ausgestellt, welche die Bürgerschaftsvertreter berechtigten, den Prozeß gegen den Rat zu führen,[418] und schon am 1. März konnten Bevollmächtigte und Notare die Klage in Form einer „Protestation der Augspurgischen Confessions verwandten wieder die Calvinischen Herren im Rath" den Beklagten zustellen.[419] Der weitere Ablauf war durch die rechtlichen Fristen bereits vorgegeben. Auch wenn der Rat erklärte, er behalte sich das Recht der Gegenprotestation vor, lasse sich dafür aber „kein Ziel noch mas" vorschreiben, so mußte er der „protestierenden Gemeinde" doch zugleich erlauben, weiter zu prozedieren.[420] Sie tat dies, nachdem das gesamte Verfahren bis zum April 1605 abermals notariell protokolliert worden war,[421] indem sie fünf Deputierte unter der Führung Eberhard Böttichers bestellte, die am 8. Mai nach Krakau abreisten, um dort im Auftrag der Gemeinde sowohl die Klageerhebung am Hofgericht zu veranlassen als auch dem König selbst ihre Gravamina in zwei Bittschriften direkt vorzutragen.[422]

Da König und Hofgericht die Klage der Bürgerschaft zumindest nicht im voraus abwiesen, war deren erstes Ziel – die Politisierung der Bekenntnisfrage – überraschend einfach nach Marienburger Vorbild erreicht worden. Jetzt indessen begannen die Dinge sehr rasch komplizierter zu werden, und zwar auf zwei Ebenen gleichzeitig. So sollten sich zum einen die Anzeichen dafür mehren, daß die Front der Bürgerschaft gegen die reformierte Mehrheit in Rat und Ministerium weniger fest gefügt war, als es das entschlossene Auftreten der politischen Wortführer um Bötticher suggerierte. Bereits bei der Anbahnung des Verfahrens hatten offenbar nur zwei der vier

417 Den Auftakt bildeten drei Protokolle über Predigten Jakob Adams in der Elisabethkirche, angefertigt zwischen August und November 1604; APGd. 300 R/Pp 17, Bl. 151–156, 157–159 u. 160 f. Da Adam als erster an der, was die Zeremonien betraf, bis dahin eher „konservativen" Elisabethkirche das Brotbrechen praktizierte, hoffte man hier offenbar einen Beweis für die flagrante Einführung neuer Zeremonien zu finden. – Erst im April 1605 wandte man sich auch Fabricius als dem Wortführer der Reformierten zu und erteilte den Auftrag, „die Predigt und Kirchen Ceremonien in der Graumönche-Kirche" zu protokollieren; Text des Protokolls *a.a.O.*, Bl. 167–178, sowie APGd. 300 R/Pp 30, Bl. 745–760.

418 Texte der Vollmachten sowie Protokolle über deren notarielle Registrierung APGd. 300 R/Pp 18, Bl. 639–715; siehe auch R. Curicke, *Der Stadt Dantzig historische Beschreibung...*, S. 365–370.

419 Abschriften der Protestation: APGd. 300 R/Pp 1, Bl. 573–586; APGd. 300 R/Pp 18, Bl. 689–715; APGd. 300 R/Pp 19, Bl. 141–146; E. Bötticher, *Kirchen Relaciones*, APGd. 300 R/Pp 31, Bl. 159–166; APGd. 300 R/Pp 17, Bl. 403–415; auch R. Curicke, *Der Stadt Dantzig historische Beschreibung...*, S. 366–370. – Über die Prozedur der Übergabe ausführlich auch E. Bötticher, *Historisches Kirchenregister...*, APGd. 300 R/Pp 25, Bl. 186, sowie APGd. 300 R/Pp 16, Bl. 243–245.

420 Stellungnahme des Präsidierenden Bürgermeisters Gerhard Brandes vom 6. 4. 1605 zu der genau nach Monatsfrist ergangenen Anfrage des Notars der Bürgerschaft; APGd. 300 R/Pp 19, Bl. 147, sowie APGd. 300 R/Pp 16, Bl. 260 f.

421 APGd. 300 R/Pp 17, Bl. 293–307.

422 Über die Bestellung der Deputation (6. 4. 1605) sowie deren Bevollmächtigung (2. 5. 1605) und Abfertigung nach Krakau APGd. 300 R/Pp 16, Bl. 262, APGd. 300 R/Pp 18, Bl. 683–687, APGd. 300 R/Pp 19, Bl. 147 f. – Texte der beiden Suppliken an den König vom 1. und 20. 6. 1605 APGd. 300 R/Pp 16, Bl. 266–276 bzw. 277–280, ferner APGd. 300 R/Pp 17, Bl. 581–584 bzw. 605 f.

Quartiere in der Dritten Ordnung den Konfrontationskurs bedingungslos mitgetragen,[423] und nach der Durchsetzung der Protestation war Bötticher noch einmal in akute Bedrängnis geraten, als einige der Bürgerschaftsbevollmächtigten im Juni 1605 plötzlich ihre Mandate in der Klagesache niederlegten und nur eine rasche Änderung der notariellen Vollmachten die Handlungsfähigkeit der protestierenden Gemeinde sichern konnte.[424] Dabei spielten auf seiten der Zögernden gewiß nicht zuletzt Bedenken wegen der politischen Risiken des Konflikts eine Rolle. Doch waren sich die Verfechter der lutherischen Sache sehr wohl der Tatsache bewußt, daß sie bei der verfaßten Bürgerschaft auch in der Bekenntnisfrage an sich nur über eine knappe Mehrheit verfügten.[425] Obwohl die Opposition gegen das Ratsregiment Zünfte und Quartiere zweifellos verband, sollte ein beträchtlicher Teil der Hundertmänner, als der Konflikt an Schärfe zunahm, auch offen für die Reformierten Partei ergreifen.[426]

Zum andern aber komplizierte sich die Lage der Protestierenden Gemeinde auch insofern, als nun, in der zweiten Phase des Konflikts, die Schwächen ihrer Argumentation zutage traten. Denn nicht nur vor dem König, sondern auch vor den Ständen mußte ihre Klage konfessionspolitisch wie reichsrechtlich schlüssig untermauert werden, und hier zeigte sich die Bürgerschaft ihren Kontrahenten deutlich unterlegen. Daß sowohl der Vorwurf „violirter Privilegii" als auch die Forderung nach königlichem Eingreifen in das Ratsregiment aus dem Vorhandensein reformierter Kirchenbräuche allein kaum zureichend begründet werden konnte, hatten die Ratsgegner freilich gesehen und zu berücksichtigen versucht. Während die eigentliche Protestation noch die Existenz falscher Lehre und verwerflicher Zeremonien unter dem „Schanddeckel" der Augsburgischen Konfession in den Mittelpunkt stellte,[427] fügte die Bittschrift an den König das politische Argu-

423 Das früheste Indiz dafür war, daß im Breiten Rat am 29. 3. 1604 Hohes und Koggen-Quartier mit dem Rat stimmten, als dieser verlangte, die geforderte Debatte über die konfessionellen Beschwerdepunkte der Dritten Ordnung zu vertagen; *Ordnungsrezesse*, Exemplar der Dritten Ordnung APGd. 300, 10/198, Bl. 423 f.

424 Notarielles Protokoll vom 2. 5. 1605, APGd. 300 R/Pp 18, Bl. 683 ff. – Wie gewichtig das Problem war, läßt sich daraus schließen, daß man nicht nur diejenigen Bevollmächtigten ersetzte, welche in bezug auf ihr Mandat „nicht bestendigk geblieben" waren, sondern zugleich eine generelle „clausula potestatis substituendi" in die Vollmachten einfügte, kraft derer niedergelegte Mandate künftig automatisch auf die verbleibenden Bevollmächtigten übergehen sollten.

425 Bestätigt wurde dies durch die am 6. 4. 1605 von der Protestierenden Gemeinde vorgelegte Aufstellung aller „calvinistischen Personen" in weltlichen und geistlichen Stadtämtern, wonach 35 der damals 80 in der Dritten Ordnung präsenten „Hundertmänner" zu den Reformierten gehörten; die in zahlreichen Abschriften erhaltene Aufstellung u.a. in B PAN Gd. Ms 499, Bl. 328r., APGd. 300 R/Ll 46 Bl. 77v., APGd. 300 R/Pp 17, Bl. 495–504. – Eine andere lutherische Quelle, die vermutlich auf 1608 datiert werden muß, spricht von 32 Calvinisten und 48 Lutheranern in der Dritten Ordnung; APGd. 300 R/Pp 16, Bl. 795–801.

426 In bezeichnendem Gegensatz dazu steht das politische Verhalten der beiden anderen Ordnungen, die, obgleich konfessionell nicht weniger heterogen zusammengesetzt, in allen Stadien des Konflikts gegenüber der Dritten Ordnung einmütig argumentieren und handeln sollten.

427 R. Curicke, *Der Stadt Dantzig historische Beschreibung...*, S. 367–369: „Das aber ... der Abscheuliche Calvinische Schwarm, tam in doctrina, quam ritibus ceremoniarum in unterschiedlichen Kirchen und Schulen dieser Stadt ist eingerissen, und gradatim von Jahren zu Jahren wider das reine heilige Wort Gottes Augspurgischer Confeßion, wider die auffgerichtete Notel und dieser Stadt habende Privilegia dergestalt gewachsen und zugenommen hat, daß wo nicht nunmehr solchem der Stadt gemeinen Unglück

ment hinzu, daß unter dem Schein der Glaubensfreiheit auch andere „Sekten“ wie Arianer oder Wiedertäufer, vor allem aber – als eigentliche Urheber des Danziger Calvinismus – niederländische „perduelles und rebelles“ geduldet worden seien;[428] beide Dokumente beklagten zudem nicht nur den kirchlichen Mißbrauch an sich, sondern ebenso die Weigerung des Rats, dem Drängen der Bürgerschaft auf Abhilfe nachzukommen, obwohl „wir nicht weniger als ein E. Rath zu dem iure patronatus über Kirchen und Schulen ex privilegio ... D. Regis Casimiri so Anno 1457 gegeben worden, befüget sein“.[429] Indessen, so plausibel die beiden letzten Argumente – der Verweis auf Sekten außerhalb des polnisch-litauischen Bekenntniskonsenses sowie die Berufung auf das verfassungsgemäß geteilte Patronatsrecht[430] – auch erscheinen mochten, so offenkundig prekär war es doch, daß die protestierende Bürgerschaft sich zugleich offen gegen die dissidentischen Stände und deren erklärte konfessionspolitische Interessen gestellt hatte. Nicht nur die Unterstellung, die preußischen Städte hätten verfassungsrechtlich gesehen mit der Warschauer Konföderation „nicht im geringsten zu schaffen“,[431] mußte hier massive Widerstände wecken. Vielmehr galt dies auch und vor allem für die Tatsache, daß die Protestierenden in der Sache wie durch die Form des Verfahrens die katholische Partei ins Spiel gebracht hatten oder, wie ihre reformierten Kontrahenten es formulierten, daß „sie zu den Bischoffen, officialen und Jesuiter ... sich geschlagen, sie zu Richtern über die Evangelischen wahrlich verwehlet, und bey Ihnen hülfe und raht gesucht“.[432]

Vor allem auf politische Wirkung unter den polnisch-litauischen Dissidenten scheinen daher auch die Stellungnahmen ausgerichtet, mit denen sich sowohl die weltliche Obrigkeit als auch das geistliche Ministerium in Danzig im Lauf des Jahres 1605 zu Wort meldeten.[433] Denn es kam jetzt, wie man richtig kalkulierte, nicht darauf an, den Calvinismus-Vorwurf zu entkräften, sondern darauf, den Zusammenhang des städtischen Konflikts mit der gesamtstaatlichen Toleranzfrage herauszustellen und vor allem auf diese Weise auch den König zu veranlassen, bei seiner Entscheidung die möglichen Reaktionen der dissidentischen Stände in Betracht zu ziehen. So setzte man einerseits darauf, theologisch genau darzulegen, daß es die begründete „Verbesserung“ der Augsburgischen Konfession war, welche zu den gegenwärtigen Kirchenverhältnissen geführt hatte. Da „keine alte gewohnheit wieder Gottes Wort etwas gelten solte“, habe „man meh-

mit Ernste solte gewehret werden, endlich die gantze Stadt mit dem Calvinismo würde überschwemmet werden.“ Wider besseres Wissen und ungeachtet vielfältiger Klagen der Bürgerschaft dulde der Rat, „daß man ... vertreten und vorgeben darff, daß die Calvinischen Gesellen der Augsburgischen Confession und der Notel gemäß lehren“; dabei „sol und muß die Augspurgische Confession der Schanddeckel seyn“.

428 Erste Bittschrift vom 1. 6. 1605, APGd. 300 R/Pp 16, Bl. 254.

429 So die Formulierung der Protestation: R. Curicke, *Der Stadt Dantzig historische Beschreibung...*, S. 369.

430 Zur Frage der Teilhabe der Dritten Ordnung am Patronatsrecht oben, S. 60.

431 APGd. 300 R/Pp 16, Bl. 268.

432 „Verzeichnis der fürnemsten Klage Puncten und Beschuldigungen, damit etliche evangelische Prediger In Dantzig von Ihrem Gegenpart, so gut Lutherisch bishero haben sein wollen in offentlichen Predigten, in unterschiedlichen Supplicationibus und Protestationibus und anderen unter der Bürgerschaft außgesprengten Schriften sind beleget worden“ (1605); APGd. 300 R/Pp 16, Bl. 411–530, hier 471.

433 Die Rechtfertigungsschrift der Danziger Geistlichen, dem Duktus nach zu urteilen formuliert von Jakob Fabricius, wie die vorhergehende Anm.; ferner die im Auftrag des Danziger Rats verfaßte Denkschrift des reformierten Stadtsyndicus Johann Keckerbarth, B PAN Gd. Ms 495, Bl. 274r. – 287v., auch erwähnt bei P. Simson, *Geschichte der Stadt Danzig...*, Bd. 2, S. 431.

lich und feyn säuberlich in der Stille des übrigen Sauerteiges des Babstums" sich entledigt, und mit weit mehr Recht als die Protestierenden beanspruche man daher auch Treue zur Augsburgischen Konfession wie zur städtischen Notel, welche ja „nicht für und zum behülff, sondern wieder die Bäbstische und Flaccianische Ihrthum" erlassen worden sei.[434] Andererseits aber war der rechtliche Nachweis zu führen, daß die städtischen Kirchenverhältnisse mit Stadtprivilegien, Reichsrecht und gesamtstaatlichem Bekenntniskonsens gleichermaßen harmonierten. Man berief sich auf die antikatholische Zielrichtung der Klauseln über die Unveränderlichkeit der Kirchenzeremonien in den Privilegien selbst,[435] betonte aber vor allem den Vorrang der reichsrechtlichen Toleranzregelung, die „viel kräfftiger ist, als die Augsp. Confes. und derselben bestätigung, so nur dieser Stadt in Specie geschehen, und den Statutis nicht einverleibet",[436] und beschwor schließlich die Einheit der „reformirten Stände in Pohlen", die, seien sie Schweizerischer, Augsburgischer oder Böhmischer Konfession, „in den meisten und fürnembsten hauptstücken ... unter sich einig sindt, undt einer den anderen ungehindert laßen undt dadurch kein Abbruch der Augspurg. Confes. wiederfahren kan".[437]

Nicht einmal die engeren politischen Vertrauten der Danziger Protestierenden Gemeinde schienen denn auch hinsichtlich der Erfolgsaussichten der Klage optimistisch. Zwar konnten Böttichers Agenten am Hof nach Danzig berichten, daß ihre jesuitischen Fürsprecher im Umkreis der Königin, vor allem des Königs Beichtvater Friedrich Bartsch, zuversichtlich seien und der Bürgerschaft zu Standhaftigkeit rieten, da man den Hof ohne Zweifel für ihre Sache gewinnen werde.[438] Doch beobachteten dieselben Agenten, wie sich bei den Ständen und unter den hohen

434 APGd. 300 R/Pp 16, Bl. 417 ff. – Siehe auch die Stellungnahme der reformierten Prediger vor dem Rat in unmittelbarer Reaktion auf die „Protestation" der Lutheraner, APGd. 300 R/Pp 18, Bl. 977 ff.

435 APGd. 300 R/Pp 16, Bl. 489 f. – Zu den Hintergründen für die Bestimmungen der Privilegien in bezug auf die Zeremonien siehe oben, S. 54 f.

436 *Ebda.* sowie das Ratsgutachten B PAN Gd. Ms 495, Bl. 274r. ff.

437 APGd. 300 R/Pp 16, Bl. 490 ff. Ausdrücklich wurde ergänzt, man weigere sich daher auch, „sich zu den Außländischen Haderkatzen in Deutschland zu gesellen" und mit den sogenannten Lutheranern dahin zu wirken, daß die Stadt „von anderen Ihren Religions Verwandten Stände abgesondert und allein gelassen werde, und von den Papisten Bischöffen und Jesuiten, desto eher und leichter, umb die gantze Religion und Freyheit derselben, ia auch endtlichen ... woll gar um alle Politische Freyheit und wolfahrt möge gebracht und unterdrücket werden".

438 Über den Berater- und Helferkreis der Bürgerschaftsdeputierten am Krakauer Hof informieren detailliert die Berichte des Bötticher-Agenten Paul Dulciger vom Herbst 1605; APGd. 300 R/Pp 16, Bl. 623 ff. – Unter anderem geht daraus hervor, daß der Kulmer Bischof Piotr Tylicki die Deputierten grundsätzlich positiv aufgenommen und ihnen Unterstützung zugesagt, allerdings auch Zweifel an der politischen Beharrungskraft der Protestierenden Gemeinde geäußert hatte; Dulciger an Bötticher am 2. 11. 1605, *a.a.O.*, Bl. 625. Um so mehr glaubte man auf Pater Bartsch setzen zu können, über den Dulciger urteilte, er sei ein ebenso aufrichtiger wie zuverlässiger „deutscher Ja und Nein Mann"; Dulciger an Bötticher am 7. 11. 1605, *a.a.O.*, Bl. 632. Fraglich ist, ob Dulciger und seine Auftraggeber erkannten, wie groß die Gefahr war, daß die Verbindung mit Bartsch die Sache der Protestierenden Gemeinde kompromittierte. Der aus Braunsberg gebürtige Jesuitenpater war ein renommierter Kontroverstheologe, wohlvertraut mit den innerprotestantischen Bekenntniskontroversen in Polen-Litauen. Einschlägige Erfahrungen hatte er nicht nur als Rektor des Braunsberger Jesuitenkollegs sowie der Wilnaer Akademie gesammelt, sondern in den Jahren 1595 bis 1598 auch als Seelsorger in Danzig! Erst im Jahre 1600 war er an den Krakauer Hof gekommen. Siehe *PSB*, Bd. 1, S. 329 f.; über Bartsch als Kontroverstheologen Bronisław Natoński,

Reichsbeamten die Stimmung zugleich gegen die „lutherischen aufrührer" wandte. Für die dissidentischen „Lutherano Calviniani" bildete dabei erwartungsgemäß die Frage der Verbindlichkeit von gesamtstaatlichem Bekenntniskonsens und Warschauer Konföderation den entscheidenden Punkt des Anstoßes; der gesamtstaatliche Grundsatz, daß „iede Religion unter dem Titell der Augsp. Confess. begriffen, so der Papistischen zu wieder ist", habe allemal Vorrang vor separaten Privilegien, und wenn die Bürgerschaft die Warschauer Konföderation verwerfe, wolle sie offenbar „nicht allein wieder Ihren Magistratum sondern auch wieders gantze Reich rebel sein".[439] Das politische Argument aber fiel letztlich auch nicht nur für die Dissidenten ins Gewicht, sondern offenbar ebenso für jene „Catholico Calviniani", welche aus ständischer Ratio die Partei der Danziger Obrigkeit zu nehmen geneigt schienen. Ihnen mochte gleichgültig sein, welche von den „zwei secten Augspurgischer Confeßion" in Danzig herrschte; um so weniger konnten jedoch exorbitante Eingriffe in das Stadtregiment gerechtfertigt werden, zumal die Erfahrung lehre, „das Calviniani vielmehr verstandes hätten, auch Ihre Rempublicam ordentlicher wüßten zu regiren, als die Bibuli und Stoici Lutherani".[440]

Die Ablehnung der Stände artikulierte sich jedenfalls deutlich genug, um König Sigismund in der Tat frühzeitig von einem harten Kurs gegenüber den Danziger Räten abzubringen; nach dem Muster der Marienburger Intervention zu verfahren, kam in dieser Konstellation offensichtlich nicht in Betracht. So weisen die Entscheidungen seit Mitte 1605 eher auf die Absicht des Hofs hin, den Konflikt einzudämmen, die Möglichkeiten aber, eigene politische Interessen ins Spiel zu bringen, allenfalls vorsichtig zu erkunden. Zwar erwirkte die protestierende Bürgerschaft noch im Juni die förmliche Ladung der beschuldigten Ratsmänner vor das Hofgericht.[441] Indem Sigismund aber daneben den königlichen Sekretär Samuel Łaski als Vermittler bestellte, setzte er das rechtliche Verfahren zugleich wieder auf unbestimmte Zeit aus; nachdrücklich vermerkten die königlichen Instruktionen, die Łaski Rat und Ordnungen in Danzig im September vortrug, daß „nicht mit ladungen, noch durch commissiones darin verfahren" werden solle, bevor nicht alle Anstrengungen zu einem gütlichen Vergleich gemacht seien.[442]

Humanizm jezuicki i teologia pozytywno-kontrowersyjna w XVII i XVIII wieku. Nauczanie i piśmiennictwo, in: *Dzieje teologii katolickiej w Polsce*, Bd. 2, T. 1, hrsg. von Marian Rechowicz, Lublin 1975, S. 96, sowie J. Tazbir, *Die Religionsgespräche...*, S. 135.

439 Dulciger an Bötticher am 7. 11. 1605, APGd. 300 R/Pp 16, Bl. 631–640. – Zur Frage der Zugehörigkeit der Danziger Kirche zur Augsburgischen Konfession heißt es im Zusammenhang: Auch das königliche Privileg könne nur so gedeutet werden, daß mit der Augustana „auch die verbeßerung derselben" zugestanden worden sei, „den damal hielte man die Augsp. Confession für die beste, als wen ein Vater seinem Kinde sein gutt vertestamentiret, wil ehr das folgende, so ihm geboren, nicht außgeschloßen haben ... Ist derwegen iede Religion unter dem Titell der Augsp. Confess. begriffen, so der Papistischen zu wieder ist. Die so man Calvinisten mit unwahrheit nennet, die sind der waren unverfälschten Augspurgischen Confession, ergo privilegieret. Nicht das die Calvinisten in allen Artickeln gleich der Aug. Conf. lehreten, sondern das sie sie in wenig puncten verbeßerten."

440 *Ebda.*

441 Königliche Zitation vom 23. 6. 1605, Abschriften u.a. *a.a.O.*, Bl. 285 f., sowie APGd. 300 R/Pp 17, Bl. 615–618, APGd. 300 R/Pp 19, Bl. 159 f., APGd. 300 R/Pp 31, Bl. 183 f.

442 Königliche Instruktion an Łaski vom 20. 6. 1605, u.a. in APGd. 300 R/Pp 16, Bl. 280–282, APGd. 300 R/Pp 17, Bl. 609 f., APGd. 300 R/Pp 19, Bl. 157 f.; entsprechend Łaskis erster Vortrag vor dem Danziger Rat am 26. 8. 1605 bzw. vor den drei Ordnungen am 8. 9. 1605; APGd. 300 R/Pp 17, Bl. 507–510,

Für die Danziger Obrigkeit bedeutete dies mehr als einen bloßen Zeitgewinn. Denn die Vermittlung eröffnete auch Spielraum, um der verfaßten Bürgerschaft nun doch jene stadtöffentliche Auseinandersetzung in der Sache aufzunötigen, welcher die Protestierenden im Hinblick auf die Bekenntnisdifferenzen im eigenen Lager bislang mit Bedacht ausgewichen waren. Wie der Rat auf Łaskis Propositionen zu reagieren hatte, lag denn auch auf der Hand. Sorgsam war er einerseits darauf bedacht, in den Verhandlungen der drei Ordnungen während der folgenden Wochen seine Bereitschaft zur Beilegung der gemeindlichen Streitigkeiten zu demonstrieren. Der Vorschlag der Schöffenbank, einen Schlichtungsausschuß aus „beiderseits Religions verwandten" zu bilden, wurde bereitwillig aufgegriffen,[443] und hinsichtlich der in ihren Gemeinden umstrittenen Prediger bot der Rat nun als „Mittelwegk" an, diese an andere Kirchen zu versetzen.[444]

Doch war dies offenbar vor allem ein taktischer Zug, um schrittweise die politische Initiative im Konfliktablauf übernehmen zu können. Indem der Rat nun von sich aus auf eine förmliche Verhandlung über die Kirchenfrage in den drei Ordnungen drängte[445] und damit vordergründig auf eine zentrale politische Forderung der Protestierenden Gemeinde einging, beabsichtigte er nicht nur, den königlichen Vermittler zufriedenzustellen, sondern auch und vor allem die verfaßte Bürgerschaft wiederum in die strikte Disziplin der städtischen Ordnungsverfassung einzubinden.

Da Samuel Łaski einstweilen aber am Prinzip einer außerkonstitutionellen Vermittlung festhielt und am Ende seines ersten Aufenthalts in Danzig beide Parteien lediglich auf eine weitere Schlichtungsfrist von vier Wochen verpflichtete,[446] schien freilich auch für die Protestierende

APGd. 300 R/Pp 19, Bl. 161–164 bzw. *Ordnungsrezesse*, Exemplar der Dritten Ordnung APGd. 300, 10/198, Bl. 537–543. – Zur Person Łaskis: Es handelte sich um den Sohn des Reformators Jan Łaski. Er war nach dem Tod des Vaters vom katholischen Zweig der Familie erzogen worden. Der Vermittlungsauftrag in Danzig war ihm wahrscheinlich deshalb übertragen worden, weil er 1605 in diplomatischer Mission ohnehin in beiden Teilen Preußens unterwegs war; siehe *PSB*, Bd. 18, S. 250–252.

443 Beratungen im Breiten Rat am 13. und 19. 9. 1605, *Ordnungsrezesse*, Exemplar der Dritten Ordnung APGd. 300, 10/198, Bl. 552–555 bzw. 556–558.

444 Sitzung des Breiten Rats am 4. 11. 1605, *a.a.O.*, Bl. 628–631. – Freilich bezog sich das Angebot nur auf die beiden reformierten Kapläne der Marienkirche Martin Remus und Thomas Fabricus sowie den Prediger der Hospitalkirche St. Barbara Bernhard Gesenius, dessen Streit mit der Gemeinde auch Argumente für die Protestation der Bürgerschaft geliefert hatte. Daß dies letztlich also nur ein taktisch geschickter Versuch war, von dem Fundamentalkonflikt in bezug auf den städtischen Bekenntnisstand abzulenken, hat die Gegenseite denn auch mit Recht bei ihrer Zurückweisung des Kompromißangebots festgestellt; dazu Böttichers Brief an Dulciger vom 23. 11. 1605, APGd. 300 R/Pp 16, Bl. 642.

445 Erstmals am 19. 9. 1605 forderte der Rat die Vertreter der Dritten Ordnung auf, wegen der Kompromißangebote „in ihre ordentliche rathschlage zu treten", das heißt ungeachtet der in der Klagesache erteilten Vollmachten die Debatte innerhalb der Quartiere neu zu eröffnen, also „die sache reifflich bei sich zu erwegen, die stimmen hernach durch die Quartiermeister aussfaßen zu lassen, keiner dem anderen mit reden und persuadiern eintrag zu thun"; *Ordnungsrezesse*, Exemplar der Dritten Ordnung, APGd. 300, 10/198, Bl. 557 f. Die Mehrheit der Hundertmänner lehnte dies jedoch ebenso ab wie den zwei Tage später förmlich eingebrachten Antrag des Rats, die Ordnungen sollten, da Łaski nicht mehr lange in Danzig bleiben könne, die ganze Streitsache im Breiten Rat weiter verhandeln; *a.a.O.*, Bl. 580.

446 Verhandlungen zwischen Łaski und den Deputierten der Protestierenden Gemeinde am 20. 11. 1605, APGd. 300 R/Pp 16, Bl. 341–344. – Die Frist bezog sich vor allem auf eine eventuelle Wiederaufnahme des gerichtlichen Verfahrens; erst nach weiteren vier Wochen sollte es der Protestierenden Gemeinde freistehen, den beschuldigten Ratsmännern die königliche Vorladung vom Juni zuzustellen.

Gemeinde noch nicht alles verloren. Doch die Indizien für eine Wende zum Schlechten mehrten sich im Lauf des Herbstes. So wurde die Meldung der Krakauer Agenten, wonach es am Hof „erbärmlich“ mit ihrer Sache stehe,[447] nicht nur durch zunehmend skeptische Äußerungen Łaskis gegenüber Bötticher bestätigt,[448] sondern auch durch die Tatsache, daß der König niemand anderen als seinen Vermittler in der Konfessionsfrage inzwischen beauftragt hatte, den Danziger Ordnungen seinen Wunsch nach einem außerordentlichen Kredit von 100 000 Gulden vorzutragen;[449] die Absicht, den Rat auf die Möglichkeit eines pragmatischen Auswegs aus dem Konflikt hinzuweisen, war schwerlich zu übersehen.

Zugleich aber zeitigte der politische Druck, den der Rat im Rahmen der Ordnungsverfassung auf die Protestierende Gemeinde ausübte, allmählich Wirkung. Zwar beharrten deren Wortführer auf ihrer Weigerung, in Verhandlungen einzutreten, die anderes als die bedingungslose „Execution“ ihrer Forderungen zum Gegenstand hätten.[450] Doch begann die gemeinsame Front der Dritten Ordnung in dieser Frage zu bröckeln, seitdem es über der Forderung des Rats nach ordentlicher Beratung der Streitsachen erstmals zu Disputen unter den Hundertmännern gekommen war.[451] Die Zuspitzung zu einer ratsöffentlichen Kontroverse hatte unweigerlich auch unter der Bürgerschaft die reformierten Gegenkräfte mobilisiert. Im Oktober verwahrten sich 99 reformierte Bürger in einer förmlichen Supplik an den Rat gegen den Versuch der lutherischen Opponenten, „sich wieder aller Proceßen natur zu Richtern, Klägern und executoren zu machen“,[452] und im November votierte eines der vier Quartiere in der Dritten Ordnung offen gegen deren eigentlich gemeinsamen Antrag, die Kompromißvorschläge von Rat und Schöffen abermals zu verwerfen.[453] Bötticher hatte also allen Grund, auf Łaskis Mahnungen zu Mäßigung freimütig zu

447 Dulciger an Bötticher am 29. 10. 1605, *a.a.O.*, Bl. 627.

448 Am deutlichsten in der letzten Konferenz vor Łaskis Abreise, *a.a.O.*, Bl. 338–340. Ob das Hauptargument der Bürgerschaft, nämlich ihre Berufung auf die Religionsprivilegien, Bestand haben würde, sei zweifelhaft vor allem im Hinblick auf die entschieden ablehnende Haltung der Stände. Es gebe „die Erfahrung, wie es bisweilen mit solchen privat Privilegien ihrer Mayt. ginge, wan sie für den Comitiis auf den Reichstägen disputiret werden, nemblich also daß sie zum theile sein annihiliret und aufgehoben worden“.

449 So Łaskis Mitteilung an die Ordnungen Ende September 1605; *Ordnungsrezesse*, Exemplar der Dritten Ordnung, APGd. 300, 10/198, Bl. 569.

450 Am 5. 10. 1605 dazu eine förmliche Deklaration der Dritten Ordnung unter dem Titel „Ursachen, warumb die Protestierende der Augsp. Confeß. verwande in der dritten Ordnung bei ihren nunmehr zum drittenmahl wiederholten einbringen (nemlich die calvinische Lehre und Prediger ... sampt der neuen eingeführten Ceremonien sollen abgeschafft werden) wenden und bleiben lassen“; Text APGd. 300 R/Pp 31, Bl. 197–204, sowie APGd. 300 R/Pp 19, Bl. 170–176.

451 Siehe oben, Anm. 445. – Namentlich im Hohen Quartier und im Koggen-Quartier hatte sich jeweils die Hälfte der Hundertmänner für die Ratspropositionen ausgesprochen, in der Bekenntnisfrage an sich aber abweichend von der Protestierenden Gemeinde gefordert, „das kein Bürger den anderen, wegen seiner religion soll reformiren oder molestiren“; *Ordnungsrezesse*, Exemplar der Dritten Ordnung, APGd. 300, 10/198, Bl. 582 f.

452 Bittschrift vom 5. 10. 1605, u.a. in B PAN Gd. Ms 499, Bl. 306r. – 306v., APGd. 300 R/Pp 16, Bl. 321–333, APGd. 300 R/Pp 19, Bl. 176–181; E. Bötticher, *Kirchen Relaciones*, APGd. 300 R/Pp 31, Bl. 205–212.

453 *Ordnungsrezesse*, Exemplar der Dritten Ordnung, APGd. 300, 10/198, Bl. 638 f.

erklären, daß eine Verzögerung des rechtlichen Verfahrens bis zum Frühjahr mit Sicherheit den Zusammenbruch der bürgerschaftlichen Front bringen werde.[454]

Wenn die protestierende Gemeinde in dieser Lage noch einmal alle Kräfte auf die Durchsetzung einer schnellen Entscheidung in Krakau konzentrierte,[455] so dürfte das ihre Niederlage nur beschleunigt haben. Die Zustellung der königlichen Vorladung an die beklagten Räte sofort nach Ablauf der von Łaski gesetzten Schlichtungsfrist[456] brachte den Prozeß vor dem Hofgericht zwar insofern voran, als tatsächlich ein erster Termin im Januar 1606 anberaumt wurde und, da die Beklagten dazu nicht gekommen waren, nun auch der Weg für weitere Schritte frei schien. Die Ausstellung eines „decretum contumatiae" sowie einer weiteren Vorladung der Danziger Räte wurde veranlaßt.[457] Zugleich wandte sich die protestierende Gemeinde abermals mit einer Bittschrift an den König, diesmal mit dem Ersuchen, er möge vermittels direkter Mandate gegen die widerstrebenden calvinischen Räte einschreiten, indem er den Rat verpflichte, vakante Sitze in allen drei Ordnungen sowie sonstige weltliche und geistliche Ämter nur noch mit Lutheranern zu besetzen, speziell aber „gewiße Persohnen aus E.E. Gemeine Mittel in die vacirenden Stellen" zu berufen.[458] Für einen derartigen Vorstoß indessen war der Zeitpunkt alles andere als günstig gewählt. Denn gerade auf dem im Januar eröffneten Reichstag sollten sich die lange aufgestauten Spannungen zwischen König und Dissidenten entladen,[459] und jeder Versuch, die königliche Intervention in der städtischen Konfessionssache zu forcieren, mußte sich jetzt zwangsläufig nachteilig auswirken. Wie sowohl Pater Bartsch als auch der Danziger Kastellan Michał Konarski den Bürgerschaftsdeputierten Ende Januar in Krakau anvertrauten, war im Hinblick auf die dro-

454 Bötticher in den Verhandlungen mit Łaski am 20. 11. 1605, APGd. 300 R/Pp 16, Bl. 341–343. – Auch dem Marienburger Vogt Kaspar Göbel sowie dem Agenten Tillerich schilderte Bötticher in Briefen vom 22. bzw. 24. 12. 1605, „das sich nunmehr die dritte Ordnung in zwey hauffen zertrennet" habe, womit der Bürgerprotest als stadtkonstitutionelle Bewegung de facto gescheitert und die verfaßte Bürgerschaft „aller guter hoffnung benommen" sei; *a.a.O.*, Bl. 664–671 bzw. 658–660.

455 Um den Prozeß am Hofgericht in Gang zu bringen, entsandte die Protestierende Gemeinde erneut eine Delegation nach Krakau, warb aber auch weitere Agenten für die informelle Einflußnahme am Hof und stellte für diesen Zweck beträchtliche Geldmittel in Aussicht; genaue Angaben dazu in Böttichers Korrespondenz seit Januar 1606, *a.a.O.*, Bl. 681 ff.

456 Am 23. 12. 1605; E. Bötticher, *Kirchen Relaciones*, APGd. 300 R/Pp 31, Bl. 220, APGd. 300 R/Pp 16, Bl. 347, siehe auch R. Curicke, *Der Stadt Dantzig historische Beschreibung...*, S. 372.

457 Verhandlung vor dem Hofgericht am 21. 1. 1606; Bericht darüber in APGd. 300 R/Pp 19, Bl. 212; siehe auch den Brief des Bürgerschaftsdeputierten Dieckmann an Bötticher vom 24. 1. 1606, APGd. 300 R/Pp 16, Bl. 697–703.

458 Supplik der Protestierenden Gemeinde an den König vom 24. 1. 1606 mit beigefügten „Petitions-Articeln"; E. Bötticher, *Kirchen Relaciones*, APGd. 300 R/Pp 31, Bl. 236–241, dasselbe APGd. 300 R/Pp 19, Bl. 201–210, sowie APGd. 300 R/Pp 16, Bl. 704–711. – Die damit erstmals fast unverhüllt formulierte Forderung, den Rat durch Aufnahme von Mitgliedern der Dritten Ordnung umzubilden, wurde damit gerechtfertigt, daß bei der bevorstehenden Ratskür eine weitere Stärkung des calvinistischen Lagers in der Ersten Ordnung zu befürchten sei, wenn der König nicht eingreife.

459 Über die Bedeutung des Reichstags von 1606 G. Schramm, *Der polnische Adel...*, S. 291–295, vgl. auch W. Krasiński, *Zarys dziejów...* Bd. 2, T. 2, S. 109 ff., sowie Janusz Tazbir, *Szlachta i teologowie. Studia z dziejów polskiej kontrreformacji*, Warszawa 1987, S. 171 f.

hende Haltung der Dissidenten vorerst nicht einmal mit der Ausfertigung der von der Protestierenden Gemeinde bereits erwirkten Rechtstitel zu rechnen.[460]

Alle Signale, die seit Jahresbeginn aus Krakau kamen, sprachen denn auch dafür, daß eine Entscheidung zum Nachteil der Bürgerschaft bereits gefallen war. Bei der Besetzung des vakanten Burggrafenamts hatte sich der König trotz vehementen Einspruchs der Protestierenden für den reformierten Bürgermeister Gerhard Brandes entschieden.[461] In der Sache des königlichen Kreditersuchens war Łaski mit dem Rat zu einer raschen Einigung darüber gelangt, daß die Stadt 50000 Gulden in Anrechnung auf künftige Kontributionsleistungen auszahlen würde.[462] Die Protestierende Gemeinde aber ließ der König durch Łaski bei dessen Rückkehr nach Danzig ausdrücklich dafür tadeln, daß sie die Vermittlung ausgeschlagen und „zu zeitig zum processu iuris geschritten“ sei.[463] Daß Łaskis Vermittlungsauftrag dennoch förmlich verlängert worden war und auch die Hofkanzlei die in der Prozeßsache beantragten Mandate letztlich doch ausfertigte,[464] verschaffte der Bürgerschaft dagegen keinen neuen Spielraum. Denn man war nun wieder auf jene Auseinandersetzung auf der Ebene der städtischen Ordnungsverfassung zurückverwiesen, auf der der Rat und seine reformierte Anhängerschaft ihre Überlegenheit im Grunde bereits unter Beweis gestellt hatten.

So bilden die Debatten der Danziger Ordnungen im Februar 1606 eigentlich auch den Endpunkt der bürgerschaftlichen Bewegung, die über die gezielte Politisierung der Konfessionsfrage 1604 in Gang gekommen war.[465] Gegen die nunmehr vereinten Anstrengungen von Rat, Schöffen und der Gegenpartei in der Dritten Ordnung, die protestierende Bürgerschaft um Bötticher aus dem politischen Konsens der Ordnungen abzudrängen, vermochte diese keinen wirksamen Widerstand mehr zu leisten; es war am Ende nur noch eines der vier Quartiere, dessen Hundertmänner geschlossen gegen den Ratsvorschlag einer gemeinsamen Deklaration der Ordnungen gegenüber dem König stimmten und damit erzwangen, daß ihr Beharren auf Protestation und Prozeß zumindest als Sondervotum aktenkundig wurde.[466] Der Form nach genügte dies zwar, um

460 Der Bürgerschaftsdeputierte Matthias Dieckmann an Bötticher am 28. 1. 1606, APGd. 300 R/Pp 16, Bl. 711–717.

461 Darüber ausführlich der Bericht des Bürgerschaftsagenten Reinhold Brand an Bötticher vom 24. 1. 1606, *a.a.O.*, Bl. 691–697.

462 *Ordnungsrezesse*, Exemplar der Dritten Ordnung, APGd. 300, 10/198, Bl. 671–673.

463 Vortrag Łaskis vor den drei Ordnungen am 31. 1. 1606; *a.a.O.*, Bl. 664–666.

464 Das „decretum contumatiae“ gegen die beschuldigten Räte konnten die Bürgerschaftsdeputierten endlich am 26. 2. 1606, „nach großer mühe u. unkosten“ erwirken; APGd. 300 R/Pp 19, Bl. 212 f. Bereits am 2. 2. 1606 war dem Rat zudem ein „Mandatum Inhibitorium“ zugestellt worden, daß den Danziger Ordnungen aufgrund der Einwände in der Bittschrift der Protestierenden Gemeinde einstweilen untersagte, die Ratskür vorzunehmen, was den Rat allerdings nicht daran hinderte, die Wahl am 9. 3. abzuhalten; *a.a.O.*, Bl. 216.

465 Die Abläufe sind genau wiedergegeben in den Rezessen der Dritten Ordnung, APGd. 300, 10/198, Bl. 679 ff.

466 Verhandlungen im Breiten Rat am 20. u. 23. 2. 1606; *Ordnungsrezesse*, Exemplar der Dritten Ordnung, APGd. 300, 10/198, Bl. 702 f. bzw. 708–710. – Freilich verfügte Böttichers Partei insgesamt noch immer über die Mehrheit in der Dritten Ordnung, da in den drei unentschlossenen Quartieren auch nur jeweils die Hälfte der Hundertmänner zugunsten des Rats votiert hatte. Entscheidend war jedoch, daß nach der Einheit der Dritten Ordnung nun auch die der einzelnen Quartiere demonstrativ aufgebrochen worden war.

auch die zweite Schlichtung Łaskis jetzt für gescheitert zu erklären und die Sache durch schriftliche Vorlage der Gravamina abermals an den König zu verweisen.[467] Doch mit dem Verlust der Unterstützung durch die ganze verfaßte Bürgerschaft hatten die Protestierenden de facto auch den Rang eines politischen Kontrahenten eingebüßt. Das Versprechen des Königs, die Wiederaufnahme des Prozesses wie auch die Entsendung königlicher Kommissare abermals erwägen zu wollen,[468] wurde niemals eingelöst. Statt dessen kam im März 1606 ein königliches „Mandatum pacis“ zur Proklamation, das weltlichen wie geistlichen Kontrahenten in Danzig die Aussetzung ihres Streits gebot.[469] Obwohl es in diesem Sinne vorläufig war, blieb das Friedensmandat im Danziger Konfessionsstreit das letzte Wort.

Analysiert man die geschilderten Abläufe im Hinblick auf die konfliktleitenden Faktoren, so tritt nun deutlich zutage, daß die übergreifenden, auf der Ebene des Gesamtstaates ausgetragenen Religionsgegensätze letztlich in allen Phasen die Entwicklung bestimmt haben. So unmittelbar der Konflikt um den städtischen Bekenntnisstand auch an die lutherische Richtung in der Bürgerschaft und vor allem deren politische Aspirationen geknüpft war, so wenig sind die innerstädtischen Konfessionsparteien doch die eigentlichen Urheber, geschweige denn die bestimmenden Kräfte im Konfliktverlauf gewesen. Denn es hatte einerseits des spezifischen Zusammenwirkens von gegenreformatorischen Einflüssen und politischen Interventionsinteressen bedurft, um die Konfessionsfrage im Sinne der Bürgeropposition zu politisieren, das heißt politische Gegenkräfte gegen das Ratsregiment sowohl zu mobilisieren als auch eine gewisse Zeit lang handlungsfähig zu erhalten. Andererseits aber war es offenkundig auf die gegenläufigen Einflüsse der Stände zurückzuführen, wenn die Interventionsmöglichkeiten, die sich für den König aus dem Konflikt ergaben, dann doch weitgehend ungenutzt blieben. Vor allem das erklärte Interesse der polnisch-litauischen Dissidenten, gegenreformatorischen Einbrüchen überall massiv zu begegnen, hatte der Danziger Obrigkeit frühzeitig ein Übergewicht verschafft und 1606 schließlich den König bewogen, die Konfrontation im Blick auf das turbulente Reichstagsgeschehen von sich aus zu entschärfen.

Komplizierter ist die Frage nach den konfessionsgeschichtlichen Wirkungen des Danziger Konflikts. Denn obgleich es in keinem der zentralen konfessionellen Streitpunkte zu einer Entscheidung gekommen war, läßt sich doch – anders als im Hinblick auf die politische Machtprobe – kaum behaupten, daß das Scheitern der Bürgerschaftsbewegung schlicht an den Ausgangspunkt des Konflikts zurückgeführt hätte. Jedenfalls scheinen die eher versöhnlichen Deutungen, welche beide Bekenntnisparteien in Danzig dem Ausgang von 1606 gaben, zumindest auf eine veränderte Sicht hinzudeuten.

So war der Protestierenden Gemeinde unverkennbar daran gelegen, Indizien für eine Wende in der städtischen Konfessionspolitik auszumachen und damit nicht nur den politischen Anlauf der

467 26. 2. 1606, Text: APGd. 300 R/Pp 19, Bl. 196–201.

468 Berichtet durch den Agenten Jeremias Tillerich an Bötticher am 21. 2. 1606, APGd. 300 R/Pp 16, Bl. 718–722. – Ähnliches stellte auch Łaski Bötticher in Aussicht, warnte allerdings vor den Risiken, die damit verbunden seien, es auf eine grundsätzliche Klärung der Rechtsfragen durch den König ankommen zu lassen; denn wenn „sie so fest über ihre Privilegien hielten“, müßten sie zugleich einräumen, daß dem König kraft derselben Privilegien die Marienkirche gebühre; *a.a.O.*, Bl. 364 f.

469 Bereits im Februar ausgestellt, wurde das Mandat am 13./15. 3. 1606 in Danzig bekanntgemacht; *a.a.O.*, Bl. 379 f.

Bürgerschaft an sich, sondern auch deren endliche Kapitulation retrospektiv zu rechtfertigen.[470] Sie deutete in diesem Sinne vor allem die Ergebnisse eben jener Ratskür vom März 1606, welche sie selbst noch vermittels eines königlichen Inhibitionsdekrets zu verhindern versucht hatte. Daß angeblich die Wahl auf zwei Lutheraner gefallen sei, dadurch aber die calvinistische Mehrheit im Rat gebrochen worden sei, hätten „die Protestirenden mit freuden vernommen", und mit neuem Vertrauen habe man sich nun auch wieder direkt an die Obrigkeit wenden können, um durch schlichte Suppliken um die Erledigung der Religionsgravamina zu bitten.[471] Keinerlei weitere Anzeichen lassen nun in Wahrheit auf eine entsprechende Signalwirkung der Wahl schließen.[472] Doch ist bezeichnend, daß der Rat auch seinerseits nichts unternahm, um die Fiktion eines Kompromisses zu desavouieren. Er tolerierte nicht nur die religiösen und politischen Rechtfertigungsbemühungen der Bürgerschaft, sondern machte auch eigene Anstrengungen, den Weg für die Rückkehr zu einem Konsens zwischen den Ordnungen zu ebnen. Bis zur nachträglichen Säuberung der Ratsakten sollten etwa die Bemühungen gehen, die Spuren des rechtlichen und politischen Kirchenstreits zu tilgen.[473]

Ein gezielter Richtungswechsel in der städtischen Kirchenpolitik dagegen war damit offenbar keineswegs beabsichtigt, geschweige denn vollzogen. In der Tat kam es in der unmittelbaren Folge der Krise weder zu regulierenden Eingriffen in Lehr- und Zeremonienfragen, noch sollte das Jahr 1606 eine Zäsur in bezug auf die konfessionelle Zusammensetzung des geistlichen Mini-

470 Neben Böttichers beiden Darstellungen des Konfliktablaufs in diesem Sinne vor allem die 1608 abgefaßte „Declaratio und Gründliche Erklärung. Auß was Ursachen die Erbare Gemeyne der Augspurgischen Confession verwante in der Dritten Ordnung ... nebenst samptlichen derselben Confession zugethanen Bürgern, Kauffleuten, Hauptwercken und Wercken, mit etlichen Personen im Mittel eines Raths daselbst, der Religion halben durch antrieb des Calvinischen Hauffens in einen rechtlichen Prozeß geraten"; APGd. 300 R/Pp 18, Bl. 119–613; APGd. 300 R/Pp 16, Bl. 1–409.

471 APGd. 300 R/Pp 19, Bl. 216; die Texte der beiden Suppliken *a.a.O.*, Bl. 217–221 bzw. 221–223.

472 Die Annahme, daß die Ratskür zu einer Gewichtsverlagerung zwischen den Konfessionsgruppen im Rat geführt habe, läßt sich nicht verifizieren; ohnehin erscheinen die von lutherischer Seite hier vorgenommenen Klassifizierungen insofern fiktiv, als die kirchenpolitischen Fronten letztlich nicht zwischen den Bekenntnissen an sich, sondern zwischen Konfessions- und Unionsprotestantismus verliefen. Fest steht dagegen, daß der Rat auch auf die nach der Wahl eingereichten Suppliken nicht reagierte.

473 Mit einiger Sicherheit läßt sich die bewußte Tilgung von Ratsprotokollen jedenfalls für die kritische Phase der ersten Danziger Vermittlung Łaskis im Herbst 1605 unterstellen. Während die Rezesse der Dritten Ordnung die Auseinandersetzungen im Breiten Rat detailliert registrieren, weisen die offiziellen Rezesse jeweils an den entsprechenden Stellen Lücken auf, die auch anhand der ursprünglichen Paginierung identifizierbar sind; daß es sich hier tatsächlich um Rezesseinträge zum Kirchenstreit gehandelt hat, bestätigt das Sachregister, das unter dem Stichwort „Religionssachen" auf die fehlenden Seiten verweist. Siehe den betreffenden Band der *Ordnungsrezesse*, APGd. 300, 10/18. – So zu verfahren lag im übrigen auch auf der Linie, welche der Rat in allen Phasen des Konflikts in bezug auf den öffentliche Umgang mit Dokumenten in der Streitsache verfolgt hatte. Schon bei den ersten parallelen Suppliken von Quartieren und Zünften etwa hatte der Rat im Dezember 1604 angeordnet, daß keine Exemplare davon „in Privat häusern" verbleiben, vielmehr alle zur Verwahrung im geschlossenen Archiv des Rats ausgeliefert werden sollten (APGd. 300 R/Pp 17, Bl. 394, sowie E. Bötticher, *Historisches Kirchenregister...*, APGd. 300 R/Pp 25, Bl. 738), und selbst die Forderung der Dritten Ordnung, über den Wortlaut der städtischen Religionsprivilegien informiert zu werden (23. 3. 1604; APGd. 300 R/Pp 19, Bl. 127), war nur gegen den zähen Widerstand des Rates durchzusetzen gewesen.

steriums bilden; auch im nächsten Jahrzehnt hielt der Danziger Rat unbeirrt an der vorrangigen Berufung reformierter Prediger fest.[474] Nach außen aber schien er die Durchsetzung seines seit 1595 verfolgten Kurses in der Bekenntnisfrage jetzt sogar eher zu forcieren denn zurückzunehmen. Gegenüber den katholischen Ständen in Preußen verwahrte man sich gemeinsam mit Thorn und Elbing auf dem ersten Landtag von 1606 explizit gegen die Zumutung, „blos den Römisch-Catholischen und Augspurgischen Confeßions-Verwandten die Gewissens-Freyheit verstatten [zu] wollen",[475] und aktiv war die Danziger Diplomatie auch auf dem Reichstag daran beteiligt, die dissidentische Opposition für die Verteidigung dieser Position der Städte gegen die königliche Politik zu gewinnen.[476]

Indessen scheint der ausgleichende Kurs der Danziger Obrigkeit gegenüber der verfaßten Bürgerschaft doch darauf hinzuweisen, daß man sich zugleich der Labilität der bekenntnispolitischen Lage bewußt geworden war. Auch die Position des Rats schließlich hatte durch den offenen Ausgang des Konflikts keineswegs eine rechtlich-politische Bestätigung erfahren; die Sensibilisierung der bürgerschaftlichen und geistlichen Opposition für die Brisanz der Bekenntnisfrage mußte ebenso fortwirken wie der daran anknüpfende gegenreformatorische Einfluß, und nicht zuletzt hatte das Eingreifen des katholischen Stadtherrn in den innerprotestantischen Streit einen Präzedenzfall geschaffen, dessen Bedeutung auch die königliche Politik sehr wohl erkannt haben dürfte. In eigener Initiative erließ Sigismund III. 1612 ein Mandat, das den Danziger Räten im Blick auf die bevorstehende Ratskür vorschrieb, ausschließlich Personen römisch-katholischer oder augsburgischer Konfession zu kooptieren.[477]

Gewiß am meisten Grund zu Besorgnis lieferte aber die Erfahrung, daß die Behauptungsfähigkeit der Städte in der Bekenntnisfrage letztlich von einer ständepolitischen Konstellation abhing,

474 Unter den zwölf Predigern, die zwischen 1605 und 1614 bestellt wurden, läßt sich nur einer mit Sicherheit als Lutheraner identifizieren; APGd. 300 R/Pp 85, passim.

475 G. Lengnich, *Geschichte der Preußischen Lande...*, Bd. 5, S. 31 f.

476 Dazu die ausführlichen Thorner Berichte über die Aktivitäten der Städtevertreter auf dem Reichstag, APT Kat. II, XIII–10, Bl. 214 ff.

477 Sowohl Inhalt als auch Datierung des Mandats sind widersprüchlich überliefert. Die erhaltenen Abschriften tragen Daten zwischen dem 4. und 11. 3. 1612; dennoch scheint es sich eher um verschiedene Ausfertigungen desselben Textes, etwa für den Gebrauch der einzelnen Ordnungen, zu handeln als um zwei gesonderte Mandate, von denen in einigen Quellen die Rede ist. Die Identifikation des authentischen Textes wird indessen vor allem durch die Tatsache erschwert, daß von lutherischer Seite offenbar manipulierte Fassungen des Mandats in Umlauf gesetzt worden sind, welche ein ausdrückliches königliches Verbot des Calvinismus belegen sollten. So wäre laut einer Handschrift eine explizite Unterscheidung zwischen den Bekennern der Invariata und der „Secta Calvinista aliena ab Augustana Confessio" getroffen worden (APGd. 300 R/Ll 46, Bl. 179r.), während anderen zufolge (u.a. APGd. 300 R/Pp 14, Bl. 279; APGd. 300 R/Pp 19, Bl. 574 f.; B PAN Gd. Ms 495, Bl. 271r., 272v.) die Calvinisten neben Arianern und Wiedertäufern als verwerfliche Sekte genannt wurden. Alles spricht jedoch für die Authentizität der von P. Simson, *Geschichte der Stadt Danzig...*, Bd. 4, Nr. 186, S. 252 f., edierten Fassung, die ihrerseits durch verschiedene Handschriften, darunter Übersetzungen, bestätigt wird (u.a. B PAN Gd. Ms 499, Bl. 5; B PAN Gd. Ms 450, Bl. 306r. – 307r.) und nach der der Kernsatz des Mandats folgendermaßen lautet: „...nullusque in consulem deligatur, nisi qui vel religionem catholicam Romanam profiteatur, vel Augustanam Confessionem, permissam per peculiaria privilegia civitati sectetur." – Zu der Verwirrung um das Mandat trägt freilich auch Simson noch bei, indem er den von ihm selbst edierten Text in seiner Darstellung (*Geschichte der Stadt Danzig...*, Bd. 2, S. 434) wiederum falsch, nämlich als expliziten Ausschluß der Calvinisten, zitiert.

die sich ihrerseits bereits geändert hatte. Zwar hatte sich das Bündnis mit dem dissidentischen Adel in der Krise eindrucksvoll bewährt. Doch war dies wesentlich eine Frage des günstigen Zeitpunkts gewesen. Denn als es unmittelbar nach der Eindämmung des städtischen Konflikts auf dem Reichstag von 1606 wirklich zur Kraftprobe zwischen den ständischen Konfessionsparteien kam, scheiterten die Dissidenten nicht nur mit ihren gezielten Vorstößen zugunsten der preußischen Städte,[478] sondern auch mit ihren elementarsten Forderungen nach rechtlicher Sicherung des Status quo in bezug auf die Bekenntnisfreiheit.[479] Der darauf unternommene Versuch aber, die Sache der Protestanten an eine Adelsfronde gegen den König – den „Rokosz des Zebrzydowski" – zu binden, sollte den Zerfall des dissidentischen Lagers als ständisches Machtzentrum nur beschleunigen; nach der Niederschlagung des Rokosz ließ sich die politische Front des polnisch-litauischen Unionsprotestantismus im Grunde nicht mehr wiederherstellen.[480]

So stellt sich die Frage nach dem Krisencharakter der geschilderten Abläufe für die Konfessionsgeschichte der preußischen Städte auf einer anderen Ebene, als man erwarten mag. So spektakulär der Danziger Konfessionsstreit von 1605/06 an sich war, so wenig hat doch sein Ausgang über die weitere Entwicklung unmittelbar entschieden – weder für die drei Städte insgesamt noch auch für Danzig selbst. Dafür gilt um so mehr, daß die konflikthafte Politisierung der Konfessionsfrage in Danzig im Zusammenhang jenes Umschlags zur Gegenreformation im Gesamtstaat stand, welcher nun seinerseits auch in Preußen als Zäsur wirksam wurde. Die 1606 in Danzig noch einmal stabilisierte Lage eines relativen Bekenntnispluralismus sollte in allen drei Städten in dem Maße wiederum in Frage gestellt werden, wie das entsprechende konfessionspolitische Konzept seine gesamtstaatliche Legitimation und seinen ständischen Rückhalt verlor.

II.7. Vom „Synkretismus" zum lutherischen Bekenntnisstand (1606–1650)

Wollte man die konfessionelle Entwicklung in den preußischen Städten mit bestimmten theologischen Leitfiguren in Verbindung bringen, so wäre für die Jahrzehnte nach der Jahrhundertwende vorrangig an den Helmstedter Lutheraner Georg Calixt sowie den seit 1626 in Elbing

478 In diesem Sinne besonders Piotr Gorajskis Engagement auf dem Reichstag; APT Kat. II, XIII–10, Bl. 233 f.

479 Die Kernforderungen waren die Novellierung der Konstitution „de tumultibus" von 1593 unter Einbeziehung aller Städte sowie die Aufhebung aller dem Toleranzgrundsatz widersprechender Rechtsakte, einschließlich der Brester Kirchenunion. Da die katholische Partei aber jeglichen Akt ablehnte, der auf eine Bekräftigung der Warschauer Konföderation hinauslaufen konnte, zeigte man sich bereit, auf die von einer Vermittlungskommission erarbeitete Formel für eine eher vage Bestätigung des Tumultgesetzes einzugehen. Doch wurde auch dieser Kompromiß letztlich durch den Einspruch des Königs zu Fall gebracht; der Reichstag ging ohne Beschluß in der Toleranzfrage zu Ende. Dazu ausführlich Wacław Sobieski, *Pamiętny sejm 1606 roku*, Warszawa 1913; zuletzt J. Tazbir, *Szlachta i teologowie...*, S. 171 f.

480 Jarema Maciszewski, *Wojna domowa w Polsce (1606–1609). Studium z dziejów walki przeciw kontrreformacji*, Bd. 1, Wrocław 1960; Adam Strzelecki, *Udział i rola różnowierstwa w rokoszu Zebrzydowskiego (1606–1607)*, in: *Reformacja w Polsce*, Bd. 7/8 (1935/36), S. 101–184; präzise Darstellung der Hauptprobleme bei G. Schramm, *Der polnische Adel...*, S. 291 ff.

amtierenden schottischen Reformierten John Dury zu denken.[481] Nicht nur ihr praktisches Wirken als Vermittler in den preußischen Kirchenfragen verband sie eng mit den Städten, sondern auch ihre Theologie eines Ausgleichs zwischen den Bekenntniskirchen, die unmittelbar auf den unterschwelligen Wandel in den Verhältnissen kirchlicher Koexistenz in den Städten nach der Jahrhundertwende zu antworten schien. Nachdem der kirchliche Integrationsprozeß im Zeichen des polnisch-litauischen Unionsprotestantismus hier durch den Einfluß der Gegenreformation gleichsam eingeholt worden war, rückte die Erhaltung des Bekenntnispluralismus an sich als kirchenpolitisches Prinzip in den Vordergrund. Denn nicht nur im Rahmen der Reichsverbände Polen-Litauens und Deutschlands schien zu gelten, was John Dury 1631 an den schwedischen Gouverneur Bengt Oxenstierna schrieb: daß nirgendwo die evangelischen Kirchen sich würden behaupten können „sine mutua Concordia et syncretismo“.[482]

Hinter dieser Akzentverschiebung in der bekenntnispolitischen Programmatik stand der reale Befund, daß die Beziehungen zwischen den städtischen Bekenntnisgruppen nach der Krise der Jahrhundertwende allmählich eine andere Qualität gewannen. Aus der Parteienbildung in einzelnen innerstädtischen Kirchenkonflikten wurde immer deutlicher ein Dauergegensatz zwischen stabilen Konfessionsgemeinschaften, und indem die Reformierten in der defensiven Auseinandersetzung mit den Lutheranern ihrerseits in das Fahrwasser konfessioneller Abgrenzung gerieten, trieb die Entwicklung in den Städten auf eine faktische Kirchenspaltung zu. Es war daher auch nur eine Frage der Zeit, bis die städtischen Räte das Konzept einer überkonfessionellen Einheit im Rahmen des polnisch-litauischen Unionsprotestantismus preisgeben mußten. Schon wesentlich früher jedenfalls hatten die politischen Kontrahenten der Städte auf die veränderte Konstellation reagiert. So waren Sigismund III. und die katholischen Senatoren des Unionsstaats bereits seit 1615 dazu übergegangen, die faktische Bikonfessionalität der protestantischen Stadtkirchen gezielt als ein Politikum herauszustellen,[483] und als Danzig 1623 mit der Forderung nach Neutralität gegenüber der schwedischen Flotte konfrontiert wurde, argumentierte auch König

481 Inge Mager, *Georg Calixts theologische Ethik und ihre Nachwirkungen*, Göttingen 1969, S. 11 ff.; dies., *Brüderlichkeit und Einheit. Georg Calixt und das Thorner Religionsgespräch 1645*, in: *Thorn. Königin der Weichsel 1231–1981*, hrsg. von Bernhart Jähnig und Peter Letkemann, Göttingen 1981, S. 209–238. – Zu Durys Rolle in Preußen K. E. J. Jørgensen, *Ökumenische Bestrebungen...*, S. 368 ff.; E. G. Kerstan, *Die evangelische Kirche...*, S. 102 f.; über seine Bedeutung als Begründer einer profan argumentierenden Koexistenzlehre in der reformierten Irenik zuletzt Gustav Adolf Benrath, *Irenik und Zweite Reformation*, in: *Die reformierte Konfessionalisierung...*, S. 349–358.

482 Zitiert nach K. E. J. Jørgensen, *Ökumenische Bestrebungen...*, S. 371; über Durys schwedische Kontakte auch A. N. Tolckemit, *Elbingisches Lehrer-Gedächtnis...*, S. 171 ff.; siehe auch O. Heuer, *Von den Anfängen...*

483 So beantworteten 1615 die Senatoren eine gemeinsame Verwahrung der drei Städte gegen die Beeinträchtigungen ihrer Religionsfreiheit mit der Warnung, daß die Spaltung der städtischen Kirchen in Abweichung von den Religionsprivilegien leicht noch weitergehende Eingriffe nach sich ziehen könnte; die Note der Städte bei G. Lengnich, *Geschichte der Preußischen Lande...*, Bd. 5, S. 94 f., die Replik der Senatoren in zeitgenössischer deutscher Übersetzung bei J. E. Wernicke, *Sammlung von Aktenauszügen*, APT Kat. II, X–26, Bl. 229 f. – Entsprechend ist erstmals 1619 auch in einem königlichen Mandat für Danzig förmlich von „der ungleichen in selbiger stadt zugelassenen Religion“ und den Koexistenzgrundlagen der beiden evangelischen Bekenntnisse die Rede; Abschriften der deutschen Übersetzungen in APGd. 300 R/Pp 19, Bl. 237 f., sowie B PAN Gd. Ms 495, Bl. 288r. – 289r.

Gustav Adolf damit, daß die Stadt mit Rücksicht auf ihr freies „exercitium religionis lutheranae et reformatae“ auf einen vorsichtigen Kurs bedacht sein sollte.[484]

Die Zurückdrängung des Reformiertentums in den drei preußischen Städten, welche die Periode bis zur Mitte des 17. Jahrhunderts bekenntnisgeschichtlich kennzeichnet, stellt sich denn auch nicht eigentlich als ein neuerlicher Bekenntniswechsel dar, geschweige denn als abrupter Umbruch im Sinne der Ziele, welche die Danziger Bürgerschaft im Konflikt von 1605/06 verfochten hatte. Vielmehr läßt sich die Umkehrung der konfessionellen Lage in allen drei Städten als eine allmähliche Gewichtsverlagerung zwischen zwei Bekenntnisparteien beschreiben, die in Danzig und Thorn zudem auch schon am Anfang deutlich profiliert waren. Innerhalb dieses Prozesses markierte das Thorner Colloquium Charitativum von 1645 die deutlichste Zäsur. So folgte auf die Krise am Jahrhundertanfang eine Phase, die im Zeichen von Bemühungen stand, die städtischen Kirchenverhältnisse auf der Grundlage eines programmatischen „Synkretismus“ erneut zu festigen; der stetige Einflußgewinn des konfessionellen Luthertums wurde damit nicht aufgehalten, wohl aber zum Teil dadurch kompensiert, daß man ein offenes Ausscheren der Städte aus dem Lager des protestantischen Konsenses Polen-Litauens einstweilen zu umgehen vermochte. Das universelle Scheitern der „synkretistischen“ Vermittlungstheologie beim Colloquium Charitativum leitete dann aber zu einer zweiten Phase forcierten konfessionellen Wandels über. Seit 1645 befanden sich alle drei Städte auf dem Weg zur Durchsetzung eines einheitlich lutherischen Bekenntnisstandes, was bedeutete, daß einerseits das Reformiertentum als Minderheitsbekenntnis marginalisiert oder vollständig verdrängt wurde und andererseits die äußere Kirchenpolitik der Städte endgültig auf einen separaten, landespartikularen Kurs geriet.

Fragen wir zunächst wiederum nach den Hauptmerkmalen des konfessionsgeschichtlichen Prozesses, so erscheinen für diese Periode folgende Aspekte wichtig:

- Wesentlich stärker als in der Entwicklung vor der Jahrhundertwende traten neben den äußeren Einflußfaktoren jetzt auch wieder innerstädtisch-gemeindliche Bewegungen als treibende Kräfte in den Vordergrund. Deutlich wirkten hier zum einen die Mobilisierungsimpulse nach, die von den Konflikten um Marienburg und Danzig ausgegangen waren. Zum andern spiegelte sich darin eine allgemeine Tendenz zu verstärkter Politisierung religiöser Wahrheitsfragen. Eine Steuerung konfessioneller Entwicklungen entsprechend den stadtpolitischen Bedürfnissen, wie sie den Verlauf der Thorner Synode bestimmt hatte, erschien zur Zeit des Colloquium Charitativum nicht mehr möglich. Jedenfalls kam jetzt in der Tat eine genuin religiöse Bekenntnisbewegung der Bürgerschaften zum Tragen.
- Eine entsprechend gewichtige Rolle fiel neben der verfaßten Bürgerschaft jetzt auch wieder der städtischen Geistlichkeit zu. Entscheidend für den Zeitpunkt der innerkirchlichen Wende zum Luthertum war jeweils die Reorientierung der Predigerschaft selbst. Hier aber gingen die Impulse durchweg von den geistlichen Senioren aus, speziell in Danzig und Thorn von der Berufung profilierter auswärtiger Theologen in dieses Amt. Das heißt, die Richtungsentscheidungen der theologischen Wortführer wurden nicht nur in Danzig, sondern auch in den beiden anderen Städten von der Mehrheit der Geistlichen angenommen und mit vollzogen; dabei

484 Zitiert nach *Historia Gdańska...*, Bd. 2, S. 605. – Zu den Umständen der schwedischen Flottendemonstration vor Danzig sowie den Neutralitätsverhandlungen von 1623 Georg Ericsson, *Gustav II Adolf och Sigismund, 1621–1623*, Uppsala 1928, S. 252 ff.; Axel Norberg, *Polen i svensk politik, 1617–1626*, Stockholm 1974, S. 176 ff.

erwies sich die deutsch-„philippistische“ Tradition überall als die Brücke auch für einen relativ bruchlosen Übergang zum konfessionellen Luthertum.[485]

– Der steuernde Einfluß der städtischen Räte verlor dagegen deutlich an Gewicht, was mit der raschen Verengung des kirchenpolitischen Handlungsspielraums im Innern wie gegenüber den äußeren Kontrahenten zusammenhing. Sowohl bei der Reorientierung auf ein Modell der Bikonfessionalität als auch bei dem endlichen Einschwenken auf den Kurs der lutherischen Konfessionalisierung handelten die Räte defensiv und in dem Bewußtsein, in der Kirchenfrage stetig politisches Terrain zu verlieren. Die konfessionelle Zusammensetzung der Ratselite scheint dabei erst in jener Phase des Übergangs zum Luthertum eine wichtigere Rolle gespielt zu haben, als die Reformierten auch als Minderheitsgemeinden in Bedrängnis kamen.
– Um so mehr trugen die äußeren Einflußfaktoren in dieser Periode dazu bei, die konfessionelle Absonderung der Städte vom polnisch-litauischen Unionsprotestantismus zu verstärken. Von Anfang an hatte ja ein latenter Widerspruch zwischen dem durch Staatsrecht und Stadtprivilegien garantierten Anspruch auf individuelle Glaubensfreiheit auf der einen Seite sowie dem faktisch wahrgenommenen konfessionellen Kirchenregiment der städtischen Räte auf der anderen Seite bestanden; die Festlegung der Städte auf die lutherische Orthodoxie ließ diesen Widerspruch nun aber unmittelbar als politischen Konfliktanlaß in den Vordergrund treten. Deutlich zunehmen sollte daher zum einen der Druck, der von den Bestrebungen ausging, die Konfessionsfrage für die Ziele der Gegenreformation sowie für eine politische Außensteuerung der Städte zu instrumentalisieren. Zum andern aber kamen durch den Machtverlust der polnisch-litauischen Dissidenten sowie den wachsenden Einfluß der schwedischen Großmachtpolitik auch grundsätzlich neue Rahmenfaktoren ins Spiel. Das Problem des städtischen Bekenntnisstandes wurde jetzt nicht nur zunehmend eine Frage der Sonderstellung Preußens, sondern es unterlag auch einer neuartigen Politisierung, indem die Städte in die machtpolitischen Gegensätze zwischen lutherischen Schweden und katholischen Polen hineingezogen wurden.

Anfänglich waren es freilich noch einmal die städtischen Räte, welche mit ihren konzentrierten Anstrengungen, die Kircheneinheit zu restaurieren, die Initiative an sich zogen und die innerstädtischen Gegenkräfte durchaus wirkungsvoll überspielten. Als Danzig, Elbing und Thorn im Januar 1615 einen Vertrag über gegenseitigen Beistand in allen strittigen Kirchensachen schlossen,[486] ging es nicht nur um eine gemeinsame Front gegenüber König und katholischen Ständen, sondern offenbar auch um die Koordinierung neuerlicher Versuche, wiederum stärker steuernd in jene innerkirchlichen Kontroversen einzugreifen, welche vor allem in Danzig und Elbing seit etwa 1610 aufgebrochen waren.[487] So erließ der Danziger Rat ebenfalls noch 1615 ein Dekret

485 Hier besteht ein bemerkenswerter Gegensatz zu den gnesiolutherischen Opponenten der sechziger Jahre des 16. Jahrhunderts wie auch zu den konkordienlutherischen Predigern in den Konflikten seit 1580; siehe oben, S. 64 ff. bzw. 84 ff.

486 6. 1. 1615, siehe P. Simson, *Geschichte der Stadt Danzig...*, Bd. 2, S. 441, sowie E. Carstenn, *Geschichte der Hansestadt Elbing...*, S. 373, sowie M. Pawlak, *Reformacja i kontrreformacja...*, S. 41.

487 Die Danziger Polemiken seit 1610, ausgehend von einer Streitschrift Jakob Adams, Prediger an der reformierten Elisabethkirche, sind geschildert in B PAN Gd. Ms 202, Bl. 148, gedruckt 1612 in Offenbach unter dem Titel *Christliche ... abgezwungene Antwort auff das unchristliche Lästerbuch Michaelis Coleti...* Daraus entspann sich in der Folge u. a. ein breiterer Disput über die reformierte Lehre zur Bilderfrage; dazu ausführlich Katarzyna Cieślak, *Wittenberg czy Genewa? Sztuka jako argument w sporach*

gegen konfessionelle Streitschriften, womit er zum ersten Mal seit 1606 gegenüber beiden Bekenntnisparteien aktiv wurde.[488] Und im selben Jahr fiel in Elbing die Entscheidung, die seit 1612 erwogene lutherisch orientierte Kirchenordnung wiederum aufzugeben, und zwar zugunsten einer gleichsam unkonfessionellen „Notula", welche nur eine allgemeine Verpflichtung der Prediger auf die Augsburgische Konfession, dafür aber um so klarere Bestimmungen in bezug auf Verstöße gegen den Kirchenfrieden enthielt.[489] Nach einer Phase der Unsicherheit im Gefolge der Marienburger und der Danziger Krise schien damit zumindest die Richtung für eine Wiederanknüpfung an den Kurs des protestantischen Konsenses gewiesen.

Am wenigstens gefährdet war dieser Kurs einstweilen gewiß in Thorn. Wohl gab es inzwischen auch hier starke prolutherische Sympathien in den Gemeinden, wie der Präsidierende Bürgermeister Stroband einräumte, als er den Stadtprediger Konstantin Schütz 1618 wegen seiner populistischen „orthodoxia" tadelte.[490] Unter den Thorner Geistlichen hingegen spielte besagter Schütz

gdańskich luteran z kalwinami na przełomie XVI i XVII wieku, in: *Sztuka miast i mieszczaństwa XV–XVIII wieku w Europie środkowowschodniej*, hrsg. von Jan Harasimowicz, Warszawa 1990, S. 283–300; dies., *Die „Zweite Reformation" in Danzig und die Kirchenkunst*, in: *Zeitschrift für Historische Forschung*, Beih. 12 (1991), S. 165–173; vgl. dazu auch Sergiusz Michalski, *Gdańsk als auserwählte Christengemeinde*, in: *Ars Auro Prior. Studia Joanni Białostocki sexagenario dedicata*, Red. Juliusz A. Chrościcki u. a., Warszawa 1981, S. 509–516. – Über die etwas später, offenbar 1611, einsetzenden Elbinger Streitigkeiten, in deren Mittelpunkt der lutherische Prediger Sebastian vom Sande stand, erfahren wir nur durch die knappen Notizen über Schlichtungsversuche von seiten des Rats; siehe A. Grübnau, *Elbinger Ratsrezesse...*, APGd. 492/520, Bl. 32 f.

488 24. 7. 1615; u.a. B PAN Gd. Ms 202, Bl. 38; B PAN Gd. Ms 495, Bl. 316r.; B PAN Gd. Ms 440, Bl. 316r. – 316v.; APGd. 300 R/Pp 6, Bl. 1163; siehe auch R. Curicke, *Der Stadt Dantzig historische Beschreibung...*, S. 375 f.

489 Die Vorgeschichte der Elbinger Notel läßt sich aus den fragmentarischen Quellenhinweisen allerdings nur ungenau erschließen. So findet sich bei A. Grübnau, *Elbinger Ratsrezesse...*, APGd. 492/520, Bl. 34, die Mitteilung, daß die Präsentierte Gemeinde schon am 14. 11. 1612 beschloß, „wegen dem Schmähen und disputiren auf den Cantzeln" eine „gewisse Ordnung" neu zu entwerfen, welche die gerade verabschiedete und bereits im Druck befindliche Kirchenordnung revidieren sollte. Erhalten ist ferner ein auf Februar 1613 datierter Text einer Kirchenordnung (Abschrift: APGd. 369, 1 Nr. 357, Bl. 131–162), deren Zusammenhang mit den vorausgehenden Gemeindebeschlüssen jedoch nicht geklärt werden kann; sie enthält zwar keinen Bezug zur Konkordienformel, beruft sich jedoch ausdrücklich auf die Invariata der Confessio Augustana. Die sehr viel knappere „Notula Concionatorum Elbingense" schließlich, die am 16. 3. 1615 vom Elbinger Rat proklamiert wurde, spricht dagegen nurmehr von der „Confessio Augustana und derselben Apologia" und untersagt, „andere Materien und Textus" heranzuziehen; siehe A. Grübnau, *Kirchen-Geschichte...*, APGd. 492/491, Bl. 87, Text bei S. G. Fuchs, *Ecclesiastica Elbingensia...*, APGd. 492/450, Bl. 45–47. – Daß die Verabschiedung der Notel als Entscheidung für eine wiederum konsequentere Stützung der Reformierten zu verstehen war, wurde in der Folge namentlich von lutherischer Seite geltend gemacht; in diesem Sinne die Suppliken der lutherischen Prediger und Bürger von 1655, APGd. 492/1038, Bl. 7r. – 20v. bzw. 369, 1 Nr. 351, entsprechend dann auch Ch. Hartknoch, *Preußische Kirchen-Historia...*, S. 1010.

490 In einem Brief an den Frankfurter Theologen Pelangius schrieb Heinrich Stroband (III.) 1618, Schütz sei „der einzige hier, der der gröbste Lutheraner ist, und deswegen auch den größten Beifall hat"; er bitte Pelangius daher, daß er auf Schütz einwirken und „an Fleiß nicht sparen wolle, ihn zu bekehren in seiner orthodoxia"; J. E. Wernicke, *Thornische Presbyteriologie...*, APT Kat. II, X–27, Bl. 49.

offenkundig nur eine Außenseiterrolle.[491] Die doppelte Orientierung der Stadtkirche an Philippismus und Böhmischer Brüderkirche stellte die Einheit des geistlichen Ministeriums jedenfalls zunächst nicht in Frage, und wenn es hier Veränderungen gegenüber der Lage zur Jahrhundertwende gab, so vor allem darin, daß sich die allmähliche Gewichtsverlagerung zugunsten des Einflusses der Brüdertheologen weiter fortsetzte.

So wurde zunächst vor allem ein kontinuierlicher Bedeutungszuwachs Thorns innerhalb des Gefüges der polnischen Brüderkirche erkennbar, und zwar in dem Maße, wie diese sowohl in Krakau als auch in Großpolen unter dem massiven gegenreformatorischen Druck Terrain preisgeben mußte.[492] Dabei ging es nicht nur um die Rolle der Stadt als Zufluchtsort für vertriebene Religionsverwandte, darunter viele polnische Bürger Krakaus, sondern auch darum, daß der Thorner Kirche zugleich gewisse Zentralfunktionen für die Brüderkirche zuwuchsen. Es waren zwischen 1612 und 1644 durchweg Mitglieder des Thorner Ministeriums, welche die großpolnische Synode in das Amt ihres Superintendenten wählte;[493] anstelle des großpolnischen Ostroróg beherbergte Thorn die Synode der „reformierten und böhmischen Senioren“, welche 1636 auf John Durys Betreiben über einen allgemeinen „conventus Protestantium“ beriet;[494] schließlich sprechen zumindest Indizien dafür, daß das Thorner Gymnasium unter dem philippistischen Rektor Konrad Graser in den zwanziger Jahren des 17. Jahrhunderts nicht zuletzt eine gewisse Ersatzfunktion für die 1614 geschlossene Brüderschule in Ostroróg übernahm.[495]

491 Zur Person von Schütz *a.a.O.*, Bl. 46–48. – Wesentlich für die Beurteilung seiner Position in Thorn ist, daß seine Berufung 1618 nicht etwa auf gezielten Druck der lutherisch orientierten Bürgerschaft zustande gekommen war. Vielmehr hatte der Rat ihn aufgenommen, weil er 1617 von den Katholiken aus seinem Posener Amt vertrieben worden war. Dabei war die Tatsache, daß Schütz an der Frankfurter Viadrina studiert hatte, vermutlich irrtümlich als Ausweis philippistischer Einstellung gewertet worden; nicht zuletzt entsprechend irrige Zuordnungen in einigen bei Wernicke zitierten früheren Presbyteriologien scheinen diese Vermutung zu bestätigen.

492 Siehe W. Krasiński, *Zarys dziejów...*, Bd. 2, T. 2, S. 122 ff.; zu Großpolen auch Józef Łukaszewicz, *O kościołach braci czeskich w dawnej Wielkopolsce*, Poznań 1855; *Dzieje Poznania*, Bd. 1, hrsg. von Jerzy Topolski, Warszawa-Poznań 1988, S. 503.

493 Nach Turnovius bekleideten das Amt Paul Paulinus (1628) und Jan Rybiński (1633); ferner wurde der Thorner Prediger Jan Hypericus 1633 zum „consenior“ der großpolnischen Kirche gewählt. J. E. Wernicke, *Thornische Presbyteriologie...*, APT Kat. II, X–27, passim. – Von dem besonderen Rang Thorns zeugt dabei nicht zuletzt die Tatsache, daß sowohl Turnovius als auch Rybiński das Amt des Superintendenten während längerer Zeit von Thorn aus versahen, anstatt sofort ins großpolnische Ostroróg überzusiedeln.

494 K. E. J. Jørgensen, *Ökumenische Bestrebungen...*, S. 368–372.

495 So weist S. Tync, *Szkolnictwo...*, S. 15 f. auf die rapide Zunahme auswärtiger, polnischer Schüler gerade in dieser Phase hin, die prominentesten darunter waren Andrzej und Rafał Leszczyński, die Söhne des Brester Wojewoden und Protektors der polnischen Brüderunität. Vgl. auch Stanisław Tworek, *Szkolnictwo kalwińskie w Małopolsce i jego związki z innymi ośrodkami w kraju i zagranicą w XVI i XVII wieku*, Lublin 1966; S. Salmonowicz, *Z dziejów wyznaniowych Torunia...*, in: *Rocznik Toruński*, Bd. 17 (1986), S. 235–244; – Eine weitere wichtige Mittelpunktfunktion Thorns jetzt auch genau herausgearbeitet bei Stanisław Salmonowicz, *Kultura umysłowa Torunia w dobie Colloquium Charitativum*, in: *Toruń w czasach baroku i oświecenia. Szkice z dziejów kultury Torunia XVII–XVIII wieku*, Warszawa 1982, S. 14–90, sowie bei K. Maliszewski, *Stosunki religijne...*: die große Produktion theologischer und seelsorgerischer Literatur im Umkreis der Brüderkirche.

Von seiten des Thorner Rats zielstrebig gefördert, wirkte diese Entwicklung aber dann auch deutlich auf die innerstädtischen Kirchenverhältnisse zurück.[496] Nach dem Tod Martin Trisners (1623) und des Gymnasialrektors Konrad Graser (1630) war die deutsch-philippistische Richtung, zumindest in ihrer herkömmlichen Gestalt, in der folgenden Generation auf dem Rückzug. Davon zeugt zum einen die Tatsache, daß nun die polnisch-böhmischen Prediger – nach Turnovius vor allem Paweł Orlicz und Jan Rybiński – theologisch den Ton im städtischen Ministerium angaben.[497] Vielleicht noch wichtiger ist zum andern aber die Beobachtung, daß sich die Grenzen zwischen den beiden Bekenntnisrichtungen der Stadtkirche in dem Maße noch weiter verwischten, wie die theologische Ausbildung von polnischen und deutschen Predigern gewissermaßen austauschbar wurde. Sowohl der polnische Senior Orlicz als auch der aus Thorn gebürtige deutsche Senior Peter Czimmermann hatten gleichermaßen an der Ostroróger Brüderschule wie an der Viadrina studiert; und obwohl Czimmermann nicht in Großpolen, sondern in Frankfurt ordiniert worden war, plädierte gerade er – vom Rat 1644 um ein theologisches Gutachten zum Bekenntnisstand der Thorner Stadtkirche gebeten – dafür, sich „am besten zur Böhmischen Konfession" zu bekennen.[498] Der im 16. Jahrhundert in Gang gebrachte Integrationsprozeß schien also jetzt noch einmal in ein neues Stadium zu treten.

Dennoch kamen auch in Thorn schon in den dreißiger Jahren des 17. Jahrhunderts Spannungen ins Spiel, die auf die Spaltung in der Jahrhundertmitte vorauswiesen. Daß die Ursache dafür, wie die Kirchenhistorie im Gefolge zeitgenössischer lutherischer Deutungen meist angenommen hat, in einer „Radikalisierung" des reformierten Kurses beim Wechsel von Turnovius zu Orlicz gelegen haben sollte,[499] erscheint freilich wenig wahrscheinlich, ist doch auch für Orlicz vor 1645 nichts belegt, was auf ein Abweichen von dem Kompromiß zwischen Klarheit der Lehre und Konservatismus bei den Zeremonien hindeuten würde.[500] Eher läßt sich dagegen die allmähliche Zunahme des Drucks der Bürgerschaft auf Rat und Ministerium mit der Veränderung des innerkirchlichen

496 So unterhielt der Rat seinerseits nicht nur direkte Beziehungen zu den Brüdersynoden (siehe die entsprechenden Korrespondenzen und Verhandlungsberichte in den Synodalakten, BUW Ms Nr. 590, passim), sondern er kam auch für die materiellen Aufwendungen der eigenen Brüdertheologen auf, wenn diese, wie es 1627 in bezug auf Turnovius hieß, „in Kirchen Sachen ad Synodas sive conventus et revisionem Ecclesiarum in Polen reisen" mußten; Ratsbeschluß zitiert bei J. E. Wernicke, *Thornische Presbyteriologie...*, APT Kat. II, X–27, Bl. 196–200. Nicht zuletzt gehört in diesen Zusammenhang, daß die Ostroróger Schule während der kurzen Zeit ihres Bestehens auch von Söhnen Thorner Ratsfamilien besucht wurde, darunter von dem späteren Thorner Gymnasialrektor und Senior Czimmermann; *a.a.O.*, Bl. 57–60.

497 Neben J. E. Wernicke, *a.a.O.*, Bl. 203–207 bzw. Bl. 321, auch T. Glemma, *Dzieje stosunków kościelnych...*, S. 95, sowie S. Salmonowicz, *Życie religijne...*; ders., *Kultura umysłowa...*

498 So laut den großpolnischen Synodalakten, BUW Ms Nr. 590, Bl. 193: „Jabym rozumiał, żeby naisposobnieisza była [konfesja] Czeska."

499 In diesem Sinne nach J. E. Wernicke, *Thorner Presbyteriologie...*, APT Kat. II, X–27, Bl. 203 ff., auch T. Glemma, *Dzieje stosunków kościelnych...*, S. 95, sowie S. Salmonowicz, *Życie religijne...*, S. 120, sowie K. Maliszewski, *Stosunki religijne...*, S. 295.

500 Orlicz wird lediglich 1644, anläßlich eines Streits um die Bestellung eines neuen reformierten Predigers, mit der Aussage in seiner Predigt zitiert: „Lutherus mówi, że ciało i krew Chrystusowa właśnie w Chlebie i Winie się zawiera, ale wy temu nie wierzcie" („Luther sagt, daß Christi Leib und Blut eben in Brot und Wein eingeschlossen seien; doch sollt ihr daran nicht glauben"); J. E. Wernicke, *Thornische Presbyteriologie...*, APT Kat. II, X–27, Bl. 207. – Ansonsten sind die Angaben über Orlicz widersprüchlich. Während die Überlieferung der Thorner Reformierten Gemeinde ihn ohne Einschränkungen zu den

Klimas in Verbindung bringen. Bereits 1620 hatte der Rat – offenbar auf königliche Einflußnahme hin – der Bildung einer außerordentlichen Reformkommission der drei Ordnungen zustimmen müssen,[501] deren zwei Jahre später verabschiedete förmliche „Transaction“ unter anderem den Grundsatz festlegte, nur mehr Bekenner der Invariata in städtische Predigtämter zu bestellen.[502] Und tatsächlich kam der Rat dieser Verpflichtung in der Folge auch insoweit nach, als er immerhin zwei der acht bis 1630 vakant werdenden Predigerstellen mit Lutheranern besetzte.[503] Freilich, diese Konzession verschaffte dem lutherisch eingestellten Teil der Bürgerschaft vorerst weder Einfluß auf die allgemeine Richtung der Thorner Konfessionspolitik noch auch nur auf das Profil des geistlichen Ministeriums selbst, dessen theologische Führung durch die beiden Senioren unangefochten blieb. Doch erwies sich die Begründung einer lutherischen Minderheitsposition innerhalb des Ministeriums als ein wesentlicher Schritt, um von lutherischer Seite überhaupt in eine Kontroverse über den städtischen Bekenntnisstand einzutreten und damit jene Spaltung zu demonstrieren, an welche die bürgerschaftliche Bewegung seit der Krise von 1645 anknüpfte. Die Kanzelpolemiken zwischen Orlicz und den beiden Lutheranern sowie der 1644 durch die umstrittene Probepredigt eines reformierten Predigerkandidaten ausgelöste Bürgerstreit[504] hatten vor diesem Hintergrund sicher mehr Gewicht, als der Rat dem offenbar zuschreiben wollte.

Früher und scheinbar auch grundsätzlicher komplizierten sich die Dinge in Elbing. Dies lag wohl nicht so sehr an der Eigendynamik der innerstädtischen Gegensätze, als vielmehr daran, daß die schwedische Invasion von 1626 und die folgende zehnjährige Besatzungsherrschaft[505] das überkommene städtisch-kirchliche Gefüge insgesamt in Frage stellten. Es war ein gravierender Einschnitt, daß der polnische Reichstag im Blick auf das Kriegsgeschehen 1628 beschloß, die Rechte der englischen Handelskompanie in Elbing aufzuheben und auf das „loyal“ zum Unionsstaat stehende Danzig zu übertragen.[506] Denn der nun folgende Exodus englischer und schottischer Kaufleute aus dem schwedisch besetzten Elbing entzog der deutschen Geistlichkeit den starken gesellschaftlichen Rückhalt, den sie in der reformierten Fremdengemeinde gehabt hatte,

reformierten Predigern zählt (siehe APT, *Ewangelicka Gmina Reformowana*, Nr. 3, Bl. 341), besagen die bei J. E. Wernicke, *Thornische Presbyteriologie…*, Bl. 203 f., gesammelten Belege, daß er erst nach 1645 unzweideutig als solcher hervorgetreten sei; lediglich seine Popularität bei den böhmischen Exulanten habe ihn früh von anderen Predigern unterschieden.

501 Die Kommission sollte „alle Mengel bey der Stadt untersuchen“; E. Oloff, *Ministerialia Thorunensia…*, APT Kat. II, X–19, Bl. 13.

502 So heißt es unter Punkt 20 der Transaktion vom 19. 12. 1622: „Die Praedicanten, welche der Augspurgischen Confession verwandt, so Carolus auff dem Reichstage übergeben und von unser hohen Obrigkeit dieser Stadt laut gewißen Privilegiis bestättiget, zu kühren und zu wehlen, u. gutte Kirchordnung zu halten“; *Königliche und Commissarialdekrete*, APT Kat. II, V–5, Bl. 2r. – 4v.

503 Es handelte sich um den aus einer Thorner Ratsfamilie gebürtigen Nikolaus Neusser (1627) sowie den fränkischen Theologen Michael Schellenberg (1628); J. E. Wernicke, *Thornische Presbyteriologie…*, APT Kat. II, X–27, Bl. 266 f. bzw. 61.

504 *A.a.O.*, Bl. 207.

505 Über die Zusammenhänge im Rahmen der schwedischen Kriegshandlungen in Livland und dem Königlichen Preußen *Historia Pomorza…*, Bd. 2, T. 1, S. 487 ff.; siehe auch E. Carstenn, *Geschichte der Hansestadt Elbing...*, S. 372 ff., sowie Norbert Drabiński, *Z dziejów okupacji szwedzkiej Elbląga w latach 1626–1635*, in: *Rocznik Elbląski*, Bd. 2 (1963), S. 141–158.

506 Zur Vorgeschichte dieser von Danzig lange angestrebten Entscheidung in der Konkurrenz um das Monopol im Englandhandel genau *Historia Gdańska…*, Bd. 2, S. 465 ff.

brachte sie aber auch um die theologische Verbundenheit mit den reformierten Kirchen, wie sie nach Richard Pernham vor allem durch John Dury als Presbyterianerprediger gewährleistet worden war. Dury, der Elbing nach nur vier Jahren 1630 verließ, fand keinen Nachfolger mehr.[507] Daneben aber war zu gewärtigen, daß das lutherische Regiment der Schweden zumindest langfristig die konfessionsverwandte Partei in der Stadt stärken würde,[508] und sei es auch nur in der Weise, daß die religiöse Polarisierung, welche die schwedischen Stadtherren mit ihrer massiv antikatholischen Politik im Namen des Luthertums betrieben, letztlich eher dem deutsch-lutherischen Lager als der an Polen-Litauen orientierten unionsprotestantischen Richtung Vorschub leistete.[509]

Um so bemerkenswerter ist, daß es in Elbing dennoch gelang, den 1615 eingeschlagenen Kurs bis in die vierziger Jahre durchzuhalten, ja sogar die reformierte Richtung in gewisser Weise zu festigen. Trotz der in jeder Hinsicht günstigen äußeren Umstände vermochten die Sympathisanten der Lutheraner in der Bürgerschaft, die sich 1612 erstmals zu Wort gemeldet hatten,[510] einstweilen keinen Rückhalt im geistlichen Ministerium zu finden, das heißt ähnlich wie in Thorn die Berufung zumindest einzelner an der Konkordienformel orientierter lutherischer Prediger durchzusetzen. Die Politik des Rats in dieser Frage blieb vielmehr autonom, und selbst die lutherische Überlieferung räumt ein, daß auch in der Predigergeneration nach Bochmann neben den Reformierten sowie den dominierenden „heimlichen Philippisten" allenfalls Lutheraner calixtinischer Prägung unter den Elbinger Geistlichen anzutreffen waren.[511]

Da ein Bruch an der entscheidenden Nahtstelle mithin vermieden worden war, konnte es gelingen, mittels des administrativen Koexistenzgebots der Notel von 1615 eine Art „synkretistische Union" der protestantischen Bekenntnisse herbeizuführen. So berichtete Elbings schwedischer Gouverneur Bengt Oxenstierna bereits 1626, er habe in den deutschen Gemeinden einen programmatisch geförderten Konsens zwischen „vollkommenen Calvinisten" und Lutheranern vorgefunden,[512] und in der Folge sollte dieser Konsens schrittweise auch auf die Fremdengemeinden ausgedehnt werden. Das betraf zunächst die verbliebenen schottischen Presbyterianer, die sich nach der Auflösung der englischen Kolonie auf Anraten ihrer Prediger überwiegend an deutsche Kirchengemeinden anschlossen.[513] Aber auch Böhmische Exulanten waren inzwischen hinzugekommen und hatten die städtische Kirche mit ihrem Bekenntnis beeinflußt. Nachdem die 1604 bekräftigte Entscheidung, keine Brüdergemeinden in die Stadt aufzunehmen, offenbar still-

507 Siehe E. G. Kerstan, *Die evangelische Kirche...*, S. 103.

508 *A.a.O.*, S. 16.

509 Dazu ausführlicher unten.

510 Siehe oben, Anm. 489.

511 Siehe Ch. Hartknoch, *Preußische Kirchen-Historia...*, S. 1011; S. G. Fuchs, *Ecclesiastica Elbingensia...*, APGd. 492/450, Bl. 49 ff.; Verzeichnis der Prediger in Elbing APGd. 378/292; Historische Notiz der Dreikönigskirche, APGd. 69, 1 Nr. 363, Bl. 2.

512 So Oxenstierna an Gustav Adolf am 18. 7. 1626, zitiert bei K. E. J. Jørgensen, *Ökumenische Bestrebungen...*, S. 368 f.

513 *Ebda.*; siehe auch E. G. Kerstan, *Die evangelische Kirche...*, S. 103. – Ungewiß ist, ob Kerstans Vermutung zutrifft, daß daneben auch eine presbyterianische Restgemeinde bestehen blieb, die von vorstädtischen oder auswärtigen Predigern visitiert wurde. Belegt ist dies für die sechziger Jahre des 17. Jahrhunderts, als der Königsberger Hofprediger Wendelin Rodem auch die Elbinger Gemeinde betreute; siehe O. Heuer, *Von den Anfängen...*, S. 90 u. 94. Doch gab es zu dieser Zeit für die Reformierten ohnehin keine Anlehnungsmöglichkeit bei den Stadtkirchen mehr.

schweigend revidiert worden war,[514] ging der Rat nach dem Abzug der schottischen Theologen dazu über, seinerseits die Anknüpfung an die böhmische Richtung zu suchen und Brüdertheologen in städtische Predigt- und Lehrämter zu berufen. Als Comenius 1642 nach Elbing kam, um bald darauf die Philosophieprofessur am Gymnasium zu übernehmen,[515] waren bereits seit mehr als zehn Jahren Brüdergeistliche sowohl an der Dreikönigskirche als auch an der polnischen Heiliggeistkirche tätig gewesen.[516]

Nicht zuletzt in dieser Hinsicht stand die Elbinger Entwicklung der Thorner also auch wiederum näher, als es die unterschiedlichen Rahmenbedingungen vermuten lassen. Beide Städte hatten ihre Anstrengungen darauf gerichtet, den konfessionellen Rahmen des Consensus Sendomirensis auch in der veränderten Konstellation nach der Jahrhundertwende für ihre Kirchen zu bewahren, und es war eigentlich sogar eher Thorn, das in der Sache Konzessionen machen mußte. Wenn aber die kompromißhaften Züge der innerkirchlichen Verhältnisse dennoch stärker im Falle Elbings ins Auge fallen, so war dies offenbar vor allem eine Frage der Selbstdarstellung beziehungsweise der äußeren Wahrnehmung. Denn auch das eingestandenermaßen „synkretistische“ Nebeneinander in der Elbinger Kirche beruhte im Grunde auf einer sorgsamen Ausgrenzung des konfessionellen Luthertums. Wo dagegen tatsächlich ein Kompromiß mit diesem eingegangen werden mußte, verlor das Synkretismusmodell – wie der Danziger Fall zeigte – sehr rasch seine Tragfähigkeit.

Tatsächlich waren in Danzig die Bemühungen des Rats, zu einem überkonfessionellen Ausgleich zurückzufinden, praktisch schon 1619 durch die Verfestigung der innerstädtischen Bekenntnisfronten durchkreuzt worden. Dies lag zum einen daran, daß es selbst in größerem zeitlichen Abstand zu den Danziger Ereignissen von 1605/06 nicht gelang, die Bekenntnisfrage wieder zu entpolitisieren. Denn ebensowenig, wie die im Kirchenstreit vollzogene konfessionelle Parteienbildung rückgängig gemacht werden konnte, ließen sich auch jene politischen Konfliktmechanismen außer Kraft setzen, welche sich an Hand der Bekenntnisfrage entwickelt hatten.

So sah sich der Rat jetzt nicht nur einer wesentlich entschlossener und kirchenpolitisch „professioneller“ agierenden Bürgerschaft gegenüber, die ihren einmal durchgesetzten Anspruch, über die Einhaltung des städtischen Bekenntnisstandes zu wachen, in Initiativen der Ordnungen, Suppliken und Appellationen an den König beharrlich zur Geltung brachte. Vielmehr gab es auch Indizien dafür, daß der König seinerseits die in der Danziger Krise erprobten Interventionsmöglichkeiten weiter auszubauen gedachte. Nachdem das Religionsmandat von 1612 den allgemeinen Anspruch des Königs auf die Cura Religionis gemäß den Danziger Privilegien für die

514 Zu dem Verbot von 1604 siehe oben, S. 120, Anm. 391.

515 E. Carstenn, *Geschichte der Hansestadt Elbing...*, S. 387.

516 Zwar bezeichnen die Elbinger Quellen lediglich den 1630 an die Heiliggeistkirche berufenen Georg Laboraeus ausdrücklich als „Böhmischen Bruder“ und übrigens zugleich als „letzten calvinischen Prediger“ im Elbinger Ministerium; S. G. Fuchs, *Ecclesiastica Elbingensia I...*, APGd. 492/450, Bl. 50, siehe auch O. Heuer, *Von den Anfängen...*, S. 95. Doch waren auch der gleichzeitig an die neustädtische Pfarre berufene Peter Pantelius sowie dessen seit 1643 an einer Elbinger Dorfpfarre amtierender Sohn Bartholomäus von der großpolnischen Brüderunität in Lissa ordiniert worden; siehe APGd. 300 R/Pp 85, Bl. 149. Die vage Angabe bei S. G. Fuchs, *Ecclesiastica Elbingensia I...*, Bl. 49 f., und Ch. Hartknoch, *Preußische Kirchen-Historia...*, S. 1011, es habe sich bei Vater und Sohn Pantelius um „heimliche Philippisten“ gehandelt, wirkt vor diesem Hintergrund wie eine bewußte Verschleierung.

Augsburgische Konfession bekräftigt hatte,[517] erging 1619 ein explizites königliches Verbot an die protestantischen Bürger, sich „umb der ungleichen in selbiger Stadt zugelaßenen Religion" gegenseitig zu diskriminieren.[518] Und wenn noch im selben Jahr ein weiteres Mandat Sigismunds III. über die strikte Verpflichtung der Stadt auf die Confessio Augustana wiederum andere Akzente zu setzen schien,[519] so bestätigte dies letztlich nur den Befund, daß es hier mehr um politische Steuerung an sich als um einen bestimmten Kurs in der Religionsfrage ging. Im Ergebnis jedenfalls wirkte die äußere Einflußnahme de facto mit der innerstädtischen Bekenntnisopposition zusammen, um den Handlungsspielraum des Rats bei der Vermittlung zwischen den gegensätzlichen Bekenntnispositionen stetig zu verringern.

Auch hatte die Entwicklung innerhalb der Stadtkirche schon jetzt einen Punkt erreicht, an dem sich die konfessionelle Spaltung kirchenpolitisch nicht mehr überspielen ließ. Den Umschlag bildete hier die Entscheidung von 1618, auf die erneut vakante Pastorenstelle an der Oberpfarrkirche St. Marien mit Johannes Corvinus einen kämpferischen Vertreter der lutherischen Orthodoxie zu berufen.[520] Daß es sich dabei nicht etwa um einen „Fehlgriff", sondern eine bewußte Option seitens des Rats handelte, belegen die Umstände der Berufung hinreichend; bereits 1617 hatte der Rat dem mecklenburgischen Theologen im Hinblick auf das spätere Amt in Danzig ein städtisches Stipendium für die Promotion in Greifswald zuerkannt[521] und war damit planvoll von den bisherigen Rekrutierungsmustern abgewichen.[522] Doch dürfte der Rat die Folgen dieser Beru-

517 Siehe oben, S. 137, Anm. 477.

518 Mandat Sigismunds III. vom 20. 3. 1619, zitiert nach den erhaltenen deutschen Abschriften in B PAN Gd. Ms 495, Bl. 288r., 289r., sowie APGd. 300 R/Pp 19, Bl. 237 f. – Begründet wurde die Intervention damit, daß der König von Verstößen gegen sein Friedensgebot für Danzig erfahren habe; da man offenbar „auslendische Predigers u. Professoren von anderswo beruffen" und diesen konfessionelle Polemiken gestattet habe, bekräftige der König sein Gebot, daß „alle zu gleichem Rechte unter sich leben", der Rat aber Prediger und Lehrer fester „im Zaum und Zwange" halten solle. Da sich der König damit unmißverständlich der von reformierter Seite vertretenen Deutung der konfessionsrechtlichen Lage anschloß, unterstellen lutherische Quellen (z.B. APGd. 300 R/Pp 19, Bl. 240) eine Intrige calvinistischer Bürger am Hof, während P. Simson, *Geschichte der Stadt Danzig...*, Bd. 2, S. 434, gar eine regelrechte Fälschung vermutet. Beide Annahmen lassen sich jedoch weder belegen, noch scheinen sie vor dem Hintergrund der eigentlichen Interventionsinteressen Sigismunds III. auch nur plausibel.

519 Mandat vom August 1619, APGd. 300 R/Pp 19, Bl. 261 f. – Anstatt von „ungleicher Religion" war jetzt jedenfalls schlicht von der Confessio Augustana die Rede, was wohl eher der lutherischen Sprachregelung entsprach, jedoch keinesfalls, wie P. Simson, *Geschichte der Stadt Danzig...*, Bd. 2, S. 434, meint, als ein Widerruf des Märzmandats interpretiert werden kann. – Für unsere Deutung beider Mandate spricht auch die Tatsache, daß sich namentlich die reformierte Partei noch 1651, im Streit um den konfessionellen Status der Trinitatiskirche, auf die königlichen Weisungen von 1619 berief und gegenüber den mit der Untersuchung der Sache beauftragten königlichen Beamten erklärte, die Mandate seien zum Schutz der Reformierten gegen die seit 1612 eingerissenen lutherischen Übergriffe erlassen worden; APGd. 300 R/Pp 14, Bl. 88–91.

520 Zur Biographie APGd. 300 R/Pp 85, Bl. 14 f.; über seine Berufung nach Danzig und seine dortige Rolle APGd. 300 R/Pp 19, Bl. 225, ferner Karol Ogier, *Dziennik podróży do Polski 1635–1636*, Bd. 2, Gdańsk 1953, S. 11.

521 APGd. 300 R/Pp 85, Bl. 14.

522 Gemeint ist die Tatsache, daß man nicht mehr die primären Rekrutierungsregionen Sachsen, Schlesien, Brandenburg und Pommern berücksichtigt, sondern sich – möglicherweise aufgrund der Vermittlung Rostocks oder Greifswalds – erstmals dem lutherischen Mecklenburg zugewandt hatte.

fungsentscheidung kaum vorausgesehen haben. Denn so unausweichlich es erschienen sein mochte, der lutherischen Bürgerschaft in dieser brisanten Frage nachzugeben,[523] so wenig lag es doch im Interesse der städtischen Kirchenpolitik, die Auseinandersetzung innerhalb des geistlichen Ministeriums zu forcieren. Eben dazu aber kam es, indem Corvinus die theologische Führung bei der Formierung der lutherischen Partei in der Predigerschaft übernahm. Nicht nur an der Oberpfarrkirche setzte er schon im ersten Amtsjahr eine Klärung der Bekenntnisfronten im Sinne der Lutheraner durch, die mit der Versetzung der reformierten Kapläne Thomas Fabricius und Martin Remus an andere Kirchen besiegelt wurde.[524] Vielmehr gelang es ihm auch, eine öffentliche Kontroverse in der Stadt um die „synkretistischen“ Bräuche der Stadtgemeinden zu entfachen und damit die grundsätzliche Auseinandersetzung über die Vereinbarkeit der beiden protestantischen Bekenntnisrichtungen in Gang zu bringen.[525]

Freilich waren es zunächst eher die Gemeinden als die Geistlichen, welche unmittelbar auf Corvinus' polarisierenden Kurs reagierten. Während die Bürgerschaft das anticalvinistische Programm unverzüglich aufgriff, meldeten sich gegen Corvinus 1619 in erster Linie die prominenten reformierten Ratsfamilien zu Wort,[526] wobei sie sich ihrerseits nun auch explizit zu einem gesonderten Konfessionstand bekannten.[527] Doch kam mit dem sogenannten Rathmannschen Streit[528] seit 1621 auch der Konflikt um die Neubestimmung der Position des geistlichen Ministeriums ins

523 Die Brisanz der Besetzungsfrage ergab sich aus der Tatsache, daß der „simultane Gebrauch“ der Marienkirche durch Lutheraner und Reformierte einer der zentralen Streitpunkte im zurückliegenden Kirchenstreit gewesen war.

524 APGd. 300 R/Pp 19, Bl. 225; siehe auch R. Curicke, *Der Stadt Dantzig historische Beschreibung...*, S. 376.

525 Ihren Ausgang nahm die Kontroverse von Corvinus' Erklärung gegenüber seiner Gemeinde, daß lutherische Bürger keine Gemeinschaft mit Calvinisten pflegen, sie namentlich auch nicht als Taufpaten für ihre Kinder heranziehen sollten. Da der reformierte Bürgermeister Johann Czirenberg darauf im Februar 1619 mit einer schriftlichen Aufforderung an Corvinus reagierte, seine Weisung zu rechtfertigen, zog der Streit rasch weitere Kreise. Corvinus nutzte die Gelegenheit, um seinen Standpunkt öffentlich und mit ausführlicher theologischer Begründung darzulegen und daran schließlich auch eine grundsätzliche Diskussion über die Abgrenzung der Confessio Augustana vom Reformiertentum anzuknüpfen; zugleich griffen Bürgerschaftsvertreter und Schöffen die Frage auf und eröffneten im April 1619 darüber eine Kontroverse auf der Ebene der Drei Ordnungen, die erst mit dem königlichen Mandat vom August 1619 vorläufig beigelegt wurde. – Abschriften von Czirenbergs Intervention APGd. 300 R/Pp 5, Bl. 11–13, bzw. von Corvinus' Replik B PAN Gd. Ms 450, Bl. 319v. – 322v.; Corvinus' Streitschrift zu den Grundsätzen der Konfessionsbeziehungen wurde 1625 in Danzig publiziert unter dem Titel *Richtige Antwort auff ein überschicktes und gedrucktes Bittschreiben eines Calvinischen Duckmäusers, betr. der Frage: Ob die Augspurgische Confession mit Vorwissen und Belieben Herrn D. Lutheri sey gemacht worden,* siehe APGd. 300 R/Pp 85, Bl. 15; Abschriften der Dokumente im Zusammenhang mit dem Streit in den Drei Ordnungen von 1619 in APGd. 300 R/Pp 19, Bl. 240–262; das Mandat Sigismunds III. siehe oben, Anm. 518.

526 Siehe die vorhergehende Anm.

527 So kam es 1619 in Reaktion auf Corvinus' Angriffe gegen den Reformierten Konstantin Schilling zur Abfassung einer Supplik von 140 Danziger Bürgern, die sich als „der rechten Reformierten reiner Evangelischer Religion und wahrer Augsp. Confeß. sampt der Apologia zugethan u. verwandt“ bezeichneten; zu den Unterzeichnern gehörten Angehörige der Patrizierfamilien Czirenberg, Brandes, Kruse, Schachtmann und Bein. Abschriften: APGd. 300 R/Pp 109, Bl. 129r. – 133v., sowie APGd. 300 R/Pp 19, Bl. 228–233.

528 Allgemein dazu H. Neumeyer, *Kirchengeschichte...*, S. 139 ff., auch P. Simson, *Geschichte der Stadt Danzig...*, Bd. 2, S. 435; ausführliche Dokumentation des Rathmannschen Streits: APGd. 300 R/Pp 7, passim.

Rollen. Dabei ging es im Kern um eine Richtungsentscheidung im Blick auf die gleichsam zwischen den Konfessionen stehende Mehrheit der Predigerschaft, weshalb jetzt auch nicht mehr der lutherisch-reformierte Gegensatz an sich im Mittelpunkt der theologischen Kontroverse stand, sondern die Frage nach der Möglichkeit einer vermittelnden Position im Rahmen des Luthertums. Vor allem solchen Perspektiven galt Corvinus' kategorische Kritik an jenen Thesen zur Gnadenwahl, welche sein aus Lübeck stammender Kaplan Hermann Rathmann im Gefolge Johann Arndts vertrat, und nachdem sich hier in einer zähen, bis zu Rathmanns Tod im Jahre 1628 dauernden Auseinandersetzung schließlich der Standpunkt der lutherischen Orthodoxie durchgesetzt hatte, war die Entscheidung über die Abkehr des Danziger Ministeriums von der philippistischen Tradition gefallen. Ein im März 1629 zwischen den nichtreformierten Predigern geschlossener „Vertrag" bekräftigte die Ablehnung der Rathmannschen Lehren[529] und demonstrierte zugleich, daß die Mitte gewissermaßen ihren Ort gewechselt hatte, das heißt, daß der Minderheitenstatus von der konkordienlutherischen auf die reformierte Geistlichkeit übergegangen war.

Die Bemühungen des Danziger Rats, mit dieser Entwicklung kirchenpolitisch Schritt zu halten, hatten von Anfang an wenig Aussicht auf Erfolg. Zwar gelang es, der 1619 drohenden Konfrontation mit der Bürgerschaft auszuweichen, indem man bei der Besetzung der Pfarrstellen und der Bestallung der Schulen fast über Nacht eine Wende zum Luthertum vollzog. Konsequent achtete der Rat in Zukunft darauf, nur noch für die drei reformierten Stadtgemeinden reformierte Geistliche zu präsentieren,[530] während die lutherische Besetzung der übrigen Predigerstellen bald dadurch formalisiert wurde, daß der Rat das 1585 suspendierte Ordinationsrecht des Danziger Ministeriums 1629 verbindlich restituierte;[531] zugleich war von großem Gewicht, daß mit der Berufung Johann Botsacks in das seit Jakob Fabricius' Tod vakante Rektorenamt 1630 auch das Gymnasium in die Hände der orthodoxen Lutheraner überging.[532]

Jedoch, so weit man damit auch die innerstädtische Bekenntnisopposition zunächst eingedämmt haben mochte, so wenig ließ sich diese Entwicklung mit dem Bedürfnis in Einklang bringen, zugleich den Rahmen für einen breiteren kirchlichen Konsens zu gewinnen. Denn spätestens das Scheitern der Schlichtungsversuche im Rathmannschen Streit[533] offenbarte, daß eine kon-

529 APGd. 300 R/Pp 7, Bl. 407–412; wiedergegeben auch bei R. Curicke, *Der Stadt Dantzig historische Beschreibung...*, S. 377–379.

530 Dies betraf in erster Linie die Kirchen St. Elisabeth sowie Peter und Paul, während sich die Gemeinde der Gymnasialkirche St. Trinitatis nach Fabricius' Tod 1629 spaltete und 1652 ganz in lutherische Hände überging. – Von insgesamt 53 Predigern, die zwischen 1618 und 1645 in Danzig bestallt wurden, lassen sich 33 als Lutheraner und 13 als Reformierte identifizieren, bei sieben Predigern ist die konfessionelle Orientierung ungewiß; die entsprechenden Angaben in APGd. 300 R/Pp 85, passim.

531 Ratsbeschluß vom 13. 7. 1629; wiedergegeben in APGd. 300 R/Pp 7, Bl. 531. Siehe dazu auch H. Neumeyer, *Kirchengeschichte...*, S. 133 u. 135.

532 H. Neumeyer, *Kirchengeschichte...*, S. 133 f.; zu Botsack auch Ch. Hartknoch, *Preußische Kirchen-Historia...*, S. 865.

533 Zum Zweck der Schlichtung hatte der Danziger Rat 1623 Gutachten der Theologenfakultäten von Wittenberg, Jena, Helmstedt, Rostock und Königsberg angefordert; Texte der Gutachten: APGd. 300 R/Pp 7, Bl. 11–266, das erst 1626 erstellte Rostocker Gutachten in APGd. 300 R/Pp 6, Bl. 1395–1399. Da die angesprochenen Fakultäten, wie vorauszusehen war, konträre Urteile über Rathmann fällten, wurde der Streit dadurch eher verschärft als gemildert; Rathmanns Versuch einer Widerlegung der kritischen Stellungnahmen aus Jena und Wittenberg (APGd. 300 R/Pp 7, Bl. 302–356) provozierte in der Folge um so grundsätzlichere Angriffe der Gegenpartei um Corvinus.

trollierte Verschiebung im Bekenntnisstand zugunsten eines gemäßigten, „calixtinischen“ Luthertums, wie sie dem Rat bei der Wende von 1618 zweifellos vorgeschwebt hatte,[534] nicht zu erzwingen war. Die von Corvinus in Gang gesetzte Bewegung lief vielmehr sowohl objektiv als auch ihren erklärten Zielen nach auf eine Beseitigung der „synkretistischen“ Verhältnisse hinaus. Und wenn der Rat diesem Kurs dennoch folgte,[535] so nahm er damit in Kauf, den Grundsatzkonflikt in bezug auf den Bekenntnisstand der ganzen Stadt allenfalls hinauszögern, nicht aber abwenden zu können.

Unweigerlich sollte sich die Lage für den Rat denn auch in dem Maße komplizieren, wie die Erosion der überkonfessionellen Toleranzbeziehungen voranschritt. So gab es seit 1623 klare Anzeichen dafür, daß der wachsende lutherische Druck auf die reformierte Minderheit seinerseits politische Widerstände hervorrief,[536] der Versuch einer lutherischen Neuordnung im Sinne von Corvinus also nicht ohne massive Konflikte in Bürgerschaft und Patriziat bleiben würde. Und nur wenig später wirkte sich diese Entwicklung auch auf die städtischen Außenbeziehungen aus. Denn die Abkehr der Stadt vom Unionsprotestantismus rief seit 1632 auch die protestantischen Stände des Unionsstaats gegen Danzig auf den Plan,[537] und indem sich der 1633 gewählte König Władysław IV. dieser Stoßrichtung anschloß,[538] zeichnete sich eine neue, grundsätzlichere Auseinandersetzung über den städtischen Bekenntnisstand ab. Statt die seit 1604 virulenten Spannun-

534 Deutlich wurde dies vor allem in den Bemühungen des Rats, im Vorfeld des Colloquium Charitativum wieder Anschluß an die calixtinische Richtung zu finden; siehe dazu unten. Aber auch die Förderung, welche Rathmann zumindest anfänglich, bei seiner 1621 verfügten Berufung an die Pfarre der Johanneskirche, von seiten der Obrigkeit erfuhr, weist in diese Richtung. Zudem wissen wir über einige von dessen Anhängern unter den Predigern, etwa seinen Kollegen an der Johanneskirche Martin Statius sowie den dortigen Schulrektor Enoch Hutzing jun., daß sie sich dem Rat durch die ausdrückliche Rechtfertigung des „Synkretismus“ empfohlen hatten. Siehe APGd. 300 R/Pp 85, Bl. 33 bzw. 260.

535 Als eindeutiges Signal in dieser Richtung war zu verstehen, daß der Rat genau nach dem Scheitern des ersten Vermittlungsversuchs im Rathmannschen Streit, nämlich im Februar 1624, Corvinus die Funktion des Senior Ministerii zusprach; siehe *Senatus consulta*, B PAN Gd. Ms 202, Bl. 38.

536 So griffen die Reformierten 1623 erstmals in den Rathmannschen Streit ein, indem sie den Rat in einer von 195 Danziger Bürgern, darunter etlichen prominenten Patriziern, unterzeichneten Supplik aufforderten, Rathmann im Namen des geltenden Bekenntniskonsenses gegen seine Kontrahenten in Schutz zu nehmen sowie allgemein die Freiheit zu wahren, sich an die privilegierte Confessio Augustana halten zu dürfen; APGd. 300 R/Pp 5, Bl. 27–29. Innerhalb des Rats wurde diese Linie vor allem von dem ehemaligen Bürgermeister Johann Czirenberg verfolgt, der bereits 1619 von Corvinus attackiert worden war (siehe oben, Anm. 525), nun aber seinerseits ein konfessionspolitisches Gegenprogramm entwarf, das er 1633 in einer ausführlichen Denkschrift über die theologische und rechtliche Begründung der reformierten Lehre aus der Augsburgischen Konfession darlegte; Text: APGd. 300 R/Pp 7, Bl. 727–752. – Zu den Außenkontakten der Danziger Reformierten in dieser Phase auch E. Schnaase, *Die Böhmischen Brüder...*

537 Aufgrund direkter Beschwerden Danziger Reformierter bei den magnatischen Patronen der polnisch-litauischen Protestanten hatte Andrzej Leszczyński erstmals 1632 eine „requisition der großen Herren in der Krone“ an die Danziger angeregt; der Bericht über die Verhandlungen in dieser Sache zwischen dem Danziger Notar Johann von Holtz und Leszczyńskis Beauftragtem Johann Willemann findet sich in: APGd. 300 R/Pp 7, Bl. 579–586.

538 Bereits auf dem Krönungsreichstag von 1633 ermahnte Władysław IV. die Danziger Deputierten, die von den Reformierten beklagte Diskriminierung in den Gemeinden wie in weltlichen Ämtern zu unterbinden; siehe G. Lengnich, *Geschichte der Preußischen Lande...*, Bd. 6, S. 26.

gen zu verringern, hatte die Zurückdrängung der reformierten Richtung in der Stadtkirche zusätzliche Angriffsflächen geschaffen.

Dabei war es in gewisser Weise nur ein ironischer Zufall, daß die Durchsetzung des orthodoxen Luthertums in Danzig mit der Wahl eines Königs zusammenfiel, dem die Zeitgenossen entschiedene Sympathien für den Calvinismus bescheinigten.[539] Zwar mochten die engen Beziehungen Władysławs IV. zu reformierten Magnaten wie Patriziern der wichtigste Beweggrund für ihn gewesen sein, die religiösen und weltlichen Rechte der Danziger Reformierten 1634 auch durch die Erteilung eines förmlichen Privilegs zu schützen.[540] Doch war es letztlich nicht der Status der besonderen Konfessionsgemeinschaft, an den die äußeren Interventionen religionsrechtlich anknüpften, sondern die Tatsache, daß der konfessionelle Kurs der Danziger Kirche nun in einen immer deutlicheren Gegensatz zum Toleranzrecht des Unionsstaats geriet.

Schon 1615 hatten die Senatoren die gemeinsam vorgetragenen Religionsgravamina der Städte mit der grundsätzlichen Warnung beantwortet, sie sollten den Religionsfrieden nicht durch Bündnisse „verunruhigen" und auch tunlichst nichts anderes verlangen als das, was Reichsrecht und Stadtprivilegien allen Dissidenten an individueller Glaubensfreiheit und persönlichem Schutz zubilligten.[541] Und wenn sich auch der Danziger Rat noch auf dem Wahlreichstag von 1632 auf die Warschauer Konföderation als Rechtsgrundlage der städtischen Religionsfreiheit berief,[542] so ließ sich dieses Argument jetzt mit dem Hinweis auf die abweichende Realität der städtischen Kirchenverhältnisse leicht entkräften. Das heißt, ihr Abdriften aus dem Verband des polnisch-litauischen Unionsprotestantismus hatte die Stadt auch um jene Legitimation gebracht, welche ihre kirchliche Autonomiepolitik seit den achtziger Jahren des 16. Jahrhunderts begründet hatte.

Freilich, in Danzig hatte sich damit doch nur früher und schärfer abgezeichnet, was alle drei großen Städten des Königlichen Preußen jetzt in eine Fundamentalkrise ihrer Kirchenpolitik hineinführte. Überall war mit dem Übergang von einem am Reformiertentum orientierten gemeinsamem Bekenntnis zum „Synkretismus" die Steuerbarkeit der stadtkirchlichen Entwicklung eigentlich verlorengegangen. Und wenn in Thorn und Elbing dennoch relativ lange ein vermittelnder Kurs kirchlicher Einheit gesteuert werden konnte, so lag dies offenbar doch nur daran, daß die von außen kommenden Impulse einer konfessionellen Polarisierung hier vorerst schwach blieben. Dies wurde schlagartig deutlich, als das konfrontative Auftreten der orthodoxen Lutheraner auf dem Thorner Colloquium Charitativum von 1645 die Spaltung auch in den Schwesterstädten Danzigs erzwang.

539 Dazu ausführlich K. Ogier, *Dziennik...*, Bd. 2, S. 128 f.

540 Privileg vom 30. 12. 1634, APGd. 300 D/5c, Bl. 163; die entscheidenden Textpassagen lauten: „...an more in hac Civitate iam olim recepto, perpetuoque usu compribato, ad omnes qui Augustanae Confessionis nomen sibi usurpant, licet in non nullis inter se differant, an vero ad illos tantum qui Lutherani volgo dicitur, exclusis ÿs, qui Reformati nominantur, beneficium privilegÿ Nostri pertineat ... Declaramus pro Nobis et Successoribus Nostris, quod sicut antea vigor cuiusmodi Privilegÿ a Dominis Majoribus Nostris concessis, utraque pars in libero Religionis exercitio, nec non Templorum et Scholarum possessione, ac Civilium Magistratum Ordinumque sine ullo discrimine fuit, ita etiam nunc beneficium Privilegÿ Nostri ad utraque se extendere debero. Proinde omnino volumus, ne ullo praetextu ob diversam Augustanae Confessionis interpretationem se se turbint et aggravant vel a Templis, Scholis, Magistratu, Ordinibus ... excludant."

541 Die Note der Städte an die Senatoren von 1615 sowie deren Antwort wie oben, Anm. 483.

542 G. Lengnich, *Geschichte der Preußischen Lande...*, Bd. 6, S. 12 f.

Was religionspolitisch bei dem Colloquium Charitativum auf dem Spiel stand, war gewiß allen Parteien frühzeitig bewußt.[543] Wenn König und katholische Stände die alte Forderung der Protestanten nach einem „Concilium Universale" gerade jetzt aufgriffen, dann offenkundig nicht in der Erwartung, einen theologischen Ausgleich zwischen nachtridentinischem Katholizismus und konfessionellem Protestantismus herzubeiführen. Vielmehr ging es unverkennbar darum, die unüberbrückbaren Gegensätze in gegenreformatorischer Absicht auszuspielen. Das gestärkte katholische Lager suchte jetzt wieder die theologische Auseinandersetzung, um den ständerechtlich-pragmatisch begründeten Religionsfrieden des Unionsstaats zu unterlaufen. Wo die politische Konfrontation mit den Dissidenten einstweilen sowohl riskant als auch im Blick auf die schwedischen Thronansprüche des Vasakönigs unerwünscht schien, mochte eine erneute Politisierung der religiösen Wahrheitsfragen langfristig andere Wege eröffnen.[544] Noch deutlicher aber war das Kalkül, die Spaltung des dissidentischen Lagers zu verschärfen. Die Konfrontation zwischen den protestantischen Konfessionskirchen mußte unweigerlich in eine gegenseitige Ausgrenzung hineinführen, und daraus erwuchsen Chancen, sowohl die Geltung des unionsstaatlichen Toleranzrechts de facto einzuschränken als auch den Druck auf die preußischen Städte zu steigern.

Schon auf die erste Ladung von König und Primas zum Colloquium reagierten die großen Städte des Königlichen Preußen daher mit konzentrierten Anstrengungen, den voraussehbaren Schaden für die eigenen Kirchen wenigstens zu begrenzen. Enge Kontakte zu den Synoden der polnischen Protestanten und Gespräche mit den Theologen im benachbarten Königsberg seit 1644 dienten dem Ziel, weit im Vorfeld des Colloquiums Einfluß auf die Durchsetzung einer gemeinsamen Linie der protestantischen Kirchen nehmen zu können.[545] Doch nicht nur auf der Ebene des Unionsstaats sollten solche Bemühungen scheitern, indem die Lutheraner auf der Synode von Lissa im April 1645 gemäß der Empfehlung der Wittenberger Theologen eine Gemein-

543 Allgemein dazu: *Acta Conventus et Colloquii Charitativi Thorunensis anno 1645 celebrati*, Varsoviae 1646; I. Mager, *Brüderlichkeit und Einheit...*; Walther Hubatsch, *Das Thorner Religionsgespräch von 1645 aus der Sicht des Geistlichen Ministeriums der Dreistadt Königsberg*, in: *Thorn. Königin der Weichsel, 1231–1981*, hrsg. von Bernhart Jähnig und Peter Letkemann, Göttingen 1981, S. 239–258; Otto Scheib, *Das Problem von Toleranz und Intoleranz im Lichte der neuzeitlichen Religionsgespräche in Ostdeutschland und Osteuropa*, in: *Trierer Theologische Zeitschrift*, Bd. 84 (1975), S. 271–286; J. Tazbir, *Die Religionsgespräche...*

544 Es ist denn auch gewissermaßen ein germanozentrisches Mißverständnis, wenn W. Hubatsch, *Das Thorner Religionsgespräch...*, S. 254, das Colloquium Charitativum als eine letztlich konstruktive Bekräftigung des polnisch-litauischen Bekenntnispluralismus in Parallele zu dem Friedensprozeß im Reich bezeichnet. Denn der Rückverweis auf die theologische Kontroverse war im Grunde gerade der Versuch, die Bemühungen um eine Festigung des politischen Toleranzprinzips der Warschauer Konföderation zu konterkarieren; dies ist richtig gesehen bei I. Mager, *Brüderlichkeit und Einheit...*, S. 231 ff., sowie bei G. Rhode, *Vom Königlichen Preußen...*, S. 61.

545 Siehe die Korrespondenz aller drei Städte mit der großpolnischen Brüderunität anläßlich der Synode von Orła im August 1644, BUW Ms Nr. 590, Bl. 107 bzw. 165–169. Auf die Kontakte zu Königsberg wird hingewiesen bei W. Hubatsch, *Das Thorner Religionsgespräch...*, S. 243. – Allerdings irrt Hubatsch offenbar, wenn er diese Kontakte vor allem der Initiative der lutherischen Geistlichkeit zuschreibt. Belegt ist nämlich, daß vor allem der reformierte Königsberger Hofprediger Johann Bergius vom Danziger Rat wie auch von der großpolnischen Brüderkirche in dieser Frage konsultiert wurde, wobei die gemeinsame Orientierung an der calixtinischen Richtung den Ausschlag gegeben haben dürfte.

schaft mit der Böhmischen Richtung förmlich zurückwiesen.[546] Vielmehr wurde auch die Abstimmung zwischen den preußischen Städten in dem Maße schwieriger, wie für jede einzelne Stadtkirche der konfessionelle Kurs für das Colloquium Charitativum im Lauf des Jahres 1645 festgelegt werden mußte. Schon im Vorjahr hatte der Königsberger Hofprediger Johann Bergius vorausgesagt, daß der städtische Synkretismus im Fall einer direkten Konfrontation zwischen den Reformierten und Parteigängern der sächsischen lutherischen Orthodoxie nicht zu verteidigen sein würde,[547] und indem die Städte im Blick darauf eine konfessionell möglichst homogene Präsentation ihrer Kirchenverhältnisse anstrebten, gingen ihre Wege in dieser Phase zwangsläufig auseinander. Der Primat der auf den kirchenpolitischen Ausgleich gerichteten Interessen, der sich in dem gemeinsamen Kurs der Städte auf der Thorner Synode von 1595 klar durchgesetzt hatte, war jetzt durch einen Primat der theologischen Abgrenzungsbedürfnisse abgelöst worden.

Unvermeidlich gab denn auch zuerst Danzig die gemeinsamen Bemühungen um eine Anknüpfung an die calixtinische Richtung auf. Nachdem sich hier trotz der 1643 verfügten Amtsenthebung des streitbaren Seniors Corvinus[548] die Neuformierung des geistlichen Ministeriums im Zeichen der lutherischen Orthodoxie fortgesetzt hatte, mußte der Rat die Vertretung der Stadtkirche auf dem Colloquium ganz in die Hände der erklärten Gegner des Synkretismus legen, was letztlich auch einer Preisgabe der politischen Lenkung gleichkam. Tatsächlich brachten die vier nach Thorn entsandten Danziger Geistlichen unter der Führung von Abraham Calovius[549] wesentlich in eigener Initiative den Versuch der Thorner und Elbinger Räte zu Fall, mit einem förmlichen Beratungsauftrag aller drei Städte an Georg Calixt einen gemeinsamen Mittelkurs vorzugeben.[550] Und zugleich steckten sie mit der Forderung, sich statt dessen vorab auf die Anerkennung der lutherischen Konkordienformel zu verständigen,[551] den Aktionsrahmen für die

546 Siehe I. Mager, *Brüderlichkeit und Einheit...*, S. 220.

547 Denkschrift von Bergius vom Juni 1644 in polnischer Übersetzung in den Synodalakten der großpolnischen Brüderunität; BUW Ms Nr. 590, Bl. 178–185. Im Zusammenhang heißt es darin: „Obawiam się, aby ... nowego Schisma, i rozerwanie w zborach naszych..., anieli się iakiey zgody z nimi spodziewano, do czego spór między Reformatami, y Sasami (gdyś ich spółnie wezwano) im się przygodzi." – Denselben Tenor hat ein Gutachten, das Bergius Anfang 1645, möglicherweise speziell für Danzig, abgefaßt hat; Abschrift in B PAN Gd. Ms 450, Bl. 291r. – 304r.

548 APGd. 300 R/Pp 85, Bl. 15.

549 Zu Calovius' Rolle als Pastor der ehemals reformierten Gymnasialkirche St. Trinitatis in Danzig in der Nachfolge von Corvinus APGd. 300 R/Pp 85, Bl. 85, vgl. auch *Altpreußische Biographie* (im folgenden *APB* zitiert), Bd. 1, S. 98. Dabei steht fest, daß Calovius, der wegen seiner Kontroversen mit Bergius Königsberg hatte verlassen müssen, den Übergang der Danziger Kirche zur sächsischen lutherischen Orthodoxie weiter forciert hat. – Die anderen Danziger geistlichen Abgesandten zum Colloquium Charitativum waren Gymnasialrektor Botsack sowie die beiden Prediger der Katharinenkirche Johann Mochinger, aus einer Thorner Predigerfamilie stammend, sowie Johann Fabricius; siehe G. Lengnich, *Geschichte der Preußischen Lande...*, Bd. 6, S. 229.

550 Dazu ausführlich I. Mager, *Brüderlichkeit und Einheit...*, S. 229. – Vorausgegangen war 1644 eine Auseinandersetzung über Pläne des Danziger Rats über einen entsprechenden Auftrag an Calixt; dabei hatte sich Calovius ebenfalls mit seiner entschiedenen Ausgrenzungspolemik gegen Calixt rasch durchgesetzt.

551 Berichtet bei G. Lengnich, *Geschichte der Preußischen Lande...*, Bd. 6, S. 226–236. Daß Elbing und Thorn, wie Lengnich äußert, dieser Forderung nach gewissem Zögern gefolgt seien, erscheint freilich wenig wahrscheinlich.

Danziger Kirche ab; ein koordiniertes Vorgehen der drei preußischen Städte wäre de facto nur mehr auf der Grundlage des orthodoxen Luthertums möglich gewesen.

Aber auch die einstweilen abweichende Position Thorns und Elbings war im Grunde weniger fest gefügt, als es den Anschein hatte. Zwar hielten die Räte beider Städte entschiedener als ihre Danziger Kollegen an dem Anspruch fest, den theologischen Disput politisch abzumildern und in die Bahnen eines „synkretistischen“ Ausgleichs zu lenken. Noch unmittelbar vor Beginn der Beratungen versuchte der Thorner Rat auch auf die auswärtigen lutherischen Theologen in diesem Sinne einzuwirken.[552] Doch weisen die Vorkehrungen der Städte in bezug auf ihre eigenen geistlichen Repräsentanten zugleich darauf hin, daß man auch hier nur geringes Vertrauen in die Tragfähigkeit des innerstädtischen Bekenntniskonsenses setzte. So entschied sich Elbing mit der Entsendung der beiden Prediger der Marienkirche David Holst und Balthasar Voidius vorsorglich doch dafür, nur die eher luthertumsnahe Richtung der Stadtkirche zu präsentieren.[553] Noch bedeutsamer aber war, daß auch der Thorner Rat sich jetzt in diesem Sinne umstandslos über die tatsächliche Gewichtsverteilung innerhalb des geistlichen Ministeriums hinwegsetzte. Man untersagte den tonangebenden polnischen Theologen Orlicz und Hypericus rundweg die Teilnahme am Colloquium[554] und stellte dem widerstrebenden deutschen Senior Peter Czimmermann statt dessen neben Michael Brückner die beiden einzigen Lutheraner im städtischen Ministerium, Nikolaus Neusser und Michael Schellenberg, an die Seite.[555]

Die wohl bekannten Abläufe der Bekenntniskontroversen auf dem Colloquium Charitativum im Herbst 1645 zeigten freilich nicht zuletzt, daß keine dieser unterschiedlichen Strategien der Städte wirklich im Sinne einer Schadensbegrenzung wirksam war. Elbings und Thorns Konzept einer behutsam begrenzten Anpassung scheiterte spektakulär, indem deren führende geistliche Vertreter Voidius, Holst und Czimmermann ihr anfängliches Engagement für die Vermittlungsbemühungen Georg Calixts unter massivem lutherischen Druck förmlich widerrufen mußten.[556] Aber auch der von Danzig eingeschlagene Weg konsequenter Anlehnung an die lutherische Orthodoxie sollte die Stadt nicht davor bewahren, daß die grundsätzliche theologische Absage an den Synkretismus negativ auf ihre Position zurückwirkte. Denn in allen drei preußischen Städten hatten die bestehenden bikonfessionellen Kirchenverhältnisse damit sowohl ihre innerstädtische

552 I. Mager, *Brüderlichkeit und Einheit...*, S. 228.

553 Siehe E. G. Kerstan, *Die evangelische Kirche...*, S. 17. – Beide Prediger standen vor 1645 zumindest der calixtinischen Richtung nahe und hatten sich dem Rat zugleich durch ihren „friedlichen“ Umgang mit ihren Amtsbrüdern der reformierten wie der böhmischen Richtung empfohlen; siehe dazu auch das spätere Votum über Voidius von reformierter Seite im Zusammenhang mit der Lobwasser-Kontroverse von 1655, APGd. 492/1038, Bl. 2 f.

554 T. Glemma, *Dzieje stosunków kościelnych...*, S. 96.

555 G. Lengnich, *Geschichte der Preußischen Lande...*, Bd. 6, S. 254. Vgl. auch K. Maliszewski, *Stosunki religijne...*, S. 298, der allerdings Schellenbergers Beteiligung übersieht. – Zu Senior Czimmermanns abweichender Empfehlung, die Stadtkirche als insgesamt der Böhmischen Konfession zugehörig zu erklären sowie die geistliche Delegation für das Colloquium Charitativum entsprechend zusammenzusetzen, das oben, Anm. 498, zitierte Gutachten für den Thorner Rat von 1644.

556 Über das Auftreten der Elbinger Geistlichen E. G. Kerstan, *Die evangelische Kirche...*, S. 17; zu Czimmermanns Rolle E. Praetorius, *Presbyteriologia...*, Bl. 22, sowie S. Tync, *Szkolnictwo...*, S. 19. – Siehe auch S. Günther, *Glaubensbekenntnis, welche die Stände und Gemeinen, so im Polnischen Preußen und Litthauen der Unveränderten A.C. zugethan sein, im Colloquio Charitativo zu Thorn A. 1645 übergeben*, Leipzig 1655; Danzig 1657 und 1735.

Legitimation als auch ihren äußeren, ständepolitischen Bezugsrahmen endgültig eingebüßt, und indem der Druck, sich mit dem Luthertum konsequent zu identifizieren, überall rasch zunahm, sollte auch das bereits mehrheitlich lutherische Danzig in gleichem Maße in politische Zielkonflikte hineingeraten wie Elbing und Thorn.

Die unmittelbare Folge der theologischen Polarisierung von 1645 war freilich, daß Elbing und Thorn jenen innerkirchlichen Horizontwechsel zum orthodoxen Luthertum vollzogen, welcher in Danzig 1619 in Gang gekommen war. Dem Danziger Vorbild entsprach dabei die rasche Einstellung der Räte auf neue Muster für die Rekrutierung der städtischen Prediger, aber auch die ähnlich bruchlose Umorientierung der meisten deutschen Geistlichen, soweit sie der „philippistischen" Tradition zugehörten. So war es in Elbing der langjährige Senior David Holst selbst, der nach seiner Abkehr von der calixtinischen Richtung auf dem Colloquium Charitativum schon bald einen „reinen" lutherischen Bekenntniskurs innerhalb des Ministeriums wie auch gegenüber dem Rat durchsetzte.[557] Dagegen brachten in Thorn eher die Neuberufungen seit 1648, vor allem die des Königsberger Theologen Johann Neunachbar,[558] die Wende zu einem neuen Bekenntnisprofil der Stadtkirche, wobei die böhmische Richtung ihre Weiterführung bald nur mehr in der reformierten Minderheitsgemeinde der polnischen Stadtbürger finden sollte.[559] In beiden Städten aber scheint die Festlegung der Mehrheit der Geistlichen auf die lutherische Orthodoxie kaum später als 1650 abgeschlossen gewesen zu sein.

Überall noch offen war um 1650 hingegen die Frage, ob und wie sich die unausweichliche Kollision der Verpflichtung auf das Luthertum mit dem Selbstbehauptungsanspruch der refor-

557 So war Holst der erste Unterzeichner und wahrscheinlich auch der Verfasser der Denkschrift des Elbinger Ministeriums an den Rat vom 14. 4. 1655, in der die Forderung nach Abschaffung der Lobwasser-Psalmen als Relikt des Reformiertentums ausführlich im lutherischen Sinne begründet wurde: „Verzeichniß dessen, was in dem Religionsstreit zwischen unseren Predigern und E. E. Raht Anno 1655 vorgelauffen, von den Predigern aufgesetzet und E. E. Raht übergeben", APGd. 492/1038, Bl. 7r. – 20v. Dasselbe gilt für die zweite Denkschrift der Elbinger Prediger in derselben Sache, APGd. 492/1038, Bl. 21r. – 22r. – Über die Berufungen in Elbinger Predigerstellen seitdem die (leider sehr knappen) Angaben bei S. G. Fuchs, *Ecclesiastica Elbingensia…*, APGd. 492/450, Bl. 49 ff., ferner bei E. G. Kerstan, *Die evangelische Kirche...*, S. 16 ff., sowie O. Heuer, *Von den Anfängen...*, S. 95; danach waren 1643 bei der Besetzung zweier Dorfpfarren im Elbinger Gebiet zum letzten Mal deutsche Reformierte vom Rat bestellt worden.

558 Über Neunachbar als theologischen Wortführer der lutherischen Neuorientierung in Thorn siehe J. E. Wernicke, *Thornische Presbyteriologie…*, APT Kat. II, X–27, Bl. 68–76, sowie S. Salmonowicz, *Życie religijne...*, S. 122 f.

559 Bezeichnend dafür ist, daß J. E. Wernicke, *Thornische Presbyteriologie…*, APT Kat. II, X–27, Bl. 207, für die Jahre von 1645 an den innerstädtischen Bekenntnisgegensatz als einen Konflikt zwischen „deutschen und polnischen Predigern" beschreibt, was sich auch mit der Überlieferung der reformierten Gemeinde, APT „Ewangelicka Gmina reformowana" Nr. 3, Bl. 341, weitgehend deckt. – Probleme eigener Art bereitete die Separierung der konfessionellen Milieus hier freilich insofern, als vorerst noch an allen Thorner Stadtkirchen polnische Prediger amtierten und zudem etliche Geistliche in beiden Funktionen, als deutsche und polnische Prediger, tätig waren. So führte erst ein Konflikt zwischen Rat und Bürgerschaft in bezug auf die Berufung des polnischen Brüdertheologen Nikolaus Dzikowius auf die deutsche Predigerstelle der Jakobskirche 1648 zu einer vorläufigen Regelung. Tatsächlich nur noch für das polnische Predigtamt wurden künftig andere als deutsch-lutherische Geistliche bestellt; zugleich mußten diese, angefangen mit Dzikowius selbst, sich förmlich auf die Einhaltung der lutherischen Kirchenbräuche sowie die Anerkennung der Konkordienformel verpflichten. Siehe J. E. Wernicke, *Thornische Presbyteriologie…*, APT Kat. II, X–27, Bl. 268 f.

mierten Minderheitsgemeinden stadtpolitisch würde bewältigen lassen. Indizien für eine Zuspitzung des Problems gab es, seitdem die Danziger Reformierten sich in Reaktion auf das Colloquium Charitativum als eine innerstädtische Konfessionspartei fester zu formieren begonnen hatten.[560] Schon 1646 waren sie mit Streitschriften[561] und Suppliken an den Rat[562] von sich aus in die Auseinandersetzung mit den Lutheranern über den eigentlichen Status ihres Bekenntnisses eingetreten, und ihr Hilfeersuchen an die polnisch-litauischen Religionsverwandten hatte 1647 auch wiederum die Intervention der Senatoren in der Religionssache ins Spiel gebracht.[563] Erst 1650 allerdings lief diese Entwicklung auf eine politische Konfrontation hinaus, der nun auch der Rat nicht mehr auszuweichen vermochte. Der Versuch, mit der Berufung eines Lutheraners auf die Vakanz an der Danziger Gymnasialkirche St. Trinitatis die Reformierten endgültig von dort zu verdrängen,[564] führte in einen rasch eskalierenden Parteienstreit der Bürgerschaft, und indem die Reformierten sich jetzt unter den Schutz des königlichen Stadtherrn begaben, schien sich für Danzig die Situation von 1605 gleichsam mit umgekehrten Vorzeichen zu wiederholen.

Das Neuartige der Situation bestand indessen darin, daß der Rat von Anfang an von einer rechtlich unhaltbaren wie auch politisch isolierten Position aus operieren mußte. So hätte es der Unterstützung, welche die Danziger Reformierten 1651 sowohl durch die polnisch-litauischen Religionsverwandten als auch durch die Diplomatie der Generalstaaten erhielten,[565] wahrschein-

560 So tauchte hier in einem noch 1645 verfaßten Bericht der reformierten Geistlichen über das Colloquium Charitativum erstmals der Begriff eines Danziger „reformierten Ministeriums“ auf; APGd. 300 R/Pp 7, Bl. 691–695.

561 Die „unterschiedlichen famos Libellen“, welche von reformierter Seite, unter anderem von Reinhold Curicke, 1646 in Danzig verbreitet wurden, sind ausführlich in einer lutherischen Darstellung referiert, B PAN Gd. Ms 499, Bl. 310r. – 325v. Dabei argumentierten jetzt auch die Reformierten aus einer klar abgegrenzten Bekenntnisposition. Eher isoliert stand dagegen der Vorstoß des Danziger Gymnasialprofessors Heinrich Nicolai da, mit einer „Friedensschrift“ an die Tradition des pragmatischen Bekenntniskonsenses anzuknüpfen; dazu H. Neumeyer, *Kirchengeschichte…*, S. 135 f., sowie die Entgegnung des lutherischen Ministeriums auf die Schrift von Nicolai, APGd. 300 R/Qq 13, Bl. 5–35.

562 Religionsgravamina der Danziger Reformierten von 1646, APGd. 300 R/Pp 14, Bl. 135–149. – Die Kontroverse wurde 1648 fortgesetzt, als ein Streit um den reformierten Prediger Johann Caesar beide Bekenntnisparteien zur Vorlage von Rechtsgutachten über ihren Status veranlaßte; Texte: APGd. 300 R/Pp 1, Bl. 619–682.

563 Schreiben der Danziger Reformierten an Janusz Radziwiłł von 1647, APGd. 300 R/Pp 14, Bl. 135–149; am 27. 5. 1647 richteten daraufhin 60 protestantische Adlige und Senatoren einen förmlichen Appell an den Danziger Rat, die Rechte der Reformierten in der Stadt zu wahren, APGd. 300 R/Pp 14, Bl. 159–167.

564 Detaillierte Schilderungen des Streits in APGd. 300 R/Pp 13, Bl. 549–632, sowie APGd. 300 R/Pp 46, Bl. 217–305; dazu Dokumente: APGd. 300 R/Pp 46, Bl. 307–392. – Tatsächlich war die Vokationsentscheidung des Rats von 1650 unter massivem äußeren Druck gefallen, wobei man sich über die Fadenscheinigkeit des lutherischen Anspruchs auf die Trinitatiskirche gewiß im klaren war. Zu der Argumentation beider Seiten siehe die Suppliken der vorstädtischen Bürgerschaft und des lutherischen Ministeriums (APGd. 300 R/Pp 14, Bl. 5–7 bzw. 7–9) sowie die Gegendarstellungen der deutschen Reformierten und der Niederländer (*a.a.O.*, Bl. 9 f. bzw. 15 f.).

565 Dazu zwei Noten der Generalstaaten an den Danziger Rat von Januar und Mai 1651, Abschriften u. a. in APGd. 300 R/Pp 10, Bl. 234 f. bzw. 500 f., sowie ein Schreiben Janusz Radziwiłłs in derselben Sache vom 11. 1. 1651, *a.a.O.*, Bl. 209–213, auch APGd. 300 R/Pp 46, Bl. 307–309.

lich nicht einmal bedurft, um die politischen Gegenkräfte zu aktivieren. Vielmehr sah sich der König in dieser Lage auch ohne die förmliche Klage der Betroffenen hinreichend legitimiert, zur Wahrung von Reichsrecht und Stadtprivilegien in den Danziger Streit einzugreifen. Das Mandat Johann Kasimirs vom 23. Januar 1651, das eine Statusänderung der Trinitatiskirche vorläufig untersagte und den Reformierten ein außerordentliches Klagerecht bei den königlichen Gerichten in ihrer Sache einräumte, schien mit dem Verweis auf den offenkundigen Widerspruch zwischen überkonfessionellem Toleranzrecht und konfessionellem Kirchenregiment schlüssig begründet.[566] Und auch den königlichen Kommissaren, die wenig später aufgrund einer Protestation der reformierten Partei in Danzig tätig wurden,[567] sollte es nicht schwer fallen, ihr unzweideutiges Votum gegen den Rat auf dieser Linie zu rechtfertigen. Der Vorwurf, daß es ihre eigenen rechtlichen Argumente waren, welche die Stadt durch die Einschränkung des Toleranzrahmens der Warschauer Konföderation sowie die Änderung bestehender Kirchenbräuche aus der Hand gegeben hatte, ließ sich seitens des Rats nicht entkräften.[568]

So war die Krise denn auch nur zu entschärfen, indem man sich ungeachtet der innerstädtischen Widerstände auf weitreichende Zugeständnisse einließ. Bei der Frage des religiösen Status der Trinitatiskirche wie auch allgemein der reformierten Minderheitsgemeinden in der Stadt bestand dazu ohnehin keine Alternative, nachdem der König sein Mandat in der Streitsache bekräftigt[569] und Ende 1651 das Generalprivileg Władysławs IV. für die Danziger Reformierten erneuert hatte.[570] Doch mündeten die Verhandlungen, welche der Rat im Krisenverlauf sowohl mit den städtischen Ordnungen als auch mit den Räten der Nachbarstädte führte, offenbar auch in den Versuch eines neuen politischen Ausgleichs ein.[571] Indem sich hier als faktische Linie durchsetzte, weder nach außen die politische Debatte über den städtischen Bekenntnisstand aufzunehmen noch innerstädtisch den weltlichen Status der Reformierten anzutasten, schien zumindest das

566 Abschriften des Mandats: APGd. 300 R/Pp 14, Bl. 289; APGd. 300 R/Pp 82, Bl. 215–216; APGd. 300 R/Pp 10, Bl. 239–242.

567 Protestation vom 28. 1. 1651, Abschrift: APGd. 300 R/Pp 14, Bl. 17–18.

568 Siehe den ausführlichen Bericht, den die königlichen Kommissare vermutlich im Sommer 1651 aufgrund der von den Reformierten vorgetragenen rechtlichen Begründungen ihrer Ansprüche verfaßt hatten; Abschriften: APGd. 300 R/Pp 14, Bl. 88–91; APGd. 300 R/Pp 10, Bl. 267–294. – Die Versuche einer Widerlegung von lutherischer Seite stützten sich vor allem auf eine gegensätzliche Auslegung der Stadtprivilegien, hinsichtlich des besonderen Streitanlasses aber auf das einigermaßen fadenscheinige Argument, daß die reformierten Kirchenbräuche an der Trinitatiskirche durch kryptocalvinistische Prediger mißbräuchlich eingeführt worden seien; in diesem Sinne siehe die Reprotestation des Rats zur Klage der Refomierten vom Januar 1651, APGd. 300 R/Pp 14, Bl. 18, sowie den lutherischen Gegenbericht zu dem Kommissarialvotum, *a.a.O.*, Bl. 91–105.

569 Mandatum secundum poenale vom 14. 3. 1651, APGd. 300 R/Pp 14, Bl. 21–22 u. 301.

570 In Form einer Deklaration über die Rechte der Reformierten in Danzig vom 3. 10. 1651, welche – ähnlich wie das Mandatum Pacis Sigismunds III. von 1606 – de facto zugleich eine außergerichtliche Entscheidung der inzwischen beim königlichen Assessorialgericht anhängigen Klage der protestierenden Danziger Reformierten herbeiführte; Text: APGd. 300 R/Pp 14, Bl. 303; APGd. 300 R/Pp 10, Bl. 596–601.

571 Genaue Dokumentation der Ordnungsverhandlungen in dieser Sache: APGd. 300 R/Pp 15, Bl. 3–122; zu den Konsultationen mit Thorn und Elbing auf dem Graudenzer Landtag vom Februar 1651: APGd. 300 R/Pp 10, Bl. 228–233.

Tempo des konfessionellen Desintegrationsprozesses 1651 noch einmal bewußt verlangsamt worden zu sein.[572]

In weiterer Perspektive erwies sich dieser Ausgang des Danziger Konflikts von 1650/51 aber auch als die letzte markante Entscheidung in Richtung auf den Durchsetzungsprozeß der lutherischen Bekenntniskirchen in allen drei großen Städten des Königlichen Preußen. Zum einen hatte die stadtgesellschaftliche Dynamik der lutherischen Bewegung gezeigt, daß sich der konfessionelle Integrationsprozeß an sich weder umkehren noch auch nur im Sinne städtepolitischer Bedürfnisse wirklich steuern ließ. Trotz der von außen erzwungenen Verlangsamung des Prozesses kamen die innerstädtischen Bekenntniskonflikte offensichtlich erst mit der vollständigen Abdrängung der Reformierten an ihr Ende. Zum andern aber hatte im krisenhaften Aufbrechen der durch die konfessionelle Wende erzeugten Spannungen auch jene neue politische Problemlage Kontur gewonnen, auf welche sich die Städte in der langen, bis zum Jahrhundertende dauernden Phase der kirchlichen Konsolidierung einstellen mußten. Dabei ging es innerstädtisch vor allem um das Erfordernis, einen Mittelkurs zwischen Koexistenz und konfessioneller Integration zu steuern, der die Risiken erneuter politischer Instrumentalisierung der Kirchenfrage zumindest begrenzte. Im Blick auf die äußeren Beziehungen der Städte dagegen galt es der Tatsache Rechnung zu tragen, daß der konfessionelle Aspekt faktisch zu einem Merkmal der Abgrenzung gegenüber dem Unionsstaat geworden war, und das hieß unter anderem: In der Frage der Wahrung kirchlicher Autonomie wie der Abwehr der Gegenreformation sahen sich die Städte jetzt im wesentlichen auf einen Kurs des politischen Landespartikularismus verwiesen.

Wie ein Ausblick auf die zweite Hälfte des 17. Jahrhunderts zeigt, sollten die daraus resultierenden Probleme in den einzelnen Städten freilich in durchaus unterschiedlicher Konstellation wie auch in unterschiedlichen Phasen der weiteren Entwicklung wirksam werden. Früh kam es zu einer gleichsam frontalen Durchsetzung des lutherischen Status in Elbing, wo die 1654 beginnende Auseinandersetzung dadurch, daß die Stadt erneut unter schwedische Herrschaft geriet, seit 1655 nicht nur forciert, sondern auch deutlich zugunsten der Lutheraner beeinflußt wurde.[573] Dies war allerdings weniger eine Frage gezielter schwedischer Konfessionspolitik als vielmehr wohlkalkulierte Ausnutzung der veränderten äußeren Machtlage durch die Elbinger Geistlichkeit und Bürgerschaft. Unterstützt durch den politischen Druck der Zünfte und Gemeinden auf den Rat,[574] gelang es Senior Holst, den Streit um den weiteren Gebrauch der Lobwasser-Psalmen auf

572 Den Empfehlungen der Nachbarstädte in dieser Richtung (siehe die vorhergehende Anm.) entsprach, was sich in den Danziger Ordnungen offenbar allmählich als Konsens durchsetzte; siehe dazu die Stellungnahme des Rats zu den reformierten Hauptforderungen, wahrscheinlich von Mitte 1651, APGd. 300 R/Pp 14, Bl. 175–200, sowie ein Gutachten über die spezielle Frage der proportionalen Vertretung der Reformierten in den drei Ordnungen, APGd. 300 R/Pp 15, Bl. 123–143.

573 Zum Ausbruch des Elbinger Streits und zu seinen Ursachen siehe Carl Ramsey, *Chronik*, APGd. 492/831, Bl. 36; ferner E. G. Kerstan, *Die evangelische Kirche...*, S. 17 f.; O. Heuer, *Von den Anfängen...*, S. 94; Daniel Heinrich Hering, *Neue Beiträge zur Geschichte der evangelisch-reformierten Kirche*, Bd. 2, Berlin 1786, S. 24. – Über den Anteil der schwedischen Politik an der kirchlichen Auseinandersetzung in Elbing bis 1660 siehe auch Sven Göransson, *Den europejska konfesionspolitikens upplösning 1654–1660. Religion och politik under Karl X Gustaf*, Uppsala-Wiesbaden 1956.

574 Dokumentiert in zwei Suppliken der „gesamten haupt und kleinen wercke“ an den Elbinger Rat von 1655, die einen detaillierten Forderungskatalog der Bürgerschaft in bezug auf die Revision des „calvinischen“ Kirchenregiments enthalten; APGd. 492/1038, Bl. 22v., 25r. bzw. APGd. 369, 1 Nr. 351. – Der politi-

die Frage einer lutherischen Erneuerung von Kirchenverfassung und Kirchenregiment zuzuspitzen,[575] und indem die verfaßte Bürgerschaft in solcher Perspektive schließlich den schwedischen König um Schlichtung und Erteilung eines neuen Religionsprivilegs anrief,[576] schien der Widerstand der Reformierten im Rat wie in der Predigerschaft[577] endgültig überspielt.

So scheiterte zwar der Versuch, die städtische Kirchenordnung durch eine förmliche Kassation der Elbinger Notel von 1615 zum Nachteil des Rats zu beseitigen,[578] an dem eher mäßigenden Einfluß des schwedischen Stadtherrn; weder hier noch in der Privilegienfrage wollte der König sich vor den Karren der politischen Opposition gegen das Elbinger Ratsregiment spannen lassen.[579] Doch in der Bekenntnissache an sich mußte der Rat unter dem Druck von innen und außen 1656 praktisch kapitulieren. Der Einrichtung eines lutherischen Konsistoriums in Elbing[580] folgte ein grundsätzliches Verbot, das Abendmahl nach reformiertem Brauch in den Stadtkirchen zu zelebrieren, das 1657 durch einen förmlichen Ratsbeschluß bekräftigt wurde.[581] Danach aber trat offenbar auch auf seiten der Elbinger Obrigkeit das Bedürfnis in den Vordergrund, das Ergebnis der einmal vollzogene Wende zu stabilisieren. Während nämlich der schwedische König schon 1657 wieder zu begrenzten Konzessionen an die reformierte Minderheitsgemeinde bereit gewesen zu sein scheint,[582] stießen deren Bemühungen, nach dem Abzug der Schweden ihren Rechtsstatus wieder-

sche Hintergrund der bürgerschaftlichen Initiative von reformierter Seite reflektiert in: „Friderici de Elbinga Judicium von der Elbingischen Kirchenunruhen Ai 1655", APGd. 300 R/Pp 6, Bl. 579–587.

575 Siehe die beiden wahrscheinlich von Holst verfaßten Suppliken der lutherischen Geistlichen vom April 1655; APGd. 492/1038, Bl. 7r. – 20v. bzw. 21r. – 22r. Holst argumentierte darin, daß die Abschaffung der Lobwasser-Gesänge „von uns nicht sey vorgenommen auß haß oder bitterkeit kegent die Reformirten, noch ihnen etwa zum verdruß"; vielmehr habe erst die Kritik des Rats an dieser Entscheidung sowie dessen Eintreten für den opponierenden Prediger Christoph Feyerabend die Besorgnis geweckt, daß „man möchte uns gantz und gar den Reformirten Gottesdienst einführen, und den Lutheranismum mehlich abschaffen wollen" sowie „daß man unß Predigern alle freyheit undt christl. Macht, so wir von Christo haben, schwechen, und unß binden will" nach dem Muster der anstößigen Elbinger Notel von 1615.

576 Die Supplik an den schwedischen König ist nicht erhalten; doch legte die Bürgerschaft in ihrer zweiten Supplik an den Rat (siehe letzte Anm.) ausführlich Ursachen und Zweck der bereits erfolgten Appellation an den König dar. Vgl. auch E. G. Kerstan, *Die evangelische Kirche...*, S. 17.

577 Unter den städtischen Geistlichen hatte offenbar nur der oben (Anm. 575) erwähnte Prediger der Marienkirche Feyerabend eine markante Gegenposition zu Holst bezogen. Unter den Räten dagegen scheint nach übereinstimmender Aussage des „Friderici de Elbinga Judicium" wie der Suppliken der protestierenden Lutheraner 1655 zunächst noch eine Mehrheit für einen „synkretistisch" orientierten bzw. reformierten Kurs bestanden zu haben.

578 Die von Holst theologisch formulierte Kritik an der geltenden Kirchenordnung war von der Bürgerschaft in die Forderung umgesetzt worden, die „höchst gefehrliche Prediger Notul" von 1615 abzuschaffen und Vorkehrung zu treffen, daß die weltliche Obrigkeit nicht mehr in Sachen eingreife, die „quaestio Theologica" und damit der Entscheidung des Ministeriums vorbehalten seien; APGd. 369, 1 Nr. 351, bzw. APGd. 492/1038, Bl. 24v.

579 S. Göransson, *Den europejska konfesionspolitikens upplösning...*, S. 105.

580 H. Neumeyer, *Kirchengeschichte...*, S. 131 f.

581 Der Ratsbeschluß besagte, daß die Reformierten „nur statis temporibus ihre Kommunion halten" dürften; Register der *Elbinger Ratsrezesse*, APGd. 369, 1 Nr. 102, Bl. 23b. Damit war offenbar auf eine Grundsatzentscheidung des Königs vom Vorjahr Bezug genommen, welche die Abschaffung reformierter Gottesdienste verlangte; siehe O. Heuer, *Von den Anfängen...*, S. 95.

582 *Ebda.*

herzustellen, nun beim Rat auf kategorische Ablehnung;[583] das 1662 für definitiv erklärte Verbot des reformierten Gottesdienstes sollte erst 1690 wieder insoweit zurückgenommen werden, als man „private" Zusammenkünfte der Gemeinde in der Elbinger Vorstadt fortan zumindest duldete.[584]

Schwedische Besetzung und politische Bürgeropposition beeinflußten auch die Entwicklung in Thorn, wenngleich die daraus resultierenden Spannungen sich hier erst nach 1660 entluden und damit zu anderen Konfliktabläufen führten als in Elbing. Den Hintergrund bildete in Thorn der krisenhafte Übergang von der schwedischen Kriegsherrschaft zur Nachkriegsordnung des Olivaer Friedens. Gewiß nur in geringem Maße durch die Thorner Politik selbst beeinflußt, waren im Verlauf des vierjährigen Belagerungskriegs um die Stadt deren Beziehungen zu Landesadel, Reichsständen und Krone auf einem Tiefpunkt angelangt,[585] weshalb die Wiedereingliederung Thorns in das unionsstaatliche Gefüge nun deutlich von Bestrebungen politischer und nicht zuletzt religiöser „Disziplinierung" beherrscht wurde. Nachdem die von den Schweden vertriebenen Jesuiten und Benediktiner unverzüglich wieder zugelassen worden waren,[586] erzwang Johann Kasimir persönlich 1665 die Aufnahme einer starken königlichen Garnison in die Stadt, und mit unübersehbaren Avancen an die innerstädtische Opposition brachte die königliche Politik 1667 schließlich auch eine offene Fronde gegen das Ratsregiment in Gang.[587]

Wenn die Thorner Bürgerschaft diese Konstellation nun in ähnlicher Perspektive wie die Elbinger zu nutzen versuchte, indem sie die Klage gegen „calvinische" Mißbräuche mit der Forderung nach Abschaffung des obrigkeitlichen „dominium absolutum ... im Geistlichen Stande" verband,[588] so traf sie damit doch auf eine andere Interessenlage. Der polnische König nämlich unterstützte die politische Einschränkung des Ratsregiments und kam hier den Ansprüchen der Bürgerschaft besonders bei dem Punkt der stärkeren Beteiligung an der städtischen Finanz- und Güterverwaltung entgegen, hielt aber in der Bekenntnisfrage an dem auch gegenüber Danzig 1651 verfolgten Kurs fest. Anstatt die Reformierten auszuschließen, verfügte das abschließende Dekret der königlichen Kommissare von 1668, daß man künftig „nicht allein Augsburgischer

583 Die entsprechende Supplik der Reformierten an den Elbinger Rat sowie dessen Ablehnung ist dokumentiert in Register der *Elbinger Ratsrezesse*, APGd. 369, 1 Nr. 102, Bl. 23b.

584 O. Heuer, *Von den Anfängen...*, S. 95. – Auch jetzt war ein Versuch, die Erlaubnis des Rats für „private" Gottesdienste in einem dafür angemieteten Raum in der Elbinger Altstadt zu erwirken, offenbar gescheitert, weshalb die Reformierten wiederum auf jenes Tuchschererhaus auf der Lastidie auswichen, welches wahrscheinlich auch das erste Gemeindezentrum der schottischen Presbyterianer gewesen ist.

585 Zur militärischen und politischen Entwicklung Thorns im schwedischen Krieg am genauesten Karol Górski, *Historja polityczna Torunia do roku 1793*, Toruń 1938, S. 45–52. – Górski irrt freilich, wenn er die relative Loyalität des Thorner Rats gegenüber den schwedischen Stadtherren im Kriegsverlauf auf konfessionelle Präferenzen zurückführt; dagegen ist sicher nicht auszuschließen, daß das politische Kalkül eines definitiven Bruchs mit dem Unionsstaat in dieser Phase eine Rolle gespielt hat.

586 Siehe T. Glemma, *Dzieje stosunków kościelnych...*, S. 27, sowie S. Salmonowicz, *Życie religijne...*, S. 122. – Dabei ging die erneute Zulassung der beiden Orden insofern über die Wiederherstellung des Status quo ante hinaus, als den Benediktinern nun die seit der Reformation protestantische Neustadtpfarre St. Jakob eingeräumt wurde; die neustädtische lutherische Gemeinde mußte sich künftig mit einem Rathaussaal als Gottesdienstort begnügen.

587 Über die politischen Umstände vor allem Leon Koczy, *Dzieje wewnętrzne Torunia do roku 1793*, Toruń 1933, S. 15.

588 Siehe „Beschwerniß Puncte der Erb. Zünffte wieder E. E. Raht der Stadt Thorn" vom 1. 9. 1667, APT Kat. II, I–10, Bl. 271–316, hier: 273–275.

oder Reformirter Religion zugethane, sondern auch personen des Römisch-katholischen Glaubens" zu allen weltlichen Ämtern zuzulassen habe.[589]

Indessen wirkte die Interventionskrise auch hier als Impuls, den Rat in der Bekenntnisfrage zum Handeln zu veranlassen. Noch im Krisenjahr 1667 kam es zu einer formal abgesicherten Einigung mit dem seit 1658 als Thorner Senior amtierenden Johann Neunachbar, deutsche wie polnische Predigerstellen gleichermaßen mit Lutheranern zu besetzen,[590] und 1668 wurde mit der Neubestellung des Rektorats am Gymnasium auch im Thorner Schulwesen die konfessionelle Wende besiegelt.[591] Daß sich die endgültige Entflechtung der „synkretistischen" Kirchenverhältnisse dennoch in die Länge zog, lag offenbar an der noch immer festen Verankerung der polnisch-böhmischen Richtung in den Thorner Gemeinden. So widerstand vor allem der 1663 an die Georgskirche berufene Brüdertheologe Jan Chodowiecki[592] dem Druck zur Anpassung an die lutherische Linie bis zum Schluß.[593] Erst nachdem er 1675 gestorben war, konnte der Rat Schritt für Schritt die Ausgrenzung der Reformierten von den städtischen Kirchen durchsetzen,[594] die ungeachtet politischer Proteste der Betroffenen 1680 auch von König Sobieski sanktioniert wurde.[595]

In Danzig erzeugte der konfessionelle Übergang erst spät, dafür aber um so tiefergehende Spannungen. Hier hatten sich die Entscheidungen von 1651 tatsächlich so ausgewirkt, daß die Konflikte des Übergangs in der städtischen Gesellschaft mittelfristig gemildert wurden. Doch

589 Dekret vom 8. 8. 1668, Königliche und Commissarialdekrete, APT Kat. II, V–5, Bl. 4r., 18r. Über Inhalt und Bedeutung des Kommissarialdekrets neben L. Koczy, *Dzieje wewnętrzne Torunia...*, auch Hans Maercker, *Geschichte der ländlichen Ortschaften und der drei kleineren Städte des Kreises Thorn in seiner früheren Ausdehnung vor Abzweigung des Kreises Brisen im Jahre 1888*, Danzig 1899–1900, S. 82 f.

590 P. Arndt, *Die reformierten Geistlichen...*, S. 2.

591 Über die konfessionelle Umorientierung des Thorner Gymnasiums unter dem Rektorat des Stettiner Lutheraners Ernst König vor allem S. Tync, *Szkolnictwo...*, S. 21.

592 Zur Person J. E. Wernicke, *Thornische Presbyteriologie...*, APT Kat. II, X–27, Bl. 212 f., sowie APT „Ewangelicka Gmina reformowana" Nr. 3, Bl. 341.

593 So kam es 1672 offenbar auch zum endgültigen Bruch zwischen Chodowiecki und seinen Thorner Amtsbrüdern, als diese den seit 1650 respektierten Kompromiß in bezug auf die lutherischen Kirchenbräuche mit der förmlichen Billigung eines lutherischen polnischen Liederbuchs aufkündigten. Nach Wernicke (siehe die vorhergehende Anm.) war Chodowiecki spätestens seit seinem Alleingang bei der Ablehnung des Liederbuchs derart „verhaßt", daß sich 1675 niemand gefunden habe, um die Leichenpredigt auf ihn zu halten.

594 Der Rat beschloß zunächst, keinen Nachfolger für Chodowiecki als besoldeten Stadtprediger der Reformierten mehr zu bestellen; 1676 folgte dann eine Reihe von Einzelverfügungen, welche die Freiheiten der reformierten Minderheit strikt reglementierten. Erhalten blieb dennoch eine reformierte Rumpfgemeinde, die ihre Prediger künftig selbst bestellte und ihren Gottesdienst in einem altstädtischen Privathaus abhielt. Siehe J. E. Wernicke, *Thornische Presbyteriologie...*, APT Kat. II, X–27, Bl. 311, sowie P. Arndt, *Die reformierten Geistlichen...*, S. 2.

595 Vorausgegangen war 1679 eine in Streitschriften ausgetragene Kontroverse zwischen Neunachbar und den Thorner Reformierten über den „Synkretismus", in der die reformierte Partei schließlich an den König appelliert hatte. Das königliche Mandat in der Sache vom 9. 2. 1680 bekräftigte, daß den Reformierten der öffentliche Gottesdienst untersagt sein sollte. Über den innerstädtischen Streit von 1679 J. H. Zernecke, *Historiae Thorunensis naufragae...*, S. 379; zu dem Mandat Sobieskis T. Glemma, *Dzieje stosunków kościelnych...*, S. 96.

hatte die relative Stabilisierung der bikonfessionellen Verhältnisse zur Folge, daß die politisch nicht ausgetragene Bekenntniskontroverse ihre Dynamik behielt. Denn die in ihrem Rechtsstatus gestärkte reformierte Partei beharrte nicht nur auf ihrer kirchlichen Eigenständigkeit, sondern hielt nicht zuletzt die theologische Auseinandersetzung über den „Synkretismus“ auch in den fünfziger und sechziger Jahren in Gang.[596] Dies schien freilich erträglich, solange es nicht zu einer Überschneidung mit anderen politischen Konfliktfeldern kam. Die erfolgreiche Verteidigung Danzigs gegen die Schweden im Nordischen Krieg ermöglichte es hier zunächst, ähnliche Krisen wie in den beiden Schwesterstädten abzuwenden. Als Danzig aber seit 1675, vor dem Hintergrund der gegen das Herzogliche Preußen gerichteten Kriegspläne König Sobieskis, unter den Druck massiver Bestrebungen geriet, in die städtische Autonomie einzugreifen,[597] sollte die Tatsache, daß sich das innerstädtische Konfliktpotential der Bekenntnisfrage kaum reduziert hatte, als ein beträchtlicher Risikofaktor zur Geltung kommen.

Tatsächlich war es eine kirchliche Streitsache, welche 1675 den Anstoß dazu gab, daß die politischen Spannungen sich in einem offenen Konflikt entluden.[598] Die Polemiken des Gymnasialrektors Aegidius Strauch gegen Katholiken wie Reformierte hatten den Rat veranlaßt, ihn unter einem Vorwand zu entlassen, wodurch heftige Bürgerproteste ausgelöst wurden, die im Juni 1675 in einer Klage der Danziger Zünfte beim König gipfelten. Dabei stand zwar nicht nur die Geistlichkeit, sondern auch die in der Dritten Ordnung verfaßte Bürgerschaft zunächst eher abseits. Doch änderte sich dies in dem Maße, wie ein Eingreifen Sobieskis aufgrund der von den Zünften angeführten Bewegung gegen das Ratsregiment wahrscheinlich wurde. Als der König 1677 selbst nach Danzig kam, um die Möglichkeiten einer Instrumentalisierung des Konflikts auszuloten, trat die Dritte Ordnung mit einem eigenen, von dem der Zünfte spezifisch abweichenden oppositionellen Programm hervor. Sie griff die Zunftforderung nach Wiederherstellung des „reinen“ Augsburgischen Konfessionsstandes der Stadt auf, knüpfte daran aber vor allem die Erwartung, dem partikularen Ziel einer breiteren Beteiligung der verfaßten Bürgerschaft am geistlichen wie weltlichen Stadtregiment näherzukommen.[599]

Wenn nun auch spätestens in dieser Phase die politischen Interessen gegenüber den konfessionellen Motiven als konfliktleitende Faktoren in den Vordergrund traten, so blieb doch die

596 So erschien 1652 als eine Art Programmschrift der Danziger Reformierten Curickes bereits mehrfach zitierter „Verbesserter Historischer Auszug von Veränderung der Religion in Dantzig“, APGd. 300 R/Ll 46, Bl. 1–41. Es folgte eine längere innerstädtische Kontroverse, an deren Ende 1661 die Veröffentlichung einer „antisynkretistischen“ Streitschrift des Gymnasialrektors Botsack stand; siehe H. Neumeyer, *Kirchengeschichte...*, S. 136. Aber schon 1664 flammte der Streit wieder auf, und zwar in einem vorwiegend theologischen Disput über die konfessionelle Zuordnung der Danziger Notel, der offenbar noch über 1665 hinaus anhielt; die Streitpositionen ausführlich dokumentiert in APGd. 300 R/Pp 82, Bl. 263–349, bzw. APGd. 300 R/Pp 15, Bl. 375–472.

597 Zu den reichs- und außenpolitischen Zusammenhängen präzise *Historia Pomorza...*, Bd. 2, T. 2, S. 122 ff.

598 Hierzu und zum Folgenden die eindringliche Untersuchung von E. Cieślak, *Walki społeczno-polityczne...*; siehe auch ders., *Jan III Sobieski wobec spraw katolików w czasie walk społeczno-politycznych 1674–1680*, in: *Zeszyty Naukowe Wydziału Humanistycznego Uniwersytetu Gdańskiego, Prace historyczno-literackie*, Nr. 10/11 (1986), S. 185–201. Zu den konfessionellen Aspekten des Konflikts ergänzend auch M. Bogucka, *Życie codzienne...*, S. 56 ff.

599 E. Cieślak, *Walki społeczno-polityczne...*, S. 69–87.

Bekenntnisfrage im gesamten Krisenverlauf virulent. Das bemerkenswerte Angebot der Zünfte an den König, den Katholiken die reformierte Stadtkirche St. Peter und Paul zu überlassen, stellte wiederum jenen direkten Zusammenhang zwischen innerstädtischem Bekenntnisstreit und Gegenreformation her, welcher auch in den königlichen Schiedssprüchen am Ende des Konflikts zur Geltung kam. Der von der Bürgerschaft erzwungene Prozeß in bezug auf die „Verstöße" des Rats gegen die städtischen Religionsprivilegien mündete vor allem in ein Diktat von umfassenden Zugeständnissen an die Danziger Katholiken.[600]

Aber auch in der Konfrontation zwischen Dritter Ordnung und Rat stellte der kirchliche Aspekt nicht nur eine zentrale Argumentationslinie dar, sondern er trat am Ende insofern auch gleichsam wieder in den Mittelpunkt, als die förmliche Beteiligung der verfaßten Bürgerschaft am städtischen Kirchenregiment der markanteste Erfolg der oppositionellen Bewegung blieb.[601] Schließlich brachte die Krise für den Rat die Entscheidung, den konfessionellen Übergang jetzt auch in Danzig zu forcieren, hatte doch das Aktionsmuster der königlichen Interventionspolitik wiederum einen radikalen Wandel des äußeren Bezugsrahmens angezeigt. Auch für Danzig sollte unter den neuen Umständen die bis etwa 1680 vollzogene Ausgrenzung der Reformierten aus der Stadtkirche[602] als der am ehesten gangbare Weg erscheinen, das Konfliktpotential der Bekenntnisfrage zu entschärfen.

Bei aller Zuspitzung des Danziger Konflikts tritt in dessen Wirkungen über 1680 hinaus aber auch das bekenntnisgeschichtlich Gemeinsame an dem Prozeß nachgeholter lutherischer Konfessionalisierung in den großen Städten des Königlichen Preußen zutage. So galt zunächst, daß überall der Übergang vom Synkretismus zu einem einheitlich lutherischen Kirchenwesen unmittelbar und wesentlich mit politischen Fundamentalkrisen verknüpft war. Noch deutlicher als in der Phase reformierter Konfessionalisierung entwickelten sich städtische und kirchliche Bekenntnisorientierung hier augenscheinlich auseinander, was die eigentümliche Konfliktaffinität des Übergangsprozesses begründete. Die unüberbrückten Bekenntnisgegensätze wiesen einerseits eine starke Tendenz auf, andere Konflikte „anzulagern"[603] und deren Austragung zu forcieren, und dies auch in Konstellationen, in denen sich konfessionelle und politisch-soziale Fronten nicht unmittelbar deckten. Andererseits kam der Prozeß der stadtkirchlichen Reintegration an sich aber auch nur dadurch voran, daß jeweils massiver äußerer Krisendruck seine Durchsetzung erzwang.

Die Tatsache, daß der Durchbruch zu lutherischen Kirchenverhältnissen denn auch jeweils direkt oder indirekt mit politischen Bewegungen gegen das Ratsregiment verknüpft war, hatte ferner in allen drei Städten Folgen für die städtische Kirchenverfassung. Denn nicht nur in bezug auf die äußere, ständepolitische Verankerung der städtischen Kirchenpolitik galt, daß die Räte schrittweise von ihrem ursprünglichen Kurs abgedrängt wurden. Vielmehr sollte das erfolgreiche Zusammenwirken von lutherischer Geistlichkeit und Bürgerschaft endlich auch das obrigkeitliche Kirchenregiment aushöhlen. So zogen die lutherischen Ministerien, die ihren theologischen

600 E. Cieślak, *Jan III Sobieski...*, passim. – Die königlichen Dekrete von 1677 und 1678 regelten Entschädigungsansprüche der Jesuiten, räumten den Katholiken das Recht auf Prozessionen ein und verfügten die Aufnahme von katholischen Bürgern in alle drei städtischen Ordnungen sowie den Bau einer königlichen Kapelle in der Stadt als Ausgleich für den Verzicht auf die Übergabe der Marienkirche.

601 E. Cieślak, *Walki społeczno-polityczne...*, S. 206–214; vgl. auch H. Neumeyer, *Kirchengeschichte...*, S. 128, sowie M. Bogucka, *Życie codzienne...*, S. 57–59.

602 H. Neumeyer, *Kirchengeschichte...*, S. 129.

603 Diese Formulierung bei H. Schilling, *Konfessionskonflikt...*, S. 38.

Autoritätsanspruch in der Neuordnung des städtischen Bekenntnisstandes durchgesetzt hatten, überall die Verfügung über die Besetzung von Pfarrstellen an Kirchen und Schulen an sich, und auch die in Danzig formalisierte Entscheidung, die Dritte Ordnung am Ius Patronatus zu beteiligen, scheint in den Schwesterstädten faktisch nachgeahmt worden zu sein.

In der theologischen Ausrichtung schließlich gleichen sich die Entwicklungen in den drei Städten darin, daß der konfessionelle Übergang in die Festlegung auf eine enge lutherische Orthodoxie einmündete. Der verzögerte und konfliktreiche Prozeß der Ablösung vom Synkretismus machte offenbar erst an diesem Punkt halt; gerade die ausgeprägte unionsprotestantische Tradition der Städte stand hier also der Anknüpfung an einen gemäßigten Kurs vorerst im Wege. Daß es sich dabei freilich um ein komplexes Wirkungsverhältnis von Tradition und Neuerung handelte, sollte nicht zuletzt die Danziger Pietismusdiskussion am Jahrhundertende erweisen. So klar die Bezüge sind, die der Pietismus von Konstantin Schütz zur vorlutherischen Theologie in Danzig aufweist, so symptomatisch ist zugleich, daß es hier angesichts vehementer Schützkritik der Danziger Geistlichkeit auch früh zu einer extremen Zuspitzung der Kontroverse und zu einem neuen städtischen Kirchenstreit kam.[604]

604 Zum Schützschen Streit von 1693 bis 1695 Dokumente in APGd. 300 R/Pp 9, Bl. 349 ff.

III. Konfession, städtische Politik und Stadtgesellschaft

III. 1. „Ein gliedt der Lande Preussen und also der Löblichen Crohne Polen."[1] Konfessionalisierung und städtische Autonomiepolitik

Die Frage nach dem verfassungsgeschichtlichen Ort der Reformation in den Städten des Königlichen Preußen hat sich der Landeshistorie als Forschungsproblem eigentlich nie gestellt. Denn daß lutherische Konfessionalisierung und städtisch-bürgerliches Autonomiestreben in einem funktionalen Zusammenhang standen, schien in der Retrospektive stets evident. Schon aus der Zeit der ersten schwedischen Besetzung des Landes datieren Belege dafür, daß die Rolle der Städte als Träger eines politischen Landespatriotismus emphatisch mit deren deutsch-lutherischer Identität in Verbindung gebracht wurde,[2] und diese Sicht sollte sich in dem Maße verfestigen, wie seit der zweiten Hälfte des 17. Jahrhunderts die konfessionellen und konstitutionellen Fronten tatsächlich auf solche Weise zur Deckung kamen.

Allenfalls in bezug auf die Akzentuierung der Probleme läßt sich daher auch eine Entwicklung der historiographischen Diskussion erkennen. Bereits im frühen 18. Jahrhundert, bei Gottfried Lengnich, finden sich entsprechende programmatische Aussagen über die ständepolitisch-konstitutionelle Wertigkeit des Konfessionellen. Nicht nur in bezug auf die nationalkulturelle Identität der deutschsprachigen Bevölkerung im Königlichen Preußen sah er in der Behauptung des städtischen Protestantismus ein Politikum, sondern auch im Hinblick darauf, daß die Kirchenfrage stets zentraler Aspekt einer nach Lengnich im wesentlichen linear verlaufenden Auseinandersetzung um Privilegienwahrung und rechtliche Abgrenzung der deutschen Städte war.[3] Erst die deutsche Landesgeschichtsschreibung um die Wende zum 20. Jahrhunderts hat eine durchgängige Gleichgerichtetheit von lutherischer Orientierung und städtischer Autonomiepolitik unterstellt und damit Lengnichs Argumentation gewissermaßen noch einmal radikalisiert. Denn wo dieser immerhin darauf bedacht war, die komplexen Verknüpfungen städtischer Bekenntnis- und Kir-

1 So der Danziger Rat zur Frage des ständischen Status der Stadt im Rahmen des Unionsstaats in einer Instruktion vom 16. 6. 1587 für die Abgesandten zum polnischen Wahlreichstag, APGd. 300, 53/1167, Bl. 29–55.

2 So A. Mączak in *Historia Pomorza...*, Bd. 2, T. 1, S. 370, und zwar unter Berufung auf eine Denkschrift des Marienburger Bürgermeisters Johann Pfennig von 1634 für den schwedischen Kanzler Axel Oxenstierna.

3 Die noch immer unzulänglich untersuchte historiographische Position Lengnichs unter diesem Gesichtspunkt am genauesten diskutiert bei S. Salmonowicz, *Prusy Królewskie...*, S. 54 f.

chenpolitik sorgfältig in sein rechtsbezogenes Deutungskonzept einzuordnen,[4] setzte sich spätestens seit Paul Simson eine dualistisch vereinfachte Sicht der Dinge durch;[5] das Bekenntnis zum Luthertum galt jetzt als festes Attribut einer auf das Land bezogenen patriotisch-separatistischen Politikrichtung, die ihrerseits im Sinne einer gleichsam natürlichen, wenn nicht gar geschichtsnotwendigen Grundhaltung des deutschen Stadtbürgertums gegenüber dem polnisch-katholischen Unionsstaat begriffen wurde.[6]

Nicht nur die kirchengeschichtlichen Fehleinschätzungen in dieser Deutung bedürfen der Korrektur, sondern auch deren verfassungsgeschichtliche Prämissen. Gemeint ist die einseitige Festlegung der Forschung auf einen rechtspositivistischen Ansatz, der im wesentlichen auf die Bedürfnisse einer „landespartikular" argumentierenden Geschichtsschreibung abgestellt war. So ging es bei Lengnich unverkennbar darum, in der politischen Auseinandersetzung Danzigs mit den Zentralisierungsbestrebungen der Wettiner programmatisch an die Rechtstraditionen städtischer Eigenständigkeit anzuknüpfen. Später traten dann jene nationalen Deutungsinteressen in den Vordergrund, welche auch Theodor Schieder zur Begründung seines methodischen Vorgehens anführen sollte. Angesichts der defensiven Position des Deutschtums im Königlichen Preußen spätestens seit 1569, so Schieder, sei hier der ständische Partikularismus – durchaus atypisch – als ein konstruktiver Geschichtsfaktor wirksam geworden, weshalb die Verfassungskämpfe um die Privilegiensicherung der Landesstände, besonders aber der Städte, im Mittelpunkt des landesgeschichtlichen Interesses stehen müßten.[7]

Mochte nun das nationalpolitische Engagement der Landeshistorie auch allmählich in den Hintergrund treten, so blieb doch die generelle Ausrichtung der Forschung auf deutscher Seite davon weitgehend unbeeinflußt. Jedenfalls hat kaum ein anderer Aspekt der Epoche hier soviel Aufmerksamkeit auch in der Nachkriegszeit gefunden wie die traditionelle Frage nach dem „staatsrechtlichen" Status des Landes und seiner Städte innerhalb des Unionsstaats.[8] Und im Zeichen

4 Siehe etwa den präzisen Grundriß der kirchenpolitischen Probleme, der die Einleitung zu G. Lengnich, *Geschichte der Preußischen Lande...*, Bd. 4, S. 1–24, bildet.

5 In dieser Hinsicht programmatisch P. Simson, *Westpreußens und Danzigs Kampf...*

6 Zur historiographischen Wirkungsgeschichte dieser Deutungsrichtung, und zwar über die nationaldeutsche Landesgeschichtsschreibung hinaus, siehe oben, Kap. II, 1. – Zuletzt in diesem Sinne auch J. Tazbir, *Kultura szlachecka...*, S. 92. – Vorsichtiger in bezug auf die frühnationalen Konnotationen neuerdings aber S. Salmonowicz, *Preußen Königlichen Anteils...*, vor allem aber A. Mączak in *Historia Pomorza...*, Bd. 2, T. 1, S. 370 f.

7 Siehe T. Schieder, *Deutscher Geist...*, passim. Bezeichnend hier etwa die Formulierung in der Einleitung, S. 8 f.: „Angesichts solcher Gefahren [einer polnischen Assimilation] wandelt sich nun die geschichtliche Bedeutung und Aufgabe des Ständetums im Königlichen Preußen in jeder Hinsicht gegenüber der Ordenszeit. Während der ständische Gedanke zuvor vor allem in seiner auflösenden Tendenz erscheint, wird er nun in der Abwehrstellung gegen die polnischen Unionsbestrebungen der stärkste Bürge für deutsche Art, deutsches Recht und Volkstum in Preußen ... An der Weichsel waren es die großen, hansisch bestimmten Städte Danzig, Elbing und Thorn, an die sich auf die Dauer Selbstbewußtsein und Selbstbehauptung knüpften."

8 In Anknüpfung an Josef Kaufmann, *Das staatsrechtliche Verhältnis Danzigs zu Polen von 1454 bis 1793 und 1807–1914*, Danzig 1920, und E. Turowski, *Die innenpolitische Entwicklung Polnisch-Preußens...*, u. a.: Heinz Neumeyer, *Westpreußen und Polen. Staatsrechtliche und völkische Beziehungen zur Zeit der „polnischen Oberhoheit" 1454–1772*, in: *Westpreußen-Jahrbuch*, Bd. 1 (1950), S. 24–31, sowie ders., *Das Dekret von Lublin. Polnische Gewaltpolitik im 16. Jahrhundert*, in: *Westpreußen-Jahrbuch*, Bd. 8 (1958), S. 33–38; ferner Klaus-Dietrich Staemmler, *Preußen und Livland in ihrem Verhältnis zur Krone Polen 1561–1586* (= Wissenschaftliche Beiträge zur Geschichte und Landeskunde Ostmitteleuropas, Bd. 8), Mar-

des dabei vorherrschenden methodischen Konservativismus sind auch die Antworten darauf im wesentlichen traditionell ausgefallen. Daß die letztlich auf historiographischen Fiktionen beruhende These von der quasi-souveränen, stadtstaatlichen Position Danzigs, Elbings und Thorns beharrlich fortgeschrieben wurde, belegt dies als Beispiel eindrucksvoll.[9]

Um so größeres Gewicht kommt den Bemühungen der modernen polnischen Landeshistorie zu, Perspektiven einer versachlichten Erörterung der verfassungsgeschichtlichen Grundfragen in die Diskussion einzuführen.[10] Sie richten sich durchaus auch auf einen (freilich methodisch geschärften) Neuansatz in der Erforschung der landesrechtlichen Verhältnisse an sich.[11] Doch geht es darüber hinaus vor allem um die Forderung, die landesgeschichtliche Fragestellung mit der Sicht auf die gesamtstaatliche Verfassungslage und deren Strukturwandel zu verbinden. Denn weder handelte es sich bei dem Spannungsverhältnis zwischen Städten, Landesständen und Unionsstaat um eine singuläre Erscheinung im Rahmen des polnischen-litauischen Staatsverbands, noch vollzog sich der allmähliche konstitutionelle Wandel im Königlichen Preußen etwa in den Bahnen einer bipolaren Konfrontation landesständischer und gesamtstaatlicher Interessen. Es war vielmehr ein komplexes Zusammenwirken von wirtschaftlichem Strukturwandel, ständischen wie staatlichen Formierungsprozessen auf verschiedenen Ebenen sowie nicht zuletzt von außenpolitischen Einflußfaktoren, welches die konstitutionelle Ausgangssituation des Kronlandes allmählich abgelöst hat,[12] und für die städtischen Eliten im Königlichen Preußen gilt dabei, daß sie den Wandel gegenüber dem hansezeitlichen Horizont nicht nur präzise wahrgenommen, sondern auch politisch gestaltend mitvollzogen haben.

Der Epochenrahmen, auf den das Phänomen der Konfessionalisierung verfassungsgeschichtlich zu beziehen sein wird, bedarf entsprechend genauer Bestimmung. In der Frage der äußeren

burg 1953; Charlotte A. Schierling, *Der westpreußische Ständestaat, 1570–1586*, Marburg 1966; Vera Bahr, *Die Stadt Danzig und Johann III. Sobieski, König von Polen*, Marburg/Lahn 1961.

9 In jüngster Zeit noch dezidiert vertreten etwa bei Hans W. Hoppe, *Der Stadtstaat Elbing. Elbing und sein Territorium*, Bremerhaven 1969; Helmut Freyling, *Die Ratsfamilie Freyling in Elbing und Königsberg unter Darstellung der Verfassung der Freien Stadt Elbing und geschichtlicher Ereignisse des 16./17. Jahrhunderts*, Hameln 1980; Helge bei der Wieden, *Das Gesandtschaftswesen...* – Zur Kritik dieser These, die sich letztlich nur auf eine zugespitzte Deutung von Beobachtungen der älteren Historiographie, vor allem Lengnichs, stützt, allgemein S. Salmonowicz, *Prusy Królewskie...*, sowie speziell zuletzt E. Cieślak, *Kilka uwag...*

10 Wichtig zunächst die gut begründete methodische und sachliche Kritik an der Forschungstradition bei Stanisław Kutrzeba, *Prawno-państwowe stanowisko Prus Królewskich w latach 1454–1772*, in: *Jantar*, Bd. 3 (1939), S. 63–69; W. Czapliński, *Problem Gdańska...*; M. Biskup, *Prusy Królewskie...* ; K. Górski, *Problematyka dziejowa...* Die Weiterentwicklung zu einer konzeptionellen Neuformulierung der verfassungsgeschichtlichen Forschungsperspektiven vor allem bei S. Salmonowicz, *Prusy Królewskie...*; ders., *Das Königliche Preußen...*; sowie J. Małłek, *Stany Prus Królewskich...*, ; ders., *Die Stände des Königlichen Preußen in den Jahren 1525–1660*, in: *Ständetum und Staatsbildung in Brandenburg-Preußen*, hrsg. von Peter Baumgart, Berlin-New York 1983, S. 108–128.

11 Dabei entzündete sich berechtigte Kritik an der deutschen Forschung vor allem daran, daß diese die Privilegienausstattung des Königlichen Preußen seit 1466 als einen ebenso eindeutigen wie festen rechtlichen „Besitzstand" behandelte, ohne die dynamischen Wechselwirkungen zwischen Rechtsnormen und Rechtspraxis wie auch die Existenz konkurrierender Rechtssysteme zu berücksichtigen; siehe S. Salmonowicz, *Prusy Królewskie...*, S. 45 f.; ferner Edmund Cieślak, *Przywileje wielkich miast Prus Królewskich z XV wieku jako etap rozwoju samorządu miejskiego*, in: *Rocznik Gdański*, Bd. 25 (1966), S. 31–49.

12 *Ebda.*

Periodisierung gibt es dafür klare Orientierungspunkte, macht doch das ganze Jahrhundert von der Durchsetzung der städtischen Reformation bis zur lutherischen Konfessionalisierung auch in bezug auf die Verfassungsgeschichte des Landes wie des Unionsstaats eine deutlich konturierte Epoche aus.[13] Deren Anfang bildet der Lubliner Unionsreichstag von 1569, der die Weichen für eine neue Phase ständisch-politischer und staatlich-administrativer Integration des preußischen Kronlands in den ebenfalls neu konsolidierten Unionsstaat stellte. Obwohl das Königliche Preußen auch vorher gewiß kein separater „Ständestaat" gewesen war,[14] bedeutete die „parlamentarische Union" von Lublin[15] sowohl eine Intensivierung als auch eine Qualitätsveränderung der konstitutionellen Verflechtungen. Im Zeichen der zunehmenden Bedeutung zentralstaatlicher Strukturen kam es jetzt einerseits zu einer neuartigen Interessendifferenzierung in der Ständepolitik des Landes selbst, andererseits aber auch dazu, daß das Land insgesamt am Anfang des 17. Jahrhunderts in die Phase seiner engsten Bindung an Polen-Litauen eintrat.

Unterbrochen wurde diese Entwicklung jedoch durch die Schwedenkriege, welche das staatliche Gefüge der Ständerepublik als Ganzes in eine Fundamentalkrise hineinführten. So stand am Ende der Epoche auch im Königlichen Preußen eine Rückverlagerung politisch-administrativer Macht auf regionale und lokale Gewalten. Etwa zeitgleich mit der kirchlichen Wende zum Luthertum in den Städten knüpften die preußischen Stände insgesamt politisch wieder partiell an Autonomietraditionen der Zeit vor 1569 an.[16]

Wo im Verlauf der Epoche Bekenntnisfrage und städtische Autonomiepolitik kausal miteinander verknüpft waren, läßt sich indessen nur erkennen, wenn man die verschiedenen Problemebenen des Verfassungswandels einzeln in den Blick nimmt. So stellte sich die Frage einer Erosion der im 15. Jahrhundert akkumulierten Autonomierechte für die drei großen Städte offenbar zunächst in bezug auf ihren Status als Angehörige der preußischen Oberstände. Es ging dabei nicht um eine etwa von Anfang an „antistädtische" Zielrichtung der ständeparlamentarischen Integration seit 1569,[17] sondern um die Tatsache, daß das landesständische Gefüge insgesamt dadurch zum Nachteil der mächtigen städtischen Landesräte verändert wurde. Dies lag zum einen an der schon lange vor dem Lubliner Inkorporationsakt einsetzenden Profilierung des Landesadels in den preußischen Unterständen zu einer eigenen politischen Kraft, die seit den dreißiger Jahren des 16. Jahrhunderts dem erklärten Interesse folgte, sich durch eine engere Einbindung in

13 Zur Epochencharakteristik und -periodisierung zuletzt J. Małłek, *Stany Prus Królewskich...*, S. 87–81.

14 Das Lubliner Integrationsdekret wird noch bei G. Rhode, *Vom Königlichen Preußen...*, S. 50–53, in diesem Sinne als Aufhebung ständestaatlicher Autonomie gedeutet.

15 Zum Charakter der Bindung des Königlichen Preußen an die Krone in der Folge von 1466 K. Górski, *Problematyka dziejowa...*, S. 169; J. Małłek, *Stany Prus Królewskich...*, S. 70; siehe ferner die genaue Übersicht über die Probleme bei M. Biskup in: *Historia Pomorza...*, Bd, 2, T. 1, S. 73–87.

16 Daß es sich tatsächlich nur um eine partielle Anknüpfung an landesständische Autonomietraditionen handelte, wird mit Recht bei S. Salmonowicz, *Prusy Królewskie...*, S. 50–55, betont. Zum einen stand der Aufschwung des Partikularismus des Königlichen Preußen nach 1660 sachlich wie programmatisch in direktem Zusammenhang mit dem allgemeinen Dezentralisierungsprozeß im Übergang zur Epoche der sogenannten Landtagsherrschaft (*rządy sejmikowe*). Zum andern wirkte der ständegesellschaftliche Integrationsprozeß offenbar auch nach 1660 fort. Die Tatsache, daß die kleinen Städte des Landes erst jetzt endgültig von der Teilnahme an den Landtagen ausgeschlossen wurden, belegt diese Tendenz deutlich.

17 Diese bei P. Simson, *Danzigs und Westpreußens Kampf...*, deutliche Akzentuierung des Problems findet sich auch bei K. D. Staemmler, *Preußen und Livland...*, S. 42–49.

die adelsrepublikanischen Strukturen des Unionsstaates von der Herrschaft der Landesräte zu emanzipieren;[18] die Unterstützung des preußischen Adels für das Programm der „Exekution" des Kronguts in den sechziger Jahren des 16. Jahrhunderts[19] lag ebenso auf dieser Linie wie die Durchsetzung eines von den Städten separierten polnischen Gerichtswesens mit der „Korektura pruska" von 1598[20] und schließlich die Verdrängung der kleinen Städte aus den preußischen Unterständen nach 1660.[21] Zum andern differenzierten sich auch die Interessen der Oberstände in dem Maße, wie der preußische Indigenat bei der Besetzung der hohen Landesämter seit Mitte des 16. Jahrhunderts immer häufiger unterlaufen wurde und die adligen Landesräte polnisch-litauischer Herkunft ihrerseits die Machtverschiebung von den zentralen Landesinstitutionen auf die des Unionsstaats förderten.[22] Beide Entwicklungen aber wirkten letztlich zusammen, um mit den Oberständen des Zentrallandtags im Königlichen Preußen das primäre politische Handlungsforum der drei Städte zu schwächen; in das bald dominante Gefüge von Wojewodschaftslandtagen und Reichstag waren die Städte nicht mehr unmittelbar eingebunden,[23] und vor allem hier kam zeitweise ein Interesse an der „Verteidigung" der alten politischen Landesordnung als Zielrichtung städtischer Politik ins Spiel.

Keineswegs in denselben Bahnen wie der ständeparlamentarische Integrationsprozeß entwikkelte sich dagegen das konstitutionelle Verhältnis zwischen Städten und Krone. Zwar galt namentlich in Phasen der Konfrontation, daß König und Reichsstände den preußischen Räten in geschlossener Front gegenüberzutreten schienen, um dem Unionsprinzip gegen Widerstände des

18 Richtig gesehen bei E. Turowski, *Die innenpolitische Entwicklung...*, S. 81 ff.; jetzt vor allem *Historia Pomorza...*, Bd. 2, T. 1, S. 360–368.

19 Zur Exekutionsfrage in der Perspektive der preußischen Politik R. Fischer, *Achatius von Zehmen...*; Kazimierz Ślósarczyk, *Sprawa zespolenia Prus Królewskich z Koroną za Jagiellonów (1454–1572)*, in: *Roczniki Historyczne*, Bd. 3 (1927), S. 92–110; ferner Anna Dembińska, *Polityczna walka o egzekucję dóbr królewskich w latach 1559/64*, Warszawa 1935, S. 56 ff., zum breiteren verfassungsgeschichtlichen Kontext Konstanty Grzybowski, *Teoria reprezentacji w Polsce epoki odrodzenia*, Warszawa 1959. Ausführlich zur preußischen Sicht der Exekutionsfrage auch G. Lengnich, *Geschichte der Preußischen Lande...*, Bd. 2, passim, freilich mit einer im Sinne der Danziger Politik parteilich unions- bzw. exekutionsfeindlichen Einstellung; dazu A. Mączak in *Historia Pomorza...*, Bd. 2, T. 1, S. 365.

20 Dazu Marian Borzestowski, *Korekta pruska*, Iur. Diss., Toruń 1964; Zbigniew Zdrójkowski, *Korekta pruska – jej powstanie, dzieje oraz jej rola w historii polskiej jurysdykcji i myśli prawniczej, 1598–1830*, in: *Czasopismo Prawno-Historyczne*, Bd. 13 (1961), H. 2, S. 106–157. Zu den rechtsgeschichtlichen Hintergründen auch ders., *Zarys dziejów prawa chełmińskiego, 1233–1862*, Toruń 1983.

21 Siehe oben, Anm. 16.

22 E. Turowski, *Die innenpolitische Entwicklung...*, S. 88; Paweł Czaplewski, *Senatorowie świeccy, podskarbowie i starostowie Prus Królewskich, 1454–1772* (= Roczniki Towarzystwa Naukowego w Toruniu, Bd. 26), Toruń 1921; Zbigniew Naworski, *Indygenat w Prusach Królewskich (1454–1772)*, in: *Czasopismo Prawno-Historyczne*, Bd. 35 (1983), H. 1, S. 31–58.

23 Instruktiv in diesem Zusammenhang die Einleitung zu Bd. 5 des Werkes von G. Lengnich, *Geschichte der Preußischen Lande...*, S. 1–60 unter dem Titel *Heutiger Zustand der preußischen Regimentsverfassung;* vgl. auch Stanisław Bodniak, *Prusy Królewskie wobec unji z Koroną*, in: *Pamiętnik VI Powszechnego Zjazdu Historyków Polskich w Wilnie*, Bd. 1, Lwów 1935, S. 52–57. – Zur Rolle von Wojewodschafts- und Zentrallandtagen im Königlichen Preußen nach 1569 zuletzt Zbigniew Naworski, *Uwagi o roli prowincji pruskiej w strukturze federacyjnej Rzeczypospolitej w XVII wieku*, in: *Zapiski Historyczne*, Bd. 53 (1988), S. 131–142, sowie ders., *Sejmik generalny Prus Królewskich za Wazów*, Iur. Diss., Toruń 1988.

Landes Geltung zu verschaffen; sowohl Sigismund Augusts Taktieren in der Frage der Karnkowski-Kommissionen als auch König Báthorys Kurs im „Danziger Krieg" von 1576/77 war auf die Mobilisierung der Stände gegen die Städte abgestellt und stand in diesen Sinne auch im Zeichen einer wohlüberlegten unionsstaatlichen Verfassungsprogrammatik.[24] Doch lassen die Umstände, unter denen diese und andere Konflikte beigelegt werden konnten, zugleich erkennen, daß für die Krone letztlich doch stets das Interesse an einem separaten und dies bedeutete: quasi außerkonstitutionellen Ausgleich mit den Städten überwog. Denn so offenkundig die aktive Ostseepolitik Sigismund Augusts und seiner Nachfolger darauf hinauslief, in die angestammte Handlungssphäre der preußischen Hansestädte einzugreifen und diese faktisch einzuengen, so unabweislich sahen sich alle polnischen Könige doch gerade hier auf einen Konsens mit den finanziell und militärisch potenten städtischen Kontrahenten verwiesen.[25] Es spielten sich daher nicht nur Mechanismen informeller Konfliktregulierung zwischen dem Krakauer Hof und den patrizischen Ratseliten ein. Vielmehr knüpfte die Krone mit ihrer Privilegien- und Vertragspolitik gegenüber den Städten weiterhin auch an rechtliche Autonomietraditionen aus der Zeit vor 1569 an und trug damit ihrerseits dazu bei, die ständisch-parlamentarische Union hier wiederum gleichsam zu unterlaufen.[26] Nicht als preußische Landesstände, wohl aber als immediate Vertragskontrahenten ihres königlichen Stadtherren vermochten Danzig, Elbing und Thorn letztlich doch einen konstitutionellen Sonderstatus zu behaupten.

Wenn freilich sowohl die Durchsetzung als auch die Wahrnehmung der Spielräume für eine städtische Autonomiepolitik in dieser Epoche immer deutlicher an die Leitfunktion Danzigs geknüpft scheinen, so weist dies schließlich auf einen dritten Aspekt konstitutionellen Wandels hin, nämlich darauf, daß der alte politische Handlungsverbund zwischen den großen Städten des Königlichen Preußen im Verlauf der Epoche rasch in Verfall geriet. Schon seit der Mitte des 15. Jahrhunderts war diese Entwicklung hin zu einer Sonderrolle Danzigs auf der wirtschaftlichen Ebene vorgezeichnet. Nach einem krisenhaften strukturellen Anpassungsprozeß entfalteten zwar auch Elbing und Thorn als regionale Handelsplätze und Gewerbezentren im 16. Jahrhundert eine eigene Entwicklungsdynamik. Doch gelang ihnen weder der Anschluß an Danzigs rapiden Aufstieg zum Hauptvermittler des polnisch-litauischen Ostseehandels,[27] noch vermochten sie neben Krakau, Posen und Warschau ihren Rang unter den führenden urbanen Zentren des Uni-

24 Genaue Analysen der Interessenverteilung in den Konfliktabläufen nach 1568 bzw. 1576 bei Maria Bogucka, *Gdańsk a Rzeczpospolita w XVI–XVII w.*, in: *Acta Universitatis Wratislaviensis*, Nr. 945, *Historia*, 66, Wrocław 1988, S. 35–42 sowie vor allem bei H. Samsonowicz in: *Historia Gdańska...*, Bd. 2, S. 298 ff. – Aufschlußreich in diesem Zusammenhang die Argumentation bei Stanisław Karnkowski, *De Iure Provinciali Terrarum Majorumque Civitatum Prussiae*, Krakau 1574.

25 Zur Frage der „Seepolitik" der polnischen Könige seit Sigismund August Stanisław Bodniak, *Losy floty Batorego w Elblągu*, in: *Sprawozdania Poznańskiego Towarzystwa Przyjaciół Nauk*, Nr. 1/2 (1934), S. 31–34; ders., *Polska a Bałtyk za ostatniego Jagiellona*, Kórnik 1946; Władysław Czapliński, *Polska a Bałtyk w latach 1632–1648. Dzieje floty i polityki morskiej*, Wrocław 1952; K. Lepszy, *Stefan Batory...* – Die lange vorherrschende Ansicht der Forschung, daß hier im 16. Jahrhundert, namentlich unter Stefan Báthory, Chancen für eine festere Einbindung der preußischen Städte in den Unionsstaat verspielt worden seien, wird jetzt allerdings deutlich relativiert bei A. Mączak in *Historia Pomorza...*, Bd. 2, T. 1, S. 396.

26 *Historia Pomorza...*, Bd. 2, T. 1, S. 483.

27 Die unterschiedlichen wirtschaftlichen Entwicklungen sind vorzüglich dargestellt durch M. Biskup in *Historia Pomorza...*, Bd. 2, T. 1, S. 64–69.

onsstaats zu behaupten.[28] Um so rascher drifteten die drei Städte daher auch politisch auseinander, als die territoriale Reorganisation der Hanse von 1554 sowie der Wandel der landesständischen Strukturen seit 1569 an wichtigen Stellen in das alte Gefüge eingriffen. War die Formalisierung der Führungsrolle Danzigs im preußischen Hanseviertel ein Ausdruck der verfestigten Rangunterschiede an sich,[29] so kam in dem Bedeutungsverlust des preußischen Landesrats als Forum der städtischen Politik zudem zur Geltung, daß auch das Interesse an gemeinsamem politischem Handeln überhaupt im Schwinden begriffen war. Immer häufiger jedenfalls sollte im Verlauf des 16. Jahrhunderts die traditionelle Orientierung der Räte an einem gemeinsamen städtebündischen Politikkonzept sowohl durch partikulares Handeln der einzelnen Städte, vor allem Danzigs, unterlaufen als auch durch zwischenstädtische Konflikte direkt in Frage gestellt werden.

So erscheinen städtische Autonomiepolitik und Integration in den polnisch-litauischen Unionsstaat denn auch durchaus miteinander verflochten. Wohl folgten die Städte im Kern einem konservativen Interesse, nämlich dem, jene Handlungsspielräume, welche die im Spätmittelalter erworbenen, exzeptionellen Privilegien eröffnet hatten, im konstitutionellen Wandel zu behaupten. Die Freiheit von der Konkurrenz anderer territorialer Gewalten sowie die Integrität der städtischen Grundherrschaft im jeweiligen Umlandterritorium[30] bildeten dabei die materiellen Bezugspunkte. Doch sollten die Städte die politische Auseinandersetzung darüber seit dem 16. Jahrhundert weder in der Perspektive einer Restauration hansischer Verhältnisse oder gar unter separatistischen Vorzeichen führen, noch auch, wie die polnische Forschung lange Zeit argumentiert hat, aus einer Position mittelalterlich-kommunalistischen Widerstands gegen den frühmodernen Staatsbildungsprozeß auf der Ebene des Unionsstaats.[31] Es ging vielmehr um eine Neubegründung ihres Status in spezifischer Anpassung sowohl an den gesamtstaatlichen Integrationsprozeß als auch an die mächtepolitische Einflußverdichtung im Zeichen der Nordischen Kriege,[32] und die konstitutionelle Rolle, in welche die großen preußischen Städte im Zuge dieser Entwicklung hineinwuchsen, scheint am treffendsten durch die Beobachtung von Władysław Czapliński gekennzeichnet zu sein, daß sich das städtische Politikkonzept zunehmend demjenigen magnatischer Machtgruppen annäherte.[33] Das heißt, ganz ähnlich wie etwa die litauischen

28 Siehe Maria Bogucka, *Miasta polskie w XVI–XVIII wieku*, in: *Zeszyty Naukowe Wyższej Szkoły Pedagogicznej w Opolu, Historia*, 26, Opole 1988, S. 13–24, sowie dies./H. Samsonowicz, *Dzieje miast...*, S. 358–392.

29 Dabei ist bezeichnend, daß gerade der Reformversuch von 1554 das Abdriften der preußischen Städte aus dem hansischen Verbund beschleunigte. Denn angesichts eines rapide zurückgehenden hansischen Anteils am eigenen Handel wie auch dezidierter Vorbehalte gegen den hansischen Kurs eines politischen Anschlusses an den Kaiser wirkte sich das Vorgehen Danzigs vor allem dahingehend aus, das preußische Viertel insgesamt rasch aus den Hansebindungen herauszulösen. Siehe dazu ausführlich *Historia Gdańska...*, Bd. 2, S. 314–329 sowie S. 449.

30 Zu diesem Aspekt vor allem Marian Biskup, *Über die Rolle und die Bedeutung des Grundbesitzes der großen Städte von Königlich Preußen im 16.–17. Jahrhundert*, in: *Problemy razvitija feudalizma i kapitalizma w stranach Baltiki*, Tartu 1972, S. 52–78, sowie ders. in: *Historia Pomorza...*, Bd. 2, T. 1, S. 240–247.

31 Kritisch zu dieser These vor allem H. Samsonowicz in: *Historia Gdańska...*, Bd. 2, S. 289; entsprechend auch S. Salmonowicz, *Prusy Królewskie...*, S. 45 f.

32 Zur Frage des Horizontwechsels von der hansestädtisch zu einer mächtepolitisch bestimmten Konstellation der Ostseepolitik vor allem K. Zernack, *Das Zeitalter der nordischen Kriege...*

33 Siehe W. Czapliński, *Problem Gdańska...*; in diesem Sinne auch M. Bogucka, *Gdańsk a Rzeczpospolita...*, S. 38 f.

Magnaten stellten sich auch die großen preußischen Städte nach 1569 schrittweise auf die Ausnutzung der ständepolitischen Handlungsmöglichkeiten im Rahmen der unionsstaatlichen Institutionen ein, ohne doch zugleich ihren landesständischen Regionalismus beziehungsweise ihre jeweilige regionale Machtstellung grundsätzlich preiszugeben.

Die Frage nun, wo sich konstitutioneller Wandel und städtische Autonomiepolitik mit dem Prozeß der Konfessionalisierung überschnitten, stellt sich vor diesem Hintergrund gewiß komplizierter dar, als die herkömmliche Vorstellung von einem geradlinigen deutsch-lutherischen Sonderweg der preußischen Städte suggeriert. Nicht nur deuten die verfassungsgeschichtlichen Voraussetzungen grundsätzlich in eine andere Richtung. Vielmehr ist auch zu beachten, daß die verschiedenen Entwicklungsetappen im Epochenablauf durchaus unterschiedliche Muster der Wechselwirkung von Konfession und Politik aufweisen. Dabei geht es zunächst um folgende allgemeine Befunde:

- In markanter Abweichung von der Entwicklung im Reich hatte der religiös-kirchengeschichtliche Vorgang der Konfessionalisierung in Polen-Litauen verfassungsgeschichtlich keine Entsprechung in einem Prozeß der Territorialisierung.[34] Vielmehr war sowohl die Durchsetzung konfessioneller Koexistenz im allgemeinen als auch die Behauptung der Reformation im besonderen offenbar eng mit dem ständeparlamentarischen Integrationsprozeß im Zeichen der Lubliner Union verknüpft, was am deutlichsten darin zum Ausdruck kam, daß mit dem Toleranzrecht der Warschauer Konföderation ein konstitutioneller Gegentypus zum territorialen *cuius regio*-Grundsatz des Reichs geschaffen wurde.[35]
- Entsprechend galt für die Städte des Königlichen Preußen, daß der Übergang zur Reformation in der Krise der Städteautonomie am Anfang der Epoche[36] eher die politischen Risiken vermehrte als die Anpassung an die neue ständepolitische Konstellation förderte. So stärkte der Dauerkonflikt mit den Bischöfen von Kujawien, Kulm und Ermland die antistädtische Front in den Auseindersetzungen zwischen 1568 und 1578 gewiß beträchtlich, während es doch nicht gelang, den kirchenpolitischen Handlungsspielraum der Städte im Vergleich zur vorreformatorischen Situation nennenswert zu erweitern.[37] Die Bestrebungen in Richtung auf ein städtisches Eigenkirchenwesen sollten vielmehr an denselben Widerständen scheitern wie die gleichzeitigen Versuche, die städtische Autonomiepolitik gegenüber Krone und Reichstag auf einen Kurs frontalen Widerstands gegen die Realisierung der Lubliner Union festzulegen.
- Dagegen scheinen autonomiepolitische Stabilisierung und kirchliche Entwicklung in der Phase nach dem Ausgleich mit König Báthory um so enger miteinander verzahnt. Der Übergang zur

34 Zur Bedeutung dieses Aspekts für die Konfessionalisierungsgeschichte in den Reichsterritorien siehe H. Schilling, *Konfessionskonflikt und Staatsbildung...*, S. 201–204; ders., *Die Zweite Reformation als Kategorie...*, passim.

35 Siehe oben, S. 51 f.

36 Die politischen Abläufe ausführlich bei Theodor Hirsch, *Herr Georg Klefeld und seine Zeit. Aus dem Leben Danzigs im 16. Jahrhundert*, in: *Neue preußische Provinzialblätter*, Bd. 36 (1846), H. 2, S. 161–185 und 241–261; P. Simson, *Westpreußens und Danzigs Kampf...*; ders., *Geschichte der Stadt Danzig...*, Bd. 2, S. 297 ff.; K. D. Staemmler, *Preußen und Livland...*, S. 47 ff.; *Historia Pomorza...*, Bd. 2, T. 1, S. 360 ff.; wohl die genaueste Deutung der Zusammenhänge findet sich bei H. Samsonowicz in *Historia Gdańska...*, Bd. 2, S. 297 ff.

37 Dazu mit Blick auf die vorreformatorische Lage G. Schramm, *Danzig, Elbing und Thorn...*, S. 135 f.; über Vorgeschichte und Charakter der Privilegierung der Confessio Augustana seit 1557 oben, S. 40 ff.

reformierten Konfessionalisierung nämlich stand nicht nur zeitlich, sondern offenbar auch funktional in unmittelbarem Zusammenhang mit der Wende zu jenem neuen, im Sinne Czaplińskis „magnatischen" Politikkonzept, welches die Städte nun enger in die ständischen Strukturen des Unionsstaats einbinden sollte.[38] So bildete der kirchliche Anschluß an den calvinistisch orientierten polnisch-litauischen Unionsprotestantismus gleichsam die Brücke für die politische Annäherung der Städte an die dissidentischen Reichstagsstände, und speziell für die städtischen Ratsaristokratien wurde das reformierte Bekenntnis unter anderem zum Kennzeichen ihrer Zugehörigkeit zur Machtelite des Unionsstaats.

– Auch in der abermals veränderten Konstellation nach der Wende zum 17. Jahrhundert blieb der Zusammenhang zwischen Bekenntnispolitik und Autonomiefrage zumindest insofern erhalten, als die politischen Kontrahenten der Städte ihre Interventionsinteressen nun an eine gezielte Politisierung der innerstädtischen Bekenntnisgegensätze knüpften. Dies war freilich nur möglich vor dem Hintergrund der konfessionellen Polarisierung des Protestantismus einerseits sowie der Erosion des Einflusses der polnisch-litauischen Dissidenten als „Ständepartei" andererseits. Doch bedurfte es offenbar des engen Zusammenwirkens von kirchlich-gegenreformatorischen und politischen Einflüssen, um die städtischen Bekenntnisgegensätze als politischen Konflikt aufbrechen zu lassen; die seit 1603 sich abzeichnende Krise der städtischen Bekenntnispolitik war Teil einer allgemeinen Statuskrise der preußischen Städte, welche durch die sich zuspitzende Konkurrenz zwischen städtischen und zentralstaatlichen Interessen in bezug auf die maritime Position des Königlichen Preußen entfacht wurde.[39]

– So spielte in zunehmendem Maße der mächtepolitische Wandel eine Rolle, welcher dann am Ende der Epoche, um die Mitte des 17. Jahrhunderts, als dominanter Faktor sowohl der politischen als auch der konfessionellen Entwicklung in den Vordergrund trat. Zwar führte das Scheitern der polnischen „Seepolitik" an der überlegenen Expansionskraft Schwedens dazu, daß der Zugriff der Krone auf das wirtschaftlich-militärische Potential der preußischen Städte sich spätestens seit der Katastrophe des „Potop" merklich lockerte. Doch zugleich hatten die militärisch-politischen Konflikte in und um das Königliche Preußen nicht nur das wirtschaftliche Beziehungsgefüge der Städte in seinen Grundlagen erschüttert, sondern sie auch in jene politisch-ideologische Isolation gegenüber den polnisch-litauischen Ständen geführt, welche mit dem Einschwenken auf das lutherische Bekenntnis nun auch kirchlich vollzogen wurde.[40] Die Entwicklung zu einem deutsch-lutherischen Sonderbewußtsein in den großen Städten, die weder in der Konfessionspolitik der Städte selbst angelegt, noch durch die Interventionen des lutherischen Schweden etwa gezielt gefördert worden war, kam nun im Zeichen der Destabilisierung des Unionsstaats in der Folge der Nordischen Kriege tatsächlich in Gang.

So deutlich sich diesen Entwicklungen in der ersten Phase bereits an der Entstehungsgeschichte der städtischen Religionsprivilegien verfolgen ließ,[41] so genau muß vor allem die folgende Periode seit den Umbrüchen der Zeit von Báthory untersucht werden. Daß diese Umbrüche

38 Der Beziehungswandel seit dem Ende des „Danziger Kriegs" als Zäsur ist vor allem negativ reflektiert bei P. Simson, *Danzigs und Westpreußens Kampf...*

39 Siehe oben, Anm. 25.

40 W. Czapliński, *Polska a Bałtyk...*; ders., *Polska a Prusy i Brandenburgia za Władysława IV.*, Wrocław 1947; Klaus Richard Böhme, *Die schwedische Besetzung des Weichseldeltas 1626–1636*, Würzburg 1963; *Historia Pomorza...*, Bd. 2, T. 1, S. 487 ff.

41 Siehe oben, Kap. II.3.

mit der schrittweisen Ablösung des „landespatriotischen“ Widerstandskurses städtischer Autonomiepolitik einhergingen und nicht zuletzt auch mit einem Generationswechsel in den Führungsgruppen der preußischen Landespolitik, war der Landesgeschichtsschreibung zwar stets bewußt, doch hatte sie hier eher das Phänomen des Epochenausklangs im Blick als die Zielrichtung des Wandels. Ob auch die Nachfolger der vielfach porträtierten preußischen Politiker Achatz von Zehmen oder Georg Klefeld ihrerseits ein konsistentes Programm von Landesautonomie zu entwickeln vermochten, hat die Forschung jedenfalls nicht als eigene Fragestellung beschäftigt.[42]

Freilich war es zunächst tatsächlich eine längere Übergangsphase mit eher ungewissen politischen Perspektiven, welche auf die Krise der Landesautonomie im Zeichen von Union und Exekution folgte. Zwar hatten die drei großen preußischen Städte früh eigene Wege gefunden, um die Bedrohung ihrer Integrität durch die interventionistischen Anläufe der sechziger Jahre des 16. Jahrhunderts aufzufangen; schon 1572 war Elbing und Thorn durch separaten Ausgleich mit Sigismund August die Aufhebung der Karnkowski-Statuten[43] beziehungsweise die Restitution der eingezogenen städtischen Landgüter[44] gelungen, und selbst für Danzig schien trotz des formalrechtlichen Beharrens von König und Reichstag auf der Gültigkeit der Karnkowski-Statuten der Höhepunkt des Konflikts zu dieser Zeit bereits überschritten.[45] Kaum absehen ließ sich indessen, wie die ständepolitischen Fronten in der Folge der Lubliner Union langfristig verlaufen würden. Denn nicht nur auf der Ebene des Gesamtstaats war die Kontinuität des Unionskurses vorerst in Frage gestellt, da das Intermezzo des Wahlkönigtums von Henri de Valois die Situation des Interregnums de facto bis zur Krönung Stefan Báthorys verlängerte. Vielmehr waren auch die Optionen im Lande selbst insofern offen, als nicht zuletzt die adligen Landesräte des Königlichen Preußen – ähnlich übrigens wie die litauischen Magnaten – in ihrer Haltung zur Frage der Preisgabe regionaler Sonderrechte lange Zeit schwankend blieben.[46]

42 Der Generationswechsel um 1570 wird im Sinne dieser traditionellen Deutung zuletzt erörtert bei G. Rhode, *Vom Königlichen Preußen...*, S. 50–53.

43 Der Verlauf der Elbinger Intervention aufgrund der Klagen Michael Friedwalds bis zur Kassation der Karnkowski-Statuten ausführlich bei E. Carstenn, *Geschichte der Hansestadt Elbing...*, S. 333–344; besonders für die politischen Hintergründe auf seiten des Königs siehe ferner die biographische Studie von Witold Szczuczko, *Zygmunt II August*, in: *Zasłużeni ludzie dawnego Elbląga...*, S. 44–58.

44 Für Elbing siehe E. Carstenn, *Geschichte der Hansestadt Elbing...*, S. 344; in bezug auf Thorn K. Górski, *Historja polityczna...*, S. 34–39, sowie Ernst Kestner, *Die Occupation der Thorner Güter 1569–1572*, Thorn 1890; siehe auch *Historia Torunia...*, Bd. 2, T. 2, S. 103.

45 Dieser Befund jetzt genau herausgearbeitet in der Konfliktanalyse von H. Samsonowicz in: *Historia Gdańska...*, Bd. 2, S. 297–306. Danach erreichte die politische Offensive gegen Danzig vor dem Hintergrund der Flottenpläne Sigismund Augusts ihren Höhepunkt 1568 mit der Berufung der „Komisja Morska“; dagegen zeichnete sich bereits während der Tätigkeit der Karnkowski-Kommission in Danzig mit der Einigung über finanzielle Zuwendungen der Stadt an den König vom Januar 1570 wiederum eine Entspannung ab, die der im März folgenden Proklamation der Karnkowski-Statuten von vornherein die Spitze nahm. – Freilich würde sich eine nochmalige genaue Rekonstruktion der Abläufe im Blick auf die politischen Mechanismen der Konfliktlösung lohnen; ausführliche Aktendokumentation dazu u. a. in APGd. 300 R/Cc 1.

46 Der langwierige und zwischen den preußischen Ständen lange kontroverse Annäherungsprozeß an die unionsstaatlichen Strukturen ist genau dokumentiert bei G. Lengnich, *Geschichte der Preußischen Lande...*, Bd. 3; auf die Analogie zu dem zögernden Kurs der litauischen Stände wird bei S. Salmonowicz, *Preußen Königlichen Anteils...*, S. 71, hingewiesen.

So befanden sich die großen Städte durchaus noch im Einklang mit den führenden Landesständen, wenn sie einstweilen auf einen grundsätzlich unabhängigen Kurs gegenüber dem Reichstag des Unionsstaats setzten. Das Argument, mit dem die Städte sich 1573 sowohl gegen die Exekution als auch gegen die Warschauer Konföderation verwahrten[47] und 1574 die Bestätigung der Landesprivilegien einforderten, daß nämlich „diese Lande ... ein beßonderer Stand" der Krone und dem Reichstag weder unterworfen noch eingegliedert seien,[48] wurde von den Oberständen entschieden unterstützt. Auch die adligen Landesräte vertraten auf dem Krönungsreichstag von 1574 gegen vehemente Kritik der polnischen Senatoren die Formel von einem ständischen Sonderstatus des ganzen Landes,[49] und dem ordentlichen Reichstag desselben Jahres blieben die Preußen insgesamt mit der Begründung fern, daß die Landesvertreter nur „die Wahl- und Crönungs-Tage der Könige ... zu besuchen verbunden wären".[50]

Die gemeinsame Widerstandslinie der preußischen Landesräte schien indessen mit dem Regierungsantritt Báthorys gleichsam über Nacht zusammenzubrechen. Doch blieb die Grundsatzfrage der Bewahrung eines landesständischen Sonderstatus des Königlichen Preußen im Rahmen des Unionsstaats offenbar auf der Tagesordnung der Landespolitik, und auch auf dem Reichstag von 1578 ließ sich der dort vertretene Teil der Landesräte nach Lengnichs Bericht auf einen Disput über die Rechtsgültigkeit des Lubliner Dekrets ein.[51] Selbst noch 1587 erteilte der Generallandtag den preußischen Senatoren und Landboten für den bevorstehenden Interregnumsreichstag den Auftrag, sich mit den litauischen Brüdern über Mittel zur Sicherung der jeweiligen Landesrechte zu verständigen.[52] In bezug auf den entscheidenden Punkt der Reichstagsstandschaft jedoch gingen die Wege der Städte und der adligen Landesstände auseinander, nachdem die adligen Landesräte Báthory 1576 ohne vorherige Privilegienbestätigung gehuldigt hatten und übrigens auch Thorn und Elbing diesem Beispiel wenig später gefolgt waren. Es lag in der Logik dieser Entscheidung, daß die Befürworter der parlamentarischen Union nun auch bei der Beschickung des

47 Zur Frage der Exekution Andrzej Klonder, *Królewszczyzny Prus Królewskich za Stefana Batorego 1576–1586*, in: *Zapiski Historyczne*, Bd. 52 (1987), H. 3, S. 75–95; siehe auch die Instruktion des Danziger Rats für dessen Vertreter auf dem Marienburger Landtag vom Februar 1573, APGd. 300, 53/1171, Bl. 69–73. – Zur Begründung für die Ablehnung der Warschauer Konföderation siehe die entsprechende Danziger Landtagsinstruktion vom Mai 1573, *a.a.O.*, Bl. 85–91, sowie die gemeinsame Protestation der drei großen Städte gegen das Prozedere bei der Verabschiedung der Konföderationsakte, APGd. 300 R/Ll 46, Bl. 62r., 62v. Auf die Ablehnung der Toleranzakte wird auch bei Ch. Hartknoch, *Preußische Kirchen-Historia...*, S. 719, hingewiesen, allerdings mit dem irreführenden Argument, die Ablehnung sei durch primär konfessionelle Vorbehalte der Städte motiviert gewesen.

48 Instruktionen für die Danziger Abgesandten zur Marienburger Tagfahrt, 8. 5. 1574; APGd. 300, 53/1171, Bl. 85–91.

49 G. Lengnich, *Geschichte der Preußischen Lande...*, Bd. 3, S. 85–97.

50 *A.a.O.*, S. 118–120.

51 *A.a.O.*, S. 270–272.

52 *A.a.O.*, Bd. 4, S. 5. Dabei bezog sich die Instruktion des Landtags für die preußischen Landboten nicht nur auf die speziellen Beschwerden des Landes über unrechtmäßige Exekutionsforderungen in bezug auf Krongüter, willkürliche Zölle und Mißachtung des preußischen Indigenats, sondern auch darauf, daß „die mercklichen Sachen des Landes ohne Zuziehung desselben Rähte ausserhalb der Provintz, auf den Polnischen Reichs-Tagen, offtmahls abgehandelt und entschieden werden". Von den daraus resultierenden Gefahren müsse man die litauischen Stände überzeugen, „damit künfftig dasjenige sie (die Litauer – M. G. M.) nicht selbst träffe, was anjetzo den Preußen wiederführe".

Reichstags unabhängig von den städtischen Landesräten handelten. 1578 stellte der Generallandtag es den Ständen für den folgenden Sejm bereits frei, ihre Plätze in Landbotenstube und Senat nach Belieben einzunehmen, und seit 1579 standen die drei großen Städte mit ihren Protesten gegen die fortan regelmäßige Reichstagsbeteiligung des preußischen Adels endgültig allein.[53]

Daß die Städte damit auf prekäre Weise ins Abseits zu geraten drohten, und zwar ungeachtet der Erfolge ihrer separaten „Diplomatie" gegenüber der Krone, trat denn auch bald zutage. Weder sollte es Elbing gelingen, die Vorteile, welche man aus der Parteinahme für Báthory im „Danziger Krieg" in bezug auf die eigene Handelsposition, besonders die Etablierung der englischen Residenz, gezogen hatte, dauerhaft zu sichern,[54] noch schien Danzig wirklich in der Lage, die erfolgreiche Abwehr der militärischen Intervention Báthorys in eine umfassende Statusregelung umzusetzen. Denn die finanziellen und politischen Kompromisse des Ausgleichs vom Dezember 1577 setzten den Vorbehalt einer letztinstanzlichen Entscheidung der Streitsachen durch den Reichstag keineswegs außer Kraft,[55] und auch der Pfahlgeldvertrag von 1585 schuf, obwohl durch den Reichstag ratifiziert, hier nur insofern eine andere Situation, als er speziell die Karnkowski-Statuten für Danzig rechtsgültig aufhob, nicht aber die konstitutionelle Stellung der Stadt etwa im Sinne einer Revision der Lubliner Union neu definierte.[56] So deutlich der Pfahlgeldvertrag mit seinen Garantien für die Integrität des Stadtregiments sowie die städtische Seehoheit namentlich die Möglichkeiten für eine aktive „Seepolitik" des Königs auf Kosten Danzigs künftig einschränkte, so wenig konnte er doch den Mangel kompensieren, daß eine Konsolidierung der städtischen Autonomie nur auf der Grundlage vertraglicher Beziehungen mit der Krone, das heißt ohne eine gleichzeitige Einwirkungsmöglichkeit auf die Reichstagspolitik, nicht zu erreichen war.[57]

53 *A.a.O.*, Bd. 3, S. 325 ff. – Dabei bestand der bezeichnende Unterschied zwischen den auf eine Autonomiepolitik bezogenen Argumentationslinien jetzt darin, daß die adligen Landesstände die Gültigkeit des Lubliner Dekrets im Hinblick auf das Fehlen einer entsprechenden Reichstagskonstitution in Frage stellten, während die großen Städte das Dekret in der Sache verwarfen und zugleich den anderen Landesständen das Recht absprachen, die in kollektivem Besitz befindlichen Landesprivilegien durch partikulare Übereinkünfte mit den Reichstagsständen zur Disposition zu stellen.

54 Diese Zusammenhänge sind bereits bei E. Carstenn, *Geschichte der Hansestadt Elbing...*, S. 347 ff., gut gesehen. Schon mit der raschen Entscheidung der Huldigung für Báthory war der Elbinger Rat bewußt auf einen Konkurrenzkurs zu Danzig gegangen, welcher der Stadt 1577 die Übertragung des Danziger Stapelrechts und 1581 auch die grundsätzliche königliche Billigung der englischen Residenz einbrachte. Doch sollten diese Erfolge in dem Maße wieder in Frage gestellt werden, wie die Wiederannäherung zwischen Danzig und dem König nach 1578 Fortschritte machte. Nachdem ein letztes Dekret Báthorys 1586 den Sonderstatus des Elbinger Englandhandels wieder kassiert hatte, war die Frage der Rechtsposition Elbings im unmittelbar darauf folgenden Interregnum erneut völlig offen.

55 Zu den Konditionen der „Receptio in Graciam" vom 12. 12. 1577 ausführlich *Historia Gdańska...*, Bd. 2, S. 583 f.; zu den folgenden Verhandlungen Danzigs mit Báthory vor allem G. Lengnich, *Geschichte der Preußischen Lande...*, Bd. 3, S. 278 ff.

56 Zu Vorgeschichte und Deutung des Pfahlgeldvertrags Gottfried Lengnich, *Tractatus Portorii Gedanensis*, Danzig 1762; P. Simson, *Geschichte der Stadt Danzig...*, Bd. 2, S. 324–337; K. Lepszy, *Gdańsk a Batory...*, passim; K. D. Staemmler, *Preußen und Livland...*, S. 58 f.; Maria Bogucka, *Spór nie tylko wokół apogeum gdańskiego handlu*, in: *Zapiski Historyczne*, Bd. 37 (1972), H. 1, S. 117–127; H. 2, S. 103–107; zuletzt G. Rhode, *Vom Königlichen Preußen...*, S. 54.

57 Irreführend ist es daher nicht nur, gerade den Pfahlgeldvertrag entsprechend der traditionellen deutschen Deutung als Beleg für den quasistaatlichen Autonomiestatus Danzigs in Aspruch zu nehmen (so auch noch

In dieser Lage nun boten sich mit der Annäherung an die „religionsverwandten" Stände des Unionsstaats offenbar Möglichkeiten eigener Art, ständepolitischen Handlungsspielraum zurückzugewinnen. Daß ein Zusammengehen der protestantischen Stände gerade jetzt, angesichts des Aufbruchs der Gegenreformation, auch religionspolitisch nahelag, steht dabei außer Zweifel. Doch weist die Parallelität von konfessionellem Annäherungsprozeß einerseits und Wandel in der Programmatik der städtischen Reichstagspolitik andererseits auf einen weiterreichenden politischen Ursachenzusammenhang hin. Es war, wie sich zeigte, eine Grundsatzentscheidung, die Autorität des Reichstags und des Reichsrechts anzuerkennen, welche die Städte mit ihrem kirchenpolitischen Einschwenken auf die Warschauer Konföderation im Interregnum von 1587 trafen,[58] und aus der Kooperation in der Toleranzfrage sollte unmittelbar auch jenes Beziehungsgefüge erwachsen, welches die Städte künftig zumindest informell in die Reichstagspolitik integrierte.

Dabei gingen die Impulse für den Horizontwechsel offenbar weniger von den Danziger als vielmehr von den Thorner Räten aus. Diese hatten nicht nur bereits 1581 programmatisch das unionsstaatliche Toleranzrecht zur Begründung ihres Widerstands gegen den Kulmer Bischof in Anspruch genommen[59] und 1587 auch explizit die Ansicht vertreten, daß die großen preußischen Städte die ursprünglich durch das Lubliner Dekret angeordnete Eingliederung der städtischen Landesräte in den polnisch-litauischen Senatorenstand nachträglich vollziehen sollten.[60] Vielmehr verfügten sie offenbar auch in wesentlich höherem Maße als die Ratseliten der Schwesterstädte über bereits eingespielte Beziehungen zu senatorischen Kreisen in Polen-Litauen, die sich nun für die ständepolitische Neuorientierung nutzbar machen ließen. So eng der kirchengeschichtliche Vorgang der reformierten Konfessionalisierung in Thorn mit der Anlehnung an die Polnischen Brüdergemeinden verknüpft war,[61] so klar läßt sich der Generationswechsel im Stadtregiment auch als eine ebenso frühe wie konsequente Annäherung an die Eliten des Unions-

G. Rhode, wie die vorhergehende Anm.). Auch die aktuelle polnische Beurteilung des Vertrags als Akt einer faktischen Kapitulation Báthorys vor den Unabhängigkeitsansprüchen Danzigs (zuletzt A. Mączak in *Historia Gdańska...*, Bd. 2, S. 584) scheint vielmehr zumindest insofern einseitig, als sie die Kompliziertheit der ständepolitischen Lage Danzigs auch nach 1585 nicht in Rechnung stellt.

58 Den entscheidenden Beleg überliefert bereits Lengnich. Es ist die mit den Stimmen der großen Städte auf dem zweiten preußischen Interregnumslandtag von 1587 in Kulm verabschiedete Resolution, wonach das Decretum Pacis für das Interregnum folgenden Passus enthalten sollte: „Pacem inter dissidentes de Religione anlangende / soll derselbe nach der general zu Warschau in Electione Serenissimorum Regum Henrici und Stephani aufgerichteten Confoederation / allenthalben in seiner wircklichen Krafft bestehen und bleiben..."; dazu der Kommentar Lengnichs: „Und von dieser Zeit an, ist dieselbe (Konföderation – M. G. M.) in Betrachtung der Religion, in Preussen als ein Grund-Gesetz anzusehen." G. Lengnich, *Geschichte der Preußischen Lande...*, Bd. 4, Einleitung, S. 20 f. sowie Documenta 7–12, hier 10.

59 Die Information von G. Lengnich, *Geschichte der Preußischen Lande...*, Bd. 3, S. 402, wonach die Thorner auf dem Graudenzer Generallandtag gegen die „Verschleppung" eines protestantischen Predigers durch den Kulmer Bischof protestierten, die sie als Bruch sowohl der Stadtprivilegien als auch der „Polnischen Confoederation" ansahen, bestätigen die Thorner *Acta Consularia*, APT Kat. II, II–1, Bl. 102r. bzw. II–2, Bl. 35.

60 So der Vorschlag der Thorner auf dem Kulmer Landtag im Herbst 1587, der von den Danzigern wie den Elbingern allerdings zurückgewiesen wurde. Siehe G. Lengnich, *Geschichte der Preußischen Lande...*, Bd. 4, S. 31, E. Carstenn, *Geschichte der Hansestadt Elbing...*, S. 356, sowie *Historia Torunia...*, Bd. 2, T. 2, S. 112.

61 Siehe oben, Kap. II, 4.

staats verstehen. Die Ratsdynastie der Strobands, deren profiliertester Vertreter Heinrich (II.) Stroband seit 1586 als Thorner Ratsmann sowie seit 1587 als Bürgermeister und Burggraf die Stadtpolitik überragend prägte,[62] verkörperte diese Entwicklung exemplarisch. Seit der Nobilitierung Johann Strobands auf dem Lubliner Reichstag von 1569 zum polnischen Adel gehörig, wuchs die Familie mit Heinrich Stroband vor allem in die Gemeinschaft der an calvinistischen Universitäten ausgebildeten Eliten des Unionsstaats hinein,[63] und auf dieser Grundlage bildete sich ein politisches Beziehungsgefüge, das sowohl die Krakauer reformierten Patriziergemeinden als auch die magnatischen Patrone der großpolnischen Brüderunität und nicht zuletzt die protestantischen Senatoren der Kulmer Wojewodschaft einschloß.[64]

Tatsächlich blieb Thorn eine Art Vermittlerrolle für die preußischen Beziehungen zu den polnischen Ständeparteien auch dann noch erhalten, als die politische Neuorientierung sich auch in Danzig längst durchgesetzt hatte.[65] Hier war der Durchbruch offenbar 1587 gekommen, also auf dem Höhepunkt und wahrscheinlich auch unmittelbar vor dem Hintergrund des innerstädtischen Konfessionsstreits über das Ratsdekret de non calumniando.[66] In den Suppliken der reformierten Theologen und ihrer Anhänger in der Bürgerschaft zur Dekretsfrage jedenfalls findet sich zuerst jene auf den unionsstaatlichen Rechts- und Politikhorizont bezogene Argumentation,[67] welche

62 *APB,* Bd. 2, S. 710; am genauesten bisher aber H. Rietz, *Burmistrz Henryk Stroband...*; daneben auch S. Tync, *Głos z Prus Królewskich...*, S. 135 ff.

63 Heinrich Stroband hatte in den fünfziger Jahren des 16. Jahrhunderts das von Christoph Ortlob geleitete Schweidnitzer Gymnasium besucht, um danach unter anderem in Frankfurt/Oder, Wittenberg, Straßburg und Basel zu studieren. Die nächste Generation der Strobands sollte bereits durchweg zumindest eine calvinistische Universität in der Schweiz oder den Niederlanden besuchen; einzelne traten zudem zeitweise in polnische Dienste, so etwa Heinrich Strobands Sohn Christian als Sekretär König Sigismunds III. sowie sein gleichnamiger Neffe als Sekretär des Brester Wojewoden Rafał Leszczyński in Lissa. Siehe H. Rietz, *Burmistrz Henryk Stroband...*, sowie *Gedenkbuch des Bürgermeisters Heinrich Stroband* [III.], APT Kat. II, XII–3, Bl. 333–336. – Daß es sich keineswegs um eine Ausnahmeerscheinung handelte, belegen jetzt die sorgfältigen Erhebungen über die Studienorte der preußischen Patrizier bei M. Pawlak, *Studia uniwersyteckie...*

64 Dazu ebenfalls H. Rietz, *Burmistrz Henryk Stroband...*; speziell für die Krakauer Beziehungen der Thorner Ratselite aufschlußreich auch die Transaktionen zwischen den reformierten Gemeinden beider Städte, die dokumentiert sind in den sogenannten Thorner Reversen, BUW Ms, Nr. 613 (syn. 99).

65 Auch 1593 waren es die Thorner, die aufgrund ihrer Sondierungen bei den polnisch-litauischen Dissidenten jenen Plan für eine förmliche Appellation der Städte an die Reichstagsstände ins Spiel brachten, welcher mit dem „Discursus" von 1595 (siehe oben, S. 77 f.) schließlich realisiert wurde. Die Instruktionen des Danziger Rats für seine Vertreter auf dem Graudenzer Landtag im Frühjahr sprachen davon, einen entsprechenden Thorner Vorschlag aufzugreifen; APGd. 300, 53/1174, Bl. 3–20. In späteren Stadien der Initiative appellierte Danzig dann auch wiederholt an die Thorner, ihre Beziehungen in den Dienst der gemeinsamen Sache zu stellen, um 1594 schließlich eine ständige „Arbeitsteilung" in diesem Sinne vorzuschlagen. Während Danzig die förmliche Vertretung der Städte in der Religionssache am Hof übernehmen, Elbing aber seine Handelskontakte zu den litauischen Magnaten nutzen sollte, fiel Thorn die Aufgabe zu, die Religionsverwandten in Groß- und Kleinpolen zu beeinflussen; APGd. 300 R/Pp 54, Bl. 152 f.

66 Siehe oben, S. 86 ff.

67 Gemeint ist die zweite Supplik der reformierten Danziger Prediger vom 28. 4. 1587 sowie die etwa eine Woche später unterbreitete Bittschrift der reformierten Quartiermeister; APGd. 300 R/Pp 16, Bl. 73–108 bzw. APGd. 300 R/Pp 1, Bl. 365–385. – In offensichtlich wohlabgestimmter Komplementarität argumen-

dann in einer ausführlichen Denkschrift der ebenfalls reformierten Danziger Syndici Lemke und Berckmann aus demselben Jahr aufgegriffen wurde,[68] um etwas später in die gleichsam ratsoffizielle Programmatik einzugehen. Für den Graudenzer Landtag in Vorbereitung auf den Sejm von 1590 instruierte der Danziger Rat seine Vertreter, die preußischen Landboten zu verpflichten, daß diese sich der großen Städte „als membrorum Reipublicae" annehmen und Sorge tragen sollten, „das der Religion halben wieder die Confoederation ... niemand möge betrübet und beschweret werden".[69]

Freilich erst im Vorfeld der Thorner Synode sollte auch das damit anvisierte ständepolitische Beziehungsgefüge allmählich politische Realität gewinnen. Hatten die Anläufe der Bischöfe zur Revindikation der städtischen Pfarrkirchen seit 1593 zunächst vor allem zu einer Wiederannäherung zwischen den Städten selbst geführt, nachdem diese seit Báthory politisch de facto eigene Wege gegangen waren,[70] so erhielt seit Herbst 1594 auch die Verständigung mit den Führern der polnisch-litauischen Dissidenten Kontur. Das Bekunden der Städte, wegen ihrer Religionsgravamina den Reichstag anrufen zu wollen,[71] sowie ihr gleichzeitiges Hilfeersuchen an Andrzej Lesz-

tierten beide Bittschriften einerseits mit der faktischen Höherrangigkeit des gesamtstaatlichen Toleranzrechts der Warschauer Konföderation gegenüber „verbalem Consensum und singulare Privilegium" sowie andererseits damit, daß ein Kurs der lutherischen Orthodoxie in der Stadt „zum Praejudicio und Verfang" der natürlichen Verbündeten Danzigs unter den dissidentischen Magnaten führen müsse.

68 Denkschrift vom Mai 1587, APGd. 300 R/Pp 1, Bl. 365–385, das gleiche auch APGd. 300 R/Pp 82, Bl. 633–644, sowie APGd. 300 R/Pp 109, Bl. 35r. – 45r. – Die Grundsatzargumente der oben genannten Suppliken wurden hier u. a. durch die Hinweise ergänzt, daß spätestens der Verlauf der Krise um die Karnkowski-Kommission die Möglichkeit eines strikt separaten Kurses städtischer Politik widerlegt habe bzw. daß ein erneutes Ausbrechen der Danziger Konfessionspolitik aus dem gerade bestätigten Konsens der preußischen Stände unwägbare Risiken mit sich bringen müsse.

69 Instruktion für Daniel Czierenberg und Georg Mehlmann vom 18. 11. 1590, APGd. 53/1173, Bl. 101–136. – Präziser ist die neue Rechtsauffassung des Danziger Rats in einer Protestnote vom Herbst 1593 gegen die Klage des kujawischen Bischofs auf Herausgabe der Oberpfarrkirche. Die Ladung vor das Hofgericht wegen dieser Sache verstoße „1. Wieder die Confoederation, so von der gantzen Crohn beliebet und von Königl. May. beschworen ... in dem in derselben ausdrücklich versehen, daß man bey der Freyheit der Religion und also auch der Kirchen, zumahle in den selben die religion exerciret werden müste, friedlich solte gehandhabet und geschätzet werden 2. Wieder der Stadt Privilegien, daß nemlich die Religion und Ceremonien in ihren Kirchen nicht solten geändert werden 3. Wieder den Schluß des jüngsten Reichstags de pace publica, daß keiner aus irgkeinerley Ursach zu turbiren...; APGd. 300 R/Pp 54, Bl. 139 f.

70 Ein Indiz dafür ist die Zunahme der politischen Korrespondenz zwischen den Räten, nachdem, wie es scheint, die Elbinger im Frühjahr 1593 die Initiative zu häufigeren Konsultationen mit Danzig ergriffen hatten; siehe Schreiben des Elbinger an den Danziger Rat vom 20. 3. 1593, APGd. 300, 53/341, Bl. 101–109.

71 Siehe die der Ratsinstruktion für die Danziger Vertreter auf dem bevorstehenden Reichstag beigefügte Erklärung vom Dezember 1594 über die „Ursachen, warumb die Sachen der Preussischen Städte von Einräumung der Kirchen an den Reichstag zu verlegen" seien; APGd. 300 R/Pp 54, Bl. 148 f., sowie auch APGd. 300 R/Pp 82, Bl. 565–566. Es heißt darin, die Reichstagsstände müßten deshalb mit dem Streit zwischen Städten und Bischöfen befaßt werden, „2. Weil es betrifft die Privilegien, Rechte königlichen Indulten und die Religions-Confoederation selbst, von welcher der Gebrauch der Kirchen nicht könne geschieden werden... 3. Weil aus den titul der Confoederation offenbahr, daß sie nicht den Orden des Adels allein, sondern auch die Städte angehen, sintemahl darinn der Städte ausdrücklich gedacht wird... 4. Weill

czyński und andere protestantische Senatoren[72] traf bei diesen auf ein deutliches Interesse, die protestantische Front in dem seit der *Constitutio de tumultibus* festgefahrenen Toleranzstreit[73] zu stärken, und überraschend schnell schien diese Annäherung im Blick auf den Reichstag vom Februar 1595 auch in praktische Kooperation überzugehen. Wo der Einfluß der protestantischen Partei überwog, nahmen die Sejmiki die Forderungen der preußischen Städte vielfach ausdrücklich in die Landboteninstruktionen für den Reichstag auf.[74] Auf dem Sejm selbst aber sorgte eine geschickte Regie der dissidentischen Senatoren dafür, daß der Versuch, die bischöflichen Revindikationsforderungen gegen die preußischen Städte allein vermittels eines königlichen Urteilsspruchs durchzusetzen, zumindest vorläufig durch den Widerstand der anderen Reichstagsstände blockiert wurde. Die wohlabgestimmte Initiative zugunsten der Städte aus den Reihen der protestantischen Landboten[75] sowie die folgende Protestation von Dissidenten beider Kammern gegen die Nichtzulassung der Sache als Reichstags-„Materie"[76] hatten genug Gewicht, um der katholi-

die General Confoederation unter denen, so in der Religion nicht einig, von allen Ständen geschlossen und bewilligt ist, derohalben soll auch von allen Orden über dieselben auff allgemeiner deß Reiches Zusammenkunfft erkandt werden... 6. Weil die Veränderung der Kirchen ehe geschehen, weder die Confoederation jemals zu seyn angefangen, derohalben alles, waß für die Confoederation beseßen und gebraucht ist von den Evangelischen, das wirdt in dem Confoederations-fried vor begriffen gehalten... 7. Weil alle Excesse, so wegen der Confoederation einfallen können (wohin auch die Quaestion von besitzen oder abtretung der kirchen gehöret) nicht allein vermöge der Constitution deß Reichstages zu Warschau Ao. 1587, sondern auch laut dem Receß der Convocation itziger Königl. Mtten de Ao. 1588 auf ofentlichem Reichstage allein entschieden solen werden..."

72 APGd. 300 R/Pp 54, Bl. 169–172. – Möglicherweise war den Schreiben bereits jener Danziger Entwurf des „Discursus" der preußischen Städte beigefügt, welcher am 26. 1. 1595 auch auf dem Thorner Landtag verlesen wurde; siehe APGd. 300 R/Pp 54, Bl. 204.

73 Siehe oben, S. 112 f.

74 So konnte Andrzej Leszczyński den Danziger Räten am 15. 1. 1595 mitteilen, daß der Landtag von Radziejów seine Landboten beauftragt habe, den Anspruch der preußischen Städte auf den Schutz der Warschauer Konföderation zu verteidigen; APGd. 300 R/Pp 54, Bl. 127 f. Und ähnlich hieß es in der Instruktion des Landtags von Środa, die Landboten „serio ocho na przyszłym Seymie włożyc będą raczyli, onych [i.e. die Städte] przy starodawnych prawach, Wolnościach, confoederatia i confirmatia królów IchMci uczynionych i utwierdzonych zachować raczył..."; *a.a.O.*, Bl. 174 f. – Siehe dazu auch den Bericht eines Elbinger Abgesandten vom litauischen Generallandtag in Słonim, wo das Hilfeersuchen der Städte ebenfalls positiv aufgenommen worden war und speziell die Senatoren ihren Einfluß auf den König zu nutzen versprochen hatten, „aby w Reli(g)iey Ewangelickiey w[ielkie] m[iasta] pokoi miely, wedlie prawa Confederaciej"; APGd. 300, 53/453, Bl. 147–156.

75 Die Grundlage dafür war die nun sowohl zwischen den Städtevertretern als auch mit den Dissidentenführern auf dem Sejm abgestimmte Endfassung des „Discursus in der Religions-Sache..."; für die Zwecke der Landboten wurde daraus durch die Vermittlung des Wojewoden von Podolien eine eigene Vorlage redigiert, welche zusammen mit dem Antrag auf Behandlung der Sache durch den Reichstag in der Landbotenkammer vorgetragen wurde. Die Abläufe ausführlich bei G. Lengnich, *Geschichte der Preußischen Lande...*, Bd. 4, S. 195 ff.; ferner auch der Bericht des Danziger Rats vor den städtischen Ordnungen in den *Ordnungsrezessen*, APGd. 300, 10/13, Bl. 108r.

76 Text: APGd. 300 R/Pp 54, Bl. 336–340; auch deutsch in *Ordnungsrezesse* 300, 10/13, Bl. 109r. – 110r. – Zu den 22 Unterzeichnern gehörten die Wojewoden Andrzej Leszczyński, Stanisław Siemieński, Stanisław Gostomski und Jan Abramowicz, die Kastellane Alexander Prunski, Piotr Niszczycki und Andrzej Firlej, der Starost Świętosław Orzelski, die Unterkämmerer Paweł Orzechowski und Andrzej Brzeczycki sowie der Superintendent von Kleinpolen Krzysztof Pawłowski.

schen Partei immerhin eine politische Kontroverse darüber aufzunötigen,[77] das heißt, die Stände letztlich doch im Sinne des städtischen Interesses ins Spiel zu bringen.

Mit der Thorner Synode selbst trat dann aber auch die Gegenseitigkeit dieses neuen Kooperationsverhältnisses deutlicher zutage. War das Eintreten des dissidentischen Adels für die Städte auf dem Reichstag gewiß nicht zuletzt eine Frage des wohlverstandenen Eigeninteresses gewesen, der Aushöhlung des unionsstaatlichen Toleranzrechts grundsätzlich entgegenzutreten,[78] so zeichneten sich im Ergebnis der Synodalverhandlungen auch Perspektiven für eine aktive Rolle der preußischen Städte innerhalb des protestantischen Lagers der polnisch-litauischen Stände ab. Es war die von den Synodalen eingestandene Schwäche der protestantischen Partei, daß sie ihr ständepolitisches Handeln nicht auf stabile gemeindliche und kirchenorganisatorische Strukturen zu stützen vermochte,[79] und mit der Öffnung der gefestigten preußischen Stadtkirchen für den polnisch-litauischen Unionsprotestantismus schienen sich zumindest Kompensationsmöglichkeiten für den unaufhaltsamen Terrainverlust in den anderen königlichen Städten zu bieten. Die behutsamen Verhandlungen über den nachträglichen Anschluß Danzigs, Elbings und Thorns an den Consensus Sendomirensis, die während der Synode in Gang gekommen waren,[80] wurden denn offenbar auch von beiden Seiten in dem Bewußtsein geführt, daß es um eine politische Parteienentscheidung der Städte ging.[81] Bei aller Behutsamkeit, mit welcher der Anschluß 1596 vollzogen wurde, rückten damit doch alle drei Städte in ein neues, auf Krone und Stände gleichgewichtig bezogenes Gefüge ein, und speziell die Thorner Räte scheinen daran auch weiterreichende Perspektiven für eine konfessionell begründete politische Sonderrolle geknüpft zu haben. Sowohl der von Heinrich Stroband 1595/96 beharrlich verfolgte Plan für die Gründung einer protestantischen Landesuniversität[82] als auch Ulrich Schobers programmatischer Beitrag zur poli-

77 So sah sich nicht nur der König veranlaßt, sein Festhalten an den Dekreten über die Herausgabe der städtischen Pfarrkirchen auf dem Reichstag ausführlich im Zusammenhang mit dem unionsstaatlichen Toleranzrecht zu begründen; vielmehr ging auch der Kulmer Bischof nach dem Reichstag in einer Denkschrift an die protestantischen Senatoren auf die Kontroverse ein, worauf die Städte ihrerseits mit einem öffentlichen „Gegen-Bericht" antworteten; Texte: APGd. 300 R/Pp 54, Bl. 358–365 bzw. 365–398.

78 Tatsächlich ging es insofern um eine Grundsatzfrage der Auslegung der Warschauer Konföderation, als dem dissidentischen Beharren auf dem Rechtsprinzip individueller Glaubensfreiheit hier der von der katholischen Partei gestützte Anspruch der Krone entgegenstand, das dem Adel in bezug auf dessen Privatstädte eingeräumte *ius reformandi* analog zugunsten der Gegenreformation in den königlichen Städten anzuwenden, was in der gewaltsamen Verdrängung der Protestanten in Krakau, Wilna und Posen resultierte. Siehe G. Schramm, *Protestantismus und städtische Gesellschaft*...; ders., *Reformation und Gegenreformation*...

79 Siehe G. Lengnich, *Geschichte der Preußischen Lande*..., Bd. 4, Documente, S. 86–133, sowie die Auszüge aus den Synodalakten in APGd. 300, 53/435, Bl. 255–277.

80 Siehe oben, S. 110 ff.

81 Die politischen Implikationen der Frage sind am offensten reflektiert in den Akten der Elbinger Präsentierten Gemeinde; APGd. 300 R/Vv 111, Bl. 228 ff.

82 Zu den politischen Implikationen des Projekts S. Tync, *Próba utworzenia akademii*..., S. 53 ff., sowie besonders H. Rietz, *Burmistrz Henryk Stroband*..., S. 29; S. Salmonowicz, *Kultura umysłowa*..., S. 195. – Gut nachzuvollziehen ist der politische Argumentationszusammenhang anhand von Strobands Memorandum für den Marienburger Landtag im Januar 1595, in dem sowohl das Bedürfnis nach einer „Schola Polonica" für die sprachlich-landeskundliche Ausbildung der preußischen Bürgersöhne betont als auch das Konzept einer zentralen theologischen Bildungsstätte entwickelt wurde, welche für Polen-Litauen insgesamt als Gegenpol zu der ausgreifenden jesuitischen Bildungsbewegung fungieren sollte; siehe APGd. 369, 1/346, Bl. 3–25.

tisch-theologischen Begründung des unionsstaatlichen Kirchenkonsenses[83] hatte die Vision einer informellen Zentrums- und Leitfunktion der preußischen Städte für den polnisch-litauischen Protestantismus zum Hintergrund.[84]

So rasch nun namentlich solche Perspektiven durch den Verfall der protestantischen Ständebewegung in Polen-Litauen wiederum durchkreuzt wurden, so beständig erwies sich doch für immerhin mehr als ein Jahrzehnt die 1595 erprobte Kooperation in der Reichstagspolitik. Das Zusammenwirken der städtischen „Diplomatie" mit den von den Konfessionsverwandten dominierten Landtagen in Polen und Litauen spielte sich ebenso ein[85] wie die direkte Beteiligung der Städtevertreter an den Beratungen der dissidentischen Senatoren und Landboten auf den Reichstagen selbst.[86] Dabei waren es freilich stets die gemeinsamen Interessen in der Frage der Dissidentenrechte, an welche dieses Zweckbündnis unmittelbar geknüpft blieb; die Solidarität des dissidentischen Adels mit dem städtischen Widerstand in der Sache ihrer Kirchenautonomie wurde gewiß durch nichts anderes gespeist als durch das Bewußtsein der polnisch-litauischen Protestanten, in den scharfen Reichstagskontroversen zwischen 1600 und 1606 über die konstitutionelle Sicherung der Warschauer Konföderation zusehends in die Defensive zu geraten.[87] Doch setzte sich die konfessionelle Verbundenheit insofern auch allgemeinpolitisch als eine Leitstruktur durch, als sie gegenläufigen Frontenbildungen vorbeugte beziehungsweise diese überlagerte. So sah sich Danzig 1600 in der Lage, auch in seinem seepolitischen Konflikt mit dem König über

83 Siehe K. E. J. Jørgensen, *Ökumenische Bestrebungen...*, S. 326–330; B. Nadolski, *Karty...*, T. 1, S. 175–189; S. Tync, *Głos z Prus Królewskich...*, passim; ders., *Ślązak Ulrich Schober...*

84 Markant abweichende Deutung dieser Positionen freilich bei Th. Schieder, *Deutscher Geist...*, S. 24–42, welche indessen vor allem die Orientierungslosigkeit seines Ansatzes erkennen läßt. Da die politische Publizistik im Königlichen Preußen des ausgehenden 16. Jahrhunderts keine Belege für eine Kontinuitätslinie ständisch-nationalen Widerstands gegen den polnisch-litauischen Unionsstaat liefert, versucht Schieder eine solche Linie anhand von Schobers und Strobands Schriften gleichsam indirekt aufzuweisen, indem er deren Argumentation für die protestantische Sache in Umkehrung der Sachverhalte eine primär landespatriotische Zielrichtung unterstellt. Ähnliche Mißverständnisse enthält entsprechend auch die Deutung der für Schieders Gedankengang zentralen Staatslehre Bartholomäus Keckermanns. Dessen entschiedenes Eintreten für die Monarchie als des „status politicus primus et perfectus" sowie seine Kritik an ständisch-korporativen Widerstandskonzepten wäre danach vor allem dadurch zu erklären, daß es in Keckermanns Werk einen unausgetragenen Gegensatz zwischen seinem städtisch-landständischen Patriotismus und einem ansonsten eher dogmatisch „etatistischen" Denken gegeben habe.

85 Belege für die Landtagskontakte der Städte seit 1600 bei J. Waluszewska, *Materiały do dziejów reformacji...*, S. 51 f.; siehe auch G. Lengnich, *Geschichte der Preußischen Lande...*, Bd. 4, passim. – Vgl. auch Edward Opaliński, *Sejmiki szlacheckie wobec kwestii tolerancji religijnej w latach 1587–1648*, in: *Odrodzenie i Reformacja w Polsce*, Bd. 34 (1989), S. 21–40.

86 Detailliert dazu u.a. eine Thorner Chronik mit umfangreichen Auszügen aus den Berichten der städtischen Vertreter auf den Reichstagen von 1600 bis 1606, APT Kat. II, XIII–10, passim; instruktiv ferner die Elbinger Gemeinderezesse dieser Jahre, APGd. 369, 1 Nr. 24, passim. – Eine Liste der wichtigsten Kontaktpersonen für die Städte enthält eine von J. Waluszewska, *Materiały do dziejów reformacji...*, S. 52, zitierte Quelle von 1600. Neben Andrzej Leszczyński und Stanisław Czarnkowski handelte es sich danach um den Radomer Kastellan Andrzej Firlej, Władysław Przyjemski und den Belzer Kastellan Michał Ostroróg, auch die Bischöfe von Posen und Kulm sowie Kanzler Jan Zamoyski; unter den Landboten auf dem Sejm von 1600 werden Andrzej Czarnkowski, Zbigniew Ossoliński und Adam Gorajski genannt.

87 Dazu auch G. Schramm, *Der polnische Adel...*, S. 301 ff.

dessen Dekret zur Unterbindung des Schwedenhandels auf den Rückhalt der polnisch-litauischen Patrone zu setzen und eine Entscheidung des Reichstags einzufordern.[88] Vor allem aber erwies die reichstagspolitische Kooperation ihre Tragfähigkeit in der städtischen Konfessionskrise seit 1604, als mit der am Rande der Reichstage ausgetragenen Kontroverse über die königliche Intervention in Marienburg[89] eine politische Vorentscheidung auch in der spektakuläreren Danziger Frage erzwungen wurde. Die Einsicht, daß der Danziger Konfessionsstreit seitens der dissidentischen Stände dezidiert als eine reichsrechtliche Frage behandelt wurde,[90] mußte den König schon vorab vor einer Intervention gegen das Ratsregiment zurückschrecken lassen.

Erst der Rokosz des Zebrzydowski und dessen für die polnisch-litauischen Dissidenten als Ständepartei katastrophales Scheitern leitete nach 1607 die Auflösung dieser Konstellation ein. Zwar hatte der konfessionelle Aspekt in der von einem Katholiken angeführten Fronde gegen das Regiment Sigismunds III. und seiner Partei nur indirekt eine Rolle gespielt, nämlich insofern, als das im Kern vor allem gegen die Magnatenschaft gerichtete Programm der aufbegehrenden Szlachta sowohl eine aus der „Exekutionsbewegung“ fortgeschriebene antiklerikale als auch eine spezifisch anti-jesuitische Stoßrichtung aufwies und in solcher Perspektive auch an die dissidentische Position in den konfessionellen Reichstagskonflikten anknüpfte.[91] Doch stand die politische „Restauration“ nach der Niederschlagung des Rokosz um so deutlicher im Zeichen der Gegenreformation. Daß die magnatische Machtelite praktisch einmütig gegen den adelsrepublikanischen Radikalismus der Szlachta und damit für den König optiert hatte, war einer Grundsatzentscheidung gleichgekommen, den religiösen Dissens ständepolitisch zu entschärfen, und da auch der König nach der förmlichen Befriedung von 1609 einen behutsamen Kurs der Gegenreformation zu steuern vermochte, war jetzt der Weg für eine ebenso zügige wie konfliktarme konfessionelle Reintegration der politischen Elite des Unionsstaats in den Katholizismus frei.[92]

88 Siehe Stanisław Herbst, *Wojna inflancka 1600–1602*, Warszawa 1938, S. 10; *Historia Gdańska...*, Bd. 2, S. 599.

89 Siehe oben, S. 122 f.

90 Bezeichnend ist die Erklärung Andrzej Leszczyńskis vor den auf dem Reichstag von 1605 erschienenen protestantischen Senatoren und Städtevertretern in der Marienburger Sache, APT Kat. II, XIII–10, Bl. 201–208; darin heißt es u.a.: Das Vorgehen der protestierenden Marienburger Gemeinde wie auch der königlichen Kommissare sei „nicht allein in Religionis Sachen un erhöret, sondern auch der Nobilität und Städten sehr gefährlich wie denn auch der selbe Proceß ihnen in der landt boten Stube nicht allein promove Confoederatione und in Schlüßung unter derselben sehr hinderlich; sondern auch verkleinerlich ist und zwar desto mehr das die Religionis Verwandten, so ein ander bitlich bey stehen so wieder ein ander auf wiegeln und tumultuieren. Es wäre fast nur ein einzig Subsidium übrig alß die Confoederation, vermöge welchem der gemeine friede kan erhalten werden in welcher Confoederation nicht allein die Nobilität sondern auch die Städte begriffen.“

91 Genau analysiert bei G. Schramm, *Der polnische Adel...*, S. 303 ff.; siehe auch W. Krasiński, *Zarys dziejów...*, Bd. 2, T. 2, S. 113–119.

92 *A.a.O.*, S. 314. – Der von Schramm unternommene Vergleich mit der gegenläufigen Entwicklung in Ungarn zeigt in der Tat überzeugend, daß letztlich der Mangel an Konfliktstoff zwischen König und Magnatenschaft die politische Niederlage des Protestantismus in dieser Phase besiegelte. Nur wenn die protestantische Ständebewegung an primäre Interessen der polnisch-litauischen Elite an einer ständischen Profilierung gegenüber der Krone hätte anknüpfen können, hätte sich auch der politische Druck in der Bekenntnisfrage aufrechterhalten bzw. steigern lassen. Vgl. auch Henryk Wisner, *Walka o realizację konfe-*

Für die Städte sollte diese Entwicklung vor allem dadurch folgenreich sein, daß in der Reichstagspolitik die Bekenntnisfrage zusehends ihre politikleitende Funktion verlor. Denn es war nicht allein das rasche Schrumpfen des protestantischen Lagers, welches den ständepolitischen Einfluß der preußischen Räte untergrub, sondern mehr noch die Einebnung der konfessionellen Parteienfronten im Zeichen eines überragenden Interesses an deren Entpolitisierung. In der fortdauernden parlamentarischen Auseinandersetzung über die Dissidentenrechte sollte es künftig nur noch um die Toleranzfrage an sich gehen,[93] und hier gab es bald keinen Spielraum mehr, die Solidarität der protestantischen Stände im Interesse einer städtischen Autonomiepolitik wirksam werden zu lassen.

Wenn die Veränderung des ständepolitischen Aktionsrahmens der städtischen Politik namentlich im Fall Danzigs in engem zeitlichen Kontext mit der Wende in der innerstädtischen Bekenntnisentwicklung stand, dann läßt sich daraus freilich auch nicht auf einen gleichsam linearen Kausalzusammenhang schließen. Denn so unverkennbar der Weg der Städte in die reformierte Konfessionalisierung auch von der die städtische Autonomie begünstigenden Funktion dieser Richtungsentscheidung bestimmt worden ist, so wenig kann doch von einer in ähnlicher Weise politisch intendierten, geschweige denn gelenkten Option für die lutherische Richtung die Rede sein.[94] Der Übergang von dem ständepolitisch integrativ wirkenden reformierten Bekenntniskurs zu einem Sonderweg im Zeichen der lutherischen Konfessionalisierung vollzog sich vielmehr im Rahmen eines krisenhaften Prozesses der konstitutionellen Ausgrenzung, in dem die Städte mehr Objekt als Subjekt des politischen Wandels gewesen zu sein scheinen. Uns sollen hier nicht mehr die einzelnen Abläufe dieser Entwicklung beschäftigen, wohl aber – in einem Ausblick – die wichtigsten Faktoren, die dabei eine Rolle gespielt haben.

So ist zunächst ein allgemein wirksamer politischer Funktionswandel des Konfessionellen nach der Wende zum 17. Jahrhundert zu beachten. Nicht nur für die Städte des Königlichen Preußen galt offenbar, daß sich einerseits die Bekenntnisentwicklung zunehmend gegenüber der anfänglich markanten politischen Steuerung verselbständigte und zugleich verfestigte, andererseits aber der politische Druck, der aus der Instrumentalisierung der Bekenntnisunterschiede in den äußeren Konflikten erwuchs, eher zunahm.[95] In einer gegen Ende der Konfessionsbildung wie auch der

deracji Warszawskiej za panowania Zygmunta III Wazy, in: *Odrodzenie i Reformacja w Polsce*, Bd. 20 (1975), S. 21–43.

93 Auf die wichtigen Beobachtungen von M. Korolko, *Klejnot...*, wonach die Widerstände gegen die gegenreformatorische Unterwanderung des Toleranzrechts der Warschauer Konföderation wesentlich länger dauerten, als in der älteren Historiographie angenommen wurde, ist mit Recht nachdrücklich hingewiesen worden bei G. Schramm, *Ein Meilenstein der Glaubensfreiheit...* Doch widerlegt dies letztlich nicht Schramms eigenen Befund, daß die politische Marginalisierung der protestantischen Dissidenten mit dem Ausgang des Rokosz besiegelt war.

94 Die vom Verfasser früher geäußerte gegenteilige Annahme (siehe M. G. Müller, *Zur Frage der Zweiten Reformation...*) wird bereits durch die Umstände des konfliktreichen Übergangs zur lutherischen Konfessionalisierung im Grunde widerlegt; siehe oben, Kap. II.7.

95 Der Vergleich zwischen der Thorner Synode von 1595 und dem Colloquium Charitativum von 1645 im Blick auf die jeweiligen politischen Funktionen macht diesen Wandel deutlich. Während das unionsprotestantische Einigungswerk der Thorner Synode unverkennbar unter einem ständepolitischen Primat der Parteienintegration stand, der sich letztlich auch in den theologischen Fragen gegen den Bekenntnispartikularismus durchsetzte, ging es bei der Initiative von 1645 politisch nur mehr um das Kalkül der katholischen Seite, die Ausgleichsbestrebungen an der theologischen Kontroverse sich festfahren zu lassen, um

Gegenreformation weitgehend stabilisierten Struktur von Bekenntnisregionen schien sich die religiös begründete Intervention als politisches Konfliktmuster dauerhaft einzuspielen.

Die Beobachtung, daß es in den Beziehungen innerhalb der polnisch-litauischen Adelsgesellschaft gerade jetzt zu einer relativen Entpolitisierung des Bekenntnisdissenses kam, widerspricht diesem Befund denn auch nur scheinbar, zeugte es doch auf spezifische Art von der Instrumentalisierung des Konfessionellen, wenn der Prozeß der Gegenreformation nunmehr in den Dienst eines ständeintegrativen Programms gestellt werden konnte. Dabei blieb der König hier gewiß ebenso wie in seiner Politik gegenüber den städtischen Protestanten in Preußen an den religiösen Grundkonsens mit der katholischen Elite des Unionsstaats wie auch an dessen Konfessionsrecht gebunden. Doch anders als in der Frühphase von protestantischer Konfessionalisierung und Gegenreformation sollten es künftig allein außerkonfessionelle Motive sein, welche sowohl über den Zeitpunkt als auch die Ziele religiös beziehungsweise religionsrechtlich legitimierter Intervention entschieden. So gab es gute Gründe dafür, daß Samuel Pufendorf gerade das Eingreifen König Johann Kasimirs in Danzig von 1651 als Exempel für eine gleichsam vollständig säkularisierte Konfessionspolitik anführen konnte.[96] Tatsächlich waren nicht nur die konfessionellen Interventionsanlässe spätestens jetzt austauschbar geworden, indem die Krone ihre Auslegung des städtischen Konfessionsstandes gegenüber der Argumentation von 1605/06 umgekehrt hatte.[97] Vielmehr galt auch, daß weder hier noch bei einer anderen königlichen Intervention in bezug auf die Danziger Bekenntniskonflikte zwischen 1606 und 1677 eigentlich kirchliche Forderungen von seiten des Interventen ins Spiel gebracht wurden.[98] Die „konfliktführende“ Funktion des Konfessionellen[99] erscheint also zumindest auf dieser politischen Ebene seit der Jahrhundertwende weitgehend auf den legitimatorischen Aspekt reduziert.

aus der Polarisierung Ansatzpunkte für eine Politik der Konfrontation gegenüber den Dissidenten zu gewinnen. Dabei ist vor allem bezeichnend, daß die protestantischen Stände sich 1645, obwohl sie sich über die negativen Auswirkungen klar waren, der konfessionellen Konfrontation nicht zu entziehen vermochten. Diese Aspekte sind am besten gesehen bei K. E. J. Jørgensen, *Ökumenische Bestrebungen...*, S. 313 ff. bzw. 389 ff.

96 Siehe Samuel Pufendorf, *De rebus suecicis,* Lib. XXIII, Utrecht 1686, S. 35. Das überraschende Eingreifen des Königs gegen die Danziger Lutheraner zugunsten der Reformierten schreibt er mit Recht dem Versuch einer gezielten Destabilisierung des stadtkirchlichen Konsolidierungsprozesses in Danzig zu: „...non quod iste hoc magis, quam illos amaret, sed ut firmata parte invalida, Civitatem divisam teneret, destinatii suis commodius aliquando userendis.“

97 Siehe oben, S. 157 f.

98 So gehörte es denn auch zu den mehrfach wiederholten politischen Irrtümern der Kontrahenten des Danzigers Rats, daß sie die Unterstützung des Königs durch Konzessionen an die Danziger Katholiken gewinnen zu können meinten. In keinem der Konflikte bis 1651 jedenfalls sollte es darüber zu einer auch nur taktischen Annäherung der königlichen Politik an die Opposition der Bürgerschaft kommen; daß aber Sobieski 1677 die Frage in einem bestimmten Stadium der Interventionskrise doch in den Vordergrund rückte, lag vor allem an der Notwendigkeit, den Kurs gegenüber den Danziger Räten kurzfristig zu korrigieren. Die Durchsetzung einer stärkeren katholischen Präsenz in der Stadt hatte eine Art Ersatzfunktion, nachdem die eigentlichen militärisch-seepolitischen Ziele der Intervention schon im Krisenverlauf obsolet geworden waren. Siehe E. Cieślak, *Walki społeczno-polityczne...*, S. 173 ff.

99 Im Sinne der Definition von Schilling; siehe oben, S. 14, Anm. 19.

Der auch innerstädtisch komplizierte Prozeß der Reintegration der Stadtgemeinden im Zeichen des Luthertums traf somit auf äußere Bedingungen, welche in dieser Beziehungskonstellation eine Entschärfung der Bekenntnisgegensätze im Grunde von vornherein ausschlossen. Denn es gab für die Städte offenkundig keine realistische kirchenpolitische Position im Rahmen des Protestantismus mehr, die der instrumentellen Infragestellung durch deren politische Kontrahenten entzogen gewesen wäre. Nicht nur der Verlust des konfessionell vermittelten Beziehungsgefüges, sondern auch die bewußte Öffnung für ein ständiges Interventionsrisiko mußte mit dem langen Übergang zum lutherischen Bekenntnisstand in Kauf genommen werden.

Die konfessionspolitische Einkreisung der großen preußischen Städte war ihrerseits jedoch gleichermaßen Instrument wie Symptom für einen komplexeren Prozeß der Aushöhlung der Stadtautonomie, der seit der Wende zum 17. Jahrhundert neue Dynamik gewann. Diese Entwicklung hatte zunächst eine landespolitische Komponente, und zwar darin, daß die Rolle der Hauptkontrahenten der protestantischen Städte hier von den geistlichen Landesräten zunehmend auf die aktiveren katholischen Unterstände überging. Während die Revindikationsbestrebungen der Bischöfe mit der Entschärfung des Pfarrkirchenstreits an politischer Durchschlagskraft verloren,[100] war es nun der Landesadel, welcher die Bekenntnisfrage forciert gegen die Städte, vor allem Danzig, auszuspielen versuchte, um deren informellen Einfluß bei den Ständen des Unionsstaats zu unterlaufen. Es ging um das klar umrissene Interesse der preußischen „szlachta", den großen Städten die Grundlage für ihr „magnatisches" Handeln sowohl gegenüber den Reichstagsständen als auch in der Landespolitik zu entziehen.[101]

Seit 1606 traten so die katholischen Landboten des preußischen Generallandtags der städtischen Argumentationsrichtung in der Toleranzfrage mit einem eigenen Programm entgegen. Indem sie die Städte auf strikte Wahrung ihres lutherischen Konfessionsstandes verpflichteten und den davon abweichenden protestantischen Bekenntnissen den Rechtsschutz durch die Warschauer Konföderation absprachen,[102] kam es ihnen nicht nur darauf an, in den akuten Konflik-

100 Zwar konnte von einem Ausgleich nur bedingt die Rede sein, da die in den einzelnen Städten zu unterschiedlichen Zeitpunkten getroffenen Regelungen in bezug auf die Oberpfarrkirchen die anderen offenen Streitfragen, vor allem die der jesuitischen Niederlassungen, keineswegs entschärften. Doch stellte der Ausgang der Interventionskonflikte in Marienburg und Danzig insofern auch hier eine Zäsur dar, als die Bischöfe die Revindikationsfrage fortan nicht mehr in der Perspektive eines Durchbruchs der Gegenreformation in den Städten verfolgten; auf der Grundlage eines konsolidierten konfessionellen Nebeneinanders sollte sich durchaus eine Koexistenz zwischen geistlichen und städtischen Landesräten und zwischen Thorn und dem Kulmer Bischof zeitweise sogar eine Kooperation einspielen.

101 Über den politischen Prozeß der Formierung des Landesadels gegen die Städte im Königlichen Preußen siehe A. Mączak in *Historia Pomorza...*, Bd. 2, T. 1, S. 355 ff. und über die Auseinandersetzungen auf der Ebene der Landtagspolitik neuerdings auch die genaue organisationsgeschichtliche Untersuchung von Zb. Naworski, *Sejmik generalny...*

102 Siehe G. Lengnich, *Geschichte der Preußischen Lande...*, Bd. 5, S. 31 f. – Es ging um die Forderung, in die Instruktionen des Generallandtags für die preußischen Landboten auf dem Reichstag von 1606 einen Passus aufzunehmen, der die Städte zur alleinigen Duldung katholischer und augsburgischer Konfessionsverwandter verpflichtete sowie speziell die Thorner Räte für ihre obstinate Haltung gegenüber den Jesuiten tadelte. Dagegen verwahrten sich die Thorner mit dem Argument: „Blos denen Römisch-Catholischen und Augspurgischen Confeßions-Verwandten die Gewissens-Freyheit verstatten [zu] wollen, lieffe wieder die polnische Religions-Verbündung", was wiederum den Anlaß für eine Grundsatzdebatte des Landtags über die Gültigkeit der Warschauer Konföderation gab.

ten um Marienburg und Danzig die Partei der katholischen Ratskontrahenten zu stärken. Zur Debatte stand vielmehr auch die grundsätzliche Frage einer dem Adel genehmen Umdeutung des Status der königlichen Städte. So wenig diese in Religionssachen etwas anderem zu folgen hätten als ihren Separatprivilegien sowie dem Schiedsspruch ihrer Bischöfe als „inter pretes legis Divinae", so wenig sollten sie sich auch in weltlichen Dingen auf „die polnischen Constitutiones", das heißt auf andere Autoritäten als den königlichen Stadtherrn berufen dürfen.[103]

Zwar konnte das politische Gewicht dieser Konkurrenzbestrebungen der Unterstände begrenzt erscheinen, weil der Versuch, die großen Städte in ähnlicher Weise wie die kleinen durch einen frontalen Angriff auf ihre landesständische Position abzudrängen,[104] schlicht an deren wirtschaftlichem und militärischem Übergewicht im Lande scheitern mußte. Doch gewann das konstitutionelle wie konfessionspolitische Abrücken des Landesadels von den Städten offenbar in dem Maße an Bedeutung, wie sich die Stimmung der polnisch-litauischen Stände mehr und mehr gegen das protestantische Bürgertum in Preußen richtete. Jedenfalls sollte die Haltung der Landesstände die Argumente dafür liefern, daß man Władysław IV. 1634 riet, im Blick auf seine Kriegspläne in Livland grundsätzlich mit dem „dominium absolutum" der Danziger Räte aufzuräumen,[105] und als der König aufgrund der Gravamina des preußischen Adels 1641 eine Kommission unter Vorsitz des Krakauer Bischofs einsetzte, welche die Klagen gegen die preußischen Städte untersuchen sollte,[106] war von einer Intervention protestantischer Reichstagsstände, um die Sache an den Sejm zu verweisen, nicht mehr die Rede.

Der dominante Faktor im Prozeß der Aushöhlung der Städteautonomie war jedoch offenkundig die mächtepolitische Überformung des alten städtischen Beziehungsgefüges durch das nun unmittelbare Ausgreifen des polnisch-schwedischen Ostseekonflikts auf das Königliche Preußen. Zwei Wirkungsrichtungen dieser Entwicklung hatten sich seit dem Livländischen Krieg bereits klar abgezeichnet. Ein festerer handelswirtschaftlicher und militärischer Zugriff des frühmodernen Machtstaats auf die zentralen Ostseezugänge, um den es nicht nur in der „Seepolitik" der polnischen Könige, sondern auch bei deren schwedischen, Moskauer und brandenburgischen Kontrahenten ging, mußte unweigerlich damit verknüpft sein, daß die drei großen Städte ihre in nachhansischer Zeit stark ausgebaute regionale Machtstellung und vor allem Danzig seine faktische Seehoheit wiederum zum Teil, wenn nicht ganz einbüßten.[107] Und ebenso galt, daß die Städte bei der Abwehr dieses Risikos weder auf eine frontale Konfrontation mit dem polnisch-litauischen Unionsstaat noch gar auf die Anlehnung an eine der anderen Ostseemächte setzen konnten,[108] sondern allein auf den Versuch, die konkurrierenden politischen Kräfte innerhalb des

103 Explizit argumentierte so die katholische Partei, als es unter den preußischen Landesvertretern auf dem Reichstag von 1606 zu einer Fortsetzung der Kontroverse des Generallandtags kam; siehe den Bericht darüber an den Thorner Rat vom 7. 6. 1606, APT Kat. II, XIII–10, Bl. 215–219.

104 Siehe oben, Anm. 16.

105 So in einer anonymen Denkschrift für den König, zitiert nach *Historia Gdańska...*, Bd. 2, S. 630.

106 G. Lengnich, *Geschichte der Preußischen Lande...*, Bd. 6, S. 180.

107 Genau bei K. Zernack, *Das Zeitalter der nordischen Kriege...*, passim.

108 Die von der Landesgeschichtsschreibung beider Seiten aufgeworfene Frage nach der Loyalität der großen Städte in bezug auf den Unionsstaat erweist sich vor diesem Hintergrund als durchaus künstlich. Die städtischen Quellen geben keinen Hinweis darauf, daß die Erwägung einer Orientierung an Brandenburg oder gar Schweden als Alternative zur Zugehörigkeit der Städte zur Republik jemals im Gespräch gewesen wäre. – Die Forschungsdiskussion darüber ist in diesem Punkt resümiert bei E. Cieślak in *Historia*

Landes wie des Unionsstaats im Interesse des eigenen Vorteils auszubalancieren. Eine Wiederholung der Situation aus der Zeit nach 1560, als das Widerstreben der Städte gegen eine Einbindung in die Livlandpolitik Sigismund Augusts Krone und Stände in eine antistädtische Front zusammenzuführen drohte,[109] mußte vor allem durch eine behutsame „Parteienpolitik" vermieden werden.

Während sich aber der Spielraum der Städte gerade in dieser Hinsicht nach der Jahrhundertwende rasch verringerte, schienen sich gleichzeitig die Konfliktanlässe vor dem Hintergrund des polnisch-schwedischen Gegensatzes stetig zu mehren. Schon in den Auseinandersetzungen um die 1600 verhängte Sperre des Schwedenhandels sowie den 1606/07 kulminierenden Seekrieg polnischer Kaperschiffe[110] hatte sich die Danziger Neutralitätspolitik an den gegenläufigen Interessen beider Kriegsparteien de facto festgefahren. Indem aber die schwedische Invasion von 1626 das Königliche Preußen selbst erstmals zum Kriegsschauplatz machte, wurde auch die direkte Einbeziehung der Städte in die politisch-militärischen Fronten unausweichlich. Das hieß, die Frage der konstitutionellen wie konfessionsrechtlichen Loyalität der preußischen Städte zum Unionsstaat sollte sich akut politisieren, und welche Richtung die Entwicklung hier nahm, hing weniger von der jeweiligen Option der Städte als von der Eigendynamik der Kriegsverläufe ab.

Selbst der konsequent durchgehaltene Widerstand Danzigs gegen die Schweden im „großen Preußischen Krieg" von 1626 bis 1629 ließ sich in dieser Konstellation nicht in einen politischen Stabilisierungserfolg ummünzen. Zwar sollte der Reichstag den Danziger Kriegseinsatz 1628 mit der Aufhebung der Englischen Kompanie im schwedisch besetzten Elbing honorieren.[111] Doch wies die Tatsache, daß Polen und Schweden sich 1629 im Waffenstillstand von Altmark sowie 1635 im Vertrag von Stumsdorf ohne Beteiligung der Räte über die Danziger Zölle verständigten, deutlich in eine andere Richtung. Die Stadt mußte sich nicht nur mit der mächtepolitischen Reglementierung ihres Handelsverkehrs und 1636 auch mit einer entsprechenden Teilrevision des Pfahlgeldvertrags[112] abfinden. Sie sah sich vielmehr durch einen wohlkalkulierten Konfrontationskurs Władysławs IV. in der Zoll- und Flottenfrage seit den vierziger Jahren in eine unfreiwillige Zwischenstellung zwischen den Konfliktparteien gedrängt.[113] Nicht anders als für Thorn und Elbing lief die Entwicklung damit am Ende auch für Danzig auf eine politische Ausgrenzung hinaus, für welche die konfessionelle Identifikation der Städte mit dem schwedischen Kontrahenten eine ideologisch griffige Formel anbot.

Gdańska..., Bd. 2, S. 754 ff.; siehe auch S. Salmonowicz, *Preußen Königlichen Anteils...*, S. 68 f. sowie im Blick auf die Beziehungen zum Herzogtum Preußen Janusz Małłek, *Das Königliche Preußen und der brandenburgisch-preußische Staat in den Jahren 1525–1772*, in: *Schlesien und Pommern in den deutsch-polnischen Beziehungen vom 16. bis 18. Jahrhundert. XIV. deutsch-polnische Schulbuchkonferenz der Historiker*, Braunschweig 1982, S. 31–43.

109 Zum Charakter der Krise der sechziger Jahre des 16. Jahrhunderts präzis H. Samsonowicz in *Historia Gdańska...*, S. 289 ff. Danach bestand die Brisanz der Krise für die Städte vor allem darin, daß an dem Konflikt in bezug auf deren Haltung zum Livländischen Krieg der Gegensatz zwischen städtischem Partikularismus und „Staatspolitik" erstmals zentral ins politische Bewußtsein trat und mit der Berufung der „Komisja Morska" in eine breite ständische Mobilisierung gegen die Stadtautonomie einmündete.

110 *Historia Gdańska...*, Bd. 2, S. 599 f.

111 *A.a.O.*, S. 618.

112 *Ebda.*

113 *A.a.O.*, S. 632 ff.

Daß schließlich der zweite Nordische Krieg, die „Sintflut" der schwedischen Invasion von 1655 bis 1660, mit der erzwungenen Stillstellung des Konflikts zwischen Städten und Unionsstaat endete, hat deren politisch-konstitutionelles Auseinanderdriften nicht mehr aufgehalten. Die gegen Ende des 17. Jahrhunderts erreichte Stabilisierung sowohl der kirchlichen als auch der politischen Stadtautonomie beruhte im wesentlichen darauf, daß Polen-Litauen seine staatliche Integrationskraft in der außenpolitischen Katastrophe der Jahrhundertmitte weitgehend eingebüßt hatte; die faktische Dezentralisierung des ständischen Gefüges im Zeichen der „Landtagsherrschaft" schuf eben auch im Königlichen Preußen Spielräume für einen politischen Sonderweg der Städte.[114] Dabei aber galt, daß der nach 1600 schrittweise aufgegebene Horizont einer auf die Konfession begründeten städtischen „Parteienpolitik" jetzt nicht mehr durch ein ähnlich funktionierendes System kirchen- und ständepolitischer Verbindungen ersetzt wurde.

Die oben angedeutete These, daß die Neuorientierung der Städte am Luthertum politikgeschichtlich mit einer Fundamentalkrise der städtischen Autonomie verknüpft war, scheint denn auch schlüssig. Gewiß konnten die großen Städte das Scheitern ihrer konstitutionellen und konfessionellen Integration in den Unionsstaat dank ihrer regionalen Vormachtstellung lange Zeit kompensieren. Doch blieb das Konfliktpotential, das vor dem Hintergrund dieses Scheiterns angewachsen war, ungemindert. Als nach dem großen Nordischen Krieg die Frage der Städteautonomie im Zeichen der wettinischen Integrationsbestrebungen erneut akut wurde, brachen die politischen wie die konfessionellen Konflikte exakt entlang den Fronten des 17. Jahrhunderts mit Vehemenz wieder auf.[115]

III.2. „Status Reipublicae temperatus."[116] Konfessionalisierung und Stadtverfassung

Wenn die politik- und gesellschaftsgeschichtlichen Aspekte der Konfessionalisierung die deutsche Forschung seit längerem intensiv beschäftigen, so vorrangig unter der Frage nach der Entstehungsgeschichte des frühmodernen Territorialstaats.[117] Es waren die reformierten Reichsterritorien, deren Entwicklung das Interesse an einer systematischen Untersuchung der Wechselwirkungen zwischen konfessioneller Integration und staatlicher Strukturbildung geweckt hat,[118] und mit der Einbeziehung der anderen Bekenntnisse ist darüber eine vergleichende Diskussion

114 S. Salmonowicz, *Prusy Królewskie...*, S. 54 f., sowie J. Małłek, *Stany Prus Królewskich...*, S. 71–81.

115 Dazu besonders Jerzy Dygdała, *Życie polityczne Prus Królewskich u schyłku ich związku z Polską w XVIII wieku*, Toruń 1985.

116 Als „Status Reipublicae temperatus ex Aristocratia et Democratia" wurde speziell die Danziger Verfassungslage gesehen bei Bartholomäus Keckermann; dazu ausführlich Th. Schieder, *Deutscher Geist...*, S. 41 f.

117 Dabei ist mit dem Begriff der Konfessionalisierung eigentlich bereits eine politik- und gesellschaftsgeschichtliche Fragerichtung impliziert; siehe Heinz Schilling, *Konfessionsbildung und Konfessionalisierung*, T. 1, in: *Geschichte in Wissenschaft und Unterricht*, Bd. 42 (1991), S. 447–463.

118 Siehe Th. Klein, *Der Kampf um die Zweite Reformation...*; Volker Press, *Calvinismus und Territorialstaat. Regierung und Zentralbehörden der Kurpfalz 1559–1619*, Stuttgart 1970; H. Schilling, *Konfessionskonflikt...*

in Gang gekommen, die inzwischen auf ein weitgehend akzeptiertes Deutungskonzept für das Epochenphänomen Konfessionalisierung zuzulaufen scheint.

Sowohl im protestantischen als auch im katholischen Umkreis war danach im Reich die Konsolidierung der Bekenntniskirchen nach 1555 funktional in erster Linie auf den Prozeß der „Territorialisierung" bezogen. Das heißt, nachdem die Reformation ihre Dynamik als städtische „Bürgerbewegung" erschöpft hatte, trat auch hier die Initiative der weltlichen Landesherrn in den Vordergrund, wobei sich „territoriale Intensivierung, administrative Erneuerung und konfessionelle Durchdringung" nun auf engste verbanden.[119] Nicht nur in bezug auf die sakrale Rechtfertigung von Herrschaft, sondern auch in ihren institutionellen Wirkungen war die Konfessionalisierung auf diese Weise unmittelbar Bestandteil der vormodern-territorialen Staatsbildung und möglicherweise sogar deren „in Deutschland notwendig zu durchlaufende Frühphase".[120]

Für eine solche Akzentuierung des Problems spricht im Blick auf das Reich, daß die Städte hier nach der Mitte des 16. Jahrhunderts deutlich in den Sog der Territorialisierung geraten waren. Nicht nur der in der Reformation zeitweise wieder gestärkte gemeindlich-genossenschaftliche „Kommunalismus" an sich geriet durch den Intensivierungsprozeß der Landesherrschaft unter Druck, sondern die Städte schienen auch dort, wo ihre politischen Eliten die herrschaftlich-administrativ ausgerichtete Umformung des traditionellen Bürgerverbandes betrieben, in der Konkurrenz mit den Territorien zurückzubleiben.[121] Dem entsprach offenbar eine andere, ambivalentere Funktion des Konfessionellen. Zwar konnte das Stadtregiment vielfach von der Durchsetzung des konfessionellen Kirchenwesens profitieren, namentlich dort, wo der Übergang zum Protestantismus eine neue religiöse Legitimation für das weltliche Regiment geschaffen, aber auch die Übernahme ehemals kirchlicher Funktionen durch dieses, vor allem im Schul- und Armenwesen, ermöglicht hatte. Doch sollte es in der Regel nicht gelingen, die kirchliche Entwicklung unmittelbar und vollständig in die obrigkeitlichen Formierungsbestrebungen im städtischen Rahmen einzufügen. Denn weder war die auf Landeskirchen ausgerichtete institutionelle Verfestigung der Bekenntnisse unmittelbar im Sinne der Bedürfnisse der städtischen Obrigkeiten zu steuern, noch ließ sich auch im protestantischen Milieu vermeiden, daß die Geistlichkeit sich in der Stadtgesellschaft vielfach als eine gegenüber dem Ratsregiment relativ autonome Gruppe mit eigenen Einflußmöglichkeiten etablierte.[122] Welches Verhältnis sich zwischen konfessioneller Kirche und Stadtregiment einspielte, hing jedenfalls von je besonderen, stets aber zu einem großen Teil außerstädtischen Faktoren ab.

Schon in der Ausgangslage erscheinen die Analogien zwischen den städtischen Entwicklungen im Reich und im Königlichen Preußen als begrenzt. Wohl gilt, daß hier die vordergründigen Abläufe der Zweiten Reformation und vor allem ihres Scheiterns ein allgemein städtetypisches Grundmuster aufweisen. Denn auch in Danzig, Elbing und Thorn stieß das reformierte Bekenntnis in ähnlicher Weise auf spontanen und kategorischen Widerstand seitens der Bürgerschaft wie

119 So V. Press, *Die „Zweite Reformation"...*

120 H. Schilling, *Die Zweite Reformation als Kategorie...*, S. 393. Forschungsberichte: ders., *Die Konfessionalisierung im Reich...*, sowie die Einleitung bei Ronnie Po-Chia-Hsia, *Social Discipline in the Reformation*, London 1989. Für den lutherischen Umkreis jetzt auch H.-Chr. Rublack (Hrsg.), *Die lutherische Konfessionalisierung...*

121 Siehe B. Moeller, *Reichsstadt...*, S. 10 ff.; H. Schilling, *Aufbruch und Krise...*, S. 313 ff.

122 Volker Press, *Stadt und territoriale Konfessionsbildung*, in: *Kirche und gesellschaftlicher Wandel in deutschen und niederländischen Städten der werdenden Neuzeit*, hrsg. von Franz Petri, Köln-Wien 1980, S. 251–296.

in den Städten des Reichs,[123] und hier wie dort waren als Motive dafür sowohl soziale Vorbehalte gegen die elitären Trägerschichten der Zweiten Reformation im Spiel[124] als auch eine in der spezifischen „Frömmigkeitskultur“ der städtischen Mittel- und Unterschichten begründete Abneigung gegen die reformierten Kirchenbräuche an sich.[125] Jedoch die gesellschaftlichen und konstitutionellen Politikfelder, denen sowohl die Kirchenpolitik der Räte als auch die Gegenbewegungen der Bürgerschaft jeweils zugeordnet waren, weichen deutlich voneinander ab. Anstatt in Konkurrenz zur Landesherrschaft vollzog sich in Preußen der Wandel der Stadtverfassung im Zeichen einer von außen weitgehend unangefochtenen Konzentration und Intensivierung des patrizischen Stadtregiments, die ihrerseits gewisse Züge von „Territorialisierung“ zu tragen schienen. Und indem diese Tendenzen durch eine singuläre wirtschaftliche Entwicklung im 16. Jahrhundert unterstützt wurden, kam die faktische Ablösung der spätmittelalterlichen Verfassungslage aus eigenen Antrieben hier auch deutlich rascher als in den deutschen Reichsstädten voran.

So erscheint die Epoche nach 1525 im Königlichen Preußen vor allem von der institutionellen Ausformung jener städtischen beziehungsweise städtisch-territorialen Untertanenverbände geprägt, welche bereits um die Jahrhundertwende de facto an die Stelle der genossenschaftlich verfaßten Bürgergemeinden der alten kolonialen Rechtsstädte getreten waren.[126] Nachdem sich das oligarchische Ratsregiment in der Abwehr der „Bürgerkämpfe“[127] politisch und, vor dem Hintergrund einer rapiden Professionalisierung des Stadtregiments, auch institutionell behauptet hatte, strebten die Räte nun in allen drei großen Städten danach, ihre politisch-administrativen Lenkungsfunktionen schrittweise zu erweitern. Dabei ging es einerseits um die Intensivierung des Stadtregiments mit dem Ziel der Konzentration der städtischen Ressourcen auf neue „Staatszwecke“ wie Bildung, Verteidigung oder öffentlicher Stadtausbau,[128] anderseits aber auch

123 Ein Überblick über das Schicksal des Calvinismus in den Städten des Reichs bei H. Schilling, *Die Zweite Reformation als Kategorie...*, S. 422–427.

124 Dazu auch P. Münch, *Volkskultur und Calvinismus...*

125 Siehe H. Schilling, *Die Zweite Reformation als Kategorie...*, S. 422–427.

126 Zum Verfassungswandel in den großen Städten um die Wende zum 16. Jahrhundert allgemein *Historia Pomorza...*, Bd. 2, T. 1, S. 240 ff.; ferner G. Lengnich, *Ius publicum civitatis Gedanensis...*, S. 322 ff.; *Historia Gdańska...*, Bd. 2, S. 246 ff.; E. Cieślak, *Walki społeczno-polityczne...*, S. 13 ff.; L. Koczy, *Dzieje wewnętrzne Torunia...*, S. 11 ff.; Helena Piskorska, *Organizacja władz i kancelarii miasta Torunia do 1793 r.*, Toruń 1956, passim; *Historia Torunia...*, Bd. 2, T. 2, S. 23 ff.; E. Carstenn, *Geschichte der Hansestadt Elbing...*, S. 316 ff.

127 Zur umfangreichen Diskussion über das Phänomen der „Bürgerkämpfe“ u. a. Karl-Heinz Blaschke, *Die Revolution von 1525*, München 1981; B. Moeller, *Reichststadt...*, S. 10–18; Heinz Schilling, *Bürgerkämpfe in Aachen zu Beginn des 17. Jahrhunderts. Konflikte im Rahmen der alteuropäischen Stadtgesellschaft oder im Umkreis der frühbürgerlichen Revolution?*, in: *Zeitschrift für historische Forschung*, Bd. 1 (1974), S. 175–231.

128 Wichtige Überlegungen dazu im Zusammenhang mit dem städtischen Reformprogramm des Thorner Bürgermeisters Heinrich Stroband jetzt bei B. Dybaś, *Strobandowska koncepcja...*; siehe auch H. Rietz, *Burmistrz Henryk Stroband...*, sowie allgemein die umfangreiche bildungsgeschichtliche Literatur, nachgewiesen bei Stanisław Salmonowicz, *Jesuitenschulen und akademische Gymnasien in Königlich Preußen (16.–18. Jh.). Vergleichende Betrachtung*, in: *Wkład Pomorza Gdańskiego do rozwoju nauki i oświaty. Materiały z Ogólnopolskiej Sesji Naukowej, 10–11 XI 1983*, Red. Kazimierz Kubiak (= *Zeszyty Naukowe Wydziału Humanistycznego Uniwersytetu Gdańskiego*, Nr. 15 [1985]), S. 15–27, sowie bei M. Pawlak, *Studia uniwersyteckie...*

darum, das städtische Institutionengefüge insgesamt obrigkeitlich zu monopolisieren. Beide Zielrichtungen reflektierte denn auch das neuartige *Res Publica*-Verständnis der preußischen Patrizier, welches sie freilich mit den meisten humanistisch gebildeten städtischen Eliten in Mitteleuropa geteilt haben dürften.[129]

Ferner gilt, daß der dadurch in Gang gebrachte Wandel der städtischen Verfassungsverhältnisse nachhaltig durch die Interessenlage der Ratsgeschlechter geprägt worden ist.[130] Während die Ausbildung institutioneller Strukturen grundsätzlich als Rationalisierung und Effizienzgewinn des Stadtregiments wirksam wurde, und zwar am deutlichsten im Bildungswesen und in der Sozialfürsorge, lief die Intensivierung obrigkeitlicher Kontrolle in anderen Bereichen zugleich darauf hinaus, „vorrationale" Verhältnisse im Interesse patrizischer Einflußsicherung zu bewahren. So galten die konsequenten Anstrengungen der Räte, Zünfte und verfaßte Bürgerschaft von den Stadtgeschäften fernzuhalten, nicht etwa nur der Zurückdrängung vormodern-korporativer Politikformen, sondern auch dem Bestreben, einer Verrechtlichung wirtschaftlich relevanter Funktionen der Stadtadministration entgegenzuwirken. Dies trat am deutlichsten in den Konflikten um die Verfügung über die Landgüter des Stadtterritoriums zutage, in denen sich noch nach der Mitte des 17. Jahrhunderts das partikulare Interesse durchsetzte, diese als die primäre agrarfeudale Subsistenzgrundlage der Ratsgeschlechter sowohl von freiem Erwerb als auch von „öffentlicher" Verwaltung strikt auszunehmen.[131]

Dieser widersprüchlichen Entwicklung schließlich entsprach im 16. und 17. Jahrhundert eine spezifische Konfiguration städtischer Verfassungskonflikte. Wohl gibt es Indizien dafür, daß auch in den drei preußischen Städten jener Übergang von städtisch-korporativen zu unmittelbar sozialen Gegensätzen wirksam war, welcher allgemein für die Stadtgesellschaften des 16. Jahrhunderts konstatiert worden ist.[132] Namentlich bei den „bürgerreformatorischen" Anläufen von 1524/25 spielte der „Hass gegen die Reichen"[133] gegenüber den traditionellen Motiven bürgerschaftlich-zünftiger Opposition gegen das Ratsregiment offenbar eine herausragende Rolle.[134] Doch bestimmten hier wie auch in den späteren innerstädtischen Krisen im Epochenverlauf letztlich nicht die sozial bedrängten Unterschichten der Bürgerschaft, sondern deren eher politisch als sozial benachteiligte Eliten die Konfliktabläufe auf seiten der Ratskontrahenten. Es war der Aus-

129 Siehe B. Moeller, *Reichsstadt...*, S. 17 f. – Über die politische Kultur der preußischen Patrizier u.a. M. Bogucka, *Życie codzienne...*, passim; S. Salmonowicz, *Kultura umysłowa...*; für den Anfang des 17. Jahrhunderts instruktive Beobachtungen auch bei K. Ogier, *Dziennik podróży...*, Bd. 2, Gdańsk 1953.

130 Systematische Untersuchungen dazu liegen allerdings bisher nur für Danzig vor; siehe Maria Bogucka, *Walka opozycji mieszczańskiej z patrycjatem gdańskim w drugiej połowie XVI wieku*, in: *Przegląd Historyczny*, Bd. 45 (1954), S. 408–459; dies., *Życie codzienne...*, S. 62 ff.; E. Cieślak, *Walki społeczno-polityczne...*, passim; *Historia Gdańska...*, Bd. 2, S. 208 ff. und 543 ff.

131 Dazu vor allem M. Biskup, *Über die Rolle...*, S. 56 ff.; *Historia Pomorza...*, Bd. 2, T. 1, S. 208 f.; in bezug auf Danzig John Muhl, *Danziger Bürgergeschlechter mit ländlichem Besitz*, in: *Zeitschrift des Westpreußischen Geschichtsvereins*, Bd. 71 (1934), S. 87–113; M. Bogucka, *Życie codzienne...*, S. 63 f.; *Historia Gdańska...*, Bd. 2, S. 549 ff.; *Historia Torunia...*, Bd. 2, T. 2, S. 35 ff.

132 Siehe W. Schulze, *Soziale Bewegung...*

133 Auf dieses Phänomen als Folge rapider wirtschaftlich-sozialer Differenzierung der Bürgergesellschaft namentlich in den Hansestädten wird hingewiesen bei B. Moeller, *Reichsstadt...*, S. 17.

134 Die Diskussion über die sozialen Trägerkräfte der ersten reformatorischen Anläufe wird resümiert bei G. Schramm, *Danzig, Elbing und Thorn...*, sowie jetzt auch bei M. Bogucka, *Reformation, Kirche und der Danziger Aufstand...*, und M. Biskup, *Stadt und Reformation...*

schluß von großen Teilen der wirtschaftlich-sozialen Führungsschicht vom aristokratischen Stadtregiment der alten Ratsgeschlechter, welcher den brisantesten innerstädtischen Gegensatz begründete.[135] Und obgleich dieser Gegensatz politisch, auf der Ebene der Ordnungsverfassung, als ein Konflikt in bezug auf die Beteiligung der Dritten Ordnung beziehungsweise der Präsentierten Gemeinde am Stadtregiment ausgetragen wurde, ging es doch eigentlich nicht mehr um die Infragestellung des obrigkeitlichen Regiments, sondern um die konkurrierenden Ansprüche, zu dessen Trägerschaft zu gehören.

Reformation und Konfessionsfrage nun erscheinen mit diesen Entwicklungen im Königlichen Preußen vor allem unter den folgenden beiden Gesichtspunkten verschränkt:

– Der Kurs der städtischen Räte bei der Einführung der Reformation wie in der reformierten Konfessionalisierung war ein funktionales Element jenes obrigkeitszentrierten „Stadtumbaus", welcher sich im Verlauf des 16. Jahrhunderts schrittweise durchsetzte. Die konfessionellen Richtungsentscheidungen der Stadteliten standen nicht nur im Zusammenhang mit dem Bedürfnis, das neue protestantische Kirchenwesen selbst im Sinne ihrer konstitutionellen Programmatik in das städtische Verfassungsgefüge einzugliedern.[136] Vielmehr haben offenbar auch die städtischen Reformbestrebungen im profanen Bereich erheblich, und zwar personell wie konzeptionell, vom Anschluß der Städte an den europäischen Calvinismus und dessen Kommunikationsgefüge profitiert. Besonders in dieser Hinsicht scheint es denn auch berechtigt, hier von Zweiter Reformation als einer gesellschaftsgeschichtlich spezifisch profilierten Variante der Konfessionalisierung zu sprechen.[137]
– Ebenso wie die Bekenntnispolitik der Räte weisen aber auch die lutherischen Gegenbewegungen der Ratskontrahenten offenkundig über den rein religiösen Zusammenhang hinaus. So ging es zum einen um den an das Luthertum geknüpften Anspruch der Geistlichkeit, einen eigenen, weitgehend ratsunabhängigen Einfluß innerhalb der Stadtgesellschaft auszuüben. Zum andern nutzte speziell in Danzig die führende Schicht der Bürgerschaft die Bekenntnisfrage für den Versuch, einen Konflikt mit den alten Ratsgeschlechtern auszulösen und deren Machtmonopol aufzubrechen. Dabei belegt das Scheitern beider Anläufe letztlich die Beharrungskraft des traditionalen oligarchischen Systems. Das endliche Einschwenken der Räte auf die lutherische Richtung aber war nicht zuletzt ein Indiz dafür, daß sich im Handlungshorizont der politischen Stadtelite eine programmatische Loslösung des weltlichen Regiments vom konfessionellen Kirchenwesen durchgesetzt hatte.

Die Tatsache, daß die reformierte Konfessionalisierung offenkundig mit der intensivsten Phase der institutionellen Erneuerung der Städte im Königlichen Preußen zusammenfiel, belegt freilich

135 *Historia Gdańska...*, Bd. 2, S. 212 f.

136 Siehe oben, Kap. II.4 und II.5.

137 Damit ist im Blick auf die Forschungskontroverse um die Kategorie der Zweiten Reformation gemeint, daß die hier untersuchten Beispiele die vielfach angefochtene ursprüngliche These von Heinz Schilling von einer idealtypischen Verknüpfung von gesellschaftlichem Wandel und Konfessionalisierung speziell im Reformiertentum in mancher Hinsicht zu stützen scheinen; siehe H. Schilling, *Die Zweite Reformation als Kategorie...*, besonders S. 430–434, sowie die kritischen Stimmen dazu in dem Band *Die reformierte Konfessionalisierung...*, passim. Freilich sind die Belege dafür aus dem preußischen Umkreis, wie noch zu zeigen sein wird, vor allem bildungs- und kommunikationsgeschichtlicher Art, knüpfen also nicht an eine theologische Argumentation an, wie sie bei H. Schilling (*Die Zweite Reformation als Kategorie...*, S. 434) u. a. eine Rolle spielt.

den angedeuteten Wirkungszusammenhang zunächst nur unvollständig. Zwar liegt es nahe, die durchaus grundsätzlich gemeinten Neuansätze der reformierten Räte bei der Formierung der Stadtgesellschaft[138] mit jener religiösen Programmatik einer „reformatio vitae" in Zusammenhang zu bringen, welche im Reich offenbar eine besonders enge Verbindung zwischen Calvinismus und Modernisierung der Territorialherrschaft begünstigt hat.[139] Doch gibt es auch hier Argumente dafür, die vordergründige Gleichgerichtetheit religiös-konfessioneller und gesellschaftlich-politischer Orientierungen interpretatorisch nicht zu stark zu betonen. Denn offensichtlich hatten einige der am Ende des 16. Jahrhunderts kulminierenden Wandlungsprozesse in den großen preußischen Städten nicht nur vorreformatorische Ursprünge, sondern auch eine die Abkehr vom Reformiertentum überdauernde Wirkungsgeschichte. Ferner fällt die Tatsache ins Gewicht, daß bei der Einführung des reformierten Bekenntnisses in den drei Städten die pragmatischen Entscheidungen in der Kirchenpolitik der Formierung der calvinistischen Elitengemeinden deutlich sichtbar vorausgegangen waren,[140] mithin erst relativ spät überhaupt mit einem dezidiert am Calvinismus orientierten Bewußtsein der Stadteliten gerechnet werden kann.[141] Schließlich gilt die allgemeine Einsicht, daß sich politisch-gesellschaftliche Optionen kaum schlüssig von theologischen Bekenntnispositionen herleiten lassen; die „Obrigkeitsnähe" der reformierten Theologen und Gelehrten etwa, die wir als ein epochentypisches Merkmal auch in den preußischen Städten durchgängig beobachten können, hatte in der calvinistischen Lehre an sich noch keine zwingende Begründung.[142]

Um so sicherer läßt sich jedoch nachweisen, daß obrigkeitliche und kirchliche Intentionen hier im Zeichen der Zweiten Reformation pragmatisch auf vielfältige Weise miteinander verbunden waren. Bezogen auf die Grundsatzfrage nach dem Verhältnis zwischen Stadtregiment und reformierter Geistlichkeit bedeutet das: Nicht nur die Umstände, unter denen die Gestaltung des weltlichen Kirchenregiments gegen den Einfluß des flacianischen Luthertums durchgesetzt worden war, hatten Räte und philippistische Geistlichkeit bereits in der Ausgangslage der sechziger und siebziger Jahre des 16. Jahrhunderts zusammengeführt. Vielmehr sollte der spezifische Verlauf der Konfessionalisierung in den Städten des Königlichen Preußen auch Verflechtungen eigener Art hervorbringen. Die gemeinsame Frontstellung gegen die innerstädtischen Bewegungen der prolutherischen Bürgerschaft spielte dabei ebenso offenkundig eine Rolle wie die Tatsache, daß sich die Kirchen in den preußischen Städten mit dem Einschwenken auf den bekenntnispolitischen Kurs der Thorner Synode bewußt einem dezidiert obrigkeitszentrierten Kirchenkonzept

138 Den bereits erwähnten Konzepten des Thorner Bürgermeisters Heinrich Stroband (siehe oben, Anm. 128) standen in diesem Sinne u. a. die schulpolitischen Programme von Gerhard Brandes in Danzig sowie von Johann Sprengel in Elbing an der Seite; siehe Zbigniew Nowak, *Miejsce piśmiennictwa polskiego w kulturze Gdańska*, in: ders./Damroka Majkowska/Marian Pleczar, *Książka polska w dawnym Gdańsku*, Gdańsk 1974, S. 15 ff.; *Historia Gdańska*..., Bd. 2, S. 712 f.; Witold Szczuczko, *Jan Sprengel*, in: *Zasłużeni ludzie dawnego Elbląga*..., S. 35–39; ferner auch, allerdings irreführend in bezug auf die konfessionelle Zuweisung, E. Carstenn, *Geschichte der Hansestadt Elbing*..., S. 356–366.

139 Siehe H. Schilling, *Die Zweite Reformation als Kategorie*..., S. 430–434.

140 Siehe oben, S. 91 ff.

141 In vollem Umfang galt dies wahrscheinlich nur für die Generation Heinrich Strobands, deren politische Karrieren in die Jahrzehnte zwischen 1580 und 1620 fielen.

142 Neben H. Schilling, *Die Zweite Reformation als Kategorie*..., betont diesen Aspekt in bezug auf die Soziallehre P. Münch, *Volkskultur und Calvinismus*...

verschrieben hatten.[143] Und nicht zuletzt dürften integrative Wirkungen auch von den sozialen Querverbindungen ausgegangen sein, welche sich allmählich zwischen weltlichen Stadteliten und reformierter Geistlichkeit ausgebildet hatten.[144]

So sehen wir denn auch namentlich seit den achtziger Jahren des 16. Jahrhunderts in allen drei Städten die geistlichen Ministerien argumentierend an der Seite des Rats, wenn es darum ging, dessen Autorität zu verteidigen. Zwar war stets auch die eigene Sache im Spiel, wenn etwa der Elbinger Senior Bochmann 1595 seinen Amtsbrüdern das Recht bestritt, über die Obrigkeit zu „richten" und in das Stadtregiment einzugreifen,[145] oder wenn die Danziger reformierten Theologen 1587, im Streit um das Dekret *de non calumniando*, den Rat davor warnten, das „Ius patronatum" auf die „aufrürischen Predigers und Pürgers übergehen" zu lassen und angesichts öffentlichen Aufruhrs „der Gemeine oder Menge zum Bösen [zu] folgen".[146] Denn hinter der Sorge „umb eines Erbaren Rahts Authoritet und ansehen"[147] stand vor allem die Sorge um die Kontinuität der städtischen Bekenntnispolitik. Doch minderte dies nicht das politische Gewicht der Tatsache, daß das aristokratische Stadtregiment hier auch eine grundsätzliche theologische Rechtfertigung fand. Nicht nur für das Ius Patronatus, sondern für alle „Sachen so zur Regierung gehörig", gelte, so argumentierte in Danzig Jacob Fabricius, daß sie allein in die Obhut der „weltlichen Obrigkeiten und Regenten hohes und niedriges Standes" gehörten; denn so wie die Gemeindekirche der Apostelzeit auch nur „extraordinarie", in einer Notlage, sich in weltlichen Dingen selbst habe behelfen müssen, so solle die Gemeinde der Gegenwart weder Anteil noch Rechenschaft in bezug auf das weltliche Regiment beanspruchen, wenn dieses durch eine wohlsorgende christliche Obrigkeit „im nahmen der Bürgerschafft allein" ausgeübt werde.[148]

143 Gemeint ist die Tatsache, daß der starke Integrationsdruck seitens der weltlichen Patrone des polnisch-litauischen Protestantismus, der sich auf der Thorner Synode durchsetzen sollte, die dem Consensus Sendomirensis angeschlossenen Kirchen offenbar bis in theologische Positionsbestimmungen hinein beeinflußt hat. Dazu allgemein K. E. J. Jørgensen, *Ökumenischen Bestrebungen...*, S. 304 f., sowie speziell in bezug auf die Transformation der Böhmischen Brüdertheologie im Milieu des polnischen Adelsprotestantismus H. Gmiterek, *Bracia Czescy...*

144 Dazu unten, Kap. III.3.

145 Gutachten Bochmanns für den Elbinger Rat von 1595, in dem er die Billigung des Consensus Sendomirensis im Hinblick sowohl auf seine theologischen als auch auf seine kirchlich-disziplinarischen Bestimmungen empfahl; APGd. 300 R/Vv 111, Bl. 228.

146 Supplik der Danziger reformierten Geistlichen an den Rat vom 28. 4. 1587, APGd. 300 R/Pp 16, Bl. 73–108.

147 Supplik der Danziger reformierten Geistlichen an den Rat vom 9. 4. 1587, APGd. 300 R/Pp 16, Bl. 33–59.

148 So in der Rechtfertigungsschrift der Danziger reformierten Geistlichkeit von 1605, deren Entstehungszusammenhang und Tenor die Autorschaft von Fabricius zumindest vermuten läßt: „Verzeichnis der fürnemsten Klage Puncten und Beschuldigungen, damit etliche evangelische Prediger In Dantzig von Ihrem Gegenpart, so gut Lutherisch bishero haben sein wollen in offentlichen Predigten, in unterschiedlichen Supplicationibus und Protestationibus und anderen unter der Bürgerschaft außgesprengten Schriften sind beleget worden"; APGd. 300 R/Pp 16, Bl. 411–530. – Eigene politische Brisanz erhielt Fabricius' Argumentation dadurch, daß er die Frage der obrigkeitlichen und gemeindlichen Rechte anhand des akuten Konflikts um die Verfügung über die städtischen Landgüter explizierte und hier der schlüssigen privilegienrechtlichen Argumentation der Bürgerschaft mit einer theologischen Rechtfertigung des konträren Ratsstandpunkts entgegentrat.

Daß auch dieses Verhältnis Spannungen nicht ausschloß, zeigen die Reaktionen der Danziger Geistlichen auf Versuche des Rats, im Dekretsstreit von 1587 beiden Bekenntnisparteien einen Kompromiß in der Abendmahlsfrage aufzunötigen; wohl seien sie die „Diener" des Rats, erklärten sie zu ihrer Ablehnung des Kompromisses, nicht aber dessen „Sclaven und Leibeigene Knechte".[149] Bereits in der Rechtfertigung des Widerstands indessen wird zugleich die sozusagen politikkonforme Grundlinie der Argumentation wiederum sichtbar. Es war auch in der Kontroverse um den theologischen Kern der Bekenntnisgegensätze nicht etwa eine letztinstanzliche Gewissensbindung des *ordo ecclesiasticus*, worauf sich die reformierten Theologen gegenüber den Verfügungen der Obrigkeit beriefen,[150] sondern bezeichnenderweise das ständische Vertragsrecht. Auch „in Statu Aristocratico" solle die Obrigkeit nichts dekretieren, ohne daß sie der Betroffenen „Ursach höret und annimpt".[151] Das heißt, selbst im Konfliktfall stand allenfalls die Rationalität der Sachentscheidung in Frage, nicht aber die sakrale Legitimität des weltlichen und kirchlichen Regiments an sich, das letztlich in der Perspektive eines Gottesgnadentums gedeutet werden konnte.[152]

Die nicht nur legitimierende, sondern zugleich politikleitende Funktion des Reformiertentums tritt jedoch wesentlich deutlicher in jenen schul- und bildungspolitischen Reformprozessen zutage, welche in allen drei großen Städten am Ende des 16. Jahrhunderts in einer Art akademischer „Bildungsrevolution" kulminierten.[153] So läßt sich einerseits zeigen, daß die Anfänge der

149 Bericht über die Verhandlungen zwischen den reformierten Geistlichen und einem Ratsausschuß am 18. 3. 1587 über die Forderung an die Prediger, die Notel von 1562 erneut zu unterzeichnen; J. Fabricius, „Historia Notulae", APGd. 300 R/Pp 2, Bl. 204v. – 208r.

150 Hier liegt der entscheidende und offenbar auch genau beachtete Unterschied zur Position der Lutheraner, welche den aus der Zwei-Reiche-Lehre abgeleiteten Anspruch des *ordo ecclesiasticus*, in theologischen Fragen nicht zum Gehorsam gegenüber dem *ordo politicus* verpflichtet zu sein, zur argumentativen Leitlinie ihres Widerstands gegen die Räte in den Danziger Konflikten machten; dazu ausführlicher unten, S. 208 ff.

151 Wie Anm. 149. – Im Zusammenhang heißt es: Betreffe ein Dekret der Obrigkeit die ganze Stadt bzw. das ganze Land, so gelte, daß „es mit bewilligung desselben geschehen müste, wan man in der Sache interessiret, und etwas wieder privilegia und sonsten zu sage oder pacta decretiret würde, daß man es nicht stracks annehmen würde. Es sey auch ein Unterschied zu machen zwischen denen, so in Statu Monarchico sind und absolutam potestam ... haben etwas zu endern, das man nicht belieben darf, sondern es stracks und schlecht annehmen muß, und zwischen dem Statu Aristocratico, da die Obrigkeit ohne anderer Stände, oder Interessierter Persohnen bewilligung nichtß thut schließen, und auch ursache höret und annimpt, warumb man dieses oder jenes thun oder lassen solle, wie ein solcher Status allhie in dieser gutten Stadt ist."

152 Explizit in diesem Sinne die Denkschrift der reformierten Danziger Ratssyndici Heinrich Lemke und Georg Berckmann, in dem diese im Mai 1587 die politischen Konsequenzen eines möglichen Nachgebens des Rats in der Dekretsfrage erörterten; Text APGd. 300 R/Pp 1, Bl. 365–385. Es heißt darin: Die Räte dürften dem „popularis motus" nicht weichen, „denn sie wissen, daß sie darumb götter genenet werden, das sie ihre gewalt von Jenem allerhochsten empfangen, und seine Stelle in handhabung Göttlicher werte, wie auch Pflegung rechtes und gerechtigkeit vertreten...". Sich „dem gemeinen hauffen [zu] accomodiren" hieße an der eigenen göttlichen Berufung zweifeln. Da aber Gott selbst das Ratsdekret inspiriert habe, müsse man ihn nun auch darin „weiter walten und regiren lassen".

153 Aus der umfangreichen Literatur zur Geschichte des städtischen Schulwesens Paul Bidder, *Beiträge zu einer Geschichte des westpreußischen Schulwesens in polnischer Zeit, 1572–1772*, in: *Zeitschrift des Westpreußisches Geschichtsvereins*, Bd. 49 (1907), S. 273–349; *Historia Pomorza...*, Bd. 2, T. 1, S. 589 ff.;

Gymnasien überall auf eine gezielte konzeptionelle wie personelle Aknüpfung der Ratspolitik an das humanistische Schulwesen reformierter Prägung zurückgehen, wobei die ersten Schritte dazu sowohl in Elbing[154] als auch in Danzig[155] sogar der förmlichen Durchsetzung der Reformation vorausgingen, in Thorn[156] aber immerhin auch noch vor der endgültigen Ausrichtung der Stadtkirche an der reformierten Glaubensrichtung getan wurden. Andererseits ist die eigenständige Ausstrahlung der reformierten Gymnasien im Königlichen Preußen vor allem gegenüber dem polnischen und litauischen Hinterland zu beachten, trug diese doch offenbar entscheidend dazu bei, jene akademisch-theologische Zentralfunktion der drei Städte für den polnisch-litauischen Protestantismus zu begründen, welche ihrerseits den Räten Ansatzpunkte lieferte, um – etwa mit der Initiative für eine preußische Landesuniversität – ständepolitisch aktiv zu werden.[157] Nicht zuletzt aber ist für unsere Frage die Beobachtung wichtig, daß die spätere Wende zum Luthertum hier tatsächlich insofern eine Zäsur darstellt, als die preußischen Schulen sowohl ihren akademi-

S. Salmonowicz, *Jesuitenschulen...* ; ders., *Kultura umysłowa...*; M. Pawlak, *Studia uniwersyteckie...*; *Historia Gdańska...*, Bd. 2, S. 359–366 u. 707–726; Walther Faber, *Die Johannisschule in Danzig vom Mittelalter bis zum Jahre 1824*, Danzig 1925; Marian Pelczar, *Nauka i kultura w Gdańsku*, in: *Gdańsk, jego dzieje i kultura*, Warszawa 1969, S. 499–606; *Gdańskie Gimnazjum Akademickie. Księga pamiątkowa dla uczczenia 400 rocznicy założenia Gimnazjum Gdańskiego, 1558–1958*, Gdańsk 1959; Kazimierz Kubik, *Polska szkoła prywatna w dawnym Gdańsku (od XVI do połowy XIX w.)*, Gdynia 1963; Fritz Skrey, *Aus der Geschichte des Elbinger Gymnasiums 1535–1935*, Elbing 1935; M. Pawlak, *Dzieje Gimnazjum Elbląskiego...*; ders., *Nauczyciele Gimnazjum Elbląskiego...*; S. Tync, *Dzieje Gymnazjum Toruńskiego...*, Bd. 1; *Księga pamiątkowa 400-lecia Toruńskiego Gimnazjum Akademickiego*, Red. von Zbigniew Zdrójkowski, Bd. 1, Toruń 1972.

154 Zur Elbinger Gymnasiumsgründung von 1535 unter dem niederländischen Glaubensflüchtling Wilhelm Gnapheus vor allem L. Neubaur, *Beiträge zur alten Geschichte...*; E. Volkmann, *Das städtische Gymnasium...*, S. 14 ff.; J. Lassota, *Wilhelm Gnapheus...*, S. 37 ff.; ferner H. Penner, *Die ost- und westpreußischen Mennoniten...*, S. 58, sowie M. Pawlak, *Dzieje Gimnazjum Elbląskiego...*, S. 139 ff.

155 Am Anfang stand hier die 1541 eingeleitete Reform der Marienschule nach einem Schulprogramm, das der auf Melanchthons Empfehlung als Rektor berufene Andreas Aurifaber bereits 1539 unter dem Titel „Schola Dantiscana" in Orientierung an Johann Sturms Straßburger „Rathschlag an die Schulherrn" von 1538 vorgelegt hatte; Theodor Hirsch, *Geschichte des Academischen Gymnasiums in Danzig in ihren Hauptzügen dargestellt*, Danzig o. J., S. 9 f.; E. Schnaase, *Andreas Aurifaber...*; Bronisław Nadolski, *Ze studiów nad życiem literackim i kulturą umysłową na Pomorzu w XVI i XVII wieku*, Wrocław 1969, S. 11 f., sowie Kazimierz Kubik, *Koncepcje dydaktyczno-wychowawcze w szkolnictwie gdańskim za czasów pierwszej Rzeczypospolitej*, in: *Gdańskie Zeszyty Humanistyczne*, Bd. 11 (1969), H. 3, S. 65–135, hier S. 87 ff.

156 Nach dem gescheiterten Versuch von 1561, den Danziger Professor Michael Rettel für den Aufbau eines Gymnasiums zu gewinnen, betraute der Thorner Bürgermeister Johann Stroband 1565 den von der berühmten Goldberger Schule Valentin Trotzendorfs berufenen Jodocus Debitz Wagenknecht mit der Gründung, wobei die postume Veröffentlichung von Trotzendorfs Goldberger Schulordnung (1564) die Anregung gewesen sein dürfte. Erst der zweite Anlauf einer Reform des Gymnasiums unter der Ägide Heinrich Strobands zwischen 1583 und 1586 brachte dann die endgültige Profilierung des akademischen Gymnasiums durch Rektor Caspar Friese und Konrektor Ulrich Schober, jetzt mit der konzeptionellen Orientierung an Johann Sturm. Dazu S. Tync, *Szkolnictwo...*, S. 4 f.; S. Salmonowicz, *Kultura umysłowa...*, S. 190 ff.; H. Rietz, *Burmistrz Henryk Stroband...*, S. 25 ff.

157 S. Tync, *Próba utworzenia akademii...*

schen Rang als auch ihre überregionale Ausstrahlung in der Folge allmählich einbüßten.[158] Die beiden Bekenntnisse schienen auf dieser Wirkungsebene der Konfessionalisierung mithin funktional nicht austauschbar.[159]

Motiviert war der reformerische Neuansatz der städtischen Räte zunächst durch eine Reihe pragmatischer Gesichtspunkte. Darunter spielte das Interesse an der Ausbildung akademischen Personals für ein professionalisiertes Stadtregiment gewiß eine zentrale Rolle,[160] daneben aber seit den siebziger Jahren des 16. Jahrhunderts in zunehmendem Maße auch das Bedürfnis, sowohl im Blick auf die Gymnasien als auch im Pfarrschulwesen die Formierung der Stadtgesellschaft in Abgrenzung vom Katholizismus voranzutreiben. Was auf der Ebene der akademischen Bildung immer deutlicher als eine Frage der Konkurrenz mit den jesuitischen Bildungsanstalten wahrgenommen wurde,[161] dem entsprach in bezug auf das niedere Schulwesen die Überzeugung, daß die Bürgerschaft durch „einerley unterweisung", das heißt konzentriertere Steuerung der Institutionen wie der Lehrprogramme, in ihrer religiös-gesellschaftlichen Identität gefestigt werden müsse.[162] Hinzu kam ein unausgesprochenes Interesse daran, den institutionellen Umbau zu

158 Siehe die Literatur wie in Anm. 153.

159 Dies ist nicht als Rückgriff auf die zu Recht skeptisch beurteilte These zu verstehen, wonach dem reformierten Bildungswesen grundsätzlich eine größere Modernisierungsdynamik als dem lutherischen zuzuschreiben sei. Es geht vielmehr um den Befund, daß die Ausrichtung auf die lutherische Orthodoxie preußische Schulen nach der Mitte des 17. Jahrhunderts gleichsam von ihrem überkommenen äußeren Bezugsfeld abschnitt, damit aber auch ihre Attraktivität für die einheimischen Studenten minderte.

160 Über die Mittlerfunktion der akademischen Gymnasien als Eingangsstufe für das Universitätsstudium preußischer Bürgersöhne mit entsprechenden statistischen Daten M. Pawlak, *Studia uniwersyteckie...*, S. 64–66 sowie Tab. 1. Danach hatte sich als Auswirkung der Gymnasiumsgründungen und Gymnasialreformen nicht nur die Zahl der Studierenden aus den preußischen Städten in den neunziger Jahren des 16. Jahrhunderts im Vergleich zur Jahrhundertmitte etwa verdoppelt, sondern auch die örtliche Studienorientierung insofern verändert, als die Frequenz der ferneren und zugleich akademisch ranghöheren Universitäten deutlich zunahm; der Weg über mittlere Lehranstalten wie das Königsberger Pädagogium – typisch für adlige wie kleinstädtische Studenten aus dem Königlichen Preußen – blieb den Absolventen der großstädtischen Gymnasien erspart.

161 Darüber programmatisch Heinrich Stroband bereits in einer Denkschrift von 1591 *Von befestigung der Stadt Thorn,* in: *Miscellanea źródłowe do historii kultury i sztuki Torunia,* bearb. von Bogusław Dybaś und Marek Farbiszewski, Wrocław u. a. 1989, S. 40–42, ferner in seinen Planungen für den Ausbau des Gymnasiums von 1594, S. Tync, *Szkolnictwo...*, S. 9, sowie am ausführlichsten in seinem Universitätsprojekt von 1595, in dem es u. a. heißt; daß die Jesuiten ihren „Jesuiten sahmen nicht eher ausgesäet, bis der Mensch ... geschlaffen, daß ist da die Obrigkeit die Hand der Wohltätigkeit entzogen, die Lehrer in ihrem Amt docendi et discendi sein faul und nachlässig geworden, oder aber in ihren tiefsten Träumen untereinander geschnarchet, mit Hader und Gezänk wider einander gewachsen und merklich große Ärgernis durch giftige Schmähe Carten ausgeschüttet", weshalb sie inzwischen „die unseren an vielen Orten weit übertreffen"; APGd. 369, 1/346, Bl. 3–25.

162 So die Programmatik des Reformentwurfs für die sechs Danziger Pfarrschulen, welchen der Rat 1573 den Ordnungen als Teil seiner „100 Reformationsartikel" unterbreitete; B PAN Gd. Ms 91, Bl. 3–21, sowie APGd. 300 R/Q 12, Bl. 67r. – 92r. Entsprechende Überlegungen in den „Bedenken de bene constituenda Rei Publica Elbingensi" des Elbinger Bürgermeisters Michael Helwig von 1570, siehe E. Sehling (Hrsg.), *Die evangelischen Kirchenordnungen...*, Bd. 4, S. 223 f., wie auch in dem Thorner Ratsbeschluß von 1592 „Wie künftiger Zeit zur wohlfahrt dieser Stadt gelehrte Leute sollen auferzogen werden", *Acta Consularia*, APT Kat. II, II–1, Bl. 111v. – 112r.

nutzen, um die direkten Einwirkungsmöglichkeiten des Rats auf die städtische Gesellschaft auszubauen. Nicht nur die in den drei Städten schrittweise durchgesetzte Unterstellung aller Schulen unter die obrigkeitlichen Schulkollegien[163] ist vor diesem Hintergrund zu sehen, sondern auch die Tatsache, daß die Akademisierung des städtischen Lebens in der Auswirkung der bildungsreformerischen Anstrengungen indirekt die patrizischen Positionen stärkte. Denn indem die Ratseliten die Rekrutierung städtischer Funktionsträger nun an die gezielte Förderung akademischer Ausbildung koppelten, erhielt die lange eingespielte Praxis sozialer Ausgrenzung anderer städtischer Schichten eine neue, rationale Legitimation.[164]

Die frühe Bindung dieser Reformbestrebungen an den Calvinismus ging auf sachlich fundierte Grundsatzentscheidungen der Räte zurück. Dafür hatten um die Jahrhundertmitte offenbar vor allem Berichte städtischer Stipendiaten aus den reformierten Zentren des Humanismus in Westeuropa die Richtung gewiesen,[165] bald aber auch die universitären Erfahrungen und Verbindungen der Entscheidungsträger in den Räten selbst. Überall jedenfalls scheinen die Initialkontakte vorrangig durch die Anziehungskraft des reformierten Bildungsangebots an sich gestiftet worden, das heißt zunächst noch relativ unabhängig von der stadtkirchlichen Orientierung zustande

163 In Danzig hatte das Collegium Scholarchiale in der Folge der Reforminitiative von 1573 die Anleitung der Pfarrschulen übernommen, zugleich aber das Betreiben von „Winkelschulen" zunächst untersagt, um dann durch gezielte Zulassungen einen kontrollierten Neuausbau des privaten Schulwesens in Gang zu setzen. Mit der Einführung einer allgemeinen Schulordnung auf der Grundlage eines Programms von Rektor Valentin Schreckius für die Marienschule, der Einrichtung von „Armenklassen" an zwei der Pfarrschulen sowie der direkten Besoldung der Pfarrschullehrer durch den Rat wurde die Neuordnung um 1600 abgeschlossen. Ausführlich dazu P. Simson, *Geschichte der Stadt Danzig...*, Bd. 2, S. 537 ff. Hinweise auch in ders., *Geschichte der Schule zu St. Petri und Pauli in Danzig*, Bd. 1, Danzig 1904; ferner W. Faber, *Die Johannisschule in Danzig...*, S. 18 ff.; *Historia Gdańska...*, Bd. 2, S. 364 f. u. 716; speziell zur Frage der privaten Schulen auch Władysław Pniewski, *Język polski w dawnych szkołach gdańskich*, Gdańsk 1938, S. 5 ff., K. Kubik, *Polska szkoła prywatna...*, S. 74, sowie Z. Szultka, *W sprawie obecności...*, S. 251 f. – In gewisser Weise noch übertroffen wurden die Danziger Reformanstrengungen in Thorn, wo es mit der von Ulrich Schober stark beeinflußten allgemeinen Schulordnung von 1600 zu dem umfassendsten Versuch der Grundlegung eines humanistischen Schulsystems nach Sturmschen Prinzipien kam; Text der Schulordnung APT Kat. II, X–6, über Vorgeschichte und Bedeutung S. Tync, *Szkolnictwo...*, S. 11 f.

164 Der in diesem Sinne instrumentelle Umgang der Räte mit dem Stipendienwesen ist genau rekonstruiert bei M. Pawlak, *Studia uniwersyteckie...*, besonders S. 112 ff.; vgl. auch S. Salmonowicz, *Kultura umysłowa...*, S. 211 f. So kamen städtische Stipendien für auswärtige Studien zu einem Teil wiederum den Söhnen von patrizischen Familien zugute, die aufgrund ihres wirtschaftlichen Status ohnehin die große Mehrheit der Studierenden stellten. Zugleich diente die Stipendienvergabe insofern einer Reglementierung des Aufstiegs in die städtische Funktionselite, als die Stipendien vielfach bereits mit einer ausdrücklichen Zuweisung des Stipendiaten an ein späteres städtisches Amt vergeben wurden; charakteristisch heißt es in einem Thorner Ratsbeschluß von 1595 über die Stiftung von jährlich drei Stipendien für die Universität Leipzig: „Diese 3 Studiosi sollen immediate verbunden sein, dieser Stadt umb gebührliche besoldung zu dienen", APT Kat. II, II–2, Bl. 55.

165 Allgemein nahmen städtische Stipendiaten namentlich in dieser Zeit die Aufgabe von regelmäßigen Korrespondenten des Rats wahr, was nicht zuletzt die ungewöhnliche lange Förderungsdauer in Einzelfällen, nämlich bis zu 15 Jahren, erklärt; siehe M. Pawlak, *Studia uniwersyteckie...*, S. 95 ff.

gekommen zu sein.[166] Dies änderte sich indessen in dem Maße, wie in allen drei Städten in den siebziger Jahren des 16. Jahrhunderts eine akademische Elite weltlicher und geistlicher Amtsträger reformierter Konfession an Kontur gewann. Denn die bald engen Verflechtungen namentlich zwischen Professorenschaft und Geistlichkeit trugen nicht nur dazu bei, das konfessionelle Profil des städtischen Schulwesens zu verfestigen und seiner weiteren Entwicklung in konzeptioneller wie personeller Hinsicht eine eigene Dynamik zu geben.[167] Vielmehr erhielt offenbar auch der kirchliche Wandel dadurch Impulse, daß gerade die Gymnasien eine theologische Leitfunktion bei der Durchsetzung reformierter Kirchenbräuche übernahmen. Die Rolle des Elbinger Rektors Johann Mylius im kirchlichen Leben der Stadt belegt dies ebenso eindrucksvoll wie die seines Danziger Kollegen Jakob Fabricius.[168]

Gegen Ende des Jahrhunderts präsentierten sich Stadtkirche und städtisches Schulwesen als ein festgefügter konfessioneller Verbund. Dem entsprach die gemeinsame Ausrichtung an dem ebenso theologisch wie politisch begründeten Ziel, die Reformation durch die Festigung der evangelischen Bürgergemeinden zu vollenden,[169] ferner ein sich verdichtender personeller Austausch zwischen beiden Bereichen,[170] schließlich aber auch die Tatsache, daß sowohl Kirchen als auch Schulen in ein breiter angelegtes System obrigkeitlicher Formierung einer konfessionell einheitlichen „Stadtöffentlichkeit" eingebunden waren. Indem die von Rat und geistlichem Ministerium besetzten Schulkollegien sich zugleich der Gründung humanistischer Bibliotheken wid-

166 Dafür spricht nicht nur der frühe Zeitpunkt, zu dem in allen drei Städten die Entscheidung fiel, die künftigen Gymnasien der Leitung reformierter Pädagogen anzuvertrauen (siehe oben, Anm. 155–157), sondern auch die Tatsache, daß bei der Rekrutierung von Gymnasialprofessoren und Rektoren für die Pfarrschulen noch lange Zeit andere Wege als bei der Berufung der Prediger beschritten wurden.

167 So bildet in Danzig Jacob Fabricius' Berufung als Gymnasialrektor im Jahre 1580 offenbar den Übergang von einer „ratsimmediaten" Rekrutierungspolitik zu einem System eher selbstläufiger Ergänzung der reformierten Lehrerschaft. Während der vergebliche Versuch, Christoph Pezel für das Danziger Rektorenamt zu gewinnen, noch auf eine direkte Initiative aus den Reihen des Rats zurückgegangen war, scheint in der Folge Fabricius selbst hier die Rolle eines informellen Beraters und Vermittlers für den Rat übernommen zu haben; dazu APGd. 300 R/Pp 85, Bl. 83 f.

168 Die Gründe für diese Sonderrolle der Gymnasialrektoren innerhalb der Stadtkirche lassen sich vor allem in Fabricius' Fall aufgrund von dessen eigenen Berichten gut rekonstruieren. Zum einen hatten die Gymnasialkirchen insofern ein besonderes Profil, als deren Gemeinden sich mehrheitlich aus reformierten Patriziern und städtischen Beamten zusammensetzten und insofern für eine konsequente Durchsetzung reformierter Kirchenbräuche besonders aufgeschlossen waren. Zum andern standen die Gymnasialrektoren außerhalb der unmittelbaren Disziplin des geistlichen Ministeriums, woraus Fabricius ausdrücklich das Recht für sich ableitete, sich nicht an die Danziger Notel gebunden zu fühlen und einen unabhängigen theologischen Standpunkt zu vertreten. Nicht zuletzt spielte bei Fabricius freilich seine Zugehörigkeit zum Danziger Patriziat eine Rolle, die ihm zumindest informelle Protektion gesichert haben dürfte. Siehe J. Fabricus, „Historia Notulae", APGd. 300 R/Pp 2, passim.

169 Siehe oben, Kap. II.5.

170 Besonders im Danziger Konfessionsstreit sind diese Verflechtungen namentlich von lutherischer Seite immer wieder nicht nur angeprangert, sondern auch im Detail nachgewiesen worden; genaue Angaben dazu etwa in der Dokumentation der protestierenden Bürgerschaft von 1608 über die konfessionelle Zugehörigkeit aller Danziger Amtsträger, APGd. 300 R/Pp 16, Bl. 795–801.

meten,[171] vor allem aber auch das städtische Druckereiwesen unmittelbar für die Verbreitung ihres pädagogisch-konfessionellen Programms in Dienst nahmen,[172] reichte die Reforminitiative jedenfalls weit über das Ziel einer bloßen „Schulverbesserung" hinaus.

Gleichwohl gilt auch für diese Phase, daß der pragmatische Charakter der Verbindung von bekenntnisgebundener kirchlicher und obrigkeitlicher Intention zumindest erkennbar blieb. So eng nämlich sowohl der institutionelle Ausbau des städtischen Schulwesens als auch der Prozeß der Akademisierung von Stadtregiment und Stadtelite an die konfessionelle Vermittlung des Humanismus durch das Reformiertentum gebunden waren, so wenig rückten doch die städtischen Räte im Zuge dieser Entwicklung vom Primat ihrer politischen Lenkungsbedürfnisse ab. Ulrich Schobers mehrfach zitierter konfessionspolitischer Traktat von 1596 illustriert dies eindrücklich. Es war das Streben nach guter Ordnung der weltlichen Gemeinden, mit welchem der Thorner Konrektor sowohl den konfessionellen Kurs der Anlehnung an den polnisch-litauischen Unionsprotestantismus als auch die Art und Weise des obrigkeitlichen Regiments über Kirchen und Schulen rechtfertigte, und als dessen primäre Zwecke stellte er die Wahrung der Kirchendisziplin sowie „gute Unterweisung" und rechte Aufsicht über den Buchdruck gleichrangig nebeneinander.[173] Damit aber war letztlich auch die Möglichkeit mitgedacht, daß Bekenntnis- und Schulpolitik, wie es nach der Krise der Jahrhundertwende tatsächlich geschah, doch wiederum voneinander abgekoppelt werden konnten. Gerade im Schulwesen freilich leisteten die städtischen Räte der lutherischen Gegenbewegung bezeichnenderweise länger und beharrlicher Widerstand als bei der Besetzung der Pfarrkirchen.[174] Doch ließ sich ihr Steuerungsanspruch auch mit der Wende zum

171 In Thorn bereits 1594 im Zusammenhang mit der ersten Phase der Gymnasialreform, und zwar nach einem eigenen Konzept Heinrich Strobands, siehe H. Rietz, *Burmistrz Henryk Stroband...*, S. 31, sowie S. Salmonowicz, *Kultura umysłowa...*, S. 248 ff; in Danzig 1596 durch Ratsbeschluß auf der Grundlage der Sammlung des Franziskanerklosters, die 1597 u.a. durch die Nachlässe reformierter Stadtbediensteter wie des Syndikus Heinrich Lemke, des Stadtsekretärs Kaspar Schütz und des Predigers Alexander Glaser ergänzt wurde, siehe P. Simson, *Geschichte der Stadt Danzig...*, Bd. 2, S. 541 f.; in Elbing 1601 auf Initiative von Mylius, siehe Józef Lassota, *Zarys dziejów biblioteki elbląskiej, 1601–1945*, in: *Rocznik Elbląski*, Bd. 1 (1961), S. 97–120; M. Pawlak, *Jan Mylius...*, S. 97 f.

172 Auch hier der früheste und zugleich konsequenteste programmatische Ansatz in Thorn, wo Stroband 1586 eine Vereinbarung mit der Druckerei Melchior Nehring traf, welche der Stadt als Gegenleistung für Kredite sowie Lieferungen aus der von Stroband gepachteten Papiermühle das Recht auf teilweise Inspruchnahme und zugleich vollständige Kontrolle der Nehringschen Druckkapazitäten verschaffte; bereits 1586 erschien hier der erste Band der von Stroband und seinen Mitarbeitern im Schulkollegium herausgegebenen *Institutiones Literatae*, die sich vor allem der Verbreitung der Sturmschen Pädagogik annahmen; dazu ausführlich Bronisław Nadolski, *Institutio literata – toruńskie wydawnictwo pedagogiczne z czasów Batorego*, in: *Zeszyty Naukowe Uniwersytetu im. M. Kopernika w Toruniu, Nauki Humanistyczno-Społeczne*, H. 6, *Filologia Polska*, H. 3 (1962), S. 45–51; ders., *Karty...*, T. 1, S. 236–239; S. Salmonowicz, *Kultura umysłowa...*, S. 241 ff. Danzig folgte diesem Beispiel 1619 mit dem Erwerb und der Verpachtung der Druckerei Georg Rhete, verbunden auch hier mit der Reservierung eines Druckkontigents für die Zwecke des Gymnasiums sowie der Auflage, sämtliche Publikationen durch den Rat genehmigen zu lassen; siehe P. Simson, *Geschichte der Stadt Danzig...*, Bd. 2, S. 554.

173 U. Schober, *De causis...*, passim; über die schulpolitischen Aspekte des Traktats ausführlich auch B. Nadolski, *Karty...*, T. 2, sowie S. Tync, *Ślązak Ulrich Schober...*

174 Dies ist gut erkennbar an den drei Gymnasien, deren konfessionelle Sonderentwicklung unter dem Schutz der Räte durch Comenius' Berufung auf das Elbinger Rektorat (1642) noch einmal neue Impulse

Luthertum in Einklang bringen. Nicht der Rang, wohl aber die Struktur des erneuerten städtischen Schulwesens konnte unter veränderten konfessionellen Vorzeichen erhalten werden.

Eine wenn nicht politikleitende, so doch zumindest politikbegleitende Funktion des Konfessionellen wird man schließlich aber auch dort ausmachen können, wo sich institutioneller Ausbau und Verstärkung des Stadtregiments im zeitlichen Kontext der Zweiten Reformation mit Tendenzen zur „Sozialdisziplinierung" verbanden.[175] Ob dies mit einer wesenhaften Affinität des Reformiertentums und seiner vom Luthertum abweichenden Programmatik einer „reformatio vitae" zu den Bestrebungen einer Formierung der Stadtgesellschaft durch die Räte zu begründen ist, muß als Frage offen bleiben, läßt sich doch die unmittelbare Wirksamkeit einer solchen Bekenntnisprogrammatik an den politischen Abläufen ebensowenig belegen wie die Annahme, daß sich die Bestrebungen der städtischen Räte nicht gleichermaßen mit einem lutherischen Kurs in der Bekenntnisfrage hätten verbinden können. Um so deutlicher ist jedoch zu erkennen, daß sich Obrigkeit und reformierte Predigerschaft in allen drei Städten auch in dieser Hinsicht in einem erklärten Konsens befanden. Das heißt, ausdrücklich nahmen die Reformierten in den Räten und Ministerien für sich in Anspruch, nicht nur entschiedener gegen „superstitio" und Zuchtlosigkeit aufzutreten, sondern auch besser für „gute policey" in den Bürgerschaften zu sorgen als „die Bibuli und Stoici Lutherani".[176] Zur Rechtfertigung der Forderung nach Disziplin gegenüber kirchlicher wie weltlicher Gemeinde brachten sie zudem auffällig übereinstimmende theologisch-politische Argumente ins Spiel.[177]

Bei den einzelnen Schritten einer Reform der städtischen Gesellschaft, die hier zu beachten sind, läßt sich zumindest auf dieser Ebene ein Ineinandergreifen von politischer und kirchlich-theologischer Begründung vermuten. So war etwa die institutionelle Unterordnung der städti-

erhielt. Auch in Danzig und Thorn wirkte sich Comenius' Pädagogik aus, und in seinem Gefolge fanden böhmische und ungarische Lehrer dort Aufnahme. So machte denn auch die bekenntnispolitische Krise von 1645 vor den Gymnasien zunächst halt; jedenfalls gingen auch nach dem Colloquium Charitativum von hier noch Versuche aus, für die vermittelnde calixtinische Theologie zu werben (siehe H. Neumeyer, *Kirchengeschichte...*, S. 136), und 1651 nannten die in Danzig wirkenden königlichen Kommissare unter den zu schützenden Reformierten „besonders die Theologen im Gymnasium" (APGd. 300 R/Pp 14, Bl. 88–91). Erst gegen Ende der sechziger Jahre des 17. Jahrhunderts gaben die Räte schließlich auch diese Position durch die Berufung lutherischer Rektoren preis. Unter dem Rektorat Ernst Königs in Thorn und Aegidius Strauchs in Danzig vollzogen die Gymnasien die Wende zur lutherischen Orthodoxie. – Siehe E. Carstenn, *Geschichte der Hansestadt Elbing...*, S. 387 f.; *Historia Gdańska...*, Bd. 2, S. 711 f.; S. Tync, *Szkolnictwo...*, S. 17 ff.

175 Zur kontrovers diskutiertenen Frage des Zusammenhangs zwischen reformierter Konfessionalisierung und „Sozialdisziplinierung" siehe den Sammelband *Die reformierte Konfessionalisierung in Deutschland...*, passim. – In bezug auf die preußischen Städte finden sich Überlegungen zu dieser Frage bisher nur bei Stanisław Salmonowicz, *O reglementacji obyczajowości mieszczańskiej w Toruniu XVI–XVIII wieku*, in: *Zapiski Historyczne*, Bd. 41 (1976), H. 3, S. 87–103.

176 So die Argumentation der Reformierten im Zusammenhang mit der Klage der protestierenden Danziger Bürgerschaft am Königshof in dem Bericht des Bürgerschaftsbeauftragten Dulciger aus Krakau vom 7. 11. 1605; APGd. 300 R/Pp 16, Bl. 631–640.

177 Exemplarisch dafür ist die parallele Argumentation des Danziger Ministeriums sowie der Stadtsyndici bei der Definition des Verhältnisses zwischen Gemeinde, Predigern und Stadtobrigkeit im Danziger Dekretsstreit von 1587; APGd. 300 R/Pp 16, Bl. 35–59 u. 73–108 bzw. APGd. 300 R/Pp 1, Bl. 365–385.

schen Krankenfürsorge oder auch des Armenwesens unter das Stadtregiment[178] gewiß ebenso wie die Schulreform zunächst Teil jener dezidiert politischen Zentrierungsbestrebungen der Räte, welche in der Zurückdrängung korporativer beziehungsweise autonomer Strukturen der Stadtgesellschaft ihr pragmatisches Ziel hatten. Doch bestand offenbar zugleich ein Zusammenhang mit den um die Jahrhundertwende kulminierenden Anläufen, auch dort in das städtische Leben einzugreifen, wo es um die sittliche Disziplinierung der Bürgerschaft und die Reinheit der Abendmahlsgemeinde ging. Der Anspruch, den städtischen Bürgerverband als Untertanengesellschaft zu formieren, bezog sich offenbar gleichermaßen auf die oligarchische Überformung der alten Stadtverfassung wie darauf, die bürgerliche Lebensführung mit Kleider, Hochzeits- oder Eheordnungen unmittelbar zu reglementieren,[179] wobei das von den reformierten Theologen vertretene Gemeinde- und Gesellschaftsverständnis gleichsam einen übergreifenden Begründungszusammenhang lieferte.

Fragt man vor diesem Hintergrund nach der allgemeinen Zuordnung von Politik und Religion im Prozeß von Intensivierung und Bürokratisierung des Stadtregiments,[180] so läßt sich Folgendes festhalten: Ohne daß etwa von einem bloß instrumentellen Umgang der städtischen Obrigkeiten mit dem konfessionellen Kirchenwesen die Rede sein könnte, gilt doch offenbar für alle drei Städte im Königlichen Preußen, daß der pragmatische Charakter der Verknüpfung religiös-kirchlicher und weltlicher Intentionen sich auch in einer entsprechenden Hierarchisierung dieser Intentionen niedergeschlagen hat. Das heißt, in allen Phasen der städtisch-kirchlichen Entwicklung sollte hier der Autonomieanspruch für das weltliche Stadtregiment die primäre Leitlinie der Ratspolitik bilden, und mit bemerkenswerter Konsequenz ist dieser Anspruch letztlich auch über die konfessionelle Wende des 17. Jahrhunderts hinweg durchgesetzt worden. So stand die Periode bis knapp nach der Jahrhundertwende im Zeichen eines von den reformierten Theologen ausdrücklich mitgetragenen Konsenses über den Vorrang des Politischen im Sinne eines obrigkeitlichen Politikmonopols, das eine Teilhabe der Gemeinden ebenso wie der Geistlichkeit ausschloß. Dabei hat die Anlehnung der Städte an den stark obrigkeitszentrierten Unionsprotestantismus der Thorner Synode diese Konstellation zweifellos gestützt.[181] Die danach innerkirchlich rasch erfolgrei-

178 Auch hier liefen die Reformmaßnahmen zwischen etwa 1580 und 1640 darauf hinaus, einen Verbund städtischer Gesundheits- und Armenpflege mit zumindest der Beteiligung obrigkeitlicher Kontrollorgane zu etablieren. Dazu für Danzig P. Simson, *Geschichte der Stadt Danzig...*, Bd. 2, S. 535 ff., M. Bogucka, *Życie codzienne...*, S. 142 ff., sowie jetzt ausführlich Zdzisław Kropidłowski, *Opieka społeczna w Gdańsku w XVI–XVIII w.*, Olsztyn 1992; für Thorn vor allem H. Rietz, *Burmistrz Henryk Stroband...*, S. 24 f., sowie die entsprechenden Ratsbeschlüsse in *Acta Consularia*, APT Kat. II, II–1 bzw. II–2, passim; für Elbing E. Carstenn, *Geschichte der Hansestadt Elbing...*, S. 376.

179 In dichtesten Abständen wurden folgende Verordnungen in Thorn unter dem Regiment Heinrich Strobands und seines Nachfolgers erlassen: Kleiderordnungen 1590, 1622 und 1627, Hochzeits- und Eheordnungen 1613 und 1626, Begräbnisordnungen 1609, 1612 und 1622, Taufordnungen 1611 und 1622, ein allgemeines Edikt über die Ahndung von Unzucht 1600 sowie zwei Waisenordnungen 1605; hinzu kamen entsprechende Bestimmungen in der Willkür für die Dörfer auf Thorner Territorium von 1604, in den Quartier- und Schöffenordnungen von 1605 und 1613 sowie in der Revision der Sittenverordnungen von 1622. Siehe APT Kat. II, II–2 bis II–4, passim. – Vgl. auch K. Maliszewski, *Stosunki religijne...*, S. 269 f.

180 Zu dieser Frage in genauer begrifflicher Systematik jetzt vor allem Luise Schorn-Schütte, *Lutherische Konfessionalisierung? Das Beispiel Braunschweig-Wolfenbüttel (1589–1613)*, in: H.-Chr. Rublack (Hrsg.), *Die lutherische Konfessionalisierung...*, S. 163–194.

181 Siehe auch oben, Kap. II.5.

che lutherische Gegenbewegung aber wurde dadurch politisch aufgefangen, daß die Räte nun einen konfessionsneutralen Kurs steuerten, der letztlich in eine konsequente Trennung zwischen politischer und kirchlicher Sphäre einmündete.[182] Wenn auch in allen drei Städten das obrigkeitliche Patronatsrecht am Ende des 17. Jahrhunderts ausgehöhlt war,[183] so hatten die Räte dennoch keinen Kompromiß mit den theologisch unterlegten Partizipationsforderungen der in den Kirchgemeinden organisierten Bürgerschaft beziehungsweise mit dem Anspruch der lutherischen Prediger auf ein geistliches Wächteramt in der Stadtgesellschaft eingehen müssen.[184]

Im Hinblick auf die gegen die reformierte Konfessionalisierung gerichteten Bewegungen ist dies von zentraler Bedeutung. Tatsächlich hat der im Zeichen des Luthertums organisierte Widerstand gegen die Zentrierungsbestrebungen des Ratsregiments am Ende in keiner der großen preußischen Städte den Kontrahenten des Rats einen dauerhaften Terraingewinn eingebracht, und selbst innerkirchlich scheint die letztlich erzwungene konfessionelle Wende den Trägerkräften der Bekenntnisopposition kaum neuen Spielraum eröffnet zu haben. In der landesgeschichtlichen Diskussion über die „Bürgerbewegungen" der Epoche[185] ist die Frage denn auch nicht weiterverfolgt worden. Denn es ließ sich nicht nur leicht zeigen, daß zumindest vordergründig die religiös begründeten Konflikte innerhalb der städtischen Gesellschaft seit 1523 immer wieder auch durch

182 Hier bestehen denn auch deutliche Parallelen zu jener „Neubestimmung der gesellschaftlichen Funktion von Religion und Kirche", welche Heinz Schilling als einen spezifischen Modernisierungseffekt der Konfessionalisierung in den Niederlanden beschrieben hat; siehe H. Schilling, *Religion und Gesellschaft...*, passim. Bereits das Einschwenken der preußischen Räte auf den eher politisch-säkular als theologisch legitimierten polnisch-litauischen Unionsprotestantismus wies offenbar einer „Entsakralisierung der Staatszwecke" den Weg, wie sie dann in Reaktion auf die politisch prekäre multikonfessionelle Situation des 17. Jahrhunderts zunehmend als ein bewußtes stadtpolitisches Konzept an Kontur gewann.

183 Bereits die Bildung eines lutherischen Konsistoriums bzw. die Rückkehr zur Ordination durch das städtische Ministerium bedeuteten einen faktischen Verzicht der Räte auf das Vokationsrecht; in Danzig kam es dazu schon 1629, in Elbing 1656, in Thorn 1667; siehe H. Neumeyer, *Kirchengeschichte...*, S. 131 ff. Namentlich in Danzig brachte die Intervention König Sobieskis 1678 zudem eine förmliche Neuregelung des Patronatsrechts, aufgrund derer den Pfarrgemeinden das Recht auf Präsentation der Predigerkandidaten eingeräumt wurde; *a.a.O.*, S. 128, siehe auch E. Cieślak, *Walki społeczno-polityczne...*, S. 206 ff., sowie M. Bogucka, *Życie codzienne...*, S. 57 ff.

184 Daß es hier nicht zu einer Kompromißlösung kam, scheint in der Tat auf eine exzeptionelle Lage hinzuweisen; siehe L. Schorn-Schütte, *Lutherische Konfessionalisierung...*, S. 193 f. Eine Erklärung dafür bietet wohl vor allem der Umstand, daß es im Königlichen Preußen keine landeskirchliche Zugehörigkeit der protestantischen Stadtkirchen gab, die Konfessionalisierung sich also verfassungsgeschichtlich auch nicht in einem Spannungsfeld von Territorialinstanzen und Stadtregiment vollzogen hat.

185 Die genauere Erforschung der innerstädtischen Verfassungskonflikte wie auch der Protestbewegungen der städtischen Unterschichten im Königlichen Preußen ist vor allem ein Verdienst der polnischen Nachkriegshistoriographie. Zum Stand der Diskussion *Historia Pomorza...*, Bd. 2, T. 1, S. 271 ff. u. 380 ff.; *Historia Gdańska...*, Bd. 2, S. 556 ff.; M. Biskup (Hrsg.), *Historia Torunia...*, Bd. 2, T. 2, S. 141 ff. – Bereits früher ausführlich diskutiert wurden freilich die Danziger Unruhen von 1525; siehe u. a. Gustav Kawerau, *Der Danziger Aufstand 1525*, in: *Zeitschrift des Westpreußischen Geschichtsvereins*, Bd. 11 (1884), S. 63–72; Antoni Lorkiewicz, *Bunt Gdański w roku 1525. Przyczynek do historii reformacyi w Polsce*, Lwów 1881; Johannes Strebitzki, *Der große Aufruhr zu Danzig 1525*, in: *Altpreußische Monatsschrift*, Bd. 14 (1877), S. 536–566; Stefan Glueckmann, *Ruchy społeczne w Gdańsku na początkach reformacji, 1522–1526*, in: *Sprawozdania z posiedzeń Towarzystwa Naukowego, Warszawa, Wydział II.*, Bd. 31 (1938), S. 23–48.

Kompromisse auf der kirchlichen Ebene beigelegt werden konnten.[186] Vielmehr erschien es auch plausibel, die Bürgerbewegungen dieser Zeit insgesamt im Zusammenhang mit einem weitgehend statischen Gegensatz zwischen Bürgerschaft und Ratsoligarchie zu sehen, welcher durch die zyklischen Bürgerproteste gleichsam nur bestätigt wurde.[187] Obwohl in gewissem Maße politisch motiviert, hätte von den konfessionellen Widerständen demnach ohnehin kaum eine verfassungsändernde Dynamik ausgehen können.

Doch rechtfertigt dieser negative Befund offenkundig nicht den umgekehrten Schluß, daß Bekenntnisopposition und Widerstand gegen das Ratsregiment nicht oder doch nur äußerlich miteinander verknüpft gewesen seien.[188] Denn bereits die stadtgesellschaftliche Funktionsbestimmung von Kirche und Geistlichkeit im Zuge der Konfessionalisierung stellte ebenso ein Politikum dar wie die Frage der Ausgestaltung des weltlichen Kirchenregiments. Vor allem aber trat die Bekenntnisfrage in den Mittelpunkt auch der konstitutionellen Auseinandersetzung, indem die in der verfaßten Bürgerschaft organisierten Kontrahenten des Rats sie als den primären Ansatzpunkt dafür nutzten, um nach der Wende zum 17. Jahrhundert den Kampf um das Stadtregiment aufzunehmen.[189] Nicht zuletzt im Hinblick auf die verfassungsgeschichtlichen Ursachen für das politische Scheitern der konfessionellen Gegenbewegungen erscheint es daher ergiebig, deren Trägergruppen und ihre jeweiligen politischen Motive etwas genauer zu betrachten. Die gut rekonstruierbaren Danziger Abläufe bieten dafür reichhaltiges Material.

Wichtig ist hier zunächst die Beobachtung, daß der Widerstand der Pfarrgemeinden gegen die Entwicklung in der Kirche der Stadt weder zeitlich noch gar als auslösender Faktor am Anfang der Bekenntniskonflikte stand. Wenngleich bereits die ersten Lehrkontroversen zwischen Philippisten und Flacianern auf den Kanzeln, also in der Öffentlichkeit der Gemeinden ausgetragen wurden und spätestens seit dem „Reliquienstreit" von 1569 mit dem von Kaspar Göbel geführten „kleinen Haufen" auch aktive bürgerschaftliche Parteinahme ins Spiel kam,[190] ging es vorerst noch primär um die innere Gestaltung der Kirche der Stadt; hier aber war es vor allem der opponierende Teil der Geistlichkeit selbst, welcher den Konflikt suchte, indem er für die Anerkennung seines lutherischen Amtsverständnisses sowie die Durchsetzung eines entsprechenden Status innerhalb der Gesellschaft der Stadt kämpfte. An die Abwehr der disziplinierenden Eingriffe des

186 Dazu in kritischer Auswertung der Diskussion über die sozial- und verfassungsgeschichtliche Deutung der reformatorischen Anläufe der Bürger in den zwanziger Jahren des 16. Jahrhunderts G. Schramm, *Danzig, Elbing und Thorn...*, S. 152–154: „...die Neuordnung des Kirchenwesens ... wurde in der Regel nicht dazu ausgenutzt, den Einfluß solcher Gremien zu vergrößern, die Gegengewichte zur Ratsherrschaft darstellten"; damit „zeigt sich hier handgreiflich, daß die deutsche Reformation eben nirgends dauerhaft und konsequent mit dem Programm von Ratswidersachern verzahnt war". – Vgl. auch M. Bogucka, *Miasta w Polsce...*; dies., *Luter a Gdańsk...*; M. Biskup, *Stadt und Reformation...*

187 So hat G. Schramm, *Danzig, Elbing und Thorn...*, S. 145, grundsätzlich zu Recht in Frage gestellt, ob die periodische Wiederholung von Verfassungskonflikten nach einem weitgehend gleichbleibenden Verlaufsmuster „als Niederschlag einer besonderen Modernisierungsdynamik" angesehen werden kann, wie sie vor allem die ältere marxistische Forschung in den „Klassenkämpfen" der städtischen Unterschichten ausmachen wollte.

188 Eben so aber könnte Schramms Deutung (siehe die vorletzte Anm.) letztlich verstanden werden.

189 Über den besonderen Rang der Bekenntnisfrage als Ansatzpunkt für eine städtisch-ständische Opposition allgemein H. Schilling, *Konfessionskonflikt...*, S. 98 ff.

190 Siehe oben, S. 71.

Rats in den Abendmahlsstreit knüpfte sich der breiter angelegte Versuch, autonome Handlungsspielräume für die Geistlichkeit in bezug auf Predigerwahl, Kirchenzucht und Strafamt zu gewinnen, und mit der Begründung dieses Anspruchs des *ordo ecclesiasticus* aus der lutherischen Zwei-Reiche-Lehre[191] gaben sich die geistlichen Ratskontrahenten auch gleichsam ein übergreifendes konstitutionelles Programm, das die Rolle des weltlichen Stadtregiments deutlich abweichend vom Selbstverständnis der Räte definierte.

Namentlich durch diese grundsätzliche Perspektive waren denn auch die verschiedenen Anläufe zur Auflehnung gegen das Kirchenregiment der Danziger Räte bis in die achtziger Jahre des 16. Jahrhunderts untereinander verknüpft. Nicht nur die bald aus Danzig vertriebenen flacianischen Theologen prangerten als „ein Große Tyrannei" an, daß die weltliche Obrigkeit sich anmaße, über die theologische Eignung der Prediger zu befinden und das Strafamt zu beschneiden [192] und allgemein der „Kirche Gottes seines gefallens auf gut politisch Lehre für[zu]schreiben und [sie] mit Geboten [zu] beschweren".[193] Vielmehr galt auch für die gemäßigteren Lutheraner um Pastor Kittel – noch in der Notel-Kontroverse der sechziger Jahre unter den erklärten Gegnern der Flacianer –, daß die Mißachtung der Trennungslinie zwischen weltlicher Sphäre und *res ecclesiastica* durch die Danziger Kirchenpolitik im Grundsatz unannehmbar war. Das heißt, mochte in bezug auf die theologischen Grundfragen des Bekenntnisstreits der vorsichtige Mittelkurs der Räte sogar nach der Ablehnung der lutherischen Konkordienformel noch Kompromisse zulassen,[194] so schloß die Entscheidung, den Kanzelstreit per Ratsdekret zu unterbinden, eine Verständigung aus. Das Dekret *de non calumniando* wurde von Kittels Parteigängern mit dem kategorischen Urteil zurückgewiesen, der Rat versuche mit der Disziplinierung der Geistlichkeit „Hispanicam inquisitionem" auszuüben,[195] und selbst als der Rat gegen den Wider-

191 Über die grundlegende Bedeutung der Zwei-Reiche-Lehre für die gerade an das Luthertum anknüpfenden ständischen und städtisch-konstitutionellen Widerstände gegen die Tendenzen zur Herrschaftszentrierung im späten 16. und frühen 17. Jahrhundert zuletzt L. Schorn-Schütte, *Lutherische Konfessionalisierung...*, S. 185 f.; dort auch genauere Hinweise auf die theologie- und verfassungsgeschichtliche Diskussion in kritischer Auseinandersetzung mit der traditionellen Annahme, daß das Luthertum grundsätzlich keine eigene Kultur ständischen Widerstands entwickelt habe.

192 Anweisung Burchards an die nach seiner Amtsenthebung in Danzig zurückbleibende Gemeinde vom 28. 7. 1560, APGd. 300 R/Pp q. 1, Bl. 23r. – 43v. Im Zusammenhang heißt es: „Weil denn die Kirche macht und gewalt hatt, Kirchen diener zu ruffen, Ist es ein Große Tyrannei, wen ein theil dem andern on alle billigkeit diener zustossen aufdringen und aufseilen wil, wider des anderen theiles erkentnis und willen", denn als „Prophetischer und Apostolischer beruff" unterliege das Predigtamt keiner kirchen- oder weltobrigkeitlichen Willkürentscheidung; in bezug auf das Bannrecht gelte, „das ein prediger nicht allein lehret und prediget, sondern auch straffet nicht allein die Laster der anderen Tafel Maß, sondern vornehmlich die laster der ersten Tafel".

193 So Morgenstern 1567 in seiner „Widerlegung der Notel, damit die Sacramentirer zu Dantzig ihren Irrtum und Verfolgung verkleistern und bedecken wollen...", wiedergegeben u. a. bei E. Bötticher, *Historisches Kirchenregister...*, APGd. 300 R/Pp 25, Bl. 131, aber auch bei J. Fabricius, „Historia Notulae", APGd. 300 R/Pp 2, Bl. 59r. ff.

194 Darauf deutet zumindest die Tatsache hin, daß sich Rat und lutherische Minderheit im Ministerium 1587 in bezug auf den Vorschlag einer erneuten Bestätigung der Danziger Notel durchaus nahekamen; siehe oben, Kap. II.5.

195 So die Kittel-Anhänger in ihrer anonymen Streitschrift vom Juni 1587 unter dem Titel „Danziger Decrets-Fidel"; siehe oben, S. 88, Anm. 238: Mit dem Verbot „des offentlichen Streith Ampts des heili-

stand des reformierten Ministeriums sein Dekret in bezug auf das geistliche Strafamt relativiert hatte, hielten die opponierenden Lutheraner an ihrem prinzipiellen Einwand fest: „E. E. Raht als der Magistratus Politicus greiffet in ein fremdt Ampt, in dem sie Christliche und gewissens sache wieder Gottes befehl zu sich ziehen, darumb sie sich schwer gegen Gott versündigen, der die beyden Empter unterschiedlich will gehalten haben und wen sie es eben so woll verstünden als die geschicktesten Theologi, auch so woll das Kirchen Regiren gelernet, gebühret es ihnen doch nicht, eben so wenig als den Kirchen dienern das Rahthauss zu regiren."[196]

Da freilich die Mehrheit im geistlichen Ministerium dieses Programm im Sinne der lutherischen Zwei-Reiche-Lehre nicht mitgetragen hat,[197] stand die gegenläufige Politik des Rats zunächst kaum unter Druck. Und es kam hinzu, daß es der opponierenden Geistlichkeit in der für die Konsolidierung der Kirche der Stadt entscheidenden Phase bis 1587 auch nicht gelang, ihr eigenes Anliegen mit dem der Ratskontrahenten in der Dritten Ordnung zu verbinden. Denn eine Teilhabe der Bürgerschaft am Kirchenregiment hatten die lutherischen Theologen offenbar ebensowenig im Sinn wie die Anerkennung einer obrigkeitlichen Lenkung,[198] und gegenüber derart weitreichenden Ansprüchen auf einen geistlichen Sonderstatus stand die verfaßte Bürgerschaft vorerst eindeutig auf der Seite des Rats.[199] Aus der Unterstützung durch die radikalen Ratsgegner um Kaspar Göbel aber ließ sich politisch kein Kapital schlagen, hatten doch Göbels wahllose Vorstöße, Verbündete für seinen persönlichen Machtkampf zu gewinnen, ihn spätestens im Zunftkonflikt von 1576 aus der städtischen Politik hinausmanövriert.[200] Der „kleine Haufe" von Parteigängern eines orthodoxen Luthertums konnte sich nicht als bürgerschaftliche Einflußgruppe halten.

gen Geistes" habe der Rat „gleichsam Hispanicam inquisitionem" eingeführt, denn „es gebühret Euch nicht dem H. Geist ins Maul zu greifen, und ihm das offentliche Strafhamt zu legen". – Analoge Argumentation bereits 1582 in Kittels Entgegnung auf die Ermahnung des Rats an alle Prediger, die Polemik um die Konkordienformel einzustellen, sowie aus gleichem Anlaß noch einmal 1585; siehe J. Fabricius, „Historia Notulae", APGd. 300 R/Pp 2, Bl. 109v. bzw. 123r. f.

196 „Respons" der lutherischen Prediger auf die Ratsdeklaration zum Dekret, 3. 6. 1587; Abschriften: APGd. 300 R/Pp 109, Bl. 70r. – 70v., 300 R/Pp 19, Bl. 81–84, 300 R/Pp 16, Bl. 133–139.

197 Siehe oben, S. 93 f.

198 Ein Beispiel dafür, daß die lutherische Geistlichkeit auch mit der Bürgerschaft in dieser Frage in einen offenen Gegensatz geraten konnte, liefert die Stadt Braunschweig; siehe L. Schorn-Schütte, *Lutherische Konfessionalisierung...*, S. 190.

199 So standen die Kontroversen im Breiten Rat auch noch auf dem Höhepunkt des Danziger Dekretstreits von 1587 im Zeichen eines Konsenses darüber, daß die weltliche Obrigkeit den religiösen Frieden mit den Mitteln der Kirchendisziplin zu gewährleisten habe. Nicht einmal von einer Teilhabe der Dritten Ordnung am Ius Patronatus war jetzt noch die Rede. Die Sympathien für die lutherische Partei in den Reihen der Hundertmänner kamen dagegen allenfalls darin zur Geltung, daß man den Rat durch vorsorgliche „Protestation" darauf zu verpflichten suchte, den Kirchenfrieden nicht seinerseits durch die Preisgabe des Ausgburgischen Konfessionsstandes zu gefährden. Siehe die Ordnungsrezesse für Juni 1587, APGd. 300, 10/9, 309v. – 314v.

200 Siehe Marian Gumowski, *Bracia Gebelowie*, in: *Zapiski Towarzystwa Naukowego w Toruniu*, Bd. 14 (1948), S. 57–78, sowie *Kaspar Gebel*, in: *PSB*, Bd. 8, S. 196 f. Über den Konflikt von 1576, in dem Göbel als Verfechter einer breiteren Beteiligung der Werke am Stadtregiment gegen den Rat aufgetreten war, siehe vor allem *Historia Gdańska...*, Bd. 2, S. 556 ff.

So kam es beinahe einer Kapitulation der opponierenden Predigerschaft gleich, wenn diese seit den achtziger Jahren des 16. Jahrhunderts immer öfter bei den „gemeinen leuten“ in den Kirchengemeinden Rückhalt suchte.[201] Denn es gelang zwar leicht, religiöse Emotionen in den Gemeinden zu wecken und gegen die reformierten Theologen zu lenken, wo deren Predigt- und Zeremonienpraxis zu der traditionalen Frömmigkeitskultur der Stadtbürger in latentem Gegensatz stand.[202] Namentlich in bezug auf die Abendmahlsriten wie in der Bilderfrage ließ sich der Ketzereivorwurf gegen die Reformierten in diesem Sinne nicht nur plausibel machen, sondern auch zur Erregung von vermeintlich spontanen Straßenunruhen benutzen.[203] Doch blieb die Wirkung einer solchen Mobilisierung in der Regel auf den jeweils unmittelbaren Konfliktanlaß beschränkt, da die kirchenorganisatorischen wie letztlich auch die theologischen Kernfragen der Bekenntniskontroverse auf dieser Ebene nicht zu thematisieren waren.

So erzwangen die gewaltsamen Proteste der von den lutherischen Geistlichen alarmierten Gemeinden 1587 wohl die Wiedereinstellung des suspendierten Predigers Clemens Friccius,[204] hatten aber keinen Einfluß darauf, daß zur selben Zeit die lutherischen Geistlichen in allen für die Gestaltung der städtischen Kirche wichtigen Streitfragen unterlagen. In dem offenen Konflikt, den die Lutheraner mit der Spaltung des geistlichen Ministeriums 1586 gewagt hatten, brachten die faktische Aufhebung des Ordinationsrechts, das Ratsdekret von 1587 sowie die folgende Bestätigung der Danziger Notel das lutherische Programm endgültig zum Scheitern. Danach aber ging es lange Zeit nur noch darum, daß das Luthertum, gestützt auf die Gemeinden, seine bloße Präsenz in der städtischen Kirche behauptete.

Der Ausbruch einer konfessionellen Protestbewegung in den Gemeinden stellt jedoch zugleich den Übergang zu einer neuen Konfliktphase dar, hatte doch offenbar auch der religiöse Widerstand der städtischen „Untertanen“ gegen die reformierte Konfessionalisierung eine eigene, schichtentypische Dynamik. Diese wurde gewiß am unmittelbarsten gespeist durch die erwähnte spontane Auflehnung gegen die Bestrebungen der Reformierten, Lehre und Zeremonien von „superstitio“ zu „reinigen“ und damit weitaus radikaler als die Lutheraner in die Frömmigkeitstraditionen der Gemeinden einzugreifen.[205] Doch gab es zugleich ein Zusammenwirken mit anderen innerstädtischen Gegensätzen, in denen die konfessionelle Option gleichsam als „Parteienstandpunkt“ der Bürgergesellschaft fungierte.

201 Für 1584 wird erstmals darüber berichtet, daß der Kanzelstreit, hier zwischen Friccius und Coletus auf lutherischer sowie Praetorius, Fabricius und Achatz Curaeus auf reformierter Seite, eine unmittelbare Fortsetzung in Straßenkrawallen fand, „also, daß die Bürger, Item allerhand Werckbursche und Taglöhner, Knechte und Mägde, den Predigern auf offener Straßen nachrieffen, sie anspeyeten, und allerley Hohn denselben bewiesen. Wie denn unter anderem ein Schneider, Meister Joachim genannt, M. Achatium Curaeum mit vielen Ehrenrührigen Worten auff offentlicher Straßen angegriffen“; R. Curicke, *Der Stadt Dantzig historische Beschreibung...*, S. 332, siehe auch Ch. Hartknoch, *Preußische Kirchen-Historia...*, S. 729.

202 Allgemein zur Frage von Frömmigkeitskultur und reformierter Konfessionalisierung zuletzt P. Münch, *Volkskultur und Calvinismus...*, passim.

203 Zu den Anlässen der Danziger Krawalle zwischen 1584 und 1590 oben, Kap. II.5.

204 Die Umstände sind genau geschildert bei R. Curicke, *Der Stadt Dantzig historische Beschreibung...*, S. 342 ff.

205 Siehe oben, Anm. 202.

Dies gilt in allen drei Städten in bezug auf den Dauerkonflikt zwischen Räten und Zünften über die Aufnahme ausländischer Zuwanderer, die – wie Niederländer, Böhmen oder Schotten – für die Bürgerschaft in der Tat meist zugleich als wirtschaftliche Konkurrenten wie als „Konfessionsfremde" in Erscheinung traten.[206] So verbanden die Zunftvertreter die Klage, daß die Fremden „iren Kindern das brodt aus dem maule zihen",[207] früh mit der grundsätzlichen Mahnung an die Räte, der Ausbreitung verbotener „Rotten und Secten" keinen Vorschub zu leisten,[208] und in dem Maße, wie der Zwang zur Rechtfertigung der städtischen Politik gegen den Calvinismusvorwurf wuchs, konnten hier mit dem religiösen Argument auch wirklich Konzessionen durchgesetzt werden. So wie in Danzig 1597[209] lassen auch die Ordnungsdebatten in Thorn 1594 und 1613[210] sowie in Elbing 1604[211] erkennen, daß die Räte sich in dieser Lage den Forderungen der Bürgerschaften nach Restriktionen beugen mußten.

Zudem hatte die Bekenntnisfrage aber insofern auch eine allgemeinere politische Komponente, als die sich um die Wende zum 17. Jahrhundert verfestigende Identifikation der städtischen Eliten mit dem Reformiertentum in gewisser Weise ihr Pendant in einem abweichenden religiösen Selbstbewußtsein der Bürgerschaften gefunden zu haben scheint. Dies entsprach wohlgemerkt nicht einmal in Danzig, geschweige denn in den Schwesterstädten der realen Verteilung der Bekenntnisgemeinschaften. Ebenso wie die Sympathien für das Luthertum bis in patrizische Kreise reichten,[212] hatten die reformierten Gemeinden, wie die Spaltung der Danziger Hundertmänner im Konflikt von 1605/06 belegt,[213] ihrerseits stets einen festen Rückhalt in den Zünften und unter der Kaufmannschaft. Um so bemerkenswerter ist jedoch, daß dies einer obrigkeitskritisch gemeinten Gleichsetzung von Reformiertentum und patrizischer Machtelite nicht im Wege stand. Nicht nur die Marienburger Räte sollten sich in ihrem Prozeß gegen die Bürgerschaft vergeblich dagegen verwahren, daß „status senatorius" und „pars calviniana" zu ihrem Nachteil gleichsam synonym gebraucht würden.[214] Vielmehr wurde auch die Danziger Politik im Konflikt seit 1605 von solchen Zuschreibungen eingeholt, wenn die Ratskontrahenten den als konfessio-

206 Von der Bedeutung dieses Faktors als Argument der protestierenden Danziger Bürgerschaft in ihren Klagen gegen den Rat war bereits die Rede; siehe oben, Kap. II.6.

207 Bittschrift eines Danziger Handwerkers von 1589 gegen die Aufnahme von Niederländern, APGd. 300 R/Pb 32, Bl. 78r. – 79r.

208 Aufschlußreich sind hier die Danziger Ordnungsverhandlungen über das Fremdenedikt von 1573, *Ordnungsrezesse*, APGd. 300, 10/5, Bl. 79 ff.; zum konfessionellen Hintergrund der Debatte auch *Auszug aus Eberhard Böttichers Historischem Kirchenregister...*, APGd. 300 R/Pp 15, Bl. 199.

209 APGd. 300, 10/17, passim.

210 *Acta Consularia*, APT Kat. II, II–1, Bl. 114v. bzw. 140r.

211 *Gemeinderezesse*, APGd. 369, 1 Nr. 24, Bl. 235 ff. sowie A. Grübnau, *Ratsrezesse...*, APGd. 492/520, Bl. 141 f.

212 Dies nicht nur – gewiß in parteilicher Absicht – vielfach berichtet bei E. Bötticher, *Historisches Kirchenregister...*, APGd. 300 R/Pp 25, passim, sondern auch bei J. Fabricius, „Historia Notulae", der u. a. das Ausbleiben schärferer disziplinarischer Maßnahmen des Rats gegen Kittel 1587 auf den Einfluß seiner Sympathisanten im Rat zurückführt, siehe APGd. 300 R/Pp 2, Bl. 116r. – 119r. u. 279v. – 280r.

213 Siehe oben, S. 132. – Über die konfessionelle Verteilung der Danziger Gemeinden seit der förmlichen Trennung der Konfessionskirchen im 17. Jahrhundert detailliert J. Baszanowski, *Statistics of Religious Denominations...*

214 Belegt bei A. Mączak, in *Historia Pomorza...*, Bd. 2, T. 1, S. 267 ff.

nell exklusiv wahrgenommenen Herrschaftsanspruch der reformierten Elite anprangerten.[215] Dabei spiegelt sich hier wie dort in der Übertragung des konfessionellen Parteiendenkens auf den innerstädtischen Gegensatz nicht zuletzt die Tendenz, das stadtgesellschaftliche Gefüge insgesamt zunehmend in der Perspektive eines bipolaren Spannungsverhältnisses zwischen patrizischer Machtelite und städtischer Untertanenschaft wahrzunehmen.

Charakteristisch blieb für die gemeindliche Auflehnung gegen den konfessionellen Kurs der städtischen Kirchen, daß ihre politische Aktivierbarkeit unmittelbar von der Führung durch die Predigerschaft abhing. Wo es nicht zur offenen Spaltung des geistlichen Ministeriums kam, blieb ungeachtet der latenten Widerstände gegen das Reformiertentum die Formierung der Gegenkräfte zu einer aktiven lutherischen Bewegung aus, was sich in Elbing in der Tatsache niederschlug, daß die Bürgerschaft dem Rat in dem nachgeholten Bekenntnisstreit in den fünfziger Jahren des 17. Jahrhunderts ganz besonders vorwarf, die ahnungslosen Gemeinden jahrzehntelang auf dem Irrweg des Calvinismus gehalten und sie über das wahre Bekenntnis der Kirche in der Stadt getäuscht zu haben.[216] Dagegen läßt sich in Danzig in allen Fällen aktiven, zumal gewaltsamen Eingreifens von Gemeindemitgliedern in den Bekenntniskonflikt die steuernde Rolle der lutherischen Geistlichen klar belegen. Ebenso wie Friccius' militante Verteidiger 1587 bei ihren Tumulten gegen Joachim Keckermann sowie ihrem Ultimatum an die Bürgermeister den „rath der Prediger auf ihrer Seite" befolgt hatten,[217] waren auch dem bewaffneten Widerstand in der Bilderfrage 1589/90 entsprechende Instruktionen von Coletus an die Gemeinde der Marienkirche vorausgegangen.[218] Nicht zuletzt aber dienten die Gemeinden der lutherischen Prediger zumin-

215 Lutherischer Kommentar zum Danziger Streit von 1605, APGd. 300 R/Pp 19, Bl. 146: „...wer es nicht mit dem Calvinischen hauffe hielte, wardt von ihnen als ein grober unverstendiger und aufrührerischer Mensch geachtet, der es aber mit ihnen hielte, müßte für gelehret, weise und bescheiden gelten und zu alle nutztragenden ämptern gebrauchet werden, u. dagegen ihr wiedertheil, ob er gleich mit mehren gaben gezieret, in loco peccatorum bleiben, nach dem Sprichwort, welches damahl aufkommen, ist Calvinisch, gelehrt und weise."

216 Siehe die Supplik der „gesamten haupt und kleinen wercke" für die Abschaffung der Lobwasser-Psalmen vom April 1655, APGd. 492/1038, Bl. 22v. – 25r. – Entsprechend berichten denn auch in bezug auf die Ursachen für den Elbinger Lobwasser-Streit verschiedene Quellen von gezielten Appellen an die „gemeinen leute" seitens derjenigen Prediger, welche „anjetzo ex moderatis rigidi Lutheraner worden"; so „Friderici de Elbinga judicium...", APGd. 300 R/Pp 6, Bl. 579–587, siehe auch C. Ramsey, *Elbingische Chronik...*, APGd. 492/831, Bl. 36.

217 Siehe R. Curicke, *Der Stadt Dantzig historische Beschreibung...*, S. 342–344. – Entsprechend berichtete ein Vertreter des Marienburger Rats vor den Schöffen über die Abläufe des religiösen Tumults von 1601, daß sich der lutherische Prediger Jacob Vogt angesichts seiner Amtsenthebung durch den Rat direkt an den „Pöbel" gewandt habe mit dem Aufruf: „Bürger, Gesellen und gemeine Leute, eilt mir zu Hilfe gegen dieses calvinische Gesindel. Ihr habt allemal fest zusammengehalten, so helft mir auch jetzt: schlagt drein, kämpft, streitet, denn mir wird Gewalt und Unrecht angetan"; zitiert nach *Historia Pomorza...*, Bd. 2, T. 1, S. 268.

218 Dafür spricht vor allem, daß die 1590 umstrittene Entfernung der Altarbilder in der Trinitatiskirche bereits längere Zeit zuvor erfolgt war, und zwar als Coletus selbst dort noch als zweiter Prediger gewirkt hatte; erst nach seinem Wechsel an die Marienkirche indessen begann Coletus 1589 die Bilder allgemein als „Libri Laicorum" zu rechtfertigen sowie 1590 speziell die Zustände in der reformierten Gemeinde der Gymnasialkirche St. Trinitatis öffentlich anzuprangern; siehe J. Fabricius, „Historia Notulae", APGd. 300 R/Pp 2, Bl. 289v. – 295v. – Über den Bilderstreit an der Peterskirche auch Erwin Pritzel, *Geschichte der reformierten Gemeinde zu St. Petri-Pauli in Danzig 1570–1940*, Danzig 1940, S. 12 f.

dest als Vermittlungsstellen auch für jene Gerüchte über wundersame Zeichen, welche die anticalvinischen Emotionen in den späten achtziger Jahren des 16. Jahrhunderts in Danzig am Leben erhielten; nur durch die Veröffentlichung eines Obduktionsberichts etwa wußten sich die Angehörigen des 1588 verstorbenen Peter Praetorius gegen die in der Stadt verbreitete Behauptung zu wehren, daß der Leib des „verfluchten Calviners" durch eine „wunderbare krankheit" schon zu Lebzeiten in Fäulnis übergegangen und am Ende buchstäblich vom Teufel geholt worden sei.[219]

Dabei kommt es aber vor allem auf die Beobachtung an, daß selbst das massive Aufbegehren der Danziger Gemeinden gegen das Reformiertentum letztlich keine dezidiert lutherische Gegenbewegung in Gang gebracht hat. Das heißt, so deutlich hier schon vor der Jahrhundertwende der Gegensatz zur Bekenntnisorientierung der städtischen Kirchenpolitik in Erscheinung trat, so wenig sollte sich daraus ein kirchlich-theologisches oder gar ein politisches Gegenprogramm zum Konfessionalisierungskurs des Rats entwickeln. Indem der innerkirchliche Konflikt zwischen den Parteiungen um Fabricius auf reformierter und Coletus auf lutherischer Seite mit der Festigung einer Minderheitsposition für die Lutheraner um 1590 gleichsam sistiert wurde,[220] kam auch der gemeindliche Widerstand zum Erliegen. Gerade das folgende Jahrzehnt brachte die bisher längste Phase relativen innerstädtischen Kirchenfriedens; erst durch die bekenntnispolitische Initiative aus den Reihen der verfaßten Bürgerschaft sollte dieser erneut, und zwar jetzt gewissermaßen von außen, in Frage gestellt werden.

Tatsächlich ist es für die dritte städtische Wirkungsebene des Danziger Bekenntniskonflikts, die Ebene des in der verfaßten Bürgerschaft organisierten politischen Widerstands gegen das Ratsregiment, zunächst charakteristisch, daß ausschließlich politische Umstände den zeitlichen Ablauf bestimmten. Zwar hatten die Widerstände bei der Geistlichkeit und in den Gemeinden dazu beigetragen, die Bekenntnisfrage gerade in Danzig mit Konfliktstoff aufzuladen, vor allem aber theologische und kirchenrechtliche Gegenpositionen zur Ratspolitik zu schaffen, bei denen Politisierungsbestrebungen ansetzen konnten. Doch reichte der von den Theologen schon früh präzisierte Vorwurf an den Rat, falsche Lehre zu dulden und das religiöse Heil der Bewohner der Stadt zu gefährden, offenbar nicht als Grundlage für einen politischen Angriff auf die Ratsautorität aus.[221] Um die Danziger Ratskontrahenten zum politischen Handeln zu ermutigen, bedurfte

219 So affirmativ berichtet in *Auszug aus Eberhard Böttichers Historischem Kirchenregister...*, APGd. 300 R/Pp 15, Bl. 247; die Wirkung der Gerüchte sowie die Reaktionen der Familie werden bei R. Curicke, *Der Stadt Dantzig historische Beschreibung...*, S. 352, sowie bei J. Fabricius, „Historia Notulae", APGd. 300 R/Pp 2, Bl. 280r., geschildert. – Entsprechend der Bericht bei E. Bötticher, *Historisches Kirchenregister...*, APGd. 300 R/Pp 25, Bl. 161 f., wonach bei den Beratungen der Danziger Hundertmänner über das Ratsdekret *de non calumniando* am späten Abend des 20. 2. 1587 „ein heller Schein wie Sonnenlicht" die lutherischen Kritiker des Dekrets überstrahlt habe; ferner R. Curickes Erwähnung (*Der Stadt Dantzig historische Beschreibung...*, S. 349 f.) des Erscheinens einer blinden „Prophetin" vor dem Danziger Rat, die erklärte, Fabricius und dessen Vater Arend Schmidt im Höllenfeuer brennen gesehen zu haben, und der Stadt bei weiterer Duldung der „Gotteslästerlichen Calvinisterey" die Strafe Gottes und den völligen Untergang voraussagte.

220 Siehe oben, S. 93 ff.

221 Die auch in der neueren Forschung zu Recht bekräftigte allgemeine Feststellung, daß die politikleitende Funktion des Religiösen im 16. Jahrhundert auch eine unmittelbare religiös-konfessionelle Bindung des obrigkeitlichen Handelns an die göttliche Wahrheit einschloß, läßt in solcher Perspektive freilich Raum für Präzisierungen. So gilt zumindest für unsere Beispiele, daß die Räte zwar ihren kirchenpolitischen

es vielmehr starker zusätzlicher Impulse. So wurde einerseits bestimmend, daß mit jener privilegienrechtlichen Argumentation, welche die Bischöfe bei ihren Revindikationsbestrebungen in den neunziger Jahren des 16. Jahrhunderts gegen die Städte ins Spiel gebracht hatten, eine auch gegenüber dem katholischen Stadtherrn objektivierbare Gegenposition zur Ratspolitik gefunden schien. Andererseits aber gab es seit 1602 mit dem zunächst erfolgreichen Marienburger Umsturz ein bereits erprobtes Konfliktmuster, an dem sich die Danziger Bürgerschaft unmittelbar orientieren konnte.[222] Aber erst nachdem in beiden Richtungen – zu den Bischöfen wie auch zur Marienburger Opposition um Vogt Göbel – auch direkte Kontakte geknüpft worden waren, schien 1604 schließlich der geeignete Moment gekommen.

Lange vorher dagegen waren die politischen Fronten des Konflikts von der ratsfeindlichen Bewegung im Rahmen der verfaßten Bürgerschaft abgesteckt worden. In den zünftig-korporativen Politikhorizont der Dritten Ordnung eingebunden, stand sie zunächst für einen durchaus traditionalen Ansatz bürgerschaftlichen Widerstands gegen die Zentrierungsbestrebungen der Ratsoligarchie. Wirkliche Dynamik erhielt diese Bewegung aber erst dadurch, daß sie sich zunehmend mit den wirtschaftlich-sozialen Bestrebungen einer in gewisser Weise außerhalb des alten stadtgesellschaftlichen Gefüges stehenden informellen Elite verband. Es waren die reicheren Kaufleute sowie eine schmale Oberschicht von „Zunftunternehmern", welche sich im 16. Jahrhundert als eine eigene Interessengemeinschaft profiliert[223] und allmählich auch anstelle der Solidargemeinschaften der Zünfte die Rolle einer Lenkungsgruppe der Opposition in der Dritten Ordnung übernommen hatten.[224] Denn diese wirtschaftlich stärkste Schicht unterhalb des Patriziats konnte nicht nur die in der Wirkung einer geradezu programmatisch zunftfeindlichen Politik

Kurs stets mit der treuen Sorge um die Geltung der Augsburgischen Konfession rechtfertigten, sich jedoch unter Berufung auf ihr Patronatsrecht jedem Disput über das Meritum der Sache zu entziehen vermochten; lediglich im Zusammenhang mit akuten Störungen des Kirchenfriedens sowie in bezug auf den äußeren Privilegienstatus wurde die Bekenntnisfrage bei den Räten sozusagen justitiabel.

222 Siehe oben, S. 124.

223 *Historia Gdańska*..., Bd. 2, S. 212 f. sowie S. 548 f.; siehe ferner Henryk Samsonowicz, *Badania nad kapitałem mieszczańskim Gdańska w drugiej połowie XV wieku*, Warszawa 1960, S. 105 ff.; Maria Bogucka, *Gdańsk jako ośrodek produkcyjny w XIV–XVII wieku*, Warszawa 1962, S. 264 ff. – Dagegen blieb in Thorn und wahrscheinlich auch in Elbing der wirtschaftliche Rangunterschied zwischen Patriziat und Bürgerschaft größer, der Druck einer konkurrierenden Elite mithin wesentlich geringer; siehe J. Buława, *Walki społeczno-ustrojowe*..., passim, sowie M. Biskup (Hrsg.), *Historia Torunia*..., Bd. 2, T. 2, S. 83 f.

224 Die beiden politischen Hauptkontrahenten des Danzigers Rats in unserer Epoche gehörten denn auch dieser Schicht an. So hatte Kaspar Göbel, 1563 in die Danziger Krämerzunft aufgenommen, durch Getreidehandel, Kredit- und Immobiliengeschäfte sowie den Vertrieb münztechnischen Geräts bereits ein beträchtliches Vermögen erworben, bevor er sich als Wortführer der bürgerschaftlichen Opposition profilierte, um schließlich bei den äußeren Kontrahenten Danzigs Protektion zu suchen. Ebenso entstammte Eberhard Bötticher der Danziger Kaufmannschaft und verdankte sein Vermögen vor allem seinen Aktivitäten, auch als Reeder, im Spanienhandel; der Dritten Ordnung gehörte er seit den späten neunziger Jahren des 16. Jahrhunderts mit der Schlüsselfunktion des Quartiermeisters für das Hohe Quartier an und war seit 1602 Kirchgemeinderat an der unter Coletus' dominantem Einfluß lutherisch orientierten Marienkirche. Siehe *APB*, Bd. 1, S. 218; M. Gumowski, *Bracia Gebelowie*..., passim; P. Simson, *Geschichte der Stadt Danzig*..., Bd. 2, S. 429 f.

des Rats eingetretene Erosion bürgerschaftlicher Resistenzkraft kompensieren,[225] sondern bei ihr lagen auch die stärksten Motive, den exklusiven Machtanspruch der patrizischen Familien anzufechten. Deren Monopol auf die Verfügung über die städtischen Finanzen, die städtischen Ämter und vor allem die Verteilung des Landbesitzes auf dem städtischen Territorium sollte aufgebrochen werden, um den nachdrängenden handelskapitalistischen Führungsgruppen eine ihrem Status in der Stadtgesellschaft entsprechende Beteiligung am Stadtregiment zu sichern.

Um so schärfer trat dieser Gegensatz dadurch zutage, daß die Kluft zwischen der patrizischen Elite und deren Konkurrenten sozial deutlich erkennbar war. Noch konsequenter nämlich als in den Nachbarstädten hatte sich das Danziger Patriziat aus dem Handelsbürgertum zurückgezogen und, gestützt auf Gutsbesitz und Rentenerträge, ein adlig-aristokratisches Profil entwickelt,[226] das sie von der stadtbürgerlichen Gemeinschaft und deren handelswirtschaftlicher Orientierung distanzierte. Gerade weil die engere patrizische Lebens- und Einflußsphäre strikt von der der Bürgerschaft separiert blieb, gelang es nämlich, die institutionelle Erneuerung und Rationalisierung des Stadtregiments an ein entschieden sozialkonservatives Programm der Machterhaltung zu binden. Eben dieser Widerspruch aber gab dem Strukturwandel des Stadtregiments langfristig einen zwiespältigen Charakter. Jedenfalls wurde die modernisierende Wirkung des institutionellen „Stadtumbaus" seit der Mitte des 16. Jahrhunderts dadurch zum Teil blockiert, daß die Trägerschicht des rapiden wirtschaftlichen Geltungszuwachses der Stadt einen zu geringen Anteil daran hatte; die

225 Freilich war der Bedeutungs- und Einflußverlust der Danziger Zünfte seit Anfang des 16. Jahrhunderts zum Teil der strukturellen Krise des Zunftwesens zuzuschreiben. Die geringe Anpassungsfähigkeit der Zunftorganisation an veränderte Märkte wie an die Konkurrenz zuwandernder ausländischer Handwerker spielte hier ebenso eine Rolle wie die Tatsache, daß die wirtschaftliche Binnendifferenzierung der Werke und vor allem die Absonderung eines „Zunftpatriziats" von Gewerbeunternehmern die Zunftsolidarität von innen heraus ausgehöhlt hatte. Doch trug der Einfluß der Stadtobrigkeit wesentlich dazu bei, die krisenhaften Entwicklungen in den seit 1526 in allen internen Entscheidungen ratsabhängigen Zünften voranzutreiben. Eine Politik der strikten Wahrung des Status quo behinderte sowohl die wirtschaftliche Reorientierung der Zünfte als auch eine Anpassung ihrer ungleichmäßigen Repräsentation in der Dritten Ordnung. Zudem hatte der Rat den entscheidenden Anteil daran, daß der Druck des zunftfremden Gewerbes auf das städtische Handwerk stetig zunahm. Siehe M. Bogucka, *Gdańsk jako ośrodek...*, S. 288 ff., dies., *Elementy wczesnego kapitalizmu i preburżuazji w gdańskim browarnictwie w XV–XVII w.*, in: *Zapiski Historyczne*, Bd. 21 (1955), S. 65–113, *Historia Gdańska...*, Bd. 2, S. 188 ff. u. 524 ff.; über die Vertretung der sogenannten Hauptwerke in der Dritten Ordnung sowie deren politische Rückzugsgefechte gegen die Ratspolitik im Verlauf des 16. Jahrhunderts auch P. Simson, *Geschichte der Stadt Danzig...*, Bd. 2, S. 93 f. u. a. – Zu den Zünften in den Nachbarstädten M. Biskup (Hrsg.), *Historia Torunia...*, Bd. 2, T. 1, S. 133 ff. sowie Bd. 2, T. 2, S. 76 ff.; A. Matz, *Die Zünfte der Stadt Elbing...*

226 So gehörten um die Wende vom 16. zum 17. Jahrhundert etwa 50 Prozent aller Danziger Patrizier und sogar 78 Prozent der führenden Ratsfamilien zu den Eignern feudaler Gutsbetriebe. Es handelte sich dabei sowohl um Allodialbesitz als auch um städtische Pachtgüter, ohne daß es eine scharfe Trennung zwischen beiden Kategorien gegeben hätte, zum Teil aber auch um königliche Starosteien, welche von Danziger Familien wie Ferber, Becher oder Giese als Schuldpfänder erworben worden waren. Dazu sowie zu den anderen wirtschaftlichen Aktivitäten des Patriziats J. Muhl, *Danziger Bürgergeschlechter...*; Henryk Zins, *Ród Ferberów i jego rola w dziejach Gdańska w XV–XVI w.*, Lublin 1961; H. Samsonowicz, *Badania nad kapitałem...*, S. 29 ff., M. Bogucka, *Życie codzienne...*, S. 62 ff., *Historia Gdańska...*, S. 209 f.; im Blick auf die anderen Städte auch M. Biskup, *Über die Rolle und Bedeutung des Grundbesitzes...*, sowie *Historia Pomorza...*, Bd. 2, T. 1, S. 208 f.

Begrenzung des Stadtregiments auf das Altpatriziat sowie eine diesem eng verbundene Schicht von „Gelehrten" entsprang einem durchaus gezielten Bestreben, den Wirkungsbereich der Machtelite selbst aus dem Prozeß der Rationalisierung und Verrechtlichung auszunehmen, und hier waren Widerstände seitens des an den Rand gedrängten „Schattenpatriziats" unvermeidlich.[227]

In den Beziehungen zwischen Rat und Dritter Ordnung wurden die Konturen des Konflikts seit den siebziger Jahren des 16. Jahrhunderts genauer erkennbar. Wenngleich die Rhetorik der bürgerschaftlichen Ratskritik weiterhin der traditionellen Argumentation mit den Rechten von „Wercken und gantzer Gemeine" verhaftet blieb, gaben die spezifischen Interessen der Kaufleute und Zunftunternehmer doch schon in der Auseinandersetzung über die 1570 von König Sigismund August dekretierte Reform des Stadtregiments[228] die Richtung an. Die Forderung, die Kaufmannschaft sowohl an einer künftigen bürgerschaftlichen Kontrolle der Stadtfinanzen zu beteiligen, als auch sie auf die Dauer in die Dritte Ordnung – als eine „fünfte Tafel" neben den vier Quartieren – aufzunehmen,[229] rangierte ähnlich hoch wie der grundsätzliche Anspruch, eine Verrechtlichung der Stadtadministration und die Wählbarkeit der Hundertmänner durchzusetzen. In den zähen Verhandlungen über die Restitution der verpachteten städtischen Güter und deren künftige „öffentliche" Verwaltung kam bereits jenes Konkurrenzverhältnis ins Spiel, welches in den langen Streit zwischen Patriziat und Bürgerelite über deren Zugang zum Erwerb von Landgütern einmünden sollte.[230] Die spezifisch zunftbezogenen Forderungen mußten im Zweifelsfall dagegen zurückstehen. Als sich 1576/77 ein Kompromiß mit dem Rat in der Frage der Verwaltung der Güter abzeichnete, war die

227 Die seit dem Ende des 16. Jahrhunderts veränderte Interessenlage bei städtisch-konstitutionellen Konflikten ist am genauesten gesehen bei E. Cieślak, *Walki społeczno-polityczne...*, passim, vgl. aber auch M. Bogucka in *Historia Gdańska...*, Bd. 2, S. 543 ff.

228 Die Situation war freilich insofern unklar, als der Konflikt Danzigs mit Sigismund August durch die *Receptio in gratiam* im September 1570 förmlich beigelegt worden war, ohne daß der König die gerade erst bekräftigten Statuten der Karnkowski-Kommission kassiert hätte; siehe P. Simson, *Geschichte der Stadt Danzig...*, Bd. 4, S. 183 ff., *Historia Gdańska...*, Bd. 2, S. 308 ff. So hatten die Reformvorschläge des Rats von Ende 1570 wohl vor allem präventive Funktion, wobei einerseits die unter Karnkowskis Ägide zuvor geführten Verhandlungen zwischen den Ordnungen sowie andererseits ein Dekret vom 20. 9. 1570 über die Beteiligung der Bürgerschaft an der Verwaltung der städtischen Güter die unmittelbaren Anknüpfungspunkte lieferten; Dekretstext APGd. 492/33 sowie B PAN Ms 91, Bl. 43–54, die „Ordinationes" des Rats APGd. 300 R/Q 12, Bl. 2r. – 53r., zu den jetzt folgenden Verhandlungen auch *Historia Gdańska...*, Bd. 2, S. 557; Vgl. auch Max Foltz, *Geschichte des Danziger Stadthaushalts*, Danzig 1912, S. 50 f.

229 Siehe die Repliken der Quartiere auf die „Ordinationes" von 1570, APGd. 300 R/Q 12, Bl. 55r. – 63r., sowie die weiteren Debatten von 1574/75 und 1576/77, *a.a.O.*, Bl. 74r. – 131v. bzw. 141r. – 144r. – Auch nach dem Scheitern des Vorstoßes in den siebziger Jahren des 16. Jahrhunderts blieb die Frage einer Repräsentation der Danziger Kaufmannschaft virulent. Nachdem aber noch 1623 selbst der Versuch am Widerstand des Rats gescheitert war, einen Ältestenrat der Kaufleute zur Kontrolle des Handels zu begründen, setzten erst die Dekrete Sobieskis eine breitere Öffnung der Dritten Ordnung für die Kaufleute durch; siehe *Historia Gdańska...*, Bd. 2, S. 543–546, E. Cieślak, *Walki społeczno-polityczne...*, S. 206 ff. Wesentlich früher kam es dagegen in Thorn zu einem Ausgleich, indem der Anteil der Kaufleute in der Dritten Ordnung 1601 von 20 auf 30 (neben ebenfalls 30 Zunftvertretern) erhöht wurde; dazu L. Koczy, *Dzieje wewnętrzne Torunia...*, S. 11 ff., H. Rietz, *Burmistrz Henryk Stroband...*, S. 25.

230 So versuchte der Rat die stetige Zunahme des Grunderwerbs durch Bürger um die Jahrhundertwende dadurch einzudämmen, daß er ein restriktives Genehmigungsverfahren einführte und den Erwerbern von

Dritte Ordnung dazu bereit, sich über die Köpfe der Zunftältesten hinweg über die Rücknahme früherer Konzessionen in bezug auf deren Forderungen nach Mitsprache zu verständigen.[231]

Die Leichtigkeit, mit der die Ratspolitik auch die Opposition der siebziger Jahre nach dem Pfahlgeldvertrag zu überspielen vermochte, ließ jedoch erkennen, daß die Sache der Ratskontrahenten im Rahmen der städtischen Ordnungsverfassung regulär nicht gefördert werden konnte. Allzu stark waren die vom Rat nominierten bürgerschaftlichen Hundertmänner durch die Verfahrensnormen der Ordnungen eingeengt, als daß sie den 1526 bekräftigten Grundsatz gemeindlicher Mitwirkung an den Stadtgeschäften hätten in der Praxis durchsetzen können.[232] Selbst dort aber, wo die Dritte Ordnung – wie 1577 in der Frage der Finanzadministration[233] – einklagbare Positionen erkämpft hatte, erwies sie sich angesichts eines strikten Ausschlusses von den Ratsgeschäften als machtlos, diese langfristig zu behaupten.[234] So ließ sich ein Durchbruch letztlich nur

Bauernstellen oder ganzen Dörfern die Aberkennung des Bürgerrechts androhte. Dies sollte zu einer Flut von Streitfällen führen und 1622 schließlich eine grundsätzliche Auseinandersetzung zwischen den Ordnungen provozieren; daß es auch jetzt nicht zur Einigung kam, trug wesentlich dazu bei, den Konfliktstoff in den Beziehungen zwischen Rat und Dritter Ordnung stetig zu vermehren. Dazu ausführlich *Historia Gdańska...*, Bd. 2, S. 549 ff.

231 Es ging um die 1576 von der Zunftopposition außerhalb der Dritten Ordnung unter Göbels Führung durchgesetzte direkte Beteiligung der Zunftältesten an der Beratung bestimmter Stadtgeschäfte. Die Dritte Ordnung stimmte hier im Januar 1577 der Wiederherstellung der alten Ordnung zu, während der Rat im Gegenzug eine gemeinsame Administration der Stadtfinanzen bewilligte, deren Institutionalisierung freilich bereits 1578 erfolgreich hintertrieben wurde. Die Einigungsformel der Ordnungen findet sich in APGd. 300, 10/31, Bl. 82r. – 101v.; der Konflikt wird analysiert bei P. Simson, *Geschichte der Stadt Danzig...*, Bd. 2, S. 280, E. Cieślak, *Walki społeczno-polityczne...*, S. 13 ff., M. Bogucka, *Walka opozycji mieszczańskiej...*, S. 454 f.

232 Aufgrund der Statuten Sigismunds I. von 1526 konstituiert, war die Dritte Ordnung nicht nur durch das Nominierungsverfahren für die Hundertmänner an den Rat gebunden, sondern auch dadurch, daß dieser das alleinige Ius proponendi in bezug auf die Verhandlungsgegenstände des Breiten Rats behielt und über die strikte Erfüllung des Mandats der Quartiere durch die Hundertmänner wachte. Zudem kam es den Interessen des Rats entgegen, daß von den Zünften die vier alten „Hauptwerke" der Bäcker, Fleischer, Schmiede und Schuster in der Dritten Ordnung vertreten waren, nicht aber die wirtschaftlich und gesellschaftlich gewichtigeren Brauer, Goldschmiede oder Tuchweber. Dazu am genauesten noch immer G. Lengnich, *Ius publicum civitatis Gedanensis...*, S. 22 ff.

233 Siehe vorletzte Anm.

234 Dies war aus der Sicht der Bürgerschaft wesentlich eine Frage lückenhafter Information. Da der Rat politisch relevante Dokumente, einschließlich der Stadtprivilegien und Ordnungsrezesse, unter Verschluß hielt, den Bürgern aber Außenkontakte politischer Natur strikt untersagt waren, ließ sich der vielfach manipulierten Auslegung der Rechtslage durch die Räte nur schwer begegnen. Reflexe dieses Problems gab es denn auch in den Auseinandersetzungen von 1605/06. Als die Zünfte mit notariell ausgefertigten Suppliken gegen den Rat protestiert hatten, bestand dessen einzige Reaktion darin, die Ablieferung aller kursierenden Exemplare zu befehlen, „damit sie an den Ort dahin sie gemeinlich in verwahrung gehalten, beygeleget, u. nicht in Privat häusern verbleiben, und künftig zu dergleichen unruh möchte anlaß gegeben werden"; E. Bötticher, *Historisches Kirchenregister...*, APGd. 300 R/Pp 25, Bl. 738, ferner APGd. 300 R/Pp 19, Bl. 137 f., sowie 300 R/Pp 17, Bl. 479. Die protestierende Bürgerschaft aber mußte ihrerseits sowohl bei Łaski als auch am Krakauer Hof Beschwerde führen, um Einblick in die prozeßrelevanten Akten, ja selbst in die Religionsprivilegien zu erlangen; siehe Böttichers Instruktion an Dulciger in Krakau vom 30. 12. 1605, APGd. 300 R/Pp 16, Bl. 674–683.

von einem frontalen Angriff auf den regierenden Rat erhoffen, und dafür mußten folgende beiden Voraussetzungen erfüllt sein: Die Bürgerschaft brauchte einen rechtlich zweifelsfreien Ansatzpunkt, um die Legitimät des Stadtregiments grundsätzlich in Frage zu stellen, und es mußte die Aussicht bestehen, auf dem in der Konsequenz zu beschreitenden Weg der Klage beim königlichen Stadtherren hinreichende Unterstützung von außen zu erhalten. Beide Voraussetzungen schienen in Danzig angesichts der gegenreformatorischen Politisierung der Bekenntnisfrage um 1600 in geradezu idealer Weise erfüllt.

Daß die Ratskontrahenten um Eberhard Bötticher die einzelnen Schritte sorgfältig überdacht hatten, ist an ihrem planvollen Vorgehen seit 1604 abzulesen. Es folgte genau dem Prozeßmuster, welches Sigismund August der Danziger Bürgerschaft in seinen Responsen von 1552 für den Fall eines außerordentlichen Notstandes vorgeschrieben hatte.[235] Nachdem die mehrfach wiederholten Gravamina der Dritten Ordnung in der Bekenntnisfrage beim Rat nachweislich ohne Resonanz geblieben waren, ließ sich der Schritt zu rechtlicher Protestation und Klage als „zulässiges extremum" rechtfertigen, stellte doch die offenkundige Verweigerung des Rats die protestierende Bürgerschaft in der Sache wie dem Verfahren nach von dem Vorwurf der „Rebellion oder sedition" frei.[236]

Entsprechend aber war die Begründung der eigenen Gegenposition auch sorgsam auf den traditionellen Politikhorizont der Dritten Ordnung abgestellt. Nicht nur die Beseitigung des religiösen Notstandes klagte die verfaßte Bürgerschaft ein, sondern auch die Wiederherstellung des rechtmäßigen Kirchenregiments, nach dem „wir nicht weniger als ein E. Rath zu dem iure patronatus über Kirchen und Schulen ex privilegio ... D. Regis Casimiri so Anno 1457 gegeben worden, befüget sein",[237] und grundsätzlicher gefaßt hieß es in der Präambel zur Dokumentation der Klage der protestierenden Bürger: „Auff der Gemeine beruhet die Macht Wacht und Beschützung der Stadt. Derwegen sol ein Rath nichts newes oder Wichtiges erfinden oder mercken ohne der Gemeine Wissen und Willen."[238]

Erst nachdem der Durchbruch zur Eröffnung des „ordentlichen proceßus" gelungen war, begannen die Protestierenden die Richtung ihres Vorgehens vorsichtig zu modifizieren. Vor allem kam es ihnen darauf an, den politischen Druck auf den Rat durch zügige Fortsetzung des förmlichen Verfahrens aufrechtzuerhalten. Doch mit den „Artickel-Puncten", welche die Agenten der protestierenden Bürgerschaft der in Krakau übergebenen Bittschrift an den König beifügten,[239] kamen im Januar 1606 auch neue Perspektiven einer Konfliktlösung ins Spiel. Nicht allein auf die Restauration gemeindlicher Rechte in bezug auf kirchliches und weltliches Regiment sollten sich die Anstrengungen richten, sondern auch darauf, den personellen Wechsel im Rat zu erzwingen. Da die Danziger Calvinisten „zu herrschen begierig außerhalb ihrer Sect",

235 Die Rechte der Dritten Ordnung waren 1552 insofern präzisiert worden, als Sigismund August dieser das Recht eingeräumt hatte, zweimal jährlich außerhalb der Ratspropositionen ihre Gravamina im Breiten Rat vorzubringen sowie notfalls den Weg der direkten Klage vor dem Hofgericht zu beschreiten; siehe G. Lengnich; *Ius publicum Civitatis Gedanensis...*, S. 23, sowie E. Cieślak, *Walki polityczno-społeczne...*, S. 13 ff.

236 So die Begründung im Text der Protestation vom 1. 3. 1605, u. a. APGd. 300 R/Pp 1, Bl. 573–586, siehe auch R. Curicke, *Der Stadt Dantzig historische Beschreibung...*, S. 366–370.

237 *Ebda.*

238 APGd. 300 R/Pp 16, Bl. 27.

239 Siehe oben, S. 133.

erbaten die Protestierenden ein königliches Mandat, das nicht nur grundsätzlich das alleinige Recht der „wahren“ augsburgischen Konfessionsverwandten auf geistliche und weltliche Stadtämter bestätigen, sondern auch in der Weise unmittelbar in die Küren zu den Ordnungen einschließlich der Ratskür eingreifen sollte, daß „gewiße Persohnen aus E. E. Gem. Mittel in vacirenden Stellen mögen gesetzet werden“.[240] Als aber der Danziger Kastellan Michał Konarski, obwohl ein politischer Gönner der Ratskontrahenten, von derart heiklen Forderungen abriet, blieben Bötticher und seine Agenten fest. Weil „daran unser gantzes fundament hanget“, konnte man sich mit einem Ausgleich mit dem Rat aufgrund kirchenpolitischer Konzessionen allein nicht zufriedengeben.[241]

Unter den Ursachen für das Scheitern der Ratskontrahenten spielte neben den bereits erörterten äußeren Faktoren[242] auch das krasse Ungleichgewicht zwischen den Kontrahenten bereits in den Ausgangspositionen eine Rolle. Das politische Handlungsmonopol des Rats, welches die protestierende Bürgerschaft personell zu brechen versuchte, sollte auch die Abwehr dieses Versuchs innerstädtisch entscheidend begünstigen. Dies erwies sich am deutlichsten dort, wo sich die Vertreter der Bürgerschaft bei den Verhandlungen mit Kanzler und Hofkanzlei auf gänzlich fremdem Territorium bewegen mußten. Die sich hier rasch häufenden Rückschläge schrieb man anfänglich nur den Intrigen calvinischer „Außspäher“ sowie dem üppigen Fluß von Bestechungsgeldern zu.[243] Allmählich aber wuchs bei den Unterhändlern in Krakau die Einsicht, daß sie auf der Gegenseite „nicht Marienburger vor sich“ hatten;[244] das heißt, man hatte den politischen Informations- und Einflußmitteln, über welche die Danziger Räte verfügten, im Grunde nichts entgegenzusetzen. Weder verhalfen die nun von Dulciger und Tillerich bestochenen Kanzleischreiber den Bürgerdeputierten zu rascher Ausfertigung der zugesagten königlichen Mandate, noch eröffnete ihnen die brisante Verbindung zu dem Jesuitenpater Bartsch letztlich einen Weg, um die Stimmung bei König und Senatoren zu erkunden, geschweige denn zu beeinflussen.[245] Und es war am Ende auch bezeichnend, daß man von dem Scheitern der Bemühungen in Krakau erst durch die Berichte aus Danzig über die Wende in Łaskis Vermittlungsdiplomatie erfahren sollte.

Aber auch in der Dritten Ordnung schien die Position der Ratskontrahenten nicht fest genug verankert, um den Konflikt unangefochten zu überdauern. Dies lag nicht zuletzt an den auch hier überlegenen Einflußmöglichkeiten des Rats, zumal wenn es darum ging, den Gang der Ausein-

240 Text der Artikel u.a.: APGd. 300 R/Pp 19, Bl. 203–210, sowie 300 R/Pp 31, Bl. 239–241.

241 So der Bürgerschaftsdeputierte Dieckmann aus Krakau an Bötticher am 28. 1. 1606, APGd. 300 R/Pp 16, Bl. 711–717.

242 Siehe oben, S. 129 f.

243 Paul Dulciger an Bötticher am 20. 10. 1605, APGd. 300 R/Pp 16, Bl. 623–625.

244 Dulciger an Bötticher am 7. 11. 1605, *a.a.O.*, Bl. 631 f.

245 Charakteristisch für die Position der Bürgerdeputierten in Krakau war in dieser Hinsicht auch ihre gezwungenermaßen improvisierte Verhandlungsführung. So fanden die Agenten keine andere Möglichkeit, die Bittschrift der protestierenden Bürgerschaft samt „Artickel-Puncten“ dem König zu übermitteln, als diesem auf dem sonntäglichen Gang zur Messe vor der Kirche in den Weg zu treten; APGd. 300 R/Pp 31, Bl. 236 ff. Auch mußte Tillerich berichten, daß die Bürgerdeputierten bereits bei dem ersten Gerichtstermin in Krakau dadurch in Verlegenheit geraten waren, daß sie ihre Klageschriften nur in deutscher, nicht aber in polnischer oder lateinischer Ausfertigung unterbreiten konnten; Tillerich aus Marienburg an Bötticher am 5. 3. 1605, APGd. 300 R/Pp 16, Bl. 722–725.

andersetzung im Rahmen der Ordnungen propagandistisch wie auch in formaler Hinsicht zu steuern. Doch fiel offenbar ebenso ins Gewicht, daß die Interessen der Fronde um Bötticher und die der Bürgerschaft insgesamt im Konfliktverlauf in gewisser Weise auseinandergetreten waren. Daß eine Einigung mit dem Rat über Bekenntnisstand und Kirchenregiment grundsätzlich ausgeschlossen sein sollte, ließ sich innerhalb der Dritten Ordnung zumindest nicht ohne weiteres vermitteln, und da sich der Konflikt zur Jahreswende 1605/06 eben darauf zuspitzte, geriet die Front der Hundertmänner wohl nicht zufällig gerade in diesem Stadium ins Wanken. Jedenfalls gibt es keine plausiblere Erklärung für jene Spaltung der Dritten Ordnung im Dezember 1606, in deren Folge 30 der 80 Hundertmänner endgültig ins Lager der Befürworter eines Kompromisses überwechselten.[246] Der eigenständige Kurs der bürgerschaftlichen Elite hatte diese im Konfliktverlauf auch gegenüber der „Gemeinde" isoliert und damit die politische Integrationskraft der konfessionellen Gegenbewegung zur Politik des Rats über Gebühr beansprucht.

Es bleibt dennoch ein bemerkenswerter Befund, daß selbst in Danzig der im Zeichen des Luthertums formierte Widerstand gegen das Stadtregiment so gut wie ohne städtisch-konstitutionelle Zugeständnisse seitens der Ratsoligarchie überwunden wurde. Alle drei großen Städte des Königlichen Preußen weisen mithin – ungeachtet des Umbruchs in der Bekenntnisorientierung – einen eher geradlinigen Verlauf der Konfessionalisierung in bezug auf die Kirchenverfassung wie auch den obrigkeitlichen Ansatz zu einer „reformatio vitae" der Stadtgesellschaft auf; jedenfalls gelang es zunächst überall, den mit der Konfessionalisierung eng verschränkten Prozeß von Zentrierung und Rationalisierung der Herrschaft durchzuhalten, ohne daß die gleichzeitigen Bestrebungen der patrizischen Herrenschicht, sich als eine quasi-feudale Elite gegen die städtische Bürgergesellschaft abzuschließen, dadurch unmittelbar tangiert worden wären. Indessen ging es dabei doch offenbar auch nicht ohne einen Rückstau an ungelösten konstitutionellen Konflikten ab, und dieses Defizit an Integrationsfähigkeit und damit an Modernisierungspotenz der oligarchischen Ratsherrschaft sollte sich seinerseits auch in der kirchlichen und bekenntnispolitischen Entwicklung des späteren 17. Jahrhunderts widerspiegeln. Wenn auch der Kurs des unionsprotestantischen Kompromisses der städtischen Räte bereits am Jahrhundertanfang in Richtung einer konsequenten Trennung zwischen Konfessionskirche und weltlichen Staatszwecken gewiesen hatte und diese Trennung im patrizischen Verständnis des Stadtregiments auch vollzogen worden war, gelang es doch nicht, die Bekenntnisfrage stadtgesellschaftlich in diesem Sinne zu entpolitisieren. In den oppositionellen Bestrebungen der mit den Patriziaten konkurrierenden Bürgereliten blieb sie vielmehr unvermindert virulent, um schließlich in Danzig und Thorn auch wiederum als der „konfliktführende" Faktor bei den vehementeren Offensiven gegen die Ratsoligarchie in der zweiten Jahrhunderthälfte wirksam zu werden.[247]

246 Die Abläufe sind genau berichtet in Böttichers Instruktionen an Dulciger und Tillerich im Dezember 1605, APGd. 300 R/Pp 16, Bl. 660 ff. bzw. 664 ff.

247 Siehe oben, Kap. II.7.

III.3. „Treue Söhne unseres Dantziger Vaterlandes."[248] Exkurs über protestantische Geistlichkeit und Stadtgesellschaft

Wenn die „Sozialbiographie" der protestantischen Geistlichkeit des 16. und 17. Jahrhunderts in der deutschen Forschung neuerdings besonderes Interesse findet,[249] so ist es auch hier, ähnlich wie bei der Beschäftigung mit den verfassungsgeschichtlichen Aspekten der Konfessionalisierung, die Perspektive der Entwicklung von Landeskirche und Territorialstaat im Reich, welche die Diskussion vor allem bestimmt hat. Im Mittelpunkt steht die Frage nach der gesellschaftlichen Funktion wie dem gesellschaftlichen Selbstverständnis der Pastoren als neuer sozialer Gruppe. Sie hatten einerseits maßgeblichen Anteil an der Enstehung eines modernen „Territorialbürgertums" akademisch gebildeter, „professioneller" Amtsträger bürgerlicher Herkunft,[250] verharrten andererseits aber aufgrund des sakralen Charakters des Predigtamts in einer gewissen Distanz zu den weltlichen Eliten ständischer wie territorialbürgerlicher Art und tendierten damit zur Ausprägung eines „geistlichen Sonderbewußtseins".[251] Abweichende Entwicklungen gilt es dabei besonders im Hinblick auf die sozialgeschichtlich wirksame Ausgestaltung des Spannungsverhältnisses zwischen territorialbürgerlicher Integration und amtsbezogener Absonderung der Pfarrerschaft zu beachten, und hier schlagen sowohl regionale Unterschiede als auch solche zwischen den beiden großen protestantischen Bekenntnissen zu Buche.[252]

Soweit nun dieser Fragenhorizont spezifisch auf den Prozeß der Territorialisierung bezogen ist, lassen sich ihm die städtischen Beispiele aus dem Königlichen Preußen allenfalls indirekt zuord-

248 Als solche bezeichneten sich programmatisch die reformierten Danziger Geistlichen 1587 in ihrer Polemik gegen die lutherischen Kritiker des Ratsdekrets *de non calumniando;* Supplik des reformierten Ministeriums an den Rat vom 28. 4. 1587, APGd. 300 R/Pp 16, Bl. 73–108. Weiter heißt es hier, ein Zurückweichen des Rats vor den Gegnern des Dekrets drohe gerade den loyalen Teil der Predigerschaft öffentlich ins Unrecht zu setzen: „...so wir mehrentheils entweder dieser gutten stadt Dantzigck, oder ja des Landes Preussen zöglinge sein, und unseres lieben Vaterlandes bestes betrachten..., Sie aber ausgenommen einen alle auslender sindt, wenigk oder nichts achten, nur alleine das sie das, was sie suchen erlangen mögen, es gehe mit dieser gutten Stadt zu wie es wolle."

249 Neben den bilanzierenden Tagungsbänden *Die reformierte Konfessionalisierung...* (1986) und *Die lutherische Konfessionalisierung...* (1992) dazu demnächst auch die Materialien der ersten Fachtagung jener interdisziplinären Forschungsgruppe zur Geschichte der protestantischen Geistlichkeit, welche sich 1990 auf Initiative von L. Schorn-Schütte und W. Sparn konstituiert hat. – Der Begriff „Sozialbiographie" und das damit verknüpfte methodische Konzept wird begründet bei Luise Schorn-Schütte, *Clergy in the Old Reich. A Social-Biographical Study of the Protestant and Catholic Clergy in the Old Reich,* in: *The Sixteenth Century Journal* (im Druck).

250 Siehe Volker Press, *Soziale Folgen der Reformation in Deutschland,* in: *Schichtung und Entwicklung der Gesellschaft in Polen und Deutschland im 16. und 17. Jahrhundert,* hrsg. von Marian Biskup und Klaus Zernack, Wiesbaden 1983, S. 197–243; unter theologiegeschichtlichen Aspekten siehe Walter Sparn, *Die Krise der Frömmigkeit und ihr theologischer Reflex im nachreformatorischen Luthertum,* in: H.-Chr. Rublack (Hrsg.), *Die lutherische Konfessionalisierung...*, S. 54–82, besonders S. 71 ff.

251 Siehe L. Schorn-Schütte, *Prediger an protestantischen Höfen...*, S. 275 ff., sowie dies., *Die lutherische Konfessionalisierung...*, S. 185 ff.

252 Über Forschungsstand und -aufgaben jetzt Luise Schorn-Schütte/Walter Sparn, *Evangelische Geistlichkeit in der Frühneuzeit. Referat auf dem deutsch-französischen Colloquium „Religiöser und sozialer Wandel und die Entstehung frühmoderner Staatlichkeit"*, März 1992.

nen. Dennoch gilt, daß man das sozialgeschichtliche Grundproblem auch in den städtischen Abläufen vorfindet und es unter geringfügig veränderten kategorialen Vorgaben untersuchen kann. So war der neu entstehende städtische Pfarrerstand ähnlich wie in den Reichsterritorien in einen Prozeß gesellschaftlichen Strukturwandels eingebunden, der auch hier, obgleich auf den städtischen beziehungsweise den territorialen Rahmen der Stadt beschränkt, unter anderem zur Herausbildung von professionalisierten akademischen Funktionseliten neuen Typs führte. Ferner liefern die Konflikte um den gesellschaftlichen Ort der protestantischen Kirchen in den Städten klare Indizien dafür, daß sich auch dort die Profilierung des Pfarrerstands in dem epochentypischen Spannungsverhältnis zwischen Integration und Selbstbehauptung vollzogen hat. Die Kontroversen darüber, ob die städtischen Prediger als autonomer *ordo ecclesiasticus* oder als „diener des Rats" wie die weltlichen Amtsträger fungieren sollten,[253] spiegeln sowohl das reale stadtgesellschaftliche Problem als auch die programmatische Auseinandersetzung über ein spezifisches geistliches Amtsverständnis wider. Nicht zuletzt dabei aber kamen in der städtischen Entwicklung schließlich auch jene unterschiedlichen gesellschaftlichen „Wertigkeiten" des lutherischen und des reformierten Bekenntnisses zum Tragen, welche in bezug auf die je besondere Rolle der Konfessionskirchen bei den territorialen Staatsbildungsprozessen im Reich zu konstatieren waren,[254] und der Umstand, daß in den preußischen Städten die lutherische Richtung die reformierte im Verlauf der Konfessionalisierung ablöste, läßt die Frage danach gerade hier besonders ergiebig erscheinen.

So gut sich der Versuch einer auf diese Fragen konzentrierten Sozialbiographie der städtischen Geistlichkeit im Königlichen Preußen mithin in die vergleichende Forschung einreihen ließe, so wenig erlaubt es der gegenwärtige Kenntnisstand jedoch, die dafür relevanten sozialen, kirchenpolitischen und kirchlich-praktischen sowie theologiegeschichtlichen Befunde ausreichend genau zu rekonstruieren und aufeinander zu beziehen.[255] Es geht im folgenden denn auch eher darum, die im engeren Sinn sozialgeschichtlichen Grundzüge des Formierungsprozesses eines städtischen Pfarrerstandes ins Bild zu setzen, soweit dies aufgrund des ebenso umfangreichen wie in seiner Aussagefähigkeit begrenzten prosopographischen Materials für die zweite Hälfte des 16. und die erste Hälfte des 17. Jahrhunderts möglich erscheint.[256] Im wesentlichen gilt dies zum

253 Zu den konkurrierenden programmatischen Positionen in der Danziger Diskussion oben, S. 207 f.

254 *Ebda.*

255 Ein objektives Hindernis bildet hier die Tatsache, daß in Danzig wie in Thorn die Akten der Pfarrgemeinden vernichtet beziehungsweise archivalisch nicht erschlossen sind. Freilich bilden die kirchengeschichtlich-theologischen Sammlungen der jeweiligen Stadtbibliotheken unabhängig davon einen reichen, bisher kaum genutzten Quellenbestand; er ist auch für diese primär auf die im weitesten Sinn „stadtpolitischen" Akten gestützte Untersuchung noch nicht herangezogen worden.

256 Neben der allgemeinen kirchengeschichtlichen Literatur siehe Friedwald Moeller, *Altpreußisches evangelisches Pfarrerbuch von der Reformation bis zur Vertreibung im Jahre 1945*, Bd. 1, Hamburg 1968, ferner für Danzig: *Presbyteriologien*, APGd. 300 R/Pp 85, 300 R/Pp 93 u. 300 R/Pp q. 45, A. Schott, *Schriften zur Geschichte der Lehrer am danziger Gymnasio dienlich*, APGd. 300 R/Qq 13, Th. Hirsch, *Die Oberpfarrkirche von St. Marien...*, Bd. 2, Danzig 1843; für Thorn: APT „Ewangelicka gmina reformowana" Nr. 3, J. E. Wernicke, *Thornische Presbyteriologie...*, APT Kat. II, X–27, E. Oloff, *Ministerialia Thorunensia...*, APT Kat. II, II–19, J. H. Zernecke, *Historiae Thorunensis naufragae...*, ders., *Summarischer Entwurf des Geehrten und Gelehrten Thorns*, Thorn 1712, P. Arndt, *Die reformierten Geistlichen...*; für Elbing: G. Fuchs, *Ecclesiastica Elbingensia I...*, APGd. 492/450, *Elbinger Prediger-*

einen für jene Züge des „professionellen" Profils der Geistlichkeit, welche sich aus den Daten über Herkunft, Bildung und Karrierewege der Prediger erschließen lassen, zum andern aber für deren „äußere" Stellung im Verhältnis zu den anderen Gruppen der jeweiligen städtischen Gesellschaft.

Bei auffälliger Übereinstimmung in der Grundrichtung der Entwicklung[257] lassen sich hier für alle drei großen Städte des Königlichen Preußen zunächst folgende allgemeine Feststellungen treffen:

- Der Grundsatz der Räte, nur „fromme und gelehrte" Theologen in städtische Dienste zu nehmen,[258] setzte sich von Anfang an insofern durch, als die Erlangung eines Predigtamts in den großen Städten durchweg an die Voraussetzung eines Theologiestudiums gebunden war.[259] So wiesen die Studienwege der Geistlichen je nach sozialer und geographischer Herkunft, konfessioneller Orientierung und Generationszugehörigkeit im Jahrhundertverlauf zwar beträchtliche Unterschiede auf. Doch war die professionelle Qualifikation durch akademische Bildung für den gesamten Pfarrerstand sowohl ein objektives Merkmal als auch ein das Selbstbewußtsein der Geistlichkeit prägender Faktor, und zwar vor wie nach der konfessionellen Wende.
- Als ebenso konstant erwies sich freilich eine spezifische innere Hierarchisierung des Pfarrerstandes. So gab es einerseits unter der städtischen Geistlichkeit eine wahrnehmbare Kluft zwischen der Mehrheit der Prediger und jener selbst in Danzig stets kleinen Gruppe graduierter Theologen, welche sowohl in den theologischen als auch in den kirchenpolitischen Kontrover-

verzeichnis..., APGd. 378/292, Historische Notiz über die Hl. Dreikönigskirche APGd. 69, 1 Nr. 363, A. N. Tolckemit, *Elbingisches Lehrer Gedächtnis...*, ders., *Leben und Schriften...*, S. 447 ff., Ch. E. Rhode, *Presbyteriologia Elbingensis...*

257 Als differenzierender Faktor ist allenfalls der quantitative Unterschied zwischen Danzig einerseits und Thorn und Elbing andererseits auszumachen. Während in den Danziger Stadt- und Landgemeinden im Verlauf des ersten Jahrhunderts nach der Einführung der Reformation mindestens 190 evangelische Geistliche ein Amt innehatten, waren es in Thorn nur rund 80 und in Elbing sogar weniger als 50. Hinzu kam, daß die städtischen Pfarrgemeinden der beiden kleineren Städte hinsichtlich der Ausstattung der Predigerstellen nicht mit Danzig konkurrieren konnten. Insgesamt jedenfalls war die Anziehungskraft Danzigs für auswärtige Bewerber um ein Predigtamt ungleich größer als diejenige Thorns oder Elbings. Allenfalls unter den Senioren des geistlichen Ministeriums sowie unter den Gymnasialprofessoren waren in den beiden letzteren Städten akademisch profilierte Theologen anzutreffen.

258 Obwohl dieses Kriterium nie auf andere Weise formalisiert wurde als in Auflagen an das geistliche Ministerium, die Kandidaten auf ihre Gelehrsamkeit hin zu „examinieren", kann man unterstellen, daß es als eine verbindliche Vorgabe verstanden wurde. Dafür spricht u.a., daß der Danziger Rat den akademisch ausgewiesenen Theologen Jacob Fabricius 1578, also noch vor seiner Berufung zum Gymnasialrektor, dazu bestellte, die Examinierung der Kandidaten bei den Ordinationsverfahren des geistlichen Ministeriums zu überwachen; APGd. 300 R/Pp 85, Bl. 83 f., siehe auch M. Pawlak, *Studia uniwersyteckie...*, S. 145. – Bezeichnend ist in diesem Zusammenhang auch die Tatsache, daß in Elbing 1627 der Prediger Caspar Martini vom Rat amtsenthoben wurde, weil als Theologe „seine qualitates nicht so beschaffen [waren], als sie sein sollen"; APGd. 369, 1 Nr. 341, Bl. 27.

259 Daß dies auch für die Pastoren der Landgemeinden auf städtischem Territorium galt, läßt sich zumindest vermuten, da Ausnahmen in den Quellen ausdrücklich als solche erwähnt werden, etwa im Fall des seit 1612 in Danziger Dienst stehenden Joachim Liebheim, über den es hieß: „Er ist ein Exempel, daß auch ein Gymnasiast ins Predigtamt befördert wurde"; APGd. 300 R/Pp 85, Bl. 234.

sen als geistliche Wortführer hervortraten.[260] Noch deutlicher ausgeprägt war andererseits aber die Kluft zwischen den Predigern der innerstädtischen Pfarrkirchen und Hospitäler und den Pastoren der Landgemeinden auf städtischem Territorium. Denn weder gehörten letztere dem jeweiligen geistlichen Ministerium an, noch gab es einen personellen Austausch zwischen beiden Sphären, welcher den Landgeistlichen einen Weg in die attraktiveren Stadtpfarren eröffnet hätte.[261]

– Zu den konstanten, von der konfessionellen Wende unberührten Merkmalen gehört schließlich, daß sich die Pfarrerschaft als eine autochthone städtische Sozialgruppe von einem frühen Zeitpunkt an stetig festigte. Bereits seit der zweiten Pfarrergeneration ging der Anteil landfremder Geistlicher deutlich zurück, um nach der Jahrhundertwende nur noch eine Minderheit zu bilden, die nicht zuletzt durch weiterhin zuwandernde Glaubensexulanten gestellt wurde.[262] Ebenso stetig aber gewann als soziales Rekrutierungsfeld der Predigerschaft das eigene Milieu und hier besonders auch die evangelische Geistlichkeit des eigenen Landes beziehungsweise der eigenen Stadt an Bedeutung;[263] früh lassen sich die Anfänge von „Pfarrerdynastien" beobachten, die zum Teil auch über die konfessionelle Wende hinweg Bestand hatten.[264]

260 So finden sich unter den Geistlichen im Danziger Dienst in der Zeit zwischen 1557 und 1670 acht promovierte Theologen sowie vierzig Prediger, die den Magistergrad führten; dabei blieb das Zahlenverhältnis zwischen graduierten und nichtgraduierten Geistlichen mit ungefähr 1 : 4 generationenlang ungefähr konstant. Im Thorner Ministerium gab es in etwa dem gleichen Zeitraum zwei Doktoren und elf Magister, was einem Verhältnis zu den Nichtgraduierten von ca. 1 : 6 entspricht. Im Fall Elbings steht lediglich bei zwei Geistlichen, nämlich bei Johann Bochmann und John Dury, fest, daß sie graduierte Theologen waren.

261 Eine der Ausnahmen von dieser Regel einer faktischen Trennung der beiden kirchlichen Bereiche innerhalb desselben Stadtterritoriums bildet die Thorn zugehörige Pfarre Grebocin (Gremboczyn), die offenbar seit den neunziger Jahren des 16. Jahrhunderts über eine besonders profilierte polnische Brüdergemeinde mit ihrerseits engen Verbindungen zur städtischen Elite verfügte. Jedenfalls kam es hier nicht nur vor, daß der Pastor in ein polnisches Predigtamt an einer Thorner Stadtkirche überwechselte (z. B. Albert Strichaeus 1603; siehe APT Kat. II, X–27, Bl. 263 u. 319), sondern es wurden etwa Paul Paulinus 1620 und Johann Rybicki 1633 aus dem Gremboczyner Amt zu Superintendenten der großpolnischen Brüderkirche bestellt, was von einem besonderen Rang der Thorner Dorfpfarre in der Brüderkirche zeugt; siehe *a.a.O.*, Bl. 320 f., sowie J. H. Zernecke, *Historia Thorunensis naufragae...*, S. 192.

262 Eine quantitative Darstellung dieses Befunds wäre freilich mit hohen Fehlerrisiken behaftet, da für Thorn, besonders aber für Elbing, die Herkunftsangaben allzu große Lücken aufweisen. Immerhin illustrieren läßt sich die Entwicklung jedoch anhand der Daten über die Danziger Predigerschaft, für welche vom späten 16. Jahrhundert an die Herkunft zumindest für die Mehrheit belegt ist. Während zwischen 1557 und 1570 etwa ein Viertel der neu bestallten Prediger aus Preußen oder wenigstens dem benachbarten Pommern kam, waren es zwischen 1570 und 1615 bereits deutlich mehr als die Hälfte, zwischen 1615 und 1670 aber gut zwei Drittel; die Zahl der Glaubensflüchtlinge unter den Predigern betrug im zweiten Zeitraum acht und im dritten vier. – Speziell für Elbing gibt es immerhin den Versuch einer quantitativen Erfassung auf der Grundlage der Daten von Ch. E. Rhode, *Presbyteriologia Elbingensis...*, bei M. Pawlak, *Nauczyciele Gimnazjum Elbląskiego...*, S. 147; siehe auch ders., *Studia uniwersyteckie...*, S. 168 f.

263 Noch wesentlich größere Lücken als bei den Daten über die geographische Herkunft lassen quantitative Aussagen hier ganz und gar fragwürdig erscheinen. So läßt sich selbst für Danzig zunächst nur konstatieren, daß in stetig zunehmendem Maße Theologenfamilien in zwei oder mehr Generationen in städti-

– Diesen Kontinuitätsmomenten stand indessen auf der Ebene der „äußeren“, das heißt auf andere städtische Sozialgruppen bezogenen Statusbestimmung ein markanter Bruch in der Entwicklung zwischen der reformierten und der lutherischen Konfessionalisierungsphase gegenüber. Während die philippistisch-reformierte Geistlichkeit eindeutig auf der Seite der Eliten in den Prozeß des obrigkeitlichen „Stadtumbaus“ im späten 16. Jahrhundert integriert war und im Begriff stand, sich als eine nicht nur stadtpolitisch, sondern auch sozial „ratsnahe“ Schicht zu konsolidieren, blieb der lutherische Pfarrerstand des 17. Jahrhunderts gegenüber der engeren Stadtelite weitgehend isoliert. Die für viele Reichsterritorien typische Verflechtung der evangelischen Geistlichkeit mit den neuen weltlichen Funktionseliten von akademisch gebildeten Amtsträgern bürgerlicher Herkunft[265] kam also in den großen preußischen Städten letztlich nicht zustande.

Bei der dabei erforderlichen zeitlichen Differenzierung der Prozesse einer sozialen Profilierung müssen daher nicht nur zwei, sondern eigentlich drei Entwicklungsphasen berücksichtigt werden. Denn auch die Anfänge der protestantischen Stadtkirchen in vorkonfessioneller Zeit standen insofern unter eigenen Vorzeichen, als die durchweg landfremde und in sich sehr heterogene evangelische Geistlichkeit der ersten Generation den Stadtgesellschaften offenkundig auf andere Weise zugeordnet war als die folgenden Generationen. Sowohl die Situation einer „Spätreformation“ als auch der Umstand, daß von der wirtschaftlich-kulturellen Entwicklungsdynamik der großen Handelsstädte im Königlichen Preußen eine ungewöhnlich starke soziale Sogwirkung ausging, hatten hier eine gleichsam artifizielle Kirchengründung mit gezielt von außen rekrutierten Kräften möglich gemacht,[266] und daraus war zunächst eine eigentümlich widersprüchliche Konstellation entstanden. So sehr nämlich diese Lösung grundsätzlich dem Interesse der Räte entgegenkam, ihren Einfluß auf konfessionelle Ausrichtung und Organisation der evangelischen

schen Predigt- und Lehrämtern vertreten waren und daß unter den Predigern, deren soziale Herkunft überliefert ist, die Theologensöhne immer stärker repräsentiert sind. Ob ihr Anteil, wie die Daten für den am besten belegten Zeitraum nach 1615 für Danzig nahelegen, etwa ein Viertel der Stadtgeistlichkeit ausmachte oder noch wesentlich höher lag, wird nicht zu klären sein.

264 Ein Beispiel dafür ist in Danzig die Predigerfamilie Hutzing. Während der 1559 an die Johanneskirche berufene Johann Hutzing seit der Eheschließung mit der Tochter von Peter Praetorius die philippistische, dann die reformierte Richtung unterstützt hatte, sollte sich sein Sohn und (seit 1602) Amtsnachfolger Enoch als Vorkämpfer der lutherischen konfessionellen Reorientierung profilieren; siehe J. Fabricius, „Historia Notulae“, APGd. 300 R/Pp 2, Bl. 294 r., sowie APGd. 300 R/Pp 85, Bl. 31 f. u. 33.

265 Siehe V. Press, *Soziale Folgen...*, H. Schilling, *Wandlungs- und Differenzierungsprozesse...*, S. 128; L. Schorn-Schütte, *Prediger an protestantischen Höfen...*; dazu zuletzt auch die Beiträge von H. Vogler und L. Schorn-Schütte auf dem oben (Anm. 249) erwähnten Colloquium von 1990.

266 Das heißt, übersprungen wurde die vielerorts lange reformatorische Übergangsphase zum evangelischen Kirchenwesen, in der ehemals katholische Geistliche eine zum Teil zentrale Rolle spielten; exemplarisch dafür die Beobachtungen von Johannes Schilling, *Die Bedeutung von Klöstern und Mönchen für die Reformation in Hessen*, in: *Religiöser und sozialer Wandel und die Entstehung frühmoderner Staatlichkeit* (im Druck). – So finden sich unter den in den fünfziger Jahren des 16. Jahrhunderts bestallten Predigern zwar einige wenige, die katholische Priester waren (in Danzig etwa Bonaventura Knorr und Gregor Wagner, siehe APGd. 300 R/Pp 85, Bl. 162 u. 54), doch entstammte keiner von ihnen dem alten Pfarrklerus oder den Klöstern am Ort, was freilich nicht zuletzt mit dem Verfall der Danziger Klöster nach 1526 zusammenhängen könnte.

Stadtkirchen von Anfang an fest zu begründen, so wenig gelang es doch, die neue Gruppe der geistlichen Amtsträger umstandslos vor den Karren der innerstädtischen Ratspolitik zu spannen. Die ebenso selbstbewußten wie konflikterfahrenen deutschen Theologen der Anfangsphase brachten aus ihren Heimatkirchen vielmehr klar umrissene Ansprüche in bezug auf ihren Amtsstatus mit, und sie waren in der Lage, diese – womöglich gerade aufgrund ihrer Außenseiterposition gegenüber der etablierten Stadtgesellschaft – wirkungsvoll geltend zu machen.

Die vor diesem Hintergrund zwischen Räten und lutherischen Geistlichen ausgetragenen Konflikte in den sechziger Jahren des 16. Jahrhunderts nahmen denn auch eine spezifische Richtung. Sie wurden nicht durch beiderseitige Zugeständnisse beigelegt, sondern endeten damit, daß zum Beispiel die Danziger Räte ihren eigenen Kompromißkurs durch die Vertreibung der strikt auf ihrer Einstellung beharrenden flacianischen Theologen durchsetzten. Diese Haltung der lutherischen Ratskontrahenten hatte zwar in erster Linie mit einem Amtsverständnis zu tun, das eine obrigkeitliche Einengung des *ordo ecclesiasticus* in der Lehre wie in der Kirchenzucht dem Grundsatz nach ausschloß.[267] Doch ist es bezeichnend, daß eine Verknüpfung von geistlicher Opposition und bürgerschaftlichem Widerstand in dieser Phase nicht einmal im Ansatz vorhanden war. So bauten Benedikt Morgenstern, Franz Burchard oder Eberhard Sperber bis zuletzt ausschließlich auf die Autorität der „älteren" und vermeintlich übergeordneten lutherischen Landeskirchen[268] und mußten dann auch die Vertreibung hinnehmen,[269] da ihnen jener Rückhalt in den Bürgergemeinden fehlte, welcher eine Generation später die Lutheraner Johann Kittel und Clemens Friccius in ähnlicher Lage vor dem Amtsverlust bewahrte.[270]

Der bis zum Amtsverzicht durchgehaltene Widerstand war jedoch vor allem eine Sache der theologischen Wortführer. Obwohl die Sympathien für die flacianische Position gewiß über den engeren Kreis der Flacianer hinausreichten, folgte die Mehrheit dem mit der Notel von 1562 durchgesetzten Kompromiß ohne Zögern, und damit wurde bereits in dieser Phase die unterschiedliche Profilierung der theologischen Elite einerseits und der „gewöhnlichen" Pfarrgeistlichkeit andererseits sichtbar. Es war für letztere offenbar nicht einmal vorrangig die Verbundenheit mit dem theologischen beziehungsweise konfessionellen kirchlichen Herkunftsmilieu, geschweige denn die eigene theologische Überzeugung, welche sie bei ihrer Orientierung in den kirchlichen Konflikten leitete; Vorrang scheinen vielmehr die in der Situation vor Ort wirk-

267 Siehe oben, Kap. III.2.

268 Zu den Positionen in der Kontroverse von 1560/61 ausführlich J. Fabricius, „Historia Notulae", APGd. R/Pp 2, 20r. – 29r., sowie *Auszug aus Eberhard Böttichers Historischem Kirchenregister...*, APGd. 300 R/Pp 15, Bl. 193–195; siehe auch Burchards bereits zitierte Anweisung vom Sommer 1560 an seine in Danzig zurückgelassene Gemeinde, APGd. 300 R/Pp q.1, Bl. 23r. – 43v.

269 Dabei gilt für alle drei, daß ihr unfriedlicher Abschied von Danzig nur eine von mehreren Konfliktstationen in einer durch häufige Ortswechsel gekennzeichneten Laufbahn war. Jeder von ihnen hatte wenigstens fünf Predigerstellen innegehabt und war von mehreren im Streit entlassen worden. Erst lange nach der Danziger Amtszeit fanden zuerst Sperber und dann auch Morgenstern endgültige Aufnahme im lutherischen Graudenz, während Burchard 1575 gewissermaßen widerrief und dafür die Danziger Dorfpfarre Großzünden erhielt, die er bis zu seinem Tod im Jahre 1590 innehatte; die einzelnen Angaben in APGd. 300 R/Pp 85, Bl. 8f., 55 u. 272.

270 Siehe oben, S. 88 ff.

samen Faktoren gehabt zu haben, unter denen neben dem Einfluß der theologischen Wortführer auch die Durchsetzungsfähigkeit der Stadtobrigkeit in Angelegenheiten der Kirchendisziplin, wohl nicht zuletzt aber die Verwurzelung in dem einmal erworbenen städtischen Amt eine Rolle spielte.

So wird der Befund einer spezifischen Anpassungsbereitschaft der Predigerschaft an die jeweils dominierende Richtung im geistlichen Ministerium[271] durch die Beobachtung ergänzt, daß die Mehrzahl der städtischen Geistlichen auf die Dauer mit ihren Gemeinden verbunden blieb. War der Weg zur Berufung in eines der drei städtischen Ministerien, der meist über ein kleinstädtisches Pastorenamt oder über das Rektorat an einer Pfarrschule führte,[272] einmal zurückgelegt, gaben die meisten der deutschen Prediger nur unter dem Zwang besonderer Umstände ihr Amt wieder auf,[273] und dies war auch in Danzig nach der Krise um die Annahme der Notel von 1562 in der Regel nur dann der Fall, wenn ihnen wegen individueller Verfehlungen der Dienst aufgekündigt wurde.[274] Schon in der ersten Generation überwog jedenfalls der Typus

271 Bezüglich der Orientierung der Geistlichkeit an theologischer Anleitung ist folgende von Fabricius berichtete Episode aus den Danziger Kontroversen von 1587 bezeichnend: Nachdem der Rat mit Kittel und Praetorius die Hauptkontrahenten des Streits von ihren Ämtern suspendiert hatte, sahen sich beide Parteien im Ministerium in dem Dilemma, bei der vom Rat geforderten öffentlichen Verantwortung für ihren Parteienstandpunkt ohne das theologische Expertentum ihrer Wortführer auskommen zu müssen, was auf seiten der Obrigkeit eine beabsichtigte Wendung gewesen sein mag, um einen Lehrkompromiß zu erzwingen. Indessen behalf sich die lutherische Minderheit damit, daß sie ihrem rangältesten, aber offenbar in Kontroversfragen eher unsicheren Theologen, Pastor Hutzing von der Johanneskirche, den wendigeren Kaplan Coletus an die Seite stellte, der bald auch die Rolle des neuen Wortführers übernahm. Die reformierte Mehrheit unter den Predigern hielt sich dagegen an Fabricius, wobei der prekäre Umstand, daß dieser nicht dem geistlichen Ministerium angehörte, auf Grund der wohlwollenden Haltung der Ratsmehrheit überspielt werden konnte. Über die formale Seite der Abläufe bei den betreffenden Anhörungen des Ministeriums durch den Rat im April 1586 ausführlich J. Fabricius, „Historia Notulae", APGd. 300 R/Pp 2, Bl. 136v. – 154v.

272 Dies galt in allen drei Städten in der ersten Periode, soweit überhaupt Daten über die jeweilige Laufbahn vor der Berufung in eine der drei großen preußischen Städte vorliegen, für den weitaus größten Teil der Prediger. Ausnahmen von dieser Regel finden sich vor allem unter den geistlichen Exulanten, die zumeist gleich- oder gar höherrangige Ämter innegehabt hatten. Seit der zweiten Periode wuchs der Anteil derjenigen stetig an, die mit städtischen Stipendien studiert hatten und unmittelbar nach der Ordination in den städtischen Dienst traten. Ferner kam es im Zuge der Festigung der Beziehungen zwischen den Stadtkirchen und bestimmten Universitäten auch zu direkten Berufungen auswärtiger Studienabsolventen aufgrund einer Empfehlung der Fakultät.

273 Ein abweichendes Bild ergibt sich bei den polnischen Predigern, von denen wenigstens die Hälfte nach einigen Jahren im Königlichen Preußen an eine der evangelischen Kirchen im eigentlichen Polen überwechselte. Dies lag in Danzig wohl vor allem daran, daß hier die marginale Position der polnischen Prediger im deutsch dominierten geistlichen Ministerium allzu geringe Entfaltungsmöglichkeiten bot. Dagegen war der Thorner Dienst zwar attraktiver, doch machte sich hier nach und nach die Funktion der Stadtkirche als Karrierestation auf dem Weg zu höheren Ämtern in der großpolnischen Brüderkirche bemerkbar; siehe oben, Kap. II.5.

274 Die letzten von diesem Muster abweichenden Fälle waren die Danziger Prediger Johann Fritsch und Isaac Herling, die von sich aus 1562 ihren Dienst aufkündigten, um die von ihnen geforderte Unterschrift unter die Notel nicht leisten zu müssen; APGd. 300 R/Pp 85, Bl. 54 bzw. 163.

des städtischen Geistlichen, für den sowohl ein früher Eintritt in den Dienst der jeweiligen Stadt als auch ein langes Verweilen im Amt charakteristisch war.[275]

Erst in der Phase der reformierten Konfessionalisierung trat der Bildung einer ortsgebundenen städtischen Geistlichkeit ein Prozeß ihrer Integration in die Stadtgesellschaft an die Seite. Dies war zum Teil die Wirkung einer unabhängig von der Bekenntnisorientierung einsetzenden sozialen „Nostrifizierung" der Stadtkirchen, die sich über die stetige Zunahme des Anteils preußischer Bürgersöhne an der städtischen Predigerschaft vollzog.[276] Größeres Gewicht hatte jedoch die Tatsache, daß nun die konfessionelle Profilierung der geistlichen Ministerien auf der einen Seite und die Bestrebungen der Räte zur Konzentration ihrer Herrschaft in den Städten auf der anderen Seite in gewisser Weise aufeinanderzuliefen, und zwar in der Perspektive der Neuformierung einer akademisch gebildeten Funktionselite, in der die reformierte Geistlichkeit sowohl ihrem Selbstverständnis als auch dem ihr von der Obrigkeit zugewiesenen Status nach einen festen Platz gehabt zu haben scheint.

Daß dabei die unmittelbare soziale Berührung von Geistlichkeit und Patriziat auch jetzt die Ausnahme blieb,[277] widerspricht dieser Feststellung nicht. Denn in allen drei Städten lief die Tendenz zur Abgrenzung einer adlig-aristokratischen Lebenssphäre der alten Herrenschicht auf eine deutliche soziale Grenzziehung gegenüber allen eigentlich bürgerlichen Schichten und das hieß auch gegenüber der weltlichen Elite akademisch gebildeter Amtsträger hinaus.[278] Entscheidend ist die Tatsache, daß sich in der rasch an Bedeutung gewinnenden Gruppe der beamteten

275 Für Danzig traf dies in der Periode der fünfziger bis siebziger Jahre des 16. Jahrhunderts auf etwa drei Fünftel der evangelischen Geistlichen zu, in Elbing auf etwa die Hälfte; daß es dagegen in Thorn etwas weniger als die Hälfte waren, hängt mit der abweichenden Orientierung der hier zahlreich anzutreffenden polnischen Prediger (siehe oben, Anm. 273) zusammen.

276 Siehe oben, Anm. 262.

277 Tatsächlich war in Danzig Jacob Fabricius, Sohn des rechtsstädtischen Ratsherrn Arent Schmidt, in der gesamten Epoche bis zur Mitte des 17. Jahrhunderts der einzige Geistliche mit direkter familiärer Zugehörigkeit zur Elite der Ratsfamilien; APGd. 300 R/Pp 85, Bl. 83 f., siehe auch M. Pawlak, *Studia uniwersyteckie...*, S. 145. In Thorn lassen sich für diese Zeit zwei Prediger patrizischer Abstammung nachweisen, nämlich Peter Czimmermann und Nikolaus Hübner; siehe J. E. Wernicke, *Thornische Presbyteriologie...*, APT Kat. II, II–27, Bl. 57–60 bzw. 210–212. Dasselbe gilt offenbar für Elbing, und zwar in bezug auf Christoph Feyerabend und David Holst; siehe M. Pawlak, *Dzieje Gimnazjum Elbląskiego...*, S. 175. – Durchweg handelte es sich dabei jedoch um Reformierte, wenn man davon absieht, daß der Elbinger Holst nach dem Colloquium Charitativum von der calixtinischen Richtung zum Konkordienluthertum wechselte.

278 Zu den Kriterien für eine sozialgeschichtliche Charakterisierung der akademisch gebildeten Funktionselite in Danzig Marian Pawlak, *Uwagi nad socjotopografią inteligencji gdańskiej w XVI–XVIII w.*, in: *Zeszyty Naukowe Uniwersytetu Gdańskiego*, Nr. 15, Gdańsk 1985, S. 46–58. Die Verbindung von Amt und akademischer Qualifikation war hier bereits allgemein durchgesetzt, noch bevor die Akademisierung der Ratselite im Lauf des 17. Jahrhunderts zur Regel wurde. Dagegen gab es lange Zeit keine feste Abgrenzung der Gruppe der „Gelehrten" zu den anderen städtischen Schichten. Sowohl die Ratsfamilien als auch Handwerker und Kaufmannschaft spielten als innerstädtische Rekrutierungsbasis eine Rolle, wobei die Förderung durch Stipendien dem Rat als Instrument diente, den Aufstieg in die „gelehrte" Beamtenschaft personell zu steuern. – Zu der von ihm so genannten Schicht der Intelligenz rechnet M. Pawlak durchweg die evangelische Geistlichkeit, was freilich, wie noch zu zeigen sein wird, die Befunde für das 17. Jahrhundert nur teilweise bestätigen.

„Gelehrten" weltliche und geistliche Bildungs- und Amtskarrieren in dieser Phase gleichsam als austauschbar erwiesen. Juristen, Theologen und Mediziner wurden gleichermaßen als Träger des institutionellen „Stadtumbaus" im Dienst der Räte tätig, und sie rückten damit sowohl im Blick auf ihre herausgehobene Position gegenüber der Bürgerschaft als auch hinsichtlich ihrer „Ratsnähe" sozial zusammen.

Angebahnt hatte sich diese Entwicklung vor allem durch die Beteiligung der reformierten Geistlichkeit an der Reform der Pfarrschulen und Gymnasien. Dabei führte der von Heinrich Stroband in Thorn beschrittene Weg, nicht nur die einzelnen Reformziele in einem umfassenden Programm der Bildungserneuerung zu bündeln, sondern auch ihre Verwirklichung einem engen Kreis von qualifizierten „Mitarbeitern" anzuvertrauen, zu einem geradezu modellhaften Zusammenwirken von Räten, Theologen und weltlichen Amtsträgern beim Prozeß des Stadtumbaus. Noch deutlicher als in Danzig und Elbing wurde hier nicht zuletzt als programmatische Absicht erkennbar, die *reformatio vitae* als einheitliches Projekt von Kirche und Stadtregiment zu betreiben.[279] In allen drei Städten aber fand die „politikleitende" Funktion des Konfessionellen für die innerstädtische wie die äußere Politik der Räte ihre Entsprechung in einer zumindest „politikberatenden" Funktion der Theologen. War diese anfangs auf die Vermittlung von Informationen über das kirchliche und akademische Leben in den universitären Zentren des europäischen Humanismus beschränkt,[280] so gewann die theologische Autorität der Geistlichen offenbar in dem Maße an Gewicht, wie die Bekenntnisorientierung der Städte für deren Beziehungen zum polnisch-litauischen Unionsstaat selbst zum Politikum wurde. Daß Bürgermeister, Räte und Stadtsekretäre vor allem im Umkreis der Thorner Synode von 1595 in ständigen Konsultationen mit ihren geistlichen „Ministern" standen, ist jedenfalls für Elbing ebenso eindeutig belegt wie für Thorn,[281] und weder der gemeinsame „Discursus in der Religions Sache der Preußischen Städte" noch die bekenntnispolitischen Traktate der Danziger Syndici Lemke und Berckmann

279 Siehe oben, Kap. III.2. – Dabei ist bezeichnend, daß dem engeren Kreis der Reformer im Thorner „Collegium Scholarchiale" neben Heinrich Stroband und Konrektor Ulrich Schober als Geistliche die Brüdertheologen Martin Trisner, Jan Rybiński und auch Peter Artomius angehörten, der selbst aus einer Ratsfamilie im großpolnischen Grodzisko stammte und mit der Thorner Patriziertochter Agnes Koye verheiratet war; siehe J. E. Wernicke, *Thornische Presbyteriologie...*, APT Kat. II, II–27, Bl. 184–193, ferner P. Arndt, *Die reformierten Geistlichen...*, S. 3–5, über die Rolle der Brüdergeistlichen als Schulreformer B. Nadolski, *Karty...*, T. 1, S. 234, sowie S. Salmonowicz, *Piotr Artomiusz...*, S. 45–49.

280 Auf diese wichtige Beobachtung hinsichtlich der Dienste städtischer Stipendiaten für die jeweiligen Räte bei M. Pawlak, *Studia uniwersyteckie...*, S. 133, wurde oben bereits hingewiesen.

281 So wurde in Elbing Senior Johann Bochmann vom Rat als Gutachter für den städtischen Kurs in bezug auf die Synode und ihre konfessionsrechtlichen Implikationen bestellt; siehe die Ratsprotokolle vom 2. und 4. 8. 1595, APGd. 300 R/Vv 111, Bl. 228. Die Thorner Räte beauftragten Strobands geistlichen Vertrauten Artomius zwar nur mit einer Beobachtertätigkeit auf der Synode, beteiligten ihn jedoch an den Geheimverhandlungen, welche Städtevertreter und Synodale am Rande der Synode im Thorner Gymnasium über den Beitritt der Städte zum Consensus Sendomirensis führten; siehe T. Glemma, *Dzieje stosunków kościelnych...*, S. 88, sowie G. Lengnich, *Geschichte der Preußischen Lande...*, Bd. 4, S. 208 f. – Daß dagegen die Danziger Quellen nichts über eine Beteiligung von Fabricius an der Synodaldiplomatie der Stadt berichten, ist wohl vor allem dem Bestreben der dortigen Räte zuzuschreiben, weder über die Verhandlungen insgesamt noch gar über einen Anteil nichtratszugehöriger Personen daran etwas nach außen dringen zu lassen.

oder des Thorner Konrektors Schober dürften ohne die Expertise der reformierten Theologen in Sachen des polnisch-litauischen Unionsprotestantismus zustande gekommen sein.[282]

Seit den achtziger Jahren des 16. Jahrhunderts läßt sich die Integration der bedeutenderen städtischen Geistlichen in die breite Schicht der städtischen Funktionseliten anhand von familiären Querverbindungen feststellen. Neben die wenigen Geistlichen patrizischer Herkunft traten nun in wachsender Zahl Pfarrer, die eheliche Verbindungen sowohl mit Töchtern städtischer Juristen und Mediziner als auch mit solchen aus Ratsfamilien eingegangen waren; Söhne von Stadtschreibern, Richtern und Syndici studierten Theologie, um später in die städtischen Ministerien einzutreten. Nicht zuletzt sind in weiterer zeitlicher Perspektive die Nachkommen reformierter Prediger unter den hohen Amtsträgern und Ratsherren anzutreffen.[283] So war in den ersten Jahrzehnten des 17. Jahrhunderts in Danzig wahrscheinlich bereits ein Viertel der innerstädtischen Geistlichkeit auf solche Weise mit der weltlichen Stadtelite verbunden. Für Thorn und Elbing läßt sich ähnliches vermuten, wenn man im letzteren Fall die informelle Elite der schottischen Kolonie mit in Betracht zieht.[284]

Nicht zuletzt ist im Hinblick auf die „Austauschbarkeit" der Karrieren „gelehrter" Amtsträger in den Städten zu beachten, daß sich seit den siebziger Jahren des 16. Jahrhunderts für diese auch ein weitgehend einheitliches Muster universitärer Ausbildung abzuzeichnen begann.[285] Sowohl der Anspruch der Räte, das akademische Personal des Stadtregiments an den führenden europäischen Universitäten ausbilden zu lassen, als auch die für alle Studienrichtungen relevante Frage der Bekenntnisorientierung der Universitäten spielte dabei eine Rolle. Es waren neben den traditionellen Studienorten im Reich nun vor allem die Zentren des Reformiertentums in Westeuropa, welche bürgerliche Studenten aus dem Königlichen Preußen anzogen, und wir finden unter diesen die Theologen und die Studenten anderer Fächer einstweilen gleichgewichtig vertreten. Dabei gehörten zu den seit dem ausgehenden 16. Jahrhundert bevorzugten Stationen auswärtiger Studien die Schweiz, besonders Basel,[286] ebenso wie die niederländischen Universitätsorte,[287]

282 Siehe oben, Kap. II.5.

283 Dazu u. a. Arthur Methner, *Die Danziger Stadtschreiber ... bis 1793*, in: *Danziger familiengeschichtliche Beiträge*, Bd. 1 (1929) [bis 1650], S. 27–39; Bd. 2 (1934) [1650–1700 und 1700–1730], S. 31–38, Bd. 3 (1938) [1730–1793], S. 13–18; Hedwig Penners-Elwart, *Die Danziger Bürgerschaft nach Herkunft und Beruf, 1536–1709*, Marburg 1954; M. Pawlak, *Uwagi nad socjotopografią...*; ders. *Studia uniwersyteckie...*, S. 168 ff.

284 Da es sich um kleine Zahlen handelt und mit Lücken und Fehlern in der biographischen Überlieferung zu rechnen ist, verbietet sich eine Umrechnung in Prozentangaben. So geht es in Danzig für den Zeitraum bis kurz nach der Mitte des 17. Jahrhunderts wahrscheinlich um knapp 20 reformierte Geistliche mit entsprechendem familiären Hintergrund, in Thorn um neun und in Elbing vielleicht um sechs.

285 Zum Folgenden vor allem M. Pawlak, *Studia uniwersyteckie...*, passim.

286 *A.a.O.*, S. 146 u. Anhang, Tab. 28. – Überdurchschnittlich viele der 73 preußischen Bürgersöhne, die hier zwischen 1550 und 1650 immatrikuliert waren, besuchten die besonders renommierte medizinische Fakultät, während die Juristen und Theologen etwa gleichrangig an zweiter Stelle standen. Zu den geistlichen Absolventen der Baseler Universität gehörten Johann Fabricius, Georg und Adrian Pauli, Samuel Andreae und Peter Czimmermann. Aus bekannten preußischen Theologenfamilien stammten sowohl Johann Bochmann als auch Krzysztof Artomius, die beide in Basel den medizinischen Doktorgrad erwarben.

287 *A.a.O.*, S. 133–137 und Anhang, Tab. 26, 27 u. 29. – An der Spitze stand hier die Universität Leiden, die von der Gründung 1575 bis zum Anfang des 18. Jahrhunderts allein 421 Danziger, 48 Elbinger und 43 Thorner Studenten immatrikulierte, gefolgt von Franeker mit insgesamt 101 Studenten aus den Städten des Königlichen Preußen. – Über das besondere Interesse der Preußen an Politik und Verfassung der Niederlande als Gegenstand staatsrechtlicher Studien *a.a.O.*, S. 173.

die für die preußischen Juristen wegen der politischen Vorbildrolle der Niederlande eine ähnlich zentrale Bedeutung hatten wie für die reformierten Geistlichen. Fast überall aber sollte sich die künftige Elite der geistlichen und weltlichen Amtsträger lange vor dem Eintritt in den Dienst ihrer preußischen Heimatstädte begegnen.[288]

Auf allen drei Ebenen läßt sich dann jedoch der Bruch in der Entwicklung feststellen, der mit der konfessionellen Hinwendung zum Luthertum eintrat. Nicht nur für Danzig, sondern – blickt man auf die Kirchenkonflikte der fünfziger und sechziger Jahre des 17. Jahrhunderts – auch für Elbing und Thorn war dabei der Umstand entscheidend, daß die lutherische Sache untrennbar mit den Bewegungen der Bürgerschaft gegen das Ratsregiment verbunden schien.[289] Zwar hatten die lutherischen Theologen in den städtischen Ministerien nach der Wende zum 17. Jahrhundert kaum eine selbständige politische Rolle gespielt, gab es doch für sie auch an der Seite der Ratsgegner eigentlich keinen Spielraum, um einem spezifisch lutherischen Kirchen- und Amtsverständnis Geltung zu verschaffen.[290] Doch es genügte, daß die lutherische Richtung ihr Überdauern in den Stadtkirchen am Ende des 16. Jahrhunderts wesentlich dem Widerstand der Bürgergemeinden verdankte, und indem die verfaßten Bürgerschaften ihre gegen das Ratsregiment gerichteten politischen Aktionen in der Folge an das lutherische Bekenntnis knüpften, geriet auch die opponierende Geistlichkeit ganz und gar in den Sog der innerstädtischen Polarisierung. An ein Eintreten des lutherischen Pfarrerstandes in die Rolle einer ratsnahen Trägerschicht des obrigkeitlichen „Stadtumbaus" war jedenfalls auch nach der Eliminierung des reformierten Einflusses nicht zu denken.

Obwohl sich der Bekenntniswechsel im 17. Jahrhundert in allen drei Städten ohne direkte Eingriffe in die Zusammensetzung der geistlichen Ministerien vollzog, wurde der Bruch daher über den Generationswechsel doch bald auch als soziale Entflechtung von Geistlichkeit und weltlicher Funktionselite wirksam. Zunächst zeigte sich dies darin, daß die universitären Ausbildungsstätten beider Milieus jetzt nicht mehr dieselben waren. Während bei der Geistlichkeit der Horizont der universitären Beziehungen gleichsam enger wurde, indem das Studium an den nähergelegenen lutherischen Universitäten wie Königsberg, Rostock oder Leipzig – nicht zuletzt durch die gezielte Vergabe der städtischen Stipendien für Theologen gesteuert – zur Regel wurde,[291] blieb für die städtischen Juristen und Mediziner die Orientierung an den außerdeutschen Universitäten

288 Eine Ausnahme bildeten die italienischen Universitäten, die ungeachtet der Bekenntnisfrage bis zur Mitte des 17. Jahrhunderts eine hohe Frequenz namentlich patrizischer Studenten aus dem Königlichen Preußen zu verzeichnen hatten; *a.a.O.*, S. 148 f.

289 Siehe oben, Kap. II.7.

290 Dies vor allem bezogen auf jenen früher artikulierten Anspruch, dem *ordo ecclesiasticus* gemäß der Zwei-Reiche-Lehre eine autonome Stellung einzuräumen, welcher in der vor allem gemeindekirchlich orientierten Bekenntnisbewegung der Bürgerschaft letztlich ebensowenig Resonanz fand wie bei den städtischen Räten.

291 So gilt etwa für Danzig, daß fast alle deutsch-lutherischen Prediger, deren Studienorte belegt sind, nach 1615 im Lauf ihres Studiums an zumindest einer dieser drei Universitäten immatrikuliert waren. Abweichungen gibt es freilich bei der nicht geringen Zahl derer, die sich in ihrem Studium noch an der reformierten Theologie orientiert hatten, dann aber der Wendung der Stadtkirchen zum Luthertum gefolgt waren; Beispiele dafür waren in Danzig Georg Fehlavius und Johann Fabricius, die beide in den dreißiger beziehungsweise vierziger Jahren des 16. Jahrhunderts sowohl an lutherischen Universitäten in Deutschland als auch in Basel und Leyden studiert hatten; APGd. 300 R/Pp 85, Bl. 16 bzw. 58.

des Westens zumindest als Bildungsideal verbindlich.[292] Im Festhalten an einer ebenso breiten wie qualifizierten akademischen Ausbildung schien spätestens im 17. Jahrhundert bei den Räten auch die Absicht wirksam zu sein, den Zustrom sowohl fremder Amtsbewerber als auch solcher aus den Reihen der eigenen Bürgerschaft zumindest zu kanalisieren. Auch weiterhin sollte das akademische Profil die Patrizier und die mit ihnen verbundene Schicht der „Gelehrten" deutlich von allen anderen sozialen Milieus distanzieren,[293] und allenfalls noch als deren unterste Schicht waren künftig Pfarrer- und Lehrerschaft dieser Bildungselite einzuordnen.

Aber auch die familiären Querverbindungen zwischen Geistlichkeit und weltlicher Elite nahmen ab. Wenn vereinzelt auch sozial „ratsnahe" Theologen an der Durchsetzung des Luthertums in den Städten beteiligt waren,[294] so gehört dies doch zu den Phänomenen des Übergangs. Denn erst die folgende Generation wurde bereits in ihrer Ausbildung durch die nunmehr lutherischen Stadtkirchen geprägt, und hier schritt die Trennung der sozialen Milieus rasch fort. Immer seltener jedenfalls lassen sich Familienbeziehungen von Theologen zu akademischen Amtsträgern außerhalb des eigenen geistlichen Standes nachweisen.[295] Dagegen schienen Handwerker und Kaufmannschaft der Städte als Rekrutierungsschicht der Theologen immer mehr an Bedeutung zu gewinnen.

So finden sich auch in der Entwicklung des Sozialprofils der Geistlichkeit die besonderen Konturen des Konfessionalisierungsprozesses in den großen Städten des Königlichen Preußen wieder. Es waren selbst hier, in der engeren kirchlichen Sphäre, auf mittlere Sicht die obrigkeitlichen Intentionen im Prozeß der Konfessionalisierung, welche sich weitgehend ohne Kompromisse mit den Gegenkräften durchsetzten, und zwar über den Bekenntniswechsel hinaus. Denn wohl hatten die städtischen Räte angesichts des Scheiterns ihrer auf den polnisch-litauischen Unionsprotestantismus gegründeten Bekenntnispolitik hinnehmen müssen, daß mit der reformierten Geistlichkeit auch eine wichtige Trägergruppe des modernisierten Stadtregiments ver-

292 Siehe M. Pawlak, *Studia uniwersyteckie...*, S. 168 ff.

293 *A.a.O.*, S. 171; siehe auch E. Cieślak, *Konflikty społeczno-polityczne...*, S. 26–32. – Dies schloß nicht aus, daß bereits im 16. Jahrhundert Söhne von Zunftunternehmern und Kaufleuten, wie z. B. Bartholomäus Keckermann, in die städtische Bildungselite aufstiegen, und diese Tendenz nahm im 17. Jahrhundert in dem Maße zu, wie sich die Aufwendungen des städtischen „Schattenpatriziats" für universitäre Bildung dem patrizischen Vorbild näherten. Es ist jedoch bezeichnend für die sozial exklusiv ausgerichtete Akademisierung des Stadtregiments, daß in Danzig seit der Mitte des 17. Jahrhunderts gerade diese Frage zu den zentralen politischen Kritikpunkten der verfaßten Bürgerschaft gegenüber dem Rat gehörte. Das Regiment der „Gelehrten" wurde sehr wohl als ein Moment außerkonstitutioneller Konzentrierung von Herrschaft wahrgenommen.

294 Das markanteste Beispiel ist der Thorner Patriziersohn Nikolaus Neusser, der allerdings zu denen gehörte, die erst in der Konfliktsituation der vierziger Jahre des 17. Jahrhunderts das Bekenntnis wechselten; siehe J. E. Wernicke, *Thornische Presbyteriologie...*, APT Kat. II, II–27, Bl. 266 f.

295 Charakteristisch dafür ist die Entwicklung in Thorn. Von den sieben nach 1615 in die Stadt berufenen Geistlichen mit engeren Beziehungen zu höheren weltlichen Amtsträgern waren fünf Reformierte (darunter der erst 1660 bestallte Patriziersohn Nikolaus Hübner), aber nur zwei Lutheraner, nämlich Neusser und Salomon Blanck, die ihrerseits beide der „Übergangsgeneration" angehörten. – Erst um die Wende zum 18. Jahrhundert scheint sich diese Entwicklung durch einen wesentlich stärkeren Zustrom von Universitätsabsolventen aus der Bürgerschaft zugunsten der lutherischen Geistlichen erneut umgekehrt zu haben; siehe M. Pawlak, *Studia uniwersyteckie...*, S. 92 f.

schwunden war. Doch konnte durch die erfolgreiche soziale Isolierung der lutherischen Geistlichkeit ein Einbruch in die Struktur des Stadtregiments vermieden werden.

Dafür war vermutlich entscheidend, daß auf dieser Ebene gelang, was im politischen Verhältnis zwischen Räten und Bürgerschaft gescheitert war: nämlich die Bekenntnisfrage gerade im Zuge des Richtungswechsels weitgehend zu entpolitisieren.[296] Da man weder die Weichenstellungen des späten 16. Jahrhunderts in bezug auf die Kirchenorganisation hatte revidieren noch die Entstehung einer gesonderten gesellschaftlichen Einflußsphäre der Geistlichkeit in den Städten hatte dulden müssen, blieb das Nachgeben in der Bekenntnisfrage weitgehend folgenlos, und selbst mit der Aushöhlung des obrigkeitlichen Patronatsrechts in Danzig am Ende des 17. Jahrhunderts[297] ging für den dortigen Rat eigentlich kein politisches Terrain verloren. Die einseitige Durchsetzung der Ratsinteressen war jedoch auch auf dieser Ebene in allen drei Städten mit einer „Deformation" der sozialen Basis des Stadtregiments erkauft worden. Ähnlich wie die künstliche Ausgrenzung des „Schattenpatriziats" von Zunftunternehmern und Kaufleuten durch die altpatrizische Elite mußte die relative Isolation der Geistlichkeit gegenüber der Funktionselite der „Gelehrten" Spannungen erzeugen. Diese Spannungen haben dazu beigetragen, daß sowohl die innere politische Stabilität der Städte als auch ihre äußere Autonomie um die Wende zum 18. Jahrhundert wieder in Gefahr gerieten.

296 Siehe oben, S. 220.

297 Siehe E. Cieślak, *Walki społeczno-polityczne...*, S. 169 ff.

Anhang

1. Quellen- und Literaturverzeichnis

Archivalische Quellen

BIBLIOTEKA POLSKIEJ AKADEMII NAUK GDAŃSK (B PAN Gd.)

Ms 56 Stephanus Grau, Erster Theil Dantziger Geschichte.
Ms 202 Senatus civitatis Gedanensis consulta de XVII seculo.
Ms 263 Verzeichnis der Edikte, Ordonnanzen und Verfügungen in der Stadt Danzig bis 1756.
Ms 450 Religionssachen.
Ms 495, Ms 499 Religions- und Kirchensachen.

ARCHIWUM PAŃSTWOWE GDAŃSK (APGd.)

1. Danziger Akten

300, 10 Recesy ordynków [Ordnungsrezesse]: 1565 (10/1), 1573 (10/5), 1580–1588 (10/8–10/9), 1590–1595 (10/12–10/13), 1597–1610 (10/16–10/18), 1600–1606 [Rezesse der Dritten Ordnung] (10/198), [Suppliken] (10/312).
300, 29/47–48 Recesy Stanów Prus Królewskich [Ständerezesse des Königlichen Preußen] Februar 1590 – Januar 1591.
300, 31/6a–7 [Akten über „Tumulte", 16. – 17. Jh.].
300, 53 Korespondencja [Korrespondenz]: Zygmunt II August 1548–1572 (53/17 und 53/24), Stefan Báthory 1578–1585 (53/38), Zygmunt III 1588–1632 (53/51 und 53/58), Wilno 1583–1784 (53/315), Elbląg 1583–1599 (53/340–53/343), Malbork 1600–1625 (53/397), Toruń [Korrespondenz in Religions- und Kirchensachen] 1556–1689 (53/434), Toruń 1594–1606 (53/435), Kursachsen 1527–1554 (53/870), [Ratsdelegierte zum Sejm und am Krakauer Hof] 1580–1598 (53/1167–53/1170), [Ratsdelegierte zu Landtagen und Tagfahrten des Königlichen Preußen] 1558–1599 (53/1171–53/1174).
300, 59/11–12 Libri Memorandorum 1567–1584.
300, 93 Edykty i rozporządzenia [Edikte und Verordnungen]: [Privilegien und Dekrete] 1349–1689 (93/15), Libri Ordinationum 1538–1784 (93/18–93/19), Kopiariusz przywilejów 1441–1784 (93/27), [Kirchenverordnungen] (93/43), [Tauf-, Hochzeits- und Kleiderordnungen] 1588–1734 (93/59).
300 D Dokumenty: [Königliche Privilegien und Dekrete] (D/5b – 5c) 2. Bibliotheca Archivi.
300 R/Bb 32 Papiere des William Bruce, 1578–1720.
300 R/Cc: Excerpta e recessibus ordinum, 1575–1595 (R/Cc 1), Aufzeichnungen des Quartiermeisters Hans Nötke über die Stadtgeschäfte, 1568–1572] (R/Cc 22).
300 R/I, 10 Acta der Zunfft der Brauwer in Dantzig contra Magistratum, 1568–1674.
300 R/Ll 46 [Varia zu Religionssachen, 1561–1652].
300 R/Pp Sprawy religijne [Religionssachen]: [Dokumente aus der Biblioteka Fabriciana] (R/Pp 1), Jacob Fabricius, Historia Notulae Gedanensis (R/Pp 2), [Abschriften von Akten zum Konfessionsstreit, 1516–1682] (R/Pp 5–7), [Varia zu Religionsfragen, ab 1682] (R/Pp 9), [Danziger Reformierte, seit 1638] (R/Pp 10), Streitsachen wegen der Kirche zu Grau Mönchen oder Heyligen Dreyfaltigkeit..., 1650–1652 (R/Pp 13 – R/Pp 14), [Varia zum Konfessionsstreit] (R/Pp 15–19), [Varia zum Danziger Konfessionsstreit, seit 1632] (R/Pp 22 – R/Pp 23), Eberhard Bötticher, Historisches Kirchenregister der großen Pfarr-Kirchen in der Rechten Stadt St. Marien (R/Pp 25), Eberhard

Bötticher, Historische Declaration... (R/Pp 30), Eberhard Böttichers Kirchen Relaciones (R/Pp 31), [Varia zu Religionssachen, 1561–1650] (R/Pp 46), Bericht wegen der Pfarr-Kirche zu St. Marien cum Documentis... (R/Pp 54), Zeugnisschrift der Fürstlichen Sächsischen Canzley, wie die Theologen zu Jhena ihren Abschied bekommen... (R/Pp 56), [Briefwechsel wegen Peter Praetorius] (R/Pp 61), [Martin Ortscheid, De exorcismo] (R/Pp 64), [Verzeichnis der Danziger Kirchenvorsteher] (R/Pp 73), [Varia zu Religionsfragen und Danziger Werke] (R/Pp 81), [Varia zu Religionsfragen] (R/Pp 82), Danziger Presbyteriologie (R/Pp 85), [Varia zur Geschichte der Danziger Prediger, Schulen etc.] (R/Pp 93), [Varia zum Rathmannschen Streit, Heinrich Nicolai, Mennoniten etc.] (R/Pp 105), [Varia zum Konfessionsstreit] (R/Pp 109), Danziker Notel undt andere Nützliche Schrifften (R/Pp q. 1), [Danziger Presbyteriologie] (R/Pp q. 45).

300 R/Q 12 [Danziger Reformationsartikel].

300 R/Qq 13 Andreas Schott, Schriften zur Geschichte der Lehrer am danziger Gymnasio dienlich.

300 R/R: Suppliken an den Rat (R/R 1), Protestationen und Gegenprotestationen 1593–1690 (R/R 5).

2. Elbinger Akten

368 Urkunden: [Religionsprivilegien und Privilegienbestätigungen] (II 140, II 155, III 97, III 111, III 128, IV 16).

369, 1 Elbląg, Akta Miejskie [Städtische Akten]: Gemeinderezesse 1597, 1602–1607 (Nr. 23–27), Extracta ex recessibus publicaris 1544–1636 (Nr. 99), Regestum ex recessibus causarum publicarum alphabeticum 1563–1795 (Nr. 102), Index recessum Bd. I–II (Nr. 103–104), Friedwaldiana 1559–1593 (Nr. 224), [Materialien zur Geschichte der Marienkirche 1558–1710] (Nr. 341), [Heinrich Strobands Denkschrift über Schulen, 1595] (Nr. 346), [Supplik der Elbinger Lutheraner an den Rat 1655] (Nr. 351), [Kirchensachen] (Nr. 357), [Kirchen- und Schulsachen] (Nr. 359), [Materialien zur Geschichte der Anna-Kirche] (Nr. 361), [Materialien zur Geschichte der Drei-Königs-Kirche] (Nr. 363), [Materialien zur Geschichte der Heilig-Geist-Kirche] (Nr. 364), [Varia zum Konfessionsstreit] (Nr. 370).

375–378 [Elbinger Kirchen].

492 Rękopisy Elbląskie [Elbinger Handschriften]: Andreas Theodor Brakenhausen, Privilegia Rescripta et Decreta alique Documenta ad statum civitatis Elbingensis, Bd. 1 (492/221), Johann Jacob Convent, Chronik der Stadt Elbing 1551–1600 (492/252), Samuel Gottlieb Fuchs, Ecclesiastica Elbingensia (492/450), Abraham Grübnau, Kirchen-Geschichte der Stadt Elbing und ihrem Territorio (492/491), Abraham Grübnau [Materialien zur Elbinger Kirchengeschichte] (492/492), Carl Ramsay, Kurze Elbingische Chronik (492/831), Wilhelm Rupsohn, Kurtze Elbingische Chronica (492/893), Friderici de Elbinga Judicium von der Elbingischen Kirchen Unruhe (492/1038).

ARCHIWUM PAŃSTWOWE TORUŃ (APT)

Kat. I Urkunden: [Religionsprivilegien und Privilegienbestätigungen] (Nr. 3008, 3018, 3028, 3029, 3035, 3051, 3056, 3060).

Kat. II Städtische Akten: [Heinrich Strobands Plan zur Befestigung der Stadt Thorn, 1591] (I–12), [Auszüge aus den Ratsakten] (II–1 bis II–2), Transakte, Königliche und Kommissarialdekrete (V–5), Mandate und Reskripte (V–10), [Korrespondenz mit den städtischen Delegierten und Sekretären] (VI–5 bis VI–12), [Schreiben preußischer Städte an den Rat 1580–1600] (VII–16, VII–18), [Landtagsbeschlüsse 1601–1649] (VII–21 bis VII–27), [Dokumente und Verträge] (X–1), Kirchen- und Schulsachen [1550–1600] (X–2, X–4), [Schulordnungen] (X–6), Kirchen- und Schulsachen 1600–1650 (X–9), J. E. Wernicke, Thorner Kirchengeschichte (X–25, X–26), J. E. Wernicke, Thornische Presbyteriologie (X–27), [Suppliken 1570–1603] (XI–4 bis XI–5, XI–7, XI–11 bis XI–13), Briefe an den Thorner Rat und Bescheide desselben 1600–1650] (XI–32), Annales Conradi Moelleri 1587–1606 (XIII–13).

Gmina Stare Miasto Toruń: Kirchenordnung für Thorner Alt- und Neustadt 1575 (Nr. 1), Eines Ehrbaren Rats Memorialbuch 1598[–1615] (Nr. 287).

Ewangelicka Gmina Reformowana w Toruniu [Gemeindechronik seit 1675] (Nr. 1, Nr. 2), Kirchenbuch der reformierten Gemeinde (Nr. 3).

KSIĘŻNICA MIEJSKA IM.: MIKOŁAJA KOPERNIKA, TORUŃ (KM)

Ms 24 Ephraim Praetorius, Documenta Thorunensia.

Ms 129 Ephraim Praetorius, Presbyteriologia Thorunensis.
Ms 270 Jednota Braci Czeskich.

BIBLIOTEKA UNIWERSYTETU WARSZAWSKIEGO (BUW), DZIAŁ RĘKOPISÓW
[Archiv des Evangelisch-Reformierten Konsistoriums in Warschau]

Rkp. 590 (Syn. 3) Księga synodów generalnych z lat 1633–1678 prowadzona dla Prowincji Małopolskiej.
Rkp. 613 (Syn. 99) Rewersy Toruńskie 1636 i 1653.
Rkp. 616 (Syn. 85) Dokumenty, akta i korespondencja z archiwum Jednoty Małopolskiej z lat 1636–1802.
Rkp. 692 (Syn. 107) Synody braterskie w Poznaniu ab anno 1569 et deinceps usque ad 1586.

Gedruckte Quellen und Literatur

Achremczyk, Stanisław, *Reprezentacja stanowa Prus królewskich w latach 1696–1772. Skład społeczny i działalność*, Olsztyn 1981.

Acta Conventus et Colloquii Charitativi Thorunensis anno 1645 celebrati, Varsoviae 1646.

Acta et conclusiones Synodi Generalis Thoruniensis 1595, Thorn 1596.

Acta Synodalia Ecclesiarum Poloniae Reformatarum, hrsg. von Maria Sipayłło, 3 Bde., Varsoviae 1966–1983.

Acten der Ständetage Preußens unter Herrschaft des Deutschen Ordens, hrsg. von Max Toeppen, 5 Bde., Leipzig 1874–1886.

Adam, J[acob], *Christliche ... abgezwungene Antwort auff das unchristliche Lästerbuch Michaelis Coleti...*, Offenbach 1612.

Adam, Melchior, *Vitae Germanorum jureconsultorum et politicorum, qui superiori seculo, et quod excurrit, floruerunt conciunatae a Melchiore Adamo. Cum ind. triplici: personum gemino, tertio rerum*, Heidelbergae 1620.

Allgemeine Deutsche Biographie, hrsg. von der Historischen Kommission der königlichen Akademie der Wissenschaften, 56 Bde., München 1875–1912 (Nachdr.: Berlin 1967–1971).

Altpreußische Biographie, Bd. 1–2, hrsg. von Christian Krollmann, fortges. von Kurt Forstreuter und Fritz Gause, Marburg 1967 ff.

Apologia, d.i. gründlicher Bericht und bestendige Verantwortung aller frommen Christen, welche unter dem verhassten Namen der Zwinglianer und Calvinisten Gewalt und Unrecht leyden, (o.O., o.J.)

Apologia. Gründlicher Gegenbericht, wahrhafftige Erzehlung der Historie des erhabenen und geführten Streits und ablehnung der unchristlichen, getichten, beschwerlichen aufflagen, damit Benedict Morgenstern in seiner vermeintlichen widderlegung der Formulae Concordiae oder Notel, so alle prediger zu Dantzigk zu gemeiner einigkeit unterschrieben, beide einem erbaren, hochweisen Rath und alte auch newe ankomende prediger wider sein gewissen mit ungrund beschweret..., (Danzig) 1567.

Archiwum Jana Zamoyskiego, kanclerza i hetmana wielkiego, 3 Bde., Warszawa 1904–1913.

Archiwum miasta Elbląga. Przewodnik po zespołach 1242–1945, Warszawa 1970.

Arndt, Paul, *Die Danziger reformierte Gemeinde bis zu ihrer staatsrechtlichen Anerkennung im Jahre 1652*, Ms., Danzig (1928).

Arndt, Paul, *Die reformierten Geistlichen im Stadt- und Landkreis Thorn 1586–1921*, in: *Mitteilungen des Copernicus-Vereins für Wissenschaft und Kunst zu Thorn*, Bd. 47 (1939), S. 1–52.

Arnold, Udo, *Luther und Danzig*, in: *Zeitschrift für Ostforschung*, Bd. 21 (1972), S. 94–121.

Askenazy, Szymon, *Danzig und Polen*, Warszawa 1930 (poln.: *Gdańsk a Polska*, Warszawa-Krakau 1923).

Babucke, Heinrich, *Wilhelm Gnapheus*, in: *Allgemeine Deutsche Biographie*, Bd. 9, S. 279.

Bär, Max, *Die Behördenverfassung in Westpreußen seit der Ordenszeit*, Danzig 1912 (Nachdr. mit einem Geleitwort von Bernhart Jähnig, Hamburg 1989).

Bär, Max, *Die geschichtliche Entwicklung der Provinz Westpreußen*, in: *Korrespondenzblatt des Gesamtvereins der deutschen Geschichts- und Altertumsvereine*, Bd. 53 (1905), S. 87–104.

Bahr, Vera, *Die Stadt Danzig und Johann III. Sobieski, König von Polen*, Marburg/Lahn 1961.

Baliński, Michał, *Dawna Akademia Wileńska. Próba jej historii od założenia w roku 1579 do ostatecznego jej przekształcenia w roku 1803*, Petersburg 1862.

Baranowski, Henryk, *Bibliografia historii Elbląga i regionu za lata 1945–1961*, in: *Rocznik Elbląski*, Bd. 1 (1961), S. 245–250, Bd. 2 (1963), S. 329–332.

Baranowski, Henryk/Chojnacki, Władysław, *Bibliografia historii Pomorza Wschodniego i Zachodniego za rok 1958*, in: *Zapiski Historyczne*, Bd. 24 (1959), S. 199–321.

Bartel, Oskar, *Jan Łaski*, T. 1: *1499–1556*, Warszawa 1955.

Bartel, Oskar, *Marcin Luter w Polsce*, in: *Odrodzenie i Reformacja w Polsce*, Bd. 7 (1962), S. 27–49.

Bartel, Oskar, *Filip Melanchton w Polsce*, in: *Odrodzenie i Reformacja w Polsce*, Bd. 6 (1961), S. 73–89.

Barton, Peter F., *Um Luthers Erbe. Studien und Texte zur Spätreformation. Tileman Heshusius (1527–1559)*, Witten 1972.

Barycz, Henryk, *Erazm Gliczner*, in: *Reformacja w Polsce*, Bd. 12 (1953), 5, S. 246–253.

Barycz, Henryk, *Erazm Gliczner*, in: *Polski Słownik Biograficzny*, Bd. 8, S. 50–52.

Barycz, Henryk, *Udział Teodora Wotschkego w rozwoju badań ruchu reformacyjnego w Polsce*, in: *Reformacja w Polsce*, Bd. 11 (1948–52), S. 115–122.

Baszanowski, Jan, *Statystyka wyznań a zagadnienia etniczne Gdańska w XVII–XVIII wieku*, in: *Zapiski Historyczne*, Bd. 54 (1989), H. 1, S. 57–81; engl.: *Statistics of Religious Denominations and the Ethnic Problems in Gdańsk in XVII–XVIII Centuries*, in: *Studia Maritima*, Bd. 7 (1988), S. 49–71.

Beamtentum und Pfarrerstand 1400–1800, hrsg. von Hellmuth Rössler und Günther Franz, Limburg 1972.

Behring, Wilhelm, *Beiträge zur Geschichte des Jahres 1577*, in: *Zeitschrift des Westpreußischen Geschichtsvereins*, Bd. 43 (1901), S. 161–218; Bd. 45 (1903), S. 1–136.

Behring, Wilhelm, *Der Reorganisationsplan des Danziger Rats für die Lateinschulen der Stadt*, in: *Mitteilungen des Westpreußischen Geschichtsvereins*, Bd. 44 (1902), H. 2, S. 87–96.

Benrath, Gustav Adolf, *Irenik und Zweite Reformation*, in: *Die reformierte Konfessionalisierung in Deutschland. Das Problem der „Zweiten Reformation“*, hrsg. von Heinz Schilling, Gütersloh 1986, S. 349–358.

Berg, Gustav, *Geschichte der Stadt Marienburg*, Marienburg 1921.

Bibliografia Pomorza Gdańskiego za rok 1968 ff., Gdańsk 1971 ff.

Bickerich, Wilhelm, *Zur Geschichte der Auflösung des Sendomirer Vergleichs*, in: *Zeitschrift für Kirchengeschichte*, Bd. 49 (1930), S. 351–381.

Biernat, Czesław, *Recesy gdańskich ordynków, 1545–1814*, Gdańsk 1958.

Bierniarzówna, Janina/Małecki Jan M., *Dzieje Krakowa*, Bd. 1, Kraków 1984.

Bidder, Paul, *Beiträge zur Geschichte des westpreußischen Schulwesens zu polnischer Zeit ca. 1572–1772*, in: *Zeitschrift des Westpreußischen Geschichtsvereins*, Bd. 49 (1907), S. 273–349.

Bidlo, Jaroslav, *Udział Jednoty Brackiej w walce o konfederację warszawską*, in: *Pamiętnik V powszechnego zjazdu historyków polskich w Warszawie*, Bd. 1, Lwów 1931, S. 85–105.

Biskup, Marian, *Elbląg w czasach Rzeczypospolitej*, in: *Przegląd Zachodni*, Bd. 8 (1952), H. 5/6, S. 190–203.

Biskup, Marian, *Potrzeby historiograficzne Elbląga i jego regionu*, in: *Rocznik Elbląski*, Bd. 1 (1961), S. 2–29.

Biskup, Marian, *Potrzeby historiografii Warmii i Mazur do końca XVIII wieku*, in: *Stan i potrzeby nauk społecznych na Warmii i Mazurach. Referaty z sesji naukowej w Olsztynie 26. – 27. 2. 1965*, Olsztyn 1966, S. 3–17.

Biskup, Marian, *Prusy Królewskie w drugiej połowie XVI w.*, Warszawa 1961.

Biskup, Marian, *Stadt und Reformation am Beispiel von zwei königlich-preußischen Städten – Elbing und Thorn – am Anfang des 16. Jahrhunderts*, in: *Hansische Stadtgeschichte – Brandenburgische Landesgeschichte*, hrsg. von Evamaria Engel, Konrad Fritze, Johannes Schildhauer, Weimar 1989, S. 203–216.

Biskup, Marian, *Über die Rolle und die Bedeutung des Grundbesitzes der großen Städte von Königlich Preußen im 16. – 17. Jahrhundert*, in: *Problemy razvitija feodalizma i kapitalizma w stranach Baltiki*, Tartu 1972, S. 52–78

Bitzer, Helmut, *Die Politik der westpreußischen Stände 1604–1618*, Phil. Diss., Freiburg 1949.

Bizer, Ernst, *Studien zur Geschichte des Abendmahlsstreites im 16. Jahrhundert*, 3. Aufl., Darmstadt 1972.

Blaschke, Karl-Heinz, *Die Auswirkungen der Reformation auf die städtische Kirchenverfassung in Sachsen*, in: *Stadt und Kirche im 16. Jahrhundert*, hrsg. von Bernd Moeller, Gütersloh 1978, S. 162–167.

Blaschke, Karl-Heinz, *Religion und Politik in Kursachsen 1586–1591*, in: *Die reformierte Konfessionalisierung in Deutschland. Das Problem der „Zweiten Reformation“*, hrsg. von Heinz Schilling, Gütersloh 1986, S. 79–97.

Blaschke, Karl-Heinz, *Die Revolution von 1525*, München 1981.

Blech, Abraham Friedrich, *Über die unmittelbare Verbindung Luthers und Melanchthons mit der Provinz Preußen*, in: *Preußische Provinzial-Blätter*, Bd. 1 (1829), S. 297–309, 393–408, 506–515.

Blickle, Peter, *Gemeindereformation. Die Menschen des 16. Jahrhunderts auf dem Weg zum Heil*, München 1985.

Blickle, Peter, *Die Reformation im Reich*, Stuttgart 1982.

Blickle, Peter, *Die Revolution von 1525*, 2. Aufl., München 1981.

Bockelmann, Berta von, *Danzigs Politik in der Reformationszeit im Briefwechsel zwischen Johann von Werden und Herzog Albrecht von Preußen*, Phil. Diss., Kiel 1968.

Bodniak, Stanisław, *Komisja morska Zygmunta Augusta*, in: *Rocznik Gdański*, Bd. 4/5 (1930/31), S. 44–66.

Bodniak, Stanisław, *Losy floty Batorego w Elblągu*, in: *Sprawozdania Poznańskiego Towarzystwa Przyjaciół Nauk*, Nr. 1/2 (1934), S. 31–34.

Bodniak, Stanisław, *Polska a Bałtyk za ostatniego Jagiellona*, Kórnik 1946.

Bodniak, Stanisław, *Prusy Królewskie wobec unji z koroną*, in: *Pamiętnik VI Powszechnego Zjazdu Historyków Polskich w Wilnie*, Bd. 1, Lwów 1935, S. 52–57.

Bodniak, Stanisław, *Walka o interim na sejmie 1556/57 r.*, in: *Reformacja w Polsce*, Bd. 5, H. 1 (1928), S. 1–11.

Bodniak, Stanisław/Skorupska, Zofia, *Jan Kostka, kasztelan gdański, prezes Komisji Morskiej, rzecznik unii Prus z Koroną*, Wrocław u. a. 1979.

Böhme, Klaus-Richard, *Die schwedische Besetzung des Weichseldeltas, 1626–1636*, Würzburg 1963.

Bogucka, Maria, *Das alte Danzig. Alltagsleben vom 15. bis 17. Jahrhundert*, München 1987; poln.: *Życie codzienne w Gdańsku. Wiek XVI–XVII*, Warszawa 1967.

Bogucka, Maria, *Elementy wczesnego kapitalizmu i preburżuazji w gdańskim browarnictwie w XIV–XVII w.*, in: *Zapiski Historyczne*, Bd. 21 (1955), S. 65–113.

Bogucka, Maria, *Gdańsk jako ośrodek produkcyjny w XIV–XVII w.*, Warszawa 1962.

Bogucka, Maria, *Gdańsk a Rzeczpospolita w XVI–XVII w.*, in: *Acta Universitatis Wratislaviensis*, Nr. 945, *Historia*, 66, Wrocław 1988, S. 35–42.

Bogucka, Maria, *Obcy kupcy osiadli w Gdańsku w pierwszej połowie XVII wieku*, in: *Zapiski Historyczne*, Bd. 37 (1972), H. 2, S. 59–82.

Bogucka, Maria, *Luter a Gdańsk. Społeczne przesłanki zwycięstwa luteranizmu w Gdańsku w XVI wieku*, in: *Rocznik Gdański*, Bd. 43 (1983), H. 1, S. 55–63.

Bogucka, Maria, *Miasta polskie w XVI–XVIII w.*, in: *Zeszyty Naukowe Wyższej Szkoły Pedagogicznej w Opolu, Historia*, 26 (1988), S. 13–24.

Bogucka, Maria, *Miasta w Polsce a reformacja. Analogie i różnice w stosunku do innych krajów*, in: *Odrodzenie i Reformacja w Polsce*, Bd. 24 (1979), S. 5–19.

Bogucka, Maria, *Reformation, Kirche und der Danziger Aufstand in den Jahren 1517–1526*, in: *Hansische Stadtgeschichte – Brandenburgische Landesgeschichte*, hrsg. von Evamaria Engel, Konrad Fritze, Johannes Schildhauer (= Hansische Studien, Bd. 8), Weimar 1989, S. 217–224.

Bogucka, Maria, *Spór nie tylko wokół apogeum gdańskiego handlu*, in: *Zapiski Historyczne*, Bd. 37 (1972), H. 1, S. 117–127; H. 2, S. 103–107.

Bogucka, Maria, *Szkice gdańskie. Wiek XVI–XVII*, Warszawa 1957.

Bogucka, Maria, *Walka opozycji mieszczańskiej z patrycjatem gdańskim w drugiej połowie XVI wieku*, in: *Przegląd Historyczny*, Bd. 45 (1954), S. 408–459.

Bogucka, Maria, *Walki społeczne w Gdańsku w XVI wieku*, in: *Szkice z dziejów Pomorza*, Bd. 1, Warszawa 1958, S. 369–448.

Bogucka, Maria/Samsonowicz, Henryk, *Dzieje miast i mieszczaństwa w Polsce przedrozbiorowej*, Wrocław u. a. 1986.

Boockmann, Hartmut, *Ostpreußen und Westpreußen*, Berlin 1992.

Borawska, Teresa, *Tiedemann Giese (1480–1550) w życiu politycznym Warmii i Prus Królewskich*, Olsztyn 1984.

Borzestowski, Marian, *Korekta pruska*, Iur. Diss, Toruń 1964.

Brecht, Maria, *Luthertum als politische und soziale Kraft in den Städten*, in: *Kirche und gesellschaftlicher Wandel in deutschen und niederländischen Städten der werdenden Neuzeit*, hrsg. von Franz Petri, Köln-Wien 1980, S. 1–21.

Brohm, Rudolph, *Die kirchlichen Zustände in Thorn seit dem Bekanntwerden der lutherischen Lehre bis zur öffentlichen Einführung der Reformation*

(1520–1557), in: *Zeitschrift für historische Theologie*, Bd. 39 (1869), S. 605–626.

Brunner, Otto, *Souveränitätsprobleme und Sozialstruktur in den deutschen Reichsstädten der frühen Neuzeit*, in: ders., *Neue Wege der Verfassungs- und Sozialgeschichte*, 2. Aufl., Göttingen 1968, S. 294–321.

Brunner, Otto, *Stadt und Bürgertum in der europäischen Geschichte*, in: *Geschichte in Wissenschaft und Unterricht*, Bd. 4 (1953), S. 525–537.

Buława, Józef, *Walki społeczno-ustrojowe w Toruniu w I połowie XVI wieku*, Toruń 1971.

Burchard, F., *Das dis colloquium oder gesprech mit den herren predigern zu Dantzigk (gehalten über den streitigen artikel des abendmals unseres herren Jesu Christi) kein amnistia sein kan noch sol...*, Dantzigk 1566.

[Burchard, Franz,] *Das eine Colloquium oder Gespräch mit den Herren Predigern zu Dantzig gehalten über den streitigen Artikel des Abendmahls...*, (Thorn 1566).

Burleigh, Michael, *Germany Turns Eastward. A Study of Ostforschung in the Third Reich*, 2. Aufl., Cambridge 1989.

Carstenn, Edward, *Geschichte der Hansestadt Elbing*, Elbing 1937.

Carstenn, Edward, *Die preußischen Stände und das Königreich Polen (1454–1772)*, in: *Mitteilungen des Copernicus-Vereins für Wissenschaft und Kunst zu Thorn*, Bd. 44 (1936), S. 75–99.

Cieślak, Edmund, *Jan III Sobieski wobec spraw katolików w czasie walk społeczno-politycznych 1674–1680*, in: *Zeszyty Naukowe Wydziału Humanistycznego Uniwersytetu Gdańskiego, Prace historyczno-literackie*, Nr. 10/11 (1986), S. 185–201.

Cieślak, Edmund, *Kilka uwag na marginesie artykułu Helge bei der Wieden o poselstwach Gdańskich w XVII i XVIII w.*, in: *Zapiski Historyczne*, Bd. 54 (1989), S. 101–108.

Cieślak, Edmund, *Przywileje wielkich miast pruskich z XV w. jako etap rowoju samorządu miejskiego*, in: *Rocznik Gdański*, Bd. 25 (1966), S. 31–49.

Cieślak, Edmund, *Walki społeczno-polityczne w Gdańsku w drugiej połowie XVII wieku. Interwencja Jana III Sobieskiego*, Gdańsk 1962.

Cieślak, Katarzyna, *Epitaphien in Danzig (15. bis 20. Jahrhundert). Probleme ihrer Ikonographie und Funktion*, in: *Nordost-Archiv*, Bd. 22 (1989), Nr. 97, S. 257–266.

Cieślak, Katarzyna, *Vom Bildepitaph zum bürgerlichen Ruhmesdenkmal in Danzig*, in: *Zeitschrift für Kirchengeschichte*, Bd. 34 (1985), S. 161–175.

Cieślak, Katarzyna, *Wittenberg czy Genewa? Sztuka jako argument w sporach Gdańskich luteran z kalwinami na przełomie XVI i XVII wieku*, in: *Sztuka miast i mieszczaństwa XV–XVIII wieku w Europie środkowo-wschodniej*, hrsg. von Jan Harasimowicz, Warszawa 1990, S. 283–300.

Cieślak, Katarzyna, *Die „Zweite Reformation" in Danzig und die Kirchenkunst*, in: *Zeitschrift für Historische Forschung*, Beiheft 12 (1991), S. 165–173.

Cieślak, Tadeusz, *Postulaty rewolty pospólstwa gdańskiego w 1525 r.*, in: *Czasopismo Prawno-Historyczne*, Bd. 6 (1954), H. 1, S. 122–152.

Colbe, G., *Episcopo-presbyteriologia Prussico-Regiomontana*, Königsberg 1654.

Coletus, M[ichael], *Treuhertzige Warnungs- und Vermahnungsschrift an alle Evangelischen Christen zu Dantzig...*, Rostock 1611.

Coletus, M[ichael], *Probation oder Beweisschrift, in welcher dargethan wird, daß D. Fabricii Predigers zu Dantzig drey Predigten ... eine rechte Calvinische Grundsuppe ... sey*, Königsberg 1605.

Collectio confessionum in ecclesiis reformatis publicatarum, hrsg. von Hermann Agathon Niemeyer, Leipzig 1840.

Corvinus, Johannes, *Richtige Antwort auff ein überschicktes und gedrucktes Bittschreiben eines Calvinischen Duckmäusers, betr. d. Frage: Ob die Augspurgische Confession mit Vorwissen und Belieben Herrn D. Lutheri sey gemacht worden*, Danzig 1625.

Curaeus, A[chatz], *Argumentum de fabricatione, destructione atque discessu concordiae...*, Danzig 1567.

[Curaeus, Achatz,] *Brevis pictura pompae et ingressus in urbem Dantiscanam spectabilium...*, Danzig 1571.

Curicke, Reinhold, *Verbesserter historischer Auszug von Verenderung der Religion in Dantzigk*, (o.O.) 1652.

Curicke, Reinhold, *Der Stadt Dantzig historische Beschreibung*, Danzig-Amsterdam 1687, Nachdruck, Hamburg 1979.

Czaplewski, Paweł, *Senatorowie świeccy, podskarbowie i starostowie Prus Królewskich, 1454–1772* (= Roczniki Towarzystwa Naukowego w Toruniu, Bd. 26), Toruń 1921.

Czapliński, Władysław, *Problem Gdańska w czasach Rzeczypospolitej szlacheckiej*, in: *Przegląd Historyczny*, Bd. 43 (1952), S. 273–286.

Czapliński, Władysław, *Polska a Bałtyk w latach 1632–1648. Dzieje floty i polityki morskiej*, Wrocław 1952.

Czapliński, Władysław, *Polska a Prusy i Brandenburgia za Władysława IV*, Wrocław 1947.

Czok, Karl, *Revolutionäre Volksbewegungen in mitteldeutschen Städten zur Zeit von Reformation und Bauernkrieg*, in: *450 Jahre Reformation*, hrsg. von Leo Stern und Max Steinmetz, Berlin 1967, S. 128–145.

Czok, Karl, *Zunftkämpfe, Zunftrevolution oder Bürgerkämpfe*, in: *Wissenschaftliche Zeitschrift der Karl-Marx-Universität Leipzig. Gesellschafts- und sprachwissenschaftliche Reihe*, Bd. 8 (1958/59), S. 129–143.

Danzig in acht Jahrhunderten, hrsg. von Bernhart Jähnig und Peter Letkemann, Münster 1985.

Decreta S. R. M. inter Casparum Gobelium et Senatum Gedanensem, (o.O. 1585).

Dembińska, Anna, *Polityczna walka o egzekucję dóbr królewskich w latach 1559/64*, Warszawa 1935.

Dembkowski, Harry E., *The Union of Lublin. Polish Federalism in the Golden Age* (= East European Monographs, Bd. 116), New York 1982.

Deppner, Helene, *Das kirchenpolitische Verhältnis Elbings zum Bischof von Ermland in der Zeit der polnischen Fremdherrschaft (1466–1772)*, in: *Elbinger Jahrbuch*, Bd. 11 (1933), S. 121–236.

Döring, Gottfried, *Versuch einer Geschichte und Beschreibung der evangelischen Hauptkirche zu St. Marien in Elbing*, Elbing 1846.

Dolezel, Stephan, *Das preußisch-polnische Lehnsverhältnis unter Herzog Albrecht von Preußen*, Köln-Berlin 1967.

Dormann, Edmund Joseph, *Geschichte des Kreises Marienburg*, Danzig 1862.

Drabiński, Norbert, *Z dziejów okupacji szwedzkiej Elbląga w latach 1626–1635*, in: *Rocznik Elbląski*, Bd. 2 (1963), S. 141–158.

Dunsby, Martha, *Die englische Kirche in Danzig*, in: *Mitteilungen des Westpreußischen Geschichtsvereins*, Bd. 31 (1932), S. 1–12.

Dworzaczkowa, Jolanta, *O genezie i skutkach rewolty gdańskiej 1525/26 r.*, in: *Roczniki Historyczne*, Bd. 26 (1962), S. 97–109.

Dworzaczkowa, Jolanta, *Wprowadzenie reformacji do miast królewskich Wielkopolski*, in: *Odrodzenie i Reformacja w Polsce*, Bd. 10 (1965), S. 57–61.

Dybaś, Bogusław, *Strobandowska koncepcja modernizacji mostu na Wiśle w końcu XVI wieku*, in: *Zapiski Historyczne*, Bd. 54 (1989), H. 2/3, S. 35–52.

Dygdała, Jerzy, *Życie polityczne Prus Królewskich u schyłku ich związku z Polską w XVIII wieku*, Toruń 1985.

Dzieje historiografii Pomorza Gdańskiego i Prus Wschodnich 1920–1939 (1940), hrsg. von Andrzej Tomczak, Toruń 1992.

Dzieje historiografii Prus Wschodnich i Zachodnich do 1920 roku. Kierunki, ośrodki, najwybitniejsi przedstawiciele, hrsg. von Jerzy Serczyk und Andrzej Tomczak, Toruń 1989.

Dzieje Poznania, Bd. 1, hrsg. von Jerzy Topolski, Warszawa-Poznań 1988.

Dzieje Torunia, hrsg. von Kazimierz Tymieniecki, Toruń 1933.

Ecclesiae Londino-Batavae Archivum, Bd. 2: *Epistulae et tractatus cum Reformationis tum Ecclesiae Londino-Batavae historiam illustrantes (1544–1622)*, hrsg. von Johannes Henricus Hessels, Cambridge 1988 [Nachdr. der Ausgabe 1889].

Eckerdt, Hermann, *Geschichte des Kreises Marienburg*, Marienburg 1868.

Ehbrecht, Wilfried, *Form und Bedeutung innerstädtischer Kämpfe am Übergang vom Mittelalter zur Neuzeit*, in: *Städtische Führungsschichten und Gemeinde in der werdenden Neuzeit*, hrsg. von Wilfried Ehbrecht, Köln-Wien 1980, S. 115–152.

Ehbrecht, Wilfried, *Verlaufsformen innerstädtischer Konflikte in nord- und westdeutschen Städten im Reformationszeitalter*, in: *Stadt und Kirche im 16. Jahrhundert*, hrsg. von Bernd Moeller, Gütersloh 1978, S. 27–47.

Eichhorn, Anton, *Der ermländische Bischof und Kardinal Stanislaus Hosius*, Bd. 1, Mainz 1854.

[Engelcke, Andreas,] *Historischer Auszug von Verenderung der Religion in Dantzig*, Danzig 1651.

Epp, Waldemar, *Zur Kulturgeschichte Danzigs. Aus der Zeit der Reformation und des Dreißigjährigen Kriegs*, in: *Mennonitische Geschichtsblätter*, 40 (1983), N.F., 35, S. 46–58.

Ericsson, Georg, *Gustaf II Adolf och Sigismund, 1621–1623*, Uppsala 1928.

Faber, Walther, *Die Johannesschule in Danzig vom Mittelalter bis zum Jahre 1824*, Danzig 1925.

Faber, Walther, *Die polnische Sprache im Danziger Schul- und Kirchenwesen*, in: *Zeitschrift des West-*

preußischen Geschichtsvereins, Bd. 70 (1930), S. 85–135.

Fabricius, Jacob, *Kurtzer bericht, was in etlichen reformirten Kirchen des Landes Preußen bis anhero geleret worden...*, Hanau 1603.

Fabricius, Jacob, *Drey Predigten von den h. Sacramenten u. sonderlich von dem hochw. Abendmahl des Herrn... (1589)*, Steinfurt 1599.

Fabricius, Jacob, *Refutation-Schrift, d. i. christliche Widerlegung der ... Bezüchtigungen, damit der Michael Coletus ... Jacobum Fabricium zu beschmutzen ... sich unterstand*, H. 1–2, Oppenheim 1613–1615.

[Fabricius, Jacob,] *Kurtze aber nothwendige Erklerung des Christlichen Gebets der reinen lutherischen Prediger zu Dantzig*, Freystadt 1617.

[Falk, Christoph Jacob,] *Christoph Falks Elbingisch-Preußische Chronik*, hrsg. von Max Toeppen, Bd. 2, Leipzig 1879.

Fischer, Richard, *Achatius von Zehmen, Woywode von Marienburg*, in: *Zeitschrift des Westpreußischen Geschichtsvereins*, Bd. 36 (1897), S. 1–166.

Fischer, Richard, *Constantin Ferber der Ältere, Bürgermeister von Danzig*, in: *Zeitschrift des Westpreußischen Geschichtsvereins*, Bd. 26 (1889), S. 49–82.

Foltz, Max, *Geschichte des Danziger Stadthaushaltes*, Danzig 1912.

Frankiewicz, Czesław, *Dzieje miast pomorskich*, Poznań 1930.

Freyling, Helmut, *Die Ratsfamilie Freyling in Elbing und Königsberg unter Darstellung der Verfassung der Freien Stadt Elbing und geschichtlicher Ereignisse des 16./17. Jahrhunderts*, Hameln 1980.

Freytag, Hermann, *Die Preußen auf der Universität und die nichtpreußischen Schüler Wittenbergs in Preußen von 1502 bis 1602*, Leipzig 1903.

Freytag, Hermann, *Die rechtliche Stellung der evangelischen Kirche im alten Danzig*, in: *Deutsche Zeitschrift für Kirchenrecht*, Bd. 14 (1904), S. 387–410.

Freytag, Hermann, *Wie Danzig evangelisch wurde*, Danzig 1902.

Friccius, Clemens, *Gratulatio in felicem reditum in patriam ... spectabilium virorum ... Joannis Preuthii..., Georgi Clefeldii...*, Danzig 1571.

Friedrich, Arnd, *Die Gelehrtenschulen in Marburg, Kassel und Korbach zwischen Melanchthonianismus und Ramismus in der zweiten Hälfte des 16. Jahrhunderts*, Darmstadt-Marburg 1983.

Friedrich, Karin, *„Better in Perilious Liberty Than in Quiet Servitude". The Idea of Freedom in the Writings of Two Protestant Burghers in Seventeenth Century Royal Prussia*, in: *Między wielką polityką a szlacheckim partykularzem. Studia z dziejów nowożytnej Polski i Europy ku czci Profesora Jacka Staszewskiego*, hrsg. von Kazimierz Wajda, Toruń 1993, S. 71–85.

[Friedwald, Michael,] *Michael Friedwalds, des Löwentödters, wahrhaftige preußische Geschichte*, hrsg. von Max Toeppen, Leipzig 1879.

Froelich, X[aver], *Beiträge zur Kulturgeschichte von Polnisch-Preußen aus den Jahren 1473–1686*, in: *Altpreußische Monatsschrift*, Bd. 28 (1891), S. 276–323.

Fuchs, Karl Heinz, *Danzig im 1. nordischen Krieg: 1. Abschnitt 1655/1656*, Berlin 1935.

Fuhst, Otto, *Die St. Barbarakirche zu Danzig und ihre Geschichte*, Danzig 1889.

Gause, Fritz, *Die Geschichte der Stadt Königsberg*, Bd. 1, Köln-Graz 1965.

Gdańskie Gimnazjum Akademickie. Księga pamiątkowa dla uczczenia 400 rocznicy założenia Gimnazjum Gdańskiego. 1558–1958, Gdańsk 1959.

Das gelahrte Preußen, aus neuen und alten, gedruckten und ungedruckten, großen und kleinen Schriften, hrsg. Georg Peter Schultz, 4 Bde., Thorn 1722–1725.

Gerlach, Jan, *Język polski w obradach i korespondencyi urzędowej w Prusach Królewskich w XVI–XVIII wieku*, in: *Szkice z dziejów Pomorza*, Bd. 2 (1959), S. 163–186.

Gierszewski, Stanisław, *Elbląg. Przeszłość i teraźniejszość*, 2. Aufl., Gdańsk 1978.

Gierszewski, Stanisław, *Elbląg w historiografii zachodnioniemieckiej*, in: *Rocznik Elbląski*, Bd. 1 (1961), S. 31–71.

Gierszewski, Stanisław, *Struktura gospodarcza i funkcje rynkowe mniejszych miast województwa pomorskiego w XVI i XVII wieku*, Warszawa 1966.

Glemma, Tadeusz, *Dzieje stosunków kościelnych w Toruniu*, in: *Dzieje Torunia*, hrsg. von Kazimierz Tymieniecki, Toruń 1933.

Glemma, Tadeusz, *Piotr Kostka. Lata młodzieńcze i działalność polityczna*, Toruń 1959.

Glemma, Tadeusz, *Stany pruskie i biskup chełminski Piotr Kostka wobec drugiego bezkrólewia (1574–1576)*, Kraków 1928.

Glemma, Tadeusz, *Stosunki kościelne w Toruniu w stuleciu XVI i XVII na tle dziejów kościelnych*

Prus Królewskich (= Roczniki Towarzystwa Naukowego w Toruniu, Bd. 42), Toruń 1934.

Gluecksmann, Stefan, *Ruchy społeczne w Gdańsku na początkach reformacji (1522–1526)*, in: *Sprawozdania z Posiedzień Towarzystwa Nauk Warszawa, Wydział II*, Bd. 31 (1938), S. 23–48.

Gmiterek, Henryk, *Bracia Czescy a kalwini w Rzeczypospolitej. Połowa XVI – połowa XVII wieku. Studium porównawcze*, Lublin 1987.

Gmiterek, Henryk, *Problemy różnowierstwa na forum sejmiku lubelskiego do połowy XVII wieku*, in: *Acta Universitatis Wratislaviensis*, Nr. 945, *Historia*, 66, Wrocław 1988, S. 161–169.

Goedtke, Isaac Gottfried, *Kirchengeschichte der Stadt Marienburg vom Jahre 1548–1766*, in: *Preußische Provinzialblätter*, Bd. 1 (1839), S. 15–30.

Göransson, Sven, *Den europejska konfesionspolitikens upplösning 1654–1660. Religion och politik under Karl X Gustaf*, Uppsala-Wiesbaden 1956.

Goeters, J. F. Gerhard, *Genesis, Formen und Hauptthemen des reformierten Bekenntnisses in Deutschland. Eine Übersicht*, in: *Die reformierte Konfessionalisierung in Deutschland. Das Problem der „Zweiten Reformation"*, hrsg. von Heinz Schilling, Gütersloh 1986, S. 44–59.

Goldmann, Salka, *Danziger Verfassungskämpfe unter polnischer Herrschaft*, Leipzig 1901.

Górski, Karol, *Dzieje Malborka*, Gdynia 1960.

Górski, Karol, *Historja polityczna Torunia do roku 1793*, Toruń 1938.

Górski, Karol, *Inwentarz akt sejmikowych Prus Królewskich (1600–1764)*, 2 Bde., Toruń 1950.

Górski, Karol, *Problematyka dziejowa Prus Królewskich 1466–1772*, in: *Zapiski Historyczne*, Bd. 31 (1963), H. 2, S. 159–171.

Górski, Karol, *Z dziejów żywiołu polskiego w Prusach od 1525 do 1772 r.*, in: *Jantar*, Bd. 3 (1939), S. 1–12.

Górski, Konrad, *W poszukiwaniu syntezy reformacji w Polsce*, in: *Reformacja w Polsce*, Bd. 6 (1934), S. 122–128.

Greengrass, Mark, *Conscience and Society. Calvinism in Early Modern Europe 1560–1635*, London 1988.

Greyerz, Kaspar v., *Stadt und Reformation. Stand und Aufgaben der Forschung*, in: *Archiv für Reformationsgeschichte*, Bd. 76 (1985), S. 6–63.

Groth, Andrzej, *Kupcy angielscy w Elblągu w latach 1583–1628*, Gdańsk 1986.

Groth, Andrzej, *On the Problems of Elblag's Seaborne Trade. Balance and Turnovers in the Years 1587–1700*, in: *Studia Maritima*, Bd. 7 (1988), S. 25–47.

Grunau, Georg und Axel, *Die St. Georgen-Brüderschaft zu Elbing*, Marburg 1955.

Grunau, Hertha, *Die englische Niederlassung in Elbing*, in: *Westpreußen-Jahrbuch*, Bd. 10 (1960), S. 21–26.

Grzybowski, Konstanty, *Teoria reprezentacji w Polsce epoki Odrodzenia*, Warszawa 1959.

Günther, Otto, *Die Verfassung der Stadt Danzig in polnischer Zeit (1454–1793) und als Freistaat (1807–1814)*, Danzig 1919.

Günther, S., *Glaubensbekenntnis, welches die Stände und Gemeinen, so im Polnischen Preußen und Litthauen der Unveränderten A. C. zugethan sein im Colloquio Charitativo zu T. A. 1645 übergeben*, Leipzig 1655; Danzig 1657 und 1735.

Gumowski, Marian, *Bracia Gebelowie*, in: *Zapiski Towarzystwa Naukowego w Toruniu*, Bd. 14 (1948), S. 57–78.

Hackmann, Jörg, *„Der Kampf um die Weichsel". Die deutsche Ostforschung in Danzig, 1918–1945*, in: *Zapiski Historyczne*, Bd. 58 (1993), S. 34–57.

Halecki, Oskar, *Zgoda sandomierska 1570 r., jej geneza i znaczenie w dziejach polskiej reformacji za Zygmunta Augusta*, Warszawa 1915.

Handbuch der Dogmen- und Theologiegeschichte, Bd. 2, hrsg. von Carl Andresen, Göttingen 1980.

Hansen, Reimer, *Der Friedensplan Heinrich Rantzaus und die Irenik der Zweiten Reformation*, in: *Die reformierte Konfessionalisierung in Deutschland. Das Problem der „Zweiten Reformation"*, hrsg. von Heinz Schilling, Gütersloh 1986, S. 359–372.

Harasimowicz, Jan, *Contra Calviniarum Idolomachum. Die Bilderstürme der Zweiten Reformation und die lutherische Kunst um 1600* (Ms.).

Hartknoch, Christoph, *Preußische Kirchen-Historia, Darinnen von Einführung der Christlichen Religion in diese Lande wie auch von der Conservation, Fortpflantzung, Reformation und dem heutigen Zustande derselben ausführlich gehandelt wird*, Frankfurt am Main-Leipzig 1686.

Hassbargen, Hermann, *Die Reformation in Danzig 1525 als Ereignis der deutschen Geschichte mit Hilfe neuer Quellen dargestellt*, Danzig 1937.

Hauschild, Wolf-Dieter, *Zum Verhältnis Staat – Kirche im Lübeck des 17. Jahrhunderts*, in: *Zeitschrift des Vereins für Lübeckische Geschichte*, Bd. 50 (1970), S. 69–91.

Heckel, Martin, *Reichsrecht und „Zweite Reformation". Theologisch-juristische Probleme der reformierten Konfessionalisierung*, in: *Die reformierte Konfessionalisierung in Deutschland. Das Problem der „Zweiten Reformation"*, hrsg. von Heinz Schilling, Gütersloh 1986, S. 11–43.

Heckel, Martin, *Staat und Kirche nach der Lehre der evangelischen Juristen Deutschlands in der ersten Hälfte des 17. Jahrhunderts*, München 1968.

Herbst, Stanisław, *Wojna inflancka 1600–1602*, Warszawa 1938.

Hering, Daniel Heinrich, *Neue Beiträge zur Geschichte der Evangelisch-Reformierten Kirche in den Preußisch-Brandenburgischen Ländern*, 2 Bde., Berlin 1786/87.

Heuer, Otto, *Von den Anfängen der Reformierten Gemeinde in Elbing*, in: *Mitteilungen des Copernicus-Vereins für Wissenschaft und Kunst zu Thorn*, Bd. 47 (1939), S. 86–101.

Heuer, Reinhold, *Thorn – St. Georgen*, Thorn 1907.

Heuer, Reinhold, *Vom katholischen Thorn vor Luther und wie Thorn evangelisch wurde*, Thorn 1917.

Heyden, Hellmuth, *Kirchengeschichte Pommerns*, Bd. 2, 2. Aufl., Köln-Braunsfeld 1957.

Hirsch, Theodor, *Herr Georg Klefelt und seine Zeit. Aus dem Leben Danzigs im 16. Jahrhundert*, in: *Neue Preußische Provinzialblätter*, Bd. 36 (1846), H. 2, S. 161–185 und 241–261.

Hirsch, Theodor, *Danzig in den Zeiten Gregor und Simon Materns*, in: *Neue Preußische Provinzblätter*, A. F., Bd. 5 (1854), S. 24–42, S. 85–138.

Hirsch, Theodor, *Geschichte des Academischen Gymnasiums in Danzig in ihren Hauptzügen dargestellt*, Danzig o. J.

Hirsch, Theodor, *Die Oberpfarrkirche von St. Marien in Danzig in ihren Beziehungen zum kirchlichen Leben Danzigs überhaupt*, Bd. 2, Danzig 1843.

Hirsch, Theodor, *Der Prediger Pankratius*, Danzig 1842.

Historia Gdańska, hrsg. von Edmund Cieślak, Bd. 1: *Do roku 1454*, Bd. 2: *1454–1655*, Gdańsk 1978 ff.

Historia Pomorza, hrsg. von Gerard Labuda, Bd. 1, T. 1 und 2, 2., erg. Aufl., Bd. 2, Poznań 1972–1976.

Historia Torunia, hrsg. von Marian Biskup, Bd. 2, T. 1: *U schyłku średniowiecza i w początkach Odrodzenia (1454–1548)*, Toruń 1992; T. 2: *W czasach renesansu, reformacji i wczesnego baroku (1548–1660)*, Toruń 1994.

Historia Residentiae Gedanensis Societatis Jesu ab anno 1585, hrsg. von Richard Stachnik und Anneliese Triller, Köln-Wien 1986.

Hoppe, Hans W., *Der Stadtstaat Elbing. Elbing und sein Territorium*, Bremerhaven 1969.

Hoppe, Hans W., *Elbing und das Lubliner Dekret*, in: *Westpreußen-Jahrbuch*, Bd. 20 (1970), S. 27–33.

Hubatsch, Walther, *Das Thorner Religionsgespräch von 1645 aus der Sicht des Geistlichen Ministeriums der Dreistadt Königsberg*, in: *Thorn. Königin der Weichsel, 1231–1981*, hrsg. von Bernhart Jähnig und Peter Letkemann, Göttingen 1981, S. 239–258.

[Hutzing, Enoch,] *Ein Christliches, Schriftmessiges und vollkommenes Schreiben an die Lutherische Gemein in Dantzigk*, Danzig 1624.

Ikier, Otto, *Das Colloquium Charitativum zu Thorn vom 28. August bis 21. November 1645 nach Akten dargestellt. Ein Beitrag zur Geschichte der Reformation in Polen*, Halle 1889.

Inwentarz zbioru „Rękopisy Elbląskie", bearb. von Elżbieta Morcinek, Warszawa 1967.

Jablonski, Daniel Ernst, *Historia consensus Sendomirensis*, Berlin 1731.

Jacobi, Franz, *Das liebreiche Religionsgespräch zu Thorn*, in: *Zeitschrift für Kirchengeschichte*, Bd. 15 (1895), H. 3/4, S. 486–560.

Jacobi, Richard, *Die Reformatio Sigismundi vom Jahre 1523*, in: *Mitteilungen des Copernicus-Vereins für Wissenschaft und Kunst zu Thorn*, Bd. 18 (1900), S. 6–26.

Jähnig, Bernhart, *Bibliographie der Geschichte von Ost- und Westpreußen für die Jahre 1975–1980*, Marburg 1991.

Jähnig, Bernhart, *Auswahlbibliographie zur Geschichte von Ost- und Westpreußen 1976–78*, in: *Zeitschrift für Ostforschung*, Bd. 27 (1978), S. 175–190; Bd. 28 (1979), S. 329–343; Bd. 29 (1980), S. 155–171.

Jähnig, Bernhart, *Die landesgeschichtliche Forschung des Preußenlandes (Ost- und Westpreußen) seit 1960 im Überblick*, in: *Jahrbuch für die Geschichte Mittel- und Ostdeutschlands*, Bd. 38 (1989), S. 81–141.

Janiszewska-Mincer, Barbara, *Rzeczpospolita Polska w latach 1600–1603. Narastanie konfliktu między Zygmuntem III Wazą a stanami*, Bydgoszcz 1984.

Jørgensen, Kai Eduard Jordt, *Ökumenische Bestrebungen unter den polnischen Protestanten bis zum Jahre 1645*, København 1942.

Jura municipalia terrarum Prussiae, Danzig 1638.

Karnkowski, Stanisław, *De Iure Provinciali Terrarum Majorumque Civitatum Prussiae*, Krakau 1574.

Kaspar Gebel, in: *Polski Słownik Biograficzny*, Bd. 8, Wrocław-Kraków-Warszawa 1959–1960, S. 196 f.

Kaufmann, Josef, *Das staatsrechtliche Verhältnis Danzigs zu Polen von 1454 bis 1793 und 1807–1914*, Danzig 1920.

Kawerau, Gustav, *Der Danziger Aufstand 1525*, in: *Zeitschrift des Westpreußischen Geschichtsvereins*, Bd. 11 (1884), S. 63–72.

Kerstan, Eugen Gustav, *Die evangelische Kirche des Stadt- und Landkreises Elbing von der Reformation bis zur Gegenwart*, Elbing 1917.

Kestner, Ernst, *Beiträge zur Geschichte der Stadt Thorn*, Thorn 1883.

Kestner, Ernst, *Die Occupation der Thorner Güter 1569–1572*, Thorn 1890.

Keyser, Erich, *Danzigs Geschichte*, Danzig 1928.

Keyser, Erich, *Die Baugeschichte der Stadt Danzig*, Köln-Wien 1972.

Kirche und gesellschaftlicher Wandel in deutschen und niederländischen Städten der werdenden Neuzeit, hrsg. von Franz Petri, Köln-Wien 1980.

Klein, Thomas, *Der Kampf um die Zweite Reformation in Kursachsen 1581–1591*, Köln-Graz 1962.

Kleßmann, Christoph, *Osteuropaforschung und Lebensraumpolitik im Dritten Reich*, in: *Wissenschaft im Dritten Reich*, hrsg. von Peter Lundgreen, Frankfurt/Main 1985, S. 350–383.

Klonder, Andrzej, *Królewszczyzny Prus Królewskich za Stefana Batorego 1576–1586*, in: *Zapiski Historyczne*, Bd. 52 (1987), H. 3, S. 75–95.

Klonder, Andrzej, *Stany Prus Królewskich wobec polityki celnej Stefana Batorego 1578–1586*, in: *Zapiski Historyczne*, Bd. 45 (1980), H. 1, S. 7–19.

Klonder, Andrzej, *Szlachta Prus Królewskich wobec konfliktu Stefana Batorego z Gdańskiem*, in: *Rocznik Gdański*, Bd. 40 (1980), H. 1, S. 97–108.

Klueting, Harm, *„Zweite Reformation" oder reformierte Konfessions- und Kirchenbildung? Zum Problem von Religion und Politik im Konfessionellen Zeitalter*, in: *Monatshefte für evangelische Kirchengeschichte des Rheinlandes*, Bd. 34 (1985), S. 19–40.

Kneifel, Eduard, *Geschichte der Evangelisch-Augsburgischen Kirche in Polen*, Niedermarschacht 1962.

Koch, Ernst, *Der kursächsische Philippismus und seine Krise in den 1560er und 1570er Jahren*, in: *Die reformierte Konfessionalisierung in Deutschland. Das Problem der „Zweiten Reformation"*, hrsg. von Heinz Schilling, Gütersloh 1986, S. 60–77.

Koczy, Leon, *Danzig und Riga*, in: *Conventus primus historicorum Balticorum*, Riga 1938, S. 299–311.

Koczy, Leon, *Dzieje wewnętrzne Torunia do roku 1793*, Toruń 1933.

Koetz, Gustav, *Die Danziger Concordienformel über das heilige Abendmahl, Notel genannt, und ihre Apologie (1561 bis 1567)*, Phil. Diss., Königsberg 1901.

Kolb, Robert, *The Dynamics of Party Conflict in the Saxon Late Reformation. Gnesioluterans versus Philippists*, in: *The Journal of Modern History*, Bd. 49 (1977), Suppl. 3.

Kommunalisierung und Christianisierung. Voraussetzungen und Folgen der Reformation 1400–1600, hrsg. von Peter Blickle und Johannes Kunisch, Berlin 1989.

Konopczyński, Władysław, *Polska polityka bałtycka*, in: *Roczniki Historyczne*, Bd. 3 (1927), S. 142–172.

Konopczyński, Władysław, *Prusy Królewskie w unji z Polską 1569–1772*, in: *Roczniki Historyczne*, Bd. 3 (1927), S. 111–141.

Korespondencja Hieronima Rozrażewskiego, Bd. 1–2, hrsg. von Paweł Czaplewski, Toruń 1937–1939.

Korolko, Mirosław, *Klejnot swobodnego sumienia. Polemika wokół konfederacji warszawskiej w latach 1573–1658*, Warszawa 1974.

Korolko, Mirosław/Janusz Tazbir (Hrsg.), *Konfederacja Warszawska 1573 r. Wielka karta polskiej tolerancji*, Warszawa 1980.

Korolko, Mirosław, *Spory i polemiki wokół konfederacji warszawskiej w latach 1573–1576*, in: *Odrodzenie i Reformacja w Polsce*, Bd. 18 (1973), S. 65–94.

Kosman, Marceli, *Protestanci i kontrreformacja. Z dziejów tolerancji w Rzeczypospolitej XVI–XVIII w.*, Wrocław u. a. 1978.

Kosman, Marceli, *Reformacja i kontrreformacja*, in: *Stosunki polsko-niemieckie w historiografii. Studia z dziejów historiografii polskiej i niemieckiej*, Bd. 1, hrsg. von Jerzy Krasuski, Gerard Labuda und Antoni Władysław Walczak, Poznań 1974, S. 362–409.

Kosman, Marceli, *Reformacja i kontrreformacja w Prusach Królewskich w świetle dotychczasowych badań*, in: *Roczniki Historyczne*, Bd. 39 (1974), S. 1–40.

Kosman, Marceli, *Reformacja i kontrreformacja w Wielkim Księstwie Litewskim w świetle propagandy wyznaniowej*, Wrocław 1973.

Kosman, Marceli, *Rola Radziwiłłów w ruchu kalwińskim na Litwie*, in: *Miscellanea historico-archivistica*, Bd. 3, S. 121–139.

Kowalska-Kossobudzka, Halina, *Działalność reformatorska Jana Łaskiego w Polsce 1556–1560*, Wrocław 1969.

Kowalska-Kossobudzka, Halina, *Jana Łaskiego pojęcie kościoła*, in: *Odrodzenie i Reformacja w Polsce*, Bd. 10 (1965), S. 81–101.

Krasiński, Walerjan, *Zarys dziejów powstania i upadku reformacji w Polsce*, hrsg. von Juljusz Bursche, Bd. 1, Warszawa 1903.

Kropidłowski, Zdzisław, *Opieka społeczna w Gdańsku w XVI–XVIII w.*, Olsztyn 1992.

Kruszelnicka, Janina, *Fabian (1559–1605) i Maciej (1564–1588) Neisserowie, malarz i snycerz*, in: *Artyści w dawnym Toruniu* (= Towarzystwo Naukowe w Toruniu. Prace Popularnonaukowe, nr 43), hrsg. von Józef Poklewski, Warszawa-Poznań-Toruń 1985, S. 36–43.

Księga pamiątkowa 400-lecia Toruńskiego Gimnazjum Akademickiego, Red. von Zbigniew Zdrójkowski, Bd. 1, Toruń 1972.

Kubik, Kazimierz, *Joachim Praetorius. Gdański pedagog XVII w.*, Gdańsk 1970.

Kubik, Kazimierz, *Koncepcje dydaktyczno-wychowawcze w szkolnictwie gdańskim za czasów pierwszej Rzeczypospolitej*, in: *Gdańskie Zeszyty Humanistyczne*, Bd. 11 (1969), H. 3, S. 65–135.

Kubik, Kazimierz, *Polska szkoła prywatna w dawnym Gdańsku (od XVI do połowy XIX w.)*, Gdańsk 1963.

Kujot, Stanisław, *Dzieje Prus Królewskich*, T. 1, Thorn 1913.

Kutrzeba, Stanisław, *Prawno-państwowe stanowisko Prus Królewskich w latach 1454–1772*, in: *Jantar*, Bd. 3 (1939), S. 63–69.

Kutrzeba, Stanisław, *Dantsig et la Pologne à travers les siècles*, in: *Conventus primus historicorum Balticorum. Rigae 16 – 20 VIII 1937. Acta et relata*, Rigae 1938, S. 292–298.

Labuda, Gerard, *Historycy dziejów Pomorza wobec nowych zadań*, in: *Nauka Polska*, Bd. 2 (1954), H. 3, S. 136–156.

Lackner, Martin, *Neue Literatur zur preußischen Reformationsgeschichte*, in: *Kirche im Osten*, Bd. 3 (1960), S. 195–200.

Lambeck, Alexander Gustav Hermann, *Geschichte der Begründung und des Wachstums der Reformation in Westpreußen*, Thorn 1850.

Lassicius, J., *Claves Dantiscanae a. d. 1577 17. Aprilis*, Posnaniae 1577.

Lassota, Józef, *Wilhelm Gnapheus (1493–1568), twórca elbląskiego gimnazjum, dramaturg i reformator*, in: *Rocznik Elbląski*, Bd. 2 (1963), S. 37–66.

Lassota, Józef, *Zarys dziejów Biblioteki Elbląskiej (1601–1945)*, in: *Rocznik Elbląski*, Bd. 1 (1961), S. 97–120.

Laube, Adolf, *Die Reformation als soziale Bewegung*, in: *Zeitschrift für Geschichtswissenschaft*, Bd. 33 (1985), S. 424–441.

Lehmann, Jerzy, *Konfesja sandomierska na tle innych konfesji w Polsce XVI wieku*, Warszawa 1937.

Lengnich, Gottfried, *Geschichte der Preußischen Lande Königlich Polnischen Anteils*, Bd. 1–9, Danzig 1722 ff.

Lengnich, Gottfried, *Ius publicum civitatis Gedanensis oder der Stadt Dantzig Verfassung und Rechte*, hrsg. von Otto Günther, Danzig 1900.

Lengnich, Gottfried, *Ius publicum Prussiae Polonae*, Danzig 1758.

Lengnich, Gottfried, *Oratio de Prusorum in Augustanam Confessionem meritis*, Danzig 1730.

Lengnich Gottfried, *Tractatus Portorii Gedanensis*, Danzig 1762.

Lepszy, Kazimierz, *Rzeczpospolita Polska w dobie sejmu inkwizycyjnego (1589–1592)*, Kraków 1939.

Lepszy, Kazimierz, *Stefan Batory a Gdańsk*, in: *Rocznik Gdański*, Bd. 6 (1933), S. 82–136.

Lepszy, Kazimierz, *Walka sejmowa o konfederację warszawską w roku 1587*, in: *Odrodzenie i Reformacja w Polsce*, Bd. 4 (1959), S. 128–131.

Lepszy, Kazimierz, *Walka stronnictw w pierszych latach panowania Zygmunta III*, Kraków 1929.

Lerle, Ernest, *Dzieje szkoły nowomiejskiej w Toruniu*, in: *Zapiski Historyczne*, Bd. 11 (1938), H. 2, S. 33–53.

Letkemann, Peter, *Neuere deutsche Arbeiten zur Geschichte Danzigs*, in: *Jahrbuch für die Geschichte Mittel- und Ostdeutschlands*, Bd. 33 (1984), S. 206–217.

Lohse, Bernhard, *Dogma und Bekenntnis in der Reformation*, in: *Handbuch der Dogmen- und Theologiegeschichte*, Bd. 2, Göttingen 1980, S. 1–162.

Löschin, Gotthilf, *Die Bürgermeister, Ratsherren und Schöppen des Danziger Freistaates und die Patricier-Familien, denen sie angehörten*, Danzig 1868 [Neudruck Hamburg 1974].

Looß, Sigrid, *Bürgerliche „Modernisierungskonzeptionen" am Beispiel der städtisch-reformatorischen Bewegungen Anfang des 16. Jahrhunderts*, in: *Jahrbuch für Wirtschaftsgeschichte*, Bd. 3 (1982), S. 181–186.

Lorkiewicz, Antoni, *Bunt Gdański w roku 1525. Przyczynek do historyi reformacyi w Polsce*, Lwów 1881.

Lortz, Josef, *Kardinal Stanislaus Hosius. Beiträge zur Erkenntnis der Persönlichkeit und des Werkes. Gedenkschrift zum 350. Todestag*, Braunsberg 1931.

Ludwig, Karl-Heinz, *Zur Besiedlung des Weichseldeltas durch die Mennoniten*, Marburg 1961.

Łukaszewicz, Józef, *Dzieje kościołów wyznania helweckiego w dawnej Małej Polsce*, Poznań 1853.

Łukaszewicz, Józef, *O kościołach braci czeskich w dawnej Wielkopolsce*, Poznań 1855.

Lulewicz, Henryk, *Skład wyznaniowy senatorów Wielkiego Księstwa Litewskiego za Wazów*, in: *Rocznik Gdański*, Bd. 68 (1977), H. 3, S. 425–445.

Lutman, Roman, *Gdańsk i Polska w stosunku dziejowym (1454–1793)*, in: *Rocznik Gdański*, Bd. 6 (1933), S. 137–166.

Maas, Walther, *Zur Siedlungskunde Westpreußens 1466–1772*, Marburg 1958.

Machholz, Ernst, *Materialien zur Geschichte der Reformierten in Altpreußen und im Ermland. 300 Jahre preußische Kirchengeschichte. Zum 25. Dezember 1813*, Lötzen 1912.

Maciszewski, Jarema, *Wojna domowa w Polsce (1606–1609). Studium z dziejów walki przeciw kontrreformacji*, Bd. 1, Wrocław 1960.

Maciuszko, Janusz Tadeusz, *Konfederacja Warszawska 1573 roku. Geneza, pierwsze lata obowiązywania*, Warszawa 1984.

Mączak, Antoni, *Obraz statystyczny Prus Królewskich w XVI wieku*, in: *Przegląd Historyczny*, Bd. 53 (1962), S. 164–174.

Maercker, Hans, *Geschichte der ländlichen Ortschaften und der drei kleineren Städte des Kreises Thorn in seiner früheren Ausdehnung vor Abzweigung des Kreises Brisen im Jahre 1888*, Danzig 1899/1900.

Mager, Friedrich, *Geschichte der Landeskultur Westpreußens und des Netzebezirks bis zum Ausgang der polnischen Zeit*, Berlin 1936.

Mager, Inge, *Aufnahme und Ablehnung des Konkordienbuches in Nord-, Mittel- und Ostdeutschland*, in: *Bekenntnis und Einheit der Kirche. Studien zum Konkordienbuch*, Stuttgart 1980, S. 271–301.

Mager, Inge, *Georg Calixts theologische Ethik und ihre Nachwirkungen*, Göttingen 1969.

Mager, Inge, *Brüderlichkeit und Einheit. Georg Calixt und das Thorner Religionsgespräch 1645*, in: *Thorn. Königin der Weichsel 1231–1981*, hrsg. von Bernhart Jähnig und Peter Letkemann, Göttingen 1981, S. 209–238.

Maliszewski, Kazimierz, *Stosunki religijne w Toruniu w latach 1548–1660*, in: *Historia Torunia*, Bd. 2, T. 2, hrsg. von Marian Biskup, Toruń 1994, S. 257–300.

Małłek, Janusz, *Dwie części Prus. Studia z dziejów Prus Książęcych i Prus Królewskich w XVI i XVII wieku*, Olsztyn 1987.

Małłek, Janusz, *Die Entstehung und Entwicklung eines Sonderbewußtseins in Preußen*, in: *Zeitschrift für Ostforschung*, Bd. 31 (1982), S. 48–58.

Małłek, Janusz, *Das Königliche Preußen und der brandenburgisch-preußische Staat in den Jahren 1525–1772*, in: *Schlesien und Pommern in den deutsch-polnischen Beziehungen vom 16. bis 18. Jahrhundert. XIV. deutsch-polnische Schulbuchkonferenz der Historiker*, Braunschweig 1982, S. 31–43.

Małłek, Janusz, *Marcin Luter a reformacja w Prusach Książęcych i Prusach Królewskich*, in: *Rocznik Teologiczny*, Bd. 25 (1983), 2, S. 91–100.

Małłek, Janusz, *Prusy Książęce a Prusy Królewskie, 1525–1548*, Warszawa 1976.

Małłek, Janusz, *Die Stände des Königlichen Preußen in den Jahren 1525–1660*, in: *Ständetum und Staatsbildung in Brandenburg-Preußen*, hrsg. von Peter Baumgart, Berlin-New York 1983, S. 108–128.

Małłek, Janusz, *Stany Prus Królewskich a Rzeczpospolita Polska w latach 1526–1660*, in: *Rocznik Gdański*, Bd. 43 (1983), H. 1, S. 65–82.

Małłek, Janusz, *Untersuchungen zur Geschichte von Königlich Preußen, Ermland und Herzogtum Preußen (Politik, Verfassung, Ständewesen und Kultur) in den wissenschaftlichen Zentren Nordostpolens*, in: *Zapiski Historyczne*, Bd. 57 (1992), H. 1, S. 125–140.

Małłek, Janusz, *Der Widerstand als Mittel im politischen Kampf der Ständerepräsentation gegen die Herrschenden im Herzogtum Preußen und Königlichen Preußen vom 16. bis zum 18. Jahrhundert*, in: *Parliaments, Estates and Representation*, 8, S. 131–147.

Małłek, Janusz/Mincer, Franciszek, *Nowa synteza dziejów Pomorza od połowy XV do połowy XVIII wieku*, in: *Zapiski Historyczne*, Bd. 46 (1981), H. 2, S. 47–70.

Małowist, Marian, *Riga und Danzig vom Ausbruch des Dreizehnjährigen Krieges bis zum Ende des 16. Jahrhunderts*, in: *Conventus primus historicorum Balticorum*, Riga 1938, S. 312–320.

Mannhardt, Hans Georg, *Die Danziger Mennonitengemeinde. Ihre Entstehung und ihre Geschichte von 1569 bis 1919*, Danzig 1919.

Matz, Alfred, *Die Zünfte der Stadt Elbing bis zum Einzug der Schweden 1626*, in: *Elbinger Jahrbuch*, H. 1 (1919/20), S. 43–94.

Menk, Gerhard, *Die Hohe Schule Herborn in ihrer Frühzeit, 1584–1660. Ein Beitrag zum Hochschulwesen des deutschen Kalvinismus im Zeitalter der Gegenreformation*, Wiesbaden 1981.

Merczyng, Henryk, *Zbory i senatorowie protestanccy w dawnej Rzeczypospolitej*, Warszawa 1905.

Methner, Arthur, *Die Danziger Stadtschreiber ... bis 1793*, in: *Danziger familiengeschichtliche Beiträge*, Bd. 1 (1929) [bis 1650], S. 27–39; Bd. 2 (1934) [1650–1700 und 1700–1730], S. 31–38, Bd. 3 (1938) [1730–1793], S. 13–18.

Michalski, Sergiusz, *Gdańsk als auserwählte Christengemeinschaft*, in: *Ars Auro Prior. Studia Joanni Białostocki sexagenario dedicata*, Red. Juliusz A. Chrościcki u. a., Warszawa 1981, S. 509–516.

Michalski, Sergiusz, *Das Phänomen Bildersturm. Versuch einer Übersicht*, in: *Bilder und Bildersturm im 16. Jahrhundert*, hrsg. von Robert W. Scribner und Martin Wernke, Wiesbaden 1990, S. 69–124.

Miscellanea źródłowe do historii kultury i sztuki Torunia, bearb. von Bogusław Dybaś und Marek Farbiszewski, Wrocław u. a. 1989.

Moeller, Bernd, *Die Basler Reformation in ihrem stadtgeschichtlichen Zusammenhang*, in: *Ecclesia semper reformanda. Vorträge zum Basler Reformationsjubiläum 1529–1979*, Basel 1980, S. 11–27.

Moeller, Bernd, *Die deutschen Humanisten und die Anfänge der Reformation*, in: *Zeitschrift für Kirchengeschichte*, Bd. 70 (1959), S. 46–61.

Moeller, Bernd, *Deutschland im Zeitalter der Reformation*, Göttingen 1977.

Moeller, Bernd, *Kleriker als Bürger*, in: *Festschrift Hermann Heimpel*, Bd. 2, Göttingen 1972, S. 195–224.

Moeller, Bernd, *Pfarrer als Bürger*, Göttingen 1972.

Moeller, Bernd, *Reichsstadt und Reformation*, 2. Aufl., Berlin 1987.

Moeller, Friedwald, *Altpreußisches evangelisches Pfarrerbuch von der Reformation bis zur Vertreibung im Jahre 1945*, Bd. 1, Hamburg 1968.

Mörke, Olaf, *Rat und Bürger in der Reformation. Soziale Gruppen und kirchlicher Wandel in den welfischen Hansestädten Lüneburg, Braunschweig und Göttingen*, Hildesheim 1983.

Mörke, Olaf, *Der gewollte Weg in Richtung „Untertan": Ökonomische und politische Eliten in Braunschweig, Lüneburg und Göttingen vom 15. bis ins 17. Jahrhundert*, in: *Bürgerliche Eliten in den Niederlanden und Nordwestdeutschland*, hrsg. von Heinz Schilling und Herman Diederiks, Köln-Wien 1985, S. 111–134.

Mörke, Olaf, *Stadt und Reformation in Niedersachsen*, in: *Stadt im Wandel. Kunst und Kultur des Bürgertums in Norddeutschland 1150–1650*, Braunschweig 1985, S. 75–87.

Mokrzecki, Lech, *W kręgu prac historyków gdańskich XVII wieku*, Gdańsk 1974.

Moltmann, Jürgen, *Christoph Pezel (1539–1604) und der Calvinismus in Bremen*, Bremen 1985.

Morawski, Michał, *Synod Piotrkowski w 1589 roku*, Włocławek 1937.

Müller, Michael G., *Calvinism in Royal Prussia and the Practice of Religious Toleration in Poland-Lithuania, 1570–1607*, in: *Tolerance and Intolerance in the European Reformation*, hrsg. von Bob Scribner und Ole Peter Grell, Cambridge 1997, S. 262–282.

Müller, Michael G., *„Discursus in der Religions Sache der Preußischen Stände." Ein Dokument zur Geschichte von Konfession und Politik im Königlichen Preußen des 16. Jahrhunderts*, in: *Między wielką polityką a szlacheckim partykularzem. Studia z dziejów nowożytnej Polski i Europy ku czci Profesora Jacka Staszewskiego*, hrsg. von Kazimierz Wajda, Toruń 1993, S. 177–187.

Müller, Michael G., *Die Zweite Reformation in Elbing*, in: *Elbing 1237–1987*, hrsg. von Bernhard Jähnig und Hans-Jürgen Schuch, Münster 1991, S. 109–127.

Müller, Michael G., *Zur Frage der Zweiten Reformation in Danzig, Elbing und Thorn*, in: *Die reformierte Konfessionalisierung in Deutschland. Das Problem der „Zweiten Reformation"*, hrsg. von Heinz Schilling, Gütersloh 1986, S. 251–265.

Müller, Michael G., *Wielkie miasta Prus Królewskich wobec parlamentaryzmu polskiego po Unii Lubelskiej*, in: *Czasopismo Prawno-Historyczne*, Bd. 45 (1993), S. 257–267.

Müller, Josef Th[eodor], *Geschichte der Böhmischen Brüder*, Bd. 2–3, Herrnhut 1931.

Münch, Paul, *Volkskultur und Calvinismus. Zur Theorie und Praxis der „reformatio vitae" während der Zweiten Reformation*, in: *Die reformierte Konfessionalisierung in Deutschland. Das Problem der „Zweiten Reformation"*, hrsg. von Heinz Schilling, Gütersloh 1986, S. 291–307.

Münch, Paul, *Zucht und Ordnung. Reformierte Kirchenverfassungen im 16. und 17. Jahrhundert (Nassau-Dillenburg, Kurpfalz, Hessen-Kassel)*, Stuttgart 1978.

Muhl, John, *Danziger Bürgergeschlechter mit ländlichem Besitz*, in: *Zeitschrift des Westpreußischen Geschichtsvereins*, Bd. 71 (1934), S. 87–113.

Myciński, Jerzy, *La vie religieuse à Gdańsk d'après le Journal de Charles Ogier (1635–1636)*, in: *Mélanges de Science Religieuse*, Bd. 28 (1971), S. 17–25.

Nadolski, Bronisław, *Institutio Literata – Toruńskie wydawnictwo pedagogiczne z czasów Batorego*, in: *Zeszyty Naukowe Uniwersytetu im. M. Kopernika w Toruniu, Nauki Humanistyczno-Społeczne*, H. 6, *Filologia Polska*, H. 3 (1962), S. 45–51.

Nadolski, Bronisław, *Karty z dziejów Odrodzenia w Toruniu*, T. 1 u. 2, in: *Rocznik Toruński*, Bd. 1 (1966), S. 221–239 und Bd. 2 (1967), S. 175–192.

Nadolski, Bronisław, *Kultura umysłowa w Prusach Królewskich w XVI i XVII w.*, in: *Zeszyty Naukowe Uniwersytetu im. M. Kopernika w Toruniu, Nauki Humanistyczno-Społeczne*, H. 12, *Filologia Polska*, H. 5, Toruń 1965, S. 81–113.

Nadolski, Bronisław, *Walka o szkołę humanistyczną w Prusach Królewskich*, in: *Zapiski Historyczne*, Bd. 26 (1961), 3, S. 7–25.

Nadolski, Bronisław, *Ze studiów nad życiem literackim i kulturą umysłową na Pomorzu w XVI i XVII wieku*, Wrocław u. a. 1969.

Nadolski, Bronisław, *Życie i działalność naukowa uczonego gdańskiego Bartłomieja Keckermanna*, Toruń 1961.

Natoński, Bronisław, *Humanizm jesuicki i teologia pozytywno-kontrowersyjna w XVII i XVIII wieku. Nauczanie i piśmiennictwo*, in: *Dzieje teologii katolickiej w Polsce*, Bd. 2, T. 1, hrsg. von Marian Rechowicz, Lublin 1975.

Naworski, Zbigniew, *Indygenat w Prusach Królewskich (1454–1772)*, in: *Czasopismo Prawno-Historyczne*, Bd. 35 (1983), H. 1, S. 31–58.

Naworski, Zbigniew, *Sejmik generalny Prus Królewskich za Wazów*, Iur. Diss., Toruń 1988.

Naworski, Zbigniew, *Uwagi o roli prowincji pruskiej w strukturze federacyjnej Rzeczypospolitej w XVII wieku*, in: *Zapiski Historyczne*, Bd. 53 (1988), S. 131–142.

Neubauer, Leonhard, *Beiträge zur älteren Geschichte des Gymnasiums zu Elbing*, in: *Programm des Elbinger Realgymnasiums*, Elbing 1899.

Neubauer, Leonhard, *Mährische Brüder in Elbing*, in: *Zeitschrift für Kirchengeschichte*, Bd. 13 (1912), S. 447–455.

Neumann, Ferdinand, *Die englische Handels-Sozietät in Elbing. Mittheilungen aus Elbings Vorzeit*, in: *Neue Preußische Provinzialblätter*, A.F., Bd. 12 (1857), S. 141–148.

Neumeyer, Heinz, *Bibliographie zur Kirchengeschichte von Danzig und Westpreußen*, Leer 1967.

Neumeyer, Heinz, *Das Dekret von Lublin. Polnische Gewaltpolitik im 16. Jahrhundert*, in: *Westpreußen-Jahrbuch*, Bd. 8 (1958), S. 33–38.

Neumeyer, Heinz, *Kirchengeschichte von Danzig und Westpreußen in evangelischer Sicht*, Bd. 1, Leer 1971.

Neumeyer, Heinz, *Westpreußen und Polen. Staatsrechtliche und völkische Beziehungen zur Zeit der „polnischen Oberhoheit" 1454–1772*, in: *Westpreußen-Jahrbuch*, Bd. 1 (1950), S. 24–31.

Neuser, Wilhelm Heinrich, *Die Erforschung der „Zweiten Reformation". Eine wissenschaftliche Fehlentwicklung*, in: *Die reformierte Konfessionalisierung in Deutschland. Das Problem der „Zweiten Reformation"*, hrsg. von Heinz Schilling, Gütersloh 1986, S. 379–386.

Nidecius, A. P., *Commentarii de tumulta Gedanensi*, Mariaeburgi 1577.

Niedersächsische Landesbibliothek Hannover. Katalog des Schrifttums über Ost- und Westpreußen. Berichtsjahre 1958–1979, bearb. von Ksenija Großheide, 2 Bde., Hannover 1982.

Norberg, Axel, *Polen i svensk politik, 1617–1626*, Stockholm 1974.

Nowak, Zbigniew, *Miejsce piśmiennictwa polskiego w kulturze Gdańska do 1793* roku, in: ders./Majkowska, Damroka/Pleczar, Marian, *Książka polska w dawnym Gdańsku*, Gdańsk 1974, S. 5–42.

Odyniec, Wacław, *Dzieje Prus Królewskich 1454–1772*, Warszawa 1972.

Ogier, Karol, *Dziennik podróży do Polski 1635–1636*, Bd. 1–2, Gdańsk 1950–1953.

Oloff, Efraim, *Polnische Liedergeschichte*, Thorn 1744.

Olszewski, Henryk, *Nauka historii w upadku. Studium o historiografii i ideologii historycznej w imperialistycznych Niemczech*, Warszawa 1982.

Opaliński, Edward, *Sejmiki szlacheckie wobec kwestii tolerancji religijnej w latach 1587–1648*, in: *Odrodzenie i Reformacja w Polsce*, Bd. 34 (1989), S. 21–40.

Oracki, Tadeusz, *Słownik biograficzny Warmii, Mazur i Powiśla od połowy XV w. do 1945 r.*, Warszawa 1961.

Oracki, Tadeusz, *Słownik biograficzny Warmii, Prus Książęcych i ziemi malborskiej od połowy XV do końca XVIII w.*, Bd. 1 (A–K), Olsztyn 1984.

Pawlak, Marian, *Dzieje Gimnazjum Elbląskiego w latach 1535–1772*, Olsztyn 1972.

Pawlak, Marian, *Jan Mylius*, in: *Zasłużeni ludzie dawnego Elbląga*, hrsg. von Marian Biskup, Wrocław u. a. 1987, S. 93–98.

Pawlak, Marian, *Nauczyciele Gimnazjum Elbląskiego w latach 1535–1772*, in: *Rocznik Elbląski*, Bd. 5 (1972), S. 139–158; Bd. 6 (1973), S. 127–177.

Pawlak, Marian, *Reformacja i kontrreformacja w Elblągu w XVI–XVIII wieku*, Bydgoszcz 1994.

Pawlak, Marian, *Studia uniwersyteckie młodzieży Prus Królewskich w XVI–XVIII w.*, Toruń 1988.

Pawlak, Marian, *Uwagi nad socjotopografią inteligencji gdańskiej w XVI–XVIII w.*, in: *Zeszyty Naukowe Uniwersytetu Gdańskiego*, Nr. 15, Gdańsk 1985, S. 46–58.

Pleczar, Marian, *Nauka i kultura w Gdańsku*, in: *Gdańsk, jego dzieje i kultura*, Warszawa 1969, S. 499–606.

Penner, Horst, *Die ost- und westpreußischen Mennoniten in ihrem religiösen und sozialen Leben, in ihren kulturellen und wirtschaftlichen Leistungen*, Bd. 1, [Weierhof] 1978.

Penners-Elwart, Hedwig, *Die Danziger Bürgerschaft nach Herkunft und Beruf 1536–1709*, Marburg 1954.

Perlbach, Max, *Prussia scholastica*, Braunsberg 1895.

Peter Himmelreichs und Michael Friedwalds, des Löwentödters, Elbingisch-Preußische Geschichte, hrsg. von Max Toeppen, Leipzig 1881.

Piętkowski, Andrzej, *Posiadłości ziemskie miasta Elbląga w XVII–XVIII wieku*, Wrocław 1972.

Piechnik, Ludwik, *Dzieje Akademii Wileńskiej*, Bd. 1–2, Rzym 1984.

Piotrowski, Bernard, *O Polskę nad Odrą i Bałtykiem. Myśl zachodnia i badania niemcoznawcze Uniwersytetu Poznańskiego (1919–1939)*, Poznań 1987.

Piskorska, Helena, *Organizacja władz i kancelarii miasta Torunia do 1793 r.*, Toruń 1956.

Pniewski, Władysław, *Język polski w dawnych szkołach gdańskich*, Gdańsk 1938.

Po-Chia-Hsia, Ronnie, *Social Discipline in the Reformation*, London 1989.

Polski Słownik Biograficzny, Kraków 1935 ff.

Praetorius, Ephraim, *Athenae Gedanenses...*, Lipsiae 1713.

Praetorius, Ephraim, *Dantziger Lehrer Gedächtnis, bestehend in einem richtigen Verzeichniss der evangelischen Prediger in der Stadt und auf dem Lande*, 2. Aufl., Danzig-Leipzig 1760.

Praetorius, Karl Gotthelf, *Thorner Ehrentempel oder Verzeichnis der Bürgermeister und Rathmänner der Stadt Thorn*, hrsg. von Wilhelm Theodor Lohde, Berlin 1832.

Praetorius, Karl Gotthelf, *Topographisch-historische-statistische Beschreibung der Stadt Thorn und ihres Gebietes, die Vorzeit und Gegenwart umfassend*, hrsg. von Julius Emil Wernicke, Thorn 1832.

Press, Volker, *Calvinismus und Territorialstaat. Regierung und Zentralbehörden der Kurpfalz 1559–1619*, Stuttgart 1970.

Press, Volker, *Soziale Folgen der Reformation in Deutschland*, in: *Schichtung und Entwicklung der Gesellschaft in Polen und Deutschland 16. und 17. Jahrhundert*, hrsg. von Marian Biskup und Klaus Zernack, Wiesbaden 1983, S. 196–243.

Press, Volker, *Stadt und territoriale Konfessionsbildung*, in: *Kirche und gesellschaftlicher Wandel in deutschen und niederländischen Städten der werdenden Neuzeit*, hrsg. von Franz Petri, Köln-Wien 1980, S. 251–296.

Press, Volker, *Die „Zweite Reformation" in der Kurpfalz*, in: *Die reformierte Konfessionalisierung in Deutschland. Das Problem der „Zweiten Reformation"*, hrsg. von Heinz Schilling, Gütersloh 1986, S. 104–129.

Die Preussischen Geschichtsschreiber des 16. und 17. Jahrhunderts, Leipzig 1876–1896.

Pritzel, Erwin, *Geschichte der reformierten Gemeinde zu St. Petri-Pauli in Danzig 1570–1940*, Danzig 1940.

Probleme der Reformation in Deutschland und Polen, hrsg. von Johannes Kalisch, Rostock 1983.

Proposition der Königlichen Polnischen Commissarien an E. E. u. W. Rath der Stadt Dantzig Anno 1637.

Pufendorf, Samuel, *De rebus suecicis*, Lib. XXIII, Utrecht 1686.

Rammstedt, Otheim, *Stadtunruhen 1525*, in: *Der Deutsche Bauernkrieg 1524–1526*, hrsg. von Hans-Ulrich Wehler, Göttingen 1975, S. 239–276.

Reformation oder frühbürgerliche Revolution?, hrsg. von Rainer Wohlfeil, München 1972.

Die reformierte Konfessionalisierung in Deutschland. Das Problem der „Zweiten Reformation", hrsg. von Heinz Schilling, Gütersloh 1986.

Relacje nuncjuszów apostolskich i innych osób o Polsce od roku 1548 do 1690, hrsg. von Erazm Rykaczewski, Wrocław 1952.

Rembowski, Aleksander, *Szkolnictwo polskie w Toruniu w XVI–XVIII w.*, in: *Studia i materiały do Dziejów Wielkopolski i Pomorza*, Bd. 12 (1960), 2, S. 55–106.

Reusch, Albert, *Wilhelm Gnapheus, der erste Rector des Elbinger Gymnasiums*, in: *Programm des Elbinger Gymnasiums*, Elbing, T. 1 (1868), S. 1–16; T. 2 (1877), S. 20–34.

Rhode, Arthur, *Geschichte der evangelischen Kirche im Posener Lande*, Würzburg 1956.

Rhode, Christoph Eduard, *Presbyterologia Elbingensis. Die evangelischen Geistlichen im Kirchenkreis Elbing von 1555 bis 1883 nebst Ergänzungen und Nachträgen bis 1945*, hrsg. von Walther Hubatsch, Hamburg 1970.

Rhode, Gotthold, *Brandenburg-Preußen und die Protestanten in Polen 1640–1740. Ein Jahrhundert preußischer Schutzpolitik für eine unterdrückte Minderheit*, Leipzig 1941.

Rhode, Gotthold, *Vom Königlichen Preußen zur preußischen Provinz Westpreußen*, in: *Schlesien und Pommern in den deutsch-polnischen Beziehungen vom 16. bis 18. Jahrhundert*, Braunschweig 1982, S. 44–65.

Rietz, Henryk, *Burmistrz Henryk Stroband (1548–1609), twórca Toruńskiego Gimnazjum Akademickiego*, in: *Księga pamiątkowa 400-lecia Toruńskiego Gimnazjum Akademickiego*, Red. von Zbigniew Zdrójkowski, Bd. 1, Toruń 1972, S. 13–39.

Rode, Max, *Die reformatorische Wirksamkeit Michael Meurers in der Hansestadt Danzig und im Herzogtum Preußen*, in: *Mitteilungen des Vereins für Ost- und Westpreußen*, Bd. 18 (1944), S. 41–54.

Rublack, Hans-Christoph, *Forschungsbericht Stadt und Reformation*, in: *Stadt und Kirche im 16. Jahrhundert*, hrsg. von Bernd Moeller, Gütersloh 1978, S. 9–26.

Rublack, Hans-Christoph (Hrsg.), *Die lutherische Konfessionalisierung in Deutschland*, Gütersloh 1992.

Rymaszewski, Zygfryd, *Sprawy gdańskie przed sądami zadwornymi oraz ingerencja królów w gdański wymiar sprawiedliwości XVI–XVIII wieku*, Wrocław 1985.

Salmonowicz, Stanisław, *Jan Turnowski Młodszy (ok. 1567–1629), pastor, pisarz i profesor Gimnazjum Akademickiego w Toruniu*, in: *Wybitni ludzie dawnego Torunia*, hrsg. von Marian Biskup, Warszawa u. a. 1982, S. 63–68.

Salmonowicz, Stanisław, *Piotr Artomiusz (Krzesichleb). Kaznodzieja luteranski i pisarz*, in: *Wybitni ludzie dawnego Torunia*, hrsg. von Marian Biskup, Warszawa u. a. 1982, S. 45–49.

Salmonowicz, Stanisław, *Ewangelicy reformowani w dawnym Toruniu*, in: *Jednota* (1986), H. 2, S. 5–6 und 17.

Salmonowicz, Stanisław, *Geneza i treść uchwał konfederacji warszawskiej*, in: *Odrodzenie i Reformacja w Polsce*, Bd. 19 (1974), S. 7–30.

Salmonowicz, Stanisław, *Jesuitenschulen und akademische Gymnasien im Königlich Preußen (16. – 18. Jh.). Vergleichende Betrachtung*, in: *Wkład Pomorza Gdańskiego do rozwoju nauki i oświaty. Materiały z Ogólnopolskiej Sesji Naukowej, 10 – 11 XI 1983*, Red. Kazimierz Kubiak [= *Zeszyty Naukowe Wydziału Humanistycznego Uniwersytetu Gdańskiego*, Nr. 15 (1985)], S. 15–27.

Salmonowicz, Stanisław, *Das Königliche Preußen im öffentlichen Recht der polnisch-litauischen Republik (1569–1772)*, in: *Studia Maritima*, Bd. 6 (1987), S. 41–61.

Salmonowicz, Stanisław, *Konfederacja warszawska 1573*, Warszawa 1985.

Salmonowicz, Stanisław, *Kultura umysłowa Torunia w dobie Colloquium Charitativum*, in: *Toruń w czasach baroku i oświecenia. Szkice z dziejów kultury Torunia XVII–XVIII wieku*, Warszawa 1982, S. 14–90.

Salmonowicz, Stanisław, *O badaniach nad historią kultury Torunia 1466–1793*, in: *Rocznik Toruński*, Bd. 15 (1984), S. 323–332.

Salmonowicz, Stanisław, *O reglementacji obyczajowości mieszczańskiej w Toruniu XVI–XVIII*, in: *Zapiski Historyczne*, Bd. 41 (1976), H. 3, S. 87–103.

Salmonowicz, Stanisław, *Od Prus Książęcych do Królestwa Pruskiego. Studia z dziejów prusko-pomorskich*, Olsztyn 1992.

Salmonowicz, Stanisław, *O sytuacji prawnej protestantów w Polsce (XVI–XVIII)*, in: *Czasopismo Prawno-Historyczne*, Bd. 26 (1974), H. 1, S. 159–173.

Salmonowicz, Stanisław, *Preußen Königlichen Anteils und das Herzogtum Preußen als Gebiet der Begegnung zweier Kulturen vom 16. bis 18. Jahrhundert*, in: *Schlesien und Pommern in den deutsch-polnischen Beziehungen vom 16. bis 18. Jahrhundert*, Braunschweig 1982, S. 66–86.

Salmonowicz, Stanisław, *Prusy Królewskie w ustroju Rzeczypospolitej szlacheckiej (1569–1772)*, in: *Acta Universitatis Wratislaviensis*, Nr. 945, *Historia*, 66, Wrocław 1988, S. 45–56.

Salmonowicz, Stanisław, *Religiöses Leben in Toruń im 16. und 17. Jahrhundert*, in: *Probleme der Reformation in Deutschland und Polen*, Rostock 1983, S. 41–55.

Salmonowicz, Stanisław, *Stany Prus Królewskich wobec Korony w XVII–XVIII wieku. Zarys problematyki*, in: *Acta Universitatis Nicolai Copernici, Historia*, 18 (1982), S. 103–119.

Salmonowicz, Stanisław, *Uwagi o historii kultury Prus Królewskich XVII–XVIII wieku*, in: *Zapiski Historyczne*, Bd. 39 (1974), H. 3, S. 147–176.

Salmonowicz, Stanisław, *Z dziejów wyznaniowych Torunia na przełomie XVI/XVII wieku*, in: *Rocznik Toruński*, Bd. 17 (1986), S. 235–243.

Salmonowicz, Stanisław, *Życie religijne luteranów toruńskich w XVII–XVIII w.*, in: *Odrodzenie i Reformacja w Polsce*, Bd. 34 (1989), S. 115–130.

Samsonowicz, Henryk, *Badania nad kapitałem mieszczańskim Gdańska w drugiej połowie XV wieku*, Warszawa 1960.

Samsonowicz, Henryk, *Warunki życia w miastach Prus Królewskich w XV–XVI wieku*, in: *Zapiski Historyczne*, Bd. 31 (1966), 3, S. 145–168.

Scheib, Otto, *Das Problem von Toleranz und Intoleranz im Lichte der neuzeitlichen Religionsgespräche in Ostdeutschland und Osteuropa*, in: *Trierer Theologische Zeitschrift*, Bd. 84 (1975), S. 271–286.

Schieder, Theodor, *Briefliche Quellen zur politischen Geistesgeschichte Westpreußens vom 16. bis 18. Jahrhundert*, I, 9 *Briefe Bartholomaeus Keckermanns*, in: *Altpreußische Forschungen*, Bd. 18 (1941), S. 262–275.

Schieder, Theodor, *Deutscher Geist und ständische Freiheit im Weichsellande. Politische Ideen und politisches Schrifttum in Westpreußen von der Lubliner Union bis zu den polnischen Teilungen (1569–1772/1793)*, Königsberg 1940.

Schierling, Charlotte A., *Der westpreußische Ständestaat. 1570–1586*, Marburg 1966.

Schildhauer, Johannes, *Soziale, politische und religiöse Auseinandersetzungen in den Hansestädten Stralsund, Rostock und Wismar im ersten Drittel des 16. Jahrhunderts*, Weimar 1959.

Schilling, Heinz, *Aufbruch und Krise. Deutschland 1517–1648*, Berlin 1988.

Schilling, Heinz, *Die Bedeutung der Kirchenzucht für die neuzeitliche Sozialdisziplinierung*, in: *Stände und Gesellschaft im Alten Reich*, hrsg. von Georg Schmidt, Stuttgart 1984, S. 216–248.

Schilling, Heinz, *Bürgerkämpfe in Aachen zu Beginn des 17. Jahrhunderts. Konflikte im Rahmen der alteuropäischen Stadtgesellschaft oder im Umkreis der frühbürgerlichen Revolution?*, in: *Zeitschrift für historische Forschung*, Bd. 1 (1974), S. 175–231.

Schilling, Heinz, *Calvinistische Presbyterien in Städten der Frühen Neuzeit – eine kirchliche Alternativform zur bürgerlichen Repräsentation?*, in: *Städtische Führungsschichten und Gemeinde in der werdenden Neuzeit*, hrsg. von Wilfried Ehbrecht, Köln-Wien 1980, S. 385–444.

Schilling, Heinz, *Die Konfessionalisierung im Reich. Religiöser und gesellschaftlicher Wandel in Deutschland zwischen 1555 und 1620*, in: *Historische Zeitschrift*, Bd. 246 (1988), S. 1–45.

Schilling, Heinz, *Konfessionsbildung und Konfessionalisierung*, T. 1, in: *Geschichte in Wissenschaft und Unterricht*, Bd. 42 (1991), S. 447–463.

Schilling, Heinz, *Konfessionskonflikt und Staatsbildung. Eine Fallstudie über das Verhältnis von religiösem und sozialem Wandel in der Frühneuzeit am Beispiel der Grafschaft Lippe*, Gütersloh 1981.

Schilling, Heinz, *Niederländische Exulanten im 16. Jahrhundert. Ihre Stellung im Sozialgefüge und im religiösen Leben deutscher und englischer Städte*, Gütersloh 1972.

Schilling, Heinz, *Die politische Elite nordwestdeutscher Städte in den religiösen Auseinandersetzungen des 16. Jahrhunderts*, in: *Stadtbürgertum und*

Adel in der Reformation, hrsg. von Wolfgang Mommsen, Stuttgart 1979, S. 235–308.

Schilling, Heinz, *Reformation und Bürgerfreiheit. Emdens Weg zur calvinistischen Stadtrepublik*, in: *Stadt und Kirche im 16. Jahrhundert*, hrsg. von Bernd Moeller, Gütersloh 1978, S. 128–161.

Schilling, Heinz, *Religion und Gesellschaft in der calvinistischen Republik der vereinigten Niederlande*, in: *Kirche und gesellschaftlicher Wandel in deutschen und niederländischen Städten der werdenden Neuzeit*, hrsg. von Franz Petri, Köln-Wien 1980, S. 197–250.

Schilling, Heinz, *Wandlungs- und Differenzierungsprozesse innerhalb der bürgerlichen Oberschichten West- und Nordwestdeutschlands im 16. und 17. Jahrhundert*, in: *Schichtung und Entwicklung der Gesellschaft in Polen und Deutschland 16. und 17. Jahrhundert*, hrsg. von Marian Biskup und Klaus Zernack, Wiesbaden 1983, S. 196–243.

Schilling, Heinz, *Die Zweite Reformation als Kategorie der Geschichtswissenschaft*, in: *Die reformierte Konfessionalisierung in Deutschland. Das Problem der „Zweiten Reformation"*, hrsg. von Heinz Schilling, Gütersloh 1986, S. 387–437.

Schilling, Johannes, *Die Bedeutung von Klöstern und Mönchen für die Reformation in Hessen*, in: *Religiöser und sozialer Wandel und die Entstehung frühmoderner Staatlichkeit* (im Druck).

Schindling, Anton, *Humanistische Hochschule und freie Reichsstadt. Gymnasium und Akademie in Straßburg 1538–1621*, Wiesbaden 1977.

Schmidt, Georg, *Die „Zweite Reformation" im Gebiet des „Wetterauer Grafenvereins". Die Einführung des reformierten Bekenntnisses im Spiegel der Modernisierung gräflicher Herrschaftssysteme*, in: *Die reformierte Konfessionalisierung in Deutschland. Das Problem der „Zweiten Reformation"*, hrsg. von Heinz Schilling, Gütersloh 1986, S. 184–213.

Schmidt, Heinrich R., *Reichsstädte, Reich und Reformation. Korporative Religionspolitik 1521–1529/30*, Stuttgart 1986.

Schmidt, Paul, *Die St. Trinitatiskirche zu Danzig, nach Vergangenheit und Gegenwart beschrieben*, Danzig 1901.

Schnaase, Eduard, *Andreas Aurifaber und seine Schola Dantiscana*, in: *Altpreußische Monatsschrift*, Bd. 9 (1872), S. 304–325 und 456–480.

Schnaase, Eduard, *Geschichte der evangelischen Kirche Danzigs*, Danzig 1863.

Schnaase, Eduard, *Die Böhmischen Brüder in Polen und die Reformierten in Danzig*, in: *Zeitschrift für Historische Theologie*, Bd. 37 (1867), S. 125–156.

Scheidemantel, J. J., *Acta conventuum et synodarum in Majori Polonia a dissidentibus celebratorum*, Breslau (o. J.).

[Schober, Ulrich,] *De causis ac remediis dissensionum et turbarum in religione scripta duo* [, Thorn 1596].

Schober, Ulrich, *Descriptio Bibliothecae scholae Thorunensis*, hrsg. von Stanisław Tync, Toruń 1960.

Schorn-Schütte, Luise, *Lutherische Konfessionalisierung? Das Beispiel Braunschweig-Wolfenbüttel (1589–1613)*, in: Hans-Christoph Rublack (Hrsg.), *Die lutherische Konfessionalisierung in Deutschland*, Gütersloh 1991, S. 163–194.

Schorn-Schütte, Luise, *Prediger an protestantischen Höfen der Frühneuzeit. Zur politischen und sozialen Stellung einer neuen bürgerlichen Führungsschicht in der höfischen Gesellschaft des 17. Jahrhunderts. Dargestellt am Beispiel von Hessen-Kassel, Hessen-Darmstadt und Braunschweig-Wolfenbüttel*, in: *Bürgerliche Eliten in den Niederlanden und Nordwestdeutschland*, hrsg. von Heinz Schilling und Herman Diederiks, Köln-Wien 1985, S. 275–336.

Schorn-Schütte, Luise, *„Papocaesarismus" der Theologen? Vom Amt des evangelischen Pfarrers in der frühneuzeitlichen Stadtgesellschaft bei Bugenhagen*, in: *Archiv für Reformationsgeschichte*, Bd. 79 (1988), S. 231–261.

Schorn-Schütte, Luise, *Evangelische Geistlichkeit in der Frühneuzeit. Deren Anteil an der Entfaltung frühmoderner Staatlichkeit und Gesellschaft. Dargestellt am Beispiel des Fürstentums Braunschweig-Wolfenbüttel, der Landgrafschaft Hessen-Kassel und der Stadt Braunschweig* (= Quellen und Forschungen zur Reformationsgeschichte, Bd. 62), Gütersloh 1996.

Schorn-Schütte, Luise, *Clergy in the Old Reich. A Social-Biographical Study of the Protestant and Catholic Clergy in the Old Reich*, in: *The Sixteenth Century Journal* [im Druck].

Schramm, Gottfried, *Danzig, Elbing und Thorn als Beispiele städtischer Reformation (1517–1588)*, in: *Historia Integra. Festschrift für Erich Hassinger*, Berlin 1977, S. 125–154.

Schramm, Gottfried, *Ein Meilenstein der Glaubensfreiheit. Der Stand der Forschung über Ursprung und Schicksal der Warschauer Konföderation von*

1573, in: *Zeitschrift für Ostforschung*, Bd. 24 (1975), S. 711–736.

Schramm, Gottfried, *Protestantismus und städtische Gesellschaft in Wilna. 16. – 17. Jahrhundert*, in: *Jahrbücher für Geschichte Osteuropas*, N.F., Bd. 17 (1969), H. 2, S. 187–214.

Schramm, Gottfried, *Die gelungene Reformation in den Städten des Königlichen Preußen: Ein Gegenbild zum Scheitern des Protestantismus im polnischen Bürgertum* (Ms.).

Schramm, Gottfried, *Reformation und Gegenreformation in Krakau. Die Zuspitzung des konfessionellen Kampfes in der Hauptstadt*, in: *Zeitschrift für Ostforschung*, Bd. 19 (1970), H. 1, S. 1–41.

Schramm, Gottfried, *Der polnische Adel und die Reformation, 1548–1607*, Wiesbaden 1965.

Schütz, Caspar, *Historia rerum Prussicarum*, Danzig 1592.

(Schütz, C.,) *De commissionis Gedanensis negotio libri 3*, (Danzig 1578).

Schulze, Winfried, *Soziale Bewegung als Phänomen des 16. Jahrhunderts*, in: *Säkulare Aspekte der Reformationszeit*, hrsg. von Heinz Angermann, München-Wien 1983, S. 113–130.

Schulze, Winfried, *Die veränderte Bedeutung sozialer Konflikte im 16. und 17. Jahrhundert*, in: *Der deutsche Bauernkrieg, 1524–1526*, hrsg. von Hans-Ulrich Wehler, Göttingen 1975, S. 277–302.

Schwarz, Paul Gerhard, *Die Haltung Danzigs im nordischen Kriege 1563–1570 mit besonderer Berücksichtigung der Beziehungen zu Schweden*, in: *Zeitschrift des Westpreußischen Geschichtsvereins*, Bd. 49 (1907), S. 1–99.

Scribner, Robert W., *The Reformation as a Social Movement*, in: *Stadtbürgertum und Adel in der Reformation*, hrsg. von Wolfgang Mommsen, Stuttgart 1979, S. 49–79.

Scripta controversa inter Lutheranos et Reformatos Gedanenses, Danzig o. J.

Sehling, Emil (Hrsg.), *Die evangelischen Kirchenordnungen des 16. Jahrhunderts*, Bd. 4: *Das Herzogtum Preußen – Polen – Die ehemaligen polnischen Landesteile des Königreichs Preußen*, Leipzig 1911.

Semrau, Arthur, *Katalog der Geschlechter der Schöffenbank und des Ratsstuhls in der Altstadt Thorn 1233–1602*, in: *Mitteilungen des Coppernicus-Vereins für Wissenschaft und Kunst zu Thorn*, Bd. 46 (1938), S. 7–28.

Serczyk, Jerzy, *Uwagi o stanie i potrzebach badań nad historiografią w Prusach Królewskich od Reformacji do upadku dawnej Rzeczypospolitej*, in: *Zapiski Historyczne*, Bd. 39 (1974), H. 3, S. 133–146.

Serdyka, Jan, *Sejm w Toruniu z 1626 roku*, Wrocław 1966.

Siegmund-Schultze, Ernst, *Kryptocalvinismus in den schlesischen Kirchenordnungen. Eigenart und Schicksal des Kryptocalvinismus*, in: *Jahrbuch der Schlesischen Friedrich-Wilhelms-Universität Breslau*, Bd. 5 (1960), S. 52–68.

Simson, Paul, *Der Artushof zu Danzig und seine Bruderschaften, die Banken*, Danzig 1900.

Simson, Paul, *Aus der älteren Geschichte des Danziger Schulwesens*, Danzig (o.J.).

Simson, Paul, *Danziger Inventar 1531–1591*, München-Leipzig 1913.

Simson, Paul, *Französische Schulen in Danzig*, in: *Mitteilungen des Westpreußischen Geschichtsvereins*, Bd. 2 (1903), H. 3, S. 46–49.

Simson, Paul, *Geschichte der Danziger Willkühr*, Danzig 1904.

Simson, Paul, *Geschichte der Schule zu St. Petri und Pauli in Danzig*, Bd. 1, Danzig 1904.

Simson, Paul, *Geschichte der Stadt Danzig*, Bd. 1–2, 4, Danzig 1913–1924 (Neudr.: Aalen 1967).

Simson, Paul, *Die Handelsniederlassung der englischen Kaufleute in Elbing*, in: *Hansische Geschichtsblätter*, Bd. 16 (1916), H. 1/2, S. 87–143.

Simson, Paul, *Westpreußens und Danzigs Kampf gegen die polnischen Unionsbestrebungen in den letzten Jahren des Königs Sigismund August (1568–1572)*, in: *Zeitschrift des Westpreußischen Geschichtsvereins*, Bd. 37 (1897), S. 1–176.

Skrey, Fritz, *Aus der Geschichte des Elbinger Gymnasiums 1535–1935*, Elbing 1935.

Ślósarczyk, Kazimierz, *Sprawa zespolenia Prus Królewskich z Koroną za Jagiellonów*, in: *Roczniki Historyczne*, Bd. 3 (1927), S. 92–110.

Smend, Gottfried (Hrsg.), *Die Synoden der Kirche augsburgischer Konfession in Großpolen im 16., 17. und 18. Jahrhundert (= Jahrbuch des Theologischen Seminars der Unirten Evangelischen Kirche in Polen*, Bd. 2), Posen 1930.

Sobieski, Wacław, *Nienawiść wyznaniowa tłumów za rządów Zygmunta III*, Warszawa 1902.

Sobieski, Wacław, *Pamiętny sejm 1606 roku*, Warszawa 1913.

Sobieski, Wacław, *Polska a hugenoci po Nocy św. Bartłomieja*, Kraków 1910.

Sparn, Walter, *Die Krise der Frömmigkeit und ihr theologischer Reflex im nachreformatorischen Luther-*

tum, in: Hans-Christoph Rublack (Hrsg.), *Die lutherische Konfessionalisierung in Deutschland*, Gütersloh 1991, S. 54–82.

Stachnik, Richard, *Die katholische Kirche in Danzig. Entwicklung und Geschichte*, Münster 1959.

Stachnik, Richard, *Die Kloster-Chronik von St. Brigitten in Danzig. 1600–1618*, in: *Zeitschrift für Geschichte Ermlands*, Bd. 30 (1960), S. 63–119.

Stadt und Kirche im 16. Jahrhundert, hrsg. von Bernd Moeller, Gütersloh 1978.

Stadtbürgertum und Adel in der Reformation. Studien zur Sozialgeschichte der Reformation in England und Deutschland, hrsg. von Wolfgang Mommsen, Stuttgart 1979.

Städtische Gesellschaft und Reformation, hrsg. von Ingrid Batori, Stuttgart 1980.

Staemmler, Klaus-Dietrich, *Preußen und Livland in ihrem Verhältnis zur Krone Polen, 1561–1586* (= Wissenschaftliche Beiträge zur Geschichte und Landeskunde Ostmitteleuropas, Bd. 8), Marburg 1953.

Stasiewski, Bernhard, *Reformation und Gegenreformation in Polen. Neue Forschungsergebnisse*, Münster 1960.

Statius, M., *Einfeltige und christliche Prob und Anzugspredigt in der Johannis Kirchen in Dantzig 1617 gehalten...* (mit Anhang zur Frage:) *„Ob unterschiedliche Religions Verwandte bürgerlich und ehelich bey einander wohnen ... können?"*, Wittenberg 1620.

Stefan Batory pod Gdańskiem. Listy, uniwersały, instrukcje. Źródła dziejowe, Bd. 3, hrsg. von Adolf Pawiński, Warszawa 1877.

Strebitzki, Johannes, *Der große Aufruhr zu Danzig im Jahre 1525*, in: *Altpreußische Monatsschrift*, Bd. 14 (1877), S. 536–566.

Strzelecki, Adam, *Udział i rola różnowierstwa w rokoszu Zebrzydowskiego (1606–1607)*, in: *Reformacja w Polsce*, Bd. 7/8 (1935/36), S. 101–184.

Stupperich, Robert, *Osiander in Preußen, 1549–1552*, Berlin-New York 1973.

Szczuczko, Witold, *Jan Sprengel*, in: *Zasłużeni ludzie dawnego Elbląga. Szkice biograficzne*, hrsg. von Marian Biskup, Wrocław u. a. 1987, S. 35–40.

Szczuczko, Witold, *Przywileje królów polskich dla Elbląga*, Gdańsk 1991.

Szczuczko, Witold, *Zygmunt II August*, in: *Zasłużeni ludzie dawnego Elbląga. Szkice biograficzne*, hrsg. von Marian Biskup, Wrocław u.a. 1987, S. 44–57.

Szorc, Alojzy, *Stanisław Hozjusz a reformacja w Elblągu*, in: *Studia Warmińskie*, Bd. 7 (1970), S. 35–87.

Szultka, Zygmunt, *W sprawie obecności uchodzców religijnych z Francji w Gdańsku w XVII–XVIII wieku*, in: *Rocznik Gdański*, Bd. 47 (1987), H. 1, S. 251–260.

Tazbir, Janusz, *Antytrinitaryzm w Gdańsku i okolicach*, in: *Odrodzenie i Reformacja w Polsce*, Bd. 21 (1976), S. 57–81.

Tazbir, Janusz, *Dzieje polskiej tolerancji*, Warszawa 1973.

Tazbir, Janusz, *Kultura szlachecka w Polsce. Rozkwit, upadek relikty*, Warszawa 1983.

Tazbir, Janusz, *Państwo bez stosów. Szkice z dziejów tolerancji w Polsce XVI i XVII wieku*, Warszawa 1967.

Tazbir, Janusz, *Polskie echa Nocy św. Bartłomieja*, in: *Odrodzenie i Reformacja w Polsce*, Bd. 20 (1975), S. 21–43.

Tazbir, Janusz, *Die Religionsgespräche in Polen*, in: *Die Religionsgespräche der Reformationszeit*, hrsg. von Gerhard Müller, Gütersloh 1980, S. 127–144.

Tazbir, Janusz, *Sozinianismus in Gdańsk und Umgebung*, in: *Studia Maritima*, Bd. 1 (1978), S. 76–88.

Tazbir, Janusz, *Szlachta i teologowie. Studia z dziejów polskiej kontrreformacji*, Warszawa 1987.

Tazbir, Janusz, *Społeczny i terytorialny zasięg polskiej reformacji*, in: *Kwartalnik Historyczny*, Bd. 82 (1975), H. 4, S. 723–735.

Tichy, Josef, *Walka protestantów na sejmie 1611 roku*, in: *Odrodzenie i Reformacja w Polsce*, Bd. 12 (1967), S. 99–116.

Toeppen, Max, *Die Elbinger Geschichtsschreiber und Geschichtsforscher in kritischer Übersicht vorgeführt*, in: *Zeitschrift des Westpreußischen Geschichtsvereins*, Bd. 32 (1893), S. 1–200.

Tolckemit, Alexander Nikolaus, *Elbingisches Lehrer Gedächtnis. Das ist Leben und Schriften aller evangelischer Lehrer*, Danzig 1753.

Tolckemit, Alexander Nikolaus, *Leben und Schriften aller Lehrer des Elbingschen Gymnasii*, Elbing 1753.

Topolska, Maria Barbara, *Jakub Ostroróg, jego udział w reformacji i ruchu egzekucyjnym XVI wieku*, Poznań 1962.

Topolski, Jerzy, *Problematyka i rozwój stosunków polsko-niemieckich w XVI–XVIII wieku*, in: *Z badań nad dziejami stosunków polsko-niemieckich*, hrsg. von Antoni Czubiński und Ryszard Wryk, Poznań 1991, S. 29–78.

Troebst, Stefan, *Historische Osteuropaforschung im Dritten Reich*, in: *Archiv für Sozialgeschichte*, Bd. 31 (1991), S. 599–605.

Turowski, Ernst, *Die innenpolitische Entwicklung Polnisch-Preußens und seine staatsrechtliche Stellung zu Polen vom 2. Thorner Frieden bis zum Reichstag von Lublin (1466–1569)*, Phil. Diss., Berlin 1937.

Tworek, Stanisław, *Działalność oświatowo-kulturalna kalwinizmu małopolskiego*, Lublin 1970.

Tworek, Stanisław, *Szkolnictwo kalwińskie w Małopolsce i jego związki z innymi ośrodkami w kraju i za granicą w XVI–XVII wieku*, Lublin 1966.

Tync, Stanisław, *Próba utworzenia akademii protestanckiej w Prusach Królewskich w 1595 r.*, in: *Reformacja w Polsce*, Bd. 4 (1926), S. 46–59.

Tync, Stanisław, *Dzieje Gymnazjum Toruńskiego (1568–1793)*, Bd. 1: *Wiek XVI*, Toruń 1928.

Tync, Stanisław, *Głos z Prus Królewskich w 1596 r. w obronie zgody sandomierskiej, konfederacji Warszawskiej i tolerancji religijnej*, in: *Odrodzenie i Reformacja w Polsce*, Bd. 2 (1957), S. 133–150.

Tync, Stanisław, *Ślązak Ulrich Schober konrektor i działacz kulturalny toruński, 1559–1598*, Wrocław 1960.

Tync, Stanisław, *Szkolnictwo Torunia w ciągu jego dziejów*, Toruń 1933.

Tync, Stanisław, *Toruńska szkoła polska dla Niemców 1568–1795*, in: *Przegląd Zachodni*, Bd. 8 (1952), H. 11/12, S. 433–474.

Tync, Stanisław, *Wędrówki Ślązaków, profesorów i studentów, do Prus królewskich w XVI wieku*, in: *Śląsk*, Bd. 3 (1948), S. 12–20.

Urban, Wacław, *Losy braci polskich od założenia Rakowa do wygnania z Polski*, in: *Odrodzenie i Reformacja w Polsce*, Bd. 1 (1956), S. 135 ff.

Urkundenbuch des Bisthums Culm, Bd. 2, hrsg. von Carl Peter Woelky, Danzig 1887.

Völker, Karl, *Kirchengeschichte Polens*, Berlin-Leipzig 1930.

Völker, Karl, *Der Unionsgedanke des Consensus Sendomirensis*, in: *Zeitschrift für Osteuropäische Geschichte*, Bd. 7 (N. F., Bd. 3), (1933), 4, S. 508–525.

Volkmann, E., *Das städtische Gymnasium zu Elbing*, Elbing 1882.

Vossberg, Friedrich August, *Münzgeschichte der Stadt Danzig*, Berlin 1852.

Wagner, Oskar, *Reformation und Orthodoxie in Ostmitteleuropa im 16. Jahrhundert*, in: *Zeitschrift für Ostforschung*, Bd. 35 (1986), S. 18–60.

Walczak, Ryszard, *Konfederacja Gdańska, Elbląga i Torunia 1615–1623*, in: *Rocznik Gdański*, Bd. 15/16 (1956/57), S. 247–288

Waldoch, Stanisław, *Początki reformacji w Elblągu i jego regionie*, in: *Rocznik Elbląski*, Bd. 4 (1969), S. 9–43.

Walther, J., *Widerlegung des neulich publicirten und auß gesprengten Famoßlibells Jacobi Adami, Calvinischen Predigers in S. Elisabeth Kirchen...*, Leipzig 1613.

Waluszewska, Janina, *Materiały do dziejów Reformacji w Archiwum Toruńskim*, in: *Zapiski Historyczne*, Bd. 21 (1955), H. 3/4, S. 228–241.

Waschinski, Emil, *Das Thorner Stadt- und Landschulwesen vom Beginn der Reformation bis zum Ende der polnischen Herrschaft*, in: *Zeitschrift des Westpreußischen Geschichtsvereins*, Bd. 56 (1915), S. 1–138.

Wasilewski, Tadeusz, *Tolerancja wyznaniowa w Wielkim Księstwie Litewskim w XVI–XVII w.*, in: *Odrodzenie i Reformacja w Polsce*, Bd. 19 (1974), S. 117–128.

Węgierski, Andrzej, *Systema historico-chronologicum ecclesiarum slavonicarum per provincias varias*, Utrecht 1652.

Weintraub, Wiktor, *Udział Prus Książęcych w reformacji polskiej. Przegląd badań*, in: *Reformacja w Polsce*, Bd. 6 (1934), S. 38–63.

Wermke, Ernst, *Bibliographie der Geschichte von Ost- und Westpreußen*, Königsberg 1933.

Wermke, Ernst, *Bibliographie der Geschichte von Ost- und Westpreußen für die Jahre 1939–1951*, Marburg 1967.

Wermke, Ernst, *Bibliographie der Geschichte von Ost- und Westpreußen für die Jahre 1952–1956*, Marburg 1958.

Wermke, Ernst, *Bibliographie der Geschichte von Ost- und Westpreußen für die Jahre 1957–1961*, Marburg 1963.

Wermke, Ernst, *Bibliographie der Geschichte von Ost- und Westpreußen für die Jahre 1962–1966*, Marburg 1969.

Wermke, Ernst, *Bibliographie der Geschichte von Ost- und Westpreußen für die Jahre 1967–1970*, Marburg 1973.

Wermke, Ernst, *Bibliographie der Geschichte von Ost- und Westpreußen für die Jahre 1971–1974*, Marburg 1978.

Wermter, Ernst Manfred, *Die Bildung des Danziger Stadtterritoriums in den politischen Zielvorstellungen des Rates der Stadt Danzig im späten Mittelalter und der frühen Neuzeit*, in: *Ordensherrschaft, Stände und Stadtpolitik*, hrsg. von Udo Arnold, Lüneburg 1985, S. 81–124.

Wernicke, Julius Emil, *Geschichte Thorns aus Urkunden, Dokumenten und Handschriften*, Bd. 1: *Die Jahre 1230–1530 umfassend*, Bd. 2: *Die Jahre 1531–1840 umfassend*, Thorn 1842.

Wernicke, Julius Emil, *Die Kirchen der Stadt Thorn und ihre Geschichte. Eine historische Darstellung des Ursprungs, Fortgangs und Schicksals dieser Kirchen bis zur Gegenwart*, (Ms.) APT Kat. II, X-25.

Wieden, Helge bei der, *Das Gesandtschaftswesen der Stadt Danzig im 17. und 18. Jahrhundert*, in: *Danzig in acht Jahrhunderten*, hrsg. von Bernhart Jähnig und Peter Letkemann, Münster 1985, S. 251–268.

Wisner, Henryk, *Rozróżnieni w wierze. Szkice z dziejów Rzeczypospolitej schyłku XVI i pierwszej połowy XVII wieku*, Warszawa 1982.

Wisner, Henryk, *Walka o realizację konfederacji Warszawskiej za panowania Zygmunta III Wazy*, in: *Odrodzenie i Reformacja w Polsce*, Bd. 20 (1975), S. 21–43.

Wohlfeil, Rainer, *Einführung in die Geschichte der deutschen Reformation*, München 1982.

Woit, Jacob, *Acta anni 1595 in causae Gymnasii Communis*, Elbing 1761.

Wojak, Tadeusz, *Szkice do dziejów reformacji w Polsce w XVI i XVII wieku*, Warszawa 1977.

Wotschke, Theodor, *Erasmus Gliczner*, in: *Aus Posens kirchlicher Vergangenheit*, Bd. 6 (1917/18), S. 1–73.

Wotschke, Theodor, *Stanislaus Ostrorog. Ein Schutzherr der großpolnischen evangelischen Kirche*, in: *Zeitschrift der Historischen Gesellschaft für die Provinz Posen*, Bd. 22 (1907), S. 59–132.

Wotschke, Theodor, *Die Reformation im Lande Posen*, Posen 1913.

Wotschke, Theodor, *Jan Turnowski, ein Senior der Böhmischen Brüder*, in: *Aus Posens kirchlicher Vergangenheit*, Bd. 1 (1911), S. 73–111.

Wrzecionko, Paul, *Die Religionsgespräche in Polen unter dem Aspekt ihrer Unionsbestrebungen*, in: *Die Religionsgespräche der Reformationszeit*, hrsg. von Gerhard Müller, Gütersloh 1980, S. 145–153.

Wybitni ludzie dawnego Torunia, hrsg. von Marian Biskup, Warszawa 1982.

Zasłużeni ludzie dawnego Elbląga. Szkice biograficzne, hrsg. von Marian Biskup, Wrocław u.a. 1987.

Zasłużeni ludzie Pomorza XVI wieku, Gdańsk 1977.

Zdrójkowski, Zbigniew, *Zarys dziejów prawa chełmińskiego 1233–1862*, Toruń 1983.

Zdrójkowski, Zbigniew, *Korekta pruska – jej powstanie, dzieje oraz jej rola w historii polskiej jurysdykcji i myśli prawniczej, 1598–1830*, in: *Czasopismo Prawno-Historyczne*, Bd. 13 (1961), H. 2, S. 109–157.

Zeeden, Ernst Walter, *Calvins Einwirkung auf die Reformation in Polen-Litauen. Eine Studie über den Reformator Calvin im Spiegel seiner polnischen Correspondenzen*, in: ders., *Konfessionsbildung. Studien zur Reformation, Gegenreformation und katholischen Reform*, Stuttgart 1985, S. 192–221.

Zeeden, Ernst Walter, *Die Entstehung der Konfessionen. Grundlagen und Formen der Konfessionsbildung im Zeitalter der Glaubenskämpfe*, München 1965.

Zeeden, Ernst Walter, *Konfessionsbildung. Studien zur Reformation, Gegenreformation und katholischen Reform*, Stuttgart 1985.

Zernack, Klaus, *Das Jahrtausend der deutsch-polnischen Beziehungsgeschichte als Problemfeld und Forschungsaufgabe*, in: ders., *Preußen – Deutschland – Polen. Aufsätze zur Geschichte der deutsch-polnischen Beziehungen*, hrsg. von Wolfram Fischer und Michael G. Müller, Berlin 1992, S. 3–42.

Zernack, Klaus, *Das Zeitalter der nordischen Kriege von 1558 bis 1809 als frühneuzeitliche Geschichtsepoche*, in: *Zeitschrift für Historische Forschung*, Bd. 1 (1974), S. 55–79.

Zernack, Klaus, *Preußens Ende und die ostdeutsche Geschichte*, in: ders., *Preußen – Deutschland – Polen. Aufsätze zur Geschichte der deutsch-polnischen Beziehungen*, hrsg. von Wolfram Fischer und Michael G. Müller, Berlin 1991, S. 67–83.

Zernack, Klaus, *Schwerpunkte und Entwicklungslinien der polnischen Geschichtswissenschaft nach 1945*, in: *Historische Zeitschrift*, Sonderheft 5, München 1973, S. 202–323.

Zernecke, Jacob Heinrich, *Summarischer Entwurff des Geehrten und Gelehrten Thorns*, Thorn 1712.

Zernecke, Jacob Heinrich, *Historiae Thorunensis naufragae tabulae oder Kern der Thornischen Geschichte*, Thorn 1711.

Zernecke, Jacob Heinrich, *Thornische Chronica*, 2. Aufl., Berlin 1727.

Zieger, Andreas, *Das religiöse und kirchliche Leben in Preußen und Kurland im Spiegel der evangelischen Kirchenordnungen des 16. Jahrhunderts*, Köln-Graz 1967.

Ziegler, Adolf Wilhelm, *Religion, Kirche und Staat in Geschichte und Gegenwart. Ein Handbuch*, 3 Bde., München 1969–1974.
Zins, Henryk, *Anglia a Bałtyk w drugiej połowie XVI wieku*, Wrocław 1967.
Zins, Henryk, *Rewolta w Elblągu w 1525 r.*, in: *Zapiski Historyczne*, Bd. 22 (1956), H. 4, S. 7–50.
Zins, Henryk, *Ród Ferberów i jego rola w dziejach Gdańska w XV i XVI wieku*, Lublin 1961.
Zum wissenschaftlichen Ertrag der deutsch-polnischen Schulbuchkonferenzen der Historiker 1972–1987, Braunschweig 1989.

2. Personenregister

Abramowicz, Jan 109, 182
Adam, Jakob 126, 141
Albrecht (Herzog von Preußen) 46, 50
Andreae, Samuel 230
Anna (Gem. Sigismunds III. Vasa) 118
Arndt, Johann 150
Artomius, Krzysztof 230
Artomius, Peter (Artomiusz, Piotr) 99–102, 109, 229
Aurifaber, Andreas 44, 199

Barthen, Jacob von 67 f.
Bartsch, Friedrich 129, 133, 219
Becher (Familie) 215
Bein (Familie) 149
Bender, Martin 119
Berckmann, Georg 181, 198, 229
Bergius, Johann 153 f.
Bilan, Stefan 73
Blanck, Salomon 232
Blumenstein, Lukas 71
Bochmann, Johann 73, 104–107, 109, 146, 197, 224, 229 f.
Bodenstein, Anton 45
Botsack, Johann 150, 154, 163
Bötticher, Eberhard 59, 118, 124–127, 129–136, 214, 217–220
Brahe, Erik 54
Brand, Reinhold 134
Brandes (Familie) 149
Brandes, Gerhard 110, 126, 134, 196
Brückner, Michael 155
Brzeczycki, Andrzej 182
Burchard, Franz 64 f., 69, 72, 74–76, 208, 226

Caesar, Johann 157
Calixt, Georg 138, 154 f.
Calovius, Abraham 154
Calvin, Johannes 45, 67, 85–88
Chodowiecki, Jan 162
Coletus, Michael 83 f., 109, 210, 212–214, 227
Comenius, Johann Amos 147, 203 f.
Convent, Johann Jacob 105 f.
Copius, Christoph 120
Corvinus, Johannes 148–151, 154
Cruciger, Kaspar 71
Curaeus, Achatz 84–86, 210
Curicke, Reinhold 37 f., 157, 163, 213
Czapliński, Władysław 173, 175
Czarnkowski, Andrzej 184
Czarnkowski, Stanisław 184
Czierenberg (Czirenberg – Familie) 149
Czierenberg (Czirenberg), Daniel 86, 90, 181
Czierenberg (Czirenberg), Johann 149, 151
Czimmermann, Peter 100 f., 144, 155, 228, 230

Debitz (Henochius), Jodocus 199
Dickmann, Matthias 133 f., 219
Dulciger, Paul 129–132, 204, 217, 219 f.
Dury, John (Duraeus, Johann) 103, 139, 143, 146, 224
Działyński, Jan 50
Działyński, Rafał 50
Dzikowius, Nikolaus 156

Erasmus von Rotterdam 102

Fabricius, Jacob 38, 54, 67, 80, 84–87, 89–91, 94 f., 104, 109, 118 f., 126, 128, 150, 197, 202, 210, 213, 223, 227–229
Fabricius, Johann 154, 230 f.
Fabricius, Thomas 131, 149
Fehlavius, Georg 231
Feierabend, Ambrosius 43
Ferber (Familie) 215
Ferber, Konstantin 50
Feyerabend, Christoph 160, 228
Fiedler, Valerius 73

Firlej, Andrzej 182, 184
Flacius Ilyricus, Matthias 66, 69, 71
Franco, Pierre 92
Friccius, Clemens 84, 88 f., 210, 212, 226
Friedwald, Michael 176
Friese (Frisius), Caspar 102, 199
Fritsch, Johann 227

Gericke (Gericius), Paul 108
Gesenius, Bernhard 124, 131
Giese (Familie) 215
Giese, Tiedemann 43, 45
Glaser, Alexander 65, 71, 203
Glaser, Johannes 43, 45
Gliczner, Erasmus 75 f., 108
Gnapheus, Wilhelm (Voleerkraft, Willem van der) 44, 199
Göbel, Kaspar 71, 84, 124, 133, 207, 209, 214, 217
Göbel, Samuel 64–66
Gorajski, Adam 184
Gorajski, Piotr 138
Gostomski, Stanisław 182
Graser, Konrad 101, 143 f.
Gustav II. Adolf (schwedischer König) 140, 146

Halbbrodt, Johannes 45, 58
Hartknoch, Christoph 38 f.
Helwig, Michael 200
Henri de Valois, (gewählter polnischer König) 51, 53, 176, 179
Herling, Isaac 227
Heßhusen (Heshusius), Tilemann 97
Holst, David 155 f., 159 f., 228
Holtz, Johann von 151
Hosius, Stanisław 46, 50
Hübner, Nikolaus 228, 232
Hutzing (Familie) 225
Hutzing, Enoch jun. 151, 225
Hutzing, Johannes 64, 66, 225, 227
Hypericus, Jan 143, 155

Jan III. Sobieski, (polnischer König) 162 f., 206, 216
Johann Kasimir, (Jan II. Kazimierz – polnischer König) 57, 158, 161, 187

Karl V. (Kaiser) 123, 145
Karnkowski, Stanisław 112, 172, 176, 178, 181, 216
Kasimir IV. (Kazimierz Jagiellończyk – polnischer König) 60, 128, 218
Keckerbarth, Johann 128
Keckermann, Bartholomäus 184, 191, 232
Keckermann, Joachim 84, 89, 212
Kittel, Johannes 70 f., 84–86, 88 f., 93, 208 f., 211, 226 f.
Klefeld (Kleefeld), Georg 50, 67, 72, 176
Klemme, Pankratius 42 f., 45
Knorr, Bonaventura 65, 68, 225
Konarski, Michał 133, 219
König, Ernst 162, 204
Kostka, Jan 50
Kostka, Piotr 115
Koye, Agnes 229
Kroslingius 70
Krüger, Albanus 73
Kruse (Familie) 149

Laboraeus, Georg 147
Laurentius, Johann 74 f.,
Lemke, Heinrich 181, 198, 203, 229
Lengnich, Gottfried 39, 167 f., 177
Leszczyński (Familie) 98
Leszczyński, Andrzej 109, 121, 123, 143, 151, 181 f., 184 f.
Leszczyński, Rafał 74, 143, 180
Liebheim, Joachim 223
Lindemann, Samuel 86
Lobwasser, Ambrosius 92, 96, 106, 155 f., 159 f., 212
Lossius, Matthias 104, 106
Lossius, Peter 120
Luther, Martin 15, 42, 45, 58 f., 62, 71, 86, 102, 144
Łaski, Jan 68, 131
Łaski, Samuel 130–136, 217, 219

Maas, Daniel 97
Martin, Johann 121
Martini, Caspar 223
Maximilian II. (Kaiser) 54
Mehlmann, Georg 181
Meister Joachim 85, 210
Melanchthon, Philipp 33, 44, 67 f., 87, 102, 199
Michałowicz, Daniel 109
Mochinger, Johann 154
Mohrenberger, Andreas 106
Morgenstern, Benedikt 64 f., 68 f., 72, 74–76, 98, 104, 208, 226
Murinus, Martin 97
Musäus, Simon 73, 75 f., 100
Mylius, Johann 106, 202 f.

Natoński, Bronisław 129
Nehring, Melchior 100, 203

Neogeorgius, Sebastian 73
Neunachbar, Johann 156, 162
Neusser, Nikolaus 145, 155, 232
Nicolai, Heinrich 157
Niszczycki, Piotr 182
Nuber, Vitus 66, 72

Ocieski, Jan 47
Orlicz, Paweł 144 f., 155
Ortlob, Christoph 180
Ortscheid, Martin 70 f.
Orzechowski, Paweł 182
Orzelski, Świętosław 182
Ossoliński, Zbigniew 184
Ostroróg (Familie) 98 f.
Ostroróg, Michał 184
Ostroróg, Stanisław 74
Oxenstierna, Axel 167
Oxenstierna, Bengt 139, 146

Pantelius, Bartolomäus 147
Pantelius, Peter 147
Pauli, Adrian 84, 230
Pauli, Georg 230
Paulinus, Paul 143, 224
Pawłowski, Krzysztof 182
Pelangius 142
Pernham, Richard 103, 146
Pezel, Christoph 38, 84, 202
Pfennig, Johann 167
Praetorius, Peter 82–86, 88 f., 93, 104, 210, 213, 225, 227
Prunski, Alexander 182
Przyjemski, Władysław 184
Pufendorf, Samuel 187

Radziwiłł, Janusz 157
Rathmann, Hermann 150 f.
Ratus, Thomas 106
Remus, Martin 131, 149
Rettel, Michael 199
Rhete, Georg 203
Rodem, Wendelin 146
Rozrażewski, Hieronim 117–119
Rybicki, Johann 224
Rybiński, Jan 102, 143 f., 229

Saalfeld, Heinrich 65
Sbasinius, Abraham 97
Schachtmann (Familie) 149
Schellenberg, Michael 145, 155
Schieder, Theodor 9 f., 18, 168
Schilling, Konstantin 149
Schmidt, Arend 213, 228
Schneider, Matthias 76, 97
Schober, Ulrich 52, 92, 100, 102, 183 f., 199, 201, 203, 229 f.
Schreckius, Valentin 201
Schultz, Ignatius 99
Schütz, Gregor 70 f.
Schütz, Kaspar 203
Schütz, Konstantin 142 f., 165
Schwabe, Sigismund 97 f.
Sebastian vom Sande 142
Siemieński, Stanisław 182
Sigismund I. (Zygmunt I. Stary – polnischer König) 41, 217
Sigismund II. August (Zygmunt II. August – polnischer König) 45, 48, 50, 59, 172, 176, 190, 216, 218
Sigismund III. Vasa (Zygmunt III. Wasa – polnischer König) 54, 56 f., 78, 108, 112, 123, 130, 137, 139, 148 f., 158, 180, 185
Simson, Paul 168
Służewski, Jan 74, 98 f.
Sparre, Eric 54
Sperber, Eberhard 66, 68, 72, 226
Sprengel, Johann 196
Statius, Martin 151
Stefan Báthory (polnischer König) 32, 34, 51, 53–56, 83, 111, 172, 174–179, 181
Strauch, Aegidius 163, 204
Strichaeus, Albert 224
Stroband (Familie) 98, 180
Stroband, Christian 180
Stroband, Heinrich (II.) 25, 79, 97, 99, 102, 110, 121, 180, 183 f., 193, 196, 199 f., 203, 205, 229
Stroband, Heinrich (III.) 142
Stroband, Johann 180, 199
Stübner, Ambrosius 65
Sturm, Johann 102, 199, 203
Svenichen, Alexander 42

Tarnowski, Jan 118 f.
Tillerich, Jeremias 124, 133, 135, 219 f.
Trisner, Martin 97, 99 f., 102, 119 f., 144, 229
Trotzendorf, Valentin 199
Turnovius, Jan 99–101, 119, 143 f.
Tylicki, Piotr 129

Vogt, Jacob 212
Voidius, Balthasar 155

Wagner, Gregor 225

Weidner, Johannes 64–66, 71, 76, 82
Wenzel, Johann 97
Wigand (Wiegand), Johannes, 64, 66, 69
Willemann, Johann 151
Władysław IV. Wasa (polnischer König) 56, 151 f., 158, 189 f.
Zamehl, Friedrich 107
Zamoyski, Jan 113, 184
Zebrzydowski, Mikołaj 138, 185
Zehmen, Achaz von 46, 50, 176
Zwingli, Ulrich 67, 88

3. Sachregister

Abendmahl in beiderlei Gestalt 43, 47
Abendmahls-Reliquien 66 f.
Abendmahlslehre 43, 62, 66 f., 84, 86 f., 118, 198, 208
Adel 30 f., 34, 41, 45–50, 52, 109, 112, 116, 138, 157, 161, 176–178, 180, 183–185, 188 f.
Akademisierung 23, 25, 201, 203, 228
Älterleute 125
Arianer 48, 128, 137
Augsburger Religionsfrieden 27, 29, 52, 58
Augsburgische Konfession s. Augsburgisches Bekenntnis
Augsburgisches Bekenntnis 39, 47 f., 50 f., 53–56, 58, 60, 62, 75, 79, 86–88, 92, 111, 117 f., 122–124, 126–130, 137, 142, 145, 148 f., 151, 163, 209, 214, 219

Bekenntnisstand s. Konfessionsstand
Beziehungsgeschichte 11, 16
Bilderstreit 93, 95, 210, 212
Bilderstürme 59
Bischof/Bischöfe 42, 44, 49, 56, 59, 76, 112, 114–117, 119, 121, 128 f., 181, 184, 188 f., 214
Böhmen 211
Böhmische Brüder 44, 73–75, 81, 97–99, 101, 120, 143, 147, 154, 197
Böhmische Konfession 129, 144, 155
Breiter Rat 21, 67, 90 f., 119, 125, 127, 131, 134, 209, 217 f.
Brester Kirchenunion 138
Brotbrechen 92, 95 f., 101, 106, 119, 126
Bürgerbewegungen 14, 20, 28, 58, 192
Bürgerkämpfe 20, 22 f., 42, 193
Bürgermeister 72, 79, 85–87, 91, 97, 99, 102, 109 f., 126, 134, 142, 149, 180, 193, 199 f., 212, 229
Bürgerschaft 19 f., 22–25, 29, 32, 37, 44, 55, 60, 66, 69–72, 84, 89, 93 f., 106, 110 f., 113 f., 116–128, 130–138, 140, 143 f., 145–147, 149–151, 156 f., 159–161, 163 f., 180, 187, 192–197, 202, 204–207, 209, 211–220, 229, 231 f.
Bürokratisierung 205

Calvinismus, Calvinisten 22, 27, 29, 40, 66, 68, 71, 79, 82 f., 86, 89, 93, 95, 101, 103, 105–107, 113, 117 f., 120, 122 f., 125, 127 f., 130, 137, 146, 149, 152, 193, 195 f., 201, 211 f., 218
Cautio religionis 54–56, 118
Collegium Scholarchiale 102, 201, 229
Colloquium Charitativum 140, 151–157, 186, 204, 228
Confessio Augustana s. Augsburgisches Bekenntnis
Consensus Sendomirensis 76 f., 79 f., 88, 92, 96 f., 103, 107 f., 110 f., 116, 147, 197
Constitutio de tumultibus 112 f., 138, 182
Corpus doctrinae Melanchthonis 82, 87
Cura religionis 57, 147

Danziger Krieg 172, 175, 178
Danziger Notel 67–71, 75, 83, 85–87, 90 f., 94, 120, 127–129, 163, 180, 197, 202, 208, 210 f., 213, 226 f.,
Dekret de non calumniando 88–90, 197
Dissidenten 52, 55, 57, 108, 111–115, 121 f., 128, 130, 133 f., 135, 138, 141, 152 f., 175, 180–187,
Dritte Ordnung 60, 69, 89 f., 93 f., 110, 118, 120, 125, 127 f., 131--134, 136, 163–165, 195, 209, 213, 215–220

Elbinger Notel 142, 146, 160
Englische Niederlassung 31, 103–105, 145 f., 178, 190
Erbsünde 97
Erste Ordnung 133
Executio bonorum regalium 49, 171, 176 f.
Executio legum 33
Exorzismus 70 f., 79, 82, 84

Exulanten 44, 61, 73, 81 f., 94, 145 f., 224, 227

Flacianer 62, 87, 107, 207 f., 226
Frieden von Oliva 161

Gegenreformation 17, 28, 31, 34, 56, 79, 91, 102, 113, 138 f., 141, 159, 179, 183, 185, 187 f.
Geistlichkeit 24 f., 42, 45, 59, 61–66, 69–72, 83 f., 90 f., 95, 100, 103 f., 107, 109, 114, 118, 120, 123–126, 128, 140, 142, 145 f., 149, 156, 159, 192, 197 f., 202, 205, 207–210, 212 f., 221, 223–233
Geistliches Ministerium s. Ministerium
Generallandtag s. Landtag
Glaubensflüchtlinge s. Exulanten
Gnadenwahl 150
Gnesiolutheraner 62, 70, 76, 124
Gottesgnadentum 198
Gymnasium 44, 89, 92, 94, 102, 106, 143, 147, 150, 162, 199, 200, 202–204, 229

Hanse 172 f.
Heidelberger Katechismus 34, 92
Humanismus 28, 102, 194, 199, 201, 203, 229
Hundertmänner 127, 131 f., 134, 209, 211, 213, 216 f., 220

Interim 45–48, 55, 61
Invariata 56, 123, 145
Ius patronatus 21, 53 f., 59 f., 83, 115, 128, 165, 197, 206, 209, 214, 218, 233
Ius reformandi 52, 183

Jesuiten 103, 114 f., 118, 124, 128 f., 161, 164, 188, 200, 219

Kanzler 47, 113, 117, 219
Karnkowski-Kommission 176, 181, 172, 216
Karnkowski-Statuten 176, 178
Kastellan(e) 50, 123, 133, 182, 184, 219
Katholiken, Katholizismus 46, 73, 80, 113, 116 f., 119, 124, 137, 143, 153, 162–164, 185, 187, 200
Kirchenbräuche 57 f., 63 f., 74, 91 f., 95, 100 f., 106 f., 119 f., 127, 129, 156, 158, 193, 202
Kirchendisziplin 37, 68, 74 f., 85, 100, 111, 203, 208 f., 226 f.
Kirchenhoheit 52, 58 f.
Kirchenordnung(en) 60, 71, 75, 63, 97–100, 142, 160
Kirchenorganisation 21, 44, 48, 60 f., 233
Kirchenregiment 17, 48, 62 f., 65, 67 f., 70–72, 80, 88, 93, 96, 100, 105, 119, 123, 141, 158–160, 164, 196, 207–209, 218, 220
Kirchenzucht s. Kirchendisziplin
Komisja Morska 176, 190
Konfessionalisierung 12 f., 15, 18, 22, 25–29, 31–33, 35 f., 39 f., 57 f., 77, 81, 88 , 91, 93, 97, 103, 141, 164, 166, 169 f., 174 f., 179, 186, 191 f., 195 f., 200, 204, 206 f., 210, 220 f., 225, 228, 232
Konfessionalismus 97
Konfessionsbildung 12, 14, 16, 18, 26, 33, 37, 56, 186
Konfessionsstand 14, 17, 31, 37, 42, 52 f., 55, 57 f., 66, 78, 80, 91, 96, 100, 106, 110 f., 117, 120, 122 f., 141, 149, 151, 158, 165, 188, 220
Konkordienbuch 81, 84 f., 88, 90
Konkordienformel 34, 79, 101, 104, 142, 146, 154, 156, 208, 209
Konkordienluthertum 34, 56, 78, 82, 90–92, 103, 120, 228
Konsistorium 160, 206
Korektura pruska 171
Krone 16, 52, 161, 171, 174, 187
Kryptocalvinisten, Kryptocalvinismus 82, 101, 104 f.

Landboten 45, 109, 121, 123 f., 177, 181, 184 f., 188
Landbotenkammer 178, 182
Landesbeamte 31, 49
Landeskirche(n) 27, 46, 48, 59, 62, 221, 226
Landespatriotismus 167, 176, 184
Landesrat, -räte 30, 32, 41, 46, 50 f., 53, 170 f., 173, 176–179, 188
Landesstände 16, 31, 41, 177, 189
Landtag, Landtage 46, 50 f., 77 f., 102, 109, 114, 121, 137, 155 f., 158, 160, 171, 177–180, 182–184, 189 f.
Livländischer Krieg 189 f.
Lobwasser-Psalmen 92, 96, 106, 159, 212
Lubliner Dekret s. Lubliner Union
Lubliner Union 17, 33 f., 39, 49, 50 f., 58, 170, 174–179
Lutheraner, Luthertum 33, 38, 40, 42, 46, 63, 68, 72–74, 77, 82, 87, 89, 93 f., 101, 103, 105 f., 108, 111, 114, 122 f., 127, 129 f., 133, 136–142, 145–147, 149–157, 159 f., 162, 168, 170, 187 f., 191, 195 f., 198 f., 204, 206, 208 f., 211–213, 220, 226, 231 f.

Mährische Brüder 120 f.
Mennoniten 44, 73, 76, 105

Ministerium 38, 60 f., 64, 70 f., 73, 75 f., 79, 81–85, 88, 90 f., 93, 98–101, 103–107, 126, 128, 136 f., 143–147, 149 f., 154–157, 160, 164, 197, 202, 204, 208–212, 223 f., 227 f., 230 f.
Niederländer 95, 157, 211
Nordischer Krieg, Nordische Kriege 17, 34 f., 163, 173, 175, 191
Notula concordiae s. Danziger Notel

Oberpfarrkirche(n) 42, 44, 59, 60, 63, 86, 93, 115, 120, 148 f., 181, 183, 188
Oberstände 41, 46, 170 f.
Ohrenbeichte 95 f., 105, 120
Ordination 85 f., 150, 206, 210, 223, 227
Ordnungen 21, 23, 67, 78, 83, 89 f., 109, 116 f., 119, 124 f., 127, 130–133, 136 f., 145, 147, 149, 159, 164, 182, 200, 211, 216 f., 220
Ordo ecclesiasticus 198, 208, 226, 231
Osiandrischer Streit 62, 64
Ostforschung 9 f.

Parlamentarische Union 33
Patriziat, Patrizier 20, 23–25, 30, 60 f., 71, 79, 84, 94, 98, 123, 149, 151 f., 180, 194, 202, 211 f., 214–216, 220, 228–230, 232
Patronat 54
Patronatsrecht s. Ius patronatus
Pax dissidentium 51, 78
Petrikauer Provinzialsynode 112
Pfahlgeldvertrag 178, 190, 217
Pfarrerdynastien 224
Pfarrerstand 24, 222 f., 225
Pfarrkirche(n) 43, 56, 78, 109, 112, 114–119, 181, 188, 203
Pfarrschule(n) 115, 121, 200–202, 227, 229
Philippismus, Philippisten 56, 62 f., 65, 70, 72, 75 f., 79–102, 96–99, 101, 103 f., 106 f., 143, 146 f., 207
Pietismus 165
Prädestinationslehre 82
Präsentierte Gemeinde 111, 121, 123, 142, 183
Präsidierender Bürgermeister s. Bürgermeister
Predigtamt 58, 65 f., 68, 71 f., 99, 208, 221, 223 f.
Presbyterianer 81, 103–105, 107, 146, 161
Preußischer Krieg 190
Primas 112, 153
Professionalisierung 193

Quartiere 94, 120, 125–127, 131 f., 134, 136, 205, 214, 216 f.
Quartiermeister 94, 125, 131, 214

Rathausgemeinden 31, 114
Rathmannscher Streit 149, 151
Ratskür 133 f., 136 f., 219
Ratsreformation 19, 24
Ratsregiment 21 f., 61, 122, 135, 160 f. 163 f., 185, 193 f., 206 f., 213, 231
Reformatio vitae 26, 28, 196, 204, 220, 229
Reformierte, Reformiertentum 14 f., 22, 25, 27, 29, 33 f., 39 f., 53, 79 f., 82–85, 86 f., 91–94, 96, 99, 101, 103, 105–107, 121 f., 126 f., 139–142, 144, 146, 148–152, 154, 156–164, 187, 195 f., 198, 203, 210–213, 228, 230, 232
Reichsrecht (polnisch-litauisches) 129, 152, 158, 179
Reichstag (polnisch-litauischer) 18, 45–48, 50–53, 57, 77, 108 f., 112 f., 116 f., 121, 123 f., 132 f., 135, 137 f., 145, 151 f., 167, 171, 174, 176–182, 184 f., 189
Reichstagskonstitutionen 52
Religionsprivilegien 18, 47 f., 51, 53, 56 f., 63, 111, 114, 116, 120, 132, 135 f., 139, 147, 152, 158, 160, 164, 175, 181, 217
Reliquienstreit 66 f., 207
Republik 16, 18, 29, 32, 189
Rokosz des Zebrzydowski 138, 185 f.

Schöffen 99, 122, 132, 134, 149, 205, 212
Schotten 211
Schützscher Streit 165
Schweizerische Konfession 129
Seepolitik 172, 175, 178, 189
Sejm s. Reichstag
Sejmik s. Landtag
Senat 117, 123
Senator(en) 78, 98, 109, 112, 117, 121–123, 139, 157, 177–180, 182 f., 185, 219
Senior (Ministerii), Senioren 42, 71, 74–76, 82, 99 f., 102, 104, 106 f., 109, 119, 140, 143–145, 151, 154–156, 159, 162, 197, 223, 229
Sozialdisziplinierung 204
Spätreformation 33, 225
Stadtherr 14, 19, 28, 42, 51, 57, 117, 137, 172, 218,
Stadtregiment 19–22, 25, 60, 71, 113, 130, 163, 178 f., 192–197, 200, 203–207, 209, 215 f., 218, 220, 229 f., 232 f.
Starosteien, Starosten 50, 112, 182
Statuta Sigismundi 60
Strafamt 65, 88, 90, 100, 208 f.
Synkretismus 138–140, 146, 151 f., 154 f., 162–165
Synode von Lissa 153
Synode von Orla 153

Szlachta s. Adel

Territorialbürgertum 221
Territorialisierung 21, 26 f., 28 f., 174, 192 f., 221
Thorner Synode 107–111, 113, 140, 154, 181, 183, 186, 196 f., 205, 229
Toleranzrecht 17, 58, 116, 129, 152, 158, 174, 179, 181, 183, 186
Tumultgesetz s. Constitutio de tumultibus

Ubiquitätslehre 87
Unionsprotestantismus (polnisch-litauischer) 12, 77, 92, 101, 103, 108, 114, 136, 138 f., 141, 151 f., 175, 197, 205 f., 230
Unionsstaat (polnisch-litauischer) 16 f., 31, 33–35, 50 f., 55 f., 58, 112, 115, 122, 145, 151–153, 159, 161, 167, 169–173, 175, 178 f., 185, 189–191
Unterstände 30, 50, 170, 198 f.

Waffenstillstand von Altmark 190
Warschauer Konföderation 29, 49, 51–53, 55 f., 58, 78, 112 f., 115–117, 121 f., 128, 130, 138, 152 f., 158, 174, 177, 179, 182–186
Werke 89, 106, 123, 125, 136, 159, 212, 215–217
Westforschung 10
Wiedertäufer 48, 53, 83, 128, 137
Wojewode(n) 46, 50 f., 98 f., 109, 118, 121, 123, 143, 180, 182

Zeremonienstreit 80
Zunft s. Zünfte
Zünfte 23, 73, 89, 122–124, 126 f., 136, 159, 161, 163 f., 194, 211, 214–217, 233
Zunftkämpfe s. Bürgerkämpfe
Zwei-Reiche-Lehre 20, 198, 231
Zweite Reformation 16, 25–30, 32 f., 38, 40, 79 f., 84, 91, 103, 192 f., 195 f., 204